LA

PESTE DE 1720

A MARSEILLE & EN FRANCE

Copyright by Perrin and C° 1911

PAUL GAFFAREL et M¹ˢ DE DURANTY

LA
PESTE DE 1720
A MARSEILLE & EN FRANCE

D'APRÈS DES DOCUMENTS INÉDITS

OUVRAGE ORNÉ DE GRAVURES

PARIS
LIBRAIRIE ACADÉMIQUE
PERRIN ET C¹ᵉ, LIBRAIRES-ÉDITEURS
35, QUAI DES GRANDS-AUGUSTINS, 35
1911
Tous droits de reproduction et de traduction réservés pour tous pays

PRÉFACE

La peste qui ravagea le Midi de la France, et surtout Marseille, en 1720 et 1722, a laissé dans les souvenirs populaires des traces profondes. Ce fut, à vrai dire, une catastrophe nationale et la répercussion en a été telle que, même à l'heure actuelle, Marseille a conservé la réputation, d'ailleurs fort imméritée, de rester un foyer d'insalubrité. Les documents abondent sur ce dramatique épisode, mais ils sont bien dispersés. Nos archives municipales et départementales, celles des hôpitaux et des tribunaux, les livres de raison, les mémoires et les correspondances privées regorgent, si l'on peut dire, de renseignements curieux, et, pour la plupart, inédits. On se demande, en effet, avec surprise comment ces richesses documentaires ont été jusqu'à aujourd'hui si mal exploitées. Serait-ce qu'on a redouté de remuer ces vieux papiers ? Ne les a-t-on entassés dans nos dépôts que pour les y laisser inviolés, comme si des effluves malsains devaient encore s'en dégager ? On le croirait presque, et c'est grâce à cette ignorance que se sont accréditées de singulières théories, qu'il n'est que temps de battre en brèche.

Ce qui, en effet, nous a le plus frappés dans le cours de nos recherches, c'est l'indifférence, presque systématique, avec laquelle ont été laissés de côté les efforts, les travaux et le dévouement de nos magistrats municipaux. On a bien conservé leurs noms. On sait que les Echevins Estelle, Moustier, Audimar et Dieudé ont vécu, mais ce qu'ils ont fait, les mesures prises par eux, leur héroïsme inlassable, leur endurance et aussi l'intelligence administrative dont ils ont donné tant de preuves, on l'ignore absolument. Ils furent pourtant les vrais sauveurs de Marseille. Alors que l'on croyait que la peste était une maladie d'origine céleste et comme la vengeance d'un Dieu justement irrité, une pieuse légende attribuait au seul évêque de Marseille la gloire d'avoir vaincu le fléau. A entendre ses panégyristes, Belsunce aurait tout prévu, tout organisé. Nuit et jour il se serait sacrifié aux besoins des malades. En un mot, il aurait joué un rôle prépondérant lors de la peste qui désola son diocèse. Certes, nous ne voudrions pas diminuer l'importance de ce rôle, et nous sommes les premiers à lui rendre pleine et entière justice : mais est-ce une raison pour négliger ses collaborateurs, pour le présenter comme un être doué de vertus surhumaines, comme un thaumaturge chassant la peste d'un geste miraculeux ? Ne vaut-il pas mieux, tout en réduisant son œuvre à des proportions plus modestes, le considérer simplement comme un noble cœur, qui, avec des moyens réduits, a su faire de grandes choses ? Nous ne rabaisserons pas pour autant son mérite, qui est incontestable, mais nous resterons plus près de la vérité.

A côté de Belsunce nous essaierons donc de remettre à leur vraie place et les Echevins de Marseille et leur digne chef le marquis de Pille, ainsi que leurs dévoués collaborateurs, Langeron, Roze, Capus, Pichatty, de Gérin-Ricard, Serre, et tant d'autres. Nous nous efforcerons de rendre justice au corps médical qui paya largement son tribut au fléau, aux recteurs des hôpitaux qui moururent au poste d'honneur, et aussi à tous les vaillants qui, dans les villes voisines, également frappées par la contagion, se dévouèrent au salut de leurs concitoyens, Vauvenargues et Vintimille d'Aix, Antrechaus de Toulon, et leurs dignes collègues d'Arles, d'Avignon, d'Alais ou de Mende.

Nous n'aurons garder d'oublier le bel exemple de solidarité que donnèrent alors toutes les provinces du royaume en venant en aide à la Provence si douloureusement éprouvée, car ce doit être pour nous une consolation, et nous dirions volontiers un espoir, de constater que si, jadis, nos pères se sont unis pour résister à l'ennemi, nous saurons également, si quelque nouvelle catastrophe se produisait, nous serrer les uns contre les autres, et, forts de l'expérience du passé, combattre de nouveau le bon combat.

Qu'il nous soit donc permis de dédier ce travail aux grands citoyens qui, lors de la peste de 1720, se dévouèrent au salut de Marseille. C'est sous leurs auspices que nous publions cet ouvrage. Puisse leur patronage protéger aujourd'hui ce modeste essai. Après avoir rendu aux héros de la peste l'hommage qu'ils méritaient, c'est un devoir pour nous que d'adresser nos remerciments cordiaux à ceux de nos amis, qui ont bien voulu nous aider dans nos recherches : MM. J.-B. Samat, secrétaire général du *Petit Marseillais*, qui a mis à notre disposition et les clichés de son beau livre *Marseille à travers les Siècles*, et son érudition; MM. Mabilly et Gourbin qui nous ont guidés dans le labyrinthe de nos archives municipales; MM. les professeurs Duprat et Lacaze-Duthiers, et M. Robert, avocat.

PAUL GAFFAREL. MARQUIS DE DURANTY.

JAMES DE FITZ-JAMES
Duc de Berwick, Maréchal de France.
Gouverneur de Guyenne.

(Collection du duc de Fitz-James.)

LA PESTE DE 1720 A MARSEILLE
ET EN FRANCE

PREMIÈRE PARTIE

LA PESTE A MARSEILLE

CHAPITRE PREMIER

LES PRÉCAUTIONS CONTRE LA PESTE

Marseille a eu longtemps une réputation méritée d'insalubrité. Cette ville passait pour être un laboratoire de fièvres, un réceptacle d'épidémies ; et, de fait, si l'on en juge par quelques ruelles infectes qui existent encore dans les vieux quartiers, la maladie, quand elle s'abattait sur les infortunés qui grouillaient dans ces bas-fonds ténébreux, devait y trouver un terrain de culture tout préparé. D'intelligentes opérations de voirie ont depuis assaini la ville. De nos jours l'air y circule largement, renouvelé non seulement par les brises de la mer, mais aussi par les souffles réconfortants du mistral. L'eau court dans les rues et entretient dans les maisons une agréable fraîcheur. Les étrangers peuvent en toute sécurité se diriger vers les ports de l'antique cité. Ils y trouveront repos et bon accueil : mais pour obtenir le bien-être et la salubrité actuelle, par quelles épreuves ont passé nos ancêtres ! Que de fois, de quelque nom qu'on ait désigné la contagion, peste, fièvre maligne, choléra, a-t-elle fait de larges coupes sur cette malheureuse population, qui pourtant ne perdait pas courage et résistait, sans se lasser, aux pires catastrophes !

Nous ne voulons pas retracer ici l'histoire des diverses épidémies qui, avant la peste de 1720, ont accablé Marseille : il nous suffira de rappeler que, aussi loin que remontent les souvenirs historiques, Marseille a payé son tribut aux fléaux qui désolent l'humanité. On raconte[1] d'ordinaire que c'est au temps du siège de la ville par Jules César, en l'an 49 avant Jésus-Christ, que, pour la première fois, y fut signalée la peste. « Les Marseillais, frappés de toutes sortes de maux, réduits aux dernières extrémités par le manque de blé, battus deux fois sur mer, repoussés dans leurs fréquentes sorties, eurent à souffrir d'une peste redoutable amenée par les longueurs du siège et leur changement d'alimentation : ils se nourrissaient, en effet, de millet ancien et d'orge corrompue, qu'ils avaient amassée et mise en commun depuis longtemps, en prévision d'une catastrophe semblable. Aussi prennent-ils la résolution de se rendre sans condition. » Il semble pourtant résulter d'un passage du *Satyricon* de Pétrone[2] que la peste avait déjà fait, plusieurs fois avant César, son apparition à Marseille, car on avait organisé, pour prévenir ses visites trop fréquentes, une cérémonie expiatoire assez étrange. « Les Marseillais, toutes les fois qu'ils étaient affligés

1. CÉSAR, *De Bello civili*, II, édit. Elzevier de 1635, p. 290 : « Massilienses, omnibus defessi malis, rei frumentariae ad summam inopiam adducti, bis proelio navali superati, crebris eruptionibus fusi, gravi etiam pestilentia conflictati ex diutina conclusione et mutatione victus, panico enim vetere atque hordeo corrupto utebantur, quod ad hujusmodi casus antiquitus paratum, in publicum contulerant, sese dedere sine fraude constituunt. »

2. PÉTRONE, *Satyricon*, § 162 : « Massilienses, quoties pestilentia laborabant, unus se ex pauperibus offerebat, olendus anno integro publicis et purioribus cibis. Hic postea, ornatus verbenis et vestibus sacris, circumducebatur per totam civitatem cum exsecrationibus, ut in ipsum reciderent mala civitatis, et sic de rupe projiciebatur. »

de la peste, acceptaient l'offre d'un pauvre qui était nourri pendant un an aux frais du public des viandes les plus délicates. Orné de verveine et revêtu d'habillements sacrés, on le promenait alors à travers toute la ville, et on le chargeait d'exécrations pour faire retomber sur lui tous les malheurs de la cité; puis on le précipitait du haut d'un rocher. » Quelle que soit la date exacte à laquelle fut, pour la première fois, célébré ce sacrifice humain, il est probable, puisqu'il était entré dans les usages, qu'il remonte à une haute antiquité, et, par conséquent, que, dès avant César, les Marseillais avaient appris à redouter la peste.

Un prêtre marseillais, ou du moins établi à Marseille dans les premières années du cinquième siècle de l'ère chrétienne, Salvien[1], l'éloquent auteur du traité *De Gubernatione Dei* et des *Homélies* qui lui valurent le titre de Guide des Évêques, a également parlé de la peste. Il ne nomme pas, il est vrai, la ville qui fut frappée par le fléau, mais, comme on sait qu'il résida à Marseille près d'un demi-siècle, de 428 à 480, ce ne peut être que de sa patrie d'adoption qu'il s'agit : « Çà et là gisaient, je les ai vus, je les ai portés dans mes bras, des cadavres des deux sexes, nus, démembrés, attristant les regards, et servant de nourriture aux oiseaux et aux chiens. Les vivants étaient frappés par la contagion. Les cadavres exhalaient des odeurs sinistres. La mort sortait de la mort. »

De ce tableau funèbre, mais dont il est impossible de fixer avec précision la date, ni même d'affirmer la réalité, on peut rapprocher la description d'une épidémie, qui, à l'époque mérovingienne, ravagea la Gaule méridionale et spécialement Marseille. En l'an 503 de l'ère chrétienne, d'après Aimoin[2], « à Marseille et dans les

---

1. SALVIEN, *De gubernatione Dei*, § 6 : « Jacebant siquidem passim, quod ipse vidi ac sustinui, utriusque sexus cadavera nuda, lacera, oculos urbis incestantia, avibus canibusque laniata. Lues erat viventium; fœtor funereus mortuorum. Mors de morte exhalabatur. »
2. AIMOIN, *De gestis Francorum*, liv. III, § 86, p. 284, édition Wechelius, 1507 : « His diebus, apud Massiliam et reliquas provinciæ civitates, nascentibus in hominum inguinibus, seu delicatioribus locis, quibusdam glandulis in modum nucis, maxima generata est mortalitas. »

autres villes de la province, éclata une terrible épidémie. C'étaient des bubons ressemblant à des noix qui se formaient à l'aine ou dans d'autres parties plus délicates encore du corps humain. » Au même siècle, et presque coup sur coup, en 588 et en 591, la redoutable maladie fit de nouveau son apparition. Grégoire de Tours[1] a été l'historien de la contagion. « On rapportait que Marseille avait été cruellement ravagée par une épidémie bubonique, et que cette épidémie s'était rapidement propagée jusqu'à Lyon... Elle fut apportée à Marseille par un navire qui revenait d'Espagne, portant à son bord le germe de l'infection. Il était chargé de diverses marchandises, qui furent achetées par de nombreux habitants. La première maison soudainement attaquée resta entièrement vidée par la mort de huit personnes. Le mal dévastateur ne se répandit pas d'abord dans toutes les maisons, mais, après avoir suspendu quelque temps sa fureur, il progressa avec la même impétuosité qu'un incendie qui prend à des moissons mûres. Il fit tant de ravages que les récoltes séchèrent sur pied, faute de moissonneurs, et que les raisins restèrent sur les vignes, ne se trouvant personne pour les cueillir... Après avoir cessé deux mois, la peste recommença comme auparavant, et le peuple, qui était revenu de la campagne avec confiance, périt par cette espèce de rechute. L'évêque de la ville se rapprocha de sa résidence et s'enferma dans

---

1. Grégoire de Tours, IX, 21, 22 : « Nam tunc ferebatur Massiliam a lue inguinaria valde vastari, et hunc morbum usque ad Lugdunensem vicum viam fuisse celeriter propalatum..... Interea navis una ab Hispania cum negocio ad portum ejus appulsa est, quæ hujus morbi fomitam secum nequiter deferebat : de qua quum multi civium mercarentur, una confestim domus, in qua octo animæ erant, hoc contagio interfectis habitatoribus, relicta est vacua. Nec statim hoc incendium luis per domos spargitur totas, sed interrupto certi temporis spatio, ac velut in segetem flamma accensa, urbem totam morbi incendio conflagravit. Episcopus tamen urbis accessit ad locum, et se intra basilicæ Santi Victoris septa continuit cum paucis, qui tunc cum ipso remanserant, ibique per totam urbis stragem orationibus ac vigiliis vocans Domini misericordiam exorabat, ut tandem, cessante interitu, populo liceret in pace quiescere. Cessante vero hac plaga mensibus duobus, cum jam populus securus redisset ad urbem, iterum succedente morbo, qui redierant sunt defuncti. »

l'enceinte de la basilique de Saint-Victor, accompagné d'un petit nombre de personnes qui y séjournèrent avec lui. Tant que dura l'épidémie, il pria et veilla, suppliant le Seigneur dans sa miséricorde de faire cesser la contagion et de permettre à ses ouailles de se reposer en paix. »

Grégoire[1] de Tours termine son récit par ces paroles peu encourageantes : « A partir de cette époque et à bien des reprises, Marseille eut à subir les attaques de la maladie. » Les contemporains n'ont pas donné de détails sur ces réapparitions du terrible fléau, sans doute parce qu'elles étaient fréquentes et pour ainsi dire passées en habitude. Pendant tout le moyen âge, comme rien ne fut changé dans les habitudes commerciales et que nos ancêtres paraissent ne pas avoir soupçonné les règles les plus élémentaires de l'hygiène, il est probable que, bien des fois, dans les ruelles infectes qui de la ville haute dévalaient vers le port, passa le souffle empoisonné qui marquait son passage par de sinistres hécatombes, mais les contemporains n'en font même pas mention dans leurs annales. A peine s'ils[2] parlent de l'épidémie de 1347, de cette terrible peste noire qui, d'après Froissart, enleva « la tierce partie du monde », et s'ils mentionnent les pestes qui éclatèrent en 1476 et en 1484.

Au seizième siècle, pourtant, le mal exerça de tels ravages et il éclata à des intervalles si rapprochés qu'il fallut bien se départir de l'habituelle indifférence, et à tout le moins enregistrer les apparitions du fléau. On compte, en effet, jusqu'à quatorze épidémies qui ravagèrent Marseille en 1505, 1506, 1507, 1527, 1530, 1547, 1556, 1557, 1580, 1581, 1582, 1586, 1587 et 1598. De ces épidémies les unes furent relativement bénignes, par

---

1. GRÉGOIRE DE TOURS, *Ibid.* : « Sed et multis vicibus deinceps ab hoc interitu gravata est Massilia. »
2. On lit pourtant dans la *Chronique* de saint Victor, que cette maladie enleva les deux tiers de la population de Marseille. Cf. Docteur BOURGUET, *les Grandes Épidémies de Provence* (Académie d'Aix, 1882, p. 366). Cf. PÉTRARQUE, *Epistol.*, liv. VIII, 121. — D'après PITTON (*Annales de la Sainte Église d'Aix*, p. 176), villes et villages furent alors dépeuplés. — RUFFI, *Histoire de Marseille*, t. II, p. 26.

exemple celles de 1556 et 1557, où la rigueur de la température paraît avoir atténué les progrès du mal ; d'autres, au contraire, furent effroyablement meurtrières. En 1530, ceux des Marseillais qui ne furent pas atteints par la contagion n'eurent d'autre ressource que de se disperser dans la province. En 1547, 8.000 victimes attestèrent la violence du mal. On en compte 30.000 en 1580[1], et, l'année suivante, lorsque la contagion reparut, elle exerça de tels ravages qu'il ne resta plus en ville que quelques milliers de citoyens. Les médecins avaient donné le mauvais exemple et s'étaient enfuis les premiers, car ils redoutaient la peste comme le diable, *hoc fugiunt medici craignendo como diablum*, ainsi que le dit, dans son langage macaronique, le poète Antoine Arena[2]. Au moins dans cette triste circonstance aurons-nous à signaler la belle conduite du consul Jean d'Ollières, de l'assesseur Jean Doria, et des capitaines de quartier Joseph de Cabre et Bertrand Arnaud, victimes de leur dévouement. N'oublions pas non plus la ferme contenance de nos paysans provençaux, qui, apprenant la prochaine descente des Espagnols sur nos côtes, prirent spontanément les armes, et, malgré la maladie qui les décimait, coururent au-devant de l'ennemi.

La peste semblait avoir livré sa dernière bataille ; mais ce calme était trompeur. En 1629, après avoir désolé la ville de Digne[3], où elle avait été portée par les soldats du maréchal d'Uxelles, et ravagé celles d'Arles et d'Aix, elle éclata soudainement à Marseille le 22 février 1630. Soixante mille habitants quittèrent à la fois la ville condamnée, et l'encombrement fut tel aux portes que plusieurs[4] personnes y furent étouffées. Il n'y eut que les ouvriers qui, faute de savoir où se réfugier, restèrent exposés au terrible fléau. Les consuls Léon de Valbelle et Nicolas de Gratian restèrent à leur poste de combat,

---

1. Ruffi, *Histoire de Marseille*, id. Cf. Registre des délibérations de l'hôtel de ville de Marseille de 1579 à 1584, fol. 7, 18, 20, 44, 45, 50 (Archives de Marseille).
2. Antonius de Arena, *Sublilitas instudiantium*, édit. de 1550, p. 35.
3. Gassendi, *Vie de Peiresc*. — *Notitia ecclesiæ Diniensis*, t. VI.
4. Ruffi, ouvr. cité, t. I, p. 476.

et organisèrent la résistance au fléau [1]. Bien secondés par le docteur Théophile Broé et par les maîtres en chirurgie Expilly, Galleri, Pompée Courtois et Gueylle, ainsi que par les capucins qui tous s'improvisèrent infirmiers, aidés par l'apothicaire Thibaut qui tint boutique ouverte de remèdes, et par le serrurier Barroullet, qui se chargea de « platiner », c'est-à-dire de mettre sous scellés les maisons vides d'habitants, ils réussirent à ramener la santé, mais pas pour longtemps, car la peste [2] reparut à Marseille en juin 1649. Elle y avait été introduite par un capitaine, qui, pour éviter les frais et les longueurs d'une quarantaine, n'avait pas déclaré qu'il avait fait son chargement sur les côtes de Barbarie, où régnait l'épidémie [3]. Les consuls de Glandevès de Nioselles, Nicolas Curet et Jean Boulle vinrent, comme leurs prédécesseurs, s'établir à l'hôtel de ville, et firent tout leur devoir, mais la maladie dura six mois et enleva 8.000 victimes, entre autres Gaspard de Simiane et tous les capucins, qui moururent en secourant les malades [4]. Ce fut, jusqu'à l'année 1720, la dernière épidémie constatée.

Ces affreuses maladies ont toutes été mal observées et mal décrites. Quelle fut leur origine? Comment se propagèrent-elles? Naquirent-elles sous l'influence de causes locales, ou furent-elles importées, c'est ce qu'il est bien difficile de déterminer avec précision, car on appelait volontiers *pestis* ou *pestilentia* toute maladie épidémique ou contagieuse amenant une grande mortalité, et la science était si peu avancée qu'on a peut-être confondu d'autres maladies avec la peste orientale. A vrai dire on n'a pas sur la nature du mal de donnée positive. Les guérisseurs d'alors ne firent ni observation sérieuse, ni expérience profitable à l'humanité. Un seul fait se dégage, c'est que Marseille fut à plusieurs re-

1. A. FABRE, *Histoire des hôpitaux de Marseille*, t. I, pp. 327-332.
2. BOUCHE, *Histoire chronologique de Provence*, t. II, p. 879.
3. *Mémoires du chevalier d'Arvieux*, édit. Labat (1734), pp. 7 et 8.
4. ACHARD, *les Hommes illustres de la Provence ancienne et moderne*, t. II, p. 244. — RUFFI, *Vie de M. le chevalier de la Coste* 1659.

prises fort durement éprouvée par des maladies terribles, auxquelles on a pris l'habitude de donner le nom de peste.

Au moins les Marseillais ont-ils cherché à prévenir le fléau dévastateur? Ils n'y ont certes pas manqué, et, dès les temps les plus anciens, ils ont essayé par divers procédés non seulement d'empêcher la contamination, mais aussi d'arrêter les progrès du mal. Bien que rien de précis n'ait été conservé à ce sujet, la tradition veut que ce soit le roi René qui le premier, en 1476[1], envoya des instructions à ses consuls à l'étranger en leur intimant l'ordre formel de rester à leur poste en cas d'épidémie, et surtout de le prévenir. Il fit, en outre, disposer diverses maisons pour servir d'hôpitaux et ordonna d'y transporter les pestiférés. Ces maisons, placées sous la protection de saint Lazare, furent nommées *Lazarets*. On les désigna encore sous le nom d'*Infirmeries*. Le principe de la séquestration, recommandé comme excellent et d'une application pratique, y était strictement observé. Il ne s'agissait que de trouver des emplacements favorables et d'habituer les malades à ce genre de traitement, qui, on ne sait trop pourquoi, s'est toujours heurté à d'invincibles répugnances. Le premier lazaret de Marseille fut établi à la rue des Rondeaux, aujourd'hui rue Radeau. Il fut désigné sous le titre de Notre-Dame-de-Pitié. C'est là que devaient être isolés pendant un temps déterminé les hommes et les marchandises provenant de pays où régnaient des maladies contagieuses. Quant aux vaisseaux soupçonnés, on les consignait à l'entrée du port, sous le canon de la citadelle de Saint-Jean.

Ce n'était là qu'un début. Notre-Dame-de-Pitié parut bientôt trop exiguë, car, avec François Ier et l'alliance turque, le commerce du Levant avait pris une grande extension. Les consuls de Marseille auraient voulu construire un nouveau lazaret à la plaine Saint-Michel, sur l'emplacement actuel de la rue Fongate, qui était alors

---

1. A. Fabre, *les Lazarets et les Pestes de Marseille*.

en pleine campagne ; mais on le trouva trop éloigné, et, le 18 avril 1526, après avoir pris l'avis du conseil des prud'hommes, on se décida à bâtir de nouvelles infirmeries sur le rivage de la mer, tout près de la porte de l'Ourse. La confrérie de Sainte-Barbe, c'est-à-dire des gens de mer, fut chargée de l'exécution de la mesure. Malgré l'activité qu'elle déploya, malgré les libéralités de Bernardin des Baux et du corps des notaires, la confrérie ne put arrêter la peste de 1527. Les travaux furent néanmoins continués et bientôt achevés. On donna au nouvel établissement le nom d'infirmerie de la Charité. Le lazaret de la rue des Rondeaux était d'ailleurs conservé.

Quelques années plus tard, en 1660, la peste ayant de nouveau exercé ses ravages, la ville fit bâtir de grandes infirmeries au quartier Saint-Lambert, mais ce lazaret, pas plus que les précédents, ne garantit pas Marseille contre le fléau dévastateur. Lorsque Louis XIV décida la construction du fort Saint-Nicolas, les terrains de Saint-Lambert furent occupés par la nouvelle citadelle, et aussi par une colonie de pêcheurs, venus de Catalogne, qui donnèrent leur nom au quartier dit des Catalans. Le lazaret fut alors transféré au nord de la ville, à la Joliette, et il devait cette fois occuper de longues années cet emplacement, jusqu'à ce qu'on décidât, en 1845, la construction d'un nouveau port. Au moins ces précautions ne furent-elles plus inutiles, car, malgré la fréquence des attaques, toutes les épidémies finirent par être vaincues, et les lazarets fonctionnèrent pour la plus grande sécurité des Marseillais.

A côté des lazarets on avait imaginé l'*Intendance sanitaire*[1]. Elle était composée de notables marseillais, investis par la confiance de leurs compatriotes des délicates fonctions de surveillants et en quelque sorte d'administrateurs de la salubrité publique. Leur nombre variait de seize à dix-huit. Leurs fonctions étaient gratuites. Elles duraient d'un à six ans. Ils avaient sous

---

1. BERTULUS, *Histoire de l'Intendance sanitaire*.

leurs ordres, mais ceux-là rétribués, un certain nombre d'officiers sanitaires, commis, gardes, médecins, prêtres. Leurs pouvoirs étaient très étendus, et, en temps de crise, à peu près illimités. Justement à cause de l'étendue de ces pouvoirs, les intendants sanitaires furent souvent attaqués. On essaya surtout de les discréditer, en prétendant qu'ils abusaient de leur situation pour opérer des gains illicites, et qu'ils consacraient la majeure partie de leurs revenus à des fêtes et à des banquets somptueux. Il se peut que des abus aient été commis, mais, en général, les intendants sanitaires furent toujours à la hauteur de leurs fonctions, et, à maintes reprises, rendirent de réels services. Marseille devait garder à plusieurs d'entre eux un souvenir reconnaissant.

On avait enfin créé, pour continuer la lutte contre la peste, ce qu'on appelait le système des *patentes*. Ainsi nommait-on les certificats délivrés par les consuls aux vaisseaux qui partaient des ports orientaux pour rentrer en France. On distinguait trois sortes de patentes : la *patente nette*, délivrée aux vaisseaux quand rien de suspect n'existait dans la région à leur départ, et, en ce cas, ils étaient admis à Marseille à la libre pratique ; la *patente suspecte*, lorsque le vaisseau venait de pays où régnait une maladie soupçonnée pestilentielle : en ce cas, qui supposait un danger possible, on imposait au navire une quarantaine, de durée variable, et à l'équipage de sages précautions. Sans doute, ces délais étaient parfois fatigants, et ces précautions inutiles, vexatoires même, mais on agissait ainsi dans l'intérêt du plus grand nombre, et on ne saurait trop approuver cette prudente sévérité. La *patente brute*, enfin, était accordée aux vaisseaux venant de lieux contaminés, ou ayant eu rapport avec des personnes contaminées, ou ayant eu à bord, pendant la traversée, des maladies suspectes. En ce cas, le navire et la cargaison étaient consignés, l'équipage retenu aux infirmeries, et on ne l'admettait à la libre pratique qu'après de sérieuses constatations. Quant à la cargaison, elle subissait, pour employer le langage du temps, plusieurs parfums, c'est-à-dire plusieurs désinfections, et n'était mise à terre, que lorsque réellement, il n'y avait plus rien à craindre.

Ce système des patentes présentait des inconvénients. Il était arbitraire, et prêtait aux abus, à la fraude surtout. Mais on ne peut s'empêcher de reconnaître que, bien appliqué, strictement et sans passe-droit, il était d'une incontestable utilité. Il est probable que les intendants sanitaires, en s'y conformant, ont à plusieurs reprises épargné à Marseille et à la France de lamentables catastrophes ; mais ce sont là des services en quelque sorte négatifs. On ne les reconnaît jamais, car ils ne sont pas bruyants, et ceux qui les rendent ne récoltent la plupart du temps que l'ingratitude en matière de récompense.

Aussi bien, non seulement à Marseille, mais dans toute la France, on se rendait si bien compte de la nécessité de se prémunir contre l'invasion du fléau asiatique que le gouvernement central, à plusieurs reprises, avait indiqué des mesures prophylactiques, et rendu, pour les faire exécuter, une série d'ordonnances qu'il ne sera pas sans intérêt d'étudier. On se convaincra, en les parcourant, qu'on aurait tort de taxer nos ancêtres d'imprévoyance. Ils poussaient même la prudence jusqu'à la minutie.

La plus curieuse de ces ordonnances [1], celle qui à vrai dire résume toutes celles qui l'ont précédée, et qui a été en grande partie reproduite par celles qui l'ont suivie, a été rendue par le Parlement d'Aix le 17 juillet 1629. On peut en ranger les principales dispositions sous deux chefs principaux : 1° mesures contre une épidémie menaçante ou mesures préventives ; 2° mesures contre une épidémie confirmée ou mesures défensives. Nous les

---

1. Arrêt de la cour de Parlement tenant la Chambre des vacations contenant règlement sur le fait de la peste du 17 juillet 1629 (Archives départementales des Bouches-du-Rhône, C. 904). Réimprimé en 1770, à Aix, chez Joseph David, 1 broch., 27 p. Cf. Alezais, *la Lutte contre la peste en Provence au dix-septième et au dix-huitième siècles*. Marseille, 1902, pp. 69-102. — Cf. *Arrêt et Règlement général fait par la Chambre durant la vacation du Parlement de Provence pour la conservation de la santé publique*, in-4, 36 p., Aix, Étienne David, 1729.

étudierons successivement. Ce sera pour nous le moyen le plus pratique de nous rendre compte de la situation d'esprit et de la façon de vivre de nos ancêtres en temps d'épidémie.

Donc, la peste a fait son apparition. Il s'agit de se garer contre son redoutable voisinage. La première mesure qui s'impose est de prononcer l'interdiction absolue des lieux contaminés, mais il semble qu'on ait reculé devant les conséquences de cette interdiction. Trop souvent on ne la prononçait que lorsque l'ennemi était déjà dans le corps de la place. Ainsi pour la terrible peste de 1720, dont nous aurons à raconter bientôt les effrayants progrès, l'interdiction ne fut prononcée par arrêt du Parlement d'Aix que le 14 septembre 1720[1], et c'est seulement le 22 février 1721 qu'un arrêt du Conseil du roi décida l'interdiction du commerce par mer avec tous les ports de Provence. Il était vraiment bien tard, puisque les premières victimes étaient tombées dès le mois de mai 1720.

Le contrôle des communications était sérieusement établi. Les voyageurs n'avaient plus le droit de se présenter que munis d'une pièce officielle constatant leur identité, le lieu d'où ils venaient, et l'état de la santé dans ce lieu[2]. S'ils venaient par terre, ils devaient en outre s'être procuré un bulletin individuel, un *billette* comme il est dit dans le langage de l'époque, portant leur nom, prénom, jour et heure de départ, nombre de serviteurs et de bêtes de somme[3]. Tout batelier, tout hôtelier, tout propriétaire qui aura nourri ou reçu un voyageur sans billette sera passible de punition corporelle[4]. Même défense aux couvents et églises. Interdiction des gués et des simples cabarets disposés sur la route[5]. Toutes les granges non habitées[6], toutes les églises et chapelles suburbaines seront rigoureusement

---

1. Archives des Bouches-du-Rhône, C. 909.
2. Art. 103 de l'ordonnance de 1629.
3. Art. 2.
4. Art. 13 et 23.
5. Art. 11.
6. Art. 6.

fermées[1]. A l'entrée du territoire, aux portes des villes, sur les ponts[2] seront installées des barrières avec des gardes dits de probité qui marqueront et enregistreront les billettes, et ces gardes seront astreints à une surveillance si rigoureuse qu'ils n'auront pas le droit même de jouer entre eux. Défense, sous peine de vie, de présenter de faux billettes[3]. Si le voyageur n'en est pas pourvu, on ne lui permettra pas d'aller plus loin. Au moindre soupçon d'insécurité, il sera arrêté et enfermé dans un local spécial, et les gardes qui le conduiront dans ce local spécial auront la précaution de le précéder au moins de trente pas[4]. Que si au contraire le billette était en règle, toutes les portes s'ouvraient, de gré ou de force. En 1720, les dames de Goin et de Beauchamp, munies d'attestations en règle, venant d'Allauch et d'autres lieux, se virent refuser les portes d'Arles. Le marquis de Janson, qui venait d'Aix dans les mêmes conditions, fut également arrêté. Les uns et les autres citèrent en justice les consuls, et le Parlement n'hésita pas à donner raison aux demandeurs[5]. Le hasard du temps a dispersé tous ces billettes. On en conserve un[6], à la date du 9 août 1721, délivré par Perrin de Lyon, secrétaire du bureau de santé, à Jean-Baptiste Bertrand, se rendant à Tarascon. Il ne présente d'ailleurs rien de particulier, ni d'intéressant.

En dehors des billettes ordinaires, on distribuait encore des cartes d'entrée et de sortie pour permettre aux habitants des villes isolées de vaquer à leurs occupations dans la banlieue, surtout à l'époque de la moisson, des vendanges, de la cueillette des olives, etc. Une grande surveillance était alors recommandée à cause des dangers que présentait l'agglomération. Il était absolument interdit non seulement de prendre des ouvriers venant des

1. Ordonnance de 1629, art. 17.
2. Art. 4.
3. Art. 3.
4. Art. 4.
5. Archives des Bouches-du-Rhône. C. 909.
6. Ce billette est reproduit par Alezais, p. 10.

lieux contaminés, mais même des étrangers[1], et encore ne
tolérait-on que le travail de jour. Les propriétaires devaient
toutes les vingt-quatre heures déclarer le nombre
des travailleurs embauchés, et il n'était permis ni aux
glaneurs, ni aux grapilleurs (*rapugaires*) de passer d'un
territoire à l'autre.

Ces précautions paraîtront minutieuses : elles étaient
pourtant nécessaires. On ne peut, en effet, se dissimuler
que la formalité des billettes n'inspirait qu'une confiance
médiocre. Un contrôle sérieux était impossible.
Ne pouvait-on pas perdre ou changer son billette, ou
même s'écarter de la route ? C'est ainsi que le Toulonnais
Cancelin introduisit la peste dans sa ville natale
en 1721, et, bien qu'il ait été la première victime de sa
fraude, ne devint-il pas l'artisan de la terrible catastrophe
qui enleva plusieurs milliers de ses compatriotes ?

Les *quarantaines* étaient préférables et aux billettes
et à l'interdiction des communications[2]. On nomme
ainsi le temps qu'un voyageur, venant d'un pays suspect,
doit passer dans un endroit déterminé sans avoir
libre communication avec les habitants du pays. On
distinguait les quarantaines de mer et les quarantaines
de terre. Dans les premières, quand un vaisseau arrivait
avec une patente nette, on lui imposait une station,
mais de peu de durée. Quand il se présentait avec une
patente suspecte ou brute, l'équipage était arrêté pendant
quarante jours et on ne pouvait débarquer les marchandises
avant soixante jours. L'isolement était assuré
par des gardes, et aussi par des logements séparés.
S'agissait-il de quarantaines par voie de terre, on bâtissait
des cabanes ou simplement des huttes situées au
moins à un quart de lieue de la ville, et éloignées au
moins de quinze cannes du chemin royal, et de vingt-
cinq d'une maison d'habitation[3]. Défense aux quarante-

---

1. Ordonnance de 1629, art. 26.
2. X., *Études historiques sur le lazaret et la peste de Marseille* (1846).
— BERTULUS, *Études historiques et médicales* (1864).
3. Art. 94.

naires de se rapprocher dans leurs promenades de plus de cinquante pas d'une maison d'habitation[1], de se promener sur les chemins publics, de prendre de l'eau aux puits et aux fontaines. Ils ne pouvaient même parler à leurs gardes qu'à une distance d'au moins quinze pas, et les gardes n'étaient autorisés à leur donner de l'eau qu'à trente pas au moins de leurs cabanes. En cas de maladie, ou simplement d'indisposition, ordre était donné d'informer tout de suite. En cas de mort, cabane, meubles, vêtements, tout devait être brûlé[2]. A l'expiration de la quarantaine, les gens surveillés étaient encore obligés de rester huit jours dans leurs maisons, et quinze dans le village. Les consuls étaient d'ailleurs responsables de la surveillance, et, deux fois par semaine, ils devaient s'assurer par eux-mêmes si les gardes remplissaient strictement leurs obligations.

Il semble donc que toutes les précautions étaient prises, et pourtant il ne s'agissait encore que de se défendre contre les pays suspects de contamination. Quant aux pays encore sains, mais pour lesquels on redoutait l'introduction de l'épidémie, on recourait à d'autres mesures plus énergiques, qu'il ne sera pas sans intérêt de passer en revue.

Il fallait avant tout obtenir l'isolement des individus : aussi toutes les occasions de réunion, foires, marchés, fêtes et festins, danses, mariages, même ventes à l'encan[3] et jusqu'aux enterrements, sont-elles défendues. Aux baptêmes ne pourront assister que le parrain et la marraine[4]. Les boucheries et les poissonneries seront réparties dans divers quartiers, afin d'éviter l'encombrement[5]. Les supérieurs des couvents sont invités à ne pas délivrer de lettres d'obédience à leurs subordonnés, et ils donneront l'état signalétique de tous ceux qui habitent le couvent[6]. Seront expulsés sans pitié les

1. Ordonnance de 1629, art. 96.
2. Art. 99.
3. Art. 18.
4. Art. 9.
5. Art. 19.
6. Art. 39.

gueux, les vagabonds et gens sans aveu [1], et, sous peine de fouet et même de galères, les hôteliers et cabaretiers signaleront aux intendants sanitaires tous ceux qui descendront chez eux. Défense aux débitants d'eau-de-vie, toujours sous peine de fouet ou de galères, de verser leur denrée autre part que dans le verre de l'acheteur [2]. Défense de retirer des marchandises d'un navire naufragé avant sa complète purification [3].

L'Église elle-même est appelée à prendre parti dans la résistance commune [4]. C'est en son nom que seront lancés de sévères monitoires menaçant d'excommunication tous les contrebandiers : « 1° qui saura, tant pour avoir vu que par ouï-dire, que certain quidam fait la contrebande, ait à le révéler sous peine d'excommunication ; 2° qui saura que certains quidams prêtent leurs maisons pour cacher les marchandises de contrebande, ait à le révéler sous peine d'excommunication ; 3° qui saura que certains quidams font entrer de nuit des marchandises en contrebande... ; 4° qui saura que certains quidams prennent des chemins détournés avec des mulets chargés... ; 5° qui saura que certains personnages ont été à la barrière prendre des marchandises de contrebande et les recevoir de ceux qui viennent de Marseille, ait à le révéler sous peine d'excommunication [5] ».

Viennent ensuite des mesures d'hygiène, mais, comme presque toujours en pareil cas, ou bien on les néglige, ou bien on ne les applique que tardivement. Ainsi, en 1720, malgré les avertissements du docteur Peyssonnel, qui, dès le 10 juin, avait signalé le danger, on ne songea que le 27 juillet à ordonner l'enlèvement du fumier dans les rues et le lavage à grande eau des ponts et chaussées.

1. Ordonnance de 1629, art. 21, 22.
2. Art. 10.
3. Art. 104.
4. Archives des Bouches-du-Rhône, C. 909. — ALEZAIS, p. 20. Parcelle de monitoire à la requête de M. le procureur général, querellant au contravention aux arrêts de la cour du Parlement au sujet de la contrebande.
5. Voir le *monitoire Rabasse*, publié à Aix le 13 septembre 1720, avec autorisation du vicaire général et official Villeneuve. (Archives des Bouches-du-Rhône, C. 909.)

On recommandait également de ne pas laisser d'eaux croupissantes et de ne tenir « aucunes sueilles (suies) ou cloaques autour des murailles[1] » ; mais il paraît qu'on était alors habitué à la vue et à l'odeur des tas de fumier à la porte de chaque maison ; car nous nous rappelons avoir vu non seulement dans les petites villes du littoral provençal, mais à Marseille même, des amas de détritus innommables encombrant et empuantissant les rues des vieux quartiers. Peut-être ne faudrait-il pas chercher bien loin et bien longtemps pour en trouver encore !

Les auteurs de l'ordonnance de 1629 prescrivaient encore de ne vendre que de la viande et du poisson frais[2] ; d'enterrer les bêtes mortes et les poissons pourris[3] ; de ne plus abandonner à la voirie les entrailles d'animaux, les eaux sales et les haillons. Ils enjoignaient même à tous ceux qui s'occupaient des vers à soie de jeter à la rue, au lieu de les brûler, « les jas et l'eau qu'on tirera[4] ». Sans doute, ces mesures étaient sages et dictées par l'expérience, mais il était difficile de réagir contre des habitudes plusieurs fois séculaires, et la violation, ou plutôt l'ignorance des règles les plus élémentaires de l'hygiène sera, dans toutes les épidémies, la cause principale de l'accroissement du mal.

Une excellente institution paraît avoir été celle des intendants provisoires de santé, chargés de faire de fréquentes visites aux malades, et d'adresser des rapports au bureau de santé. Ces intendants devaient s'assurer si les provisions de céréales et de drogues étaient suffisantes[5], si les infirmeries étaient en bon état[6], et, dans le cas contraire, ordonner la construction immédiate, loin des lieux habités, de cabanes destinées les unes aux malades, les autres aux suspects et aux médecins. Ils désignaient les chirurgiens chargés de soigner les

---

1. Ordonnance de 1629, art. 7.
2. Art. 20.
3. Art. 18.
4. Art. 19.
5. Art. 21.
6. Art. 16.

malades. Ils dénonçaient les suspects[1], et prescrivaient des enquêtes immédiates sur la cause de la mort[2]. Ils étaient en quelque sorte les régulateurs de la santé publique, et, comme ils étaient revêtus de pouvoirs extraordinaires, leur responsabilité était grande. Aussi les accusait-on volontiers d'imprudences et d'abus de pouvoir. Leur charge était honorifique, mais elle ne constituait précisément pas une sinécure.

Malgré toutes ces précautions, la peste a fait sournoisement son entrée dans une ville, et, du jour au lendemain, la maladie exerce ses ravages. Voyons comment on essaiera de la combattre, et passons en revue ce qu'on pourrait appeler les mesures défensives.

Le premier devoir qui s'impose est de reconnaître franchement le danger. Les consuls devront par conséquent annoncer tout de suite aux villes voisines le malheur qui frappe leurs administrés. Aussitôt seront fermées et gardées les maisons suspectes et toute sortie sera interdite aux habitants. Dès que les médecins auront adressé aux autorités un rapport spécial confirmant l'existence de la contagion, le Parlement sera informé, mais le porteur de l'avis se gardera d'entrer en ville, s'il ne veut s'exposer à une amende de 1.000 livres. Les officiers du lieu contaminé suspendent, en attendant la décision du Parlement, toute entrée ou sortie, et envoient tous les trois jours un état déclaratif de la santé[3]. Chaque malade, dès qu'il sentira les premières atteintes du mal, le fera savoir aux intendants de la santé[4]. Ces intendants visiteront chaque matin toutes les maisons de leur quartier, et tous les deux jours les bastides isolées[5]. Au premier symptôme de maladie, les médecins, soit à la porte du logis[6], soit à ciel ouvert, examineront minutieusement le sujet suspect. L'entourage sera mis en quarantaine et le malade conduit aux

1. Ordonnance de 1629, art. 22.
2. Art. 37.
3. Art. 121.
4. Art. 50.
5. Art. 84.
6. Art. 13.

infirmeries, soit en chaise à porteurs, soit en chaise roulante par des porteurs assermentés, et on brûlera aussitôt les coussins, paillasses et matelas à son usage. Si les infirmeries n'existent pas ou ne sont pas prêtes, le malade sera cadenassé dans sa maison, dont on murera la porte en la marquant d'une croix blanche[1]. Cet isolement sera complété par celui des chirurgiens et des infirmiers. Quant aux médecins, il faudra bien leur laisser un peu plus de liberté, mais à condition d'éviter toute imprudence et de s'abstenir de toute communication directe. On aura grand soin de conserver un chirurgien spécial pour les malades non pestiférés[2] et un autre pour la visite des malades isolés dans les bastides[3]. En cas de décès, le défunt sera aussitôt mis en bière, et enterré seulement pendant la nuit. Son convoi sera annoncé par des clochettes et des torches allumées. On aura soin de creuser des fosses profondes au moins de six pieds[4] et à deux cents pas au moins des infirmeries. Au cas où l'inhumation aura lieu dans un jardin, défense absolue de fouiller dans cet endroit, qui sera marqué par un tas de pierres.

Dès que l'épidémie sera déclarée, les habitants seront invités à se disperser, bien entendu dans les limites du territoire[5]. Exception sera faite pour les médecins, chirurgiens, apothicaires et boulangers établis depuis dix ans dans la localité, et qui seront tenus d'y rester. Les mendiants seront réunis et nourris aux frais de la commune, mais avec défense de sortir du local assigné. Les filles publiques seront traitées plus durement encore, car elles seront enfermées dans une tour murée, avec une seule ouverture par laquelle on leur fera passer du pain et de l'eau[6]. Le rôle des habitants sera soigneusement établi pour que l'on sache quelles provisions

---

1. Ordonnance de 1629, art. 49.
2. Art. 81.
3. Art. 87.
4. Art. 61.
5. Art. 45.
6. Art. 37.

faire[1]. Les baux seront indéfiniment prolongés et les déménagements interdits. Un seul habitant par maison pourra, et à une heure déterminée, aller aux provisions. Une cloche annoncera l'heure à laquelle tout le monde devra être rentré. Cette heure différera selon les quartiers[2], mais il est interdit de se trouver dans les rues en dehors des heures indiquées. Si des assemblées publiques ont lieu, elles se tiendront sur des places publiques, largement ouvertes, où l'on pourra parler sans se toucher[3]. Les offices seront célébrés à la porte des églises sur des emplacements dominant de grandes places[4]. Il est vrai que cette dernière prescription ne fut presque jamais observée. A Marseille, en pleine épidémie, notamment le 15 et le 16 août, il y eut encore des processions, et l'église de la Trinité resta ouverte jusqu'au 25 du même mois. Il semblait que la population crût à l'immunité des lieux consacrés, mais cette croyance n'était pas fondée, car on remarqua qu'au lendemain des cérémonies religieuses il y eut toujours recrudescence de l'épidémie.

Il est un autre genre de mesures que la population, par son entêtement inexplicable, ou plutôt par sa négligence invétérée, fut bien mal avisée de ne pas prendre au sérieux : il s'agit des prescriptions hygiéniques que les contaminés eurent grand tort de négliger. En vain recommandait-on aux habitants de fréquents lavages[5] dans les maisons et dans les rues : des tas d'ordures s'accumulaient, et, malgré les menaces, malgré les amendes, ces malsaines agglomérations de détritus grandissaient chaque jour. On recommandait également de se « vêtir au large » et de changer souvent d'habits, mais la plupart des habitants n'étaient pas en état de renouveler leur garde-robe, et c'était la plupart du temps sous de sordides haillons qu'ils circulaient dans

1. Ordonnance de 1629, art. 56.
2. Art. 56, 57.
3. Art. 91.
4. Art. 53.
5. Art. 42.

les rues. On exécutait plus volontiers l'ordonnance en vertu de laquelle on devait allumer des feux, car c'était matière à distraction, ou faire des décharges d'artillerie[1], car de tout temps les Méridionaux ont aimé à faire parler la poudre. On poursuivait encore les chiens et les chats[2], que l'on accusait d'être les agents de contagion. Il est vrai qu'on donnait jusqu'à sept sous par chien tué, aussi n'en voyait-on plus que de loin en loin, et cherchant à se dérober. On poussait même la précaution jusqu'à ordonner de prendre chaque matin une gousse d'ail sans peau avec deux noix rôties et trempées dans l'eau-de-vie. Les enfants étaient moins bien traités : ils devaient « avaler à jeun un petit demi-verre de leur urine ou de la semence de citron pilée et détrempée avec de l'eau escabieuse[3] ». Surtout que l'on se gardât bien de souffrir de la faim, et qu'on ne risquât pas un coup de froid.

Il semblait donc que tout avait été prévu, et qu'aucune précaution n'avait été négligée : mais il existait une force, une puissance, contre laquelle on n'essayait même pas de lutter, et qui réduisait à néant tout ce qu'avait imaginé la prudence humaine : c'était la colère céleste.

Il peut nous sembler étrange, à nous qui vivons dans un siècle où ne prédominent plus les opinions religieuses, de faire entrer la colère céleste parmi les causes de la peste. Nous avouerons même, à notre point de vue, que c'est se faire une singulière idée de la divinité que de lui attribuer des sentiments de vengeance; mais on ne saurait aller contre l'évidence. Nos ancêtres étaient fermement convaincus que Dieu, lassé des crimes des hommes, les punissait en répandant sur eux, de temps à autre, d'épouvantables fléaux. La peste était un des moyens de correction dont il usait le plus volontiers. Nous n'avons pas à discuter ici le plus ou moins de portée de ces arguments théologiques : nous ne pouvons que constater

---

1. Ordonnance de 1629, art. 2.
2. Art. 3.
3. Art. 54.

un fait, c'est que l'on croyait à l'intervention directe de la divinité dans l'apparition de la peste. Tous les écrivains, les penseurs, les savants même s'inclinent devant cette sombre fatalité. A peine si, de loin en loin, quelque médecin s'insurge contre l'idée d'un châtiment céleste. Sa protestation passe inaperçue, et, dans les masses populaires, c'est Dieu qui directement punit les hommes de leurs méfaits. Un peintre veut-il composer un tableau commémoratif de la peste : il n'oubliera pas les ministres de la colère divine, les anges, qui, du haut de sombres nuées, lancent leurs foudres dévastatrices sur la cité coupable. Un évêque essaie-t-il de profiter de la contagion pour ramener ses ouailles à de meilleures pratiques, il aura soin, dans son mandement, de présenter le fléau comme une juste punition du ciel. Voici, par exemple, comment s'exprimera, dans son mandement « contenant les règles de la religion dans le danger de la peste », l'évêque de Senez, Flodoard Moret de Bourchenu : « C'est l'ordre de Dieu et l'extrémité de votre besoin qui nous obligent d'élever notre voix comme une trompette pour annoncer à notre cher peuple ses iniquités, pour faire servir la plus juste terreur de la mort à un plus prompt changement de vie, et pour retirer tous les pécheurs de leur mortel assoupissement. » Le pieux évêque cite à ce propos les plus sombres versets de la Bible, et rappelle les paroles de Jéhovah à Noé : « Finis universæ carnis venit coram me. Repleta est terra iniquitate eorum, et ego disperdam eos cum terra. » Aussi fait-il appel à la sévérité des magistrats non seulement contre les criminels de droit commun, mais aussi contre les « jureurs, concubins, usuriers, ivrognes, joueurs, libertins, etc. ». Il ne se contente pas d'ordonner des prières spéciales et des processions pour apaiser le courroux céleste, mais il proscrit les fêtes et les danses. Il veut, en un mot, que l'on s'incline devant la peste comme devant un châtiment mérité. La peste devenant de la sorte comme un

---

1. *Mandement de Mgr l'évêque de Senez*, 1 broch. in-12, 40 p., Aix, Joseph David, 1721.

mal providentiel destiné à opérer une œuvre de destruction que rien ne doit entraver, n'est-il pas inutile de résister ! Voici ce qu'écrivait en janvier 1630 Martelly, procureur du pays de Provence : « Les fléaux sont les soldats avec lesquels Dieu combat les cœurs endurcis, les canons avec lesquels il foudroie l'humaine audace ! » Qu'est-il besoin de remèdes ? Seules les prières sont efficaces. « Ce sont de bien puissantes armes que nous avons pour combattre contre Dieu », et il ajoute « Dieu est aux aguets pour empoigner promptement l'occasion de notre repentir. » Un siècle plus tard, le 29 janvier 1721, ne lirons nous pas encore, dans une lettre de Decormis à Saurin : « Je suis bien d'avis que la misère et la mauvaise nourriture ont beaucoup contribuer au fléau et que le proverbe : « Après la famine, la « peste », est bien véritable. Il est aussi très vrai que c'est une colère divine, où Dieu appesantit sa main sur nous. » Qu'on ne s'y trompe pas. Ces théories d'expiation n'ont pas encore aujourd'hui disparu. Voici ce que nous lisons dans un opuscule, d'ailleurs intéressant, composé par un de nos contemporains [1], esprit indépendant pourtant : « Il y a dans la production des épidémies quelque chose d'invisible, de mystérieux, *nescio quid divinum*, qui, humiliant notre orgueil, nous oblige, bon gré, mal gré, à reconnaître une force supérieure à toutes les autres, agissant à ses heures, en dépit de tous les calculs humains et de toutes les prévisions. »

La peste n'est donc pas un mal ordinaire. Elle devient presque un mystère, et, si l'on essaie de lutter contre elle, ce n'est pas pour calmer les terreurs des malades, c'est uniquement pour adoucir la colère céleste. Bien qu'il ne parle pas de l'intervention divine, n'est-ce pas encore un aveu d'impuissance devant une force supérieure que cette déclaration d'un des docteurs les plus réputés du dix-neuvième siècle, Fleury, médecin en chef de la marine à Toulon [2] ? « Le choléra est arrivé ici subi-

---

1. Cité par BERTULUS, *Intendance sanitaire*, p. 31.
2. ID., *Intendance sanitaire*, p. 70.

tement, avec ce qu'il présente de plus affreux et de moins susceptible de toute médication. C'est une affreuse maladie ! Je répète ce mot avec intention. Je ne la connaissais que de nom, mais je la vois maintenant dans toute sa laideur, insaisissable dans ses causes, dans son siège, dans sa marche. Elle oppose à l'art des obstacles invincibles. Quand l'algidité survient, il n'y a nul moyen de guérir. Tout en elle est impénétrable. Elle se promènera partout et fera d'innombrables victimes. »

La peste était donc une maladie classée, reconnue, mais qui passait pour inguérissable. Le gouvernement et les administrations avaient bien recours à toutes sortes de moyens préventifs, mais l'opinion courante était qu'il n'y avait rien à faire, car il était inutile de résister à Dieu. De là, malgré ce luxe de précautions officielles, de là, quand était déclarée la contagion, un subit découragement, et, comme conséquence immédiate, une agravation du mal. On avait déjà constaté ces phénomènes lors des pestes qui avaient frappé le Provence : on allait les subir plus fortement encore lorsque le fléau fit son apparition à Marseille en 1720. Transportons-nous donc dans cette cité populeuse, et essayons de montrer comment et pour quelles causes elle fut si cruellement décimée.

MÉDAILLE DE LA CESSATION DE LA PESTE
(Communiquée par M. Martin, Conservateur du Cabinet des médailles de Marseille.)

Moustiers.   Estelle, Seigneur d'Aren.

Dieudé.   Audimar.

ARMES DES ÉCHEVINS DE MARSEILLE PENDANT LA PESTE

CHAPITRE II

APPARITION DE LA PESTE

Dans les premières années du dix-huitième siècle, la ville de Marseille n'était pas cette splendide cité dont les maisons montent à l'assaut des collines voisines, et dont les quais se prolongent en lignes majestueuses jusqu'à l'extrême horizon. Tout entière[1] elle était bâtie sur les hauteurs qui de l'anse de la Joliette descendaient vers le vieux port, l'antique Lacydon. Elle n'occupait qu'un des côtés de ce port, la rive droite. L'autre côté était couvert par les énormes bâtisses de l'arsenal. Pas de monument, pas de large rue, peu de jardins, encore moins de promenades et de places publiques. La seule avenue plantée d'arbres, qui partait de l'église Saint-Martin pour aboutir à la place Saint-Louis, le Cours, était l'unique endroit où se réunissait la bonne compagnie, et où se donnaient rendez-vous flâneurs ou négociants. Partout des ruelles étroites, obscures, avec ruisseaux mal odorants au milieu de la voie, partout des tas de fumier aux portes des maisons et des cordes étendues d'une fenêtre à l'autre pour sécher le linge mouillé. De loin en loin, quelque somptueuse demeure, avec façades sculptées et

---

1. Plan de la ville et du terrain de Marseille. Inventaire des archives de la ville de Marseille, I, planche 21.

loggias à l'italienne, mais sans jour et presque sans lumière. Aussi les miasmes étaient-ils en quelque sorte en suspension, surtout dans le port, devenu un cloaque bourbeux, à ce point qu'en 1530, sur le rapport du baron de Saint-Blancard, François Ier ordonna aux Marseillais de faire disparaître la vase et les boues, qui parfois arrêtaient les vaisseaux : mais cet ordre ne fut pas exécuté, et le port de Marseille fut longtemps d'une saleté inexprimable. Aussi, quand le rude mais bienfaisant mistral tardait à renouveler l'atmosphère, la fièvre survenait et devenait vite contagieuse, d'autant plus que tous les aventuriers du Levant aimaient à se rencontrer à Marseille, où ils trouvaient un asile sûr dans le dédale de ses rues, mais où ils apportaient trop souvent, sans parler de leurs mœurs tout au moins étranges, des relents de maladies suspectes.

La ville de Marseille n'était pourtant pas mal administrée. C'était même un personnel d'élite qui dirigeait alors les affaires municipales. D'après les libertés et privilèges que Louis XIV, malgré la révolte de 1660, avait consenti à laisser à la ville, quatre Échevins, renouvelables par moitié tous les ans, et nommés par leurs concitoyens, se partageaient les attributions financières et la direction de la police. Les quatre Echevins en charge en 1720 appartenaient à la bonne bourgeoisie marseillaise, et avaient déjà donné des preuves de leur capacité. L'un d'eux, Estelle[1], négociant surtout en relation avec le Levant, avait ramassé une belle fortune, car il possédait à Arrenc un château qu'il appelait Favouille. Ce château a été depuis démoli, et sur son emplacement on a construit les nouveaux abattoirs. Pendant longtemps fut conservé le portail en fer, surmonté d'une étoile, armoiries parlantes de la famille. Jean-Pierre Moustier[2] était de famille noble. Il était né à Marseille en 1670. Son père François avait déjà exercé l'échevi-

---

1. Il existe aux Archives municipales (Registres de la correspondance) quelques lettres inédites d'Estelle ; mais elles ne présentent aucun intérêt pour la peste.
2. MARY-LAFON, l'Echevin Moustier, Marseille, Gueydon, 1863.

nage en 1643. Un de ses ancêtres, Antoine, s'était fait remarquer par son dévouement lors de la peste de 1556. Un autre Moustier, Jacques, sans doute un frère d'Antoine, était membre de la Compagnie du Corail [1] en 1564. Moustier fut avant tout un homme d'action. Il ne recula jamais devant ce qu'il croyait être l'accomplissement du devoir. C'est lui qui, lors de l'épidémie, joua le rôle principal. On le trouvera toujours au poste d'honneur. Simplement et sans phrases, il agissait comme il croyait devoir le faire, et rencontrait parfois des mots heureux qui éclairaient une situation. Ainsi le jour où insulté et menacé par des officiers qui lui réclamaient peu poliment des vivres pour leurs hommes : « Mettez-vous à la tête de vos soldats, répondit-il à l'un d'eux; moi de mes bourgeois, et nous verrons. » Une autre fois, à la Tourette, où il présidait à l'enterrement des cadavres, un officier s'avisa de le railler : « Ah ! voici l'enterre-mort ! — Oui, riposta Moustier, mais je suis aussi l'enterre-vivant. » En effet, il provoqua en duel le malencontreux plaisant, et blessa son adversaire. Le troisième et le quatrième Échevins, Balthazar Dieudé et Audimar, jouent un rôle plus effacé, mais eux aussi ne reculeront pas devant le danger, et, fidèlement, vaillamment, resteront à leur poste de combat. Aussi bien, si l'on ajoute foi à un document conservé dans les archives municipales de Marseille [2], Dieudé n'hésitait pas à affronter les bêtes fauves, moins rares alors qu'elles ne le sont aujourd'hui, et il est question d'un ours tué par lui dans la banlieue de Marseille, alors qu'il était écuyer des milices bourgeoises.

On a conservé la correspondance des quatre Échevins non seulement avec les hauts fonctionnaires de la province et du royaume, mais avec les consuls des villes voisines, avec les négociants qui approvisionnaient la cité, et même avec les simples particuliers qu'ils renseignaient sur leurs affaires privées. Il est vraiment sin-

1. Masson, la Compagnie du Corail, p. 24.
2. Inventaire, p. 22, col. 2.

gulier que, depuis bientôt deux siècles, on n'ait pas songé à tirer parti de cette correspondance. Ce n'est pas que nos quatre Échevins soient des maîtres en fait de style. Bien au contraire ils ont la main lourde, la phrase filandreuse et l'orthographe fantaisiste, mais leurs lettres, écrites au jour le jour, donnent l'impression d'une sincérité absolue. De plus, elles contiennent sur la vie privée des renseignements qu'on ne trouverait nulle part ailleurs. Ajoutons même, pour ceux qui croient qu'on peut reconnaître à son écriture le caractère d'un individu, que l'écriture des quatre Échevins est très suggestive. Elle est nette, bien formée et nettement appuyée. Ils étaient évidemment persuadés du bien fondé de leurs affirmations. Leur signature surtout est celle de personnes sûres de ce qu'elles avancent. Nous ne donnons, bien entendu, ces indications que sous toutes réserves.

A côté des Échevins, et sous leurs ordres immédiats, nous aurions mauvaise grâce, et ce serait même une injustice de ne pas signaler quelques-uns de leurs employés qui, eux aussi, firent tout leur devoir, et que la postérité oublieuse a trop négligés : l'archiviaire Capus, qui remplissait les fonctions de secrétaire général à la mairie[1]; Pichatty de Croissainte, le secrétaire, ou plutôt, pour lui donner ses titres officiels, le conseiller orateur de la Communauté et procureur du roi de la police. Pichatty jouissait d'un grand crédit auprès de la municipalité. Lors de son installation, le procès-verbal des délibérations est ainsi libellé[2] : « A la place du sieur Tanon nous avons jeté les yeux sur le sieur Pichatty de Croissainte, qui est depuis longtemps l'avocat le plus fameux de Marseille, qui a exercé avec honneur et applaudissement les principales charges de la ville, et qui, outre sa probité et habileté, s'est toujours distingué dans l'art de parler. Lequel choix fut tellement au gré

1. *Journal abrégé de ce qui s'est passé en la ville de Marseille, depuis qu'elle est affligée de la contagion,* tiré du *Mémorial de la Chambre du conseil de l'hôtel de ville,* tenu par le sieur PICHATTY DE CROISSAINTE, conseil et orateur de la Communauté, et procureur du roi de la police, 1 vol. in-4, 64 p., Marseille, Boy, 1720.
2. Registre des délibérations du conseil, n° 122, p. 71.

du public qu'il accusa une joie universelle, et fut très utile à la Communauté par la bonne instruction qu'il donna aux affaires qui étaient pendantes. » Ce procès-verbal est signé par tous les Marseillais qui devaient jouer un rôle pendant la peste: marquis de Pilles, Estelle, Moustier, Audimar, Dieudé, Marin, chevalier Roze, Beaussier, Cotta, Reboul, Besaudin, Audier, Chaud, Bigonet, Dauphin, Fabron, C. Roze, Fabre, F. Guis, Lombardon, Rémusat, L. Guilhermy, Amoreux, Landery, Yssautier. Pichatty devait, en effet, ne pas être inférieur à sa réputation. Non seulement il rendit à Marseille d'inappréciables services, mais encore fut le premier historien de la peste.

Citons encore Bouys, contrôleur des comptes financiers; Bonnet, commandant des archers, aux bons offices et à la fermeté duquel on sera souvent obligé de recourir. Un mot encore en faveur de Jean-Jacques de Gérin, lieutenant-général de l'Amirauté depuis 1713, qui, pendant toute l'épidémie, continua à tenir paisiblement ses audiences, et, malgré le danger, exerça tous les devoirs de sa charge.

Échevins ou employés de la ville avaient comme supérieur hiérarchique le viguier Fortia d'Urban, marquis de Pilles. Lui aussi fut l'homme du devoir. Atteint par le fléau et épargné par miracle, il ne voulut pas prendre un repos pourtant bien mérité, et resta viguier de la ville de Marseille, c'est-à-dire chargé des fonctions en quelque sorte extérieures, et aussi revêtu d'attributions judiciaires assez étendues. Le marquis de Pilles se montra toujours à la hauteur de son rôle, et il n'est que juste de lui garder une place spéciale dans nos souvenirs reconnaissants.

Par une bizarrerie de l'opinion, c'est à un autre personnage, d'ailleurs fort recommandable, que d'ordinaire on reporte tout l'honneur du sacrifice et du dévouement. Certes, l'évêque de Marseille, Henri de Castelmoron de Belsunce, s'est dignement et noblement conduit. Il mérite les éloges qu'on ne lui a pas épargnés, mais enfin Belsunce ne fut pas le seul à se dévouer: il n'est donc pas le seul à qui Marseille doive conserver de la reconnaissance. Il a fait son devoir, mais d'autres que lui l'ont fait également, et ce serait une véritable iniquité que de tout attribuer à un personnage unique en passant sous silence les actes tout aussi héroïques d'autres citoyens.

Un de ces citoyens qui, à côté de Belsunce, se signala par son extraordinaire activité, et sa vaillance à toute épreuve, fut le chevalier Roze. L'antiquité lui aurait élevé des statues. Sa mémoire aurait été célébrée par les historiens et les poètes. On lui a seulement consacré dans un des coins les plus ignorés de Marseille un monument mesquin et à peu près inconnu ; à peine si une des rues de sa cité natale porte son nom ; à peine si ce nom reste encore dans les souvenirs populaires[1]. C'est une grande injustice que nous essaierons de réparer en partie.

Nicolas Roze était né à Marseille le 15 février 1671. Il était le second fils de Firmin[2] Roze et de Virginie Barthélemy. Il descendait de ces aventureux négociants marseillais qui, perpétuant les traditions locales, lançaient sur toutes les mers alors connues leurs légères galères et ne craignaient pas d'entretenir des relations suivies avec les peuples qui passaient pour ne pas aimer les chrétiens. Son frère aîné, Claude Roze, chargé de la direction de la maison, trafiquait surtout avec l'Espagne, et, de bonne heure, recourut aux bons offices, à l'intelligence et à l'activité de Nicolas. Il se décida même à lui confier la direction de son comptoir d'Alicante, et c'est dans cette ville, en 1696, que nous trouvons établi notre jeune négociant. Rien de saillant dans ces premières années. Il est probable qu'il voyagea beau-

---

1. X..., *Lettre au marquis de X... au sujet du chevalier Roze*. — Martin, *Histoire de la peste à Marseille*, 1721. — Paul Autran, *Éloge du chevalier Roze*, 1821. — Évariste Bertulus, *Un grand pionnier laïque de 1720*, 1860. — Henri Oddo, *Vie du chevalier Roze*, 1899. — Stephen d'Arve, *Chevalier Roze*.

2. Firmin Roze avait été consul de France à Patras, en Morée. Les armes qui lui furent accordées portaient d'azur à trois roses d'argent tigées et feuillées de même, mouvantes d'un cœur de gueules ailé d'or, le tout surmonté de trois étoiles aussi d'or.

coup, non pas seulement entre Marseille et Alicante, mais aussi dans tous les pays baignés par la Méditerranée et qu'il acquit, dans ces courses répétées, l'esprit d'initiative et de décision, ainsi que les qualités d'administrateur qui bientôt le distingueront.

Lorsque éclata la terrible guerre de Succession d'Espagne, Roze, qui s'était déclaré avec tous les Espagnols pour le petit-fils de Louis XIV, Philippe V, leva à ses frais deux compagnies et commença contre les coalisés cette guerre de guérillas, qui convenait si bien aux habitudes et au caractère espagnol. Comme il était aussi brave qu'entreprenant, il réussit à battre en maintes rencontres les ennemis, et ne tarda pas à se faire un nom par la hardiesse et aussi par le bonheur de ses entreprises. Nommé commandant de la citadelle d'Alicante, il y soutint pendant trois mois et neuf jours les attaques des ennemis. Dans un des nombreux combats livrés autour de la place, comme il se trouvait toujours au premier rang, il fut atteint par un éclat de grenade. Lorsque la place capitula, il obtint la permission de rentrer en France pour y soigner sa blessure et veiller aux intérêts de sa maison. Informé de sa belle conduite, le ministre Pontchartrain le manda à Versailles pour le présenter au roi, et lui délivra un certificat qui est tout à son honneur. Il est daté du 27 janvier 1707. Le voici : « Certifions que le sieur Nicolas Roze, négociant de Marseille, étant établi à Alicante depuis dix ans, a marqué, pendant le siège que les Anglais ont fait de cette ville, tout le zèle possible pour contribuer à sa défense ; qu'il a levé et entretenu à ses dépens deux compagnies, l'une de cavalerie et l'autre d'infanterie ; qu'il les a commandées, a servi de sa personne dans toutes les occasions, et a été blessé dans l'attaque du château ; qu'il a abandonné, lors de la reddition de la place, des biens considérables et employé ce qui lui a resté pour la subsistance des troupes du roi d'Espagne et autres nécessités pressantes du service de Sa Majesté Catholique, et qu'au surplus ledit sieur Roze a toujours tenu une bonne et sage conduite : le tout pour lui servir et valoir envers qui il appartiendra. » Pontchartrain ne se contenta pas de ce témoignage déjà si honorable de satisfaction. Il lui accorda, pour l'indemniser de ses pertes, une somme de 10.000 livres et la croix de Saint-Lazare [1] avec le titre de chevalier et des lettres de noblesse. Par une délicate attention, il voulut encore que cette croix lui fût remise en grande pompe, à Marseille même, et par l'évêque, de Vintimille du Luc. La cérémonie eut lieu et c'est porté par les acclamations populaires que le nouveau chevalier, escorté par les autorités et par les gentilshommes, rentra au domicile paternel.

Roze ne devait pas [2] y rester longtemps, car les affaires se gâtaient dans la péninsule, et le gouvernement, qui avait besoin d'hommes de résolution et d'expérience, lui envoya bientôt l'ordre de rentrer en Espagne. Bien que souffrant encore de sa blessure et mal remis de ses fatigues, il partit sur-le-champ, débarqua à Carthagène, et rejoignit aux alentours de Valence le maréchal de Berwick, qui s'apprêtait à livrer une bataille décisive aux coalisés. Ce devait être la fameuse bataille d'Almanza, dans laquelle, d'après la tradition, il joua un rôle important. Ce serait lui qui aurait conduit contre les camisards de Jean Cavalier la charge irrésistible qui décida la victoire en notre faveur. Nous le retrouvons ensuite à Xativa, puis à Oran, et enfin de nouveau à Alicante. Cette ville était encore au pouvoir des Anglais. Il s'agissait de se ménager des intelligences dans la place et de préparer un retour offensif des Espagnols. Roze était trop connu pour échapper à la surveillance. Il fut arrêté, gardé en prison pendant sept mois et de

1. Cette croix était d'or à huit pointes émaillées de pourpre. Elle se portait attachée au cou par un ruban de moire noire. Les chevaliers, au nombre de cent pour la langue de France, faisaient vœu de soulager les lépreux et les pestiférés.
2. D'après la tradition, Roze aurait vécu à Paris dans la familiarité de Fontenelle. Il aurait même, conduit par lui, assisté à une séance de l'Académie française, où, par une spirituelle repartie, il aurait imposé silence à un collègue, plus que désagréable, de Fontenelle. Voir STEPHEN D'ARVE, *ouvr. cit.*, p. 25.

là transféré à Barcelone, où on le retint encore pendant dix mois. On ne consentit à lui rendre la liberté que lors d'un échange général des prisonniers, et encore était-il si bien considéré comme de bonne prise qu'on ne voulut le rendre que contre le secrétaire du prince de Darmstadt et quatre capitaines. Au moins eut-il la satisfaction de rentrer bientôt en vainqueur à Alicante, que nos troupes venaient de reprendre.

Lorsque enfin fut signée la paix d'Utrecht, qui laissait l'Espagne à Philippe V, Roze retourna modestement à ses affaires qui avaient été fort négligées, et s'efforça de rendre son ancien lustre à la maison de commerce que dirigeait toujours son frère Claude. Il peut sembler étrange que le gouvernement ne l'ait pas alors récompensé de ses services, qui étaient éclatants, mais ou il négligea de les faire valoir, ou, ce qui est plus probable, d'autres, moins méritants, furent mieux partagés. C'est seulement en 1717, cinq ans après la paix d'Utrecht, qu'il fut nommé consul de France à Modon, et encore récompensait-on moins ses services qu'on n'utilisait sa compétence et sa connaissance des affaires du Levant. A Modon[1] il eut à lutter, pour la première fois, contre la peste et se familiarisa en quelque sorte avec le fléau, car il éclata trois fois en trois ans, et les intervalles étaient moins une extinction qu'un assoupissement. Certes, Roze aurait pu demander au moins un congé, mais son honneur le retenait à ce poste de combat[2]. Il ne revint à Marseille qu'en mai 1720, et ce fut pour tomber en pleine épidémie. C'est alors que le chevalier va entrer dans l'histoire par la grande porte

1. Roze n'oublia pas qu'en sa qualité de chevalier de Saint-Lazare il devait racheter des captifs... On a conservé de lui cette lettre, datée de janvier 1719 : « Je viens de racheter le sieur de Firmont de Paris, enfant de famille, jeune et bien fait. Il m'a coûté 200 livres de rançon. J'ai racheté aussi le nommé François Gesbos, de Cassis, qui ne m'a coûté que 70 piastres. On les voulait faire Turcs par force. Je crois que l'œuvre devrait me rembourser cette somme. » Cité par STEPHEN D'ARVE, *le Chevalier Roze*, p. 29.

2. Archives de la Chambre de commerce de Marseille AA 254 et Hn 8. Lettres du 3 octobre 1717, du 6 janvier et du 12 décembre 1718, du 19 janvier, 26 février et 11 mars 1719.

du dévouement et de l'héroïsme. D'après une tradition [1], que rien, il est vrai, ne confirme, Roze aurait été un des passagers du vaisseau qui apporta la peste à Marseille. N'y a-t-il pas là une coïncidence romanesque, ou plutôt un effet cherché, mais probablement dépourvu d'authenticité ? La réalité sera assez terrible sans qu'il soit besoin de l'enjoliver par des inventions peu vraisemblables.

Tels sont les principaux Marseillais qui, à Marseille même, vont combattre le bon combat et arrêter la ruine de cette ville infortunée. En dehors de Marseille, le gouverneur de Provence, maréchal duc de Villars, aurait pu jouer un grand rôle. N'était-ce pas pour lui une obligation, à la première nouvelle du danger, que de courir de sa personne au secours de la cité menacée, et, par sa présence, de ranimer toutes les défaillances ! Mais il ne résidait même pas dans la capitale de son gouvernement, à Aix. Il était à Paris, ou plutôt à Versailles, et, sous prétexte qu'il faisait partie des conseils royaux, et pouvait intervenir directement pour obtenir des secours, il aima mieux garder à l'abri sa précieuse santé, et se contenta, dans son naïf égoïsme, d'offrir à ses administrés des consolations ou des condoléances. Ce n'est pas que le courage lui manquât : certes le héros de Malplaquet et de Denain avait bien prouvé qu'il ne redoutait pas la mort sur le champ de bataille, mais il n'avait peut-être pas la notion du courage civil. Nous n'en sommes pas moins aux regrets d'avoir à constater son absence.

A défaut du maréchal de Villars, l'intendant de Provence, qui remplissait en même temps les fonctions de premier président au Parlement d'Aix, Cardin Lebret, aurait dû s'installer à Marseille dans l'hôtel qui lui servait de résidence. Il ne le fit pas. Sans doute crut-il pouvoir rendre plus de services s'il se tenait à l'abri de la contagion. Au moins racheta-t-il cette prudence exagérée par un zèle administratif, dont il est facile de suivre les traces dans la correspondance conservée aux

---

1. Lettre de M. le marquis de X..., au sujet du chevalier Roze.

archives municipales et départementales. Lebret appartenait à la forte race des travailleurs, dont Richelieu avait commencé l'éducation. Exact et ponctuel dans ses réponses, clair et précis dans ses demandes d'enquête, goûtant peu le favoritisme, et, somme toute, assez bienveillant, Lebret suffisait à sa double tâche. D'une main ferme, il surveillait les rouages délicats de l'administration judiciaire sans perdre de vue les mille détails de la police ou de la comptabilité. Il avait su inspirer à nos Provençaux une confiance absolue, et, lors de la crise de 1720, c'est à lui qu'on s'adressera dans les cas douteux ou difficiles. Il deviendra comme le suprême arbitre, et ses décisions seront scrupuleusement exécutées. Si Lebret, au lieu de fuir devant la peste, comme il le fit à Aix, et plus tard à Saint-Rémy et à Barbentane, avait bravement donné l'exemple, et s'était installé au foyer même de l'infection, ce serait une des grandes figures de l'époque. Il est vrai qu'il faut toujours tenir compte des idées du temps. Peut-être que Lebret, de même que Villars, croyait être l'homme de ses fonctions en combattant la peste de loin, et non pas corps à corps.

L'homme de confiance de Lebret, son subdélégué à Marseille, Rigord, ne quitta pas au contraire le poste auquel l'attachaient ses fonctions. Il y déploya un grand zèle, et rendit de réels services. Bien qu'il s'occupât d'histoire[1], et surtout de chronologie, il sut sacrifier ses goûts à son devoir, et, dès l'apparition du fléau, s'efforça de le combattre. A ses côtés tombèrent successivement sa femme, son neveu, ses commis, ses domestiques, mais il resta inébranlable, conservant même une sorte de gaieté, qui sans doute était de surface, mais qu'il croyait utile en la circonstance. Voici, d'ailleurs, une des lettres[2] qu'il adressa à la municipalité. Elle nous permettra de juger son caractère : « J'apprends que vous êtes fort alarmé sur la maladie de votre trésorier. Je

---

[1]. Lors de la création de l'Académie de Marseille, en 1726, il fit partie de la compagnie, et assista souvent à ses séances. Il mourut le 20 juillet 1727, âgé de soixante et onze ans.
[2]. Lettre de Rigord aux Échevins (23 août 1720.)

dois avoir l'honneur de vous dire que la peur dans ces occasions fait les trois quarts du mal. Tâchez, messieurs, de la dissiper. Je suis sûr que, si on lui donne un bon émétique tout à l'heure, et qu'ensuite on lui donne des cordiaux, il sera debout en quatre jours. Ce que j'ai l'honneur de vous dire, messieurs, c'est en conséquence de ce que je vois dans la citadelle Saint-Nicolas, dont le major fut pris lundi au soir, après avoir passé une partie de l'après-midi ici pour l'approvisionnement des citadelles et forts. C'est une maladie brusque : il faut la traiter brusquement. Je vous prie, messieurs, de demeurer tranquilles, en prenant cependant toutes les précautions que votre prudence vous suggérera. »

Tels sont les hommes qui gouvernaient la Provence ou administraient Marseille, lorsque arriva dans notre port, le 25 mai 1720, *le Grand-Saint-Antoine*, commandé par le capitaine Chataud. Ce navire avait quitté Seyd, en Syrie, avec une patente nette, c'est-à-dire qu'elle ne portait aucun soupçon de peste. La peste, en effet, n'était jamais reconnue dans une ville que lorsque les morts se multipliaient, mais, tant qu'elle n'enlevait pas de malades, leur petit nombre n'attirait pas d'abord l'attention. Si le mal était réel, des raisons d'intérêt la faisaient souvent déguiser, et alors la maladie progressait cruellement. Il se peut donc que la peste ravageât la ville de Seyd avant le départ de Chataud, mais il s'était mis en règle, et on n'avait pas le droit de l'accuser de négligence ou de fausse déclaration.

Assailli durant sa route par une forte tempête[1], Chataud fut obligé de relâcher à Tripoli de Syrie pour radouber son vaisseau. Durant le séjour qu'il y fit, il chargea de nouvelles marchandises qui peut-être étaient infectées, ou même venaient en droite ligne de Seyd, car, dans tout le Levant, la peste n'interrompait pas les transactions commerciales, et la communication était libre entre Seyd et Tripoli. Mais le consul de France lui délivra une seconde patente. Chataud commit une imprudence,

---

1. Extrait du *Traité de la peste*, publié par ordre du roi Louis XV.

il est vrai qu'il eut la main forcée, celle de prendre à son bord, pour les transporter à Chypre, quelques passagers de nationalité turque, chargés de hardes et de marchandises qui certainement étaient contaminées. En effet *le Grand-Saint-Antoine* venait à peine de quitter Tripoli qu'un de ces Turcs tomba malade et mourut. Cette mort subite éveilla les soupçons. On avait, suivant l'usage, chargé deux matelots de jeter le cadavre à la mer, mais le capitaine les arrêta au moment où ils allaient exécuter la funèbre opération, et ordonna aux camarades du mort de lui rendre les derniers devoirs. Chataud poussa même la précaution jusqu'à faire jeter à la mer les cordes qui avaient servi à lier le cadavre. Quelques jours plus tard, les deux matelots qui avaient été commandés de service tombaient malades à leur tour et mouraient après quelques heures de souffrance. C'étaient là de fâcheux indices. En bonne conscience, Chataud aurait dû interrompre son voyage, et entrer en quarantaine dans l'un des lazarets de la Méditerranée. Il se contenta de débarquer ses passagers turcs à Chypre et repartit sans s'arrêter, muni d'une troisième patente du consul français ; mais le vaisseau était condamné. Deux matelots et le chirurgien, frappés par le même mal, moururent en peu de jours. Le capitaine Chataud se doutait si bien de la présence de la peste à son bord qu'il se retira à la poupe du vaisseau, et, de là, donna ses ordres à l'équipage, dont il était soigneusement séparé. De plus, il fit jeter à la mer les cordages et les hardes qui avaient servi aux malades. Quand il arriva en vue de Cagliari, il voulut relâcher dans ce port, mais à sa grande surprise, on lui en interdit l'entrée, avec menace d'être reçu à coups de canon. Le vice-roi de Sardaigne, Saint-Remis, avait rêvé, la nuit précédente, que la peste ravageait son gouvernement. Il était encore sous l'impression de ce cauchemar, quand on lui annonça qu'un navire venant du Levant demandait l'entrée du port : aussi résolut-il de l'éloigner [1] à tout prix. Les habi-

---

1. Lemontey, *Histoire de la Régence*, t. I, p. 361.

tants de Cagliari traitèrent de folie le cas de leur gouverneur, mais lorsque plus tard ils apprirent que le bâtiment ainsi repoussé portait la peste dans ses flancs, ils consignèrent dans les registres de la ville la singularité de ce pressentiment, que personne ne s'avisa jamais de contester. Etait-ce caprice administratif, simple hasard, ou prescience de l'avenir, il est difficile de trancher la question, mais le fait est réel, et il était de notre devoir de le consigner ici.

Des côtes de Sardaigne Chataud se dirigea vers la Toscane. Comme il se trouvait alors dans le voisinage de Livourne, et que de nouveaux malades, trois matelots, venaient d'être frappés, qui bientôt moururent, il relâcha dans ce port et fit à l'intendance sanitaire la déclaration d'usage. Or, ni le médecin, ni le chirurgien du lazaret qui visitaient les malades ne reconnurent la peste. Ils attribuèrent ces décès successifs à des fièvres malignes d'un caractère contagieux, mais, dans leur certificat, ils n'admirent pas d'autre maladie. Chataud était donc en règle. Il n'avait pas caché la vérité, et il était en possession de trois patentes, celles de Seyd, de Tripoli, de Chypre, et d'une pièce officielle, le document de Livourne, lui donnant en quelque sorte la libre pratique.

Le 25 mai le *Grand-Saint-Antoine* arrive donc à Marseille. Chataud déclare que, dans la traversée, il a perdu sept hommes de son équipage, mais présente en même temps la patente nette de Seyd, de Tripoli et de Chypre et la déclaration de l'intendance de Livourne. On a prétendu plus tard que cette déclaration avait été inventée. En tout cas on ne l'a jamais reproduite dans les actes publics. Ce sont les intendants sanitaires de Marseille qui, pour excuser la légèreté avec laquelle ils acceptèrent le certificat de leurs collègues de Livourne, auraient affirmé plus tard qu'il n'y avait aucun soupçon de contagion à bord du *Grand-Saint-Antoine*, et que les prétendues fièvres malignes qui avaient décimé l'équipage n'avaient d'autre cause que la mauvaise nourriture et des soins hygiéniques défectueux. « Les intendants de la santé, écrit un contemporain[1], après avoir examiné la patente, ordonnèrent une quarantaine, et firent transporter les marchandises aux infirmeries, et en même temps la contagion avec elles. Qui eût jamais cru que des personnes établies pour conserver la santé eussent innocemment contribué à nous la ravir ? Mais Dieu, pour exécuter ses justes vengeances, se sert de nous pour nous punir nous-mêmes. »

Qu'est-il besoin de suspecter la bonne foi des intendants sanitaires ? Elle peut avoir été surprise par les documents officiels qu'on mettait sous leurs yeux, mais elle était absolue. Admettons qu'ils aient été trop confiants, mais ne les accusons pas d'avoir, de gaieté de cœur, précipité leur ville natale dans un tel abîme de souffrances et de malheurs. Voici, d'ailleurs, la décision[2] qu'ils prirent : « M. Tiran, intendant semainier, a interrogé J.-B. Chataud, capitaine du vaisseau le *Grand-Saint-Antoine* venant de Seyd, en manquant depuis le 3o janvier, chargé de diverses marchandises pour plusieurs. Il a touché à Tripoli, en est reparti le 3 avril, et de Chypre le 18. Il a relâché à Livourne, d'où il manque depuis le 19 du courant, y ayant laissé le capitaine Bucch. Il a huit passagers, le capitaine Carré disgracié, un Arménien, son valet et autres pour les infirmeries... Il faut un garde. Les gens de son équipage qui lui sont morts tant en route qu'à Livourne sont morts de mauvais aliments. » En décidant que les passagers seraient admis à débarquer après une quarantaine d'une quinzaine de jours, et que, jusqu'à nouvel ordre, les matelots et le vaisseau seraient consignés au lazaret, les intendants, n'hésitons pas à le reconnaître, se montrèrent trop confiants. Dès le 14 juin, les passagers débarquaient et trois d'entre eux se mettaient aussitôt en route, un pour Paris, et deux pour la Hollande, c'est-à-dire qu'ils pouvaient semer la contagion dans toute la France. Quant aux matelots et à la cargaison, on les retint, il est vrai,

---

1. *Discours sur ce qui s'est passé de plus considérable à Marseille pendant la contagion en* 1720, 1 broch. in-8, Marseille. Mallard.
2. Ce document est cité par BERTULUS, *Intendance sanitaire*, p. 21.

au lazaret, mais de fréquentes communications existaient avec la ville, et plusieurs caisses chargées de marchandises de contrebande furent introduites dans les bas quartiers. Elles portaient dans leurs flancs la peste avec toutes ses abominables conséquences.

A vrai dire, la quiétude du monde officiel se prolongea plus que de raison. Nous avons retrouvé, aux Archives[1] de la Chambre de commerce de Marseille, cette singulière lettre que lui adressaient, le 29 juillet 1720, les présidents du Conseil de la marine, L.-A. de Bourbon et le maréchal d'Estrées : « Le Conseil de marine a reçu vos lettres des 9 et 14 de ce mois sur les accidents du mal contagieux arrivés dans la ville et au lazaret de Marseille. Sur le compte qu'il en a rendu à Mgr le Régent, Son Altesse Royale a approuvé que, sur le premier avis que vous avez eu que deux habitants en avaient été attaqués, vous ayez aussitôt donné vos ordres pour transporter aux infirmeries les corps, et tous ceux avec lesquels ils auraient communiqué pendant leur maladie, et pris les autres précautions les plus convenables en pareille occasion. Vous saurez qu'il n'y a rien de si intéressant que la conservation de la santé dans le royaume, et que vous ne sauriez trop redoubler d'attention pour prévenir jusqu'à la crainte que cette maladie dangereuse ne s'y introduise. Le Conseil recommande le même soin aux officiers de la santé, et il observe que ces deux habitants n'en auraient peut-être pas été attaqués s'ils avaient bien veillé d'empêcher que quelques matelots ou passagers des bâtiments venus du Levant ne débarquassent pendant leur quarantaine, ou de verser quelques étoffes de contrebande qui n'auront pas été purgées. »

A la fin de juillet, les autorités ne croyaient donc pas encore à l'apparition de la peste, puisqu'elles se contentaient de recommander une surveillance plus étroite. Quant à Chataud, l'auteur peut-être inconscient de la catastrophe, et sur qui l'on chercha plus tard à en faire retomber toute la responsabilité, on l'enferma, dès que

1. Archives de la Chambre de commerce de Marseille, AA, 21.

la présence du fléau fut dûment constatée, au château d'If pour lui faire son procès. Il devait y rester trois ans. Cette précaution lui sauva la vie, car il est probable que, s'il avait débarqué à Marseille, la foule l'aurait mis en pièces Il avait d'abord été conduit à l'île de Jarros. Le lieutenant de l'Amirauté Jacques de Gérin avait été chargé, par le premier président Lebret, d'instruire l'affaire. C'est une sympathique figure que celle de ce juge. Il avait, aux premiers symptômes de l'épidémie, accompagné sa famille à Toulon, mais il en revint bientôt et s'installa d'abord aux allées des Capucines, chez la marquise de Pontevès. Cet hôtel ayant été contaminé, il se retira au quartier Notre-Dame, chez Gaudemard, avocat et procureur du roi à l'Amirauté de Marseille. L'ordre de Lebret vint le trouver dans cette retraite. Bien que la mission fût dangereuse, puisqu'il fallait communiquer avec des gens notoirement pestiférés, Gérin n'hésita pas. Le 10 septembre 1720, il s'embarqua sur une tartane de La Ciotat en compagnie de Gaudemard[1], « qui voulut me suivre, quoique cet ordre me concernât uniquement. Le cours et les rues étaient remplis de pestiférés, le postillon qui nous menait avait la peste, m'ayant avoué qu'il avait un bubon. » En même temps que lui, avaient pris la mer le commis au greffe Viennot, l'huissier Drogue, et sept ou huit matelots fournis par les intendants de la santé. Jarros n'est qu'un rocher brûlé par le soleil, sans eau potable, sans ombrage, et même sans habitation, car ils furent obligés de coucher sous une tente, exposés pendant le jour aux ardeurs dévorantes du soleil et aux attaques furibondes du mistral qui roulait jusqu'à la mer les pièces de la procédure. En moins de vingt-quatre heures, Viennot, Drogue et cinq matelots étaient emportés par la terrible maladie.

---

1. *Livre de raison* de GÉRIN, d'après la mission d'un magistrat, *Épisode de la peste de Marseille en* 1720, par ILDEFONSE DE VAULX, broch. de 23 p. Marseille, Colbert, 1899. Gérin fit à ses frais l'expédition de Jarros. Il dépensa, pour nourrir tout son monde, de 700 à 800 livres, et, en outre, il assura une pension de 150 livres à la veuve de Viennot.

Gérin résista stoïquement, et, pendant dix longues journées, procéda à l'inventaire des marchandises saisies, qu'il fit brûler, et à l'interrogatoire de Chataud, dont il prononça la mise en liberté, mais seulement après approbation du jugement par le roi. « Je le fis[1] mettre hors de cause et de procès, écrit-il, attendu que ce n'était pas un crime à lui imputer d'avoir eu dans son bâtiment des marchandises pestiférées, les Infirmeries n'étant établies que pour les purger, paraissant en outre par la procédure qu'il avait déclaré à son arrivée tout ce qui lui était arrivé dans sa route aux intendants de la santé et qu'il n'avait fait entrer aucune marchandise en fraude. » Cette décision n'était que juste, puisque Chataud avait rempli toutes les formalités prescrites, et qu'on ne pouvait lui reprocher ni négligence ni fraude ; mais l'opinion publique était déchaînée contre lui, et il eût été imprudent de le relâcher. Bien qu'il fût manifestement innocent, on le retint donc au château d'If. Le malheureux s'y trouvait encore en mars 1722. Nous avons retrouvé aux Archives nationales deux placets qu'il adressait le premier[2] à Mgr de la Houssaye, et le second[3] au Régent (14 mars), pour les supplier ou de lui rendre la liberté, ou de le traduire de nouveau en justice. « Il a attendu avec la simplicité qui est inséparable d'un innocent accusé, lisons-nous dans la seconde de ces suppliques, que M. Lebret vînt en cette ville pour lui demander son élargissement, ou que son procès fût fait ; mais ses parents et amis qui ont parlé pour lui à ce magistrat ont eu pour réponse qu'il avait à exécuter les ordres de Son Altesse Royale en faisant mettre ledit Chataud dans le donjon du château d'If, et qu'il n'en avait point pour le faire sortir, ni pour lui faire son procès. Cette situation, Monseigneur, l'oblige à rompre le silence qu'il a cru devoir garder pendant la maladie contagieuse, et même jusqu'à l'arrivée de M. Lebret dans cette ville, pour assurer à Votre Altesse Royale

---

1. GÉRIN, *Livre de raison*, ut. sup., p. 18.
2. Archives nationales, G⁷, 1736.
3. Même référence.

qu'il n'a mérité ni la prison, ni les calomnies dont on l'a chargé. » On connaissait en haut lieu le bien fondé de ces réclamations, mais on n'osait encore le relâcher. Même après la cessation du fléau, Chataud était toujours détenu au château d'If. On n'ignorait pourtant pas sa non-culpabilité, car on conserve dans les registres de l'Amirauté deux sentences du 12 février et du 14 mars 1721, condamnant à sa requête les sieurs Rolland, deux Maurin, Arnaud, Magi, Aubert, Amauric, Brémond, trois Meyfredi, Boze, Lentier, Salomon, Beaussier, Olivier et Larfeuil à lui payer les sommes respectivement assurées sur le chargement du *Grand-Saint-Antoine* par polices du 27 juin et 5 juillet 1719. On se décida enfin à faire droit à ses demandes plus que justifiées d'élargissement. Le Parlement d'Aix ayant évoqué l'affaire, un arrêt du Conseil d'État, en date du 1er septembre 1723, approuva la première décision de Gérin, et Chataud recouvra la liberté, esquivant ainsi, et la maladie dont il avait été le propagateur inconscient, et la vengeance des Marseillais.

Moins heureux que leur capitaine, les matelots du *Grand-Saint-Antoine* furent presque tous emportés par la peste. Sans parler de ceux qui moururent aux infirmeries, et dont le décès fut légalement constaté, il en est qui, dans la confusion des événements, disparurent sans laisser de trace. Voici la curieuse lettre[1] que les consuls de La Ciotat, Fougasse et Roquefort, adressaient à leur sujet aux Échevins de Marseille, le 24 octobre 1720 : « Deux ou trois de nos habitants sont venus nous prier de vous écrire au sujet de quelques hommes de l'équipage du capitaine Chataud, qui se trouvait sur l'île de Jarros, pour savoir ce que ces hommes sont devenus. C'est pourquoi nous vous prions, messieurs, d'avoir la bonté de procurer quelques nouvelles aux familles qui ne savent point la destinée de ces hommes qui sont depuis si longtemps en quarantaine et qui souffrent pour le peu de correspondance qu'ils y ont d'ailleurs. » Les

1. Lettre des consuls de La Ciotat aux Échevins, 24 octobre 1720.

Échevins prirent tout de suite des informations, et, dès le 29 du même mois [1], ils répondaient à leurs collègues de La Ciotat que « les gens du capitaine Chataud sont toujours à l'île de Jarros en parfaite santé. Il y a ordre de la cour de leur faire recommencer une quarantaine qui finira sur la fin du mois prochain ». Ils ajoutaient même que « la maladie diminue ici considérablement ».

Il est un autre personnage, l'Echevin Estelle, qui, très à tort, fut impliqué dans l'affaire Chataud. On l'accusait d'avoir des intérêts dans la cargaison du *Grand-Saint-Antoine*, et d'avoir favorisé, même avant le terme légal, le débarquement de marchandises pourtant suspectes. Ces bruits prirent une telle consistance que le maréchal de Villars, alors à Paris, en fut informé, et crut de son devoir de le faire savoir à Estelle [2], en le priant de se justifier : « On a voulu malignement répandre que la peste avait été apportée par un vaisseau appartenant à un Echevin, dont il avait empêché la quarantaine. Je sais bien que c'est une fausseté, cependant vous devez vous en justifier, écrivant pour cela à moi, à M. des Forts, à M. de la Vrillière. » Les magistrats incriminés étaient manifestement innocents. Ils étaient incapables de combiner ces louches opérations. Leur conduite ultérieure prouva d'ailleurs quels étaient leurs véritables sentiments. Aussi repoussèrent-ils avec indignation l'accusation dont on les chargeait. « Nous vous rendons encore, Monseigneur, répondaient-ils à Villars [3], mille grâces très humbles de la bonté que vous avez eue de croire que ce que l'on avait répandu, que le mal que l'on soupçonne avait été apporté par un vaisseau appartenant à l'un de nous, qui en avait empêché la quarantaine, était une pure fausseté. M. Lebret, dont le témoignage ne peut être suspect, aura la bonté de nous disculper là-dessus, et nous défions la malignité la plus subtile de pouvoir sur cela nous convaincre de la faute la

---

1. Lettre des Échevins aux consuls de La Ciotat, 29 octobre 1720.
2. Lettre de Villars aux Échevins, 5 août 1720 (Archiv. mun.).
3. Lettre des Échevins à Villars, 15 août 1720 (Arch. mun., R. G., p. 44, recto et verso).

plus légère. » Cette fière protestation fut bien accueillie, car la calomnie avait fait du chemin. Aussi Villars s'empressa-t-il [1] d'annoncer aux Échevins que « Son Altesse Royale d'elle-même m'a dit que le sieur Estelle, auquel elle avait voulu d'abord attribuer le commencement du malheur, s'était bien justifié de cette fausse accusation, et qu'il avait fort bien servi ainsi que ses confrères ».

L'ennemi n'en était pas moins dans la place, et il allait démontrer, par de soudaines attaques, la triste réalité de sa présence.

On a prétendu, étant données la soudaineté du mal et la rapidité de son progrès, que la peste existait à Marseille avant l'arrivée du *Grand-Saint-Antoine*. Rien n'est plus vraisemblable. Voici la curieuse lettre [2] adressée par Lebret à de Vaubourg, dès le 24 juin 1709 : « Nos Marseillais commencent à s'inquiéter beaucoup sur la peste qui est, disent-ils, fort allumée à Seyd et à Smyrne, où tous les bâtiments sont obligés d'aller changer leur papier en monnaie du pays pour acheter des blés. Ils disent que par cette raison il faut obliger tous les bâtiments à revenir à Marseille, où l'on se pique de grande exactitude pour la quarantaine, et qu'il n'en faut pas même dispenser les vaisseaux du roi que le Languedoc veut expédier, surtout si l'on y chargeait des marchandises entre deux ponts. J'ai l'honneur d'en écrire à M. de Basville. » On redoutait donc l'apparition du fléau. Peut-être même avait-il déjà éclaté dès l'année 1713, et cette fois il aurait été introduit non par mer, mais par le continent, et du côté de l'Autriche. Il existe à ce sujet toute une correspondance échangée entre le contrôleur général Desmarets, l'intendant Lebret et le gouverneur de Provence, comte de Grignan. A la date [3] du 30 mai 1713, Lebret prend les mesures nécessaires contre la maladie contagieuse qui vient de se déclarer en Autriche, et dont on redoute la communication en France. Des-

---

1. Lettre de Villars aux Échevins, 6 novembre 1720 (Archiv. mun.).
2. Archives nationales. G7, 1780.
3. Bibliothèque nationale. ms. fonds français, n° 12067.

marets approuve ces mesures [1], mais comme le danger ne paraît pas immédiat, il ordonne de surseoir provisoirement à quelques-unes de ces interdictions, tout en continuant la surveillance la plus attentive. Deux mois plus tard, le 1er septembre [2], comme la maladie a augmenté, Desmarets invite l'intendant de Provence à surveiller les allées et venues entre l'Italie, la Suisse et l'Allemagne. On construira des barrières sur les grandes routes et même sur les chemins détournés. En avant de ces barrières, on affichera sur des poteaux des ordonnances d'interdiction rédigées en deux langues, et on aura soin de pourvoir les corps de garde de vinaigre et de drogues pour parfumer les lettres. Desmarets a même le bon esprit de terminer sa lettre par ces sages paroles, qui devraient être la règle de conduite de tous les administrateurs : « Au reste, comme il est impossible de prévoir par une ordonnance tous les cas qui pouvaient arriver, Sa Majesté m'a ordonné de vous faire savoir qu'elle laissait à votre prudence à prendre toutes les autres précautions que vous croirez les plus convenables pour empêcher la communication d'un mal aussi dangereux. »

L'application de ces mesures donna lieu à une intéressante correspondance. Le 18 septembre [3], le comte de Grignan informait le Conseil du roi qu'il n'avait pas fait établir de barrière le long de la frontière du comté de Nice, parce que le duc de Savoie avait déjà pris toutes les précautions nécessaires. Il se montrait beaucoup plus sévère vis-à-vis des Anglais [4] venant d'Espagne et surtout des Baléares ; mais, bientôt, le prince de Monaco ayant affirmé que la contagion n'avait pas atteint ses domaines, et le Conseil du roi ayant reçu des renseignements qui confirmaient ceux du prince de Monaco [5], Desmarets, par lettre du 8 juin 1714, leva toutes les interdictions et

1. Lettre du 12 juin 1713.
2. Lettre du 1er septembre.
3. Lettre du 18 septembre.
4. Lettre de Torcy (16 novembre) approuvant les mesures prises. Cf. lettre analogue de Basville à Lebret (28 août 1714) pour l'informer qu'il a maintenu la quarantaine à Cette, Agde et Narbonne.
5. Lettres du prince de Monaco à Lebret (16 janvier et 1er mai 1714).

révoqua l'ordonnance qui défendait toute communication avec les pays contaminés. On en avait donc été quitte cette fois pour l'appréhension, et encore est-il probable que cette prétendue peste d'Autriche n'était que le typhus des armées, qui avait éclaté à la suite de la guerre de succession d'Espagne. La vraie peste avait sa terre d'élection en Orient, et c'est surtout du côté de l'Orient qu'il fallait regarder.

Or, en 1719, le fléau devint tout à coup menaçant. Dans toute l'Europe, l'année avait été mauvaise au point de vue de la santé générale. Il avait beaucoup plu, et des chaleurs extrêmes avaient développé des germes de contagion. Un des médecins qui plus tard vinrent à Marseille soigner les pestiférés, Deydier[1], assure que la peste existait depuis plusieurs mois. Il indiquait même certaines personnes qui en avaient été atteintes, et croyait pouvoir affirmer qu'elle avait été apportée de Syrie. En effet, Russel, dans son *Histoire d'Alep*, raconte qu'il y avait eu dans cette ville, en 1719, des cas nombreux. Dans un de ces livres de raison conservés dans les familles comme un respectable témoignage des événements qui intéressaient la maison, Laforêt[2], un des auteurs qui ont recueilli de curieuses traditions sur cette époque, a lu ces lignes significatives à la date du 2 mai 1720 : « Il est tombé quelques malades qu'on craint (*sic*) que ce soit du mal contagieux. » En outre, deux personnes étaient mortes subitement : Mlle Augier, le 20 avril 1720, et Mlle Constant, le 4 mai, atteintes toutes les deux d'une maladie qui ressemblait singulièrement à la peste, comme on le reconnut bientôt. Le docteur Pons[3], de Pézenas, envoyé plus tard à Marseille, par de Bernage, intendant du Languedoc, croyait que la peste s'était déclarée à Marseille sous forme sporadique, dès le mois de mai 1720 et même dès l'année 1719. Il avait pris de nombreuses informations, fouillé dans les registres mortuaires, et

---

1. LEMONTEY, *Peste de Marseille*, p. 61.
2. LAFORÊT, *Souvenirs marseillais: la peste de 1720*, p. 9.
3. Lettre de Pons à Bon, premier président de la Cour des Comptes à Montpellier, citée par A. FABRE, *Lazarets et Pestes*, p. 10.

reconnu des gens de tout âge et de tout sexe qui présentaient les symptômes de ce mal terrible. Le feu couvait donc sous la cendre [1], et, dans tous les cas, le terrain était bien préparé, lorsque furent dispersés les germes putrides apportés par *le Grand-Saint-Antoine*. D'autres imprudences allaient, d'ailleurs, déterminer une soudaine et, cette fois, une irrémédiable explosion.

Quelques barques et navires étaient arrivés du Levant dans les premiers jours de juin 1720, commandés [2] par les capitaines Franchessequitte, Ventre, Reynaud, Roubaud, Aillau et Gabriel. Il n'était que prudent de redoubler de précautions, car des bruits sinistres commençaient à circuler sur la contagion qui ravageait les côtes de la Méditerranée orientale. Etait-ce habitude du danger, ou crainte de jeter de la perturbation dans les affaires, ou bien encore égoïste préoccupation, mais les intendants de la santé paraissent, dans la circonstance, avoir accordé trop facilement la libre pratique. Sans doute ils prescrivirent les quarantaines ordinaires et défendirent le débarquement des marchandises suspectes, mais le plaisir de la contrebande ou plutôt l'amour des gains illicites est, paraît-il, impérieux. Plusieurs matelots trompèrent la surveillance des gardes de santé, et introduisirent en ville, spécialement dans les quartiers pauvres, des étoffes de laine et de coton, qu'ils vendirent à bon compte, mais dont les acheteurs allaient être punis de leur cupidité. Ces étoffes étaient, en effet, comme imprégnées de germes destructeurs. D'abord les portefaix qui avaient débarqué les marchandises, puis les marchands ou les clients qui se les étaient procurées, tombèrent malades et moururent les uns après les autres (juin 1720).

Il faut rendre cette justice aux Echevins qu'ils prirent

---

1. Comment expliquer autrement la lettre du comte de Toulouse à Lebret (4 avril 1720) obligeant à une quarantaine tous les capitaines et patrons de bâtiments chargés de grains, qui aborderont sur les côtes de France ? BONNET, *Documents inédits sur la peste de Provence*, p. 4.

2. Voir le placet de Chataud au Régent cité plus haut.

aussitôt les mesures qu'imposaient les circonstances. Ils firent porter les malades aux infirmeries, signalèrent les marchandises que, pour plus de sûreté, on déposa à l'île de Jarros, et coupèrent toute communication avec les équipages et les navires suspects. En même temps ils prévenaient l'intendant Lebret et le Régent[1], mais sur un ton de confiance extraordinaire, et qui vraiment laisse supposer qu'ils étaient de bonne foi, et ne croyaient pas à l'imminence du danger. « Sur la nouvelle que nous avons eue que la peste faisait des ravages dans la Palestine et la Syrie, il nous paraît à propos de faire redoubler ici les attestations et le soin à l'égard des bâtiments qui viendraient de ce pays-là. On a été dans l'obligation de renvoyer à l'île de Jarre un vaisseau qui est arrivé avec patente nette, à cause que les portefaix qui commençaient à le décharger s'étaient d'abord trouvés infectés. Du depuis il est arrivé quelques autres bâtiments des mêmes endroits, et, malgré tous les soins qu'on a pris, quatre portefaix sont morts en quatre jours dans les infirmeries. Nous supplions très humblement Votre Altesse Royale d'être persuadée que, de concert avec les sieurs intendants de la santé, nous n'oublierons rien pour prévenir le mal. » Dans une seconde[2] lettre au Régent, les échevins avouaient que de nouvelles victimes avaient succombé, mais pas en ville, seulement aux infirmeries ; mais, ajoutaient-ils, « comme depuis la nuit du 9 nos attentions et nos vigilances n'ont rien découvert dans la ville, nous espérons du Seigneur que nos malheurs n'auront pas de suite ». Villars fut également averti, mais toujours dans les mêmes termes de confiance exagérée : « Comme du depuis il n'est rien arrivé dans la ville, nous croyons que le mal n'aura pas de suites. Nous supplions très humblement Votre Grandeur d'être persuadée que nous n'oublierons rien pour cela, et que nous sommes dans un mouvement perpétuel pour

---

1. Lettre du 9 juillet 1720 (Archiv. mun., R G, p. 37). Lettre à Lebret, à la même date, conçue en termes à peu près identiques.
2. Lettre du 17 juillet (ibid., R G, p. 40, recto). Autre lettre du 21 juillet.

mettre ordre à toutes choses, et empêcher surtout les communications. »

Était-ce aveuglement volontaire ou crédulité poussée à l'excès chez les Échevins, on l'ignore, mais ils agirent[1] comme s'ils étaient persuadés que le mal pouvait être localisé, et la peste étouffée dans les infirmeries. Voici ce qu'ils écrivaient[2] le 15 juillet aux intendants de la santé dans les ports de Provence : « Messieurs, nous avons l'honneur de vous écrire pour vous faire savoir que la santé est bonne dans cette ville, mais qu'il y a de la contagion dans nos infirmeries, lesquelles sont séparées de la ville, et avec lesquelles la ville n'a aucune communication, y ayant sur cela des ordres très sévères que nous faisons observer inviolablement. Nous avons lieu d'espérer que le mal ne sera pas plus grand avec l'aide du Seigneur, mais la bonne foi exige de nous que nous ne vous cachions pas cette vérité, afin que vous puissiez prendre les mesures que vous jugerez à propos pour les bâtiments qui aborderont chez vous sans patente, et pour les personnes qui y arriveront par terre, auxquelles nous ne donnerons aucun certificat jusqu'à ce que le mal ait entièrement cessé aux infirmeries. » Une lettre[3] conçue en termes à peu près identiques était adressée en même temps aux conservateurs de la santé dans les différents ports de l'Europe. Elle y produisait un effet tout autre que celui auquel ils s'attendaient. Les unes après les autres, toutes les puissances[4] riveraines de la

---

1. Lettre des échevins à Villars (14 juillet 1720), (Arch. mun., R G, pp. 37 et 38). Réponse de Villars (21 juillet 1720). — Trois lettres furent adressées (17, 24 et 26 juillet) au comte de Toulouse et au Conseil supérieur de la province. Réponse, au 5 août 1720 : « Le Conseil leur mande que, par ordre de S. A. R., qu'encore qu'ils marquent que le danger leur paraît passé... ils ne peuvent trop redoubler d'attention pour s'en bien assurer, avant de permettre qu'aucune des personnes qui auront été dans les infirmeries y entrent sans avoir été suffisamment purgée. »
2. Lettre du 15 juillet (Arch. mun., C E, p. 150).
3. Lettre du 15 juillet (Arch. mun., C E, p. 151, verso).
4. Déclaration du 27 juillet, signée par les provéditeurs Quirini, Loredano, Bragadini, etc., et lettre du consul de France demandant des détails sur les mesures prises. Ces deux documents sont conservés aux Archives municipales.

Méditerranée, convaincues de la réalité du danger, mettaient Marseille en état de blocus. Venise donnait l'exemple. Les chevaliers de Malte[1], puis l'Espagne le suivaient. Seuls les Turcs, chez lesquels la peste existait à l'état endémique, continuaient comme par le passé à négliger toutes les précautions d'hygiène internationale.

Aux environs immédiats de Marseille s'était répandue, à la nouvelle de ces morts suspectes, une véritable panique. Les consuls d'Aix, d'Arles, de Toulon, d'Aubagne, de La Ciotat, d'Antibes, etc., écrivirent aussitôt à leurs collègues de Marseille pour leur demander des renseignements précis. Imperturbables dans leur optimisme, les Échevins répondirent que jamais la santé n'avait été meilleure. Ainsi, le 18 juillet 1720, ils écrivaient[2] aux consuls d'Arles et à ceux de Cassis : « Nous avons l'honneur de vous écrire au sujet de l'état où nous nous trouvons dans cette ville par rapport à la santé, et nous vous avons mandé qu'elle est bien bonne dans cette ville, mais il y a de la contagion dans les infirmeries... Nous avons tout lieu d'espérer que le mal ne sera pas plus grand, d'autant mieux qu'il n'est rien arrivé depuis votre dernière lettre. » Lettre analogue aux consuls de Beaucaire[3] : « Vous serez sans doute bien aises d'apprendre qu'il n'est... rien arrivé dans notre ville à l'égard des infirmeries, avec lesquelles il n'y a aucune communication. Il y a encore véritablement deux malades qui, selon toutes les apparences, guériront, mais c'est là tout le mal qui s'y trouve, en sorte que nous espérons qu'il n'aura pas de suites. » Les consuls de Toulon et de La Ciotat reçoivent de leur côté des lettres si rassurantes qu'ils n'hésitent pas à envoyer toutes leurs félicitations. « Nous vous prions de croire, écrivent les premiers[4], que cette nouvelle nous fait autant

1. Déclaration des commissaires de la santé à Malte, Junius et Andrea de Giovanni (Arch. mun.).
2. Lettres du 18 juillet (Arch. mun., C E, p. 150, verso).
3. Lettre du 18 juillet 1720.
4. Lettre des consuls de Toulon, 16 juillet 1720, Antrechaux, Gavotty, Marin.

de plaisir que celle de la contagion dans vos infirmeries nous cause d'inquiétudes. Nous ne doutons point qu'avec l'aide du Seigneur, vos soins et vos précautions n'empêchent les suites de la communication d'un mal si dangereux. » — « Nous sommes sensibles[1], écrivent les seconds, à l'avis que vous avez eu la bonté de nous donner que la contagion était dans vos infirmeries. Nous compatissons autant que nous le devons à vos embarras, et prions le Seigneur de vous en délivrer bientôt et garantir votre ville de toute infection. » Malgré leur quiétude, les Échevins de Marseille semblent pourtant avoir éprouvé quelques scrupules, car, à la date du 14 juillet, ils avertissent[2] leurs voisins d'Aubagne « que vous pourrez recommander à vos concitoyens qui viendront en cette ville de mettre ordre à leurs affaires avant de partir, parce que dans un cas douteux nous leur faisons faire une petite quarantaine pour plus de précaution ». Ils croient néanmoins pouvoir affirmer que « dans notre ville la santé est fort bonne, qu'il n'y est rien arrivé depuis seize jours, et que nous avons tout lieu de croire que le mal ne sera pas plus grand ». Ils sont déjà moins affirmatifs avec les consuls d'Arles, car, à la date du 1er août, ils ne leur cachent[3] pas qu'ils ne donnent plus ni patentes ni passeports, car « il est mort dans la ville diverses personnes d'une maladie que l'on soupçonne contagieuse... La bonne foi avec laquelle nous devons agir ne nous permet pas de vous cacher la vérité des choses. Vous pouvez sur cela prendre les mesures qui vous paraîtront favorables ». Voici que tout à coup la vérité leur échappe, et qu'ils ne cachent plus leurs inquiétudes. Les consuls[4] d'Antibes leur avaient écrit, le 22 juillet, pour s'étonner de ne pas avoir été directement

1. Lettre des consuls de La Ciotat, Fougasse, Sicard, Guéron, 16 juillet 1720.
2. Lettre des Échevins aux consuls d'Aubagne, 24 juillet (Arch. mun., C E, p. 150, recto).
3. Lettre aux consuls d'Arles, 1er août 1720 (Arch. mun., C E, p. 150, verso).
4. Lettre des consuls d'Antibes, 22 juillet, Michaelis, de Garbien, Gautier. — Nouvelle lettre du 1er août 1720 (Arch. mun.).

prévenus. « car notre port est assez de conséquence pour que nous ne soyons pas les derniers avertis de pareils inconvénients », et ils avaient renouvelé quelques jours plus tard leur demande d'information. Les échevins leur répondirent[1] que ce qu'on leur avait raconté « était plein d'exagération et de contes fabuleux », mais ils étaient obligés d'avouer, « pour ne vous pas cacher la vérité, que nous avons dans la ville du mal contagieux ou des fièvres pestilentielles qui se communiquent... Les opinions sont partagées là-dessus... mais, quoi qu'il en soit, il est juste que vous preniez les mesures que vous trouverez à propos. »

Il n'y avait plus, en effet, moyen de dissimuler la vérité. Le mal avait dépassé la limite des infirmeries, et avait éclaté en pleine ville. La première victime paraît avoir été la femme Marguerite Dauptane, dite la Jugesse. Elle demeurait rue Belle-Table. Elle était tombée malade le 20 juin, et, comme l'inflammation s'était portée à la lèvre, on la crut simplement atteinte de charbon : aussi ce décès fut-il enregistré comme la conséquence d'une maladie ordinaire ; mais, le 28 du même mois, à la place du Palais, le tailleur Creps et sa famille furent enlevés en quelques heures. On répandit le bruit qu'ils avaient succombé à une fièvre maligne. Le 1ᵉʳ juillet, dans l'ancienne rue de Scalis, dite par corruption de l'Escale[2] ou de l'Echelle, les femmes Eygasière et Tanoux étaient mortellement frappées, et on apprenait avec effroi que la plupart des habitants de cette rue étaient forcés, les uns après les autres, de s'aliter. Quelques jours plus tard, le 9 juillet, deux des médecins les plus réputés de Marseille, Peyssonnel père et fils, étaient appelés rue du Vert-Galant, près de la place du Linche, au chevet d'un enfant de treize à quatorze ans, Issalène, ou Eyssalène, qui était emporté en quelques heures. Sa sœur et toute sa famille furent immédiatement trans-

1. Lettre des Échevins aux consuls d'Antibes, 4 août 1720.
2. FABRE, *les Rues de Marseille*, t. I, p. 258. — PAPON, *Histoire de Provence*, t. IV, p. 639.

portées aux infirmeries, mais pour y mourir presque aussitôt. La maison mortuaire fut aussitôt fermée, murée même et les cadavres enterrés dans la chaux vive; mais il n'y avait plus de doute à éprouver. Si ce n'était la peste, c'était du moins une maladie épidémique qui se déclarait à Marseille.

Le 11 juillet, un certain Bayol, qui venait du Levant et qui était sorti depuis quelques jours des infirmeries, tomba malade. Il présentait un des symptômes caractéristiques de la peste, un bubon sous l'aisselle. Les Echevins le firent aussitôt porter aux infirmeries, mais il mourut pendant le trajet. Son cadavre fut enterré dans la chaux vive, et la maison où il avait été soigné fut fermée. On prit même la précaution d'isoler tous les habitants de cette maison, et aussi les membres de trois familles qui avaient eu quelque communication avec Bayol. Il était important de décider si ce Bayol avait déjà le mal ou s'il l'avait contracté à Marseille, mais, comme il n'y avait plus à hésiter, on décida qu'à partir de ce jour toute communication serait interrompue entre les infirmeries et la ville. Les Echevins, dans leur confiant optimisme, ne voulaient pas croire encore à la réalité du fléau. Ainsi qu'ils l'écrivaient[1] à Lebret, à la date du 12 juillet, « comme il n'y a rien eu de nouveau hier et aujourd'hui, nous osons espérer qu'il y aura plus de peur que de mal. Cependant, nous continuerons nos soins et nos précautions, et nous aurons l'honneur de vous avertir de tout ce qui arrivera ».

Ces morts soudaines et précipitées avaient répandu l'alarme dans la population. La théorie de l'Etat Providence était déjà répandue, et volontiers on aurait fait retomber sur les administrateurs de la cité les maux qui l'accablaient. Les Echevins avaient pourtant pris leurs

1. Lettre des Échevins à Lebret, 12 juillet 1720. Autre lettre dans le même sens, 13 juillet 1729 (Archiv. mun., C E, p. 147, verso : *id.*, p. 149), « Il n'est rien arrivé, ni hier, ni aujourd'hui, de sorte que nous croyons qu'il y a tout lieu d'espérer que le mal ne sera pas plus grand. Cependant nous n'avons garde de nous relâcher sur les précautions. Nous aurons l'honneur de vous avertir de tout ce qui arrivera soit en mal ou en bien. »

précautions. « A l'égard de ce qui se passa mercredi dernier à la place de Linche, écrivaient-ils[1] à Lebret le 14 juillet 1720, nous avions choisi les ténèbres de la nuit pour en dérober la connaissance au public, mais les voisins et quelques autres personnes qui veillaient s'en aperçurent, et le racontèrent le lendemain à dix mille âmes, qui le publièrent partout en y ajoutant quelque chose du leur. » Et ils ajoutaient non sans irritation : « Ce qu'il y a de fâcheux, c'est que dans le temps que quatre Échevins se forcent dans leur zèle et leur vigilance de rendre leur conduite utile et irrépréhensible, quatre-vingt mille âmes trouvent quelque chose à reprendre. » Le temps, hélas! était déjà passé des récriminations, et de jour en jour le fléau marquait par des progrès incessants sa puissance dévastatrice.

La rue de l'Escale semblait jusqu'à nouvel ordre le foyer principal du mal. Dans chacune des maisons de cette rue il y avait un ou plusieurs malades. Dans le voisinage, à la place des Prêcheurs, le fripier Job périssait avec toute sa famille. Dans la rue de l'Oratoire, le tailleur Bouche était, il est vrai, sauvé, mais tous les siens périssaient à ses côtés. Le plus singulier, c'est que personne encore ne prononçait ou n'osait prononcer le mot de peste. On persistait à parler de fièvres malignes ou vermineuses. Le docteur Sicard, qui avait quelques clients dans la rue de l'Echelle, fut le premier à dénoncer la peste. Les Echevins, persistant dans leur optimisme, se contentèrent d'ordonner une enquête à un autre médecin, Bauzon. Ce dernier conclut à l'existence d'une fièvre maligne, et nia résolument la peste. Etait-ce de sa part ignorance ou légèreté ? Un de ses confrères, car il n'est rien de tel qu'un confrère pour asséner de pareils compliments, Bertrand[2], écrivit plus tard « qu'il était difficile qu'il reconnût la peste, car nous avons appris du depuis qu'il ne touchait pas les malades, et qu'il ne

---

1. Lettre des Échevins à Lebret, 14 juillet 1720 (Arch. mun., C E, p. 150.) — PAPON (*Histoire de Provence*, t. IV, p. 640) partage ces préventions contre les Échevins et les accuse de négligence et d'incurie.
2. BERTRAND, *Relation de la peste*, p. 40.

leur parlait que de loin ». Sicard ne se rebuta pas et continua à déclarer que ses malades étaient bien des pestiférés. En effet, l'épidémie faisait de rapides progrès. Dans une seule journée, le 23 juillet, quatorze malades mouraient, et beaucoup d'autres étaient frappés. L'hésitation n'était plus possible. Il fallait recourir à des moyens extrêmes, ou sinon on s'exposait aux pires catastrophes.

Les Échevins se doutaient bien de la vérité, mais ils répugnaient à l'idée de la reconnaître officiellement. Est-il possible de fermer ainsi les yeux à la lumière et de pousser plus loin la dissimulation de la vérité ! Sans doute, les échevins avaient tout intérêt à ne pas rompre brusquement la vie commerciale de la cité, et, d'un autre côté, ils obéissaient strictement aux intentions de l'intendant. Lebret, en effet, mettant en pratique ce que devait bientôt formuler d'Aguesseau : « le bien public demande que l'on persuade au peuple que la peste n'est point contagieuse, et que le ministère se conduise comme s'il était persuadé du contraire », Lebret ne cessait de recommander à ses subordonnés les plus grands ménagements. « Je vois, leur écrivait-il[1] le 11 juillet 1720, par les bruits qui se répandent ici, qu'il n'a été observé aucun secret sur l'accident arrivé dans le quartier de Linche, ni hier sur ceux qu'il y a eu dans les infirmeries. Cependant, il était dans les usages de tenir cette sorte de malheurs fort secrète, en pourvoyant avec vigilance à tout ce qui peut en empêcher d'autres, et, quoique je sois persuadé que vous donnez toute votre attention, je vous prie de faire en sorte que le public ne soit pas informé de ce qui arrive et de me mander des nouvelles des suites, et je vous avoue que je suis dans une grande peine. » C'était donc avec l'assentiment, nous dirions presque avec la connivence de l'autorité supérieure, que la muni-

---

1. Lettre de Lebret aux Échevins, 11 juillet 1720. — Nouvelle lettre du 12 : « Comme plusieurs personnes m'ont raconté et amplifié les accidents qui sont arrivés, je vous prie qu'il y ait plus de secret. Je vous prie de m'informer exactement de tout ce qui se passera là-dessus. »

cipalité cachait la vérité. Elle le faisait d'autant plus volontiers qu'une accalmie venait de se produire. Du 15 au 21 juillet, aucun nouveau cas n'avait été signalé, et l'espoir renaissait. « Déjà le public, tout à fait rassuré [1], commence de taxer d'inutiles les peines que messieurs les Échevins se sont données, et toutes les précautions qu'ils ont prises. On prétend que les deux personnes mortes à la place Linche avaient tout autre mal que la contagion. On insulte aux médecins et aux chirurgiens d'avoir donné peur par leur erreur à toute la ville. On voit faire les esprits forts à une infinité de gens qu'on voit bientôt après plus frappés de terreur que tous les autres et fuir avec plus de désordre et de précipitation. » Ce devaient être les derniers beaux jours de l'infortunée cité, et bientôt le fléau allait s'abattre sur elle, implacable et terrifiant.

La marche et les progrès de la maladie sont indiqués d'une façon saisissante dans la correspondance échangée à ce propos entre Lebret et les échevins. A partir du 29 juillet, les échevins sont forcés de reconnaître qu'il y a de nombreux malades non plus seulement aux infirmeries, mais en ville [2]. « Nous fîmes d'abord visiter les morts et les malades par des médecins et des chirurgiens. Les uns nous assurèrent que c'était véritablement la peste, et les autres des fièvres pestilentielles causées par pure misère. Il est vrai que, parmi les morts et les malades, il y avait deux personnes qui avaient un bubon à l'aine. Nous les fîmes tous porter aux infirmeries, et nous avons pris toutes les précautions possibles pour empêcher le progrès du mal... Nous recevons à tout moment des avis différents sur le moindre accident, et tout mal est peste aujourd'hui. » Lebret, très inquiet, répond [3] courrier par courrier : « Je vous prie de me donner des nouvelles le plus fréquemment qu'il se pourra par vous-mêmes ou par M. Capus, quand vous aurez trop d'affaires, car je sais bien dans quel em-

1. PICHATTY DE CROISSAINTE, p. 5.
2. Lettre aux Échevins du 29 juillet 1720 (Arch. mun., C E, p. 150).
3. Lettre du 30 juillet (Arch. mun., C E, p. 151).

barras vous devez être et la peine que les faux avis vous donnent. Ceux qui viennent ici par peur nous grossissent le mal et nous mettent dans de grandes alarmes. » Ces alarmes n'étaient, hélas ! que trop fondées, et, dans leur rapport du 31 juillet, les Echevins avouaient leur impuissance : « Il est certain[1] que nous nous trouvons dans un embarras extrême, et qu'après avoir travaillé tout le jour il faut que quelqu'un de nous veille toute la nuit pour faire enlever les morts ou les malades qu'il y a dans la ville. » Cinq jours plus tard, le 5 août, ils revenaient avec insistance sur cet aveu : « Nous nous trouvons dans un embarras incompréhensible[2], écrivaient-ils, quoiqu'il y ait peut-être plus de peur que de mal, ainsi que vous pouvez voir par la lettre que le médecin que nous avons établi aux infirmeries nous écrivit hier, et que nous vous envoyons. Cependant, l'alarme est extrême, et nos têtes ne pourraient suffire à tout, quand elles se partageraient en dix ! »

Une mesure sévère, bien qu'imposée par les circonstances, vint à ce moment porter à son comble l'affolement des Echevins. Le Parlement d'Aix avait mis Marseille en interdit. Par arrêt du 31 juillet, la Chambre des vacations avait défendu tout commerce entre la ville et la Provence. Ce n'était pas encore la séquestration absolue, mais c'était déjà l'isolement. Sans doute, les Echevins n'ignoraient pas qu'ils allaient être comme retranchés du reste du monde, et ils s'attendaient à cette mesure, mais ils la trouvèrent prématurée. Ainsi qu'ils l'écrivaient[3] à Lebret (2 août), « cet arrêt nous paraît un peu dur pour une ville qui n'est pas inutile au Parlement ni au reste de la province. Ce serait là tout ce qu'on aurait pu faire après qu'il serait mort quatre ou cinq mille personnes. Ce qui nous fait de la peine, c'est que cet aveu va nous affamer. Nous nous consolerions du mal, si nous avions de l'argent et des vivres. » A quoi Lebret, tout en s'excusant de ne pas avoir assisté à la séance du

---

1. Lettre des Échevins du 31 juillet (Arch. mun., C E, p. 151, recto).
2. Lettre des Échevins du 5 août 1720 (Arch. mun.).
3. Lettre des Échevins à Lebret, 2 août 1730 (Arch. mun., C E, p. 152).

Parlement où fut rendu l'arrêt, répondait[1] « qu'il n'aurait pas osé y mettre des obstacles », car il ne savait exactement ni le nombre des malades, ni leur nom, ni leur qualité, ni l'opinion des médecins. « Je suis néanmoins surpris, ajoutait-il non sans malice, de voir par votre lettre qu'il n'est peut-être pas mort dix personnes, car, sur les différentes relations que l'on faisait ici, les moins exagérées étaient de huit à dix morts par jour et plusieurs portaient le nombre à quarante ou cinquante. Avec aussi peu de certitude, il était difficile de prendre sur soi jusqu'au point de s'opposer à des précautions, parce que, s'il fût arrivé quelque accident, je me le serais reproché toute ma vie. »

Aussi bien le doute n'était plus possible. Si les Échevins n'osaient pas encore avouer toute l'étendue du mal, déjà ils le combattaient[2] énergiquement. Ils avaient expulsé de Marseille tous les mendiants étrangers, et ordonné aux pauvres, d'origine marseillaise, de se retirer à l'hôpital de la Charité. Ils avaient même pris diverses résolutions, qui prouvent le désarroi général des esprits. Il est vrai que, pour ce qui les concerne, ils remplissaient bravement leur devoir. Moustier et Estelle se faisaient déjà remarquer par leur vaillance. Le premier se rendait lui-même pendant la nuit, avec des portefaix des infirmeries, au chevet des malades et présidait à leur transport au lazaret. Il faisait évacuer les maisons suspectes de la place du Linche, accompagnait avec des gardes les habitants de ces maisons pour que personne ne pût s'en approcher, et revenait pour en faire murer les portes à chaux et à sable. Quant à Estelle, il se chargeait de faire enterrer dans de la chaux vive, et toujours pendant la nuit, les morts de la rue de l'Escale, et il escortait les malades jusqu'aux infirmeries. On pouvait donc compter sur eux : ils feraient leur devoir.

---

1. Lettre de Lebret aux Échevins, 3 août 1720 (Arch. mun.).
2. Registre de transcription, pp. 7 et 9.
3. PICHATTY, *ouvr. cité*, p. 4. Cf. lettre des Échevins au Régent (2 août 1720).

Une mesure pourtant s'imposait aux médecins, qu'on s'étonne de ne pas les avoir vus prendre. Le collège des médecins de Marseille, des agrégés comme on disait alors, comptait douze membres: Peyssonnel père, Sicard père et fils, Bertrand, Montagnier, Raymond, Robert, Audon, Augier, Colomb, Pelissery et Michel. Puisque l'on n'était pas d'accord sur la nature de la maladie, il aurait fallu les réunir en conférence et demander nettement leur avis. Se défiaient-ils de leur savoir ou répugnaient-ils à l'idée de divulguer le mal, toujours est-il que les Echevins recoururent à un moyen terme et chargèrent seulement deux d'entre eux de visiter les malades de la rue de l'Escale. La visite eut lieu le 4 juillet. Les résultats en furent nuls, car les docteurs différaient d'avis. Ils furent pourtant obligés de constater l'existence réelle d'une maladie contagieuse; mais ils continuèrent à se disputer sur la cause de cette maladie, et ni les uns ni les autres, ni les contagionistes, ni les non-contagionistes ne réussirent pour autant à sauver leurs malades. Ce fut alors que l'un d'eux, Peyssonnel fils, sur qui son père, vieux et infirme, venait de se décharger du fardeau de sa clientèle, déclara tout haut que la peste régnait à Marseille et il l'écrivit[1] même à ses collègues des villes voisines. Il donnait ainsi le signal de la grande terreur qui, du jour au lendemain, se répandit dans toute la Provence.

A ce moment, un des membres de l'agrégation des médecins, le docteur Sicard père, affirma qu'il connaissait un moyen infaillible de vaincre l'épidémie: allumer des feux dans toute la ville et désinfecter par le soufre. Voici le rapport qu'il adressait à ce sujet à la municipalité[2], le 3 août 1720 : « Il faut que chaque particulier fasse brûler, sur les 5 heures du soir, une once de soufre au milieu de chaque chambre, les fenêtres fer-

---

[1]. Le docteur Bertrand affirme que cette lettre n'a jamais été écrite, et que le Parlement d'Aix ne prit la décision de bloquer Marseille qu'après la lecture d'une lettre écrite à un conseiller d'Aix par un de ses amis.
[2]. Archives de la mairie de Marseille. Papiers non classés.

mées, qu'il ne fera ouvrir que trois heures après. Qu'on ne jette point le soufre dans un grand feu, de peur que son action ne soit détruite et ne devienne inutile. Il suffit qu'on l'allume avec un charbon. Avant que d'y mettre le feu, on aura soin de suspendre contre la muraille toutes les hardes dont on s'est servi depuis un mois et demi jusqu'à aujourd'hui : ce qui doit être principalement exécuté avec exactitude dans les appartements des gens de service, de tous les habitants et pauvres de la ville. On fera le parfum trois jours de suite à la même heure, et, quatre heures après le dernier, on ordonnera que l'on fasse encore un feu de fagots ou autre matière combustible devant chaque porte. Il faut que ces feux soient plus grands que ceux que l'on fit hier au soir, principalement dans tout le quartier de Cavaillon et de Saint-Jean, à la Rive Neuve, derrière les Capucins, à la Palud et autres rues où il y a beaucoup de pauvres. Le tout doit être exécuté avec ponctualité, si l'on veut qu'il ait l'effet que nous en attendons. On n'oubliera pas d'ordonner que l'on fasse les mêmes feux et parfums aux citadelles, et à toutes les maîtrises du terroir. »

Les Échevins, dans leur impatiente crédulité, acceptèrent les propositions de Sicard sans même consulter les autres médecins. « Vous comprenez, écrivaient-ils[1] à Lebret, que nous avons accepté ses offres. Il prétend qu'on fasse de grands feux dans toutes les rues de la ville, dans le temps que ceux du Cours, des places, et les autres le long des murailles, brûleront. Il ne nous a pas encore expliqué le restant de son secret. Il nous a seulement dit qu'il fallait avoir beaucoup de poudre à canon et quantité de drogues. On a commencé aujourd'hui à charrier le bois ; on travaillera à cette expédition avec toute la diligence possible. »

En effet, tout fut bientôt disposé, grâce à Dieudé spécialement chargé de l'exécution ; car le peuple partageait l'engouement administratif, et croyait sincère-

---

1. Lettre à Lebret, 31 juillet 1720. Ordonnance du 3 août (registre de transcription, p. 3).

ment à l'efficacité du remède. Le plus singulier, c'est que ce préjugé se perpétuera. N'avons-nous pas vu nous-mêmes, lors d'une des épidémies de choléra qui ravagèrent Marseille, en 1866, des feux s'allumer encore dans les rues, et les habitants de chaque quartier alimenter avec empressement ces foyers dangereux ! Sur le soir du 4 août, des feux s'allumèrent donc dans tout Marseille. Des torrents d'une fumée noire et épaisse se répandirent, plus propres à retenir les miasmes contagieux qu'à les dissiper. Par bonheur le vent ne soufflait pas, car des incendies se seraient facilement propagés, et, vu la multitude des foyers, tout secours aurait été inutile. Comme on le pense, ce prétendu remède n'en était pas un. Il contribua plutôt à augmenter le mal, car, dans cette atmosphère surchauffée, en pleine canicule, avec tout le mouvement que se donnait la population surexcitée par cette nouveauté, les bûchers improvisés allumèrent une fièvre intense ; sans compter que les provisions de bois ou de fagots furent inutilement dépensées, et que bientôt les boulangers se trouvèrent embarrassés pour entretenir leurs fours. L'expérience n'avait donc pas abouti, et ce n'est pas le docteur Sicard qui devait être le sauveur de Marseille. Il le comprit si bien qu'il s'esquiva avec son fils.

Le remède avait donc été pire que le mal, et le découragement fut profond. Les Echevins, pourtant, continuaient à faire leur devoir. Bien qu'ils continuassent, par excès de prudence, à ne pas avouer toute l'étendue du mal, ils le combattaient énergiquement. Dès le 2 août, ils avaient ordonné la fermeture de la rue de l'Escale, dont ils se chargeaient de nourrir les habitants. Ils levaient des milices communales, destinées à l'escorte des enterrements nocturnes. Ils prescrivaient la fermeture du collège et des écoles publiques. Prévoyant qu'ils auraient bientôt besoin d'argent, et qu'ils en trouveraient avec peine, ils annonçaient la prochaine émission d'un emprunt au taux plus que rémunérateur de 20 p. 100. Pressés enfin par l'opinion publique qui réclamait des déclarations nettes et sans ambiguïté, ils donnaient mission à quatre médecins, les docteurs Bertrand, Raymond, Audon et Robert, de parcourir la ville quartier par quartier, et de leur adresser un rapport officiel sur l'état sanitaire de Marseille. Ce rapport fut accablant dans ses conclusions : non seulement la peste existait à Marseille, mais encore elle se présentait dans les conditions les plus défavorables, à la pire saison de l'année, et menaçait de s'étendre indéfiniment.

« L'aspect de la ville, écrit un contemporain [1], excite déjà compassion. Tout y a l'air de désolation. Tous les magasins, toutes les boutiques sont généralement fermés. La plupart même des maisons, des églises et des couvents, toutes les places publiques sont désertes, et personne n'est plus par les rues que des pauvres gémissants. Le port est dans un dérangement total. Les galères sont retirées du quai et renfermées dans une estacade du côté de l'arsenal, où les ponts sont levés, et de hautes barrières posées, et tous les vaisseaux et bâtiments marchands sont hors de l'amarre et à l'écart. Cette superbe Marseille, peu de jours avant si florissante, cette source d'abondance, et, si l'on ose dire, de félicité, n'est plus que la vraie image de la Jérusalem désolée. »

L'épidémie, en effet, augmentait et prenait d'effrayantes proportions. Des rues étroites de la vieille ville elle s'étendait déjà vers les quartiers riches et s'attaquait même aux faubourgs. Quant aux infirmeries, toutes les salles étaient pleines, et les malades s'y renouvelaient souvent. Au bout du troisième ou du quatrième jour, ils étaient d'ordinaire enlevés. Les intendants de la santé trouvèrent la situation si grave qu'ils demandèrent un médecin spécial, qui s'enfermerait aux infirmeries, et se dévouerait au service des malades de jour en jour plus nombreux. Le docteur[2] Michel était le plus jeune des agrégés au collège médical de Marseille. On

---

1. Pichatty, ouv. cité, p. 18.
2. Dans le Registre des délibérations municipales (n° 122, p. 49), figure, à la date du 3 mai 1720, l'acte de réception de Michel comme agrégé docteur.

lui proposa ce poste d'honneur. Il l'accepta sans hésiter et courut ainsi au-devant de la mort qui ne devait pas l'épargner. Nommons, à côté de lui, un prêtre, Granelly[1], qui distribua aux malades les secours religieux, mais sans oublier de stipuler en sa faveur une forte indemnité.

Jusqu'alors il n'y avait pas eu de mort foudroyante. Les malades traînaient plusieurs jours avant de s'aliter pour ne plus se relever ; mais bientôt se présentèrent des cas extraordinaires. Le venin était sans doute devenu plus actif par l'excès de la chaleur ou l'échauffement de l'atmosphère. Un batelier était frappé dans son bateau et mourait sur l'heure. Le chirurgien Guyon faisait courageusement son autopsie et déclarait qu'il n'avait rencontré aucun des symptômes de la peste. Sa déclaration concordait avec celle du médecin des infirmeries, qui affirmait que les malades enfermés avec lui ne souffraient que d'affections vermineuses. Aussi les Echevins, essayant toujours de lutter contre l'évidence, s'armèrent-ils de ce double rapport. « Nous nous trouvons dans un embarras incompréhensible, écrivaient-ils[2] à Lebret, quoiqu'il y ait peut-être plus de peur que de mal, ainsi que vous pourrez voir par la lettre que le médecin, que nous avons établi aux infirmeries, nous écrivait hier. » Ils cherchèrent à répandre le bruit que les malades, attendu qu'ils rejetaient des vers dans leurs vomissements ou leurs selles, n'étaient atteints que d'une fièvre de corruption causée par les mauvais aliments. Leur raisonnement était même étrange. La meilleure preuve, affirmaient-ils, que la maladie n'est pas la peste, c'est que jusqu'alors elle n'a frappé que des misérables, victimes d'une mauvaise alimentation. Ils ne parlaient plus, il est vrai, seulement d'une dizaine de morts, et en accu-

---

[1]. Lettre des Échevins à Lebret (15 août 1721). Tout en rendant justice à Granelly, ils se plaignent de sa rapacité. « Nous croyons que notre offre était plus que raisonnable et que M. Granelly aurait dû l'accepter sans vous fatiguer, à notre insu par ses plaintes. (Arch. mun., C E, p. 171, recto).

[2]. Lettre des Échevins à Lebret, 5 août 1720.

saient bien davantage. « Nous pouvons ajouter avec vérité[1], écrivaient-ils à Lebret, que l'année passée et les années précédentes, il mourut bien plus de gens, et qu'enfin jusqu'à présent nous n'avons vu mourir que des pauvres. » Ils revenaient sur le même sujet, avec une candeur étrange dans la lettre qu'ils adressaient le 4 août à leurs collègues d'Antibes[2]: « Le mal ne se prend qu'à de pauvres gens qui s'étaient nourris de mauvais aliments et qui ne sont point secourus. » Ils ne cachent plus l'épidémie, mais ils cherchent encore à l'atténuer : « Nous n'aurons garde d'attribuer le mal à une prétendue tarente (sic)[3]. Nous croyons que c'est réellement la peste ou des maladies pestilentielles, car les opinions sont partagées là-dessus, et ce qui nous donne lieu de croire que ce ne sont que des fièvres, c'est qu'il n'y a pas encore un gentilhomme, ni un bourgeois, ni un marchand qui en ait été atteint. »

À cette même date du 4 août, et comme en vertu d'un mot d'ordre, les Echevins écrivaient encore aux procureurs du pays, aux consuls de Toulon, d'Arles, de La Ciotat, des Martigues pour les mettre au courant de la situation qui devenait dangereuse, mais ils ne se résignaient pas à prononcer le mot fatal, et parlaient toujours de fièvre ou de contagion, jamais de peste. Ils refusaient même d'accepter à leurs côtés un médecin que la Compagnie des docteurs voulait déléguer auprès d'eux, car « fortifiés[4] dans leurs préventions contre eux, ils regardaient comme suspect tout ce qui venait de leur part. Ils refusèrent même le *Traité de la peste*[5] par François Ranchin, où sont énumérés divers règlements de police à observer en cas d'épidémie, et déclarèrent qu'ils n'en faisaient aucun cas. » Ils affectaient de ne pas croire aux rapports pessimistes du corps médical. Le 7 août,

1. Lettre à Lebret, 4 août 1720.
2. Lettre aux consuls d'Antibes, 4 août 1720.
3. C'est le nom populaire que l'on donne au gécko, que, même à l'heure actuelle, les paysans croient venimeux.
4. Bertrand, *ouv. cit.*, p. 72.
5. F. Ranchin, *Opuscules ou traictés divers et curieux en médecine*, 1640.

lorsque trente nouveaux malades furent frappés, et que trente autres succombèrent, ils eurent le grand tort de s'insurger encore contre l'évidence, et d'accuser les médecins d'exagération. Ils veulent, disaient-ils par allusion aux tripotages financiers qui agitaient alors la France, faire de cette affaire un Mississipi. Le propos était cruel. Il n'était pas mérité, car jusqu'alors les médecins avaient fait leur devoir. Ils différaient, il est vrai, d'opinion sur les origines et la nature du mal, ainsi que sur les méthodes curatives, mais ils tenaient bon devant l'épidémie, et se multipliaient au chevet des malades. La population, toujours disposée à croire aux calomnies, et se sentant encouragée par l'administration, se tourna aussitôt contre ces infortunés, dont le seul tort consistait à ne pas connaître de remède infaillible pour la guérison, et se répandit contre eux en grossières injures, et bientôt en attaques directes. Vraiment le corps médical de Marseille eut alors un grand mérite à ne pas se rebuter contre l'hostilité d'une partie de la population, et à continuer de faire son devoir!

De graves préoccupations, et c'est ce qui les excuse peut-être de ne pas s'être associés franchement aux efforts des médecins, s'ajoutaient alors aux angoisses des Echevins relatives à la maladie. Une émeute militaire avait éclaté à Marseille. Excités par leurs officiers, les soldats de la garnison réclamaient avec insolence du blé, du bois et d'autres provisions. « Ils annonçaient[1] qu'ils en prendraient où ils en trouveraient, et que, si nous voulions les empêcher, ils tireraient sur nous. » La populace, apprenant ces désordres, commençait à s'ameuter. Dans les grandes villes maritimes, et surtout à une heure de crise, il ne manque pas de gens de sac et de corde disposés à profiter du moindre prétexte pour se livrer impunément à tous les excès. Déjà roulaient autour de l'hôtel de ville les flots de cette tourbe cosmopolite qu'on est sûr de rencontrer à tous les moments troubles de l'histoire. Par bonheur, les Echevins firent bonne con-

---

1. Lettre des Echevins à Lebret, 4 août 1720.

tenance. Ils rappelèrent avec énergie les officiers au sentiment de leur devoir, et, d'ailleurs, leur promirent toute satisfaction dans la mesure du possible. Cette mise en demeure les avait en quelque sorte surexcités. « Il est certain, écrivaient-ils [1] dans leur rapport à Lebret, qu'on ne peut pas pousser l'oppression de la violence plus loin dans un temps où ces messieurs devraient compatir à notre misère et nous offrir leur concours. Nous vous supplions, Monseigneur, de leur écrire sur cela ce que vous trouverez à propos. » Lebret le fit sans hésiter. Les officiers, de leur côté, comprirent l'inopportunité de leurs réclamations. Une entente s'établit rapidement et le bon accord ne fut plus troublé entre la municipalité et la garnison. Il ne devait plus être rompu jusqu'à la fin de l'épidémie.

Un autre danger menaçait Marseille : la difficulté de maintenir l'ordre parmi tous ces malheureux que l'épidémie frappait non seulement dans leurs affections, mais encore dans leurs moyens d'existence ; car toutes les affaires étaient interrompues, et les portefaix, les mariniers, les approvisionneurs, tous ceux qui vivent des choses de la rue, et les négociants eux-mêmes, petits ou grands, souffraient de cette brusque cessation du trafic. La misère était menaçante, d'autant plus que, refoulés de la banlieue dans la ville, les mendiants et les vagabonds augmentaient les rangs de ces déshérités de la vie, qui n'attendaient qu'une occasion pour se livrer sans frein aux passions basses de l'humanité. Le nombre des crimes augmentait, non seulement celui des vols, mais aussi celui des attentats contre les personnes, et, comme les moyens de répression manquaient, l'exercice de la justice devenait difficile. Bientôt l'anarchie régnerait en maîtresse dans cette ville déjà si malheureuse. Les Echevins n'hésitèrent pas à recourir aux grands remèdes. Assumant sur eux toutes les responsabilités, ils demandèrent à Lebret des pouvoirs discrétionnaires qui leur permettraient de s'inspirer des circonstances et

1. Lettre à Lebret, 4 août 1720.

de trancher dans le vif. Cette demande était justifiée. Bien que respectueux observateur des formes légales, Lebret n'hésita pas à investir par intérim de tous les pouvoirs judiciaires les Echevins qui lui demandaient aide et secours. On le sut bientôt à Marseille, et les malandrins, dûment avertis, se tinrent sur leurs gardes, car ils n'ignoraient pas que les arrêts rendus seraient impitoyablement exécutés et qu'ils seraient sévères. Cette salutaire impression de terreur préserva probablement Marseille de l'anarchie.

Les Echevins profitèrent de cet accroissement d'autorité pour rendre plusieurs arrêtés, dont quelques-uns paraissent singuliers, mais qui du moins prouvent qu'en bonne administration il ne faut négliger aucun détail. Ainsi [1], le 9 août, ils défendirent aux fermiers de la boucherie de faire enfler avec la bouche les bêtes abattues. Ils ordonnèrent [2] aux boulangers et aux magasiniers de ne plus faire, sans une autorisation expresse, de galettes ou de pain blanc. Les jardiniers furent sommés de ne plus avoir à détourner les eaux pour l'entretien de leurs cultures maraîchères. Un tarif [4] des denrées fut établi, qu'il était interdit de dépasser sous peine d'amendes graves. C'était une véritable loi du maximum, mais que justifiaient peut-être les circonstances, car les approvisionnements devenaient difficiles, et des négociants peu scrupuleux commençaient à accaparer les marchandises pour les revendre à des prix exorbitants. Enfin, ce qui était plus important, « nous avons [5] établi quatre-vingts commissaires qui sont distribués dans toutes les paroisses de la ville, et qui ont soin de s'informer exactement des morts et des malades, et de faire nourrir les nécessiteux ». Ils terminaient cette lettre par des nouvelles consolantes : « Présentement les pauvres mangent. Le nombre des malades diminue tout

---

1. Voir Registre de transcription, pp. 13, 14.
2. Ordonnance du 9 août (Registre de transcription, p. 13).
3. *Ibid.*, p. 14.
4. Ordonnance du 6 août (Registre de transcription, p. 12).
5. Lettre à Lebret, 10 août 1720.

d'un coup. » Ce n'était, hélas! qu'une espérance mal fondée. La maladie prenait, au contraire, une intensité extraordinaire, et les Marseillais entraient dans la période où une épidémie locale devient une calamité nationale. Le temps était passé des ménagements. Il fallait lutter corps à corps avec le monstre. Il ne guettait plus. Il était là terrible, implacable, et c'est avec des moyens bien restreints, et des armes bien insuffisantes qu'on allait essayer de lui résister et de le vaincre.

CHAPITRE III

APOGÉE DE LA PESTE

A partir du 10 août 1720, ce ne fut plus seulement dans la rue de l'Escale, à la place du Linche, ou aux infirmeries que l'on constata la présence de la peste, ou plutôt de la contagion, comme on s'obstinait à la nommer. Dans la ville tout entière, aussi bien dans les ruelles étroites du vieux Marseille que dans les quartiers neufs, sur les quais comme dans les faubourgs, le mal éclata avec une redoutable intensité, et cette fois il n'épargna personne. Riches ou pauvres, bourgeois ou manants, tous payèrent leur tribut, et, jusqu'à la fin de septembre, chaque journée fut marquée par de sinistres hécatombes.

Thucydide [1], le célèbre historien de la guerre du Péloponèse, semble avoir voulu décrire par avance le fléau qui accablait Marseille, lorsqu'il raconte la peste d'Athènes au cinquième siècle avant l'ère chrétienne. Il n'y a presque pas un mot à changer dans cette dramatique exposition. Les symptômes sont les mêmes : « En général, on était frappé sans aucun signe précurseur, mais à l'improviste et en pleine santé. D'abord on ressentait de vives chaleurs de tête, les yeux devenaient rouges et enflammés ; à l'intérieur le pharynx et la langue

---

1. THUCYDIDE, *Guerre de Péloponèse*, liv. II, § 49.

VASE A PARFUMS QUI SERVIT A Mgr DE BELSUNCE
Pour porter l'Extrême-onction aux pestiférés.

DEUX COSTUMES DE MÉDECIN ET INFIRMIER PENDANT LA PESTE
(Collection J.-B. Samat.)

paraissaient couleur de sang; la respiration était irrégulière, l'haleine fétide. Venaient ensuite l'éternuement, et l'enrouement. Bientôt le mal descendait dans la poitrine, accompagné d'une toux violente. Lorsqu'il atteignait l'estomac, il le soulevait avec des douleurs aiguës et déterminait toutes les évacuations bilieuses qui ont été spécifiées par les médecins. La plupart des malades étaient saisis d'un hoquet sans vomissements et de fortes convulsions, qui chez les uns ne tardaient pas à se calmer et qui se prolongeaient chez d'autres. A l'extérieur, le corps n'était ni brûlant au toucher, ni blême. Il était rougeâtre, livide, couvert de petites phlyctènes et d'ulcères; mais la chaleur était telle que l'on ne supportait pas même les vêtements les plus légers, les couvertures les plus fines. Les malades restaient nus et se seraient volontiers plongés dans l'eau froide, comme le firent quelques malheureux qui, abandonnés à eux-mêmes et dévorés d'une soif ardente, se précipitèrent dans des puits. Cette soif était toujours la même, qu'on bût peu ou beaucoup. Le malaise résultant de l'agitation ou de l'insomnie ne laissait pas de relâche. »

Les relations médicales de l'époque sont à peu près identiques. Douleurs de tête, inflammation des yeux et du pharynx, convulsions de l'estomac, vomissements, éruption des phlyctènes, tous ces symptômes sont énumérés. Il n'est pas jusqu'à ces excès de chaleur et cette soif toujours ardente qui ne soient signalés, ainsi que cette horreur instinctive des vêtements et des couvertures. Dans toutes les représentations graphiques du temps, les pestiférés figurent toujours à moitié nus, et les cadavres épars sur la voie publique y sont abandonnés à l'état de nature. La description de Thucydide est donc aussi fidèle que possible. A Marseille comme à Athènes, à travers vingt-deux siècles, les malades furent également atteints et subirent des souffrances identiques.

Mêmes ressemblances pour la marche de l'épidémie. « Tant[1] que le mal était dans sa période d'intensité, le

1. THUCYDIDE, II, 50.

corps, loin de dépérir, opposait à ses atteintes une résistance inattendue, en sorte que la plupart des malades conservaient encore quelque vigueur, lorsque, après huit à neuf jours, ils étaient emportés par l'inflammation intérieure; ou bien, s'ils franchissaient ce terme, le mal descendait dans les intestins, et y pratiquait de fortes ulcérations, suivies d'une diarrhée opiniâtre et d'une atonie à laquelle la plupart finissaient par succomber. Ainsi la maladie, qui avait d'abord son siège dans la tête, parcourait graduellement tout le corps de haut en bas. Si l'on échappait aux accidents les plus graves, le mal frappait les extrémités, qui, dans ce cas, gardaient les traces de son passage. Il attaquait les organes sexuels, les doigts des mains et des pieds. Plusieurs en furent quittes pour la perte de ces membres, d'autres pour celle des yeux; d'autres enfin étaient totalement privés de mémoire, et, en se relevant, ne reconnaissaient ni leurs proches, ni eux-mêmes. » Sauf qu'à Marseille les cas de mort subite furent fréquents, les pestiférés, dans les deux villes, succombèrent de la même façon. Notons pourtant qu'à Marseille les médecins ne signalèrent pas, en cas de guérison, ces attaques aux organes sexuels ainsi qu'aux doigts des pieds et des mains. Les malades recouvraient la santé, et on n'avait pas à constater chez eux un affaiblissement de leurs moyens intellectuels.

Une des causes les plus sûres de la mortalité, Thucydide[1] le reconnaît déjà, « fut l'abattement de ceux qui se sentaient frappés. Au lieu de se raidir contre le mal, ils tombaient aussitôt dans le désespoir et dans une prostration complète. La contagion se propageait par les soins mutuels, et les hommes périssaient comme des troupeaux. C'est là ce qui fit le plus de victimes. Ceux qui par crainte voulaient se séquestrer mouraient dans l'abandon. Plusieurs maisons se dépeuplèrent ainsi, faute de secours. Si, au contraire, on approchait des malades, on était soi-même atteint. Tel fut surtout le sort de ceux

1. Thucydide, II, 51.

qui se piquaient de courage. Ils avaient honte de s'épargner et allaient soigner leurs amis, car les parents eux-mêmes, vaincus par l'excès du mal, avaient cessé d'être sensibles aux plaintes des mourants. » A Marseille également, de tristes épisodes montrèrent à quel degré d'abaissement peut descendre la nature humaine. On vit des parents non seulement abandonner sans ressources les infortunés qui leur tenaient de près, mais il y en eut même qui hâtèrent leur fin pour être plus tôt hors d'atteinte du fléau. Ne raconte-t-on pas que des mères égarèrent leurs enfants dans les rues pour ne plus être exposées à leurs embrassements homicides ! Une folle épouvante s'était répandue dans toutes les classes de la société, et déjà, sous la pression d'une calamité commune, tous les rangs se trouvaient confondus.

Débordés par leur immense responsabilité, les Echevins, malgré les pressantes recommandations de Lebret, ne purent tenir un compte exact des décès. Ils furent enregistrés à peu près au hasard, en sorte qu'il est difficile, qu'il est même impossible, d'exposer avec précision la marche et les progrès du fléau. Les Echevins, dans leur correspondance et même dans leurs actes officiels, se contentent de déplorer les malheurs qui frappent la cité, mais ils ne citent aucun chiffre; aussi ne peut-on suivre avec précision ni la progression, ni les arrêts, ni la reprise de l'épidémie. Des plaintes, des lamentations, des adjurations au ciel pour qu'il daigne user de clémence, le tout entremêlé d'appels d'argent et de négociations pour achat d'objets de première nécessité, tel est le contenu, assez monotone, des lettres qu'ils adressent, surtout à l'intendant de Provence. C'est dans les papiers de famille, dans les livres de raison, dans les mémoires du temps qu'on trouverait des renseignements sur la vie de chaque jour à cette époque; mais ces papiers n'ont pas été conservés, et les auteurs de mémoires semblent avoir, de parti pris, gardé le silence sur ces lugubres événements. A peine si de loin en loin on trouve à détacher quelques épisodes ou à fixer quelque détail.

Voici, par exemple, quelques extraits d'un journal

manuscrit du P. Feuillée, conservé à la bibliothèque de Marseille. Le P. Feuillée, un Provençal, né à Manes, vers 1660, d'humbles parents, portiers au collège des Minimes de sa ville natale, avait été recueilli par charité au couvent de Marseille, et, servi par une ardente volonté, y avait reçu une bonne instruction. Il avait tourné ses études du côté de l'astronomie et de la physique, et y avait acquis une certaine notoriété. En 1714, il avait obtenu la création d'un observatoire à Marseille, et y continuait, malgré la peste, ses observations sur les satellites de Jupiter et les taches du soleil. Comme son couvent fut converti en hôpital, il fut obligé de se retirer dans la banlieue, à Saint-Tron, dans la bastide de Mme du Pré, mais sans oublier ses instruments. Forcé, bien malgré lui, de s'occuper de la peste, il rédigea un journal d'observations, qui s'étend de l'année 1720 au 19 mai 1722. En voici quelques fragments : ils ne présentent point par eux-mêmes un vif intérêt, mais ils permettent de saisir sur le vif l'état d'âme d'un bon religieux, passablement égoïste, mais dont les impressions sont sincères et le témoignage authentique.

« 1ᵉʳ *août* 1720. — La peste est à Marseille.

« 6 *août*. — On compte qu'il est déjà sorti plus de 40.000 âmes de la ville pour fuir la contagion. La peste n'est pas le seul mal qui nous afflige : il y faut joindre la famine, car on n'a plus de pain, ce qui causa hier un soulèvement du même peuple. Les Echevins ont taxé le pain moyen à 3 sols 6 deniers la livre. Tout le reste est fort cher. L'huile est à 5 sols, et chaque denrée coûte en proportion.

« 23 *août*. — Nous avons appris par un particulier venu de la ville que la contagion a fait beaucoup de ravages depuis le 19, que les églises sont fermées, et que l'on porte les convalescents autour des murailles, où l'on a dressé des tentes pour les loger.

« 26 *août*. — Hier la contagion a enlevé trois ou quatre personnes dans ces quartiers. La Plaine [1] est devenue un

1. Il s'agit de la plaine Saint-Michel, une des places les plus importantes de Marseille.

camp. Elle est couverte de tentes occupées apparemment par de pauvres gens qui, n'ayant pas de maisons de campagne, fuient la ville pour éviter la contagion.

« 31 *août*. — Les nouvelles de la ville sont funestes. On vient de nous dire qu'on devait remplir un vieux navire de corps morts pour le remorquer au large et le couler au fond. Cette nouvelle nous a fait conclure que la mortalité doit être grande. On nous a dit encore qu'il n'était presque plus possible de passer dans les rues : qu'à peine y avait-il un petit passage par le milieu, et que le reste était encombré d'ordures et de cadavres. On y voit des hardes de toute espèce, matelas, couvertures, chemises et autres linges. Tout cela imprimait une si grande crainte aux passants que personne n'osait rien toucher.

« 2 *septembre*. — Nous apprîmes aujourd'hui le pitoyable état où se trouve la ville. Un monsieur qui en vint vers les 5 heures du soir nous a dit que les rues étaient remplies de corps morts, et qu'on avait peine à y marcher sans les fouler aux pieds. »

4 *septembre*. — Le P. Feuillée se décide à faire une promenade dans la banlieue. Trouvant à sa porte un homme couché sur un matelas, très prudemment « il retourne sur ses pas et cherche un passage ailleurs ». A Sainte-Marguerite il y a eu sept décès, et beaucoup d'habitants sont malades. « Devant un moulin nous avons vu un feu pour brûler les hardes de ceux qui l'habitaient et qui sont enterrés sur le chemin, près de la muraille de cette maison. » A la chapelle de Montredon, douze cadavres sont étendus sans sépulture sur la plage. Dans une bastide, tous les habitants sont morts et on les a enterrés tous proche du grand chemin. Au-devant d'une petite cabane était étendu sur une paillasse un cadavre déjà décomposé.

« 13 *septembre*. — Hier, trois hommes d'une même famille sont morts à notre campagne. On demande 50 écus pour les mettre en terre et creuser leur tombeau au même endroit où ils ont expiré.

« 22 *septembre*. — On a trouvé à la place de Saint-Loup

trois personnes mortes. On craint beaucoup pour ce bourg. Les nouvelles de la ville sont qu'on ne laisse entrer ni sortir personne. Ainsi on ne sait plus ce qui s'y passe.

« 1er *octobre*. — Nous apprenons tous les jours qu'il meurt beaucoup de personnes à Saint-Loup. Le nombre d'habitants a considérablement diminué. On n'y voit presque plus personne.

« 6 *octobre*. — On dit que la peste chauffe à Aix. Il y a apparence qu'elle s'étendra plus loin, si Dieu n'y met sa main.

« 26 *décembre*. — La contagion dure toujours et il est à craindre qu'elle ne dure tout le reste de l'hiver. Elle a commencé en divers endroits de la province, et elle a passé au delà de la Durance. Dieu veuille qu'elle ne s'étende pas au delà du Rhône ! »

Pichatty de Croissainte, avocat et conseiller de la ville, avait également rédigé une sorte de mémorial, où il notait avec soin les principaux événements dont il était témoin. C'est dans ce mémorial et dans la *Relation de la peste*, qui fut composée par le docteur Bertrand, que l'on trouve les renseignements les plus précis. Grâce à eux, on sait que la peste atteignit son apogée vers le 25 août. Elle procédait alors non plus par coups isolés, mais par masses. Toute une rue, tout un quartier était frappé à la fois. « Ce sont [1] des rues entières où, d'un bout à l'autre, il ne reste pas une maison saine, pas un quartier qui soit sans alarme, où l'on ne voie le mal gagner d'une maison à l'autre avec autant de rapidité que de fureur. » Tous les domestiques avaient disparu. Il fallait sortir pour aller aux provisions. Des queues se formaient aux portes des boulangers et des bouchers, et, malgré le danger des rapprochements, des communications avaient lieu. Le poisson, qui, d'ordinaire, entrait pour une forte part dans l'alimentation générale, ne paraissait plus sur les marchés, car le fléau avait décimé les pêcheurs, et le quartier Saint-Jean, dans lequel ils étaient déjà con-

---

1. BERTRAND, *Relation de la peste*, p. 115.

centrés, avait été tristement ravagé, en sorte que « la misère était aussi générale que la maladie [1] ».

Voici ce que les Echevins étaient obligés d'avouer [2] à Lebret dès le 11 août 1720 : « Ce qui peine le cœur, c'est de voir que beaucoup meurent qui relèveraient s'ils étaient secourus. On ne trouve pas de gens qui veuillent s'exposer, et les parents eux-mêmes refusent tout secours à leurs parents, dès qu'il leur arrive quelque incommodité. » Aussi, Marseille présenta-t-elle bientôt l'apparence d'un charnier. « Les hommes ne sont déjà plus que des ombres, écrivait Pichatty [3]. Ceux qu'on voit aujourd'hui bien sains, on les voit le lendemain passer dans les tombereaux, et, ce qui est le plus étrange, ceux qui sont le plus renfermés dans leurs maisons et les plus attentifs à n'y rien recevoir qu'avec les précautions les plus exactes, la peste va les y attaquer, et s'y glisse on ne sait comment. » Ainsi à l'hôtel de ville, le 3 septembre, en dehors des Echevins, de l'archiviaire Capus, du trésorier Bouis et de Pichatty, il n'y avait plus ni gardes, ni domestiques. D'ailleurs, la mortalité s'acharna sur le personnel municipal. Près de trente gardes recrutés à l'occasion de la peste, tous les agents de police, tous les capitaines de ville sauf un, tous les lieutenants sauf deux, près de 350 hommes des compagnies de la garde, et tous les valets de la ville, en tout près de 500 employés furent successivement emportés.

L'intendant Lebret craignit un moment que la contagion s'étendît jusque sur les chefs de la municipalité. Voici la lettre [4] qu'il leur adressait le 26 août 1720. « J'ai toujours craint, messieurs, depuis le commencement du malheur de Marseille, que votre santé ne fût altérée, ce qui augmenterait considérablement le malheur public, à la diminution duquel vous apportez tant de soin. J'ai appris avec plaisir que vous aviez établi un bureau de la santé qui vous soulagera, mais je ne sais si vous prenez

---

1. Bertrand, *ouvr. cité*, p. 117.
2. Lettre à Lebret, 11 août 1720.
3. Pichatty, *ouv. cité*, p. 35.
4. Lettre du 26 août 1720 (Archiv. mun.).

assez de soin d'éviter les communications qui peuvent être dangereuses dès que le mal s'allume autant qu'il me paraît l'être. Voyez quel serait l'embarras si quelqu'un de vous ou de vos archiviaires devenait malade. Prenez donc, je vous conjure, les précautions convenables, et prenez-les de façon que vous ne puissiez pas risquer ni vous, ni les personnes qui sont nécessaires pour votre soulagement. » Les craintes de Lebret ne se réalisèrent pas : aucun des Échevins ne fut atteint par le fléau, mais nous savons déjà combien fut éprouvé le personnel secondaire de l'hôtel de ville. Ce n'étaient pourtant ni les secours médicaux ni les objets d'alimentation qui leur avaient fait défaut : aussi comprend-on que la mortalité ait été effrayante sur les autres habitants abandonnés à eux-mêmes !

Si nous essayons de pénétrer dans une maison pestiférée, qu'y trouvons-nous ? Quelque infortuné gisant dans une pièce reculée, sans meubles, n'ayant qu'une cruche d'eau à sa portée, et le plus souvent sans personne pour le soigner, car, au premier symptôme du fléau, tout le monde a déguerpi. En proie à une fièvre ardente, dans l'attente d'une mort prochaine, le misérable s'agite, se désespère, et, quand le médecin le quitte pour soigner d'autres clients, il n'a plus qu'à s'étendre sur sa couche funèbre et à se laisser mourir. Parfois dans une même chambre, souvent dans un même lit, gît toute une famille malade. Les uns sont en proie aux convulsions, les autres demandent à boire, ceux-là sont crucifiés par d'abominables douleurs d'entrailles. Tous crient et se lamentent, et, quand la mort fauche l'un d'entre eux, les autres, désespérés, ne prennent même pas la précaution de s'éloigner du cadavre, tant ils sont persuadés qu'ils vont mourir à leur tour, tous ensemble ou les uns après les autres. Que dire des domestiques qui pillent et souvent tuent leurs maîtres pour ne pas être soupçonnés ? Que dire des croque-morts ou corbeaux, comme on les nomme, qui s'introduisent dans les maisons sous prétexte d'en retirer les cadavres, et volent sans pitié ou même achèvent les mourants ?

Ce furent surtout les femmes enceintes sur lesquelles la mortalité exerça le plus ses ravages. D'abord presque toutes celles qui se trouvaient dans cette situation furent atteintes par le fléau. Quant aux malheureuses qui accouchaient étant malades, elles étaient abandonnées et mouraient avec leur triste progéniture. Sans doute, il y avait bien çà et là quelques traits de dévouement. On cite le cas d'un jeune pensionnaire des Oratoriens, fils d'un chirurgien, qui, malgré son inexpérience, n'hésita pas à pratiquer l'opération césarienne sur une femme morte. Il réussit à délivrer l'enfant, mais, comme il n'avait pas pris de précautions suffisantes, il mourut victime de sa générosité.

La conséquence immédiate de cette mortalité des femmes enceintes fut le grand nombre des enfants abandonnés. Ainsi que le constatait Pichatty[1], « plusieurs femmes nourrices meurent de la contagion, et laissent des enfants au lait qu'on trouve gémissants dans leurs berceaux, en allant prendre les cadavres de leurs mères; personne ne veut les recevoir, ni moins encore les nourrir, ni les secourir. Il ne se trouve plus de pitié en temps de peste. La crainte de prendre un horrible mal étouffe tous les sentiments de la charité et ceux même de l'humanité. Faut-il cependant laisser périr tous ces petits innocents qu'on trouve ainsi de tous côtés, et tant d'autres enfants infortunés de bas âge que la peste rend orphelins? On prend l'hôpital de Saint-Jacques de Galice et le couvent des Pères de Lorette, qui se trouve vide par la mort ou la fuite de tous ses religieux, et là on les fait nourrir avec de la soupe, ou en leur faisant traire des chèvres. Le nombre de ces infortunés est si grand que, quoiqu'il en meure tous les jours 30 ou 40, il s'en trouve toujours 1.200 à 1.300 par ceux que l'on y porte successivement chaque jour. »

Cette indifférence, ou plutôt ce manque absolu de charité, même envers l'enfance innocente, n'a pas lieu

---

[1]. PICHATTY, *ouv. cité*, p. 21.

de nous surprendre. Comme le constatait Pichatty, « il ne se trouve plus de pitié en temps de peste ». D'ordinaire on ne pensait qu'à soi. Ce fut bientôt une fuite éperdue vers les bastides de la banlieue. Les religieuses furent les premières à fermer leurs couvents et à se retirer dans leurs familles. Quelques-unes d'entre elles, les Dames de la Visitation, essayèrent tout d'abord de se cloîtrer chez elles. « Nous sommes restées fort tranquilles dans notre clôture, écrivait l'une d'elles[1], la sœur de Rémusat, sans avoir égard à la permission générale que toutes les religieuses du diocèse avaient de sortir de leur monastère pour aller à la campagne, ni à toutes les instances que nos parents nous ont faites pour nous y obliger, dans la juste crainte où ils étaient que, la ville étant dépourvue des choses nécessaires, nous ne fussions hors d'état d'avoir des secours. » Malgré les progrès de la maladie et les dangers de la situation, les dames de la Visitation eurent le courage de ne pas rompre leur clôture. Quelques prêtres avaient battu en retraite devant le fléau. L'un d'eux, un chanoine de la cathédrale, s'était réfugié dans le cloître de son église, mais s'y était si bien caché qu'on l'y oublia et qu'on ne retrouva plus que son cadavre. Il y eut également des médecins, mais en petit nombre, qui trahirent leurs devoirs professionnels et cherchèrent un refuge à la campagne. Commissaires de police[2], recteurs des hôpitaux, intendants de la santé, boulangers et vendeurs de vivres, jusqu'aux capitaines et aux officiers de la ville, tous ceux que le sentiment du devoir ou simplement le respect humain auraient dû retenir à leur poste, se dérobèrent sans pudeur à leurs obligations.

Peut-être serait-il injuste de comprendre en masse tous les intendants de la santé parmi ceux qui négligè-

1. *Vie de la sœur de Rémusat*, p. 237.
2. Série d'ordonnances rendues par les Echevins pour ordonner la rentrée en ville, sous les peines les plus sévères : 22 août, 29 août, 2 septembre, 6 septembre, 15 septembre (Registre de transcription, pp. 16, 22, 23, 24). La multiplicité de ces ordonnances ne prouve-t-elle pas leur inefficacité ?

rent si piteusement leurs devoirs. On a conservé le registre de leurs délibérations. A la séance du 1er août 1720, étaient présents dix d'entre eux. On en comptait neuf à celle du 4, sept à celles du 10, du 12, et du 19, trois seulement à celle du 22, mais il y eut pourtant, du 9 juillet au 31 décembre, 130 séances régulières, et les intendants de santé Laurens, Rolland, Tiran et Claude Roze, ce dernier frère du chevalier, signèrent les procès-verbaux le premier de 122 séances, et les autres de 117, 110 et 102. On peut adopter comme moyenne le chiffre de huit présences par séances, et encore ne compte-t-on pas ceux qui étaient en permanence aux infirmeries. Aussi ne sera-ce que justice de mentionner ici les noms de ces braves, tout à fait dignes de figurer au livre d'or de Marseille : Boissely, Magallon, de Saint-Jacques, Rolland, Tiran, Michel, Dupuis, Claude Roze, Grimaud, Friquet, Borelly, Laurens, Seren, Betaudier, Cornier et Gueidon.

Nous n'accorderons pas le même éloge aux recteurs des hôpitaux, et particulièrement aux recteurs de l'hôtel-Dieu. Ils avaient commencé par protester contre l'introduction des pestiférés dans cet établissement. Ils prétendaient que les Echevins avaient outrepassé leurs pouvoirs en ouvrant aux contaminés les salles de l'hôpital. Bientôt même, et sous prétexte que leurs affaires les appelaient au dehors, la plupart d'entre eux annoncèrent qu'ils se retiraient à la campagne. Dans la séance du 8 août 1720, ils déclarèrent sans vergogne que « MM.[1] les recteurs, presque tous chargés des soins d'une famille à laquelle ils doivent leur première attention, ne peuvent rester dans la ville, mais il serait à propos, avant de se retirer, de pourvoir à tout ce qui paraît indispensablement nécessaire pour la régie et administration de cette maison ». Heureusement pour l'honneur du corps, un homme se rencontra qui, par son dévouement à toute épreuve, son endurance, et sa

---

1. Archives hospitalières de Marseille (Délibérations du bureau de l'hôtel-Dieu, registre 1, fol. 252).

fin héroïque, démontra que les recteurs des hôpitaux marseillais savaient mourir à leur poste. Il se nommait Bruno Granier[1]. C'était un riche négociant, conseiller de la ville en 1693, Echevin le 28 octobre 1706, et recteur de l'hôpital le 30 octobre 1718. Alors que ses collègues se dérobaient piteusement à leurs devoirs, et que le sieur Amphoux[2], trésorier, se faisait remarquer par son empressement à fuir le danger, Bruno Granier sollicita, comme un honneur, malgré les supplications de sa femme Jeanne Hermitte, l'autorisation de diriger tous les services. Il le fit avec un zèle admirable et une compétence digne d'éloges. Ses comptes existent encore. Ils sont tenus à jour avec une minutieuse régularité Aucun détail d'administration ne lui échappe. Jour et nuit au chevet des malades, veillant à tous leurs besoins, on peut le considérer comme le type du fonctionnaire modèle, qui ne tient aucun compte des circonstances extérieures, et ne se préoccupe que de remplir son devoir.

A côté de Bruno Granier, il nous faut réserver une place d'honneur à Charles Peyssonel, médecin en chef de l'hôpital. C'était un vieillard de quatre-vingts ans, dont la valeur scientifique était reconnue par les contemporains. Ancien élève des Oratoriens, il n'avait pas eu la prudence d'observer la neutralité dans la lutte qu'ils soutenaient contre les Jésuites. Atteint et convaincu du crime d'avoir soutenu de pauvres religieuses[3], affiliées à l'Oratoire, les Filles de la Sainte-Enfance, dénoncé en outre pour avoir gardé chez lui des livres condamnés par une société alors toute-puissante, il fut condamné à sept ans de bannissement hors de France et à 1.500 livres d'amende, avec défense de rentrer dans sa cité natale. En effet, il alla s'établir au Caire, où il réussit,

---

1. Archives de Marseille (Délibérations du conseil municipal. Registre 95, fol. 212. — Reg. 108, fol. 139 — Reg. 120, fol. 117).
2. Archives hospitalières (Délibérations du bureau, séance du 1ᵉʳ août 1720, registre 1).
3. JULLIAND, *Histoire de la congrégation des Filles de l'Enfance*, 1735. — X, *les Soupirs de la France esclave*, 1689, p. 10.

tout en faisant fortune, à augmenter son bagage scientifique. Rappelé à Marseille, il s'y occupa surtout de physique, mais sans renoncer pour autant à la pratique médicale. Quand éclata la peste, il retrouva les ardeurs de sa jeunesse, et se consacra au service des malades. Ses fils, dans une lettre touchante[1] qu'ils écrivirent à propos de sa mort, nous le représentent courant dans les rues de Marseille, et ne prenant même pas le temps de manger. Bien que traînant la jambe et affligé d'une hernie, il montait à tous les étages, faisait lui-même le lit de ses clients, et souvent leur portait du bouillon. Quand il fut obligé pour son service de s'enfermer à l'hôpital[2], il ne devait plus en sortir que pour être porté en terre.

Certes, des hommes tels que Bruno Granier et Peyssonel honorent leur cité natale. Comment et par quel injuste oubli leurs noms ne sont-ils pas plus populaires ? L'antiquité leur aurait élevé des statues, et les poètes auraient célébré leur dévouement. C'est à grand'peine si leurs noms ont été conservés. Aussi croyons-nous remplir un devoir en leur rendant ici l'hommage de reconnaissance qu'ils méritent à tant d'égards. Ils le méritent d'autant plus que leur conduite forme un étrange contraste avec celle des autres fonctionnaires, qui, presque tous, abandonnèrent leur poste. Ainsi que l'écrivait, non sans amertume, Pichatty de Croissainte, qui, lui, n'avait pas quitté son cabinet de l'hôtel de ville, et y continuait avec calme sa besogne de tous les jours, « bref, M. le marquis de Pilles, et MM. les échevins[3] restent presque seuls chargés d'une population infinie, prête à tout entreprendre dans les extrémités où elle se trouve réduite par la misère et par la

1. Lettre de MM. Peyssonel au duc d'Escalona, majordome-major du roi d'Espagne Philippe V.
2. Il y prenait même ses repas. On a conservé dans les Archives hospitalières de Marseille (Livre des recettes et des dépenses de 1720 à 1721, VI, E, 237, fol. 46), un reçu des hoirs de Peyssonnel, 26 livres 5 deniers pour prix de la chair de mouton que l'hôpital lui avait fournie.
3. PICHATTY, ouvr. cité, p. 18.

calamité qui multiplie avec le mal ». A vrai dire, l'égoïsme règne alors en maître, et l'on n'entend plus dans l'intérieur des maisons que cris d'angoisse, lamentations funèbres ou gémissements arrachés par la douleur.

Au dehors [1], le spectacle était plus lamentable encore, car il était public et se compliquait étrangement. Dans les premiers jours de la maladie, la ville avait paru déserte, mais un grand nombre de pauvres, de mendiants surtout, étaient demeurés sans asile, et ne pouvant, faute de place, être reçus dans les hôpitaux, avaient fait élection de domicile dans la rue. Sous des huttes de feuillage qu'ils avaient improvisées soit le long du Cours, soit à la plaine Saint-Michel, ils campaient en plein air comme dans une ville assiégée. Bientôt grossit leur nombre, lorsque sortirent de leurs maisons les derniers survivants d'une famille, ou même de pauvres enfants que jetaient à la porte des parents inhumains, après leur avoir donné une cruche d'eau et quelque misérable couverture. Ces naufragés et ces isolés se traînaient au hasard, quand ils ne tombaient pas tout de suite, heureux quand ils pouvaient jeter un matelas ou un peu de paille sur les marches d'une maison ou sous l'auvent d'une boutique, et encore les propriétaires aspergeaient volontiers d'eau sale les portes de leur maison, ou en enduisaient les marches avec de la lie de vin. Chassés et rebutés de partout, ces malheureux n'avaient plus qu'à chercher un refuge sur les places publiques ou dans les lieux habituels de réunion ; mais c'étaient dès lors des victimes désignées à un sort fatal. « D'un seul coup d'œil, écrit le docteur Bertrand [2], on voyait la mort peinte sur cent visages différents, et de cent diverses couleurs ; l'un avec un visage pâle et cadavéreux, l'autre rouge et allumé, tantôt blême et livide, tantôt bleuâtre et violet ; des yeux éteints, d'autres étincelants ; des regards languissants, d'autres égarés, tous avec un air de trouble et de frayeur qui les rendait méconnaissables.

1. Cf. Papon, *Histoire de Provence*, t. IV, pp. 655, 656.
2. Bertrand, *ouvr. cité*, p. 133.

Comme la peste adopte les symptômes de toutes les autres maladies, on y entendait toutes sortes de plaintes, des douleurs de tête et dans toutes les parties du corps, de cruels vomissements, des tranchées dans le ventre, des charbons brûlants. » Pichatty[1], qui fut témoin de ces scènes dramatiques, en a laissé une saisissante description. Voici ce qu'il écrivait, à la date du 28 août : « La peste redouble toujours ses plus cruels ravages, et toute la ville n'est plus qu'un vaste cimetière qui n'offre à la vue que le triste spectacle de corps morts entassés à monceaux les uns sur les autres. » Un autre témoin oculaire, le docteur Deydier[2], a été également frappé de l'aspect terrifiant que présentait alors Marseille. « En entrant par la porte d'Aix, le coup d'œil jusqu'à la porte de Rome, qui faisait autrefois mon admiration, me présenta la chose du monde la plus hideuse. Toutes les portes et fenêtres étaient généralement fermées, personne n'y paraissait. Tout le pavé d'un côté et d'autre était couvert de malades et de mourants étendus sur des matelas sans aucun secours. On ne voyait au milieu des rues et dans son vaste Cours que des cadavres à demi pourris, devenus la proie des chiens, de vieilles hardes trempées de boue, et des chariots conduits par des forçats pour enlever les morts. »

Voici comment la sœur de Rémusat[3] décrivait à ses parents les scènes dont elle était le témoin attristé : « Nous avons été jusqu'ici environnées de mille dangers, étant au milieu de malades et de morts, par la proximité de l'hôpital et des cimetières, dont les exhalaisons malignes et la mauvaise odeur nous ont fort exposées. Elle était causée par la puanteur des cadavres qu'on laissait à fleur de terre autour de nos jardins. Nous avons même été obligées de donner de l'argent pour nous faire ôter plusieurs corps morts qui commençaient à se pourrir à la porte de notre cour... La plupart de ces

1. Pichatty, ouvr. cité, p. 28.
2. Deydier, Expériences sur la bile et les cadavres des pestiférés. — Cf. Papon, Histoire de Provence, t. IV, p. 648.
3. Vie de la sœur de Rémusat, p. 240.

pauvres pestiférés n'ayant pu avoir place dans l'hôpital, on leur avait dressé des tentes le long de nos murailles. Nous voyions tirer les corps morts de nos croisées, de même que les chariots qui en étaient chargés et qui passaient nombre de fois le jour et la nuit. Jugez de ce que nous ressentions alors de peine et de compassion ! » Les Dames de la Visitation furent même obligées, à cause du voisinage des cadavres entassés tout près du couvent de « faire murer toutes les fenêtres du côté de la mer, d'où nous avions le meilleur air du monde, et ce n'a pas été un petit sacrifice d'en être privées dans les chaleurs de l'été! ».

Un poète, ou plutôt un versificateur anonyme, car il ne manque jamais, même dans les circonstances les plus critiques de la vie, de rimailleurs impénitents, trouva pourtant le moyen de composer une chanson sur la peste. Elle se chantait même sur l'air des *Folies d'Espagne* ! On nous pardonnera, à cause de son étrangeté, de l'avoir reproduite [2].

> Le fils, voulant s'approcher de son père
> Pour lui donner quelque petit secours,
> Porte le mal à sa sœur, à sa mère.
> Ils meurent tous au printemps de leurs jours !
>
> On voit finir dans une matinée
> Ceux des mortels qu'on croit très vigoureux.
> Une santé qu'on croit bonne, assurée,
> Ne paraît plus après une heure ou deux.
>
> Eclat, beauté, florissante jeunesse,
> Sont mis au rang des cheveux les plus gris.
> Jeunes et vieux, malgré toute l'adresse,
> Du mal commun sont également pris.
>
> Les tombereaux et leur pâle cohorte
> Vous font dresser les cheveux en passant.
> Le conducteur demande à votre porte :
> « Êtes-vous mort ou êtes-vous vivant ? »

1. *Vie de la sœur de Rémusat*, p. 342.
2. LAFORÊT, *ouvr. cité*, p. 63.

Malgré le ton déclamatoire et les périodes ampoulées, combien ne préférons-nous pas les vers, tant de fois cités, de Millevoye !

> Le frère évite un frère : en leur effroi barbare
> Loin de les réunir le malheur les sépare.
> Plus de pitié : chacun ne connaît plus que soi.
> Vivre est l'unique bien, vivre est l'unique loi.
> Le fils, sans redouter la céleste colère,
> Livre aux pieds du passant le cadavre du père.
> Le mourant qui gémit sur le seuil est traîné,
> Et sous un toit connu si quelque infortuné
> Cherche pour un instant à reposer sa tête,
> Il trouve à l'écarter une main toujours prête,
> Ne voit pas un ami qui l'ose secourir,
> Et, repoussé partout, ne sait plus où mourir.

Faute d'employés des pompes funèbres, et dans l'espoir de se garer de la contagion, il arrivait souvent que les parents et les voisins des défunts allaient chercher eux-mêmes les cadavres en décomposition, les saisissaient avec des crocs et les tiraient avec des cordes jusque dans la rue. C'était surtout pendant la nuit qu'ils accomplissaient cette funèbre besogne, espérant traîner les cadavres le plus loin possible de leur domicile. Thucydide[1] avait déjà parlé de cette profanation des cadavres. « Toutes les coutumes jusqu'alors suivies pour les inhumations furent violées. On enterrait comme on pouvait. Les objets nécessaires aux funérailles étant devenus rares dans quelques familles, il y eut des gens qui eurent recours à des moyens infâmes. Les uns allaient déposer leurs morts sur des bûchers qui ne leur appartenaient pas, et, devançant ceux qui les avaient dressés, ils y mettaient le feu. D'autres, pendant qu'un premier cadavre brûlait, jetaient le leur par-dessus et s'enfuyaient. » Les temps ont beau changer, les passions humaines restent identiques. On ne peut que le déplorer, mais il faut bien le constater.

Ces cadavres ainsi enlevés subrepticement et transportés au loin ne tardèrent pas à encombrer les rues.

---

1. Thucydide, II, 52.

les places publiques et les quais. Jusque devant l'hôtel de ville, le long des palissades du port, et dans le voisinage immédiat de l'évêché, c'étaient de prodigieuses accumulations de cadavres putréfiés, qui se décomposaient aux ardeurs du soleil, et répandaient des odeurs infectes. « Sous chaque arbre du Cours et des places publiques, sous l'auvent de chaque boutique des rues ou du port, on voit, entre tous ces cadavres, un nombre prodigieux de pauvres malades, et même de familles tout entières, répandus misérablement sur un peu de paille ou sur de mauvais matelas. Les uns sont dans une langueur qui n'attend plus qu'une mort secourable, les autres ont l'esprit troublé par l'ardeur du venin qui les consume et les dévore, implorant le secours des passants tantôt par des plaintes touchantes, tantôt par des gémissements que la douleur ou la frénésie leur font pousser. Il s'exhale d'eux une puanteur qui est insupportable, et, comme si le mal dont ils sont atteints n'était pas assez terrible et assez cruel, ils souffrent encore toutes les rigueurs de la diète et de la misère publique. Le cœur s'y fend de voir tant de pauvres et malheureuses mères qui ont à leurs côtés les cadavres de leurs enfants qu'elles ont vu expirer sous leurs yeux sans pouvoir leur donner aucun secours, et tant de pauvres petits enfants, qui sont encore attachés aux mamelles de leurs mères, qui ont aussi péri, en les tenant serrés entre leurs bras, suçant sur ces cadavres le reste du venin, qui va bientôt leur faire avoir un sort égal[1]. »

Que l'on ne croie pas le tableau chargé. Thucydide avait déjà parlé de ces malheureux habitants de la banlieue d'Athènes, qui, « ne trouvant plus de domiciles disponibles, se logeaient, au cœur de l'été, dans des huttes privées d'air : aussi mouraient-ils en foule. Les cadavres gisaient pêle-mêle. On voyait des infortunés se rouler dans les rues, autour de toutes les fontaines, à demi morts et consumés par la soif. Les lieux saints où l'on campait étaient jonchés de cadavres, car les

1. PICHATTY. ouvr. cité, p. 31.

hommes, atterés par l'immensité du mal, avaient perdu le respect des choses divines et sacrées[1]. »

Le spectacle de la rue était d'autant plus terrifiant qu'à côté des cadavres gisaient épars les meubles et les hardes des pestiférés, qu'on jetait par les fenêtres pour s'en débarrasser. A peine le passage restait-il libre pour les rares piétons qui circulaient encore, les uns pour chercher des secours qu'ils ne rencontraient pas, les autres, et c'était le plus grand nombre, pour se traîner au hasard. « Si l'on rencontre encore quelques personnes dans les rues, ce sont des personnes livides et languissantes, dont l'âme a déjà presque abandonné une partie du corps, ou que la violence du mal a mises dans le délire. Errant sans savoir où, tant qu'elles peuvent se soutenir, elles tombent bientôt, accablées de faiblesse, et, ne pouvant plus se relever, expirent au lieu même de leur chute, où elles restent dans des attitudes si étranges et si contorsionnées qu'elles font connaître l'ardeur du venin qui a frappé leur cœur. Il en est même d'agitées par de si violents transports qu'elles s'égorgent elles-mêmes, se précipitent dans la mer, ou se jettent des fenêtres de leurs maisons pour mettre fin à leurs maux et à leurs peines, et prévenir la mort qui ne peut tarder longtemps[2]. »

Un détail ajoutera encore à l'horreur de ce tableau. Le bruit s'était répandu que les animaux domestiques étaient de dangereux propagateurs de l'infection. On avait donc ordonné de les tuer tous, surtout les chiens et les chats, qui vivaient davantage dans l'intimité de chaque jour. On avait même promis une prime par tête d'animal immolé. Il n'en fallait pas tant pour déchaîner contre eux les fureurs ou plutôt les convoitises populaires. Ils furent exterminés ; mais on négligea de les enterrer, et leurs cadavres s'entassèrent bientôt dans les rues, à côté de ceux des pestiférés, de leurs meubles et de leurs hardes. Ces tristes débris s'entassèrent surtout

---

1. Thucydide, II. 52.
2. Pichatty, *ouvr. cité*, p. 31.

dans le port, d'autant plus odieux qu'ils surnageaient et que l'ouflure amenée par la pourriture donnait à ces charognes des formes extraordinaires. « Ils semblaient ne flotter à la surface des eaux, écrit Pichatty[1], que pour mieux joindre leur puanteur à l'infection générale qui est dans toute la ville, et qui saisit le cœur, l'esprit et les sens. »

Les contemporains ont tous parlé de ce spectacle effrayant de la rue. Ils en ont gardé le souvenir comme on garde celui d'un cauchemar. Voici, par exemple, comment Fournier[2], secrétaire d'un des médecins de Montpellier qui vinrent au secours de Marseille, a parlé de son entrée « dans la cité dolente ». « Nous entrâmes à Marseille à travers plus de 20.000 morts et 9.000 à 10.000 malades ou mourants. Nous fûmes si frappés de ce spectacle affreux que nous refusâmes toute espèce de nourriture en arrivant au logis qui nous avait été destiné. Chacun fut occupé dans le plus profond silence de son triste sort, et quelques-uns d'entre nous pleuraient déjà leur famille, dont ils se croyaient séparés pour toujours. Après environ deux heures de ces cruelles réflexions sans que personne ne prononçât un mot, je ne sais comment fut rompu ce morne silence. Je me souviens seulement que je me levai le premier pour aller dans la rue, et que cette sortie fut pour nous le signal d'un nouveau courage... Nous parcourûmes les principales rues de la ville si jonchées de cadavres ou de malades que nous ne pouvions, en bien des endroits, trouver un espace à placer nos pieds. Les morts étaient entassés en plusieurs endroits, et les autres étaient tirés de leurs maisons par leurs plus proches parents ou leurs fidèles amis... La mortalité était si rapide et si générale que les cadavres amoncelés devant le portail des églises, des maisons religieuses, dans les places publiques et presque dans toutes les rues, y pourrissaient depuis plusieurs jours. Leurs membres épars, leurs chairs dissoutes cou-

---

1. Pichatty, *ouvr. cité*, p. 31.
2. Fournier, *Observations sur la peste de Marseille*, p. 27.

laient en lambeaux et répandaient une infection affreuse. Tous ces cadavres étaient presque nus ; les malades et les mourants enveloppés de draps ou de vieux haillons. Plusieurs s'efforçaient d'arriver à l'hôpital et tombaient en défaillance au milieu de leur pénible marche... La vapeur et la fumée continuelle des lits, des couvertures de laine, des matelas et de toutes les hardes des pestiférés qu'on brûlait sans cesse, pendant le jour et la nuit, augmentaient la masse générale de la corruption et de la puanteur. L'atmosphère était surchargée de nuages fétides, d'émanations mortelles. »

C'était surtout sur le Cours, naguère encore la promenade à la mode, sous les fraîches allées duquel les avenantes et coquettes Marseillaises aimaient à déployer leurs grâces et à étaler leurs fastueuses toilettes, que les pestiférés se donnaient en quelque sorte rendez-vous. Couchés à l'ombre des arbres, ils essayaient sinon de guérir, au moins d'atténuer leurs souffrances ; mais « brûlés au dehors par la chaleur du soleil, et au dedans par les ardeurs de la fièvre, ils ne demandaient que les secours les plus communs, l'eau qui se perd dans la mer, et personne ne leur en donnait, la charité étant éteinte dans tous les cœurs[1] ». L'encombrement était formidable surtout dans la rue Dauphine, petite rue longue de 180 toises et large seulement de 5, qui conduisait à l'hôpital des Convalescents. Tous les isolés essayaient d'y arriver, mais la rue était comme barrée par les premiers venus. Ils étaient alors obligés de s'étendre à terre et d'attendre leur tour. Or, « le nombre[2] en était si grand qu'on ne pouvait pas sortir des maisons sans leur passer sur le corps. Couchés les uns auprès des autres, ils n'avaient pas dans la rue même autant de place que l'inquiétude du mal en demandait. Les uns mouraient avant que d'être reçus à l'hôpital, les autres en y entrant. On en voyait tomber par défaillance près du ruisseau et n'avoir pas la force de s'en retirer. D'autres, pressés par la soif,

---

1. BERTRAND, *ouvr. cité*, pp. 135-138.
2. BERTRAND, *ibid.*, p. 136.

s'en approchaient pour y tremper leur langue et rendaient l'âme au milieu des eaux. Quant aux favorisés qui réussissaient à obtenir leur entrée à l'hôpital, c'est à peine si on les admettait dans les salles, sans même changer les draps des lits où venaient d'expirer ceux qui les avaient précédés. Tous les autres étaient jetés dans les cours intérieures avec une simple paillasse et parfois une couverture qu'on leur octroyait par grâce. Il y avait toujours dans ces cours un tas de cadavres mis en confusion les uns sur les autres, dont les plus bas, écrasés par le poids des autres, teignaient le pavé de sang, et laissaient répandre des parties dont la vue n'était pas moins horrible que l'infection en était dangereuse. »

Nous n'apprendrons rien à personne en rappelant ici combien le service des hôpitaux était mal organisé, non seulement parce que les ressources[1] matérielles faisaient défaut, mais surtout parce qu'on ne soupçonnait pas les règles de l'hygiène préventive. Peu ou point de lavages, aération mal comprise, malades entassés à deux ou trois, parfois même davantage, dans des lits infects, dont on ne prenait pas la peine de renouveler les draps. Les hôpitaux étaient alors une antichambre de la mort, et on comprend pourquoi le peuple, sans doute par atavisme inconscient, a, même aujourd'hui, tant de répugnance à entrer dans ces établissements, qui pourtant ont fait bien des progrès. Tel était le sentiment d'un chansonnier anonyme, dont nous reproduisons[2] volontiers les naïfs couplets, car ils donnent avec exactitude comme la note de l'époque.

Diou[3] gardo qu'aguès maux de testo,
D'abor diou : as juga toun resto,

[1] Voir lettre des Echevins à Lebret, 4 août 1720. — A. FABRE, Histoire des hôpitaux de Marseille.
[2] LAFORÊT, ouvr. cité, p. 14.
[3] Voici la traduction de cette naïve poésie : « Dieu garde que vous ayez mal à la tête. Dites tout de suite : je suis perdu ! Il faut songer à faire une fin. On vous fait entrer dans la chapelle. Un prêtre, plein de zèle, vous dit : « Il faut vous confesser. Songez à vos péchés passés. « Car ici vous êtes à l'agonie. Invoquez la vierge Marie. » Puis ils vous récitent les prières pour les agonisants, on n'a plus de sang dans le

Faou songea de prendre parti.
Vou fau intra dans la capello.
Un capelan qu'es plen de zelo
Vous dit : « Si faou vous counfessa,
Soungea à vouestres pecca passa,
Car ici sieies à l'agounié.
Invoquons la Vierge Marie ! »
Puis vous disoun les aourésoun
Que disoun per lei mouriboun.
Reste gé de sang à la placo.
D'abor vous fan segui la traco
D'aqueli que soun déjà mouer.
Sias attaqua d'un maou de cuer,
N'entendès que gémissamens,
Esfroi et tristeis hurlamens,
Qu'excitoun songi et délire.
Mai, mon Diou ! n'aougi plus ren dire,
Senti que pâmi de douleur.
D'abor que vieu veni lou jour
Entendés veni d'infirmié
Disoun : « Faou haussa la camié !
Quand leis chirurgien passaron
Vouestros plagos visitaron. »
Si faou rangea d'uber que venoun,
Vous regardoun, et ce que tenoun
Es un emplastro et de cizeoux.
Et puis decoupoun un taceou
Que vous mettroun leou, en courrant.
Passoun vite coumo lou ven !

corps. Il vous faut suivre les traces de ceux qui sont déjà morts. Vous avez mal au cœur. Vous n'entendrez que gémissements, cris d'effroi et tristes hurlements qui excitent rêves et délire. Mais, mon Dieu, je n'ose plus rien dire. Je sens que la douleur me fait pâmer. Dès que paraît le jour, on entend venir des infirmiers qui disent : « Il faut « enlever votre chemise. Quand les chirurgiens passeront, ils visiteront « vos plaies. » Il faut se ranger dès qu'ils viennent, ils vous regardent, et ce qu'ils ont en main c'est un emplâtre et des ciseaux, et ils vous en coupent un morceau que vite ils vous mettent sur la peau. Ils passent comme le vent ! Que de cris ! que de gémissements ! Vous n'avez pas un moment de repos. Non ! Vous n'entendez que des aï et aï ! L'un dit : « Les bubons me cuisent. » L'autre : « La cuisse me fait mal. » Celui-ci : « J'ai mal un peu plus haut. » D'autres restent cloués sur place. Aussitôt on vous enlève de la paillasse. Voici venir les serviteurs et c'est une annonce sinistre... Ils empoignent cruellement les cadavres, et durement les traînent par les salles soit par la tête, soit par la jambe. Ils sont capables de vous tuer. De voir cela, fait mal. Tout de suite ils vont vous porter au tombereau, et vous jeter en terre sans cérémonie, comme un âne dans la prairie. »

Que de cris, de gemissamens
N'aouez pas dedin un moument !
Nonn ! n'entendès que d'aï et d'ouï !
L'un que dich : « Lou boubon mi coui ! »
L'autro : « La cuisso mi fa maou ! »
Que dich : « Yeou vaï un poou plus haut. »
D'aoutro n'en restoun sur la place.
D'abor vous lan a seis payasso.
Et vesés vemi leis ministré
Qu'aouguroun ren que de sinistré.
Vous saisisson cruellement
Leis corps mouers, et puis rudement
Lei tirassoun lou long dei chambro,
De co de testo, co de cambo,
Soun capable de fa mouri.
De veire aquo vous fa souffri.
D'aquito vont lei vous pourta
Au toumbareau, leis va gita
En terro sen cérémonie
Comme un ay au Prabatayé.

Qu'on se figure ces immenses salles encombrées de mourants, qu'on écoute un instant ces cris de douleur et ces hoquets d'agonie, et on pourra se faire une idée des scènes d'épouvante, qui se renouvelaient de minute en minute. Pour achever le tableau, qu'on veuille bien y introduire les médecins, avec leur étrange costume, longue robe noire, bottines, culotte et chapeau en maroquin. Leurs mains sont gantées, et ils portent, pour écarter les importuns, une canne longue de 8 à 10 pieds, qu'on nomme la canne de Saint-Roch. Leur figure est protégée par un masque aux yeux de cristal et dont le nez, prolongé en forme de bec de perroquet, est rempli de parfums, surtout de l'essence de bergamote. Ils ont d'ailleurs si bien conscience du danger qu'ils courent qu'ils ne se hasardent jamais dans la rue sans porter sur l'estomac un sachet de camphre, de sang humain desséché, avec des fragments de vipère et de crapaud. Ils sont enveloppés jusqu'aux talons d'une robe de toile cirée. Un infirmier les précède avec un réchaud allumé et un pot de vinaigre. Jamais ils ne s'approchent

1. LAFORÊT, ouvr. cité, p. 19.

d'un malade sans mâcher un morceau d'angélique, et sans se laver au vinaigre. Ces précautions, hélas! ne leur donnent pas l'immunité, et souvent ils tombent à côté de leurs malades.

On pourra trouver étrange que le service hospitalier ait été si mal organisé, mais l'aveuglement des Marseillais avait été absolu. Ils n'avaient pas voulu se rendre à l'évidence. Ils s'étaient d'abord contentés d'envoyer les malades suspects aux infirmeries, mais bientôt les salles furent combles et il fallut songer à ouvrir d'autres asiles aux pestiférés. L'hôtel-Dieu avait d'abord été réservé pour les malades ordinaires, et on ne voulut y recevoir aucun suspect [1], mais l'infection y fut portée par une femme de la rue de l'Escale qui la communiqua à deux filles de service. En quelques heures elles furent emportées par le fléau, ainsi que la supérieure et une trentaine de gens de service. Dès lors, la mortalité fut effrayante dans cet établissement. Signalons le trépas glorieux 24 septembre 1720 du recteur Bruno Granier, qui n'avait pas fait un pas en dehors de l'hôpital, subvenant à tous les besoins avec un zèle et un courage « dignes d'être imités par tous ceux qui sont appelés à ces charitables exercices [2] ». Ce ne sera que justice lorsque le Conseil d'administration, dans sa séance du 21 août 1721, signée Charles Astour, Catelin et Nogaret, décidera que le portrait [3] de cet homme de bien figurera dans la salle de ses délibérations, « entendu les grands services qu'il a rendus à cet hôpital, dans lequel il s'était enfermé dans ce temps de calamité pour prendre soin des pauvres malades ». Le docteur Peyssonel fut également une des victimes du fléau (20 septembre 1720). Il s'était signalé par son inlassable dévouement. « Il visitait les

1. Voir la protestation des médecins de l'hôtel-Dieu, 8 août 1720 (Archives hospitalières de Marseille, registre J, fol. 257).
2. BERTRAND, ouvr. cité, p. 94.
3. Archives hospitalières de Marseille (Délibérations du bureau de l'hôtel-Dieu, registre J). Ce portrait fut exécuté par le peintre Bernard et payé 15 livres par mandatement du 5 octobre 1722 (Ibid., Livre des recettes et dépenses de 1722 à 1723, VI, E, 238, fol. 283). Nous ne savons pas ce qu'est devenu ce portrait.

malades avec un courage encore plus hardi que celui dont d'autres se sont fait un mérite dans la suite et dont ils ont cru donner le premier exemple. Il s'asseyait auprès des malades, touchait leurs plaies et les pansait avec une charité qui était le fruit de cette piété sincère qui a éclaté dans toute sa vie[1]. » Sa fin fut celle d'un sage. Quand il se sentit frappé à mort, il appela auprès de lui ses enfants, leur donna ses dernières instructions et les bénit en leur recommandant d'être toujours unis. Ses funérailles furent touchantes. On ne voulut pas le confondre avec les cadavres que les tombereaux portaient chaque jour hors la ville dans des fosses anonymes. On lui fit les honneurs d'une bière et d'un enterrement solennel dans le cimetière de l'hôpital. « Ayant allumé des bougies, nous l'accompagnâmes jusqu'à la fosse, en disant les prières accoutumées. Tristes obsèques, mais qui laissent au moins la consolation de savoir l'endroit, où nous pourrons aller arroser ses cendres de nos larmes. Nous eûmes la satisfaction de voir dans notre chemin les pauvres rangés en haie le combler de bénédictions et mêler leurs larmes aux nôtres[2]. »

Ni les infirmeries[3], ni l'hôtel-Dieu ne suffirent bientôt plus à recevoir les malades. On songea à leur ouvrir l'hospice de la Charité, qui était grand, bien distribué et dans le voisinage immédiat de cinq couvents, qu'on pourrait annexer en cas de besoin. On aurait pu y placer tout de suite 6 à 800 malades. Les recteurs de la Charité ne voulurent pas entendre parler de transférer ailleurs leurs pensionnaires, et, malgré les ordres impératifs de la municipalité, fermèrent obstinément leurs portes. Quelques jours se passèrent en pourparlers inutiles. Vu l'urgence, et ne pouvant triompher de l'inexplicable obstination des recteurs, les échevins se décidèrent pour

1. BERTRAND, ouvr. cité, p. 95.
2. Lettre des fils Peyssonel au duc d'Escalona (19 février 1721). — Voir Registre des décès de l'hôtel-Dieu de 1711 à 1721, fol. B.
3. Lettre des Echevins aux procureurs du pays (27 août 1720) pour leur annoncer un mémoire sur les infirmeries et la quarantaine. Nous ne l'avons pas retrouvé.

l'hôpital des Convalescents de l'hôtel-Dieu. Cet établissement était bien situé, mais trop petit. Il ne pouvait recevoir que 200 à 300 malades. Il fut rempli en deux jours, et encore utilisa-t-on jusqu'aux étables. Gayon père et fils, médecins de Barjols, avaient proposé leurs services à la municipalité qui les accepta. Ils s'installèrent donc aux Convalescents, mais ils eurent l'imprudence de ne pas consulter leurs collègues, et se mirent à ordonner au hasard saignées et purgations. Aussi la mortalité fut-elle effrayante. Ils n'y échappèrent pas eux-mêmes, et, comme on les remplaça par les premiers venus, « cet hôpital [1] ne fut plus dans la suite qu'un lieu d'horreur et de confusion, où ceux qui devaient avoir soin des malades ne les voyaient que pour prendre garde au moment où ils expiraient et se partager leurs dépouilles. Ils en faisaient même une retraite des vols qu'ils faisaient en ville dans les maisons abandonnées par les malades qui allaient dans cet hôpital. Leurs désordres étant connus, ils furent arrêtés et condamnés aux galères. »

Deux autres hôpitaux furent encore ouverts, l'un au Jeu du Mail, à proximité du couvent des Augustins Réformés et d'une grande maison située à l'entrée du Jeu. Le choix était bon, mais il était déjà trop tard, car on ne l'établit qu'aux premiers jours du mois d'août, et la maladie battait alors son plein. D'ailleurs, une terrible tempête s'abattit sur Marseille, le 26 septembre, et détruisit tous les baraquements improvisés. On envoya aussitôt pour les reconstruire tous les ouvriers disponibles, sans parler d'une équipe de forçats et de Turcs, de bons Turcs, comme on les nommait. Grâce aux efforts des deux administrateurs, Marin et Beaussier, le désastre fut promptement réparé, et, dès le 4 octobre, le nouvel hôpital ouvrait ses portes. Le second hôpital fut établi par le chevalier Roze au quartier de Rive Neuve. Le moment est venu de signaler ici le grand rôle qu'il joua. A peine débarqué dans sa ville natale, il avait offert ses services

---

1. BERTRAND, ouvr. cité. p. 87.

aux Echevins, qui le nommèrent commandant de Rive Neuve, alors séparée de la ville par le port. De grandes richesses étaient accumulées dans ce quartier, car les principaux négociants y avaient établi des magasins, mais la population était difficile à manier, car elle était composée surtout de portefaix et d'artisans, sans parler de cette écume des grandes villes du Levant apportée par tous les bateaux. Voici la commission, en date du 6 août 1720, qui fut donnée à Roze : « Nous avons établi et nommé Monsieur le Chevalier pour commander dans tout le quartier de Rive Neuve, lui donnant pouvoir de former une ou deux compagnies, composées de trente hommes chacune, et de nommer les officiers qu'il trouvera à propos. Enjoignons aux officiers qui seront par lui établis et à tous les habitants du quartier de Rive Neuve de reconnaître le dit chevalier Roze en qualité de commandant, et de lui obéir en tout ce qui regarde le bon ordre et la sûreté publique, à peine de désobéissance. »

Roze se mit aussitôt à l'œuvre. Il eut bientôt formé les deux compagnies de police dont il avait besoin, et, pour mieux montrer qu'il entendait être obéi, fit dresser une potence, « afin, disent les documents contemporains, de contenir le peuple dans une juste crainte ». Il convertit ensuite les immenses bâtiments de la Corderie en hôpital, et garnit cet hôpital de matelas et de paille, quand les matelas ne suffirent plus. Il ordonna de creuser cinq grandes fosses, où les cadavres seraient immédiatement ensevelis dans la chaux vive, et ils étaient nombreux : 3.554 rien que pour Rive Neuve ! Il est vrai que non seulement les paysans de la banlieue, mais aussi les marins étaient reçus à l'hôpital de Rive Neuve. C'est ce qui explique l'effroyable accumulation des décès sur ce point unique. Cet hôpital était l'objet des soins particuliers de Roze. Il le visitait à fond tous les jours, interrogeant les malades et veillant à leurs besoins les plus urgents. Malgré les miasmes empoisonnés qui se dégageaient de ce foyer de putréfaction, il n'hésitait pas à tendre la main aux pestiférés, et à s'entretenir avec eux de leurs affaires. Les médecins admiraient ce dévouement de tous les instants et ne comprenaient pas comment le chevalier avait échappé à la contagion.

En outre, chaque matin, de très bonne heure, Roze présidait à la distribution des bons de pain aux pauvres. Apprenant que les bouchers profitaient de la circonstance pour vendre leurs viandes à des prix exorbitants, il les soumit à un tarif maximum et veilla à ce que ses arrêtés fussent strictement exécutés. Ainsi qu'il arrive trop souvent dans une calamité publique, des bandes de voleurs s'étaient installées dans les maisons abandonnées. Il les poursuivit à outrance, et, sans autre forme de procès, les envoya à la potence.

Ce n'est rien encore. Deux ou trois fois par jour, Roze traversait le port et se rendait à l'hôtel de ville, où le viguier et les Echevins usaient et abusaient de son zèle, assurés qu'ils ne feraient pas appel en vain à son inlassable dévouement. De fait, il était le principal inspirateur des mesures réparatrices. Jamais il n'était à court d'expédients. N'est-ce pas lui qui imagina de réquisitionner toutes les chèvres de la banlieue, et de donner aux nouveau-nés privés de leurs mères leur lait sain et abondant ? Le bois, l'huile, les tentes manquaient pour les soldats : il sut en trouver. Les hôpitaux ne suffisaient plus : il en improvisa un second à Rive Neuve, où, du jour au lendemain, furent admis quatre-vingts orphelins, et, comme il n'y avait pas de fonds pour les entretenir, il n'hésita pas à subvenir à ces dépenses avec sa propre fortune. Ainsi que l'écrit un contemporain, « il eut encore la générosité de subvenir à l'entretien de cette infirmerie et à la subsistance des malades et de ceux qui le servaient, sans se mettre en peine de quelle manière et dans quel temps il en serait remboursé ». La ville manquait de blé, et les navires qui débarquaient non plus à l'Estaque, mais au Frioul, n'avaient plus de lest pour le retour. Roze obligea les pêcheurs à ne se mettre en mer qu'avec du sable et des pierres, qu'ils déposaient au Frioul, et les capitaines, certains de trouver désormais ce dont ils auraient besoin, n'hésitèrent plus à apporter aux Marseillais le blé qui leur manquait. En cette circonstance, Roze fut aidé par les prud'hommes des pêcheurs ; l'histoire a conservé leurs noms : Jacques Pillet, Pierre Négrel, Jacques Gaudin, Joseph Hermitte, et il s'assura de l'exécution de ses ordres en inspectant lui-même tous les deux jours les barques qui partaient pour la pêche.

Divers malades s'obstinaient à rester dans leurs maisons, et y perpétuaient l'infection. Roze les fit saisir de force, évacuer sur les hôpitaux, et ordonna de désinfecter les habitations dès qu'elles seraient vides, et il mit la main à l'exécution de ces ordres draconiens mais nécessaires.

Marseille, malgré le zèle et l'activité de Roze, ne présentait pas moins le plus lugubre des aspects pendant ces terribles semaines d'août et de septembre. On les voit passer, sous un ciel de feu, ces lamentables théories d'agonisants qui errent au hasard dans les rues encombrées. On entend leurs cris et leurs hoquets de souffrance. Cadavres décomposés et gisant dans les ruisseaux, à côté des animaux domestiques déjà en pourriture, hardes empuanties, linges couverts de sanie, meubles disloqués, c'est ce qu'on ne voit pas, même dans une ville prise d'assaut. « Pour concevoir toutes ces horreurs, écrira Pichatty[1], il faut se représenter tous les maux et toutes les misères humaines, et l'on ne peut s'exposer à les voir de près, sans se livrer à la mort, ou à des effrois et à des inquiétudes les plus terribles. »

Ce n'était pas seulement dans les maisons ou dans les rues de Marseille que sévissait la peste. Même en pleine mer les décès étaient nombreux. Beaucoup de Marseillais s'étaient réfugiés dans des barques ou à bord des vaisseaux ancrés dans le port. Ils y trouvaient, en effet, des facilités d'isolement, mais il leur fallait, pour se ravitailler, descendre en ville, et, par conséquent, s'exposer à la contagion. Quand ils rentraient à bord, c'était trop souvent la mort qu'ils rapportaient ; mort

1. Pichatty, ouvr. cité, p. 37.

d'autant plus affreuse qu'elle frappait sans recours possible. Aussi les eaux du port et la rade furent-elles bientôt couvertes de cadavres, soit de suicidés, soit de défunts jetés à l'eau. « On trouvait de temps en temps sur les bords de la mer les cadavres qu'elle y rejetait tout rongés par les poissons. D'autres flottaient au gré des ondes. Enfin c'était sur mer la même désolation que sur terre[1]. » Roze fut alors prié par les Echevins de s'occuper de la police du port. Il défendit, sous les peines les plus graves, ces inhumations précipitées. Donnant l'exemple du devoir, il monta en chaloupe, fit ramasser sous ses yeux par des pêcheurs les cadavres flottants qui empuantissaient l'atmosphère, forma de ces cadavres attachés les uns aux autres comme des chapelets, et les fit conduire en pleine mer, où ils disparurent.

Si du moins, dans les environs immédiats de la ville, sur ces collines toutes parfumées de thym et de lavande, où, dans de riantes bastides, les Marseillais aimaient à se reposer de leurs labeurs, s'ils avaient pu trouver une sécurité relative, mais la contagion les y poursuivit. Ils étaient bien obligés, pour renouveler leurs provisions, de descendre en ville. Il leur fallait aussi, quand ils avaient besoin de secours, les aller chercher au foyer même de l'infection : c'est pourquoi le fléau les atteignit promptement, et il fut inexorable. On vit alors ces réfugiés essayer de rentrer à Marseille, mais dans quelles déplorables conditions. « L'un portait un enfant mourant sur ses épaules, l'autre se traînait à demi mort dans les chemins ; tantôt c'est toute une famille qui, par la lenteur de sa marche, annonce son malheur à tous ceux qu'elle rencontre ; tantôt ce sont des enfants qui soutiennent leur père prêt à expirer. L'un porte avec lui son équipage ; l'autre n'a plus la force de l'emporter. Plusieurs tombent par défaillance dans le chemin, et ces cadavres étendus arrêtent les passants[2]. »

1. BERTRAND, ouvr. cité, p. 189.
2. BERTRAND, ouvr. cité, p. 190.

C'est surtout dans le quartier de Notre Dame de la Garde, le long de la Corniche actuelle et de l'avenue du Prado, que la peste exerça ses ravages. Il n'y avait alors sur les flancs de la colline sacrée que des masures pauvres et misérables, où végétait une population abandonnée. Les Echevins prièrent Roze de joindre à son commandement de Rive Neuve celui de cette banlieue délaissée. Roze accepta et se fit un devoir de visiter ces malheureux qui refusaient de s'astreindre aux règles les plus élémentaires de l'hygiène. La plupart d'entre eux vivaient sous la tente, exposés à toutes les intempéries. Roze alla les trouver, les rassura, leur donna de bons conseils, et fut assez heureux pour rétablir l'ordre et bientôt la sécurité dans ces quartiers trop négligés. On se demande vraiment comment un seul homme put suffire, et sans faiblir, à cette écrasante besogne. Il fut aidé par le docteur Bertrand, spécialement chargé de la visite de ces quartiers. On a conservé la note [1] des honoraires du docteur pour ces visites, depuis le 18 décembre 1720 jusqu'au 11 janvier 1721. Ils s'élèvent à la somme de 236 livres.

De la banlieue [2], le mal se répandit sur le terroir, d'abord à Saint-Marcel, puis à Sainte-Marguerite et bientôt dans tous ces gais villages, qui font à Marseille comme une ceinture verdoyante, Château-Gombert, Saint-Giniez, Saint-Barnabé, Saint-Julien. Ce sont des émigrés de la rue de l'Escale qui passent pour les avoir contaminés. Les jardiniers maraîchers furent les premiers à payer tribut, mais les paysans, les bergers eux-mêmes, bien qu'ils se fussent réfugiés dans des lieux inaccessibles, tous, les uns après les autres, furent frappés, et bien peu survécurent, car il ne pouvait être question pour eux de recourir aux médecins de Marseille, et, dans leur ignorance, les malades ne prenaient aucune précaution hygiénique. D'ordinaire, on les renfermait dans la chambre la plus reculée de la maison,

---

1. Papon, *Histoire de Provence*, t. IV, p. 679.
2. Archives municipales, section 15, n° 8.

sans le moindre secours contre la fièvre qui les brûlait, et ils y mouraient « sans avoir d'autres témoins de leurs souffrances que les oiseaux du ciel qui, par leur morne silence et par la cessation de leurs chants ordinaires, semblaient marquer leur sensibilité pour ces malheureux [1] ». Bien que ce soit un médecin, le docteur Bertrand, qui ait constaté ce dernier trait, nous l'aurions passé sous silence si nous n'avions trouvé dans Thucydide une remarque analogue, qui achève d'établir la ressemblance entre les pestes d'Athènes et de Marseille. « Ce qui prouve, écrit-il, que cette peste diffère de toutes les affections connues, c'est que les animaux carnassiers, oiseaux et quadrupèdes, n'approchaient point des cadavres, quoiqu'il y en eût une foule sans sépulture, ou périssaient dès qu'ils y avaient touché. On s'en aperçut clairement à la disparition de ces animaux. Cette circonstance était surtout frappante à l'égard des chiens, habitués à vivre en société avec l'homme [2]. »

Abandonnés par tous, même par leurs parents immédiats, même par leurs animaux domestiques, les pestiférés du territoire marseillais périrent en grand nombre, dans une effroyable proportion, quatre sur cinq d'après les déclarations officielles. On cite [3], il est vrai, parmi eux quelques dévouements touchants : celui d'un paysan qui creusa sa fosse à l'avance et s'y laissa tomber pour que pas un membre de sa famille ne fût obligé de lui rendre les derniers devoirs. On parle encore d'une femme qui, se sentant mourir, se fit attacher les pieds avec une corde pour que son mari pût la traîner jusqu'à sa tombe sans la toucher. Mais dans les alentours de Marseille, comme à Marseille, ce fut l'égoïsme qui domina, et, à la campagne comme à la ville, le fléau destructeur se montra également impitoyable.

Un des épisodes les plus dramatiques de cette sinistre époque eut pour théâtre la petite île d'If, où se dressait

1. Bertrand, *ouvr. cité*, p. 191.
2. Thucydide, II, 50.
3. Papon, *ouvr. cité*, t. IV, p. 681.

déjà, à l'entrée du port, la trop fameuse prison d'État. Le bateau qui, deux fois par semaine, assurait le service des vivres, introduisit la contagion. Il y avait alors 105 habitants dans l'île, dont 7 prisonniers d'État. Abandonnés à eux-mêmes, privés de tout secours médical, souffrant même de la famine, ils furent cruellement éprouvés par le fléau. Quand les communications furent enfin rétablies, il ne restait plus qu'une vingtaine de moribonds, dont deux prisonniers d'État [1].

Veut-on savoir dans quelles angoisses vivaient alors les Marseillais réfugiés dans leurs bastides ? On a conservé quelques lettres [2] adressées par Mlle de Guilhermy (sœur Saint-Augustin) à son frère, lieutenant civil. En voici une, datée du 22 septembre 1720 : « Un bruit assez confus et qui me trouble nous laisse croire que vous avez été atteint du mal. Je n'aurai pas de repos qu'un billet de votre main ne vienne me rassurer. Au nom de Dieu, ne négligez pas de me tirer de peine, et tenez-vous content, car la tristesse est préjudiciable à cette maladie. » La lettre suivante est datée des Aygalades, le 1er novembre. La bonne sœur raconte que depuis trente-sept jours elle a vécu dans l'isolement. A force de laver son unique vêtement « on l'a rendue spirituel (sic), n'ayant plus que l'esprit ». Un de ses neveux est venu demander l'hospitalité. « On ne voulut pas le recevoir. Il resta deux heures devant le portail fermé, pleurant de peur, sa grand'mère morte et son frère à l'extrémité. On dut mettre ce pauvre enfant dans un trou de roche pratiquée en forme de petite cellule. Nous allons tous les jours avec ma sœur lui porter sa nourriture... On dit que la ville commence d'aller mieux, mais dans la campagne le mal augmente ses ravages. » Lorsque enfin elle se décide à rentrer à Marseille, en décembre : « J'ai vu, écrit-elle, M. de Moustier qui me conta des choses effroyables. Il est tout étonné de n'avoir pas succombé. Il croit toujours voir partout des cadavres, et la mau-

---

1. ÉTIENNE, *Excursion au château d'If*, p. 17.
2. STEPHEN D'ARVE, *le Chevalier Roze*, pp. 67, 68, 75, 77.

vaise odeur le suit même dans sa maison... Je ne sais si vous avez appris les dernières nouvelles de la mort de tant de prêtres et de religieux. Il y a des maisons où il n'est pas resté un seul homme, comme le couvent du Saint-Sacrement, celui des Pères de la Miséricorde et des Réformés. »

Mlle de Guilhermy était parente de Roze, et la sollicitude du chevalier s'étendait sur ses cousins. Il aurait voulu qu'ils rentrassent en ville : « Je vis aussi M. Roze, lisons-nous dans une lettre de Mlle de Guilhermy datée du 2 décembre. Il me recommande de vous marquer de ne pas trop retarder votre retour ; s'il vous arrivait quelque malheur, vous seriez mieux pour les soins que partout ailleurs, et, si on fermait les portes de la ville, vous ne seriez plus à temps. » Le chevalier ne se contentait pas de donner des conseils. Il agissait directement, et nous savons déjà dans quelles nombreuses directions se portait son activité.

La situation était donc aussi mauvaise que possible, et les plaintes des Echevins n'étaient pas exagérées lorsque, le 22 août, ils adressaient aux membres du Conseil de marine la lamentable dépêche que voici[1] : « Nous vous supplions de vouloir bien ordonner que toutes les affaires seront suspendues, afin que nous ne nous occupions que de ce qui regarde la santé. Notre ville est certainement digne de la compassion de Votre Altesse Royale tant par le mal qui enlève nos habitants que par la misère qu'il ressentent. Ils se trouvent barrés, et par là dans l'impuissance d'aller chercher les secours qui leur seraient nécessaires... Il est constant que la cessation du commerce et de tout travail ont réduit 30.000 âmes à la mendicité. Votre Altesse Royale en sera sans doute touchée. »

Ce ne fut pas seulement le Régent dont le cœur s'ouvrit à la pitié. Une vive et sincère émotion se répandit dans la France entière. Elle se traduisit par une série d'actes,

---

1. Lettre des Echevins au conseil supérieur de la marine, 22 août 1722 (Archiv. mun., R. G., p. 45, verso).

que nous aurons à analyser, et qui démontrent que la solidarité nationale n'était pas une vaine formule. « Nous sommes[1] ici dans des inquiétudes inexprimables de ne point apprendre de vos nouvelles, écrivait aux Echevins un avocat au Conseil, Lenoir, et nous n'en savons qu'indirectement par M. le maréchal et M. de Beaumont. L'état affreux où vous vous trouvez fait pitié à tout le monde, et il n'y a personnne qui ne vous souhaite tous les secours possibles. » Villars lui-même[2] daignait sortir de son égoïste impassibilité. « Vous ne doutez pas, écrivait-il aux Echevins (17 avril 1720), de mes inquiétudes sur la nature des maux dont votre pauvre ville est accablée... Je vous ai mandé que S. A. R. avait donné sur-le-champ tous les ordres possibles. J'attends vos premières nouvelles avec impatience. » Quelques jours plus tard, le 26 août, le maréchal revenait avec insistance sur les sentiments de pitié qu'éprouvait le Régent. « J'ai eu l'honneur de rendre compte à S. A. R. de tous les soins que vous prenez pour empêcher autant qu'il est en votre pouvoir les progrès du mal... S. A. R. n'a pas besoin d'être sollicitée pour vous donner tous les secours possibles dans une si triste conjoncture. » Il annonçait même que, vu la gravité de la catastrophe, il allait rentrer à Marseille. « J'ai cru que, dans de tels malheurs, je devais aller travailler au soulagement de notre chère ville de Marseille et de cette malheureuse province, et je suppliai hier S. A. R. de vouloir bien approuver mon zèle. »

Il est probable que l'expression de ce zèle ne fut pas bien ardente, car Villars ne quitta pas Versailles. Il aima mieux prendre à la lettre la réponse[3] que lui firent les Echevins : « Monseigneur, nous avons reçu la lettre que vous nous avez fait l'honneur de nous écrire le 26 du passé, dans laquelle nous avons vu que vous portez votre zèle et vos bontés pour la province qui a le bonheur de

1. Lettre de Lenoir aux Echevins, 17 septembre 1720.
2. Lettres de Villars aux Echevins, 17 et 26 août.
3. Lettres des Echevins à Lebret, 9 septembre 1720 (Archiv. mun., R. G., p. 48, recto et verso).

vous avoir pour gouverneur jusque au point de désirer y venir pour la secourir dans cette fâcheuse conjoncture... Il est vrai que votre présence nous serait à tous d'un puissant secours, mais il ne serait pas juste que vous quittassiez la cour pour venir exposer votre illustre personne à des fatigues et à des dangers. »

Par bonheur, les Echevins étaient à leur poste, et ils suffirent à leur tâche. En effet, maintenant que nous connaissons le mal, et nous n'avons certes pas essayé de le dissimuler, essayons de montrer comment on le combattit.

D'ANTRECHAUS
Premier Consul de Toulon.
(Collection Léoube d'Antrechaus.)

DEUXIÈME PARTIE

LA LUTTE CONTRE LA PESTE

CHAPITRE IV

LES SECOURS MÉDICAUX
THÉORIES. REMÈDES. MÉDECINS

I

LES THÉORIES

On connaît aujourd'hui l'origine, la marche, et, d'une façon à peu près sûre, le traitement et la guérison de la peste. On sait que c'est une maladie microbienne. Dès 1894 un médecin de la marine française, le docteur Yersin, en même temps d'ailleurs que le docteur japonais Kitasoto, découvrait l'agent de pestilence sous la forme d'un bacille court, trapu, qui n'avait guère qu'un millième de millimètre d'épaisseur et trois à quatre millièmes de millimètre de longueur. On le rencontrait en abondance dans le pus et même dans le sang des pestiférés. Ce sont des insectes, surtout des puces provenant de rats malades qui, agissant comme une lancette de chirurgien, inoculent dans le sang les microbes, dont leur dard s'est chargé par la piqûre des animaux sur lesquels ils vivaient. On soupçonnait, de toute antiquité [1], que les rats étaient les propagateurs du fléau. En Égypte, le dieu de la destruction, Ptah, est représenté tenant un rat à la main, et si, comme le rapporte l'Ancien Testament, 185.000 Assyriens de l'armée de Sennachérib meurent dans une nuit, c'est que l'ange exterminateur a envoyé contre eux une multitude de rats. Cette croyance s'est perpétuée. Laurent Joubert, auteur d'un traité de la peste publié en 1556, dit expressément « qu'on peut prévoir la peste quand on voit un nombre infini de ces petits bestions que les Latins nomment *insecta* et de puces, punaises, mouches, araignées, etc. » Guy de la Brosse [2] en 1623, Hodges [3] en 1672, Orœus [4] en 1770 confirment cette théorie. Dans le Yunnam, à l'heure actuelle, la peste s'appelle encore maladie des rats.

Le virus ne pénètre pas seulement par les piqûres d'insecte, mais les sécrétions des malades, les poussières même, peuvent devenir microbiennes et envahir l'organisme. Or, en inoculant des individus avec des microbes pesteux vivants, mais atténués par la chaleur, on provoque une maladie bénigne qui les met à l'abri de toute atteinte sérieuse du mal. Grâce à cette vaccination préventive et aux procédés perfectionnés de désinfection, la peste bubonique, désormais, n'est plus qu'une maladie contagieuse que l'on peut subir, mais avec des chances de guérison. Elle perd, en un mot, son antique et terrifiante renommée.

1. Cf. Bible, *Samuel*, VI et VII. — Strabon, *Géographie*, III, § 2. Nicephorus Gregoras (Byzantine, liv. XVI, § 1). — Vallemiola, *Traité de la peste*, Lyon, 1566. — Ces divers témoignages ont été recueillis par le docteur Gabriel Magny, dans un curieux opuscule intitulé *Rats et Peste* (Paris, 1902).
2. Guy de la Brosse, *Traité de la peste*, 1623.
3. Hodges, *Pestis nuperæ apud populum Londinensem grassantis narratio historica*, 1672.
4. Orœus, *Histoire de la peste de Moscou*, 1770.

En 1720, on ne se doutait même pas qu'il fût possible de lutter contre le fléau. Les médecins d'alors étaient aussi avancés qu'au temps d'Hippocrate, et ils auraient volontiers pris à leur compte ce passage de Thucydide[1] : « Je laisse à chacun, médecin ou non, le soin d'expliquer l'origine probable de ce fléau, et de rechercher les causes capables d'opérer une telle perturbation. Je me bornerai à décrire les caractères et les symptômes de cette maladie, afin qu'on puisse se mettre sur ses gardes, si jamais elle reparaît. J'en parle en homme qui fut atteint lui-même, et qui vit souffrir d'autres personnes. »

Un médecin marseillais, le docteur Bertrand, fait pourtant exception. Bertrand, né aux Martigues, médecin depuis 1708, et qui devait, pendant quarante-quatre ans, exercer sa profession, semble avoir pressenti la cause du mal, et vraiment on aurait le droit de le considérer comme ayant eu l'intuition des théories pasteuriennes. Il a le premier indiqué comme source probable du mal la multiplicité et la propagation de ce qu'il nomme les insectes. Il était donc sur la voie qui a conduit nos contemporains à la découverte de la vérité : aussi n'est-il que juste de rendre hommage à sa perspicacité et de démontrer, en citant divers passages de son livre, qu'il était dans le vrai. Le mémoire dans lequel il consigna ses observations parut en 1721. Il est[2] intitulé : *Observations faites sur la peste qui règne en ce moment à Marseille et dans la Provence*. C'est dans la préface de ce travail[3] que Bertrand expose ses théories : « La différence qu'il y a entre nos insectes domestiques et ceux de la peste, c'est que ces derniers sont invisibles et si petits qu'ils éludent la vivacité des yeux les plus pénétrants. L'imagination ne saurait atteindre jusqu'où va la petitesse de ces insectes, et bien moins encore celle de leurs organes, qui sont pour l'ordinaire en plus grand nombre que dans les plus gros animaux... Chaque pays a ses animaux et ses insectes particuliers qui sont

---

1. Thucydide, *Guerre du Péloponnèse*, liv. II, § 48.
2. Un vol. in-12, 32 p. Lyon, A. Laurens.
3. *Ibid.*, p. 16.

différents en espèce, en figure et en propriété, comme les plantes et les autres productions de la terre, mais, sans sortir de nos limites et sans consulter les histoires des nations étrangères, nos yeux même ne nous font-ils pas apercevoir une infinité de ces petits animaux sur la terre, dans les airs, dans les eaux et autres liquides, sur les animaux, végétaux et minéraux même, en sorte que l'on peut regarder la surface de la terre, l'atmosphère de l'air, comme un océan qui contient un nombre prodigieux d'animaux de toute sorte de grandeur, de différentes espèces et de diverses formes et figures ? Et, s'il est vrai que les insectes sont incomparablement plus féconds que les grands animaux, il faut en inférer de là que le nombre en doit être à proportion plus grand, et peut-être aussi que parmi ce nombre il y en a plus de ceux qu'on ne voit et qu'on ne connaît pas qu'il n'y en a de visibles et de connus. Il n'y a point d'animal qui ne soit sujet à quelque espèce de vermine, et l'homme même comme les autres. Non seulement il y en a qui lui font la guerre au dehors, mais encore il n'y a pas un viscère, où l'on ne trouve quelquefois une espèce particulière de vers, dont les uns se découvrent par les sens et les autres ne sauraient être aperçus sans l'aide des instruments qui grossissent les objets. Il n'en faut qu'un quelquefois pour lui ôter la vie... Si ces insectes sont de dernier ordre et qu'ils soient imperceptibles, ils ont cela de commun avec les autres causes de la peste établies par les auteurs, avec les influences des astres, des planètes, des constellations, avec les vapeurs et les exhalaisons de la terre, les atomes, les miasmes, les corpuscules et les levains. »

Le docteur Bertrand croyait donc que la peste était causée par des insectes, et il avait raison de le croire. Il appartenait à ce qu'on a appelé l'école contagionniste, c'est-à-dire que ses théories sont aujourd'hui confirmées par la science. Un de ses collègues, le Lyonnais Goiffon, avait également affirmé, et cela dès 1721, la nature animée du virus de la peste. Ce sont, dit-il, des insectes excessivement petits, invisibles, qui propagent la peste.

Il ajoutait même, prophétiquement, que « de meilleurs microscopes arriveront peut-être un jour à les montrer ». Tel n'était pas l'avis de la plupart des autres médecins; mais leurs attaques passionnées n'enlevèrent rien au crédit de Bertrand. Ainsi que l'écrivait un contemporain,

> En vain contre ce livre un magistrat [1] se ligue,
> L'avare chez Cari [2] court comme le prodigue.
> La médecine en corps a beau le détester :
> Le public empressé s'obstine à l'acheter.

Les adversaires de Bertrand appartenaient nettement à l'école anticontagioniste, et s'entêtaient à affirmer que la maladie qui décimait les Marseillais n'était nullement épidémique. Pour mieux démontrer leur opinion, ils la répandaient dans de nombreuses brochures. Comme de juste leurs adversaires répondaient et c'était une publication incessante de mémoires et de factums. Ils existe ce qu'on pourrait appeler une littérature de la peste. Médecins et chirurgiens se déchirent entre eux et se lancent à la tête dissertations soporifiques et arguments plus ou moins grotesques, mais toujours injurieux. Nous nous contenterons d'énumérer les principaux de ces mémoires : ce ne sont pas précisément des modèles d'urbanité et d'esprit, mais la race médicale a toujours été aussi irritable que la race poétique. D'ailleurs nous ne cherchons pas à trancher un débat scientifique : nous l'exposons.

Nous ne citerons donc que pour mémoire la *Lettre* [3] *du frère Victorin, carme déchaussé, à un de ses amis sur la maladie contagieuse de Marseille*. Le bon religieux est grand ami du style emphatique, et sa conclusion peut justement se qualifier de galimatias. « Le sentiment qui me paraît le plus probable est d'attribuer la peste à des ascensions venimeuses qui se subliment des lieux souterrains de dedans des mines vitrioliques et arsenicales,

---

1. Pichatty, secrétaire de l'hôtel de ville.
2. Libraire marseillais alors très réputé.
3. Une broch. in-8, 18 p., Marseille, 6 mars 1721.

et qui, poussées par le feu central, sont élevées à une certaine hauteur de l'air et reçues par les hommes de cet endroit, lesquels ensuite le communiquent à leurs voisins, et d'un pays à l'autre. »

Contentons-nous également d'enregistrer la *Dissertation*[1] *abrégée sur la peste de Provence* par le docteur Rey de l'Université de Montpellier; le *Système populaire sur la peste par M.****, négociant de Marseille[2], *avec la lettre de M.*** et la réponse de l'auteur*; la lettre écrite à M. Calvet, médecin ordinaire du roi, professeur royal et doyen de l'Université de Cahors, avec des *Observations*[3] *sur la maladie de Marseille* par M. Mailhes, conseiller médecin du Roi et professeur royal en la même Université, député par la Cour à Marseille; la *Lettre de Pons à Bon*, premier président de la Cour des Comptes à Montpellier, avec la *Réponse à la lettre de M. Pons*[4], docteur en médecine, professeur agrégé au collège des médecins de Lyon. Les uns admettent, les autres repoussent l'idée de contagion, mais tous sont également ardents dans l'attaque et peu tendres dans la riposte. A défaut de remèdes ils manient l'injure avec une touchante réciprocité.

Accordons, à cause de son étrangeté, une mention spéciale à l'*Heureuse*[5] *production de la glande pinéale après trente jours de rude travail*, avec la lettre de M. X... à M. X..., négociant de Marseille, pour la défense du *Système populaire sur la peste*, et l'apologie en vers du sieur G. P..., marchand. Cet opuscule comprend trois parties : une lettre sans nom d'auteur datée du 14 avril 1721, une harangue de messieurs de la Faculté à l'auteur de la parodie du *Système populaire*, recueil de plaisanteries plates et nauséabondes, et enfin les vers de G. P..., qui, comme la plupart des poésies de circonstance, brillent plus par la bonne volonté que

1. Une broch. in-12, 12 p.
2. Une broch. in-12, 32 p., Marseille, Boyer, 1721.
3. Une broch. in-12, 54 p., Marseille, J. Boy, 1721.
4. Une broch. in-12, 24 p.
5. Une broch. in-12, 20 p.

par l'observation des règles de la prosodie. Qu'on en juge plutôt :

> Si vous êtes la pure crème
> Des beaux génies (sic) de votre art,
> Développez-nous ce système
> Dont le public parle au hasard.
> Alors vous vous rendrez célèbre,
> Et le marchand, de qui l'algèbre
> Dans son métier fait le grand point,
> Loin de gloser dessus le texte
> Et les symptômes de la peste,
> Vous en laissera tout le soin...

Nous n'accorderions qu'un intérêt de curiosité à d'autres œuvres que leur médiocrité lamentable comdamnerait à un oubli mérité, si nous n'avions à signaler ce singulier instinct, ou plutôt cette manie qui pousse certaines personnes à trouver, même dans les événements les plus sinistres, matière à développements poétiques. Il y eut, en effet, des poètes de la peste à Marseille. De nombreuses odes furent consacrées soit à implorer la clémence divine, soit à paraphraser le *Miserere*, entre autres l'*Épître à Damon*, précédée d'une épître dédicatoire à Belsunce. Il se trouva même de prétendus plaisants qui, pour tourner en ridicule un pauvre moine, le frère Corneille, composèrent *le Fruit précoce ou opération admirable de l'esprit original du séraphique Père Corneille, qui n'a encore que vingt-deux ans !* Un certain Salomon n'eut-il pas le courage de composer à l'imitation de *Lutrin*, un poème en quatre chants, qu'il intitula[1] *la Querelle des médecins* ! Ce poème n'a d'autre excuse que d'avoir été publié après la peste et de flageller divers personnages peu sympathiques, mais il est certain que des passages détachés ne

---

1. Cologne, Pierre Marteau, 1722. — Mentionnons encore la polémique engagée entre Peyssonnel fils traité par Bertrand de « pygmée, d'être peu digne de colère et de ressentiment ». Peyssonnel força son adversaire à se rétracter. Signalons aussi les attaques lancées contre le frère Victorin, augustin déchaussé. On demandait où ce frère avait appris à si bien connaître le mercure : ce qui était injuste et immérité.

figureront jamais dans aucune anthologie. En voici pourtant un épisode. Il s'agit d'une bataille générale entre médecins qui se livra chez Charles Dufour, apothicaire en renom, place du Linche.

Ces burlesques Sansons, ces risibles Hercules,
Empoignent au hasard pots, seringues, canules ;
Dans l'aveugle fureur qui vient les enflammer
D'une mâchoire d'âne on les verrait s'armer.
Un grand pot d'émétique aujourd'hui si vanté,
Remède heureusement par Caron inventé,
De Sicard en passant effleure la cheville.
Il tombe en pâlissant, s'agite et dégobille.
Le quina, le séné, dans bien des combattants
Font d'horribles effets et d'affreux accidents.
A ces fermes guerriers la rhubarbe et la casse
Causent plus d'une alarme et plus d'une disgrâce.
L'un, pour se soulager dans un pressant besoin,
Quitte là le combat, et, courant assez loin,
Après avoir cherché dans tout le voisinage
Au fond de ses calçons lâche un vilain orage.
Cet autre, de la fièvre éprouvant les accès,
Tantôt transit de froid, tantôt sue à l'excès.
Du mercure subtil une prompte parcelle
D'Augier, en un instant, dérange la cervelle.
Agité d'une folle et rare vision
Il s'écrie au plus fort de sa convulsion :
« Eh ! de grâce ! au secours ! Vite que l'on m'assiste !
J'ai sur le bout du nez un maudit janséniste ! »
Robert différemment se sent tout transporté :
Clément onze à ses yeux paraît ressuscité.
Insensible aux soupirs d'une tremblante mère,
Le vif Pelissery s'expose en téméraire.
De cent traits sur Deydier tombe un affreux déluge.
Renégat dangereux, désespéré transfuge,
Il cherchait Chicoyneau, son rival odieux.
L'orage étincelait sur son teint, dans ses yeux.
Mais Chicoyneau, semblable alors à Diomède,
Lorsque près d'Ilion à ses exploits tout cède,
Ou semblable plutôt au chat qui prend un rat,
Mit, comme en se jouant, Deydier hors de combat.
Un grain de sucre d'orge, à côté de la bouche,
Atteint le beau Michel, légèrement le touche,
Et ce grain merveilleux, adoucissant sa voix,
Soudain le fait chanter comme Orphée autrefois.
Frappé du sublimé, Ferrier crie et soupire.
Cet Esculape enfin tombe dans le délire...

A vrai dire, ces élucubrations poétiques ne nous touchent guère. Dans la terrible crise que traversait Marseille, il ne s'agissait pas de rimailler avec plus ou moins d'esprit. Le véritable ennemi était là, qui guettait sa proie, et c'est contre la peste, uniquement contre la peste, qu'auraient dû s'acharner tous ceux qui avaient l'honneur de tenir une plume. C'est pour cette raison que, dans la floraison assez inattendue d'ouvrages médicaux consacrés à la peste de Marseille, ceux-là seuls présentent un certain intérêt, qui furent composés à l'occasion de la mission organisée par Chirac.

Chirac était le grand médecin de l'époque. Le Régent était son client et son ami. Lorsque la peste ravagea Marseille, il voulut, bien qu'âgé de soixante-dix ans et au faîte des honneurs, offrir en personne à la cité désolée le secours de son expérience et de son dévouement[1]. Le Régent fut obligé de lui intimer l'ordre de ne pas partir, mais il le laissa libre d'organiser les secours à envoyer à Marseille. Ce fut alors que Chirac se résigna à se faire remplacer par le fils de son ancien protecteur, qui était devenu son gendre, le professeur de la Faculté de Montpellier, Chicoyneau, aidé par plusieurs de ses collègues. Nous aurons à raconter bientôt cette mission. Or, Chirac avait sur la peste de Marseille une opinion préconçue. Il ne croyait pas à la contagion. Il affirmait que cette maladie, dont les symptômes caractéristiques étaient les bubons et les charbons, n'était pas la peste. Voici, d'ailleurs, sa déclaration[2] : « Tout bien considéré, après avoir lu et examiné avec une grande attention les divers rapports qu'on a envoyés de Marseille sur le caractère de la maladie qui y règne, vu le grand nombre des personnes qui en sont mortes et vu les circonstances de leur mort qui sont affreuses, je juge que cette maladie, quoique grande en elle-même et très dangereuse, n'est qu'une fièvre maligne, très ordinaire ; que ce n'est point une peste venue du Levant et portée

---

1. FONTENELLE, *Notice sur Chirac* (Mémoires de l'Académie des sciences).
2. Cité par BERTULUS, p. 35.

par un vaisseau qui est arrivé dans le port de Marseille. Ce n'est qu'une fièvre maligne causée par la mauvaise nourriture du petit peuple. Il n'en faut pas davantage pour causer une maladie aussi considérable, et la preuve de cela c'est qu'il n'y a eu jusqu'à présent que le bas peuple qui en ait souffert, par exemple les crocheteurs qui ont porté les balles de marchandises du vaisseau prétendu infect, et qui se sont ensuite exposés à l'air froid ayant sué. » Il eut aussi le tort d'attaquer le corps médical de Marseille qui ne s'inclinait pas devant ses arrêts et fut assez imprudent pour écrire « qu'on abandonnait les malades à leur mauvaise destinée, qu'on leur refusait les secours, les plus ordinaires qu'on ne les soutenait ni par les remèdes, ni par la nourriture, et qu'on les laissait mourir victimes de l'inhumanité barbare des médecins ou chirurgiens ignorants ou intéressés qui, pour des raisons d'intérêt, entretiennent dans le public un esprit de terreur et de crainte, dans l'espérance de se rendre plus nécessaires, et de faire augmenter considérablement leurs honoraires. » L'attaque était violente et mal justifiée. Les médecins marseillais protestèrent, et ils eurent raison de le faire. Bertrand[1] se fit l'interprète de ses collègues. N'avaient-ils pas le mérite d'avoir reconnu la peste et soigné les pestiférés. Ne se sont-ils pas prêtés à tout ce qu'on leur a demandé soit en ville, soit à la campagne, ou dans les hôpitaux, et tout cela sans être à la charge de Marseille, et sans autre reconnaissance de la part du peuple que des mépris et souvent des insultes ? Sans doute, ils ont déclaré le mal, mais c'était pour obliger les magistrats à de promptes mesures. S'ils n'avaient écouté que leur intérêt, ils auraient caché la maladie. Ils ont donc fait leur devoir, et c'est une indignité que de le leur reprocher.

Chirac était alors comme le grand maître, en France, de la médecine. Les docteurs envoyés par lui, tous ses disciples, ses favoris par conséquent, connaissaient son opinion, et il n'était pas à présumer qu'ils la réfuteraient.

1. BERTRAND, ouv. cit., p. 110.

Leur premier soin, en effet, après un examen très sommaire, fut de déclarer que l'épidémie n'existait pas. Bien qu'ils aient, dans leur rapport officiel, singulièrement atténué la portée de cette déclaration qui était peut-être une complaisance, bien qu'ils aient indiqué toutes sortes de moyens préservatifs qui ressemblent singulièrement à ceux qu'ils auraient employés contre une épidémie dûment constatée, ils persistèrent [1], par amour propre sans doute, ou peut-être par politique, dans leur croyance. L'un d'entre eux, Deydier, soutint même à ce propos une véritable polémique. On a de lui une *Lettre sur la maladie de Marseille*, adressée à M. Fizes, conseiller du roi, professeur de mathématiques et docteur en médecine de l'Université de Montpellier [2]. La brochure eut du succès, car Deydier fut obligé d'en donner une seconde édition [3] adressée cette foi à Maugues, conseiller du roi, médecin des armées de Sa Majesté et de l'hôpital royal de Strasbourg. Ainsi provoqué, Maugues riposta et lança une réponse violente [4]. Aussitôt entre en campagne Montresse, docteur en médecine, agrégé à l'Université de Valence; mais Deydier ne se laisse pas désarçonner et répond à ses nouveaux adversaires. Ému sans doute par sa belle attitude, le docteur Fabre, médecin des infirmeries de Martigues, entre à son tour en lice, et c'est pour soutenir Deydier. Sa conclusion ne manque pas de pittoresque inattendu : « Je crois que le meilleur préservatif, c'est de vivre sobrement et de ne manger que des aliments de bon suc. » Tel était, d'ailleurs, l'avis de Deydier: « La disette, la cherté des vivres, les mauvais traitements, l'horreur, le désordre et la

---

1. CHICOYNEAU et VERNY, *Lettre à Fourés, médecin de Barcelone, envoyé à Montpellier par le vice-roi de Catalogne. — Relation succincte touchant les accidents de la peste de Marseille, son pronostic et son caractère*, Avignon, in-12, 1721. — CHICOYNEAU, VERNY et SOULIER ont encore donné, en 1721 (Lyon, Bruyset, in-12), *Observations et Réflexions touchant la nature, les événements, et le traitement de la peste de Marseille*, pour *affirmer* ce qui est avancé dans la *Relation*, etc. Ce n'est, en effet, qu'une seconde édition, revue et augmentée, du précédent ouvrage.
2. Une broch. in-12, 13 p., Montpellier, Hilaire Fleury, 1721.
3. Une broch. in-12, 32 p., Marseille, J.-B. Boy, 1721.
4. 7 février 1721.

cruauté sont les seules causes occasionnelles que le médecin doit reconnaître. »

On avait donc usé beaucoup d'encre[1] et dépensé bien des paroles, et la question n'était pas encore tranchée. Contagionistes et anticontagionistes se trouvaient toujours en présence, et aucun des deux partis n'était le maître de la situation. La peste seule continuait son œuvre, et, malgré la faculté, exerçait ses ravages. Un autre docteur, Boyer, de Toulon, ranima tout à coup l'ardeur militante du corps médical en publiant coup sur coup trois opuscules : *Dissertation*[2] *abrégée de la maladie de Marseille avec la manière de la traiter et les préservatifs qui lui conviennent*, par M. Boyer, docteur de l'Université de Montpellier et médecin de la marine de Toulon ; *Réfutation*[3] *des anciennes opinions touchant la peste* ; *Vingt-huit axiomes tirés des observations sur la peste*, par M. Boyer[4]. « La peste, écrit-il, est un fléau du Seigneur qui ravage les peuples qui ont excité sa colère ; c'est une maladie cruelle que l'on ne guérit pas, qui se communique, et dont les vrais préservatifs sont la flamme et la fuite. Voilà les quatre chefs dont on est pleinement persuadé, et que je prétends développer aussi intelligiblement qu'il me sera possible pour en faire voir le faux et pour étaler aux yeux de toute la Provence les abus funestes qui naissent de semblables préventions. » Malgré cette déclaration, il s'efforce de démontrer qu'il ne peut y avoir de contagion. Il s'appuie sur l'autorité de Chicoyneau et de ses collègues qui, dans leur réponse à Fourès, avaient affirmé que « cum infinitis propemodum experimentis et iteratis observationibus jam certiores facti fuerimus diram hanc luem per simplicem contactum minime communicari », mais il se heurta à des contra-

---

1. Signalons encore *le Capucin charitable, enseignant la méthode pour remédier aux grandes misères que la peste a coutume de causer parmi les peuples*, par le P. MAURICE, de Toulon, in-12, 1721. — PESTALOZZI, *Avis de précaution contre la maladie contagieuse de Marseille*, Lyon, in-12, 1721.
2. Une brochure in-12, 18 p., Vienne, Antoine Mazinier, 1721.
3. Broch. in-12, Vienne, Antoine Mazinier, 1721.
4. *Ibid.*

dictions passionnées. Le docteur Peyssonnel fils lança contre lui un factum retentissant. Aussi bien, même parmi ses lecteurs, il ne rencontrait pas beaucoup de croyants. L'exemplaire de la *Dissertation abrégée* que nous avons eu entre les mains appartenait, en 1735, au major Chapus, à Saint-Chamas. Or, Chapus fait remarquer dans une note manuscrite, insérée dans le corps même du livre, que le docteur Boyer peut bien se tromper et que les insectes seraient facilement les propagateurs de l'épidémie, car, en 1720 et en 1721, de concert avec d'autres officiers, il a observé au-dessus de Salon, alors ravagée par la peste, des nuées de moustiques, et les a signalés au marquis de Caylus, lieutenant-général commandant en Provence.

La question vient à peine d'être tranchée. Rappelons cependant que les contemporains, et surtout que les Marseillais penchaient nettement vers l'opinion contagioniste. Voici, à ce propos, quelques certificats [1] délivrés en 1742 à l'occasion d'une menace de peste. Le premier est signé par Belsunce (15 décembre 1742), qui était encore évêque de Marseille : « Certifions et attestons à tous ceux qu'il appartiendra que, pendant la désolation de Marseille, en 1720, la peste n'a point pénétré dans les communautés religieuses, qui n'ont eu aucune communication avec les personnes du dehors et qui ont usé des précautions nécessaires pour s'en garantir et que la contagion ne fut plus à craindre dans cette ville en 1722, par le soin que l'on a eu de renfermer exactement tous les malades dans l'hôpital de la Charité, dès lors qu'il y en avait quelqu'un. » Attestations conçues en termes à peu près identiques et signées par la sœur Gués, prieure des Dominicaines, la sœur Boignan, supérieure, la sœur Marie de Cipières, dépositaire, et la sœur Marie Casteau, vicaire (22 septembre 1742) ; par la supérieure du Bon Pasteur, sœur Gasquet, le 10 novembre 1742, et par Moustier, l'ancien Échevin, 24 sep-

1. Ces certificats, tous relatifs à l'efficacité des quarantaines pendant la peste, ont été donnés par BERTULUS dans son *Histoire de l'intendance sanitaire*, pp. 381-384.

tembre 1742. Ce dernier s'exprimait ainsi : « Lors de la dernière contagion dont Marseille fut attaquée en 1720, 1721 et 1722, il avait été généralement reconnu que la peste se contractait par la communication des personnes, l'usage des étoffes de laine, coton et autres également susceptibles de l'impression du venin, étant prouvé par l'expérience que les familles qui s'étaient enfermées et qui n'avaient point communiqué au dehors, singulièrement les monastères de filles, avaient été garanties de ce fléau. » L'archevêque d'Aix était encore plus catégorique. Dans une lettre du 10 octobre 1742, adressée à Leguay, premier commis du ministre Maurepas : « Rien n'est plus certain, écrivait-il, que la peste se communique. Il est également certain qu'elle n'a point pénétré dans les maisons religieuses, où l'on a eu soin d'éviter toute communication. Aucune personne n'a été attaquée de la peste dans les couvents de religieuses. J'en ai parlé à MM. les procureurs du pays, et je pense qu'ils donneront volontiers sur cela un certificat authentique. »

Sur ce point, les opinions sont donc concordantes, et comme, même à l'heure actuelle, elles semblent encore confirmées par les faits, n'avons-nous pas le droit de conclure, jusqu'à plus ample informé, car tout reste mystérieux dans cette maladie, que les médecins marseillais paraissent ne pas avoir eu tort dans leur polémique avec les médecins de Paris et de Montpellier, mais qu'ils n'ont pas toujours gardé dans ces contestations de collègue à collègue ni la mesure, ni les convenances. Ainsi que l'écrivait Salomon dans sa *Querelle des médecins* :

> Des châtiments du Ciel toujours le plus funeste,
> Que de maux après soi n'entraîne pas la peste !
> Puisque, encore aujourd'hui toute éteinte qu'elle est,
> Par son image offerte en un faible portrait,
> Elle sème en ces lieux un horrible désordre,
> Et souffle aux médecins la rage de se mordre !

II

LES REMÈDES.

Les médecins n'étaient donc pas d'accord sur la nature du mal, et même il semble que le problème scientifique devenait de plus en plus confus au fur et à mesure des progrès de la maladie : au moins s'entendaient-ils pour le combattre, et leurs remèdes présentaient-ils quelque chance de succès? A vrai dire, ce sont surtout des recettes empiriques qu'ils préconisent, et certainement ils ne sont pas convaincus quand ils prescrivent l'emploi de tel ou tel médicament. Ainsi le médecin[1] des infirmeries, Michel, donne pour le pansement des bubons deux formules de cataplasme, ou bien de l'oseille cuite dans du papier mouillé, ou bien des feuilles de céleri pilées, rendues consistantes avec un jaune d'œuf et de la farine de seigle. Il recommande ensuite de se coucher, de suer et d'avaler force ognons blancs bien cuits. Si le mal persiste, application de cataplasmes d'ognon de lis pilés, ou bien de mouron, d'huile et de cire. La recette du P. Victorin rentre aussi dans la catégorie des remèdes dits de bonne femme. Elle consiste à écraser des limaces vivantes et à les mêler à du levain de pâte, du safran, de l'ognon de lis, de l'onguent basilic, et, ce qui était la grande panacée du temps, de la thériaque[2]. Voici une autre recette également infaillible, car elle a été éprouvée en Pologne lors de la dernière contagion, par un Italien, le marquis Donino, qui s'est empressé de la communiquer à ses amis. « Prenez un brin de rue au plus haut de la plante ; un grain d'ail, un quartier de noix, un grain de

---

1. MICHEL, *Mémoire instructif suivant la méthode de M. Michel, médecin, qui a servi dans les infirmeries de Marseille pendant la contagion, et ce qu'il a observé et pratiqué*, 8 p.
2. LEMONTEY, *Peste de Provence*, p. 19.

sel de la grosseur d'un pois. Mangez cela tous les matins, et vous pouvez être assuré d'être prévenu de la peste. » Ce remède présentait au moins un avantage : il n'était ni coûteux, ni difficile à préparer, et, s'il ne guérissait pas, du moins ne compromettait-il pas la santé générale.

L'antidote du P. Théophile, ancien apothicaire des Augustins déchaussés de Paris, était plus compliqué : 16 onces de racine de Merula campana, 16 onces d'angélique et de gentiane, 2 d'aristoloche longue et ronde, 8 d'iris de Florence, 4 drachmes de canelle, muscade, girofle, macis et poivre, 8 onces de Contra hierva, 7 dictames de Cretula imperatoria. On imbibe le tout avec le jus de huit citrons et seize pintes d'eau de scorsonère. On fait bouillir avec deux pintes de vinaigre et du miel jusqu'à réduction de moitié, et on applique le mélange sur la partie malade.

Dès l'apparition du fléau avaient surgi les indicateurs[1] de recettes sûres. Au 14 juillet 1720, un ancien médecin de Marseille, Chambon, annonce qu'il se met à la disposition des Echevins pour leur envoyer un remède qui a déjà donné d'excellents résultat à la Compagnie du Sénégal. Le 9 août 1720, un ancien explorateur en Orient, Billon de Causerilles[2], « trop grand amateur de la patrie pour ne pas prendre toute la part imaginable au fléau dont Dieu se sert bien souvent pour punir les hommes », annonce aux Echevins qu'il a découvert dans ses voyages une plante merveilleuse. « Je suis très persuadé de ses vertus par la grande expérience et la longue pratique que j'en ai depuis longtemps. Je ne fais pas même aucun doute que tous ceux qui seront exclusivement attaqués de ces sortes de maladies, et qui les prendront à l'instant qu'on pourra leur donner, qu'ils (sic) ne guérissent infailliblement en prenant ledit spécifique trois fois en vingt-quatre heures, c'est-à-dire une fois de huit en huit

---

1. Archives de Marseille. Lettre datée de Paris (Correspondance de la mairie, au mot Chambon).
2. Archives de Marseille. Lettre datée de Paris (Registre de correspondance, au mot Billon de Causerilles).

heures. » Billon de Causcrilles[1] joint à sa lettre quarante prises de son médicament qu'il prie de faire distribuer, et il s'offre à venir l'administrer lui-même aux pestiférés. Le 27 août 1720, un avocat de Nîmes, Claude Combes[2], touché des malheurs de Marseille, envoie aux Echevins une « recette contre la peste trouvée parmi de vieux papiers. Peut-être que vous en avez de meilleures. Ayez cependant la bonté de faire examiner celle-ci. Elle a été éprouvée dans les diverses contagions qui avaient attaqué notre ville. Je souhaite qu'elle fasse sur tous ceux qui en sont attaqués le même effet qu'elle fit sur un de mes grands-oncles. » On ne sait pas quelle était la composition du spécifique Combes, mais les Echevins en firent l'essai. On a, en effet, conservé d'eux une lettre de remercîment à l'avocat de Nîmes, en date du 3 septembre 1720[3], dans laquelle ils s'expriment en ces termes : « Quoique la composition nous paraisse un peu longue et difficile, nous la ferons examiner, et, quelque succès que ces remèdes aient, il vous sera glorieux de nous les avoir donnés. »

Un prêtre de Digne, l'abbé de la Payrière[4], se croyait possesseur d'un remède contre la peste : « Si j'ai tant tardé de le mettre au jour, écrivait-il aux Echevins, le 30 octobre 1720, c'est que j'ai voulu éprouver l'infaillibilité de mon remède, car je ne suis ni médecin, ni apothicaire, et ce n'est point l'intérêt qui me fait agir. De plus nobles sentiments parent mon cœur, et je serai charmé de vous donner des preuves. »

A Paris, on avait également cherché à combattre le fléau. Le marquis de la Vrillière[5], ministre d'Etat, avait envoyé à l'intendant de Provence une grosse malle

1. A sa lettre est jointe une instruction pour se servir du spécifique.
2. Archives municipales (Correspondance de la mairie, au mot Combes).
3. Lettre analogue écrite, le 20 septembre 1720, aux consuls de Carcassonne qui leur avaient proposé un remède contre la peste (Arch. mun., R. G., p. 47 verso).
4. Archives de Marseille (Correspondance de la mairie, au mot La Payrière). Il ajoutait : « Je deviendrai furieux pour détruire les maux et pour y rétablir la santé avec le secours du Ciel. »
5. Lettre de Lebret, Aix, 20 septembre 1720.

contenant plusieurs imprimés[1], des parfums, et vingt-cinq paquets d'une composition préparée par le P. Léon, augustin déchaussé. Lebret s'empressa de la faire parvenir aux Echevins de Marseille, et il y joignit une boîte que lui faisait tenir le prévôt des marchands de Lyon, et qui contenait divers spécifiques. De tous les points[2] de la France, et même à l'étranger[3], on s'intéressait donc aux malheurs de Marseille et on s'efforçait de les atténuer dans la mesure du possible, parfois, il est vrai, avec naïveté, mais ne faut-il pas toujours tenir compte de l'intention ?

Les procureurs du pays, piqués d'émulation, firent imprimer[4], le 17 avril 1721, à 300 exemplaires et répandre dans toute la Provence un mémoire, ou plutôt des instructions contre la peste. Cinq préservatifs y sont énumérés. Nous ne pouvons qu'approuver les quatre premiers : implorer l'assistance de Dieu et des saints, se bien nourrir, mais peu manger au repas du soir, avoir peu de fréquentations et ne pas s'exposer au souffle immédiat de son interlocuteur ; ce sont là de saines prescriptions d'hygiène morale et domestique. Quant aux remèdes dits de précaution, qui sont indiqués, nous admettons bien des tasses de thé ou de vulnéraire prises à jeun, du suc de limon ou d'orange, ou des contrevenins et des corroboratifs tels que la thériaque, mais comment accorder la moindre confiance au remède d'Isnard[5], médecin de l'infirmerie de l'Arc, à Aix, dont étaient morts tous ceux qui l'avaient absorbé ; ou au remède de Jully[6], bien qu'il ait été préconisé par Le-

---

1. *Parfums et remèdes contre la peste dont s'est servi avec tout le succès possible le P. Léon, lequel a été employé par le Roi lors des contagions de 1666, 7, 8 et 9, avec la manière de parfumer les maisons*, in-4, 19 p., Paris, Delatour et Pierre Simon, 1720.

2. Voir lettre datée de Bayonne, 10 septembre 1720, écrite par un certain Soulliès (Correspondance municipale, Marseille).

3. Lettre de Louis Termet, natif de Languedoc, mais habitant Stuttgard (octobre 1720). Il préconisait l'emploi du jus de grenade, et avait grand soin de faire remarquer qu'il offrait ses services à titre gracieux.

4. Archives des Bouches-du-Rhône, C., 915.

5. Archives des Bouches-du-Rhône, C., 909.

6. *Ibid.*, C., 915. Lettre du 13 février 1721.

bret ? Voici en quoi il consistait[1] : on mélangeait dans une bouteille une demi-once de sel volatil, de corne de cerf, un gros de safran, dix grains de muscade, de lavande, de giroflée, de succin, de marjolaine, une once de sel de tartre, quatre d'esprit de vin, quatre d'ammoniaque. On laissait infuser le tout pendant quatre jours, et on administrait à la dose de dix gouttes dans un verre de bon vin pour les enfants, de trente à cinquante gouttes pour les adultes. Nous doutons fort que jamais pestiféré ait été sauvé par ce mélange peu ragoûtant! Signalons encore le remède employé par le docteur Audibert[2] vis-à-vis des soldats de la garnison. C'était un violent purgatif, dans la composition duquel entrait de l'émétique. Il appelait ce remède son furet. Le hasard voulut qu'il obtint de la sorte plusieurs guérisons, au fort Saint-Nicolas, mais aucune en ville.

Bien entendu, les empiriques[3] étaient accourus à la curée, et leur clientèle n'était pas médiocre. Comme d'usage ils exploitaient la crédulité humaine et tiraient du fléau de larges profits. Un certain Varin se fit même une véritable réputation. Il se donnait pour avoir combattu la peste à Hambourg et en Allemagne, et, bien que non docteur, était traité en collègue par les autres médecins. Voici comment parle de lui un contemporain[4] : « Il a guéri bien des gens, entre autres des capucins. Je ne sais si M. Bertrand pourrait montrer autant de malades qui aient été guéris par lui, que M. Varin en pourrait montrer qu'il a sauvés. Je dirai encore que plusieurs personnes de considération se sont très bien trouvées de ce qu'il appelle son préservatif. » On ne connaît pas la composition de ce spécifique. On sait seulement que Varin le vendait fort cher, jusqu'à 80 francs la bouteille. Un certain Chevalliery était

1. ALEZAIS, ouv. cité, p. 40.
2. Ce remède est indiqué tout au long, ainsi que la manière de s'en servir, dans l'ouvrage déjà cité de MÉRY et GUINDON, t. VII, p. 312.
3. Voir dans la Correspondance de la mairie, à la date du 14 décembre 1720, une lettre de Lèbre-Espitalier, proposant un remède contre le charbon contagieux.
4. MARTIN, Histoire de la peste à Marseille.

moins exigeant : il ne réclamait rien que 25 francs par bouteille, mais c'était, disait-il, parce qu'il ne voulait pas spéculer sur un malheur public. Il avait même divulgué la composition de son elixir : 4 onces d'angélique, 4 de scorsonère, de baies de genièvre, de semence d'anis, d'antimoine diaphorétique, de sel ammoniac purifié et 8 onces de bonne thériaque : le tout infusé pendant vingt-quatre heures dans de l'esprit de vin ou de l'eau-de-vie. Celui qui semble avoir le mieux tiré parti des circonstances est un aventurier allemand, le sieur Estembach, qui, sans connaissances préalables, se mit à médicamenter à tort et à travers. Voici la lettre[1] écrite à son propos par les Echevins de Marseille à l'intendant Lebret, le 16 novembre 1720 : « Nous avons vu la lettre qu'il vous a plu d'écrire à M. Rigord au sujet du sieur Estembach, médecin allemand. Nous prendrons la liberté de vous dire que, dès qu'il fut ici, il nous fit acheter pour 400 ou 500 francs de drogues, dont il voulut composer un remède. Il fit prendre ce remède[2] à quatorze personnes, qui en moururent sur-le-champ : ce qui fut cause que nous ne voulûmes plus que ce prétendu médecin vît des malades, et cependant nous lui avons fait donner sa subsistance, mais il nous paraît, Monseigneur, qu'il doit s'en contenter, et il serait peut-être avantageux qu'il ne visitât de sa vie aucun malade. » Les Echevins étaient vraiment trop soucieux de ménager l'amour-propre de ce charlatan : ils auraient dû l'expulser de Marseille, et personne ne se serait plaint.

Un certain Apostolo, chirurgien grec, « lequel a fait état de chirurgie depuis trente ans en tous pays où la contagion a été, tant en Grèce, Italie, Levant qu'en France, sans jamais avoir été surpris d'aucun mal con-

1. Lettre des Echevins à Lebret (Arch. mun., C. E., p. 146, recto). Cf. lettre du consul d'Aix, Vauvenargues, aux Echevins de Marseille, pour leur annoncer l'arrivée de ce docteur allemand, 12 octobre 1720.
2. On a conservé la note des médicaments fournis par Jean Cresp, droguiste à celui qu'il nomme le médecin allemand. Elle monte à 197 livres. Il s'agit de gentiane, de cassonade, d'agaric mondé, de myrrhe, safran, cannelle, camphre, et girofle (Archives municipales, section 15, n° 8).

tagieux », était également très recommandé par la Cour, ainsi que Jolly de Montargis [1], dont le conseil de santé fit même imprimer et répandre la formule. Un médecin de Vic-Fezensac, Lebe-Touade reçut encore la mission d'expérimenter à Marseille une formule curative conservée dans sa famille. Il ne paraît pas qu'aucun de ces remèdes prétendus souverains ait produit le moindre effet. Il nous faudra pourtant reconnaître, dans une lettre [2] de Lebe-Touade au conseiller d'État Leblanc, un passage qui ferait de lui un précurseur des théories pasteuriennes. Il voulait que les drogues dont il se servait fussent prises dans des endroits non contaminés, « pour qu'elles soient pures et que leurs pores ne soient point remplis par les corpuscules malins parsemés dans l'air qui causent la contagion, parce qu'il n'est pas de doute que, si la chose se faisait autrement, les effets que j'ai lieu d'attendre de mes compositions tromperaient mes espérances ».

Comme on le voit, médecins patentés ou empiriques, guérisseurs officiels ou conseillers de circonstance, il faut bien l'avouer, personne n'a réussi à combattre la mort d'une façon efficace. Il n'y eut qu'un seul remède dont l'utilité demeura prouvée, et encore ne s'agissait-il que d'un préservatif : c'est le vinaigre resté célèbre sous le nom de vinaigre des Quatre-Voleurs ; non pas, comme on l'a écrit, parce que sa composition avait été découverte par quatre individus qui profitèrent de ce secret pour s'enrichir, ou par quatre voleurs auxquels on aurait fait remise de leur peine à condition qu'ils livreraient leur secret. Il paraîtrait [3] que ce vinaigre fut trouvé à Toulon, lors de la peste de 1651. C'était une infusion de quatre plantes, rue, romarin, menthe et absinthe [4]. Une

1. Bibliothèque nationale, ms. 12067.
2. Lettre du 27 octobre 1720.
3. LAFORÊT, ouv. cité, p. 11.
4. BERTRAND, Parfumerie impériale (1809), p. 275. D'après LEMONTEY, Peste de Marseille, p. 48, cette composition, dont l'ail et le camphre formaient la base, aurait été inventée par des assassins de Toulouse pendant la peste de cette ville. Ce n'est là qu'une tradition dont rien ne prouve l'authenticité.

maison de parfumerie marseillaise, Demoussiaux, en conserva longtemps la spécialité. En tout cas le vinaigre dont on se servit en 1720, et dont on fit de prodigieuses consommations, car on en aspergeait libéralement tous les objets usuels, était d'excellente qualité. Les documents passés au vinaigre à cette époque ont encore conservé la teinte rosée du liquide dont ils furent imbibés, et presque l'odeur du parfum dont il était composé.

Quelques remèdes destinés à adoucir plutôt qu'à détourner le mal, et un vinaigre qui servait à désinfecter plutôt qu'à guérir, telles sont donc les seules armes qu'eurent à leur disposition les médecins qui combattirent la peste. Thucydide [1] avait déjà reconnu l'impuissance de la médecine. « On ne trouva pour ainsi dire, écrivait-il, aucun remède d'une efficacité reconnue. Ce qui avait fait du bien à l'un faisait du mal à l'autre. Aucune constitution, forte ou faible, ne mettait à l'abri du fléau. Il enlevait tout, quel que fût le traitement suivi. » Vraiment, en présence de cette faillite de la science, on est presque tenté de croire que mieux valait recourir à la prière de saint Roch, ou à la médaille-amulette de Paracelse, où figurent côte à côte un scorpion et un crabe; ou bien, ce qui peut-être était plus pratique, à la bénédiction de saint François. Ne suffisait-il pas, en effet, d'afficher à la porte de sa maison la prière suivante : « Benedicat tibi Dominus et custodiat te! Ostendat faciem suam tibi et misereatur tui ! Convertat vultum suum ad te et det pacem ! Dominus benedicat te ! » Peut-être encore adopterait-on le système de Chirac, qui conseillait le plaisir et la gaieté. « Que l'on paie des violons et des trombones, écrivait-il, qu'on ferait jouer dans tous les quartiers de la ville pour donner occasion aux jeunes gens de s'égayer et d'éloigner la tristesse et la mélancolie. » Ce sont là des conseils bons à donner de loin, mais, quand la mort assiège votre maison familiale, a-t-on le cœur à la joie, et est-ce le moment de danser alors que s'allongent dans

---

1. Thucydide, § 51.

la rue les convois funèbres! Les Italiens disaient déjà que, pour éviter la peste, il fallait trois choses : *oro, fuoco, furca*, mais ce sont là des traits d'esprit plutôt que l'indication d'un traitement sérieux. Il en est de même de ce distique qu'on présenta à certain moment comme l'unique remède de la peste :

> Hæc tria tabeficam tollunt adverbia pestem :
> Mox, longe, tarde, cede, recede, redi.

Non, ce n'étaient pas là, malgré l'ingéniosité de ceux qui avaient imaginé ces formules, les moyens de guérir la peste, pas plus d'ailleurs que la fameuse tisane, dont on donnait ainsi la composition :

> Prenez deux grains d'indifférence,
> Autant de résolution,
> Dont vous ferez infusion
> Avec du suc de patience.
> Point de procès, point de querelle,
> D'ambition, ni de faux zèle :
> Demi-livre de gaieté,
> Deux onces de société
> Avec deux drachmes d'exercice.
> Aucun excès. Point d'avarice.
> Un bon grain de dévotion,
> Point de nouvelle opinion.
> Vous mêlerez le tout ensemble,
> En l'infusant, si bon vous semble.
> Avec deux doigts du meilleur vin,
> Que vous prendrez chaque matin.
> Vous verrez que cette pratique
> Aux médecins fera la nique.

Hélas! les médecins n'auraient pas mieux demandé que de recourir à cette « tisane universelle contre la peste », mais le temps était passé des jeux d'esprit, et ils se heurtaient à la plus triste des réalités. Divisés d'opinion sur la nature du mal, impuissants à le conjurer, au moins pouvaient-ils aider les malades à passer avec moins de souffrance de vie à trépas. Ils pouvaient les assister à leur lit de douleur et leur prodiguer les dernières consolations. Hâtons-nous de le dire : ils ne faillirent pas à leur tâche. Voyons-les donc à l'œuvre et remettons en lumière les services qu'ils rendirent, car, ils furent calomniés. A peu d'exceptions près, ils firent leur devoir, tout leur devoir.

III

LES MÉDECINS

Les médecins marseillais n'étaient pas très nombreux en 1720. On en comptait seulement douze, constituant le collège des agrégés. Il faut bien reconnaître que quelques-uns d'entre eux[1], traîtres à leur devoir, s'empressèrent de quitter la ville maudite, et, plutôt que de s'exposer à la contagion, allèrent chercher au loin la sécurité et la honte. Ceux de leurs confrères qui au contraire ne désertèrent pas le poste dangereux où les retenait le devoir professionnel, se distinguèrent par leur fermeté et leur dévouement. Ils devaient, d'ailleurs, payer un large tribut à la maladie. L'un d'eux, Bertrand, tomba malade dès le 12 août. Il se remit, mais subit une seconde attaque. Guéri pour la seconde fois, il perdit toute sa famille et fut de nouveau atteint par le terrible fléau. Il fut alors remplacé, car il était à bout de forces, par le docteur Montagnier, qu'on fit sortir de l'abbaye de Saint-Victor, mais qui mourut au commencement de septembre. Le docteur Peyssonnel père périt également au champ d'honneur. Le docteur Colomb tomba malade. Le docteur Raymond, resté seul, sans domestique, épuisé par la fatigue, fut obligé de se retirer à la campagne pour y reprendre des forces, mais il revint en octobre, et continua à soigner les malades. En septembre il ne restait en ville que trois médecins marseillais : Pellisseri, Robert, qui tint jusqu'au bout, mais

---

[1]. Pourquoi ne pas les citer? Ils se nommaient: Augier, Sicard père et Sicard fils.

perdit toute sa famille, et Audon qui, obligé de demander un asile aux Capucins, succomba bientôt au fléau et ce fut une vraie perte, car « il avait le cœur au métier autant qu'on peut l'avoir [1] ». Plus heureux, le médecin des infirmeries, Michel, resta ferme à son poste jusqu'à la fin de novembre. On a conservé une lettre [2], en date du 8 août 1720, à lui adressée par les Echevins, qui le remercient de son dévouement, et lui donnent en quelque sorte carte blanche pour l'organisation des secours : « Si parmi les personnes que l'on avait envoyées aux infirmeries, il y en a qui se portent si bien et qui souhaitent de servir les malades, vous pourrez en prendre tel nombre que vous jugerez à propos et les assurer qu'ils seront payés comme les autres. Nous vous exhortons à continuer vos soins, étant persuadés que vous le ferez abondamment. »

En somme, le corps médical marseillais fit son devoir, mais il paraît avoir gardé jalousement son indépendance vis-à-vis de la municipalité, et, à diverses reprises, furent échangés des propos aigres-doux. Des plaintes furent même adressées à l'intendance de Provence. A la date du 14 août 1720, les Echevins écrivaient [3] à Lebret que « nos médecins n'ont ni force, ni courage, et nous n'avons pas lieu d'être contents d'eux ». Etait-ce donc que, malgré les recommandations municipales, ils n'avaient pas assez dissimulé les dangers de la situation ? Ou bien avaient-ils manqué de flexibilité dans le caractère ? Ou bien encore avaient-ils exagéré leurs prétentions ? Il y aurait là un curieux épisode de l'histoire médicale à faire revivre. On en trouverait sans doute les éléments dans les papiers de famille ou les correspondances privées, mais ces documents ont disparu, ou sont ignorés, et, sur ce point, nous sommes réduits à des conjectures.

Il paraîtrait, cependant, que nos docteurs provençaux avaient exagéré l'importance de leurs services et ré-

---

1. Paroles du docteur Bertrand.
2. Archives de Marseille, C. E., p. 157, recto et verso.
3. Archives de Marseille, C. E., p. 167, verso.

clamé des honoraires trop élevés. De là des tiraillements, dont on trouve l'écho dans une lettre [1] adressée par Lebret à la municipalité, le 29 août 1720 : « La réflexion que vous faites au sujet des médecins de Marseille est fort juste, mais je crois qu'il faut tâcher de les ramener et de leur proposer un traitement honnête. Il faut convenir qu'ils ont eu trop de ténacité pour soutenir leur sentiment, que la grande mortalité ne justifie que trop, et qu'ils auraient pu, en parlant avec plus de modération, vous faciliter les moyens de prendre des arrangements avec vos principaux habitants... Mais cela n'empêche pas qu'il ne faille exciter et augmenter leur zèle par des récompenses convenables. » Ces conseils étaient sages : ils ne furent pas suivis. De part et d'autre subsista une véritable animosité, qui se traduisit sinon par des faits, au moins par des paroles regrettables. Les docteurs persistèrent dans leurs prétentions, et les Echevins se permirent à leur égard des insinuations plutôt blessantes. « Nous avons lieu d'être surpris [2], écrivaient-ils à Lebret, le 4 octobre 1720, qu'ils aient osé vous écrire pour cela, sachant combien ils sont blâmables de s'être comportés comme ils l'ont fait. Le sieur Bertrand ne peut disconvenir qu'il n'ait été caché dans sa maison pendant sept à huit mois, étant malade ou faisant semblant de l'être. Nous savons que, pendant le mois de septembre 1720, c'est-à-dire dans le fort du mal, il se portait bien, mais il ne laissait pas de demeurer enfermé. » Le docteur Raymond est encore plus maltraité : « Il prit la peine de se retirer au quartier Sainte-Marthe sur la fin du mois d'août, c'est-à-dire d'abord que la peste commença à faire des ravages, et il ne quitta la bastide où il était enfermé qu'après que le fort du mal eut cessé, c'est-à-dire dans le mois d'octobre. » Quant au docteur Robert, qui était resté à son poste à l'hôpital de la Charité, on lui reprochait de vouloir tout faire à sa

1. Lettre de Lebret aux Echevins, 29 octobre 1720 (Arch. mun., corresp. générale).
2. Lettre des Echevins à Lebret, 4 octobre 1721 (Arch. mun., C. E., p. 134, verso).

tête, et de ne supporter aucune observation de l'administration. Ces reproches étaient peut-être fondés, car à maintes reprises il n'agit qu'à sa guise et prit, sans consulter les Échevins, d'importantes décisions.

Malgré ces dissentiments, tout finit par s'arranger. Les médecins se départirent de leurs exigences, et la municipalité se montra plus accommodante. Nous avons retrouvé aux Archives municipales un certificat en bonne et due forme délivré par le liquidateur général Capus aux docteurs Bertrand, Raymond, Robert et Michel. Ils sont remerciés de leurs bons et loyaux services, et le fonctionnaire municipal constate « que la communauté leur a fait payer de bons acomptes et qu'ils recevront leur entier payement après que leurs honoraires auront été réglés ».

Si l'on ajoute foi à cette même attestation de Capus, « à l'égard de MM. les chirurgiens de Marseille, tous ceux qui sont encore en vie s'étaient cachés ou absentés, à la réserve de deux qui firent dans le commencement quelque chose et qui se cachèrent quand le mal fut violent ». Il se peut que quelques membres de la corporation se soient, en effet, mal conduits, mais n'y a-t-il pas une singulière exagération à prétendre que deux d'entre eux seulement aient fait leur devoir ! On a, en effet, conservé les noms de trente-deux chirurgiens qui, en contact journalier avec les malades, appelés à panser leurs plaies, et plus exposés que quiconque à la contagion, succombèrent au fléau. Ils se nommaient Faybesse, Tudesque, Auteman, Moulin, Muret, Chanteduc, Deleuil, Gueyrard, Montineuf, Simon, Genestou, Pilafort, Cresp, Moulin, Geniez, Gabert, Bertrand, Doctrion, Garide, Latil, Bousquet, Hérault, Dumay, Peyron, Talande, La Touche, Taurel, Jean Geniez, Maurel, Champion, Forest, Paulian. Que ce soit la suprême récompense de ces trente-deux braves d'avoir ainsi leurs noms sauvés de l'oubli ! On voudra bien ne pas perdre de vue que, sur ces trente-deux chirurgiens, il en est quelques-uns qui ne résidaient pas d'ordinaire à Marseille. Ainsi, on avait pris tous ceux qui naviguaient sur les vaisseaux. Ils furent, d'ailleurs, plus violemment frappés que les autres, car ils n'étaient pas acclimatés. Aucun d'eux ne survécut.

Quant aux chirurgiens qui, plus heureux, furent épargnés par la contagion, veut-on savoir comment ils se comportèrent. Nous avons retrouvé[1] le mémoire adressé par l'un d'entre eux, Antoine Mittre, à la municipalité, lorsqu'il s'agit de régler ses honoraires. Dès le 20 août 1720, il avait été mis en réquisition pour servir d'aide au docteur Raymond. Du 8 octobre au 19 avril 1721 il remplit les fonctions de chirurgien major à l'hôpital du Mail, avec tant de zèle et de dévouement qu'il reçut des certificats élogieux des docteurs Chicoyneau, Verny, Soullier et Deydier, ainsi que du bailli de Langeron. Ce dernier l'avait même, pour le récompenser, nommé chirurgien des galères, ce qui assurait son avenir et lui valait un beau traitement, mais Mittre « était si touché du malheur de sa patrie et si zélé pour ses compatriotes, joint au besoin qu'il voyait qu'on avait de lui à l'hôpital, étant mort deux jours auparavant un des quatre chirurgiens majors qu'ils étaient, qu'il ne balança pas un moment pour refuser ledit emploi et renoncer par là pour toujours à une pension annuelle le reste de sa vie de 200 livres ». Au mémoire de Mittre est jointe une note, non signée, attestant la réalité des faits ; mais rien n'indique que dans la suite il ait reçu une compensation quelconque. Essayons au moins de lui rendre une justice rétrospective en sauvant son nom de l'oubli.

Cette conduite des chirurgiens fut d'autant plus méritoire qu'ils formaient alors une corporation assez peu considérée, et n'étaient pas mieux traités que de simples barbiers. L'anatomie avait été longtemps traitée d'horrible profanation. Ce fut seulement au dix-septième siècle, en décembre 1687, que les dissections furent permises à l'hôtel-Dieu de Marseille, et encore le sieur Fascon n'obtint-il cette autorisation qu'à titre exception-

---

1. Archives municipales, 15e division, 4e section, n° 7.

nel. L'organisation d'un cours d'anatomie n'y devint régulière qu'en 1717, et encore avec de bien curieuses restrictions, par exemple celle de n'opérer que sur des cadavres mâles. La chirurgie était donc un assez vulgaire métier et non une profession. Aussi faut-il savoir gré aux chirurgiens de l'avoir relevé par leur dévouement.

Le corps des apothicaires fut moins éprouvé que celui des chirurgiens. Cinq d'entre eux seulement succombèrent au fléau ; mais les survivants, abandonnés par leurs élèves, et n'ayant pas le temps matériel de confectionner les remèdes qu'on leur prescrivait, ne suffirent plus à leur besogne. Quelques-uns d'entre eux, abusant de la situation, eurent même le triste courage de vendre leurs drogues à des prix exorbitants. Ils justifiaient ainsi la singulière réputation dont jouissaient déjà les notes d'apothicaire.

Quoi qu'il en soit, le nombre des malades fut si considérable que, malgré leur bonne volonté, les médecins, chirurgiens ou apothicaires de Marseille n'étaient pas assez nombreux pour soigner leur trop abondante clientèle. Dès le 9 août 1720, le viguier[1], marquis de Pilles, avait bien rendu une ordonnance, par laquelle il enjoignait, sous peine de déchéance, à tous les membres du corps médical marseillais de rentrer dans les trois jours. Voici cette ordonnance, qui paraîtra peut-être sévère, mais que justifiaient les circonstances : « Ayant été informés que depuis qu'il y a en cette ville soupçon de mal contagieux, quelques médecins et plusieurs maîtres chirurgiens en sont sortis, quoique quelques-uns eussent déjà pris des engagements et constitué la communauté en dépenses pour l'exécution des secrets et préservatifs qu'ils avaient promis ; comme le public pourrait souffrir de leur absence, que ceux qu'on a commencé d'employer ne sauraient suffire, si une grande ville était affligée de ce mal, et que la principale condi-

---

1. Registre de transcription des ordonnances (Arch. de Marseille, p. 12).

tion, sous laquelle l'agrégation des médecins et la maîtrise et jurande des chirurgiens y ont été admises, a été qu'ils y serviraient en tout temps, et surtout en celui de la contagion, auquel l'exercice de leur profession est d'une nécessité absolue, et qu'enfin l'honneur, la charité, la conscience et la religion leur imposent cette obligation et ce devoir, nous ordonnons qu'il sera enjoint à tous les médecins du collège et agrégation de cette ville, et à tous les chirurgiens de la maîtrise et jurande d'icelle qui en sont sortis, de revenir et s'y rendre dans trois jours précisément pour le plus tard, et de se présenter par devant nous à l'hôtel de ville pour être employés, lorsque le cas le requerra, sous dû honoraire et salaire, à peine d'être déchus pour toujours de leur agrégation et maîtrise, et de tout exercice de leur profession, même de citadinage en cette ville, et d'être en outre mulctés de plus grande peine. A l'effet de quoi notre présente ordonnance sera signifiée aux syndics du collège des médecins et aux jurés royaux de la communauté des maîtres chirurgiens pour en donner respectueusement avis à ceux de leurs confrères qui se sont retirés, et sera néanmoins affichée, lue et publiée par tous les li ux accoutumés, afin que nul n'en puisse prétendre cause d'ignorance. Signé : Pilles, Estelle, Audimar, Moustier, Dieudé. » Un arrêt du Parlement d'Aix du 22 septembre confirmait cette ordonnance et, prescrivait, en outre, sous peine de la dégradation et d'une amende de 2.000 francs, aux intendants de la santé, ainsi qu'aux médecins et recteurs des hôpitaux, de rejoindre leurs postes ; mais ces décisions sévères ne rendirent pas le courage à ceux qui avaient déjà reculé devant le danger, et, plus que jamais, il fallut bien reconnaître que les secours médicaux devenaient insuffisants.

Il est vrai que, dès la première heure, quelques-uns des médecins des villes voisines offrirent spontanément leur concours, et coururent au danger, en vaillants qu'ils étaient. Le dévouement en France n'a jamais été une exception : aussi n'est-il que juste de rappeler ici leurs noms. Dès le 14 août, les Echevins[1] écrivaient à Lebret : « Il y a un médecin de Barjols appelé Gaillon (ou Gayon) qui s'est offert de bonne grâce de visiter nos malades. Comme on nous a fait de bonnes relations de lui, tant pour la probité que pour l'habileté, nous l'avons prié de venir, et il nous mande qu'il ne peut le faire faute de voiture. Voudriez-vous, Monseigneur, avoir la bonté d'ordonner qu'on lui en fournisse, du moins jusqu'à Notre-Dame ? » Gayon, en effet, paya aussitôt de sa personne. Il accourut avec son fils, médecin comme lui, et demanda « l'hôpital[2] comme le poste le plus pénible et le plus dangereux. Il n'a pas voulu parler de rétribution, s'en rapportant à nous, à notre reconnaissance et aux services qu'il rendrait ». Gayon[3], en effet, resta ferme à son poste, jusqu'à ce qu'il fût emporté par la maladie. Le docteur Guilhermer, de Bollène, proposa également ses services et ceux du maître chirurgien Sourreil. Ils furent tout de suite agréés. « Vous pouvez venir tous les deux, lui écrivirent[4] les Echevins, la présente reçue, persuadés que nous vous donnerons une rétribution dont vous aurez l'un et l'autre sujet d'être contents. » Lettre[5] analogue à Gruas, médecin à Montélimar : « Nous vous prions de venir incessamment et en poste pour secourir nos malades. Vous pouvez être persuadé que nous vous donnerons une rétribution dont vous aurez lieu d'être content. » Même promesse à Bardane[6], médecin d'Hyères, et on s'engage en outre « à lui faire obtenir gratis son agrégation, au cas où il serait dans le dessein de s'établir ici ». Lettre identique à Jourdan[7], également médecin à Hyères. Ce

1. Correspondance des Echevins (Arch. de Marseille).
2. Lettre des Echevins à Lebret, du 8 septembre 1720.
3. Voir aux Archives municipales (section 15, n° 8) le compte de la nourriture des deux Gayon. Il se monte à 112 livres 12 sols, y compris l'achat de couteaux, pots, nappe et serviette, 15 janvier 1521. Signé Moustier.
4. Lettre des Echevins, 20 août 1720 (Arch. mun., C. E., p. 172, verso).
5. *Ibid.*, 26 août 1720.
6. *Ibid.*, 30 août 1720.
7. *Ibid.*, 10 septembre 1720 (Arch. mun., C. E., p. 179, verso; p. 184, verso et recto).

furent là les ouvriers de la première heure, ceux qui affrontèrent le péril de mort et n'hésitèrent pas à payer de leur personnne. Aussi n'est-il que juste de rendre hommage à leur courage civique et de les associer dans la reconnaissance populaire à ceux des Marseillais qui surent faire leur devoir.

Malgré la bonne volonté de ces auxiliaires dévoués, le nombre des malades fut tellement considérable qu'il devint évident qu'il fallait encore faire appel à de nouveaux dévouements. Sur le conseil de Lebret, on rédigea des affiches qui furent envoyées dans toute la province et au delà, promettant de beaux traitements aux médecins et chirurgiens qui voudraient bien offrir leurs services. « On a trouvé à propos, écrivaient[1] les Echevins à Lebret, que nous fissions répandre des affiches pour convier les chirurgiens à venir panser et soigner nos malades par la considération des appointements considérables que nous leur promettons. Nous prenons la liberté de vous adresser quelques-unes de ces affiches, et nous vous prions d'avoir la bonté de les faire répandre de la manière que vous le trouverez à propos, soit en les envoyant à MM. vos subdélégués, ou aux consuls chefs des vigueries, ou autrement, ainsi qu'il vous plaira. »

Cet appel fut entendu, et bientôt arrivèrent à Marseille de Sirande, chirurgien d'Arles; Tudescq, du Languedoc; d'Authemar, d'Eygnières; les chirurgiens Campredon[2], Geoffroy, Vradieu, Thomas, Desclot, Thuilière, et du Pont, apothicaire, qui furent envoyés de Paris par le secrétaire d'État Le Blanc[3]. Gardons-nous d'oublier leurs modestes, mais dévoués auxiliaires, les garçons chirurgiens La Serre, Dumay, Arson, Beaumelle, Le Val, Bertrand, Duportail, La Touche, Gualabert, et cet anonyme dont les Echevins parlaient en ces termes à leur

---

1. Lettre des Echevins, 1ᵉʳ octobre 1720 (Arch. mun., C. E., p. 14, recto).
2. Lettre de Lebret aux Echevins (27 septembre, 4, 10, 8 et 14 octobre 1720).
3. *Ibid.*, 14 octobre et 15 novembre 1720.

subordonné, le contrôleur Tronson[1] : « Si le garçon chirurgien dont vous nous parlez est tel que vous nous le dépeignez, et s'il veut venir pour nos malades dans la ville, nous lui donnerons 200 livres par mois, outre sa maîtrise gratis, et la nourriture et entretien en santé et en cas de maladie. Vous nous ferez plaisir de l'engager à venir dans ces conditions-là. »

Parmi ces nouveaux venus, il en est un qui mérite une mention spéciale, non seulement pour le zèle qu'il déploya, mais aussi pour son désintéressement. Il se nommait Jaubert. Il avait longtemps servi[2] dans les hôpitaux royaux des principales villes de Flandre et s'était appliqué « à composer des remèdes chimiques plutôt qu'à se servir de ceux des apothicaires. Il croyait avoir trouvé un remède souverain et l'avoir appliqué avec succès, dès l'année 1760, dans la vallée d'Entraunes, près de Saint-Martin de Lantosque. » Il se tenait à la disposition des Echevins, et terminait sa lettre par ces belles déclarations : « Pour vous marquer qu'il y a plus d'effets en moi que de paroles, c'est que je ne prétends aucun paiement ni rétribution que vous n'ayez vu mon travail, et de n'agir qu'en présence de tous MM. les médecins, de manière que, si vous souhaitez que j'aille faire de mon mieux pour aller donner soulagement aux malades que vous avez dans votre ville, vous n'avez qu'à m'honorer de votre réponse. » Jaubert fut aussitôt invité à venir expérimenter son remède. Il est probable qu'il n'était ni meilleur, ni pire qu'un autre, mais ce qui était réel, c'était son désintéressement. Alors que tant d'autres de ses collègues se firent remarquer par leurs âpres revendications, il se contenta de l'honneur de s'être rendu utile à ses compatriotes. Voici la pièce.

1. Lettre des Echevins à Tronson, 11 septembre 1720 (Arch. mun., C. E., p. 185, verso). — Cf. Lettre des mêmes à Aubert, de Digne, 16 juin 1721 (Arch. mun., C. E., p. 167). — Cf. Lettre des Echevins au consul d'Aix, Vauvenargues, 8 octobre 1720 (Arch. mun., C. E., p. 18, recto), à propos de garçons chirurgiens de Montpellier qui venaient d'arriver à Aix.
2. Lettre de Jaubert aux Echevins, 8 octobre 1720 (Correspondance municipale, au mot Jaubert).

tout à son honneur, que nous avons retrouvée dans les archives de Marseille : « Je soussigné déclare en faveur de MM. les Echevins et communauté de cette ville de Marseille que je ne prends rien pour raison de mes vacations et pour avoir visité et pansé divers pestiférés pendant la première et la deuxième contagion, dont la dite ville a été affligée, et au moyen de ce je promets de ne rien demander à la dite communauté. En foi de quoi j'ai signé la présente à Marseille, le vingt-troisième juillet mil sept cent vingt trois. JAUBERT. » De pareils traits ne se commentent pas. Jaubert n'a pas voulu être payé de ses peines. Acquittons au moins une dette de reconnaissance en essayant de sauver son nom de l'oubli [1].

Le gouvernement se devait à lui-même de ne pas rester indifférent à la catastrophe qui frappait le Midi. En effet, les secours officiels ne manquèrent pas. Dès la première heure, Lebret s'était adressé à son collègue, l'intendant du Languedoc, de Bernage, et lui avait demandé l'aide effectif de quelques médecins de Montpellier. La Faculté de médecine de cette ville jouissait alors d'une grande réputation. Ses docteurs, bien que pourvus d'une situation officielle, ne négligeraient pas l'occasion d'aller étudier sur place une maladie aussi terrible, et de démontrer par l'exemple qu'ils savaient au besoin se sacrifier à la science. Une première mission fut organisée. Chicoyneau [2], le doyen de la Faculté,

---

1. Mentionnons, en outre, les offres de service de Maurel, chirurgien au château d'If (25 octobre 1720); de Coumes, de Beaucaire (14 août 1720); d'Aubert, garçon chirurgien (9 juin 1721) ; de Leprince, de Digne (28 octobre 1720); de Gardane, d'Hyères (28 août 1720); de Jourdan, d'Hyères (4 septembre 1720) (Correspondance de la mairie); de Maurel, chirurgien au Frioul (28 octobre) (Arch. mun., C. E., p. 37, recto). « Vous êtes venu trop tard. Par la miséricorde de Dieu, nous n'avons plus besoin de médecin, ni de chirurgien. Aussi vous pouvez vous en retourner. Nous donnerons cependant ordre que vous soyez largement payé de votre voyage. »

2. Chicoyneau, né en 1672, mort le 13 avril 1756. Il fut nommé, à la mort de son beau-père Chirac, premier médecin du roi. Son principal ouvrage est la *Notice sur les principales pestes qui ont ravagé le monde*, 1744, in-4 de près de 1000 pages. — Cf. article Chicoyneau dans la *Biographie Hœfer*.

et son collègue Verny partirent aussitôt. Ils arrivèrent à Aix au commencement du mois d'août, et Lebret s'empressa d'annoncer aux Echevins leur prochaine arrivée dans la ville contaminée. Les Echevins[1] envoyèrent à leur rencontre une chaise de poste, et préparèrent leur logement à l'hôtel des Bons-Enfants ; mais il était impossible de violer les lois de la quarantaine. Les docteurs de Montpellier furent donc retenus à Aix, où les rejoignirent bientôt le professeur Deydier[2], deux maîtres et trois garçons chirurgiens. Ils arrivaient les uns et les autres avec des idées préconçues : ils ne croyaient pas à la contagion. Deydier n'eut-il pas la singulière idée d'utiliser ses loisirs forcés en adressant une lettre aux médecins de Marseille pour leur apprendre que la maladie à traiter était une inflammation gangréneuse et nullement la peste, car, disait-il dans le galimatias de l'époque[3], « ces promptes morts ne sauraient venir dans le cas présent que d'un engorgement des viscères internes, qui se sont trouvés saisis d'inflammation gangréneuse ». Il ne se contentait pas de donner son opinion, bien qu'il n'eût encore visité aucun malade, il prescrivait même un traitement, des saignées à outrance.

Lorsque entrèrent enfin à Marseille les médecins de Montpellier, ils demandèrent une conférence avec leurs collègues de la ville. On leur adjoignit les docteurs Montagnier et Raymond, et, de concert avec eux, ils visitèrent pendant deux jours les maisons contaminées et les hôpitaux. Leurs conclusions furent optimistes. Ils déclarèrent hautement qu'il ne s'agissait que d'une fièvre maligne. La municipalité, afin de rassurer la

---

1. Lettre des Echevins à Lebret, 12 août 1720 (Arch. mun., C. E., p. 161, verso).
2. Deydier, docteur de Montpellier depuis 1691, et professeur de chimie à l'Université de cette ville en 1696, avait publié, en latin, de nombreux mémoires. Son ouvrage le plus connu est intitulé : *Chimie raisonnée où l'on tâche de découvrir la nature et la manière d'agir des remèdes chimiques les plus en usage en médecine et en chirurgie.*
3. Cité par BERTRAND, p. 233.
4. Lettre des Echevins à Lebret, 14 août 1720 (Arch. mun., C. E., p. 167, verso).

population, donna aussitôt par voie d'affiche les conclusions de leur rapport : « Sur le rapport qui a été fait à M. le gouverneur et à MM. les Echevins par MM. les médecins de Montpellier, ils ont cru devoir avertir le public que la maladie qui règne présentement dans cette ville n'est pas pestilentielle, mais que c'est seulement une fièvre maligne, contagieuse, dont on espère de pouvoir bientôt arrêter le progrès, en séparant les personnes qui en peuvent être soupçonnées d'entre celles qui sont saines, par le bon ordre et l'arrangement que l'on va prendre incessamment. » Toujours crédule, le peuple se rassura. Une procession fut même célébrée en l'honneur de saint Roch, mais on connut bientôt la vérité. Le rapport de Chicoyneau et Verny n'était qu'une œuvre de complaisance. La vérité se trouvait dans un autre rapport qu'ils avaient envoyé à Paris (18 août 1720), et dans lequel ils avouaient : « 1° que cette maladie enlevait ou faisait périr dans deux ou trois jours, quelquefois même dans deux ou trois heures de temps la plus grande partie de ceux qu'elle attaquait ; 2° que quand une personne attaquée de ce mal dan une maison et famille en périssait, tout le reste en était bientôt infecté et subissait le même sort, en sorte qu'il y avait plusieurs exemples de familles entièrement détruites par cette contagion, et que si quelqu'un de la famille s'était réfugié dans une autre maison, le mal s'y transportait aussi et y faisait le même ravage. » Leurs conclusions étaient toutes contraires à celles du rapport adressé à la municipalité : « Toutes ces observations nous ont convaincu que la maladie qui règne dans cette ville est une véritable fièvre pestilentielle, qui n'est pas encore parvenue à son dernier degré de malignité. On peut en réchapper, mais avec de la bonne nourriture et des soins. Sinon cette espèce de peste qui augmente de jour en jour deviendrait fatale non seulement à cette ville, mais même aux provinces voisines, pour ne pas dire à tout le royaume. »

1. Affiche du 20 août.

Les médecins de Montpellier ne conservaient donc aucune espérance. Peut-être auraient-ils été mieux inspirés en donnant franchement leur opinion : mais ils n'osèrent pas prendre sur eux cette responsabilité. Faut-il leur en savoir mauvais gré? Ils croyaient peut-être remplir leur devoir. En tout cas, s'ils ménagèrent la vérité, ils ne ménagèrent pas la bourse des Marseillais. Leurs affirmations scientifiques peuvent être contestées, mais leurs exigences furent incontestables. Le 12 septembre, ils n'avaient pas encore quitté Aix, mais ils posaient leurs conditions avant de faire leur entrée. Ainsi que l'écrivait à cette date Lebret aux Echevins [1], « ils desirent être logés ensemble. Ainsi il faut tâcher de leur trouver une maison et de préposer dans cette maison une espèce de maître d'hôtel qui prendra leurs ordres pour la manière dont ils veulent être nourris, et qui vous rendra compte au bout de la semaine, de la quinzaine ou du mois, comme vous voudrez. Je vous prie d'avoir attention sur cela comme sur une chose très importante. » Les Echevins furent sans doute étonnés de ces prétentions, mais ils s'inclinèrent devant la nécessité et répondirent aussitôt à Lebret que, conformément à ses instructions [2], le chevalier Roze allait se porter à leur rencontre. Tout semblait donc convenu, mais de nouvelles difficultés surgirent. Il s'agissait cette fois de fournir aux médecins des montures convenables pour leurs courses, car leur dignité leur interdisait la marche à pied. Les Echevins crurent bien faire en priant l'intendant de leur fournir deux chevaux de selle, mais ce dernier ne leur envoya, ou du moins on n'envoya en son nom que des chevaux « petits, malingres et absolument hors d'usage, ce qui nous fait croire qu'assurément on les changea, car il n'est pas possible que ceux que vous

1. Lettre de Lebret aux Echevins, 12 septembre 1720 (Arch. mun.).
2. Lettre des Echevins, 13 septembre 1720 (Arch. mun., C. E., p. 2, recto) : « Nous tâcherons de les loger tous ensemble, et de leur donner un homme de bon sens pour exécuter leurs ordres. M. le chevalier Roze est allé pour recevoir à la barrière ceux qui doivent arriver ce jour. Nous ferons tout ce que M. Chicoyneau trouvera à propos, et nous n'oublierons rien pour tâcher de tous les conserver. »

chargeriez de nous chercher des chevaux en envoyassent dont on ne saurait se servir[1] ». Et de fait les médecins de Montpellier, au lieu de faire contre mauvaise fortune bon cœur, « ne voulurent[2] seulement pas les éprouver, de sorte que nous avons été dans l'obligation de leur en chercher d'autres ».

Ce fut bien pis encore pour leur installation matérielle. Rien ne leur sembla suffisant, ni logement, ni nourriture. Aussi ne cessaient-ils de harceler les Echevins de leurs réclamations. Ceux-ci perdirent bientôt patience, et ne cachèrent[3] pas leur dépit à Lebret : « Ils nous accablent de demandes et de plaintes, tantôt sur la qualité du pain et du vin, et tantôt sur mille autres choses dont ils pourraient se passer ou se pourvoir eux-mêmes. » Ils ajoutaient même, ce qui était beaucoup plus grave, « avec cela ils n'ont de bon jusqu'à présent qu'à donner de l'occupation à nos tombereaux. Ils ne savent que saigner et il n'est pas une saignée qui n'ait été mortelle. M. de Langeron fut contraint hier de les prier de changer de batteries. Dieu veuille qu'ils le fassent ou qu'ils ne fassent rien. »

Chicoyneau, Verny et Deydier avaient donc réussi, presque du jour au lendemain, à se rendre désagréables. D'autres médecins de Montpellier furent odieux : au moins eurent-ils pour excuse de ne pas être les représentants brevetés de la science, mais ils profitèrent de l'occasion pour coter leurs services à des prix invraisemblables ! Ils se nommaient Pons et Boutilier (ou Bouthilier). Ils avaient été envoyés par l'intendant du Languedoc, Bernage, et étaient arrivés à Aix le 26 août 1720. Lebret se contenta[4] d'annoncer leur présence aux Echevins, et, sans le moindre commentaire, fit connaître leurs conditions. Elles étaient exorbitantes : 100 francs par jour pour chacun d'eux, et une pension viagère de

---

1. Lettre des Echevins à Lebret, 23 septembre 1720 (Arch. mun., C. E., p. 9, verso).
2. *Ibid.*, 27 septembre 1720.
3. *Ibid.*
4. Lettre de Lebret aux Echevins, 26 août 1720.

2.000 livres. Tous voulaient, en outre, que cette pension fût continuée à leur famille, au cas où ils mourraient dans un an à partir du jour de leur entrée à Marseille. Les Echevins furent plus que surpris. « Nous trouvons, répondirent-ils [1] à Lebret, que la demande des médecins de Montpellier est très forte, d'autant plus qu'elle pourrait tirer à conséquence pour nos médecins d'ici, quoiqu'ils ne fassent pas grand'chose. Cependant, ayez la bonté de régler avec ces messieurs de Montpellier leur rétribution de la manière que vous trouverez à propos : nous approuverons ce qu'il vous aura plu de faire. » Il eût été habile de montrer plus de fermeté, car, dans l'intervalle, d'autres médecins et chirurgiens étaient arrivés à Aix, entre autres les chirurgiens Montel et Rabasson, et ils émettaient les mêmes exigences en matière d'honoraires. Aussi, le premier mouvement des Echevins avait été de les renvoyer à leurs chères études. « Nous pensons comme vous, écrivaient-ils [2] à Lebret, qu'il n'y a qu'à les remercier de leurs services, leur faire payer leur voyage, et attendre tout secours de la miséricorde du Seigneur. » « Il est vrai, ajoutaient-ils non sans une pointe de mélancolie, que si nous pouvions être assurés que ces messieurs guériraient ou préserveraient de la peste, nous leur donnerions beaucoup plus qu'ils ne demandent, mais il serait fâcheux de donner beaucoup sans rien avoir. » Des négociations s'engagèrent et elles n'aboutirent pas. Les Echevins, encouragés par le subdélégué Rigord, ne voulaient [3] pas entendre parler de pension viagère, mais ils s'en remettaient à l'Intendant pour fixer le chiffre des honoraires, quelque élevé fût-il. D'ailleurs, comme ils avaient plus besoin de chirurgiens et surtout de garçons chirurgiens que de médecins, ils étaient disposés à se passer du concours de ces derniers, s'ils continuaient à se montrer trop exigeants. Pons et Boutilier, craignant de se voir évincés,

1. Lettre des Echevins à Lebret, 27 août 1720 (Arch. mun., C. E., p. 175).
2. Lettre des Echevins à Lebret, 28 août 1720 (Arch. mun., C. E., p. 176).
3. Lettre à Lebret, 8 septembre 1720 (Arch. mun., C. E., p. 182, recto.)

eurent le bon sens de renoncer aux pensions qu'ils réclamaient, et se contentèrent, mais après un traité en règle, préparé et contresigné par l'Intendant, à la date du 11 septembre 1720, des honoraires convenus. Ce traité portait que les médecins toucheraient chacun 1.200 livres par mois, et les chirurgiens seulement 1.000. Ils seraient nourris et logés, eux et leurs valets, et défrayés de leur voyage d'aller et retour, et de leur séjour à Aix. S'ils voulaient s'établir à Marseille, on leur accorderait gratuitement la maîtrise et l'agrégation. Quant aux garçons chirurgiens, ils recevraient 200 livres par mois et la maîtrise, sans parler de leur nourriture et entretien, qu'ils fussent en bonne santé ou malades.

Pons et Boutilier se décidèrent alors à faire leur entrée dans la malheureuse cité qu'ils venaient ainsi de rançonner. Encore fallut-il [1], leur expédier une chaise à porteurs jusque sur les hauteurs de Notre-Dame, et leur préparer avec soin des logements en ville. Ils se présentaient comme en pays conquis, et sous la protection immédiate de l'Intendant. « Je vous prie, écrivait [2] ce dernier aux Echevins, d'exécuter ce qu'ils jugeront nécessaire pour parvenir à la guérison et à la cessation du mal. Il n'est pas besoin de vous recommander leurs logements et de leur fournir tout ce dont ils auront besoin, étant nécessaire que des personnes de leur mérite soient traitées de façon que leurs soins deviennent aussi utiles qu'il y a lieu de l'espérer. »

En même temps qu'eux arrivaient à Marseille trois autres médecins, également en mission officielle [3] : Mailhe, de Cahors; Labadie, de Bannières, et Boyer, de Toulon, et aussi quelques chirurgiens : Nélaton, un nom prédestiné; Campredon, chirurgien-major des hôpitaux du roi; Lesclaux, Philippart et Goujet, qui seront tous les trois emportés par le fléau; Baille, Bellier, Bussy, Cesso, Durand, Hatus, Lerat, Malot, Notte, Royer,

---

1. Lettres de Lebret aux Echevins, 7, 9, 11 septembre 1720 (Arch. mun., C. E., p. 185, recto).
2. *Ibid.*, 18 septembre 1720.
3. Lettre de Lebret aux Echevins, 18 septembre 1720.

Varin et Vatet, sans parler des garçons chirurgiens Bresse, Brun, Champeau, Duclos, Fontibus, Laborde, Labrunnerie, Lacombe, Lelorrain, Martin, Martin-Rolland, Morpin, Saint-Avit, Sivrat, Thomas, Thuillière et Viadieu [1]. On nous pardonnera la sécheresse de cette nomenclature, mais ne fallait-il pas conserver le souvenir de ces braves, dont plusieurs payèrent leur tribut au fléau, et dont quelques-uns furent bien mal récompensés de leurs peines; ainsi le garçon chirurgien Herigotty [2], qui, soupçonné d'avoir voulu s'approprier l'indemnité de voyage qui lui avait été allouée, et qui avait été emportée par mégarde par un de ses collègues, fut enfermé, malgré ses protestations, au fort l'Evêque et remis en liberté seulement après un mois et demi de détention ; tel encore ce Varin [3] qui, au 10 mars 1721, n'avait encore touché aucune indemnité et avait été réduit à payer de ses propres deniers les médicaments qu'il avait distribués aux pestiférés. Il est vrai que leurs collègues, plus heureux, furent mieux traités, dès qu'ils eurent réussi à dépasser Avignon et à trouver des voitures pour Marseille.

Le difficile était de loger d'une façon convenable et de nourrir tout ce monde. On trouva des maisons vacantes dans la rue Saint-Ferreol, et on pourvut d'une façon somptueuse à leurs besoins matériels, car, comme l'écrit un contemporain, « on ne saurait trop bien traiter les gens qui viennent se dévouer au salut d'une ville sous péril de leur propre vie ». Le hasard des temps a conservé leurs notes [4] de frais de table. Nous les donnerons à titre de curiosité, et pour démontrer que les médecins de Montpellier ou de Paris n'ignoraient pas l'art de se bien traiter. Voici, par exemple « le compte de nourriture donnée par Thérèse Chaîne,

---

1. On a pu retrouver tous ces noms, grâce à la correspondance échangée à ce sujet. Voir Bibliothèque nationale, ms., fonds français, n° 12067. Cf. BONNET, ouvr. cité, p. 10.
2. Lettre du 1er octobre 1720.
3. Lettre du 10 mars 1720. Cf. BONNET, ouvr. cité, p. 5.
4. Archives de Marseille. Documents non classés. Voir dans la 4e division, 15e section, n° 3, la note acquittée des frais de nourriture des médecins avec les menus de tous leurs repas.

veuve de Simon Drogue, et héritière de J.-B. Chaîne, aux médecins et chirurgiens étrangers ». Du 29 août au 4 septembre la note s'élevait à 345 livres 15 sols. Le 29 août ils avaient pris au repas de midi une soupe, un dindon, deux poulets et des fruits, et au repas du soir un autre dindon, deux poulets et diverses entrées. Le dîner du lendemain 30 août, jour maigre, avait été particulièrement soigné : soupe de langouste, ragoût de vives, maquereaux rôtis, melon et fruits. Le souper se composait d'un ragoût de soles, de morue frite et de fruits. Au 31 août, encore un jour maigre, ils avaient seulement pris une soupe, une omelette de douze œufs, seize œufs à la coque, des anchois, de la salade et des fruits, mais quelle revanche le 4 septembre ! soupe, entrées, dindons, poulets, cailles, fruits, etc. Voici, d'autre part, la note des sommes dues aux sieurs Jannard, héritier de Thérèse Chaîne et de Jean Chaîne, rôtisseurs, pour la nourriture de deux médecins et de deux garçons chirurgiens. Au 31 août, omelette de dix œufs, salade, anchois, fruits, soupe à l'oignon et vins fins. Au 1ᵉʳ septembre, soupe, dindons, poulets, poularde, entrée de bétille (?), salade et fruits. Le 2 septembre soupe, bouilli, dindons, poulets, poulardes, fruits. Le 3 septembre, soupe, quartier d'agneau, poulets, entrée de fressure, salades, fruits. En tout pour ces quatre jours dépense de 49 livres 8 sols. Il est vrai que ces notes parurent majorées, et que, lors du règlement des comptes, elles furent fortement réduites. Il n'en est pas moins prouvé que l'hospitalité marseillaise fut large et fastueuse, et que les médecins étrangers étaient mal fondés à se plaindre de la lésinerie des Echevins. Ils ne se privèrent pourtant pas du plaisir de récriminer, et assassinèrent de leurs plaintes la municipalité qui vraiment avait alors d'autres intérêts à ménager. Aussi se rendirent-ils bientôt insupportables, et on ne songea plus qu'à s'en débarrasser. Dès le 4 novembre 1720, les Echevins adressaient à Lebret ce billet [1] significatif : « Il nous paraît que tous

1. Lettre des Echevins à Lebret, 4 novembre 1720 (Arch. mun., C E., p. 40, verso). — Lettre du 11 décembre, conçue à peu près dans les

nos médecins étrangers sont absolument inutiles à présent ici, et comme ils dépensent beaucoup d'argent, indépendamment des appointements ou honoraires, nous vous supplions d'avoir la bonté de nous délivrer d'eux le plus tôt qu'il sera possible. M. le commandant de Langeron, avec lequel nous tâchons d'agir de concert, vous aura sans doute fait la même prière. » Ils lui avaient déjà demandé [1] d'arrêter à la frontière tous ceux des médecins étrangers, qui, « voyant le danger presque fini, offrent de venir soigner les malades ». Ils avaient encore envoyé le billet suivant au baron de la Garde [2] : « Nous vous dirons que nous nous passerons de vos chirurgiens aux conditions dans lesquelles ils proposent de venir servir nos malades, dont le nombre diminue fort, grâce au Seigneur. » Ce ne devait pas être, hélas ! la dernière requête de ce genre que les Echevins adresseront en haut lieu. Bien des jours s'écouleront encore, et bien du papier sera noirci avant que Marseille, enfin rendue à elle-même, ne soit plus obligée de subir les exigences de ces guérisseurs patentés mais encombrants, et dont les soins furent d'ailleurs à peu près inutiles.

mêmes termes (Arch. mun., C. E., p. 58). « L'inutilité des médecins étrangers est encore plus grande aujourd'hui et quelques-uns d'entre eux nous l'ont avoué et nous ont demandé leur congé. Nous vous réitérons la prière que nous avons faite de décharger notre communauté d'une dépense aussi grande et aussi inutile. »
 1. Lettre des Echevins à Lebret, 30 octobre 1720 (Arch. mun., C. E., p. 40).
 2. Lettre du 25 octobre 1720 (Arch. mun., C. E., p. 32).

CHAPITRE V

LES SECOURS RELIGIEUX

De tout temps la peste fut considérée comme un châtiment céleste. Dieu, par conséquent, pouvait seul faire disparaître le fléau, et sa miséricorde infinie était le meilleur et, à vrai dire, l'unique remède. Les secours spirituels valant mieux que toutes les aides humaines, le moyen le plus sûr d'obtenir la guérison était de s'abandonner à la clémence du Ciel. Au moins les secours de la religion ne firent-ils pas défaut aux Marseillais, et ils trouvèrent dans leur clergé un réel dévouement. N'hésitons pas à le reconnaître : sauf de très rares exceptions, les prêtres marseillais firent leur devoir et quelques-uns d'entre eux se consacrèrent à leur tâche avec un héroïsme qui eut son retentissement dans l'histoire générale.

Le fléau avait commencé sur la paroisse Saint-Martin[1]. Les prêtres de cette paroisse donnèrent le bon exemple et restèrent à leur poste jusqu'au milieu du mois d'août. Accablés de fatigue et atteints par la contagion, ils se retirèrent alors dans leurs bastides, mais le curé Martin, ainsi que deux vicaires, Blanc et Audibert, et deux prêtres habitués, Charrier et Ganteaume, continuèrent à distribuer les sacrements jusqu'aux pre-

---

[1]. PAPON, *Histoire de Provence*, t1 V., p. 649.

LE COURS DE MARSEILLE (AUJOURD'HUI COURS BELSUNCE) PENDANT LA PESTE DE 1720
(Gravure de l'époque.)

miers jours de septembre, époque à laquelle ils furent bloqués dans les rues par les cadavres. D'ailleurs la plupart d'entre eux moururent victimes du devoir. Dans les autres paroisses, même zèle. A la Major, pourtant, ne restèrent que deux abbés, Ribier et Laurent, qui moururent tous les deux. Aux Accoules, le service fut assuré par les curés Barens et Reibas, par le vicaire Arnaud, et par deux bénéficiers, Fabre et Paschal. Tous les cinq furent emportés par la maladie. A Saint-Ferréol, le curé Pourrière fut sauvé, mais cinq de ses vicaires succombèrent. A Saint-Laurent, furent frappés le curé Carrière et trois de ses prêtres. Le service divin ne put être assuré dans cette paroisse que par le dévouement d'un chanoine des Accoules, Guérin. Les chanoines de la cathédrale, plus égoïstes ou moins sûrs d'eux-mêmes, avaient presque tous déserté leur poste. Restaient seuls auprès de l'évêque, pour l'aider dans sa tâche, les chanoines Surle, Tayer, Guérin, celui-ci uniquement occupé de la paroisse Saint-Laurent, Estay et Bougerel, tous deux destinés à disparaître promptement[1]. On nous saura gré d'avoir conservé les noms de ces victimes du devoir. Ils ont droit à la reconnaissance publique. Si quelque jour un monument s'élève à Marseille en l'honneur de ceux qui se sacrifièrent alors pour leur pays, ce ne sera que justice s'ils y figurent avec les éloges qu'ils méritent.

Les religieux firent également bonne figure. Il y avait alors à Marseille beaucoup de couvents : Observantins, Capucins, Minimes, Grands Carmes, Carmes déchaussés, Récollets, Servites, Antonins, Augustins réformés, Trinitaires et Jésuites[2]. A l'exemple de tant d'autres, ils

1. Bien qu'on ait prétendu le contraire, l'exercice public du culte ne fut jamais complètement interrompu. Le 10 août 1720, Belsunce disait la messe à Saint-Laurent, le 15 à la Major, le 16 à Saint-Roch des Tritaires. La cathédrale ne fut fermée que le 24 août et Sainte-Croix le 15 septembre. Quant à la chapelle des Jésuites, à Saint-Jaumes, elle resta toujours ouverte.
2. PAPON, *Histoire de Provence*, t. IV, p. 660. — Voir lettre de Belsunce à Capus, 24 septembre 1720, citée par MÉRY et GUINDON, *Histoire de la commune de Marseille*, t. VI, p. 155. L'évêque y énumère toutes les communautés d'hommes et de femmes de Marseille.

auraient pu se renfermer derrière les murailles de leurs monastères et y braver la contagion. Ils n'y songèrent même pas, et, dès le premier jour, coururent au danger. La mort ne les épargna pas. Les plus rudement frappés furent les Frères de la Merci. Voici la lettre[1] navrante adressée par les Echevins, le 20 septembre 1720, au P. Nolasque André, qui se trouvait alors à l'Estaque : « Nous sommes fâchés d'être obligés de vous dire que, généralement, tous vos Pères d'ici sont morts et qu'il ne reste dans votre maison qu'un petit serviteur manchot, qui a dit à un de nos officiers, que nous avons envoyé pour en savoir des nouvelles, de vous prier de faire enlever le ciboire avec les hosties qui s'y trouvent. Comme à cette nouvelle vous ne manquerez sans doute pas de venir, nous vous ferons préparer une chambre saine et nette dans le couvent des Révérends Frères Augustins, où vous serez nourri jusqu'à ce qu'il plaise au Seigneur d'arrêter le fléau qui afflige cette ville. » Soit qu'il fut retenu par la maladie, soit pour tout autre motif, le P. Nolasque André[2] ne put venir à Marseille et chargea un Père récollet de le remplacer. Le provincial de la Merci, Modeste Sergeau, se trouvait alors à Toulouse. Depuis un mois, et pour cause, il n'avait reçu aucune nouvelle de ses religieux, et les croyait tous perdus. Au moins voulut-il garantir du pillage le couvent abandonné. On a conservé la lettre datée du 25 septembre 1720 qu'il adresse à ce propos aux Echevins. « Je vous supplie très humblement de donner vos ordres pour empêcher, s'il se peut, que notre couvent ne soit mis au pillage, s'il ne l'a déjà été, en attendant que j'y puisse envoyer quelqu'un... Je vous demande en grâce de vou-

---

1. Lettre des Echevins au P. Nolasque, 20 septembre 1720 (Arch. mun., C. E., p. 7, verso).

2. Nouvelle lettre des Echevins au Père récollet pour le prier de se hâter « afin d'éviter quelque scandale et quelque sacrilège », 21 septembre 1720 (Arch. mun., C. E., p. 8, verso). « Mgr l'évêque nous a dit qu'il vous avait fait prier de l'aller prendre, et de le garder sans toucher aux hosties qui sont dedans... Nous vous prions d'avoir la bonté d'exécuter incessamment cela, afin d'éviter quelque scandale et quelque sacrilège. »

loir étendre votre charité jusque sur nous et de ne pas abandonner à la cupidité des brigands et des voleurs les tristes débris d'une petite et pauvre communauté, qui vous était toute dévouée [1]... etc. »

Les Capucins et les Récollets furent presque aussi cruellement éprouvés que les Frères de la Merci. Ils s'étaient distribué entre eux les paroisses de la ville. Ils avaient même fait appel aux couvents des villes voisines, dont les frères n'hésitèrent pas et vinrent aussitôt remplacer ceux qui avaient disparu. Mais quarante-trois [2] Capucins sur cinquante cinq et vingt Récollets succombèrent au chevet des malades. Parmi les Observantins moururent les PP. Champecaud, Perron, Roger et Reignier; parmi les Carmes déchaussés, dont le couvent se trouvait à Rive Neuve, les PP. Olive et Grimaud. Plus heureux, furent épargnés les PP. Paulin et Gautier, ainsi que les PP. Savournin et Gausseau au couvent de la plaine Saint-Michel.

Les Oratoriens se trouvaient dans une situation particulière. Comme ils professaient les opinions jansénistes et se trouvaient en désaccord absolu avec leur évêque, ce dernier leur avait enlevé le pouvoir de confesser et d'administrer les sacrements, mais il n'avait pu leur enlever le droit de visiter et de consoler les malades. Les Oratoriens descendirent en effet dans la rue et donnèrent le bon exemple. Leur supérieur, le P. Gautier, fut bientôt enlevé par la maladie, et presque tous ses collègues moururent à ses côtés.

Comme s'il y avait émulation dans cette lutte contre le mal, les adversaires des Oratoriens, les Jésuites, se signalèrent par leur vaillance. Ils étaient à Marseille vingt-neuf avant la contagion. Ils ne furent bientôt plus que onze. Les Jésuites avaient obtenu de Louis XIV la permission de s'établir dans le quartier de la Butte aux Moulins. Ils y avaient fondé un observatoire, dont les premiers directeurs furent les PP. Laval et Pezenas.

---

1. Correspondance de la mairie, au mot Sergeau.
2. AGNEAU, *Calendrier spirituel de Marseille*, 1759, p. 249. — PAPON, *Histoire de Provence*, t. IV, p. 660.

Ils y avaient aussi construit l'église dite de Sainte-Croix qui devait être détruite en 1794, lors de la répression du mouvement fédéraliste; mais leur véritable résidence était Saint-Jaumes[1] (Saint-Jacques). C'est de là qu'ils sortirent pour accomplir leur œuvre de dévouement et de charité. Dès le 25 août mouraient le P. Bernardet (de Salins) et le P. Jacob Joffre (de Saint-Paul-Trois-Châteaux). Deux jours plus tard, le 27 août, c'était le tour du P. Xavier Favier (de Bourg-en-Bresse); le 30, des PP. Barthélemy Hybert (de Lyon) et Gudin (de Grenoble); puis, successivement, le 2 septembre, de Millay (de Montigny); le 7, de Vial (d'Embrun); le 13, de Meyronnet (d'Aix) et de Morthez (d'Avignon); le 14, de Lugan (du Rouergue); le 28, du savant professeur d'hydrographie, Thioly (de Lyon); le 2 octobre, de Le Meslin, Dufay et Prost (tous les trois de Lyon); le 11, de Guillaume (du Puy), et le 11 novembre, de Perrin (d'Avignon).

De tous ces apôtres du devoir, celui dont la mort fit le plus d'impression fut le P. Millay[2]. Il était né le 28 janvier 1668, aux environs de Gray, à Montigny. Après avoir fait ses études chez les Jésuites, au collège de la Trinité, à Lyon, il entra dans la Société en 1684, fut ordonné prêtre en 1696 et profès le 2 février 1702. Envoyé en mission à Alais, à Lyon, à Apt, à Aix et enfin à Marseille, il se fixa en 1709 dans cette ville, où il acquit promptement une grande autorité comme directeur des consciences. Lorsque éclata la peste, il demanda comme une faveur d'être chargé du quartier le plus dangereux, celui de la rue de l'Escale. Pendant plusieurs semaines, on le vit parcourir les maisons où se trouvaient les malades, et leur porter non seulement les

---

1. Après la peste, et sans doute pour les récompenser de leur bonne attitude, le gouvernement concéda aux Jésuites un terrain situé derrière l'arsenal, le long de la Corderie. La Société y fit construire une nouvelle maison pour remplacer celle de Saint-Jaumes, qui tombait en ruines. Cf. BONNET, *Documents inédits sur la peste de Marseille*, p. 9.
2. AUTRAN, *Éloge historique du P. Millay*, 1 broch. in-8, Marseille, Olive, 1868. — X..., *la Propagatrice de la dévotion au Sacré-Cœur de Jésus, Anne-Madeleine Rémuzat*, Lyon, 1891.

consolations religieuses mais des secours plus matériels. Aidés par deux saintes femmes, les sœurs Jourdan, il leur distribuait du bouillon et ne craignait pas d'assister à leur repas. Bien des fois il accompagna Belsunce dans ses tournées épiscopales, et, sans jamais se lasser, essaya de relever les courages ; mais il fut terrassé par la fatigue et bientôt atteint par la maladie. Le 27 août[1], il tombait pour ne plus se relever. Le 30, il trouvait encore la force d'écrire à Belsunce une lettre[2] touchante pour s'excuser de ne pas l'accompagner : « Je n'ai pas osé me rendre au lieu désigné, me sentant déjà comme tout infecté et contraint de ne pas vous revoir. » En effet, il se sentait perdu et annonçait à ses confrères sa fin prochaine, « mais, ajoutait-il, le prélat n'a rien à craindre pour lui-même et Dieu n'affligera pas le troupeau dans la personne du pasteur ». Il fut, en effet, emporté par le fléau le 2 septembre. Ce fut une vraie perte pour les malheureux qu'il aidait dans leurs misères. Belsunce le regretta amèrement. Voici ce qu'il écrivait, dès le lendemain de sa mort, à son collègue l'archevêque d'Arles, de Forbin-Janson : « Le pauvre P. Millay, dont le zèle a été sans exemple, qui a remédié à tout, était l'âme de tout, et qui m'a toujours encouragé, a travaillé près de cinquante jours sans accident ; mais, le 23 du mois passé, il confessa pendant près d'une heure, au milieu d'un monceau de morts infects. L'odeur fit impression sur lui. On prétend même qu'il tomba sur un cadavre. Il se trouva mal le 28 août, mais, comme rien n'était capable de l'arrêter, il confessa le 29 jusqu'à midi et fut réduit à s'aliter. Dieu, qui me punit, a été sourd à mes prières et peu touché de mes larmes. Ce saint homme est mort hier à midi. Je suis persuadé de son bonheur, mais ce coup m'afflige et me déconcerte au delà de ce que je puis vous dire. »

Belsunce ne fut pas le seul à regretter la mort du

---

1. Lettre du 27 août, à une de ses pénitentes : « Je suis encore en santé, quoique beaucoup accablé ; je m'attends à tout moment d'être frappé comme les autres. »
2. Abbé DE PONTCHEVRON, *Éloge de Belsunce*, p. 153.

saint jésuite. Il laissa dans le peuple marseillais, auquel il avait prodigué les trésors de sa charité, un souvenir reconnaissant. Ses confrères eux-mêmes, en général peu larges dans leurs éloges, le considérèrent comme un martyr de la foi, et voici la note dithyrambique qu'adressait, en 1868, le général des Jésuites à un écrivain marseillais, Autran, qui lui avait demandé des renseignements pour rédiger une notice sur Millay : « Ex quo Massiliensem luem vere pestilentiam esse agnovit, certissimae se devovit morti pro salute non animarum solum sed et corporum, quibus utrisque operam navavit adeo strenuam ut obierit, labore functus non magis quam consumptus pestilentia. Exstant Massiliae, ubi postremos vitæ annos exegit, insignia ipsius zeli et pietatis monumenta. Eum ibidem ipsum etiam invocare tanquam sanctum nonulli non dubitant. »

Un autre Jésuite, le P. Levert, se signala par son ardeur, et son zèle était d'autant plus méritoire qu'il était octogénaire quand éclata la peste, mais, dans une carrière déjà longue, et lors de ses missions en Egypte, en Perse, en Syrie et aux Indes, il avait pris l'habitude de se dépenser sans compter. Aussi le vit-on, dès les premiers jours de l'épidémie, courir à tous les points attaqués, et ne se contentant pas d'administrer les sacrements, mais soignant les malades et ne reculant devant aucun des devoirs les plus rébutants de l'infirmier. C'est lui qui un jour, dans la rue Sainte-Marthe, voyant un cadavre jeté dans le ruisseau qui bouchait le passage pour aller à l'Église, le couvrit de son mouchoir, et, bien qu'il n'eût pas la force de le soulever, le rangea près du mur. Le plus singulier, c'est que la peste l'épargna. Il ne mourut que cinq ans plus tard, mais infirme et traînant une vie de douleurs.

Ce sont là de nobles dévouements. La pire des injustices serait de ne pas les reconnaître, d'autant plus que jusqu'à la fin de l'épidémie, ainsi que le constate un contemporain [1], aucun de ces religieux ne quitta son poste :

1. X., *Notes sur la relation historique de la peste de Marseille*, Cologne, Pierre Marteau, et Turin, Fontava, 1722, 1 vol. in-12.

« On vit les Capucins[1] et les Jésuites qui avaient échappé, quoique encore malades et avec des bubons fluents, se traîner dans nos rues, le bâton à la main, pour confesser les mourants. On vit encore dans ce temps-là des religieux de ces deux ordres venir des extrémités de leurs provinces pour se sacrifier au service des pestiférés. C'est faire tort au zèle des uns et des autres que de n'en pas rendre témoignage. »

Si la mort frappa ainsi sans pitié les membres du clergé, c'est que, mais nous ne saurions le leur reprocher, ils ne prirent pas assez de précautions. Dans leur zèle évangélique ils allèrent à la maladie, comme les soldats marchent au combat. Leurs supérieurs hiérarchiques leur avaient pourtant prescrit des règles à suivre, mais il est probable qu'ils ne s'y conformèrent pas. On a conservé un mandement, en date du 10 octobre 1720, composé par l'évêque de Digne, Henri du Puget, et qui énumère toutes les précautions à prendre. S'agit-il de confesser un malade, le prêtre aura soin de lui tourner le dos. Il lui demandera de ne se confesser que de quelques péchés seulement, pourvu que le pénitent ait l'intention d'avouer tous ceux qu'il a commis. Le moment est-il venu de donner la communion ? Le prêtre laissera l'hostie consacrée entre deux hosties non consacrées, et la déposera sur une table, à portée du malade qui pourra la prendre lui-même. Pour l'extrême-onction, il aura une baguette garnie d'étoupes, qu'il trempera dans les saintes huiles, et il se contentera d'une onction sur une des parties du corps. Les fidèles ne se réuniront plus dans les églises, mais écouteront la messe qui sera dite sur la porte et en plein air. Le célébrant ne portera point de soutane, mais une simple soutanelle avec le surplis et des bas de toile. Encore aura-t-il soin, toutes les fois qu'il rentrera chez lui, de parfumer ses habits et de se changer. Suivent diverses pres-

---

1. Notons pourtant, mais à titre d'exception, la conduite scandaleuse de deux Capucins, les PP. Mathieu et Modeste, qui surent cacher des vices que dévoila plus tard un jugement de la maréchaussée de Provence (Arch. nation., K, 1264).

criptions et indications de préservatifs qui démontrent que Mgr du Puget ne négligeait aucun détail pour maintenir son clergé en bonne santé, et il y réussit, car trois communes de son diocèse seulement furent contaminées. L'évêque de Marseille fut sans doute moins prévoyant, ou on l'écouta moins, car ses subordonnés payèrent un large tribut au fléau.

Les communautés religieuses de Marseille payèrent également de leurs biens. Leurs aumônes furent aussi larges que leur dévouement fut héroïque : toutes leurs ressources furent consacrées à soulager les pauvres, dont le nombre augmentait de jour en jour. Ils furent bientôt réduits à solliciter des secours pour eux-mêmes. Belsunce alla au-devant de leurs besoins, et sollicita pour eux l'aide des Echevins. Voici ce qu'il leur écrivait[1] dès le 24 septembre 1720 : « De toutes les communautés de religieux de cette ville, celles qui me paraissent avoir le plus besoin de secours, et qui méritent le plus notre attention et notre reconnaissance, s'étant sacrifiées pour le service du public dans ces tristes temps, sont les Capucins, les Jésuites de Saint-Jaume, ceux de Sainte-Croix, les Observantins et les Récollets. Ils sont presque tous sans biens ; leurs communautés sont nombreuses, et le nombre étonnant de malades et de morts qu'ils ont eu les a entièrement épuisés. » Belsunce cite encore les Carmes déchaussés et les Trinitaires, ainsi qu'un certain nombre de couvents de femmes. Il ne fait d'exception que pour les Réformés, « qui nous ont été d'un très petit secours en toute manière, mais je les crois aussi dépourvus de biens que de courage ».

L'évêque savait donc à quoi s'en tenir sur la valeur et les services de son clergé, et il lui rendait impartiale justice, distribuant l'éloge aussi bien que le blâme. Le moment ne serait-il pas venu de le juger à son tour, puisque il passe pour avoir joué un rôle prépondérant lors de la peste qui désola son diocèse ? Loin de

---

1. MÉRY et GUINDON, *Histoire de la commune de Marseille*, t. VI, p. 155.

diminuer l'importance de ce rôle, nous sommes les premiers à rendre pleine et entière justice à l'héroïsme de Belsunce, mais il ne fut pas le seul à se dévouer, et nous ne saurions trop nous élever contre ce travers national qui nous pousse à réunir sur une seule tête les éloges mérités non par un individu isolé, mais par une collectivité. A entendre les panégyristes de Belsunce, depuis Pope et Voltaire jusqu'à Millevoye et l'abbé Ricard [1], c'est lui qui a tout prévu, qui a tout organisé, qui nuit et jour s'est sacrifié aux besoins des malades, et en fin de compte qui a vaincu le fléau. Certes, il s'est bien conduit, nous allons le démontrer, mais est-ce une raison pour négliger ses collaborateurs [2]. Mieux vaut, tout en réduisant son œuvre à des proportions plus modestes, le considérer simplement comme un homme de bien, comme un noble cœur qui, avec des moyens réduits, a su faire de grandes choses. Nous ne rabaisserons en rien son mérite qui est incontestable, mais nous resterons plus près de la vérité. En un mot, nous essayerons, en parlant de lui, de faire œuvre non de panégyriste, mais d'historien.

Henri de Belsunce de Castelmoron était né le 21 décembre 1671, au château de la Force, en Périgord. Son père [2] était le marquis de Castelmoron, baron de Gavaudan, seigneur de Bour, sénéchal et gouverneur des sénéchaussées d'Agénois et Condomois. Sa mère était une Caumont-Lausun. Élevé jusqu'à l'âge de douze ans dans la religion réformée, il abjura, et, après de brillantes études à Paris, au collège Louis-le-Grand, il entra dans la Société de Jésus. D'abord professeur de grammaire et d'humanités, puis nommé abbé de La Réole par

1. RICARD, *la Vérité sur Belsunce*. — POPE, *Essai sur l'homme*. — MILLEVOYE, *Belsunce ou la Peste de Marseille*. — VOLTAIRE, *Ode sur le fanatisme*, 1736. — Abbé DE PONTCHEVRON, *Éloge de Belsunce* (1854). — Par contre, lire l'article plus que sévère consacré à Belsunce par l'abbé TABARAUD, dans la *Biographie universelle Michaud*. On peut encore consulter ALEXANDRE LANFANT, *Laudatio funebris*, février 1756. — P. BARBET, *Éloge de Belsunce évêque de Marseille*, 1821. — Abbé JAUFFRET, *Belsunce et le Jansénisme*, p. 185.
2. CHALAMOND DE LA VISCLÈDE, *Éloge de Belsunce*, prononcé à l'Académie de Marseille en 1755.

Louis XIV, il fut choisi comme grand vicaire par l'évêque d'Agen, Hébert. Il fut encore pourvu d'une autre abbaye, celle de Chambon, et reçut enfin sa nomination d'évêque de Marseille le 19 janvier 1709, comme successeur de Fondeux de Castillon. Saint-Simon[1] prétend qu'il dut sa nomination à la faveur. « Les Jésuites, dit-il, le mirent hors de chez eux pour s'en servir plus utilement. En quoi ils ne se trompaient pas. Il était trop saint et trop borné, trop ignorant et trop incapable d'apprendre pour leur faire le moindre honneur. » Il eût été pourtant à souhaiter, malgré Saint-Simon, que les Jésuites eussent rencontré beaucoup d'élèves qui leur fissent autant d'honneur que Belsunce. Député du clergé pour la province d'Arles à l'assemblée du clergé de 1709, il ne fut sacré que le 30 mai 1710, et dès lors se consacra tout entier à son diocèse. Bon administrateur, économe bien que généreux dans ses aumônes, travailleur acharné, car, en dehors de ses mandements, il publia de nombreux ouvrages[2], affable et distingué dans la conversation, Belsunce ne tarda pas à devenir populaire à Marseille et à y jouir d'une grande considération. A vrai dire, il n'y rencontra qu'un petit groupe d'opposants, mais très convaincus, les rares jansénistes qui essayaient de conserver leurs croyances, même après la publication de la bulle *Unigenitus*, et risquaient d'être traités en schismatiques. En qualité d'affilié à la Société de Jésus, Belsunce se montra inexorable à leur égard. Il les traita presque en ennemis publics. Il s'acharna surtout contre les Pères[3] de l'Oratoire qui passaient, avec raison d'ailleurs, pour être les soutiens les plus déterminés du jansénisme. Il ne se contenta pas de leur interdire l'exercice de la prédication : il alla jusqu'à leur

---

1. SAINT-SIMON, *Mémoires*, t. XIII, 8.
2. *Abrégé de la vie de Suzanne-Henriette de Candale*. — Lettre à Mgr de Colbert, évêque de Montpellier. — Traduction du livre *De la grâce et du libre arbitre*, de saint AUGUSTIN. — Traduction de *l'Unité de l'Eglise*, de saint CYPRIEN. — *Antiquités de l'Église de Marseille et succession de ses évêques*. — La liste complète de ses écrits a été donnée par l'abbé DE PONTCHEVRON, *Éloge de Belsunce*, pp. 354-358. Elle comporte 5 pages in-8, petit texte.
3. FABRE, *Histoire des rues de Marseille*, t. I, pp. 166-175.

défendre d'administrer les sacrements. Doux et charitable à l'égard de ceux qui professaient la doctrine officielle, il agit en fanatique intolérant vis-à-vis de tous ceux qui ne s'inclinaient pas devant les doctrines orthodoxes. Nous n'avons pas à raconter ici l'histoire, assez peu édifiante, de ces démêlés théologiques. Heureusement Belsunce allait trouver un autre champ d'exercice pour ses vertus réellement chrétiennes.

Dès que la peste éclata, le saint évêque, loin de fuir vers sa maison de campagne ou de s'enfermer dans son palais épiscopal, annonça qu'il resterait à son poste et remplirait tous les devoirs de sa charge. En effet [1], « il ne se borne pas à rester au pied des autels prosterné, et à lever les mains au ciel pour demander à Dieu la grâce de vouloir apaiser sa colère. Sa charité est active. Il est tous les jours sur le pavé dans tous les quartiers de la ville, et va partout visiter les malades dans les plus hauts ou les plus sombres appartements des maisons, dans les rues à travers les cadavres, sur les places publiques, sur le port, sur le cours. Les plus misérables, les plus abandonnés, les plus hideux sont ceux auxquels il va avec le plus d'empressement, et, sans craindre ces souffles mortels qui portent le poison dans les cœurs, il les approche, les confesse, les exhorte à la patience, les dispose à la mort, verse dans leurs âmes des consolations célestes. »

Son zèle n'était pas seulement évangélique. Belsunce ne paraissait jamais dans les rues que pour distribuer d'abondantes aumônes. Dans le journal tenu jour par jour par son intendant Goujon, il est une phrase qui revient comme un refrain, mais un refrain touchant : « Monseigneur fait toujours ses charités. » Ses charités furent en effet sans limites. Non seulement il consacra les revenus de son diocèse au soulagement de ses pauvres diocésains, mais, de plus, il leur donna tout ce que voulurent bien lui confier ses amis. Il aliéna même pour eux la plus grande partie de son patrimoine. « Je donne

1. Pichatty, *ouvr. cité*, p. 36.

tout ce qui peut être à ma disposition, écrivait-il [1] à son ami l'archiviaire Capus, et, si je pouvais vendre mes meubles, cela serait bientôt fait. Ma famille a eu la bonté de m'envoyer des secours considérables, et mes amis aussi. Je crois bien avoir donné près de 50.000 livres. » Aussi se plaignait-il, en souriant, d' « être à sec », et de ne plus pouvoir résider à Marseille l'hiver prochain. Seulement il entendait que ses aumônes fussent données par lui, et rien ne l'irritait plus que de recevoir des solliciteurs envoyés par les Echevins pour lui réclamer des secours, sous prétexte que ces derniers lui avaient, en diverses occasions, donné un millier d'écus. « Je ne suis point le trésorier de la ville, s'écriait-il avec un amusant dépit. Il n'y a rien entre mes mains que du mien, et il est désagréable de voir venir des gens qui disent : « M. l'Echevin m'a dit de venir vous demander de l'argent pour mon quartier. » Malgré ces protestations, après tout légitimes, Belsunce continuait à tenir sa bourse largement ouverte. Il donnait et donnait toujours, et comme il ne distribuait ses aumônes que sur place et en connaissance de cause, il était sûr qu'elles répondaient à de véritables besoins. Il avait, en outre, le grand mérite de faire le bien sans ostentation, s'excusant presque sur ses charités. Comme il l'écrivait à un de ses amis, l'abbé Plumet, chanoine à Montpellier : « Trop heureux si en me dépouillant et en périssant avec mon cher troupeau, je puis plaire au Seigneur et donner des marques de ma tendresse à un peuple dont j'en ai reçu de si solides et de si édifiantes. » En effet, le peuple lui savait gré de cette conduite vraiment apostolique, et, quand il paraissait dans les rues, il se pressait autour de lui, demandait sa bénédiction et se répandait en acclamations et en remerciements, avec toute l'exubérance méridionale.

Peu à peu progressa le fléau et augmenta le danger. Belsunce ne l'ignorait pas, et parfois il était découragé

---

1. Méry et Guindon, *Histoire de la commune de Marseille*, t. VI, p. 155. (Lettre du 13 octobre 1720.)

de l'inutilité de ses efforts. Voici ce qu'il écrivait à l'archevêque d'Arles, de Forbin-Janson, à la date du 3 septembre : « Dieu, par sa miséricorde, préserve votre ville, Monseigneur, du terrible fléau qui nous accable ! Jamais plus affreuse situation que celle où je me trouve. J'ai besoin de vos prières : je vous les demande très instamment, avouant ingénument qu'il est des moments où le courage m'abandonne et que je me trouve dans la désolation. Depuis plus de quarante jours je n'entends parler que de morts et de mourants. Jusqu'à présent, tout le monde a été confessé, et le viatique porté à tous avec une exactitude qui n'a pas d'exemple, mais, à présent, je ne sais où donner de la tête. J'ai au moins quarante confesseurs morts, et je me vois à la veille de voir mourir sans sacrements. On s'oppose à ce que je les administre moi-même, sous prétexte que le désordre serait désormais sans remède si je venais à être frappé. Je fais des monitions aux prêtres et aux religieux fugitifs, mais je doute de l'efficacité, l'épouvante étant à son comble. »

Le mal était, en effet, sans remède, et bientôt Belsunce fut menacé jusque dans son palais, car de nombreux cadavres avaient été entassés dans le voisinage, et il ne pouvait plus sortir sans marcher sur de hideuses agglomérations. « Par le peu d'ordre qui se pratique, lisons-nous dans cette même lettre du 3 septembre, les morts gisent dans les rues. Ils y pourrissent à demi sans être enterrés. J'ai eu bien de la peine à en faire enlever plus de cent cinquante qui étaient autour de ma maison à demi pourris et rongés par les chiens. Déjà l'infection s'étendait chez moi, de sorte que je me voyais forcé d'aller loger ailleurs. Le spectacle et l'odeur des cadavres dont les rues sont pleines ne pouvait se soutenir ni l'un ni l'autre. J'ai été forcé de demander un corps de garde pour empêcher en partie qu'on n'apporte encore des cadavres dans les rues environnantes. » Malgré ces précautions, le fléau s'abattit sur l'évêché (24 août) et plusieurs de ceux qui entouraient Belsunce, entre autres le chanoine Bougerel, succombèrent à la maladie.

On a conservé le journal[1] ou plutôt le livre de raison rédigé, de 1712 à 1728, par Goujon, l'intendant de Belsunce. On peut y suivre en quelque sorte au jour le jour les progrès de la contagion. Dès le 3 mai 1720 est signalée la maladie de quelques personnes à Marseille, que l'on croit atteintes par un mal contagieux. En juin, continuation de l'épidémie. En juillet et en août, elle prend de l'extension, mais c'est à partir de septembre que le journal devient sinistre et surtout que l'on se rend compte que l'entourage de l'évêque est au moins aussi exposé que lui. En voici quelques extraits : « *7 septembre*. Le mal augmente tous les jours. Monseigneur continue ses charités dans toutes les rues où il passe. Gilbert le tapissier, sa femme et sa fille, réfugiés chez le sacristain, meurent tous les trois. — 11 *septembre*. M. Duplessis, maître d'hôtel de Monseigneur, malade le matin, mort le soir. — 17 *septembre*. Joseph, un des porteurs de Monseigneur, est mort. Monseigneur sort toujours à pied, et continue ses charités. — 1ᵉʳ *octobre*. Le Turc et le cuisinier sont morts. — 4 *octobre*. Jean Rolland et Jean Mornas, ses pourvoyeurs, sont tous deux morts. Monseigneur fait toujours ses charités. — 19 *octobre*. M. Vigne, le chirurgien de Monseigneur, qui logeait à l'évêché, est mort ce soir. Monseigneur est allé à pied à la Capelette. — 27 *octobre*. Monseigneur est allé à pied aux Chartreux, suivi de ses gens, et toujours faisant ses charités. »

Ce fut seulement au 14 septembre que, pour fuir un local empesté et ne pas s'exposer volontairement à la mort, Belsunce quitta l'évêché et alla s'installer dans l'hôtel que possédait l'intendant Lebret, au quartier Saint-Ferréol. Comme il l'écrivait plus tard (4 novembre) à l'archevêque d'Arles, « quelques malveillants ont fait courir le bruit que j'étais enfermé tantôt dans ma maison, tantôt au Parc[2]. On s'est même avisé de me per-

1. Archives des Bouches-du-Rhône et archives de l'évêché et du chapitre de Marseille. Ce journal a été publié par le docteur Théophile Bérengier (*Revue des questions historiques*, octobre 1878).
2. Arsenal des galères.

cher jusque sur le haut de la montagne de Notre Dame de la Garde. » La vérité, c'est que, pour être plus à portée des malades, il changea de domicile, mais il ne recula pas devant le danger, car au quartier Saint-Ferréol sévissait l'épidémie : 2.601 victimes y succombèrent, presque autant qu'au quartier Saint-Laurent, où il y en eut 2.668. Le curé de Saint-Ferréol, Pourrière, qui survécut au fléau, et prononça, en 1755, l'oraison funèbre de son évêque, s'exprimait[1] en ces termes : « Nouestro sant evesque, plein de zelo, de tendresso et de compassion, toujours au mitan dei mouers et dei mouren, animo seis ouvriers, et toujours à la teste dei aoustro como lou capoulié, expousado sa vido per nous faïre veire a touteis leis capelan que devian pas menageou la mouerto. » L'auteur anonyme des *Nouvelles ecclésiastiques*, un janséniste qui n'avait pas désarmé devant la mort de son adversaire, écrivait encore en 1755 « que personne n'avait pu le voir alors pour ne pas le troubler, parce qu'il avait toujours eu une frayeur extrême de la mort » ; mais tous les contemporains démentent cette calomnie rétrospective. Ils s'accordent, au contraire, à rendre justice à la correction de son attitude et à la belle vaillance dont il ne cessa de faire preuve. L'un d'eux, Martin, réfutant l'ouvrage du docteur Bertrand, qu'il accusait d'avoir travesti la vérité pour satisfaire ses rancunes jansénistes, dit expressément : « Chacun sait que, précisément dans le temps où M. Bertrand le représente assiégé et ne sortant point, il a visité plusieurs fois les quartiers des Grands-Carmes, de Saint-Sauveur, de Saint-Jean, et qu'il n'est peut-être pas une seule rue en ces quartiers-là, où habitait le petit peuple, et où il y avait le plus d'horreurs, quelque étroite, quelque escarpée qu'elle soit, où il n'ait passé plus d'une fois, comme dans toutes les rues de

---

1. « Notre saint évêque, plein de zèle, de tendresse et de compassion, toujours au milieu des morts et des mourants, anime ses ouvriers, et toujours à la tête des autres comme un capitaine expose sa vie pour faire voir à tous les prêtres qu'ils ne doivent pas avoir peur de la mort. »

Marseille. » Aussi bien Martin l'a entendu dire la messe le 15 août à la Major, et le lendemain aux Trinitaires. Le 18, Belsunce parcourait la rue de l'Échelle en compagnie du P. Millay. A la fin d'août, on le voyait avec le récollet Montagnier sur la paroisse Saint-Martin, et sur la paroisse Saint-Laurent avec le capucin Laurent, qui mourut le dernier jour du mois. Il assistait, le 22, à une conférence à l'hôtel de ville, où le viguier lui demandait l'autorisation de laisser enterrer les morts dans les églises. Le 23, il visitait les petites rues voisines de Saint-Jaume et allait voir Rigord, le subdélégué de l'intendant. Le 24, il se rendait à l'arsenal, et, le 26, on le voyait traverser le port dans une petite barque pour se rendre à l'hôpital de Rive Neuve. Le 28, en plein Cours, il avait une conférence avec Garcin, supérieur du séminaire, et, le lendemain, on le trouvait au bord du port, dans la rue des Fabres. Le 3 septembre, rencontrant sur son chemin, dans le ruisseau de la Grand'Rue, un agonisant, il se jetait à genoux, le confessait et lui rendait les derniers devoirs. Le 5, il parcourait la Canebière ; le 7, il était à l'hôtel de ville, et, le 8, sur le Cours, où il confessait en plein air des malades. Le 10, on signalait sa présence au quartier des Convalescents et à la plaine Saint-Michel ; le 11, sur le port. Le 14, il prenait domicile dans l'hôtel Lebret, mais continuait sa vie active et tout en dehors.

Qu'est-il besoin de le suivre pas à pas dans ses courses incessantes ? Jamais il ne les interrompit. On remarqua même que les Echevins ne se risquaient jamais dans les rues qu'avec une escorte de soldats, tandis que l'évêque, seul avec son aumônier Gide et deux domestiques, sortait à pied, causant familièrement avec tous ceux qui désiraient l'aborder, et n'hésitant jamais à administrer les derniers sacrements à tous ceux qui recouraient à lui. « Il n'y a personne [1] de ceux qui ne sont pas sortis de Marseille qui ne l'ait vu, dans le fort du mal, confesser en divers endroits de la ville les moribonds, qui

1. MARTIN, *ouv. cité.*

étaient mêlés dans la rue avec les morts. Il a administré tous les sacrements, il a donné les ordres et la confirmation pendant la peste, et même l'extrême-onction sur la fin de la contagion. Lorsqu'il n'y eut plus ni curé, ni prêtre à la paroisse Saint-Laurent, et que M. Guérin, doyen des Accoules, y faisait les fonctions curiales, M. l'évêque y allait tous les quinze jours, de Saint-Ferréol, y dire la messe le dimanche à la porte de l'église, y exhorter, y donner la bénédiction nuptiale, et y baptiser lui-même les enfants des pauvres pêcheurs, qui composent presque toute cette paroisse. »

Belsunce a donc bien agi. Pas un instant il ne s'est dérobé aux devoirs de sa charge. Un contemporain, Pichatty de Croissainte [1], le compare à saint Charles Borromée, qui, lors de la fameuse peste de Milan, en 1576, se dévoua si complètement à ses ouailles, et il ajoute que, pour lui ressembler tout à fait, « il ne lui manque que la pourpre romaine qu'il mérite, et que tout un peuple, qu'il comble de biens spirituels et temporels, lui souhaite du plus profond du cœur ». Belsunce n'a vraiment pas besoin de la pourpre cardinalice pour faire bonne figure aux yeux de la postérité. Il a été l'homme de sa fonction. Il faut lui en savoir gré. Ce n'est pas une robe rouge qui aurait ajouté à sa gloire et lui aurait valu la reconnaissance publique. Évêque de Marseille il était, évêque de Marseille il est resté. Aussi demeurera-t-il dans nos souvenirs comme l'incarnation du bon pasteur qui donne sa vie pour ses brebis. Un de ses contemporains, le frère Victorin [2], traçait de lui un portrait qui, sur bien des points, pourrait être définitif : « Non content d'avoir distribué partout des prêtres et des religieux zélés, qui venaient avec courage sacrifier leur vie pour le salut de leurs frères, il a toujours voulu lui-même visiter et consoler son troupeau, allant partout parmi les morts et les mourants, administrant lui-même les sacrements et tous les secours spirituels, en même temps que

---

1. Pichatty, *ouv. cité*, p. 59.
2. Frère Victorin, *Éloge de Belsunce*.

de très abondantes aumônes. Quoiqu'il ait vu mourir, pour ainsi dire à ses côtés, plusieurs prêtres qui l'accompagnaient dans ses pieuses fonctions, et qu'il ait perdu plusieurs de ses domestiques morts de la contagion, nous lui avons vu avec beaucoup d'édification conserver toujours le même zèle, la même charité, et la même résignation à la volonté de Dieu. »

Nous souscrirons à ces éloges mérités. Il n'y a que deux points de détail, mais c'est une ombre au tableau qui lui donne du relief, sur lesquels nous ferons quelques réserves. Le premier est relatif à l'obstination avec laquelle Belsunce refusa de donner aux Echevins l'autorisation de déposer les cadavres dans les caveaux des églises. Certes, ce n'était point chez lui scrupule théologique, puisque, de tout temps, les églises et leurs alentours immédiats furent réservés aux morts. Etait-ce plutôt crainte de profanation, en cas d'enterrement précipité de suicidés ou d'excommuniés? On ne sait, mais il y eut de sa part résistance invincible. Le viguier de Pilles dut convoquer les Echevins et les officiers des galères et décider qu'on passerait outre à la défense épiscopale. En effet, dès le 23 août, les églises restant fermées et les prêtres refusant de les ouvrir, Moustier les fit enfoncer, réquisitionna les premiers venus pour porter de la chaux vive et de l'eau, et commença à ensevelir dans les caveaux qu'il fit ensuite soigneusement boucher. Belsunce, bien qu'il ait eu la main forcée, ne protesta pas. Il finit sans doute par reconnaître qu'il y a des cas où il faut s'incliner devant la nécessité. Il continua même ses bonnes relations avec la municipalité, et cette harmonie fut certainement une des causes du salut de Marseille.

Dans une autre circonstance, Belsunce eut peut-être le tort de ne pas oublier ses rancunes contre les jansénistes, et surtout contre les Oratoriens. Un de ceux qui partageaient ses préjugés, Martin, n'est-il pas allé jusqu'à accuser ces religieux de s'être soigneusement cloîtrés chez eux pendant toute l'épidémie! « Il n'est point de rue de Marseille, si petite qu'elle soit, que je

n'aie parcourue plusieurs fois, et, passant devant la porte du collège, je l'ai toujours trouvée fermée... Jamais, sortant tous les jours, je n'ai aperçu le P. Gautier, ni aucun prêtre de l'Oratoire ; j'ajouterai aucun appelant. »
Il se peut que le hasard de ses promenades n'ait jamais conduit Martin en face d'un Oratorien, mais leur porte était si peu fermée, et ils se dérobaient si peu à leurs devoirs que plusieurs d'entre eux moururent, entre autres le P. Gautier. Belsunce aurait été bien inspiré s'il avait levé l'interdiction dont il les avait frappés et les avait appelés à ses côtés. Certes, ils auraient répondu à son appel. Il ne le fit pas et les tint toujours à l'écart, mais il savait si bien que les Oratoriens étaient à leur poste de combat et rendaient de réels services qu'il n'eut pas le courage de se souvenir qu'il les avait suspendus *a divinis*. Il prétendit même que, s'ils n'avaient pas confessé les malades, c'est qu'ils ne lui avaient pas demandé cette permission, et il ajoutait [1] : « Ils n'avaient qu'à aller comme nous dans les rues, et, comme nous, ils auraient trouvé à chaque pas, au milieu des cadavres, des personnes prêtes à expirer, et, dans le cas de nécessité, il est permis à tout prêtre d'absoudre sans approbation. » A quoi bon ce plaidoyer ? Les plus grands saints ont eu leurs heures de défaillance. Pourquoi donc ne pas regretter que Belsunce, dont le cœur fut si large à l'égard de ses diocésains, se soit montré si rigoureux vis-à-vis de quelques prêtres, qui ne partageaient pas ses opinions théologiques ?

Si nous avons approuvé, sauf cette légère restriction, la conduite du clergé de Marseille, évêque ou prêtres, pendant l'épidémie, il nous faut maintenant parler avec moins de complaisance de la triste attitude des chanoines de Saint-Victor. Cette abbaye était une des plus anciennes et des plus riches du royaume. On n'y admettait qu'un nombre très restreint de religieux, tous riches, titrés, bien apparentés, en général des cadets de grande maison qui passaient gaiement leur existence, sans tou-

---

1. Lettre de Belsunce au chanoine Plumet.

jours donner l'exemple des vertus, et usaient largement des revenus de l'abbaye. Ils auraient dû, à la première apparition du fléau, se mettre à la disposition de la municipalité, tout au moins de l'évêché, et ne pas oublier qu'un de leurs premiers devoirs était de soigner les malades. Ils ne surent que se renfermer derrière les murailles de leur monastère, dont ils murèrent soigneusement toutes les ouvertures, et se contentèrent d'envoyer quelques aumônes et d'annoncer qu'ils se mettaient en prières pour le salut commun. Il s'est trouvé des écrivains qui ont approuvé la conduite de « ces pieux solitaires » et les ont félicités de ne pas avoir un instant cessé, jour et nuit, « de célébrer les offices, comme au temps de Théodore, évêque de Marseille, dans la peste de 588 ». La théorie du docteur Bertrand à ce sujet est à tout le moins singulière : « Il est nécessaire que, dans les temps de calamité, il y ait des gens de bien qui, éloignés du tumulte et de l'embarras que traînent après eux les malheurs publics, se donnent entièrement à la prière, et s'immolent eux-mêmes, en holocauste de propitiation, tandis que les autres se sacrifient par leurs travaux et par leur zèle [1]. » Sans instituer à ce propos une controverse déplacée, qu'il nous suffise de regretter que les chanoines de Saint-Victor se soient contentés de ce rôle passif, et aient préféré la prière à l'action.

Il est vrai que leur abbé, l'ancien évêque de Condom, Mgr de Matignon [2], ne leur avait pas précisément donné l'exemple de la fermeté. Comme il ne se fiait pas à la solidité ou à l'impénétrabilité des murailles de l'abbaye, il crut devoir se mettre à l'abri de la contagion, et, dès le 6 juillet 1720, se retira dans une des propriétés de

---

1. BERTRAND, *ouv. cité*, p. 182.
2. Il serait injuste de ne pas faire remarquer que Mgr de Matignon rachetait sa faiblesse par une inépuisable charité. Il avait fondé treize bourses aux collèges des Oratoriens de Marseille. Chaque année, il distribuait 5.000 livres aux hôpitaux de cette ville. Il donna 100.000 livres pour la reconstruction de l'hôtel-Dieu. Il fonda huit lits aux Incurables et répara l'hôpital de Saint-Jacques, à La Ciotat. A. FABRE, *Histoire des hôpitaux de Marseille*. — *Annales hospitalières*, registre K, fol. 130, 140.

Saint-Victor, à La Ciotat : en quoi son choix fut heureux, car La Ciotat, bien gardée par ses habitants, et protégée par une ceinture de murailles, fut une des rares villes du littoral provençal que n'atteignit pas la contagion. Il est vrai que l'abbé avait pris ses précautions pour ne pas être incommodé dans sa confortable villégiature. Voici la lettre[1] qu'écrivait son intendant David aux consuls de La Ciotat, pour leur annoncer la prochaine venue de son maître : « Je vous écris par ordre de Mgr de Matignon, abbé de Saint-Victor, pour vous prier de lui envoyer trois mulets pour porter ses hardes, avec un cheval. Il doit partir samedi à 5 heures du matin. Quand les mulets n'arriveraient ici que dans ce temps-là, ce ne serait que mieux, pourvu qu'ils puissent retourner le même jour à La Ciotat ; mais il faut envoyer le cheval vendredi au soir et le faire remettre au logis de La Ciotat, chez la demoiselle Espinassy. Sa Grandeur m'a encore chargé de vous marquer qu'elle ira loger, en arrivant, chez les Révérends Pères de l'Oratoire, et que, le lendemain, elle se retirera à la maison de ville pour y rester tout le temps qu'elle sera à La Ciotat. Elle fera porter son lit avec des tapisseries de Damas. Elle vous prie encore de lui faire porter des provisions de bois et de charbon. Je suis persuadé que vous exécuterez avec plaisir ce que je vous marque, et que vous serez d'avis d'obliger un si bon et charitable seigneur, que j'aurais l'honneur d'accompagner. »

Pendant que l'abbé de Matignon humait l'air embaumé des pinèdes ciotadennes, les religieux de Saint-Victor, soigneusement enfermés dans leur abbaye, se contentaient de répandre leurs bénédictions du haut de leurs remparts. Ils auraient mieux fait de descendre dans la rue, et d'y distribuer eux-mêmes leurs secours. Une occasion se présenta même, qu'ils auraient dû saisir avec empressement, de prouver leur bonne volonté, mais soit par égoïsme, soit par amour-propre, ils la laissèrent échapper. Voici comment. Une dévote mourut, mais en

---

[1]. Cette lettre est citée par Laforêt, p. 31.

révélant à son confesseur, un observantin, le P. Rainier, qu'elle avait souvent vu la Vierge, qui lui avait annoncé que le fléau cesserait lorsque les deux églises de la Major et de Saint-Victor, réunies en procession générale, exposeraient leurs reliques. Belsunce ne voulut pas d'abord se prononcer. Il éprouvait des scrupules : « Je vous avoue que cela m'embarrasse, écrivait-il. Je ne voudrais pas assurer la vérité des révélations d'une fille à moi inconnue et que je n'ai pas examinée. Je ne voudrais pas la traiter d'illusion contre les sentiments d'un homme aussi éclairé et aussi pieux que le P. Rainier. » Mais le bruit s'était répandu à Marseille qu'un miracle allait avoir lieu et la clameur de l'opinion publique fut telle que l'évêque ne crut pas devoir résister plus longtemps, et écrivit aussitôt à l'abbé de Saint-Victor pour lui proposer une action commune (12 septembre). Ce dernier assembla son chapitre, qui trouva que la révélation n'était pas suffisamment prouvée, mais le bruit s'en était déjà répandu en ville et les Echevins résolurent d'organiser cette procession. Cette fois encore, l'abbé de Saint-Victor leur opposa une fin de non-recevoir[1]. « Nous ne crûmes pas devoir prêter légèrement notre foi à une vision, en qui nous ne voyons aucune marque qui dût nous la rendre respectable et approuver que l'on agît en conséquence. » Il faisait d'ailleurs remarquer que, dans la situation de Marseille, une procession pouvait devenir dangereuse. « Nos registres consultés, ajoutait-il, nous n'y trouvons pas que nos pères aient mis en usage cet acte de religion pour apaiser la colère de Dieu dans les différents temps de contagion, où elle s'est fait si terriblement sentir. » Il ne refusait pas, néanmoins, d'exposer ses reliques, mais seulement à la porte de l'église, où l'on célébrerait la messe. « Nous vous prions d'avoir égard à la juste peine que nous nous faisons d'une procession qui a un principe si suspect, et qui peut avoir des suites si dangereuses, soit pour la religion, soit pour le progrès du

1. Lettre du 27 septembre 1720.

mal. » Les Échevins, qui ne cherchaient que les moyens de relever le moral de la population, coururent aussitôt à l'abbaye. Estelle et Roze engagèrent la discussion avec les chanoines. Ces derniers finirent par leur avouer qu'il y avait en jeu une question de préséance et que Saint-Victor voulait avoir le pas sur la Major. Estelle proposa aussitôt de réunir le clergé des deux églises sur la place de l'Hôtel-de-Ville, d'y élever deux autels et d'y dire deux messes. Belsunce, piqué au vif, refusa à son tour. Il n'y aurait qu'un seul autel où seraient exposées les reliques des deux églises. On n'y célébrerait qu'une seule messe, et c'est lui qui la dirait. D'ailleurs, l'abbé et ses religieux auraient des places d'honneur et un salut spécial. Saint-Victor se refusa à toute concession. A grand'peine accorda-t-il qu'il n'y aurait qu'un seul autel, mais c'est un prêtre étranger aux deux églises qui y célébrerait la messe. L'abbé de Barbezieux, grand prieur de l'abbaye, adressa même, le 16 octobre, et à l'évêque et à la municipalité une lettre[1], dans laquelle il affirmait ses prétendus droits : « Vous êtes trop juste pour ne pas trouver bon que nous secondions votre zèle sans pourtant que nous renoncions aux privilèges qui ne vous sont pas inconnus, et dont nous ne pouvons nous départir sous quelque prétexte et en quelque occasion que ce soit sans blesser notre conscience et flétrir cette abbaye. » A l'appui de ces prétentions, il exhibait un acte de 1480, datant de l'entrée à Marseille de Charles, roi de France. Il oubliait sans doute que Charles n'était pas roi en 1480, mais que c'était Louis XI. Le Charles dont il s'agissait était sans doute Charles VI, comte du Maine, d'Anjou, héritier de René, comte de Provence et roi de Sicile, qui mourut à Marseille le 12 décembre 1481. Le prieur, dans son zèle, avait confondu les deux Charles, le prince et le roi : ce qu'il oubliait de dire, c'est qu'il ne voulait pas fournir à l'évêque l'occasion d'affirmer sa suprématie hiérarchique, mais Belsunce ne s'y trompa point. Ainsi

1. Lettre du 16 octobre (Arch. mun.).

qu'il l'écrivait[1] à son ami, l'archiviaire Capus : « La vraie raison, aussi pitoyable que les autres, est que l'abbé voudrait paraître dans les rues en maître, comme il y parut, il y a peu de jours, à une fenêtre de l'abbaye. Que faire à cela, monsieur ? Quand on a fait ce que l'on peut, Dieu n'en demande pas davantage. » Et il concluait en proposant de célébrer la procession sans le concours des moines de Saint-Victor. Cette affaire, néanmoins, l'agitait et le préoccupait, car, bien que modeste d'ordinaire dans l'exercice de ses droits, il ne pouvait pas laisser passer sans protester les insolentes affirmations de prêtres qui, après tout, n'étaient que ses subordonnés. Dans une nouvelle lettre du 16 octobre, encore adressée à son ami Capus, il s'exprimait avec une certaine vivacité sur les prétentions outrecuidantes de ces moines, et n'hésitait pas à déclarer que tout était étonnant dans leur lettre, jusqu'à la signature du secrétaire qui se disait autorisé par mandement « de mon dit seigneur le grand prieur », tout comme si ledit grand prieur eut été investi de privilèges épiscopaux. Il faisait remarquer avec raison que, si les moines de Saint-Victor ne dépendaient de personne dans l'intérieur de leur abbaye, à l'extérieur ils n'étaient que de simples moines, soumis à l'évêque de leur diocèse. D'ailleurs, ajoutait-il non sans mélancolie, « des prières accompagnées de tant de vanités ne pourraient qu'être rejetées de Dieu, et il n'est pas possible d'entrer avec eux dans des compositions dans lesquelles je ne pourrais entrer avec aucun cardinal, ou évêque de mon diocèse ». Il concluait en proposant d'agir sans s'inquiéter des religieux de Saint-Victor : « Laissez ces messieurs tranquilles dans la clôture qu'ils ne gardèrent jamais que présentement. » Et puisqu'on croyait à l'efficacité d'une procession générale, on célébrera cette procession.

Les Échevins, tout autant que Belsunce, étaient at-

---

1. Lettre du 17 octobre, MÉRY et GUINDON, *ouv. cité*, t. VI, pp. 153 et 161. — Autre lettre du 17 octobre. *Ibid.*, p. 166.

teints par les exigences des moines, Estelle surtout, qui avait été spécialement chargé de négocier avec eux. Il conçut un amer dépit de son insuccès et écrivit[1] à l'abbé de Saint-Victor une lettre fort dure, mais que justifiaient les circonstances. « Nous avons reçu la lettre que vous nous avez fait l'honneur de nous écrire, le 16 de ce mois, avec la copie de celle que vous avez écrite à Mgr l'évêque. Nous les ferons enregistrer dans nos archives, afin que nos successeurs et nos arrière-neveux n'ignorent jamais de quelle manière vous vous êtes comportés dans une action également sainte et importante. Permettez-nous, messieurs, de vous en témoigner ici une partie de notre ressentiment. Enfermés comme vous êtes dans votre cloître, vous aviez fait tout ce que vous aviez pu auprès de M. de Langeron pour le porter, par des considérations frivoles, à détourner la procession que tout le monde souhaitait avec passion, et de laquelle nous espérions la délivrance de la peste. Mais la piété de ce commandant et ses bonnes dispositions ayant prévalu à vos sollicitations, vous vous êtes vus comme forcés d'assister à cette procession si généralement désirée, pourvu, aviez-vous dit, qu'il n'y eût point de messe avant. Vous l'aviez ainsi promis à M. Estelle, l'un de nous, en présence de M. le chevalier Roze, et Mgr l'évêque, dont les intentions sont différentes des vôtres, y avait consenti à notre prière. Mais vous n'avez pas été apparemment bien aises d'assister à une bonne et sainte action, ce qui paraîtra certainement incroyable à tous ceux qui en seront informés. On fera cependant la procession sans vous, messieurs, et Dieu qui connaît notre cœur et le vôtre aura pour agréable d'exaucer les prières auxquelles vous ne vous serez pas unis. Mais puisque, dans une occasion la plus essentielle qui se présentera jamais, vous ne voulez pas contribuer, pour la moindre chose, à la conservation de la ville, vous ne devez pas trouver mauvais qu'elle révoque toutes les franchises qu'elle

---

1. Lettre du 17 octobre 1720 (Arch. mun., C. E., p. 27, recto et verso).

avait accordées à vos devanciers, et que nous fassions pour cela les procédures convenables. »

La rupture était donc aussi complète que possible, mais Estelle regrettait sa vivacité, et les chanoines, menacés dans leurs intérêts, étaient disposés à des concessions. L'opinion publique s'était déclarée contre eux. L'archevêque d'Aix[1] s'était fait en quelque sorte l'interprète de cette opinion, quand il écrivait aux Echevins le 27 octobre : « J'eus l'honneur d'écrire à Mgr de Marseille sur les difficultés qu'on faisait sur votre procession. Il n'y a que ceux qui auront le cœur contrit et humilié, et nullement processif et porté à des difficultés si opposées aux usages et aux droits, qui doivent y être admis. Il est question d'apaiser la colère de Dieu et non de l'irriter davantage. Ainsi, quand il sera temps de faire cette procession, pensez... à éloigner tout ce qui sera opposé à obtenir la miséricorde du Seigneur. Vous avez un saint évêque qui nous a extrêmement édifiés, et qui vous a servis d'une manière à vous le rendre cher. Soyez-lui donc attachés. Suivez son esprit et sa doctrine, et Dieu vous bénira et tous vos citoyens. » Comprenant enfin qu'ils avaient fait fausse route, les chanoines de Saint-Victor cherchèrent à regagner le terrain perdu. Ils prièrent Langeron de leur servir d'intermédiaire. Ce dernier promit de ménager leurs intérêts et leur honneur, et parla en effet aux Echevins de son désir d'assoupir l'affaire. Les chanoines firent mieux. Ils s'adressèrent directement à la municipalité, exposant qu'ils avaient donné force aumônes et étaient disposés à en faire de nouvelles. Ces ouvertures furent bien accueillies, et la réconciliation s'opéra, mais la procession projetée n'eut pas lieu, et le peuple qui croyait à la nécessité de cette cérémonie se montra fort mécontent de ces misérables questions d'étiquette. Aussi bien Belsunce allait bientôt prendre sa revanche, et célébrer en personne des cérémonies propitiatoires, dont le retentissement fut consi-

1. Correspondance de la mairie, au mot Vintimille. — Voir une autre lettre de Vintimille à Belsunce, écrite dans le même sens, le 22 octobre 1720. Elle est donnée par Méry et Guindon, *ouv. cité*, t. VI, p. 167

dérable, mais qui n'eurent lieu que lorsque le fléau était déjà en décroissance.

Une autre affaire¹ jeta encore dans l'embarras l'évêque de Marseille. Les prêtres de la paroisse Saint-Martin était tous morts et les chanoines s'étaient enfuis. Saint-Martin avait en effet été érigée en collégiale par le pape Paul III en 1576, avec un prévôt, six chanoines, deux vicaires et deux bénéficiers. Le prévôt était affranchi de tout soin spirituel et les chanoines n'étaient tenus d'administrer les sacrements qu'en temps de carême et en cas de nécessité pressante. Or, usant de leur privilège, tous les membres de la collégiale avaient déserté leur poste et s'étaient retirés à la campagne. Par une première ordonnance en date du 31 août, Belsunce leur enjoignit de rentrer en ville dans les trois jours. Ils n'obéirent pas à cette injonction. Les Echevins adressèrent alors une requête à l'évêque (4 septembre), en lui annonçant que, si les chanoines ne rentraient pas dans les vingt-quatre heures, leurs bénéfices seraient supprimés. Seconde ordonnance de l'évêque (27 septembre) conçue en termes à peu près identiques, et même désobéissance des chanoines. Belsunce ne se décida à sévir que le 10 octobre. Il prononça leur destitution et pourvut à leur remplacement². Les chanoines se décidèrent alors à rentrer, mais la place était prise et bien gardée. De là toute une série de procès qui durèrent fort longtemps, car on était décidé de part et d'autre à épuiser toutes les juridictions. Nous n'avons pas à pénétrer dans le fouillis de cette procédure. Il nous suffira de remarquer que le beau rôle ne fut pas du côté des chanoines de la collégiale. Leur conduite présente un contraste saisissant avec celle de leurs confrères, et, pourquoi ne pas l'avouer, toutes nos sympathies vont à ceux des membres du clergé marseillais qui suivirent l'exemple de leur évêque, et, à ses côtés et sous sa direction, combattirent le bon combat.

1. Méry et Guindon, *Histoire de la commune de Marseille*, t. VI, pp. 169, 370, 396, t. V, pp. 202, 521.
2. Voir lettre de Belsunce à Capus, datée de Passy, 16 juillet 1723. Elle est donnée par Méry et Guindon, *ouv. cité*, t. VI, p. 169.

CHAPITRE VI

L'ADMINISTRATION MUNICIPALE. — LES INHUMATIONS

De même que les médecins, qui, certes, furent à la hauteur de la situation, mais dont les soins demeurèrent à peu près inutiles ; de même que les prêtres, dont les prières ne fléchirent pas la colère céleste ; les administrateurs de Marseille ne manquèrent pas un instant à leur devoir, et donnèrent à tous l'exemple du dévouement et de l'héroïsme. Le viguier marquis de Pilles, les échevins Moustier, Estelle, Audimar et Dieudé restèrent inébranlables au poste d'honneur où les avait appelés la confiance de leurs concitoyens, ne reculant devant aucune besogne, acharnés au travail, et ne négligeant pas les intérêts matériels de la cité. Peut-être ne sera-t-il pas sans intérêt de les suivre sur les divers champs de bataille où ils exposèrent leur vie, et de montrer comment, à force de vaillance et de persévérance, ils parvinrent à triompher du fléau.

On conserve aux archives de Marseille un registre manuscrit, rédigé par l'archiviaire de 1720, Capus. Il est intitulé : *Transcription des ordonnances de police faites tant par les Echevins que par les commandants, arrêts du Parlement, délibérations, lettres, ordres du roi, et généralement tout ce qui a rapport à la contagion de 1720 à 1722.* Il suffirait presque d'analyser ce registre,

HOTEL DE VILLE ET PORT DE MARSEILLE PENDANT LA PESTE
Gravure de Girard

et d'énumérer les pièces qu'il contient pour exposer ce qu'on pourrait appeler l'histoire administrative de Marseille au moment de la peste : mais cette énumération deviendrait promptement fastidieuse, et d'ailleurs les diverses matières se confondent, et parfois même se contredisent. Mieux vaut adopter un ordre méthodique et étudier les mesures qui furent successivement prises et pour combattre directement l'épidémie, et pour assurer l'exercice de la justice, le service des renseignements, les finances, et les approvisionnements. Comme on le verra, les Echevins suffirent à leur immense tâche. Aussi ne saurait-on trop les louer de leur dévouement, ni trop les admirer pour leur activité et leur endurance.

Le grand danger provenait de l'encombrement des cadavres. D'abord, tout s'était passé à peu près régulièrement, c'est-à-dire qu'on avait enterré les pestiférés d'abord aux infirmeries, puis dans un cimetière entouré de murailles qu'on avait improvisé près de la porte de la Joliette, mais bientôt les porteurs firent défaut et les cadavres restèrent sans sépulture. « Tout le monde abhorre un pareil emploi, écrivaient [1] les Echevins à Lebret, et nous avons été en obligation de charger le sieur Bonnet, lieutenant du viguier, du soin de choisir des gens pour cela, auxquels on donne de gros gages, et de plus gros encore au sieur Bonnet et aux quatre subalternes qu'il a choisis. A l'égard de l'heure, on choisit bien la nuit pour enterrer les cadavres, mais, quand il meurt quelqu'un le matin, on est bien aise de le couvrir de terre avant la nuit, et il est impossible de comprendre l'aversion que tout le monde a pour les morts et pour les malades, de sorte qu'en cela nous sommes assurément plus à plaindre qu'en tout le reste. » Les Echevins n'étaient encore qu'au début des mauvais jours, et bientôt la situation deviendra intenable.

Dès la première quinzaine du mois d'août, il fut en effet matériellement impossible de rendre à tout le monde les derniers devoirs. Comme, par mesure de salubrité,

---

1. Lettre à Lebret, 10 août 1720 (Arch. mun., C. E., p. 160, verso).

on avait permis de sortir les cadavres des maisons pour que les corbeaux les enlevassent plus facilement; comme, d'un autre côté, le nombre des morts grossissait de jour en jour, ou plutôt d'heure en heure, et que les corbeaux, au contraire, devenaient de plus en plus rares, bientôt, dans certaines rues, dans certains quartiers, l'encombrement des morts dépassa toute prévision. Des deux côtés de la chaussée, c'était comme une bordure de cadavres, d'abord ensevelis dans des bières, puis simplement enveloppés de linceuls, et bientôt à peu près nus. A la Tourette, sur le Cours, le long des quais, ils étaient jetés en tas les uns sur les autres : c'étaient autant de foyers de putréfaction, qu'on voyait en quelque sorte s'étendre à vue d'œil, car il était impossible de trouver assez de monde, même en payant fort cher cette triste besogne, pour enterrer toutes les victimes du fléau. On avait bien essayé, pour simplifier ce sinistre travail, d'entasser les cadavres dans des tombereaux [1], qu'on déchargeait ensuite dans des fosses creusées d'avance, mais d'abord les tombereaux n'étaient pas assez nombreux, et ils ne pouvaient gravir les pentes de certaines rues, surtout dans le quartier Saint-Jean, ni même s'engager dans ces rues à cause de leur étroitesse : en sorte que peu à peu s'amoncelaient de véritables charniers humains, d'où se dégageaient, avec des odeurs infectes, des miasmes contagieux. Ces cadavres étaient les uns nus et découverts, les autres enveloppés dans des draps, des couvertures, des haillons ou dans leurs propres

---

1. Les tombereaux firent défaut. Il fallut en demander à Aix. Lebret en envoya quelques-uns, mais ils étaient si mal attelés qu'on ne put s'en servir. Voir lettre des Echevins en date du 11 et du 12 septembre 1720 (Arch. mun., C. E., p. 185, verso). — Lettre de Lebret, du 14 septembre 1720 : « Je vous ai envoyé quelques tombereaux mal attelés. On me fait espérer qu'on aura aujourd'hui deux meilleurs chevaux pour vous envoyer encore deux tombereaux. Tout devient rare et cher dans un temps aussi misérable. » — Cf. Lettre des Echevins à Vauvenargues (6 octobre 1720), qui leur avait envoyé deux conducteurs de tombereaux dont on n'avait plus de nouvelles. Au reste vous nous avez effrayés en nous disant dans votre lettre que nous devions entrer à notre tour dans vos peines. Serait-il possible que la maladie eût attaqué Aix ? » (Arch. mun., C. E., p. 15, recto).

habits. « C'étaient ceux[1] que des morts subites et extrêmement promptes avaient surpris. Quelques-uns étaient emballés dans leurs matelas, quelquefois liés sur une planche qui avait servi à les porter, et d'autres, mais fort peu, étaient fermés dans des bières. » Beaucoup de petits enfants, car la mortalité infantile avait été terrible, beaucoup de cadavres avec le crâne ouvert et les entrailles pendantes, c'étaient ceux des suicidés qui, pour échapper à la souffrance, s'étaient jetés par leurs fenêtres. On en voyait qui étaient assis et appuyés contre les maisons, d'autres accoudés sur une porte, et dans les attitudes les plus étranges. La plupart d'entre eux étaient hideux et méconnaissables, car « quelques-uns étaient à demi pourris et si fort corrompus que les chairs, délayées par l'eau du ruisseau, coulaient en lambeaux avec elle, et faisaient ruisseler le sang dans la rue[2] ». Ce qui ajoutait à l'horreur du spectacle, c'est que des chiens affamés se partageaient ces débris. De ce foyer de corruption se dégageaient des odeurs nauséabondes. L'infection se répandait partout. Une sorte de vapeur empoisonnée planait sur la ville entière, et ce n'était pas l'incendie des hardes ou des meubles contaminés qui contribuait à la dissiper.

Un ancien officier, commandant à Toulon, le major Dupont, ému de cette situation, et craignant peut-être les dangers du voisinage, écrivit alors aux Echevins, pour leur enseigner le moyen de se débarrasser des cadavres, une lettre[3] qui constitue un document historique de la plus haute importance : « J'ai cru que je devais vous informer de la manière dont j'ai vu enterrer des cadavres puants, exposés depuis huit ou dix jours dans un champ de bataille, où mon devoir m'obligeait d'aller pour un autre motif que celui de la curiosité. L'infection faillit m'y étouffer et ceux de ma suite qui furent obligés de traverser la pleine de Fleurus. C'est là où je vis de bons

---

1. PICHATTY, *ouv. cité*, p. 33.
2. PICHATTY, *ouv. cité*, p. 36.
3. Archives de Marseille (Correspondance, 1ᵉʳ septembre 1720, au mot Dupont).

religieux capucins venus charitablement de Namur pour donner la sépulture à ces cadavres, les uns moisis et dévorés des chiens et des loups, les autres si pourris que cela inspirait de l'horreur. Cependant voici comment ces bons Pères en usaient : ce qui pourrait vous servir à tirer des maisons les cadavres qui y sont, et à retirer hors des rues ceux qu'on y trouve fréquemment. Il faut par quartiers disposer de grandes fosses profondes de 30 à 40 pieds au carré et beaucoup de chaux à portée de ces fosses, qu'on nomme saloirs à la guerre. Il faut faire des crocs à deux grandes pointes chacun, longues au moins d'un pied et demi, les emmancher d'une barre la plus longue qu'on pourra... On peut attacher deux cordes au bout, afin que les deux hommes qui accrocheront le cadavre puissent le traîner plus facilement, ayant pris la précaution de se couvrir le nez et la bouche d'un linge en deux ou trois doubles mouillé de vinaigre ; portant sur soi une bouteille de vinaigre pour en humecter quelquefois ce linge, et en prendre quelques gouttes. C'est ainsi que j'ai vu ces religieux en user. Avec ces crochets et cette précaution, des hommes gagés ou charitables peuvent entreprendre d'entrer dans les maisons, y accrocher les morts, les en retirer et les traîner dans les saloirs, où, quand on a jeté une vingtaine de corps, on doit les couvrir de chaux ou d'un peu de terre alternant avec la chaux ; et, quand ces saloirs sont remplis, il faut jeter de l'eau sur la chaux et quantité de terre, et, à la nuit on allumera des feux sur les tombeaux des pestiférés. »

Ces conseils pratiques furent suivis à la lettre. Comme les cimetières ordinaires étaient déjà comblés, les Echevins s'occupèrent tout d'abord de faire creuser [1] d'énormes fosses, les saloirs de Dupont, et d'amasser des tas de chaux vive. Trois fosses furent ainsi successivement

---

1. On conserve aux Archives municipales (section 15, n° 8) la note du maçon Martin Reinaud, chargé de l'entreprise des cimetières, ou, comme il écrit, des simentières dépendant des paroisses de la ville. Elle monte à la somme de 2.575 livres, à la date du 11 juin 1722. Cette note est contresignée Estelle.

ouvertes à la porte de Rome, deux à la porte d'Aix, trois à la Joliette, trois à la Butte et une rue Bernard du Bois. Les plus grandes avaient jusqu'à 150 pas de longueur, les plus petites de 20. La largeur commune était de 10 pieds, et la profondeur de 8. Comme personne ne consentait à faire ce travail, deux commissaires, Julien et Castel, furent envoyés dans la banlieue et réquisitionnèrent des paysans. Ils n'obéirent qu'à contre-cœur, mais on les enrégimenta par force et le travail fut exécuté.

Ce ne fut qu'un allégement passager, car le nombre des morts ne cessait d'augmenter. D'ailleurs, certains quartiers étaient trop éloignés des fosses nouvelles et l'encombrement des cadavres y devenait effrayant. On songea bien à recourir au feu, ainsi qu'on avait procédé dans certaines villes d'Italie, à Gênes par exemple, en pareille occasion. C'est, en effet, ce qui convenait le mieux, mais on craignait d'augmenter l'infection. On proposa alors un autre expédient : remplir un gros vaisseau de cadavres, puis le couler en pleine mer, mais était-il possible de le remplir en un seul jour, et les cadavres en se gonflant ne le feraient-ils pas surnager ? C'est ce que redoutait Lebret : « M. Rigord, écrivait-il[1] aux Echevins (31 août), me mande le projet que vous avez formé de mettre les cadavres dans un vaisseau. Outre que l'exécution m'en paraît difficile, j'ai de la peine à croire que cela ne soit suivi de beaucoup d'inconvénients, dont celui d'empêcher qu'on ne mange de longtemps des poissons serait le moindre. Si le vaisseau venait à se briser, comme cela pourrait arriver, dès qu'on en aura ôté les ponts, tous ces cadavres surnageront et pourront revenir à la côte. »

Réduits au désespoir et forcés de prendre une détermination, les Echevins songèrent alors à faire creuser des fosses devant chaque maison, mais tous les conduits d'eaux ménagères auraient été contaminés, et le mal eût été sans remède. Pourquoi ne pas enterrer simplement

1. Lettre de Lebret aux Echevins, 31 août (Arch. mun.).

les cadavres dans la chaux vive qui les consumerait sur place ? Mais où trouver de la chaux en quantité suffisante? D'ailleurs, comme l'action de la chaux n'est pas immédiate, les cadavres se seraient peu à peu accumulés, et l'œuvre de préservation deviendrait inutile. En désespoir de cause, on pensa alors à utiliser les caveaux des églises et des couvents. L'évêque Belsunce s'y opposa énergiquement et parla même de sacrilège. Il ordonna de fermer toutes les églises et de s'opposer par tous les moyens à la mesure proposée ; mais il est des cas de force majeure. Les Echevins, poussés à bout, firent[1] ouvrir de force les églises, et combler de cadavres les caveaux vides. Ils eurent soin de les inonder de chaux vive et de fermer soigneusement les ouvertures, mais ce ne fut encore qu'une ressource momentanée, car de nouveaux cadavres s'accumulaient, et on ne savait plus où les déposer. Il existait, il est vrai, près de la Major, un emplacement assez commode pour y creuser des fosses, mais on y avait renoncé à cause des religieuses du Saint-Sacrement qui habitaient dans le voisinage et entendaient conserver leur immunité. Comme le mal redoublait, on ne tint pas compte de leurs protestations, et les fosses de la Major reçurent leur funèbre tribut.

Ce n'était rien encore que de disposer des cimetières, provisoires ou définitifs, pour les cadavres. Le difficile était de les y transporter. Les ouvriers chargés de cette lugubre besogne, les corbeaux, comme on les nommait, étaient à bout de forces. D'abord ils n'étaient pas assez nombreux pour suffire à toutes les exigences, et en outre beaucoup d'entre eux avaient déjà succombé[2] à la maladie. On avait fait appel pour les remplacer aux

1. On a conservé (Arch. mun., section 15, n° 8) le « compte des journées des maîtres maçons ou tailleurs de pierres, qui ont travaillé à pointer et à poser les « granponds » dans les pierres de taille des ouvertures de sépulture qui ont été infectées dans les églises de la ville de Marseille et de son terrain par ordre de messieurs les Echevins ». La somme dépensée fut de 777 livres 8 sols.
2. Un billet (17 août 1720) de Moustier autorise le receveur Bouys à donner 10 livres à chaque femme de nos « enterre-mort » qui sont morts à la peine. Il en cite quatre : Tastanier, Isnard, Rémuzat et un autre Tastanier.

ouvriers de bonne volonté, mais très peu d'entre eux s'étaient présentés. On avait alors recouru aux vagabonds et aux gueux[1], qu'on avait enrégimentés sous les ordres de Bonnet, prévôt de la maréchaussée, et, dans l'espoir de les retenir, on leur avait assigné une forte paie, 12 à 15 livres par jour ; mais beaucoup d'entre eux furent emportés par la maladie ; d'autres disparurent, et le petit nombre de ceux qui restèrent, pour la plupart gens de sac et de corde, et qui se sentaient assurés de l'impunité, profitèrent de leur passage dans les maisons pour piller à l'aise. Souvent même, ils avancèrent la mort de ceux dont ils convoitaient les dépouilles ; en sorte que le remède était presque pire que le mal et qu'au danger de l'infection par l'encombrement des cadavres se joignait celui du vol autorisé et de l'anarchie en quelque sorte officielle. Ainsi que l'écrivait Pichatty[2], « on a presque déjà usé tout ce qu'il y a dans la ville de gens qu'on peut sacrifier à ce périlleux métier. Ils n'y durent pas seulement deux jours en vie. Ils prennent d'abord la peste au premier cadavre qu'ils touchent, de quelque précaution qu'on les fasse user. On leur donne des crocs à manche, mais la seule approche des cadavres les infecte. On les paye jusqu'à 15 livres par jour, mais, quelque puissant que soit cet attrait pour des gueux et des misérables, il ne les touche du tout point à la vue d'une mort certaine et inévitable. Il faut courir pour les chercher et les prendre de vive force, et, soit qu'ils se cachent bien, ou qu'ils soient généralement tous morts, on n'en trouve plus aucun. Les cadavres restent dans les maisons et à la porte des hôpitaux, entassés à piles les uns sur les autres, sans pouvoir en être tirés et transportés aux fosses. »

Ce fut à ce moment qu'on recourut à un expédient suprême : on s'adressa aux forçats des galères, c'est-à-dire aux criminels avérés qui peuplaient alors le bagne de Marseille, et on pria les commandants des galères de mettre

1. Ordonnance du 8 août, et réquisition « des gueux les plus vigoureux qu'on trouvera pour servir de corbeaux ».
2. Pichatty, *ouv. cité*, p. 19.

quelques-uns de leurs prisonniers à la disposition des Echevins.

On sait que les condamnés à ce qu'on nomme aujourd'hui les travaux forcés, étaient alors envoyés surtout dans les ports de la Méditerranée, où on les utilisait comme rameurs sur les vaisseaux de combat de l'époque, les galères. De là leur nom de galériens. Marseille était le port d'attache de ces vaisseaux qui, malgré les progrès de la navigation, servaient à deux fins, soit à convoyer les navires marchands, soit à débarrasser la mer des pirates qui l'infestaient encore. Les galériens[1] de Marseille occupaient tout le côté gauche du vieux port, ce qu'on appelle aujourd'hui Rive Neuve. Ils campaient soit sur les galères rangées le long du quai, soit dans l'arsenal. Cet arsenal, vers 1720, comprenait deux parties : le Vieux-Parc, depuis l'église des Augustins jusqu'au Grand Théâtre de nos jours, ce qu'on appelait le plan Fourmiguier, et le nouvel arsenal, carré allongé renfermant l'espace compris entre la rue Paradis, la rue Sainte, le fort Notre Dame de la Garde et Rive Neuve. En outre, sur le côté droit du port, depuis l'église des Augustins jusqu'à l'hôtel de ville, s'étendaient des baraques en bois, occupées par des galériens qui y travaillaient pour leur compte en qualité de tailleurs, de cordonniers, etc. Les officiers des galères avaient toute faculté de prendre des hommes de la chiourme pour le service des particuliers et même des négociants qui en auraient eu besoin dans leurs fabriques ou leurs ateliers. On n'imposait à ces ouvriers improvisés d'autre obligation que de rentrer chaque soir au bagne, sous la surveillance de gardes particuliers nommés pertuisaniers. En cas d'évasion, il fallait les remplacer, ce qui était relativement facile, car il suffisait d'acheter un Turc. Les Turcs, en effet, et sous ce nom on désignait tous les Orientaux, ou plutôt tous les Musulmans, étaient encore, comme aux temps des croisades, en dehors du droit des gens. Quand on les

---

1. A. LAFORÊT, *Études sur la marine des galères*, 1 broch., in-8, Paris, Aubry, 1861.

surprenait en mer, on affectait de ne voir en eux que des pirates. On les considérait comme de bonne prise, et, de gré ou de force, à peine débarqués, on en faisait des esclaves. Il y avait donc toujours des Turcs à vendre sur les quais de Marseille, et on pouvait aisément, grâce à eux, remplacer les galériens évadés.

Les Echevins pensèrent qu'en s'adressant aux maîtres de ces galériens ou de ces Turcs, ils trouveraient des ouvriers de bonne volonté et des auxiliaires pour la lugubre besogne des enterrements. Dès les premiers jours du mois d'avril, ils prièrent[1] instamment les commandants des galères, de Rancé et de Vaucresson, de vouloir bien leur fournir quelques forçats pour aider les corbeaux. Ils offraient, d'ailleurs, de payer, sous forme d'indemnité, tout ce qu'on exigerait. Les commandants hésitèrent. Ils avaient, en effet, jusqu'alors réussi à préserver leurs hommes de la contagion[2]. Les galères avaient d'abord été conduites au large, puis, comme on redoutait les communications par mer, on les avait rangées le long des quais de l'arsenal et protégées par des estacades en bois. Toutes les avenues de l'arsenal avaient été soigneusement gardées. On y avait enfermé les bas officiers et les équipages, aux besoins desquels pourvoyaient des tartanes chargées à Toulon et à Bouc. On avait même poussé la précaution jusqu'à établir une boucherie spéciale à l'arsenal. L'hôpital des équipages avait été isolé et réservé pour les contaminés. On put de la sorte utiliser encore l'hôpital ordinaire des forçats. Par prévision, on disposa dans les salles de la corderie une infirmerie pour les indisposés. Huit fois par jour les médecins visitaient les galères, et, à la moindre incommodité, ordonnaient le transport immédiat à l'hôpital sur une chaloupe réservée à cet office. Toutes les précautions étaient donc bien prises. La maladie se déclara pourtant et enleva deux forçats, le 31 juillet et le 1er août. Dès lors, les décès se multiplièrent. Au mois d'août furent em-

1. Lettre des Echevins au Conseil de marine, 18 août 1720.
2. Papon, *Histoire de Provence*, t. IV, p. 644.

portées 170 victimes du fléau, 286 en septembre, 179 en octobre, 89 en novembre, 38 en décembre, en tout 762 personnes sur une population totale d'environ 10.000 âmes entassées à l'arsenal ou sur les galères [1]. Cette faible proportion tient sans doute au bon ordre qui fut toujours observé, et aussi au dévouement du corps médical et des aumôniers. Quatre chirurgiens des galères furent en effet emportés, et parmi eux le savant Laugier, l'auteur du *Traité des vulnéraires*, un apothicaire et six aumôniers.

Ainsi s'explique l'hésitation de Rancé et de Vaucresson à déférer aux désirs de la municipalité. Ils craignaient de s'exposer au reproche de ne pas avoir pris assez de précautions. Ils étaient, d'ailleurs, en assez mauvais termes avec la municipalité, qui, ardente à soutenir ses privilèges, leur refusait toute concession pour l'entrée à l'arsenal de diverses marchandises. Les officiers des galères jouissaient pourtant de ce qu'on appelait le droit d'once sur la chair. Voici en quoi consistait ce droit [2]. Lorsque le général des galères se trouvait dans le port, on lui devait 600 livres pesant de chair par semaine, ou 60 livres en argent par mois. Les lieutenants généraux et l'intendant touchaient pour ce droit 1 livre 5 sols par jour. Les chefs d'escadre, capitaines, majors et capitaines-lieutenants recevaient 10 sols, et les commissaires et contrôleurs 5 sols par jour, mais quand ils résidaient dans le port. En temps de carême, on ne devait aucune indemnité. Les Echevins prétendaient, peut-être avec raison, qu'il se commettait de nombreux abus, et que, dans tous les cas, ces redevances étaient exagérées. Ils se plaignaient encore de l'entrée en franchise du vin forain, à raison pour le général, les lieutenants généraux et l'intendant d'une quantité illimitée, pour les chefs d'escadre et assimilés de 10 millerolles par mois et jusqu'aux archers de 2 millerolles pour le même temps. Les Echevins ne contestaient pas

1. PAPON, *Histoire de Provence*, t. IV, p. 678.
2. LAFORÊT, *Étude sur la marine des galères*.

ce droit, mais ils exigeaient que le vin qui n'était pas bu ne fût pas vendu. De là des contestations[1] sans fin, des discussions passionnées, et des rapports assez tendus. Les officiers des galères étaient donc, en somme, assez mécontents de la municipalité, et leurs supérieurs immédiats, L.-A. de Bourbon, le maréchal d'Estrées et le chevalier d'Orléans ne paraissaient pas mieux disposés qu'ils ne l'étaient eux-mêmes à venir en aide aux Marseillais. Voici la lettre[2] qu'ils avaient envoyée aux Echevins, le 19 août 1720, en réponse à une demande pressante de secours. « M. le Régent a bien voulu, messieurs, accorder la liberté à douze forçats des galères ainsi que vous l'avez demandé, en cas que vous en ayez besoin pour porter et enterrer les corps des personnes qui pourraient mourir dans la ville et aux infirmeries de Marseille du mal contagieux... Le conseil de marine mande à MM. le chevalier de Rancé et de Vaucresson de vous faire remettre ces forçats, si ce secours vous est indispensable. Après qu'ils vous les auront remis, ce sera à vous de prendre les mesures nécessaires pour éviter qu'aucun n'abuse de cette grâce en se dispensant de remplir le motif pour lequel elle est accordée. » Douze forçats pour aider les corbeaux qui manquaient, c'était vraiment bien peu, et il est probable que les hauts et puissants seigneurs qui accordaient cette faveur ne se doutaient pas de l'étendue du mal. Aussi bien le fléau prit de telles proportions, et les besoins furent tellement pressants, qu'il fallut bientôt se départir de cette rigueur et consentir à des sacrifices nécessaires.

Autorisés par leurs supérieurs immédiats, et n'ayant d'ailleurs plus de précautions à prendre, puisqu'ils étaient eux-mêmes atteints par la contagion, les commandants des galères offrirent alors une seconde équipe[3] de vingt-

---

1. Cf. pétition faite par MM. des galères, le 5 avril 1722 (Archives nationales, G., 482). La question ne fut jamais tranchée, sauf quand on ordonna, le 27 septembre 1748, e retrait de galères à Toulon.
2. Lettre aux Echevins, 19 août 1720 (Correspondance de la mairie, au mot A. de Bourbon).
3. Conformément à une nouvelle lettre de A. de Bourbon, maréchal d'Estrées et chevalier d'Orléans, 25 août 1720 (Arch. mun., R. G.. p. 30).

six forçats, mais ils eurent soin de les choisir parmi les plus vieux et les plus malingres : aussi, bien qu'ils fussent pleins de bonne volonté, puisqu'on leur avait promis la liberté s'ils échappaient au fléau, furent-ils en deux jours hors de service. Les Echevins en réclamèrent d'autres. On leur en donna successivement 53, puis 80, puis 100. L'impitoyable maladie les faucha tous. Au 1ᵉʳ septembre, ils n'étaient plus que douze encore debout. Les corbeaux avaient disparu. Il n'y avait plus ni tombereaux[1] pour enlever les cadavres, ni chevaux, ni conducteurs. Plusieurs milliers de cadavres gisaient dans les rues, et près de 800 personnes mouraient par jour. « Il y aura dans moins de huit jours plus de 15.000 cadavres sur le pavé, écrivait Pichatty[2], tous pourris, par où on sera tout à fait contraint de sortir de la ville, et de l'abandonner, peut-être pour toujours, à la pourriture, au venin et à l'infection qui y croupira. » Pour comble, un vent du nord glacial s'était abattu sur la ville, et tous ceux qu'avait atteints le fléau, et dont la constitution était faible, avaient été emportés. « On vit alors le moment où tout devait périr dans l'infection générale. »

L'aspect de Marseille était alors lamentable[3]. « La peur avait défiguré toute la ville, écrit un témoin oculaire, et lui avait ôté cet éclat qui la rendait si brillante et si aimable. Les galères se barricadèrent à la Rive Neuve, et rendirent par leur retraite le port aussi lugubre que désert. Les boutiques fermées, les ouvrages cessés, le commerce interrompu, les églises abandonnées, tout n'offrait à la vue que d'effrayants spectacles. Le deuil et la consternation passèrent jusqu'aux cloches, dont le silence n'annonçait que trop la tristesse des habitants, l'interruption des offices divins et le danger des assem-

---

1. La réparation des tombereaux, d'après le compte présenté par Reboul, monta à 514 livres 7 deniers. Elle fut réduite à 401 livres 17 deniers (Arch. mun., 4ᵉ division, 15ᵉ section, n° 10).
2. PICHATTY, ouv. cité, p. 38.
3. Discours sur ce qui s'est passé de plus considérable, etc., ouv. cité, p. 6.

blées. » L'auteur de cette relation, sans doute quelque religieux, s'élève même jusqu'à l'éloquence pour déplorer les malheurs qui accablent sa ville natale : « Est-ce donc là cette superbe Marseille dont la beauté et les délices attiraient toutes les nations? A quelles extrémités est-elle donc réduite aujourd'hui? Sa pauvreté y accable un malheureux reste d'habitants qui a échappé avec peine à la cruauté de la contagion la plus horrible. Ses malheurs ont effrayé tous les peuples, ses disgrâces ont éloigné tous ses besoins, et sa chute est si étonnante qu'elle n'est plus aujourd'hui que l'objet de la pitié et de la douleur, après l'avoir été autrefois de l'étonnement, de l'admiration et de l'amour ! »

Les Echevins eurent alors une heure de découragement. Ils crurent que tout était perdu et ne cachèrent pas qu'ils croyaient la situation désespérée. « Toutes nos rues se trouvent couvertes de cadavres, écrivaient-ils à Villars[1], et nous ne pouvons pas parvenir à les faire enlever. Nous nous trouvons presque seuls, chargés d'une populace nombreuse, insolente et prête à tout moment à se révolter. » C'était surtout à Lebret qu'ils avouaient leur impuissance. Ils lui demandaient[2] avec insistance une augmentation de la garnison, car « nous vous attestons avec vérité que c'est de là que dépend le salut de la ville... Si nous avions des soldats et des officiers, nous les payerons largement et ils feraient travailler les forçats au nom de Dieu et pour le salut de Marseille ». Quant aux forçats qu'on leur a donnés pour l'enlèvement des cadavres, on ne peut pas compter sur eux. La moitié des cent cinquante qu'on a mis à leur disposition aurait suffi, « s'il y eût eu des commandants pour les faire travailler. Nous crions sur cela miséricorde. Il y eut cinq bourgeois qui s'offrirent de commander les tombereaux. Nous leur fîmes expédier une ample commission avec promesse d'une très grande récompense, mais ces bourgeois ont achevé de nous

1. Lettre des Echevins à Villars, 8 septembre 1720.
2. Lettre des Echevins à Lebret, 31 août 1720 (Arch. mun., C. E., p. 180, recto et verso).

ruiner. Ils emploient la moitié du jour à pactiser avec les parents et les voisins pour l'enlèvement des cadavres, et ils n'enlèvent que ceux pour lesquels on leur donne 30 ou 40 francs. Nous prions, nous promettons, nous menaçons inutilement. Les cadavres restent et l'on s'infect... » Qu'on leur envoie donc des soldats pour la surveillance, mais qu'on ne néglige pas surtout de leur prêter encore des forçats, pourvu toutefois que les commandants des galères ne s'y opposent pas, car leur mauvaise volonté est notoire. « Nous ne savons pas si MM. des galères nous accorderont les cent forçats. On nous a dit[1] que M. de Vaucresson s'y opposait. » La situation est donc aussi mauvaise que possible, et, si la municipalité se dérobe, l'anarchie va régner.

Par bonheur, les Echevins se ressaisirent et se montrèrent à la hauteur de leurs fonctions. Estelle relevait à peine de maladie. On avait craint un instant qu'il ne fût emporté par le fléau. Aussi, son retour à la santé avait-il été salué par tous comme une bonne nouvelle.

« J'ai été bien inquiet, écrivait[2] Lebret aux Echevins, lorsque j'ai appris que M. Estelle était incommodé, et j'ai appris avec grande joie que sa santé était rétablie, mais cela vous fait voir de quelle conséquence il est de prendre garde à votre santé et de ne pas vous accabler de travail. Aussi, je vous prie de prendre du secours et des aides. Vous avez tant de gens à Marseille expérimentés au fait dont il s'agit qu'il ne serait pas raisonnable de vous en faire faute dans une occasion où la tristesse rend le travail encore plus nuisible qu'il ne le serait dans un autre temps. » Estelle n'était pas homme, malgré les conseils de Lebret, à ménager ses peines.

---

1. Lettre des Echevins à Lebret, 1er septembre 1720.
2. Lettre de Lebret aux Echevins, 13 août 1720. — Autre lettre du 26 août : « J'ai toujours craint, depuis le commencement du malheur de Marseille, que votre santé ne fût altérée, ce qui augmenterait considérablement le malheur public, à la diminution duquel vous apportez tant de soins... Prenez les précautions convenables, et prenez-les de façon que vous ne puissiez pas risquer ni vous ni les personnes nécessaires pour votre soulagement. »

Installé à l'hôtel de ville, il n'en sortait que pour veiller en personne à l'enlèvement des cadavres. Il est vrai qu'il fut singulièrement aidé dans cette tâche répugnante par son collègue Moustier, qui n'hésita pas à se mettre à la tête des convoyeurs funèbres, et présida au déblaiement des rues. « Il y est depuis le matin jusqu'au soir. Il vole d'un quartier à l'autre, sans distinction des endroits les plus infectés, sans crainte des périls, sans ménagements pour sa santé. Il court d'un poste à l'autre. Il paraît partout et partout sa présence se fait sentir par l'activité qu'il inspire à ceux qui travaillent sous lui. Il fait enlever 1.000 cadavres par jour, et on peut dire que jamais magistrat n'a poussé si loin le zèle de sauver sa patrie[1]. » Les contemporains ne s'y sont pas trompés : ils admiraient sincèrement leurs magistrats, et c'est sur un ton de conviction presque dithyrambique que l'un d'entre eux, témoin quotidien de leur vaillance[2], Pichatty, s'exprime sur leur compte : « Dans quelle ville du monde a-t-on jamais vu les consuls être livrés à de telles sollicitudes, et réduits encore à faire tous les tristes et périlleux offices auxquels sont contraints de se sacrifier MM. les Echevins de Marseille, puisqu'on va voir que, pour faire travailler diligemment les forçats et leur faire enlever les cadavres pourris et empestés qu'ils ne sauraient avoir le cœur de toucher... ils sont obligés de se mettre eux-mêmes à leur tête, et d'aller les premiers, partout où l'infection est la plus horrible, les leur faire enlever ? M. Moustier est contraint pendant près de deux mois de se lever journellement à l'aube du jour pour aller faire enlever les tombereaux, et empêcher qu'ils ne les brisent, les suivre aux fosses pour qu'ils ne laissent pas les cadavres sur les bords sans les ensevelir, et le soir les aller faire dételer, conduire les chevaux à l'écurie, mettre en place les harnais pour les retrouver le lendemain et prévenir les inconvénients qui pourraient interrompre la continuité d'un travail où il y a danger dans

---

1. Bertrand, *ouv. cité*, p. 109.
2. Pichatty, *ouv. cité*, p. 20.

la demeure. Les consuls romains, si remplis de l'amour de la patrie, n'ont jamais constamment poussé leur zèle jusque-là. »

La reconnaissance populaire a même retenu certains traits qui confinent à l'héroïsme. Une nuit qu'il travaillait dans la rue de l'Escalle, Estelle glissa sur le pavé et tomba si près d'un cadavre qu'il faillit l'embrasser. Quant à Moustier, il passait à cheval dans une rue quand il reçut en pleine figure un emplâtre, encore couvert de la sanie d'un pestiféré, et qu'on venait de jeter par la fenêtre. Il se contenta de le détacher sans même pousser un cri de surprise, s'essuya avec son éponge à vinaigre, et continua sa route. Le marquis de Pilles se signala également par son courage. Non seulement il ne s'opposa pas à ce qu'on établît un hôpital, celui des Convalescents, dans le voisinage immédiat de son hôtel, mais il se fit un devoir d'y apporter fréquemment des consolations aux malades, et de veiller à leur plus pressants besoins. Ferme à son poste à l'hôtel de ville, donnant audience à tous, encourageant les défaillances, excitant les bonnes volontés, il n'aurait pas songé à s'éloigner si la maladie ne l'avait terrassé à son tour (27 août) et ne l'avait forcé à prendre quelques jours de repos.

Mis au courant de la situation, Lebret s'efforçait de venir en aide à ses subordonnés. Non seulement il se préoccupait de leurs besoins matériels, veillant aux approvisionnements de la ville, sollicitant pour elle les secours du gouvernement, mais encore, sans négliger les moindres détails[1], il donnait des indications pratiques : « Ne serait-il point à propos, pour presser l'enlèvement des cadavres, de donner un écu pour chacun de ceux qu'on enterrerait, dont vingt deniers seraient pour le commissaire des rues qui en aurait donné avis au sieur Bonnet, et le surplus pour les corbeaux?... Je vois que vous pourriez faire faire de grands fossés en dehors et près des portes de la ville. J'espère que vous

---

1. Lettre de Lebret aux Echevins, 28 août 1720. — Autre lettre conçue à peu près dans les mêmes termes, 30 août 1720.

aurez de la chaux vive vendredi ou samedi à Notre-Dame. Donnez ordre, je vous prie, qu'on vienne la chercher. Mgr l'évêque[1] m'écrit qu'il y a des cadavres autour de sa maison. Il serait bien juste de commencer par ceux-là, et c'est des égards qui lui sont dus de le délivrer de ces funestes objets. Ne pourriez-vous pas aussi préposer une espèce de capitaine dans chaque rue avec au coin quatre ou cinq hommes pour faire ramasser par trois ou quatre petits garçons, avec des crocs, les guenilles que l'on jette par les fenêtres et les balayures pour les faire brûler tous les soirs? »

Malgré la vigilance attentive de l'intendant, malgré le dévouement du Viguier et l'héroïsme des Echevins, le mal poursuivait son œuvre, et on allait bientôt arriver à ce moment psychologique où la frayeur se convertit en épouvante et où se déchaînent les passions les plus basses de l'humanité. Il devenait urgent de parachever le travail commencé, et de désencombrer Marseille des cadavres qui s'accumulaient dans les rues, ou sinon tous les efforts demeureraient stériles. Alors paraît en scène un des hommes qui ont le plus fait pour le salut de la ville, et auquel les Marseillais reconnaissants devraient conserver une place d'honneur dans leurs souvenirs, le bailli de Langeron.

On avait compris en haut lieu la nécessité, malgré la bonne volonté de la municipalité, d'une direction supérieure. Bien que les magistrats marseillais aient toujours marché d'un commun accord, on avait paru douter de la continuité de leur union. A diverses reprises, et tout comme si de fâcheuses divisions s'étaient élevées entre eux, Lebret leur avait recommandé la concorde et la bonne harmonie. Dès le 2 août, il leur avait écrit[2] : « Vous ne pourrez adoucir votre souffrance que par votre union, qui doit vous engager à vous soulager et à vous consoler même les uns les autres dans le travail extrême dont vous êtes accablés. Rien ne vous en fera supporter

1. Prière analogue au sujet des cadavres qui sont aux environs de la maison de Rigord (Lettre du 4 septembre 1720).
2. Lettre de Lebret aux Echevins, 2 août 1720 (Archiv. mun.).

plus facilement les fatigues que l'attention que vous aurez à agir de concert et dans une parfaite correspondance. » Ce n'était pas seulement pour imposer aux Echevins, le cas échéant, l'union et la concorde qu'une direction supérieure était nécessaire. Il y avait non pas conflit d'autorité, mais discussion constante entre la municipalité et l'arsenal. Les Echevins réclamaient des forçats pour le service des inhumations, mais ils les voulaient forts et robustes, et les commandants des galères, au contraire, se débarrassaient de leurs non-valeurs, en ne leur concédant que le rebut de la chiourme. Aussi la mortalité des galériens était-elle effrayante. Les Echevins réclamaient aussi des Turcs, d'abord parce qu'ils étaient en bonne santé, et aussi parce que, victimes des événements, ils n'étaient au bagne que par la force des circonstances et nullement pour expier leurs crimes. On les nommait communément les bons Turcs. Aussi pouvait-on compter sur leur honnêteté relative ; mais les officiers des galères les retenaient pour leurs propres besoins, et tout était à recommencer. Vainement les Echevins s'étaient-ils adressés[1] au grand prieur d'Orléans, général des galères de France (9 septembre). Ils avaient même recommandé leur requête plus haut, et voici ce qu'ils écrivaient[2] au Régent (15 septembre) : « Messieurs des galères nous ont donné 200 à 300 forçats, mais nous sommes obligés de représenter très respectueusement à Votre Altesse Royale que, comme c'étaient des forçats malingres, ils succombaient sous le travail et devenaient absolument inutiles dès le premier jour... Nous vous supplions d'avoir la bonté de considérer que mille de ces forçats invalides ne feront pas tant que cinquante robustes. Le travail est pénible, et demande de la force, de la vigueur et un peu de bonne volonté. Les invalides n'en ont du tout point. C'est pourquoi nous requérons très humblement Votre Altesse Royale d'avoir la bonté d'ordonner qu'on nous donne les

1. Lettre du 9 septembre 1720 (Arch. mun., R. G., p. 48, verso).
2. Lettre au Régent, 15 septembre 1720 (Arch. mun., R. G., p. 49. recto et verso).

meilleurs et les plus robustes forçats[1]. » Ils auraient pu ajouter qu'on leur donnait les forçats à peu près nus et sans chaussures. On conserve la note des frais payés aux religieuses de la Madeleine, le 29 juillet 1721, pour confection de chemises[2] destinées aux forçats, et celle de 225 paires de souliers livrés à ces mêmes forçats, le 28 septembre 1720, pour la somme de 195 livres 15 sols. Les Echevins consentaient bien à les vêtir, et même à les nourrir, au besoin à les payer, mais ils auraient voulu en avoir à leur service un nombre suffisant, et, malgré leur insistance, ils n'obtenaient rien. La discussion risquait même de s'envenimer. Or, le nombre des morts augmentait. Il devenait impossible de les enlever tous dans les tombereaux pour les transporter aux fosses. Le danger grandissait d'heure en heure. Les Echevins étaient comme débordés, et leurs lettres à l'intendant étaient pleines de leur angoisse. Voici ce qu'ils lui écrivaient[3] à la date du 29 août : « La gratification que vous proposez d'un écu pour chaque cadavre que l'on enlèvera n'opérerait rien puisqu'il y a des voisins et des parents qui donneraient jusqu'à 40 francs pour se délivrer de l'infection de ceux qu'on met auprès de leurs maisons, et ils ont bien de la peine à être servis. A l'égard de Mgr l'évêque, vous comprenez bien que nous serions bien aises de lui témoigner les égards que nous avons pour lui, mais nous ne pouvons rien obtenir, ni par prières, ni par menaces, ni même en donnant l'argent à pleines mains. Nous ne savons même pas si nous pourrons parvenir à faire charrier la chaux vive. » Ils se plaignaient aussi de la difficulté qu'ils éprouvaient à se faire obéir, même par les forçats : « L'essentiel serait d'avoir des gens pour les faire travailler, mais on n'en trouve point, et nous éprouvons que, quand on n'agit point par affection et volontairement, on ne fait pas grand'chose. »

1. Archives municipales, C. E., p. 185, recto.
2. Archives municipales, section 15, n° 8.
3. Lettre des Echevins à Lebret, 29 août 1720 (Arch. mun., C. E., p. 117, verso).

Dès le lendemain 30 août, les Echevins envoyaient à Lebret un véritable programme [1] en quatre points. Ils lui donnaient en premier lieu tout pouvoir pour signer des conventions avec les médecins étrangers qui voudraient bien venir à Marseille, car, ajoutaient-ils non sans injustice, « nous ne devons absolument pas compter sur les médecins et chirurgiens d'ici ». Ils le priaient en second lieu d'insister auprès des officiers des galères pour avoir un nouveau contingent de forçats, « car il est sûr que notre ville se voit abîmée et perdue entièrement si le secours des forçats venait à nous manquer ». Ils sollicitaient ensuite un arrêt du Parlement enjoignant aux capitaines de quartiers, intendants de la santé, conseillers de ville et commissaires, qui s'étaient enfuis, de venir reprendre leurs fonctions, et ce sous les peines les plus graves. « En quatrième lieu nous vous demandons en grâce de nous faire avoir quelques troupes et des lettres patentes, ou un arrêt du Parlement pour pouvoir juger et condamner les malfaiteurs en dernier ressort ». Les Echevins se rendaient donc compte de la gravité de la situation, et ils étaient sur le point, découragés et à bout de forces, de renoncer à la lutte, lorsque survint le bailli de Langeron (4 septembre 1720).

Charles-Claude Andrault de Langeron, chevalier et commandeur de Saint-Jean de Jérusalem, chef d'escadre des galères, maréchal de camp, était envoyé à Marseille revêtu de pouvoirs extraordinaires [2]. Tous les privilèges municipaux étaient en effet suspendus, et le nouveau commandant de Marseille et de son ter-

---

1. Lettre des Echevins à Lebret, 30 août 1720 (Arch. mun., C. E., p. 178, recto et verso).
2. Registre de transcription : 1° nomination de Langeron (4 septembre 1720); 2° lettre du roi à M. le chevalier de Langeron (même date), pp. 18 19 : « Sa Majesté, se confiant particulièrement en la valeur, expérience en la guerrre, activité, sagesse, conduite, zèle, fidélité et affection à son service du sieur chevalier de Langeron, sur l'avis de M. le duc d'Orléans, Régent, l'a commis, nommé et établi pour commander en la ladite ville de Marseille, tant aux habitants qu'aux gens de guerre qui y sont et seront ci-après en garnison, et leur ordonner ce qu'ils auront à faire pour le bien du service de S. M. et la conservation de ladite ville. »

roir avait sous ses ordres tous les fonctionnaires sans exception, y compris le viguier et les Echevins. Toutes les troupes disponibles étaient sous son commandement immédiat. Il avait droit de haute et de basse justice. Il réglait même les questions financières. C'était en un mot une véritable dictature dont on l'investissait. Les Marseillais, d'ordinaire si jaloux de leurs privilèges, s'inclinèrent devant la nécessité et acceptèrent volontiers sa direction. Les Echevins furent les premiers à lui apporter leurs félicitations (12 septembre), et lui facilitèrent sa prise de possession de l'hôtel de ville. Or, Langeron non seulement n'abusa pas de ses pouvoirs, mais encore il prit soin de ne froisser aucune susceptibilité, et, tout en gardant la haute main sur les affaires, se garda bien de ne pas recourir au concours précieux des Echevins. Il établit son quartier général à l'hôtel de ville, et, deux fois par jour, s'y rendit régulièrement[1], mais il ne prit aucune décision ferme sans consulter les Echevins, qui devinrent les plus dévoués et les plus utiles de ses lieutenants. On allait bientôt ressentir les bons effets de cette nouvelle direction ferme et intelligente, et de cette bonne harmonie entre fonctionnaires dévoués à une cause commune, celle du salut de Marseille.

Certes la tâche n'était pas aisée. Ainsi que l'écrit un contemporain, le docteur Bertrand[2], « se charger du commandement d'une ville dans un temps de contagion, et de la contagion la plus vive, d'une ville où tout est dans le dernier désordre, où l'on ne peut compter sur personne pour l'exécution que sur des magistrats, véritablement pleins de zèle et de bonne volonté, mais épuisés de soins et de fatigues, où la désertion est générale, où tout manque, il faut avoir pour cela un courage au-dessus de tous les périls, un génie supérieur à tous les événements, un zèle à l'épreuve des plus rudes

---

1. Voir lettre des Echevins au secrétaire d'État Leblanc, 7 octobre 1720 (Arch. mun., R. G., p. 52), recto : « Nous avons sujet de rendre mille grâces à S. A. R. de nous avoir donné un commandant tel que M. Langeron, dont nous ne saurions assez louer le mérite et l'attention à pourvoir à toutes choses avec une prudence singulière. »

2. BERTRAND, ouv. cité p. 224.

travaux. » Un autre contemporain, le frère Victorin [1], appréciait son œuvre en ces termes élogieux : « la sage conduite de M. de Langeron a plus sauvé de gens que tous les remèdes des apothicaires. Il s'est fortement attaché à procurer l'abondance et le bon ordre. Lorsque il est entré en commandement, presque toutes les boutiques et les caves étaient fermées, encore que pour de l'argent on ne pouvait rien trouver. Non seulement les maisons, mais encore les rues étaient pleines de malades languissants, sans aucun secours. Il a fait ouvrir toutes les boutiques et autres lieux nécessaires aux besoins de la vie. Il a fait avancer le travail des hôpitaux avec tant de diligence que, depuis plus de cinq mois, on ne voit non seulement plus de malades dans la rue, mais encore on fait transporter ceux qui tombent malades dans les maisons, de crainte qu'ils ne renouvellent la contagion. Il suffit de vous dire en deux mots que certainement ce qui reste de la ville de Marseille doit son salut à sa vigilance et à sa bonne conduite. » Même témoignage d'admiration donné par un religieux [2] anonyme : « Sa prudence éclata bientôt par les ordres judicieux qu'il donna, sa justice par des châtiments exemplaires du crime qu'un temps de trouble et de confusion ne manque pas de produire, son autorité par les secours qu'il obtint, sa pénétration par les justes mesures qu'il prit pour détruire un mal si cruel, et son bonheur par tant d'heureux succès qui suivirent toujours ses glorieuses entreprises. »

Le premier travail à entreprendre ou plutôt à continuer était l'enlèvement des morts. Les anciennes fosses étaient remplies et il ne fallait pas songer à y déposer de nouveaux cadavres. Langeron en fit aussitôt creuser de nouvelles, de six toises de longueur sur cinq de large, par des paysans réquisitionnés de force. Elles étaient à la porte d'Aix. Il en fit également creuser au quartier Saint-Ferréol, qui jusqu'alors avait été à peu

---

1. Victorin, *Lettre à un de ses amis sur les maladies contagieuses*, p. 17.
2. X..., *Discours de ce qui s'est passé, etc.*, p. 12.

près épargné, mais qui commençait à payer largement son tribut à la maladie. Il rencontra dans ce quartier un auxiliaire dévoué dans la personne d'un peintre, Serre, qui se mit à son entière disposition. « Zélé[1] jusqu'au point de sacrifier sa prospérité pour le secours de sa patrie, Serre s'est chargé seul du pénible et périlleux soin de faire enlever et enterrer tous les cadavres, avec quelques tombereaux que MM. les Echevins lui ont donnés, et une brigade de forçats que MM. des galères lui ont fournie, qu'il prend soin de nourrir et entretenir, et de loger et tenir à sa garde. Un citoyen à qui la patrie est si chère mérite certainement bien d'en être chéri ». Comme les funèbres convois ne discontinuaient pas, Langeron ordonna encore de creuser une autre fosse, mais celle-là très profonde, vingt-deux toises de long sur huit de large et quatorze pieds de profondeur, dans le jardin des Observantins. Cent cinquante paysans, commandés par un officier des galères, Soissans, y travaillèrent sans relâche, et bientôt le travail fut achevé.

Les rues néanmoins restaient toujours encombrées. De nouvelles brigades[2] de forçats avaient pourtant été prêtées. Il avait même été stipulé qu'aucune indemnité ne serait réclamée pour leurs services : « le motif pour lequel vous les demandez étant trop sensible pour vous assujettir. » On avait encore décidé[3] que les galériens travailleraient dorénavant sous la surveillance directe de leurs gardiens, les officiers de sifflet comme on les nommait, et de quelques soldats des galères. Il y avait

---

1. PICHATTY, *ouv. cité*, p. 48
2. Lettre de A. de Bourbon, maréchal d'Estrées et chevalier d'Orléans aux Echevins, 25 août 1720 (Correspondance de la mairie, au mot Bourbon). — Lettre des Echevins à Villars, 9 septembre. 1720 (Arch. mun., R. G., p. 48) : « Nous prenons la liberté d'envoyer à Votre Grandeur une copie du traité que nous avons fait ces jours passés avec MM. des galères. Ce traité La convaincra du pitoyable état dans lequel notre ville se trouve, et qui nous a obligés d'accepter les conditions et les termes par lesquels MM. des galères nous ont donné des secours. »
3. Lettre du 6 septembre des Echevins aux commandants des galères. — La convention entre Echevins et chefs de l'escadre est rapportée par PAPON, *Histoire de Provence*, t. VI, p. 669.

donc une amélioration sérieuse dans les relations entre Echevins et commandants des galères. Avec Langeron tout marcha plus méthodiquement encore, car les forçats furent dirigés et surveillés. On ne toléra plus ces honteux marchés en vertu desquels on enlevait de préférence telle ou telle victime du fléau. Tous les cadavres épars dans la rue furent indistinctement déposés dans les tombereaux, et de là portés aux fosses communes. Et encore le mal était si grand que, d'après un contemporain[1], « il tue plus en un seul jour qu'on ne peut en enlever en quatre ! » Bien qu'une vingtaine de tombereaux circulassent jour et nuit, ils ne suffisaient pas à enlever tous les cadavres. Il semblait même qu'on n'y touchait pas. A peine avait-on vidé une rue ou une place que le lendemain elle était de nouveau remplie. A la fin d'août près de mille personnes mouraient par jour, la plupart du temps sans secours, car on s'éloignait des pestiférés. Les liens de la chair et du sang étaient rompus. Comme l'écrivait Pichatty[2], « c'est là que l'on voit ce nombre infini de malades, de tout sexe, de tout âge, de tout état et condition, qui se trouvent couchés et étendus dans les rues et les places publiques : si tous ne sont pas jetés cruellement hors leurs propres maisons par leurs parents, ou par leurs amis, ils préviennent eux-mêmes leur cruauté pour ne pas être exposés à y être abandonnés par la suite, et vont se présenter aux hôpitaux, où ne pouvant être reçus, ni même aborder de bien loin par la multitude de ceux qui les ont devancés, et qui, les ayant trouvés déjà entièrement remplis, se sont couchés sur le pavé et en occupent toutes les avenues, ils sont contraints d'aller chercher place plus loin parmi les cadavres pourris, dont la vue et la puanteur sont à leur procurer la mort. »

C'est alors que se manifesta l'efficacité d'une direction ferme et intelligente. Langeron distribua la ville par quartiers et ordonna de procéder méthodiquement,

1. BERTRAND, *ouv. cité*, p. 202.
2. PICHATTY, *ouv. cité*, p. 33.

coûte que coûte, au déblaiement des rues. Vingt-cinq forçats furent exclusivement occupés à débarrasser les rues des meubles et hardes des pestiférés qui les encombraient. Quant aux cadavres, les Echevins cette fois encore donnèrent l'exemple. Revêtus de leurs insignes, comme pour mieux montrer qu'ils remplissaient un des devoirs de leur charge, ils montèrent à cheval et se mirent à la tête des détachements de forçats et de soldats chargés d'enlever les cadavres et de les porter aux fosses communes. Audimar se chargea du quartier de Saint-Jean. C'était un homme naturellement doux et conciliant ; mais il ne tarda pas à reconnaître qu'avec des galériens il fallait agir brutalement. On le vit donc mettre l'épée à la main, pressant les uns, menaçant les autres, courant partout où sa présence était nécessaire, « et faisant céder son tempéramment à son devoir et à son zèle ». On remarqua surtout son ardeur, le 17 septembre, lorsqu'il s'agit de déblayer une des traverses les plus encombrées, celle du Ferrat. Ses collègues Estelle et Moustier ne furent ni moins dévoués, ni moins courageux. Moustier surtout se signala par sa froide intrépidité. Il s'était chargé du quartier de la porte d'Aix, c'est-à-dire d'une des parties de la ville, dont les rues étroites et les maisons surélevées regorgeaient pour ainsi dire de cadavres : à force d'énergie il réussit à déblayer peu à peu les places les plus encombrées, mais il lui fallut parfois livrer de vrais combats, par exemple du côté de la Major, où les cadavres s'accumulaient et où les fosses étaient remplies. « Il va aussitôt prendre les paysans qui travaillent aux nouvelles fosses du côté de la porte d'Aix ; mais il n'est pas maître d'eux aux approches des lieux pestiférés. Les soldats des galères qui les accompagnent ont beau les pousser : ils reculent. Il prend lui-même une pioche et se met à travailler de toute sa force pour tâcher de les animer. Ce n'est pas eux que son exemple pique : ce sont les soldats. Ils mettent tous à l'instant leurs armes à terre, lui viennent ôter la pioche des mains, et recouvrent les fosses malgré l'infection avec une ardeur qui n'est point exprimable. C'est dommage que tous ces soldats aient péri. Ils ont sauvé la ville avec un zèle qui les fera toujours regretter[1]. »

Plus encore que Langeron, Audimar et Moustier, se signala le chevalier Roze. Rappelons ici qu'il avait déjà rendu à la communauté d'inappréciables services. Avec les hommes de cœur qu'il avait formés à son école, avec quelques volontaires alléchés par l'appât du gain et des soldats qui lui furent prêtés par l'autorité militaire, il avait organisé des compagnies d'élite « qu'il conduisit dans les endroits où les cadavres étaient les plus entassés et les plus pourris, les leur faisant enlever dans des tombereaux pour les porter dans des fosses, agissant partout avec tant d'ardeur, de courage et d'intrépidité, que les soldats furent étonnés, et que les forçats eux-mêmes, animés par son exemple, s'abandonnèrent à tout ce qu'on exigeait d'eux, sans craindre les périls qu'ils le voyaient mépriser. » Il est vrai que sur quarante soldats, trente six moururent. Au moins Roze, qui les avait toujours conduits, échappa-t-il à la mort.

Ici se place le fameux épisode de la Tourette : Au mois d'août la contagion avait redoublé, et les cadavres encombraient les rues. Sur la place de Linche et à la Tourette, c'est-à-dire sur le penchant de la colline qui regarde la mer, près de mille cadavres étaient étendus les uns sur les autres, qui étaient exposés depuis trois semaines à toute l'ardeur du soleil, ce qui aurait suffi pour les corrompre et les empester, quand même ils n'auraient pas été pestiférés. « Les sens étaient d'abord saisis à l'approche d'un lieu d'où l'on sentait de plus loin les vapeurs contagieuses qui en exhalaient. La nature frémissait à la vue de ces objets pleins d'horreur, et les gens les plus assurés ne pouvaient soutenir un aspect aussi hideux. Ces restes de cadavres n'avaient plus forme humaine. Ils paraissaient des monstres, et leurs membres séparés du tronçon semblaient remuer par l'affreuse quantité de vers que la pourriture y avait engendrés et qui les dévoraient. Leurs corps ouverts

---

[1]. Pichatty, *ouv. cité*, p. 16.

étaient vides d'intestins, et leurs entrailles corrompues étaient répandues sur la terre où elles étaient collées, après l'avoir teinte et arrosée d'une liqueur noirâtre et venimeuse. » Tant que subsisterait ce foyer d'infection, Marseille ne pouvait espérer son salut. Roze promit de faire l'impossible. Il alla tout d'abord, et c'était un premier acte de courage, visiter les lieux. Tout le long de la mer s'étendaient des murailles, celles mêmes qui, d'après la tradition, avaient résisté aux assauts des légionnaires de César. Deux tours se dressaient sur ces remparts : l'une la plus grande, qui subsiste encore, l'autre, plus petite, qui était carrée et servait de phare pour l'entrée dans le port. Elle est nommée dans les actes officiels Turreta, et figure sur les cartes avec une lanterne et une girouette. Sous ces remparts, Roze découvrit d'immenses fosses vides. On pouvait y entasser des cadavres et les inonder de chaux vive. Le difficile était de les y transporter. Roze assembla son monde, et, sans rien leur dissimuler des dangers de l'entreprise, les pria de faire ce dernier sacrifice, leur promettant d'ailleurs qu'il donnerait l'exemple et se mettrait à leur tête.

Dès la place de Linche l'air était comme empesté. Roze fit faire halte, ordonna de distribuer du vin à tout le monde, en but lui-même, et arriva le premier sur la place funèbre. A ce spectacle hideux les plus courageux prirent peur. Il fallut que le chevalier descendit de cheval, saisit lui-même par la jambe un des cadavres et le portât jusqu'à la fosse. Ce trait de bravoure excita l'émulation des assistants, et ils se ruèrent à l'assaut. « Après avoir ceint leur tête d'un bandeau trempé dans du vinaigre qui leur bouchait le nez, ils se livrent au danger avec une ardeur incroyable. Cinq ou six d'entre eux restent d'abord sur la place et grossissent le nombre des morts, que leurs camarades enlèvent avec les autres. Rien n'est plus capable de les ébranler dans la chaleur de l'action. Tantôt ils saisissent un tronc pourri, dont les bras et les jambes sont détachés, tantôt ils ramassent des entrailles répandues, qui fourmillent de vers. Ici ils marchent sur des corps morts dans lesquels le pied s'enfonce comme dans la boue ; là ils entassent des hardes infectes, infiniment plus à craindre que les morts même, pour les consumer dans le feu. » Des chiens dévoraient ces restes lamentables. Ils sont tués et jetés dans la fosse commune, puis des tombereaux de chaux vive sont apportés, et le funèbre caveau est comblé.

À l'heure actuelle, les morts n'y reposent plus. Pendant longtemps nul ne s'avisa de les troubler dans ce dernier asile : mais des deux bastions le premier, situé près de Saint-Laurent, raviné par les pluies et très battu par la mer, s'écroula. On n'en voyait plus même la trace vers 1830. Quant au second, près de la batterie de la Major, et qui fut longtemps surmonté par un poste de douaniers, on le démolit en même temps que l'ancienne esplanade de la Tourette, lors des travaux de construction du port de la Joliette, en 1845. On y trouva de nombreux ossements, et surtout des squelettes d'enfants assez bien conservés, mais qui tombèrent en poussière, quand on les toucha. Notons encore que lorsqu'on construisit la rampe qui conduit de la Tourette à la Major, on rencontra à quinze ou vingt mètres de la maison Dusseaulx, au numéro 10 en descendant la rue Fontaine des Vents, trois trous de trois mètres carrés sur un mètre cinquante de profondeur, qui contenaient des ossements mêlés à de la chaux. Il est probable qu'ils avaient été déposés à cet endroit parce qu'il n'y avait plus de place dans les bastions. Il ne reste donc sur ce point aucun vestige du passé.

Cet acte héroïque s'accomplit le 16 septembre 1720 ; mais il coûta cher. Presque tous les ouvriers de cette sinistre besogne tombèrent victimes de leur dévouement. Roze lui-même fut malade et ce fut miracle s'il échappa à la mort. Il serait vraiment à désirer que cette belle action fût mieux connue. Roze et ses auxiliaires n'ignoraient pas qu'ils couraient à la mort, et, sans trembler, presque gaiement, ils firent le sacrifice de leur vie. Ils furent les sauveurs de Marseille. Honneur à ces victimes du dévouement et à leur illustre chef. Ils ont fait leur devoir : remplissons le nôtre en célébrant leur mémoire.

Un artiste de talent, Jean François de Troy (1679-1752), qui fut plus tard directeur de l'Académie de France à Rome, composa en 1725, en souvenir de cet acte héroïque, un beau tableau, qui appartint d'abord au chevalier Roze, comme le prouve l'inventaire[1] de son mobilier en 1733. Il est indiqué comme enfermé dans « un cadre sculpté et doré de huit pans et demi de large par cinq et demi de hauteur ». Ce tableau existe encore et les dimensions données par l'inventaire sont exactes. Il a été depuis acquis par le fameux armateur Borély et passa dans le château de Bonneveine. Il a été transféré dans la collection de la Santé, puis au Musée de Marseille, au palais de Longchamps. Sa place serait plutôt à l'hôtel de ville. Avec sa teinte générale tirant sur la couleur brique, il ne rend plus qu'imparfaitement l'harmonie de la lumière, mais les personnages sont bien traités et l'inspiration générale excellente. Les groupes de pestiférés sont habilement distribués et pleins de naturel. Voici comment en parle un critique d'art, Marius Chaumelin[2] : « L'esprit est saisi d'épouvante en face de cette scène inouïe, où les vivants poussés en apparence par une fureur sacrilège, étreignent violemment les morts, les soulèvent, les apportent en courant et les précipitent dans la fosse béante. Des cavaliers parcourent à toute bride cette mêlée monstrueuse, et, pour ajouter à l'horreur de ce spectacle fantastique, des anges secouent des torches enflammées... Il faut renoncer à décrire tous les détails de ce tableau : les cadavres bizarrement amoncelés ; tous les sexes, tous les âges rapprochés dans cet effroyable charnier, et, au milieu des forçats qu'il dirige et stimule, le chevalier Roze, impassible sur son cheval. » Henri

[1]. Abbé ARNAUD D'AGNEL, Inventaire après décès du chevalier Roze (*Bulletin historique et philologique*, 1903, p. 6).
[2]. MARIUS CHAUMELIN, *les Trésors d'art en Provence*, p. 249. — Cf. PAUL RICHER, *l'Art et la Médecine*.

Simon Thomassin (1688-1741) grava ce tableau et les épreuves de cette estampe sont recherchées. Il est regrettable que la photographie ne rende qu'imparfaitement l'ensemble et les détails de ce document authentique de la peste. L'inscription de la gravure Thomassin est, dans sa simplicité, le meilleur commentaire de l'épisode de la Tourette : « M. Roze, commandeur de l'ordre de Saint-Lazare, déterminé à se dévouer au salut de sa patrie dans le plus fort de la mortalité, fait enlever en un jour une infinité de cadavres pestiférés entassés sur la place de la Tourette, dont les exhalaisons portaient la mort partout, et, par le succès d'une entreprise si dangereuse, sauve presque tout le reste de ses concitoyens. »

Un autre peintre, Paulin Guérin[1], de Toulon (1793-1855), a consacré à cet acte héroïque du chevalier Roze un beau tableau, aujourd'hui conservé dans le salon de la Consigne sanitaire à Marseille. Roze y est représenté sur la Tourette, au moment où, descendu de cheval, il tient de la main gauche le corps d'une femme à moitié vêtue qui serre contre elle le cadavre de son enfant, et de la main droite indique les bastions destinés à recevoir les cadavres ; au premier plan sont accumulées les victimes de la peste, et les forçats, enthousiasmés par la vaillance de leur conducteur, se hâtent de l'imiter, et soulèvent les cadavres qu'ils vont précipiter dans leur dernière demeure. Les attitudes sont un peu compassées, et les gestes trop académiques, dans le goût de l'époque, mais l'impression générale est poignante, et la coloration chaude, même un peu violente, s'est bien conservée. Certes, ce tableau n'est pas déplacé à côté de ceux de David, d'Horace Vernet, de Gérard, et surtout de l'admirable bas-relief de Puget, représentant la peste de Milan et saint Charles Borromée qui garnissent le salon de la Consigne sanitaire.

Le tableau de Gérard, auquel nous faisions allusion, figure également dans ce salon, où il sert de pendant

---

1. Cf. Autran, *Éloge du peintre Paulin Guérin*.

au saint Roch de David. Une mère assise sur une caisse tient entre ses genoux son fils aîné, enveloppé dans une couverture. Un autre enfant, plus jeune, regarde d'un œil indifférent un pestiféré qui se tord en convulsions et déchire dans son délire bandages et linges; à côté de lui des forçats traînent des cadavres. Au fond, Belsunce distribue des secours. Les groupes sont harmonieusement disposés et la couleur éclatante, bien que tirant trop sur le brun; mais l'inspiration manque. C'est un tableau d'école, de style académique, et composé d'après les règles, mais froid, et qui « n'empoigne » pas [1].

Dès 1721, les jésuites avaient chargé le peintre Michel Serre, né à Tarragone, le 10 janvier 1658, mais établi depuis de longues années à Marseille, de peindre pour leur maison divers épisodes de la peste [2]. Lors de la destruction de la Société de Jésus en 1774, ces tableaux furent achetés par la ville et de là portés au musée de Marseille, où ils figurent [3] encore, avec une trentaine de tableaux du même auteur. Serre, pendant la peste, s'était honorablement conduit. C'est lui qui présida aux opérations du déblaiement dans les rues du quartier Saint-Ferréol; aussi son nom est-il resté populaire à Marseille. Lebret l'aimait et l'estimait: « Comme j'espère aller dans peu à Marseille, écrivait-il aux Echevins, le 18 décembre 1721, je verrai avec vous ce qui se pourra faire pour le tableau du sieur Serre, dont je connais le mérite ». Serre paraît avoir été meilleur citoyen que grand peintre. Il avait le pinceau facile, trop facile même, et, si on loue sa fécondité, on est obligé de faire toute réserve sur son talent [4].

---

1. Voir tableau de Goubaud représentant saint Lazare et saint Roch implorant la Vierge pour obtenir la cessation de la peste.
2. LAFORÊT, ouv. cité, p. 113. — Voir lettre au négociant Gravier adressée à son frère alors à Creissan, près d'Aubagne, au sujet de cette commande, 24 mars 1721.
3. Un de ces tableaux représente le Cours encombré de cadavres, avec Belsunce et les Echevins qui distribuent des secours. Le second tableau nous transporte sur le quai, en face de l'hôtel de ville. Les cadavres sont épars dans la rue.
4. PARROCEL, Annales de la peinture, École de Marseille, p. 271. — CHENNEVRIÈRES DE POINTAL, Peintres provençaux de l'ancienne France, II° vol.

On conserve encore au Musée de Marseille un tableau de Mausian, consacré à Belsunce. Le saint évêque y est représenté au milieu des pestiférés, auxquels il donne la communion. A ses pieds, une femme à demi couchée, soutenue par un vieillard. Le ton général de cette peinture est rouge. Peut-être l'auteur a-t-il voulu par là donner une idée de la fièvre. Mais le symbolisme existait-il déjà ? Nous penserions plus volontiers que Mausian abusait des couleurs éclatantes[1].

De ce dramatique épisode de la Tourette, il reste encore un témoignage matériel : le reçu, signé Roze et contresigné Moustier, de l'argent dépensé pour la fabrication des pelles destinées à ramasser les cadavres. Voici ce document, que nous reproduisons avec ses bizarreries orthographiques : « Messieurs les Echevins, vous aurés la bonté de faire payer à Boulle, nostre forgeron, la somme de trente six livres pour douze pelles de fer à for fait à trois livres l'une. Lesdites pelles ont été vernisse par Sonchon pour le service de la ville. Et lesdites pelles, je les ay feitte faire de vostre ordre à Mars, Rive Neuve, le 24 juillet 1721. Le chevalier Roze. Veu le compte cy dessus que le sieur Bouis payera à Marseille ce 24 juillet 1721. Moustier[2]. »

Quant aux forçats qui partagèrent avec Roze l'honneur de cet acte héroïque, il ne paraît pas que les contemporains leur aient rendu justice. Il s'est même trouvé un écrivain, anonyme il est vrai, qui n'a trouvé à leur égard que des paroles de blâme : « indignée de la hardiesse de ces forçats, la contagion termine par une prompte mort la témérité qu'ils avaient eue de s'approcher avec si peu de ménagements. La plupart furent frappés, et les autres, après s'être enrichis par mille vols qu'ils faisaient impunément dans les maisons, s'enfuirent et allèrent ailleurs jouir plus sûrement du fruit de leurs crimes ». Moins rigoureux, jetons un voile sur leur vie passée, et ne voyons plus en eux que des

---

1. Registre des délibérations municipales (26 juin 1820). Proposition de vendre à la ville le tableau de Mausian.
2. X..., *Discours sur ce qui s'est passé*, etc.

malheureux, dont la plupart expièrent par une mort honorable des fautes qu'il faut oublier.

Il n'en est pas moins vrai que grâce aux Echevins, à Roze, à Langeron, à Lebret, les rues de Marseille étaient à peu près déblayées. Aussi l'intendant de Provence se félicitait-il de ce résultat si promptement acquis. « J'apprends[1] avec quelque consolation, écrivait-il aux Echevins, la réussite de vos soins par rapport à l'enlèvement des cadavres » ; mais il ne croyait pas cependant la besogne achevée. « La principale chose que vous ayez à faire présentement, ajoutait-il, c'est d'avoir soin que les morts qui pourront survenir soient enlevés diligemment, mais il n'est pas moins nécessaire que vous ayez tous les jours un état, par noms et demeures, de tous les malades et de tous les morts, car on désapprouve fort à Paris, et on a raison, qu'il n'ait point été fait de journal de tout ce qui arrive en ce genre. Ayez soin, s'il vous plaît, de cet article qui est très important. » Lebret, dans son formalisme administratif, se trompait. D'autres soucis attendaient les Echevins et ils avaient à régler encore bien des questions autrement importantes, celles de la justice, des finances et des approvisionnements.

1. Lettre aux Echevins.

CHAPITRE VII

L'ADMINISTRATION MUNICIPALE. — JUSTICE. — SERVICE DES RENSEIGNEMENTS ET DE L'ÉTAT CIVIL. — FINANCES

Dans la déplorable situation où se trouvait Marseille, ce n'était pas seulement contre la peste qu'il fallait lutter, mais plus encore contre les mauvais instincts d'une population exaspérée et toute disposée à s'abandonner à l'anarchie.

L'administration municipale avait donc à maintenir l'ordre sans négliger les affaires courantes, et ce n'était pas une tâche aisée. Ainsi que l'écrivait l'archiviaire Capus dans le registre où il transcrivait jour par jour les décisions prises, « dans ce temps de calamité les Echevins donnaient les meilleurs ordres qu'il était possible et s'exposaient sans ménagement afin de procurer aux malades et à ceux qui se portaient bien tous les secours dont ils avaient besoin. Ils firent diverses ordonnances de bon ordre pour empêcher les vols. Ils établirent des capitaines et des commissaires tant dans la ville que dans les campagnes, et enfin, ils firent un vœu pour tâcher d'apaiser la colère du ciel ». Le meilleur moyen de se rendre compte de cette dictature imposée par la nécessité, serait de suivre au jour le jour les ordonnances rendues par la municipalité ; mais, comme les matières sont très diverses, mieux vaut les étudier

CHARLES-GASPARD DE VINTIMILLE DU LUC
Archevêque d'Aix, puis de Paris.

successivement, sur le terrain de la police, de la justice, des finances, des approvisionnements, etc. Nous aurons de la sorte comme un tableau général de la vie courante à Marseille pendant les derniers mois de cette calamiteuse année 1720.

I

JUSTICE

Il était indispensable, comme d'ailleurs dans toutes les crises, de concentrer les pouvoirs afin d'imprimer une direction une et méthodique. Le Viguier et les Echevins de Marseille n'hésitèrent pas un instant à assumer la lourde responsabilité qui s'imposait à eux. Sans attendre l'autorisation du gouvernement, mais de concert avec l'Intendant, qui était en même temps premier président du Parlement, ils agirent, comme dans les cas de force majeure, décidant en dernier ressort sur tous les cas litigieux, nommant à tous les emplois, suspendant même l'action de la justice. Ils le firent avec d'autant moins de scrupules qu'ils y étaient en quelque sorte autorisés par des précédents. Déjà en 1629, dans une semblable circonstance, leurs collègues avaient été investis de pouvoirs extraordinaires. En vertu de la tradition, ils se considérèrent donc comme en possession du droit de régler toutes les affaires. Ce qui surtout leur permit de trancher dans le vif c'est que beaucoup de fonctionnaires et presque tous les magistrats avaient donné le mauvais exemple et s'étaient enfuis [1] dans leurs bastides. Les officiers municipaux, les notaires et de nombreux huissiers les avaient imités. Les Echevins sans hésiter se substituèrent aux défaillants. Lebret, informé par

---

[1]. Ordonnance du 22 août 1720, enjoignant aux fonctionnaires de rejoindre leur poste dans les vingt-quatre heures. Nouvelle ordonnance du 29 août (Registre de transcription, pp. 16, 22, 23).

eux de ce qu'il aurait pu considérer comme une usurpation de pouvoirs, comprit qu'en temps de crise il était impossible de suivre les règles ordinaires. Il approuva donc leurs faits et gestes, mais avec une restriction : « Il faut, leur écrivait-il[1], que vous fassiez signifier les arrêts à nos officiers municipaux, avec injonction de se rendre à leurs charges et de se présenter tous les jours à l'Hôtel de Ville. Vous n'avez qu'à rendre une sentence contre eux ; l'arrêt de 1629 vous en donnant le pouvoir. Après quoi, il faudra m'envoyer ici toute la procédure pour la faire confirmer. Les peines de mort et de galères exigent que vous m'envoyiez le plus tôt qu'il se pourra le certificat de l'absence de vos officiers de justice, que vous devez donner en exécution de l'arrêt rendu sur leur sujet. »

L'important était d'empêcher les désordres dans la rue. Or, les malandrins, les *nervis*, comme on les nommait déjà, toujours nombreux dans une grande ville, profitaient de l'occasion pour exercer à peu près impunément leur lucrative profession. Dès le 4 août, les Echevins demandèrent à Lebret l'autorisation[2] d'agir contre eux à leur guise : « Comme il est dangereux que, pendant un temps de calamité et de troubles, la canaille ne fasse des désordres et des vols, nous croyons qu'il serait à propos que nous fussions en droit de juger en dernier ressort. Nous vous envoyons un mémoire de ce qui s'est pratiqué en pareilles occasions, afin que, si le mal continue, vous ayiez la bonté de nous procurer des lettres patentes dudit arrêt du Parlement qui nous donne ce pouvoir. Il est constant que nous n'en abuserons pas, et nous serons heureux de n'avoir pas sujet d'en user. »

Les Echevins se trompaient dans leurs prévisions optimistes et ils allaient être forcés de se montrer rigoureux. Dans une lettre[3] intéressante qu'ils adressaient

1. Lettre de Lebret aux Echevins, 7 septembre 1720 (Arch. mun.).
2. Lettre des Echevins à Lebret, 14 août 1720 (Arch. mun., C. E., p. 154).
3. Lettre des Echevins à Lebret, 27 août 1720 (Arch. mun., C. E., p. 175, verso).

à Lebret, à la date du 27 août 1720, ils lui faisaient part de leurs inquiétudes et demandaient qu'on vînt à leur aide en leur envoyant un renfort de troupes régulières. « Dans les temps de calamité où tous nos principaux habitants sont sortis de la ville et qu'il ne nous reste que la populace composée d'une infinité de canailles et de malfaiteurs, il est très important de pouvoir la contenir et d'empêcher qu'on n'enfonce et ne pille les maisons, et qu'on ne se porte même à des séditions ou à des révoltes. Quelque attention que nous ayions de faire donner toute la subsistance nécessaire aux pauvres, on ne peut pas les contenter si bien qu'ils ne murmurent toujours, et qu'ils ne soient en état, à la moindre occasion, de tout entreprendre. Dans le terroir, les paysans commencent à se mutiner. Sous prétexte de chasser, ils vont par pelotons courir la campagne et piller les bastides. Lorsque nous avons besoin d'eux pour ouvrir des fosses, ils refusent de venir. Les ouvriers de la ville font de même. Nous avons bien fait quelque milice, mais ce sont des gens malingres, incapables de toute discipline, et avec lesquels, bien loin de pouvoir contenir la population et arrêter une révolte, nous ne pouvons pas faire seulement exécuter le moindre ordre, de sorte que nous ne saurions rien faire, ni tenir la ville en sûreté ni nous-mêmes, si Votre Grandeur n'a pas la bonté de nous faire envoyer au moins deux cents hommes de troupes réglées pour exécuter nos ordres. Nous nous flattons que la chose est de trop grande importance pour que Votre Grandeur ne fasse attention, et qu'elle ne nous accorde un secours si nécessaire aussi promptement qu'il lui sera possible. »

Cette question d'un renfort de troupes à envoyer à Marseille tenait si fort à cœur aux Echevins qu'ils s'adressèrent [1] également au maréchal de Villars, gouverneur de Provence, alors à Paris, et le supplièrent d'obtenir non plus deux cents, mais quelques centaines de sol-

---

1. Lettre des Echevins à Villars, 6 septembre 1720 (Arch. mun., R. G., p. 45, verso).

dats de renfort. « Nous nous trouvons presque seuls chargés d'une populace nombreuse, insolente et prête à tout moment à se révolter. Nous avons instamment prié M. le Premier Président de nous procurer quelques troupes pour les contenir, avec des lettres patentes qui nous donnent le pouvoir de juger souverainement, ainsi qu'il s'est pratiqué autrefois. M. le Premier Président envoya un courrier à la cour pour avoir ces troupes, quand ce ne serait que quatre ou cinq cents hommes. Nous espérons que Son Altesse royale aura la bonté de nous les accorder. »

Cette demande était légitime. On déféra au vœu exprimé par les Echevins, mais, comme on craignait d'exposer à la contagion des troupes régulières, on se contenta d'abord d'envoyer à Marseille, en qualité de commandant supérieur de la place, et avec des pouvoirs discrétionnaires, le bailli de Langeron [1], commandant des galères. C'était un homme habitué à se faire obéir, et dont la réputation de sévérité était établie ; mais on le savait dur au travail, inflexible à la discipline, et ne reculant devant aucune responsabilité. En effet, à peine installé, Langeron suspendit d'une façon définitive toutes les juridictions, et établit une sorte de justice prévôtale sans appel ni recours en grâce. Tous les forçats surpris à voler [2] furent pendus sans miséricorde, ce qui était peut-être dur, car il y avait parmi eux des contrebandiers et des faux-sauniers, qui étaient coupables de contraventions, mais non de crimes. Deux de ces forçats, condamnés à la peine capitale pour un vol, se barricadèrent [3] dans une chambre, et annoncèrent qu'ils résisteraient à outrance. On les asphyxia avec de la fleur de soufre, et,

1. Registre de transcription, p. 18. Ordonnance du Roi qui nomme M. de Langeron, commandant de la ville de Marseille, en qualité de maréchal de camp. — *Ibid.*, p. 19. — Lettre du roi à M. le chevalier de Langeron.
2. Curieuse ordonnance des Echevins, en date du 2 septembre 1720 (Registre de transcription, p. 22), portant que, pour éviter les vols des forçats, les parents des décédés porteront les cadavres à la porte de leurs maisons.
3. LAFORÊT, *ouvr. cité*, pp. 7, 8.

dès qu'ils furent entre les mains des soldats de Langeron, on les pendit séance tenante et à la lueur des flambeaux. Aussi bien l'exécuteur des hautes œuvres n'exerçait pas une sinécure. Nous avons retrouvé quelques-unes des notes [1], ce qu'il appelle des « rôles de vacation » qu'il adressait à la Municipalité. Voici par exemple celle du 17 décembre 1720. « Pour l'amende honorable de Jean Fidelle et de Jean Limoge à l'hôtel-de-ville, 10 livres; pour celle de Mathieu Roux à l'hôtel-de-ville et à Saint-Laurent, 15 livres; pour avoir fouetté une fois Catherine Poulle, 15 livres; pour avoir fouetté sa sœur Izabeau trois jours consécutifs, 15 livres. » Les exécutions à mort coûtaient plus cher. Ainsi « pour avoir exécuté à mort Anna Nielle et pour avoir fait assister à la mort d'icelle les nommées Céline Astourme et Marie Victoire » le bourreau réclamait 60 livres.

Ce n'était pas seulement les criminels de droit commun que poursuivait sans pitié Langeron. Il traqua les nombreux mendiants qui circulaient alors dans les rues, et qui, faisant semblant d'être pestiférés, demandaient la bourse ou la vie. Quelques exécutions sommaires eurent bientôt purgé la ville de ces hôtes compromettants. Langeron se montra sévère surtout pour ceux qui transgressaient les ordonnances de salubrité publique. Voici, entre beaucoup d'autres, l'arrêt de condamnation de Jean Galerne, dit la Violette « atteint et convaincu du cas et crime de contravention à nos ordonnances. L'avons condamné à être livré entre les mains de l'exécuteur de la haute justice, qui lui fera avoir à souffrir le fouet par tous les lieux et carrefours de la ville accoutumés, et notamment à la rue du Grand-Puits, avec défense de commettre à l'avenir de semblables crimes à peine de la vie : Le condamnons en outre à 2 livres d'amende envers le Roi, de même à être et demeurer prisonnier dans les prisons royales au Palais, jusqu'à ce que les barrières soient ouvertes ». Convaincu que beaucoup de cas étaient dus à la vente par des cor-

---

1. Archives municipales. Papiers non classés.

beaux de hardes non désinfectées, Langeron condamna sans rémission tous ceux qui furent surpris se livrant à ce commerce illicite. Ainsi un parfumeur qui avait soustrait des vêtements de minime valeur fut fusillé sur place dans l'enclos des Cordeliers [1]. Deux femmes avaient été surprises volant des draps : elles furent pendues et on brûla les draps au pied de la potence où elles expiaient leur faute. Ces exemples de justice sommaire inspirèrent une salutaire terreur. Les voleurs et les mendiants disparurent ou tout au moins devinrent plus rares, et la justice reprit son cours normal.

Nous ne pouvons entrer dans le détail des affaires [2] tranchées par Langeron. Cette étude rétrospective présenterait un grand intérêt, mais nous entraînerait hors de notre sujet. Qu'il nous suffise de rappeler le procès du corbeau de Saint-Julien, accusé de rançonner les parents des victimes. Ne demandait-il pas jusqu'à 200 livres pour enterrer deux cadavres dans un même fossé! Aussi avait-il gagné beaucoup d'argent à ce triste métier, mais il fut dénoncé et allait être condamné quand il mourut. L'économe de l'hôpital des Convalescents, Jassemin, également accusé de vol, fut moins heureux. Voici le libellé du jugement [3] qui le frappa : « Avons déclaré ledit Jassemin atteint et convaincu des cas et crimes, pour réparation desquels l'avons condamné à être livré entre les mains de l'exécuteur de la haute justice, qui lui fera faire amende honorable la corde au cou, en chemise, tête et pieds nus, tenant un flambeau ardent entre ses mains, et en cet état le conduira devant la porte de l'hôpital des Convalescents, où, à genoux, il lui fera demander pardon à Dieu, au Roi et à la Justice.

1. Aujourd'hui rue du Jeune-Anacharsis.
2. Voir aux Archives municipales (15ᵉ section, nᵒ 8) les affaires de Jean Blanc et Bernardin Isnard (vol de toile), de Pierre Ménard et de Jean Guillon (vol avec effraction), d'Étienne Caruse (vol et transport de linges et hardes contaminés), de l'emballeur Berre ou Bierre, homme de confiance à l'hôpital du Mail (vol d'effets domestiques), etc. Cf. Le « rôle du pain fourni aux prisonniers qui ont été envoyés aux prisons royales de cette ville de Marseille du 10 septembre au 31 décembre 1720. » Tous les noms des prisonniers y sont énumérés.
3. Archives départementales, série 15, nᵒ 8.

Après quoi il sera conduit sur une des galères du Roi, pour y servir comme forçat à tirer la rame par force à perpétuité et pendant toute sa vie, avec défense de s'en évader à peine de la vie, le condamnant en outre à 10 livres d'amende envers le Roi. 10 mars 1721. Signé : Le chevalier de Langeron, Estelle, Moustier, Estienne, Michel, Sibon, Pedegrin et Icard, greffier en chef. »

L'affaire Nègre fit aussi beaucoup de bruit. C'était le corbeau des Aygalades qui avait abusé de sa situation pour voler outrageusement les familles de ceux qu'il enterrait, entre autres la famille Capus, dont il avait enseveli onze membres. L'enquête révéla qu'il avait enterré le paysan Davin pour une somme de 25 livres, puis sa fille pour 16 livres. Comme on n'avait pu le payer tout de suite, il déterra les cadavres, et il accomplissait sa funèbre besogne, quand les voisins intervinrent armés de fusils et le forcèrent à recombler la fosse. Il fut d'ailleurs condamné aux galères à perpétuité.

Comme étrange affaire civile, on peut citer le procès Amic. C'était un garçon chapelier qui avait une première fois promis mariage à une voisine de dix-neuf ans, Geneviève Aymard. Il avait renouvelé sa promesse « sur papier marqué », mais ne voulait plus s'exécuter. Sommé de tenir sa parole, on lui donna le choix entre la pendaison ou un mariage immédiat. Il préféra comme moins tragique la seconde alternative. Nous doutons fort que ce ménage ait été heureux.

Il est un degré de juridiction qui, sous la haute surveillance de Langeron, fonctionna toute la durée de l'épidémie avec une admirable régularité : il s'agit du tribunal de l'Amirauté, dont le lieutenant général J.-J. de Gérin donna l'exemple de la fermeté et de l'assiduité. On a en effet conservé les registres[1] tenus par son greffier lors de la peste. Ils comprennent : 1° les sentences et jugements rendus par de Gérin du 28 juin au 29 juillet 1720 et du 1er août au 14 septembre 1721. 128 sen-

---

1. Ces registres sont déposés aux Archives des Bouches-du-Rhône, sous les n°⁸ 431, 487, 494, 543.

tences furent alors rendues, et elles occupent 574 feuillets, soit 1148 pages in-octavo de papier timbré ; 2° les insinuations, c'est-à-dire l'enregistrement des documents intéressant l'amirauté, tels que lettres patentes, édits, passeports, brevets d'officiers, lettres de naturalisation, etc. Ces documents sont datés du 25 juin 1720 au 19 novembre 1722, et comportent 56 actes et 155 feuillets, soit 310 pages in-folio. Langeron n'avait donc pas à se plaindre du zèle de ses subordonnés, et lorsque, plus tard, il sollicita pour eux des récompenses, de Gérin méritait certainement la croix de Saint-Michel qui lui fut octroyée, et la survivance pour son fils aîné de sa charge de lieutenant de l'Amirauté. Lorsque, après la peste, le lieutenant général de Brancas visita Marseille, ce ne fut que justice, lorsqu'on lui présenta de Gérin, s'il lui adressa ces paroles réconfortantes : « Vous avez là, monsieur, pris une ville à l'assaut ! »

Il est certain que les procédés de Langeron étaient expéditifs, et probablement peu conformes à la procédure habituelle. C'est ce qui détermina certains magistrats, dépossédés de leurs fonctions, à une démarche assez extraordinaire. Les juges de la Sénéchaussée avaient été fort mécontents de voir que le cours ordinaire de la justice était suspendu, et que les Echevins d'abord, puis Langeron, avaient été investis de pouvoirs discrétionnaires pendant toute la durée de l'épidémie. Ils protestèrent et voulurent donner à leur protestation un caractère légal. Pélissier, avocat du roi en la Sénéchaussée [1], envoya à l'hôtel de ville un huissier accompagné « de deux hommes qui se disaient archers et qui avaient la bandoulière et le mousqueton sur l'épaule », ce qui était une première illégalité, car tous les archers de l'hôtel de ville étaient morts et ceux qui se présentaient n'avaient pas de commission. Ils forcèrent les portes de la maison commune et signifièrent au commissaire Pichatty qu'en vertu des ordonnances royales les magistrats entendaient

---

1. Lettre des Echevins à Lebret, 9 décembre 1720 (Arch. mun., C. E., p. 57, recto).

reprendre possession de leurs sièges. Deux heures plus tard le même huissier revenait, porteur cette fois d'un exploit, à la requête de Pélissier, enjoignant à Langeron d'avoir à cesser immédiatement l'exercice de la justice. « Comme[1] cette entreprise était hardie et d'une conséquence bien grande dans l'état où la ville se trouve, nous en donnâmes avis au sieur de Langeron, qui voulait d'abord faire emprisonner le sieur Pélissier, mais, ayant fait réflexion que le Parlement aurait pu s'en offenser, il se contenta de faire monter un corps de garde au palais, de peur qu'on n'élargît les prisonniers. » Pélissier aurait dû se tenir pour averti et comprendre que le moment était mal choisi pour revendiquer ses prétendus droits; mais il était tellement convaincu de la légalité de sa demande que, dès le lendemain, il avait l'audace de se présenter en personne devant Langeron, accompagné d'un greffier, de quatre jeunes avocats et de quatre archers en armes. Il voulait qu'on lui ouvrît tout de suite les portes du Palais pour y remplir les devoirs de sa charge. Langeron lui répondit que le Palais était la maison du roi, et que lui, Langeron, était son représentant direct. Comme il commençait à s'échauffer, il congédia brusquement les solliciteurs, et, pour bien leur prouver qu'il était le maître, autant que pour passer sa mauvaise humeur, il fit jeter en prison le malencontreux huissier qui avait porté le double message.

L'affaire fit du bruit. On en fut tout de suite informé à Paris; mais les ministres trouvèrent que Langeron était resté fidèle à son mandat et n'avait pas outrepassé ses instructions. Voici la lettre[2] que, dès le 1er janvier 1721, le secrétaire d'état Le Blanc lui adressait, en lui donnant raison sur tous les points. « J'ai lu, monsieur, à Son Altesse Royale la lettre que vous m'avez fait l'honneur de m'écrire le 8 de ce mois au sujet de la déclaration du 27 octobre dernier, que le sieur Pélissier, avocat du Roi en la sénéchaussée de Marseille, a fait signifier

---

1. Lettre des Echevins à Lebret, 9 décembre 1720.
2. Lettre de Le Blanc à Langeron, 1er janvier 1721 (Arch. mun.).

aux Echevins de cette ville, prétendant qu'elle les met en droit de reprendre les fonctions de sa charge. Elle a fort blâmé la conduite qu'il a tenue en cette occasion, et a loué la modération que vous avez eue de ne pas le faire arrêter. J'écris par son ordre à M. le chancelier afin qu'il lui en fasse une réprimande telle qu'il la mérite, et qu'il donne les ordres nécessaires pour prévenir de pareilles entreprises. Elle a approuvé que vous ayez fait mettre en prison l'huissier qui a fait cette signification, et désire que vous l'y reteniez autant de temps que vous le jugerez à propos. »

Armé de cette décision, Langeron n'eut qu'à continuer ce qu'il avait si bien commencé. Il put de la sorte résister à une opposition autrement sérieuse que celle de la Sénéchaussée de Marseille, l'opposition du Parlement d'Aix. Les membres de cette cour souveraine, fuyant devant la peste, non sans avoir rendu, entre le 31 juillet et le 30 septembre, jusqu'à quarante-six arrêts relatifs à l'épidémie, avaient cherché un refuge à Saint-Rémy. Ils s'avisèrent tout à coup de trouver mauvais qu'on eût donné à Langeron, à leur détriment, des pouvoirs qu'ils qualifiaient d'exagérés. Ils adressèrent donc au roi, en septembre 1722, des remontrances qu'ils renouvelèrent en décembre 1723. Ils rappelaient [1] tout d'abord « la grande prospérité des Échelles du Levant, l'expérience qu'avaient dû leur donner les diverses pestes, qui, en différents temps, ont affligé la province, et l'intérêt plus vif nécessairement porté aux accidents et suites d'un si terrible fléau, car les officiers du Parlement sont juges, mais ils sont en même temps citoyens de la province. Ils y ont, outre leurs personnes et leurs charges, des biens considérables. Ils ne pouvaient donc être que très attentifs à procurer la fin d'un mal qui mettait en danger leur vie et leur fortune. » Après s'être ainsi décerné un certificat d'utilité publique, ils se plaignaient avec amertume de ce que « dans le temps même que le Parlement commençait à prendre des mesures et à donner des

---

1. *Pièces historiques sur la peste de Marseille en 1720*, t. II, p. 118.

ordres à qui l'on doit le salut de tous les lieux qui n'ont pas été infectés, il s'est vu, tout d'un coup et sans avoir été entendu, dépouillé de sa légitime juridiction qu'on a fait passer dans des mains étrangères. Avec un étonnement égal à sa soumission, il a vu cette juridiction attribuée à une foule de commandants, gens sans expérience, la plupart sans biens, sans naissance, sans établissement, autant intéressés à la durée que votre parlement pouvait l'être à la cessation du mal. » Suivait l'énumération de divers jugements qui, en effet, paraissent avoir été au moins expéditifs. Ainsi un homme et une femme suspects de contrebande sont arrêtés à Toulon et traduits devant un conseil de guerre. Bien que l'homme ait été absous, et que le délit ait été commis avant la déclaration de la contagion, le commandant de la place l'a fait passer par les armes. A Hyères et à Trets deux voleurs sont condamnés à mort. Ils en appellent au Parlement, mais le commandant de Saint-Maximien les fait fusiller tous les deux. A Rians un conflit s'élève entre la troupe et des paysans. Sur simple procès-verbal des officiers, deux paysans sont fusillés et deux envoyés à Aix pour y servir de corbeaux. A Tavernes des paysans s'insurgent contre le commandant qui veut leur imposer des logements de gens de guerre. On en prend quatre, dont deux sont condamnés à avoir la tête cassée et deux à être envoyés à Aix en qualité de corbeaux. Par grâce on décide que l'un des deux condamnés à mort aura la vie sauve et que le sort le désignera, mais il est envoyé à Aix avec ses deux compagnons et tous les trois y meurent de la peste. Ils n'avaient pourtant commis que des délits de droit commun, et aucune infraction aux ordonnances contre l'épidémie. Ce n'est rien encore ! Les commandants de Lambesc et de Salon ne se sont-ils pas avisés de décider de la validité des testaments ! A Entrevaux le commandant, soupçonné d'avoir fait assassiner le chevalier de Castellane, n'a-t-il pas essayé de détourner les soupçons en jetant en prison le consul de la ville, et n'a-t-il pas commis toutes sortes d'exactions ? Le juge de Mazel n'a-t-il pas fait insulter un saint prêtre qui avait prêché contre le vice, et, quand ce dernier s'est plaint, n'a-t-il pas fait jeter la procédure au feu ? Il est donc indispensable de rapporter l'arrêt du 14 septembre, et de rendre au Parlement toutes ses attributions. Il faut que la police de la contagion lui soit restituée, et qu'il puisse informer sur les abus de tout genre commis à l'époque de la peste.

Il est certain que les formes de la justice avaient été très médiocrement observées : les membres du Parlement avaient donc le droit de protester; mais ils oublièrent qu'ils s'étaient en quelque sorte lié les mains en ne restant pas à leur poste, et que tous ces commandants, dont ils déploraient ou l'inexpérience ou la brutalité, avaient fait leur devoir en face de l'ennemi qu'on leur donnait à combattre. D'ailleurs, aux grands maux les grands remèdes. Si l'ordre ne fut pas troublé lors de l'épidémie, ce fut en grande partie à la fermeté de Langeron et de ses lieutenants que l'on dut ce calme relatif. Le gouvernement fut donc bien inspiré quand il refusa [1] au parlement d'Aix de lui rendre ses attributions, et confirma au contraire le bailli de Langeron dans ses pouvoirs extraordinaires.

II

SERVICE DES RENSEIGNEMENTS ET DE L'ÉTAT CIVIL

Grâce à ces bonnes dispositions, l'exercice de la justice était donc à peu près assuré, mais ce n'était là qu'une partie des multiples affaires que la municipalité

---

1. *Déclaration du roi qui approuve et confirme toutes les procédures : ordonnances, sentences et jugements rendus en matière criminelle par les officiers de la chambre de police en la ville de Marseille, et par le sieur d'Escraynolles, prévôt général de la maréchaussée de Provence pour la ville et le territoire d'Aix, pendant la durée de la contagion*, 11 novembre 1721, in-4, p. 4. Marseille, Boy, 1721. — Registre de transcription, p. 117. — Méry et Guindon, *ouv. cité*, t. VI, p. 335.

avait à régler. Il lui fallait encore se débattre contre les mille détails d'une administration singulièrement compliquée. Les Echevins ne reculèrent pas devant le travail, et s'efforcèrent de veiller à tous les besoins, même les plus minimes. Leur correspondance [1] existe encore, au moins en partie, et elle démontre qu'ils ne jugeaient pas indigne de leur haute situation de s'occuper des affaires les plus minutieuses. Ainsi le 21 septembre 1720 [2], au plus fort de l'épidémie, ils écrirent à Long, à Saint-Marcel : « Il y a à la barrière de l'Etoile quatre charges de ferraille, dont nous avons grand besoin pour notre hôpital, et, comme nous ne saurions trouver ici les bêtes de somme, nous vous prions d'en faire chercher dans votre quartier, et d'envoyer prendre cette ferraille qu'on portera à notre hôpital du Mail, près les Réformés, sans entrer dans la ville. » Ils se plaindront à Lebret du mauvais état des chevaux attelés aux tombereaux, qu'on leur a expédiés d'Aix. Ils lui demanderont de la toile pour des paillasses [3]. « Nous avons recours à vous pour tous nos besoins, lui écriront-ils le 11 septembre [3]. Nous avons fait ouvrir une boutique de nos cordonniers sans avoir pu y trouver des souliers pour chausser tous les forçats qu'on nous a donnés pour l'enterrement des cadavres, et comme il n'est pas juste que ces pauvres malheureux aient les pieds nus, nous vous supplions très humblement, Monseigneur, d'avoir la bonté de nous procurer à Aix quelques paires de souliers [4] pour ces forçats. »

---

1. Voir aux Archives de Marseille l'énorme correspondance de la mairie. Elle a été classée par ordre alphabétique. C'est une mine inépuisable de renseignements authentiques.
2. Lettre du 22 août 1720 (Arch. mun., C. E., p. 174, recto) et réponse de Lebret (23 août) qui s'est adressé, pour avoir de la toile, à son collègue l'intendant du Languedoc.
3. Lettre analogue, le 26 septembre 1720, adressée à un bourgeois de Saint-Marcel (Arch. mun., C. E., p. 11, verso).
4. Lettre à Lebret, 21 septembre 1720 (Arch. mun., C. E., p. 9, recto) : « Nous vous prions d'avoir la bonté de nous procurer une cinquantaine de paires de souliers, outre ceux qu'il vous a plu de nous envoyer. Vous savez qu'il n'y a pas ici un seul cordonnier qui travaille ou qui se montre. »

Une des besognes les plus ardues fut de répondre aux lettres venues de tous les points de la France ou de l'étranger, et relatives à des demandes de renseignements sur des parents ou des amis dont on n'avait plus de nouvelles, ou dont la succession était ouverte. On conserve aux archives de Marseille plusieurs centaines de lettres sur ce sujet. Elles ont toutes été passées au vinaigre, et conservent une couleur rosée très caractéristique. Une de ces lettres, d'ailleurs insignifiante, n'avait même pas été décachetée quand elle nous a été communiquée. On comprendra que nous ne puissions toutes les analyser, d'abord parce qu'elles se ressemblent, et ensuite parce qu'elles ne présentent d'intérêt que pour les descendants des familles dont il est question. Il en est pourtant quelques-unes de touchantes, par exemple celle de l'abbé d'Ermitanis[1], curé de Montaistin (14 octobre 1722), écrite à propos d'une de ses jeunes nièces, qui avait perdu tous ses parents lors de la contagion, et devait être abandonnée et comme perdue à Marseille; celle de Sauvaire (Paris, 11 décembre 1720), qui avait perdu sa femme, cinq enfants, une cousine et une domestique, ne savait pas ce qu'étaient devenus ses sœurs et beaux-frères, et, impérieusement retenu à Paris par ses affaires, demandait en grâce quelques renseignements; celle de Béthele, négociant à Gaillac (17 mai 1721) qui, depuis plusieurs années, était séparé de sa femme qui vivait à Saint-Jean du Désert et de sa sœur qui vivait à Aubagne. Suzon Férande demande (L'Hospitalet, 10 août 1721) qu'on la renseigne sur un enfant naturel, André Maurel, et sa famille; la veuve Frotton (Thiers, 8 décembre 1720), sur son fils. Voici, dans toute sa naïveté, la réponse de Jeanne Pascal (7 août 1721) à son frère qui, d'Avignon, avait demandé de ses nouvelles à la mairie : « Mon frère, je vous fais savoir l'état de ma santé qu'il est fort bonne (sic), Dieu merci ! Qu'ainsi soit-il de la vôtre et de tous ceux de la maison. D'abord que le mal

---

1. Cf. Lettre analogue de Marthe, prêtre à Aramont, 12 novembre 1720 (Correspondance de la mairie, au mot de Marthe).

sera calmé, vous ne ferez faute de venir, car il n'y a plus que moi en vie, et quand vous viendrez, en cas que je sois morte, vous trouverez mon contrat de mariage chez M. Fabron... Vous trouverez un billet à la caisse tout proche la fenêtre, attaché avec un ruban noir et deux cents livres. Il y a du bois à la maison, quatre cruches de cuivre, et quatre bagues, etc... Quand vous viendrez, il faut aller à la Poissonnerie Neuve demander maître Giraud, garçon chapelier, qu'il vous enseignera tous mes affaires, s'il est encore en vie. Nous avons oublié encore trois pérons[1] et une bassine et un chauffe-lit. »

D'autres lettres sont simplement commerciales. Ainsi le 9 août 1721, Ailhaud, de Digne, demande s'il peut venir exercer à Marseille sa profession de chaudronnier. Mailhet, également de Digne (12 juillet 1721), voudrait savoir si le moment est favorable pour aller vendre des armes de Saint-Étienne. Rousseau fils, vermicellier à Tarascon, écrit une première fois (25 janvier 1721) et propose de venir s'établir à Marseille pour y exercer son métier, et, quand il a reçu une réponse favorable, il adresse une seconde missive avec questionnaire : Faut-il faire quarantaine ? La contagion dure-t-elle ? Combien y a-t-il de maîtres vermicelliers ? etc. Quelques autres lettres sont plutôt ridicules, par exemple celle de l'abbé Roux, aux Camoins (19 novembre 1721), qui voudrait que la mairie intervînt pour terminer un différend entre deux de ses ouailles, une belle-mère et sa bru ; ou bien elles dénotent un sans-gêne excessif ; telle[2] celle de l'abbé Patrice à Avignon (16 octobre 1720) qui enjoint en quelque sorte aux Echevins de soigner et parfumer la maison qu'il possède à Marseille. Aussi les Echevins furent-ils bientôt comme débordés, et on comprend que, dès le 12 août 1720, ils aient répondu en ces termes à Rolland, propriétaire à

1. Chaudrons.
2. Archives municipales, C. E., p. 34, verso, et, à son propos lettre du comte de Vezelay, à Avignon, 25 mars 1721 (Arch. mun., C. E., p. 87, verso).

Aubagne : « Nous ne pouvons entrer dans ce détail de succession, nous trouvant chargés de mille embarras et de mille affaires qui feraient succomber les meilleures têtes. Tous ceux qui auraient pu nous aider se sont éclipsés, sans que nos ordonnances de police, ni les arrêts fulminants du Parlement en aient pu rappeler un seul. » C'était tellement vrai qu'à la date du 30 août, ils ne trouvaient plus un seul notaire[1] dans toute la ville pour passer le traité qu'ils venaient de conclure avec les médecins de Montpellier. C'est pour ce motif que, de temps à autre, ils se montraient amers dans leur réponses et laissaient percer leur mécontentement d'être dérangés pour des motifs aussi futiles. Ainsi, le 15 janvier 1721, quand ils écrivaient[2] à Pellissier, de Banon près Forcalquier : « Nos commissaires de quartier sont chargés du soin des effets qui ont été délaissés par des personnes qui n'ont ici aucun héritier. Vous pouvez donc être assuré qu'il ne se perdra rien de ce que votre frère a laissé en mourant, et qu'on ne le remettra qu'à ceux qui sont les véritables héritiers, mais on ne saurait s'appliquer à cela qu'après l'entière cessation de la maladie contagieuse » ; ou bien le 24 juin 1721 quand ils écrivaient[4] à Gaspard Hermelin, cordier à Digne : « Il ne nous est pas possible de répondre à toutes les demandes qui nous sont faites de toutes parts par ceux qui avaient des parents ici, parce que nous sommes très occupés d'ailleurs, outre que ces gens-là pourraient bien s'adresser à d'autres qu'à nous pour avoir des nouvelles de leurs parents morts ou vivants. »

---

1. Lettre à Lebret (30 août 1720) : « Comme il n'y a plus de notaires dans la ville, nous n'avons pas pu faire de procuration en forme. »
2. Archives municipales. C. E., p. 71, verso.
3. Lettres analogues adressées au docteur Clavier, chez M. Marin, près les Trois-Mulets, à Toulon (15 janvier 1721) ; — à Enselme, banquier en cour de Rome à Avignon (18 février 1721) ; — à de Bassac, bénéficier à Digne (14 février 1720) ; — aux consuls de Cannes (7 mars 1721) ; — aux consuls de La Ciotat (13 décembre 1720) (Arch. mun., C. E., p. 59, verso) ; — à J.-B. Friant, pêcheur à La Ciotat (14 décembre 1720) ; — à Antoine Pascal d'Avignon, 7 août 1721.
4. Lettre des Echevins à Gaspard Hermelin, 24 juillet 1721 (Arch. mun., C. E., p. 113, verso).

Il est vrai que toutes les fois que la demande était ou paraissait sérieuse, les Echevins ordonnaient une enquête ou prenaient des précautions. Ainsi le 16 décembre 1720 en réponse à une lettre du 9 décembre, ils écrivaient à Mlle d'Olivier[1], à Pierrevert, près Manosque : « Il est vrai qu'après la mort de M. Thomas d'Olivier nous fîmes remettre les clefs de sa maison à nos commissaires de police pour empêcher que rien n'en fut enlevé. Ayant appris qu'il y avait 600 pistoles et 180 louis d'or ; nous les fîmes prendre, tant pour empêcher le vol que pour nous conserver dans ce temps de disette. A l'égard des autres effets que le sieur Olivier avait délaissés, on en fera un exact inventaire, d'abord que la maladie contagieuse aura entièrement calmé, et que l'on pourra agir en toute sûreté. Ils sont cependant enfermés dans la maison de ville, et la clef est entre les mains de nos commissaires de police[2]. »

Il serait aisé de multiplier les citations. Ceux de nos successeurs qui seraient tentés de dresser un tableau de la vie privée des habitants du midi dans le premier quart du dix-huitième siècle trouveront là une mine encore inexploitée de curieux renseignements. Ces lettres ne sont pas précisément des modèles de style, ni même d'orthographe ou d'écriture, mais que de secrets de famille sont dévoilés au grand jour, que de convoitises avouées, quel triste étalage de cupidité ! Qu'il nous suffise, puisque nous avons fait ce travail, mais unique-

---

1. Archives municipales, C. E., p. 62, verso.
2. Lettres analogues adressées au frère Lazare Boutin, observantin à Antibes, 16 juin 1721 (Arch. mun., C. E., p. 106, verso); — à Mlle Laveuve, à Paris (30 mai 1721); — à Leleu, prêtre supérieur des enfants Rouges, à Paris (11 novembre 1721). — Lebret lui-même n'hésitait pas à demander aux Echevins des renseignements de nature privée. Voir lettre du 13 septembre 1720, au sujet de la succession d'un sieur Bertin, et de la garde de son mobilier. — Cf. Lettres analogues à Lancy, directeur des postes à Montauban (14 décembre 1720); — au docteur Emery, de Beaucaire (13 décembre 1720); — à Rémusat, commandant à Pont-Saint-Esprit (16 décembre 1720); — à Beaussy, d'Antibes (6 novembre 1720 (Arch. mun., C. E., p. 41, verso); — aux recteurs de l'hôpital du Saint-Esprit, à Toulon, 25 février 1721 (Arch. mun., C. E., p. 84, recto) : « Mlle Anne Guiran est en vie, mais elle a un besoin extrême d'être habillée, étant toute nue. »

ment à titre d'indication pour les futurs historiens de Marseille, d'énumérer quelques-unes des lettres conservées dans les registres de la Correspondance aux archives de Marseille. Cette énumération sera sans doute fastidieuse, mais nous n'avons cherché ici qu'à nous rendre utile.

Docteur Emery (Beaucaire, 8 décembre 1720) sur Fabre Roman. — Coudurier (Fort Louis du Rhin, 21 août 1721), sur son frère marchand à Marseille, — Martin (Pertuis, 4 juin 1721) sur son frère. — De Soliès, écuyer du roi (Paris, 14 août 1721), pour recommander sa famille réfugiée aux Chartreux. — Olivier (Besse, 2 octobre 1720) sur son frère, marchand à Beaucaire. — Maniège, prieur de Saint-Michel (Apt, 1 mars 1711) sur ses parents. — Olivier (Rochefort, 10 octobre 1720), sur sa belle-mère. — Olivier, cabaretier (golfe Juan, 3 septembre 1721), sur ses parents. — Leleu, supérieur des Enfants-Rouges (Paris, 16 octobre 1721), sur ses parents. — Lalor (Tournon, 11 avril 1721), sur Bourget. — Laude, curé (Saint-Maximin), 15 octobre 1721, sur ses parents. — Garus, économe de l'Hôtel-Dieu à Marseille (13 novembre 1720), sur divers morts. — Gilbert de Deleuze (Saint-Ambroise, 3 novembre 1730), sur ses parents. — Gueidan (Toulon, 9 janvier 1721), sur ses parents. — Docteur Gilly (Digne, 26 juin 1721), sur Jean Gilly, entreposeur de tabacs. — Issaurat de Calian (Nîmes, 16 mars 1721), sur Darmand. — Isnard (Majastre, 14 novembre 1721), sur ses parents. — Duclavier, médecin (20 décembre 1720), sur Desclaux. — Fournier, commis principal à l'intendance du Languedoc (Montpellier, 18 octobre 1720), sur le baigneur Donnat. — Nauran de Belière (Manosque, 18 novembre 1721), sur sa sœur. — Paul Bassac (Digne, 15 juin 1721), sur Anne Isoard. — Chiroullière (Epronay ou Épernay, 27 novembre 1720), sur ses parents. — Lazare Boutier, observantin (Antibes, 11 juin, 1721), sur son père, directeur de la manufacture royale de glaces. — Magdeleine de Caire (Venise, 7 mars 1722), sur d'Albert, lieutenant-colonel. — Campou, ex-consul de France à Mataron (27 septembre 1720), sur sa famille et ses trois fils. — Bernard, chirurgien (Aups, mars 1722), sur André Sigaud. — Docteur Clappier (Aups, 11 octobre 1721), sur Jean Borne, tailleur d'habits. — Bonnet, notaire (Lisle, 2 janvier 1721), sur Ferréol, marchand de soie. — Mlle Bonnet-Masseillan (Brignoles, 11 septembre 1721), sur sa famille. — Pellissier, prêtre (Nîmes, 1 octobre 1720), se plaint de ce qu'on n'ait pas retrouvé dans la succession de son frère des boutons de manchette en or et des billets de banque. — Pelissier, notaire (Bomon, 27 décembre 1720), sur son frère. — André Ricard (Avignon, 21 janvier 1721), sur ses enfants. — Pierre Rainaud « travailleur » (Draguignan, 1 avril 1722), sur sa famille. — Du Puget (Die, 30 janvier 1721), sur la famille de Bonnecorse. — Ribier, notaire (Grasse, 18 février 1721), sur la succession de ses parents. — Marguerite Raoul (Avignon, 26 mai 1721), sur ses parents. — Madeleine de Saint-Marin (La Roque, 17 décembre 1722), sur son mari et son fils. — Marquise de Terras (Toulon, 1 novembre 1720), sur l'avocat Matignon. — Isabelle Saisse (sans lieu, décembre 1721), sur ses parents. — Rozel de Servas (Beaucaire, 13 juillet 1723), sur deux marchands, ses locataires, Meynier et Gautier. — Magdeleine Braquet (Brignoles, 10 septembre 1721), sur son frère Henri Braquet, sergent de quartier à l'Hôtel de Ville et sa femme.

Ces lettres nous sont parvenues dans un bien mauvais état. Trempées dans le vinaigre pour être désinfectées, et dans un vinaigre de qualité supérieure, car il a laissé des traces indélébiles, elles se déchiffrent à grand'peine. Il est plus que probable que nombre d'entre elles ne sont jamais parvenues à leur adresse, car le service des postes, surtout dans les premiers temps de la contagion fut désorganisé Le directeur des postes marseillaises se nommait Imbert. Il mourut de la peste. Les Echevins firent aussitôt enlever de la maison mortuaire, et porter à l'Hôtel de Ville les lettres qui s'y trouvaient. Il y en avait trois corbeilles, mais le frère du mort déclara que toutes les lettres chargées étaient restées à la poste. Fort embarrassés, les Echevins demandèrent[1] des instructions à Lebret : « Nous vous supplions d'avoir la bonté de nous faire savoir si nous pouvons faire remettre au sieur Imbert[2], qui a le bureau des lettres, celles que nous avons fait retirer afin qu'il les fasse distribuer, et si nous devons continuer le corps de garde que nous avons fait mettre à la porte du défunt, pour la sûreté des prétendues lettres chargées. » L'Intendant n'avait pas de pouvoirs suffisants pour donner un remplaçant à l'ancien maître de postes, mais il était nécessaire d'assurer un service public, aussi autorisa-t-il les Echevins à procéder comme par le passé, et à faire distribuer régulièrement[3] toute la correspondance.

Lebret aurait surtout désiré la tenue méthodique des actes de l'Etat Civil. C'étaient les curés des paroisses qui, sous l'ancien régime, tenaient ces registres. L'Intendant n'exigeait d'eux rien de particulier, mais il aurait voulu qu'à l'Hôtel de Ville on rédigeât chaque jour la liste des morts, qui lui serait directement adressée à Aix. C'était d'après lui[4] l'unique moyen de se rendre un compte exact des progrès de l'épidémie. Il croyait à la nécessité de cette mesure d'ordre, car il la recommanda aux Echevins à diverses reprises ; mais ceux-ci se trouvèrent bientôt débordés et ne purent expédier les listes demandées. Dès le 18 août 1720, ils s'expliquaient catégoriquement sur ce point : « Nous nous trouvons si occupés qu'il ne nous serait pas possible de vous instruire du nombre des malades et des morts qui sont dans la ville, dans les infirmeries et aux hôtels ; mais nous avons or-

1. Lettre des Echevins à Lebret, 18 septembre 1720 (Arch. mun., C. E., p. 6, recto).
2. C'était le frère du défunt.
3. Voir lettre des Echevins à Vauvenargues, 9 octobre 1720 (Arch. mun., C. E., p. 19, recto), pour le prier de recevoir, sous le couvert de son nom, diverses lettres venant de Marseille, et les faire distribuer « en chargeant un de vos valets, ou de la province, à qui nous donnerons une gratification, de les rendre ».
4. Lettre de Lebret aux Echevins, 17 août 1720.
5. Lettre des Echevins à Lebret, 18 août 1720 (Arch. mun., C. E., p. 171, verso).

donné qu'on en informât M. Rigord. et nous comptions qu'il vous en enverrait tous les jours des états. Nous espérons que vous voudrez bien nous dégager d'une chose qui nous serait absolument impossible. » Habitué au formalisme des bureaux, Lebret revint à la charge[1], et rappela qu'il n'agissait ainsi que pour obéir aux ordres reçus de Paris. « Je crois que la principale chose que vous ayez à faire, maintenant que vous êtes délivré des cadavres, c'est d'avoir soin que les morts qui pourraient survenir soient enlevés diligemment, mais il n'en est pas moins nécessaire que vous ayez tous les jours un état, par noms et demeures, de tous les malades et de tous les morts, car on désapprouve fort à Paris, et avec raison, qu'il n'ait point été fait de journal de tout ce qui arrive de ce genre. Ayez soin de cet article qui est très important, et sur lequel je vous ai plusieurs fois écrit. » L'avertissement était plutôt sévère, mais les Echevins lui répondirent aussitôt sur un ton assez vif[2] : « Nous avons vu l'empressement avec lequel on demande à Paris un état par nom, surnom, qualité et demeure des malades et des morts. Sur quoi nous prenons la liberté de vous dire, Monseigneur, que nous sommes persuadés que l'on ne nous ferait pas une pareille demande, si l'on connaissait à la Cour les horreurs de la peste. En effet les personnes qui tombent malades se cachent autant qu'elles le peuvent pour n'être pas d'abord absolument abandonnées, et ceux qui ont des morts les portent pendant la nuit sur les places publiques, ou auprès des églises, ou bien ils les laissent dans la rue enveloppés dans un drap, et vous comprenez bien, Monseigneur, que personne n'a la curiosité de les découvrir pour les connaître. A l'égard du nombre des morts, il n'aurait peut-être pas été tout à fait impossible de le savoir, mais il aurait été très difficile, parce qu'il en meurt dans la ville, dans les hôpitaux, dans les maisons religieuses, et dans les différents quartiers du terroir qui

---

1. Lettre de Lebret aux Echevins, 12 septembre 1720.
2. Lettre des Echevins, 13 septembre 1720 (Arch. mun., C. E., p. recto).

sont fort peuplés. D'ailleurs il est constant qu'il ne nous serait pas possible d'entrer nous-mêmes dans ce détail, étant chargés de mille embarras et de mille affaires, qui feraient succomber les meilleures têtes... Tout ce que nous pouvons vous dire sur le nombre des morts, c'est que nous croyons que, jusqu'à présent, il est bien mort dans le terroir de dix-huit à vingt mille âmes. Nous vous supplions très humblement, Monseigneur, d'avoir la bonté de nous justifier à la Cour sur le peu d'exactitude. »

Lebret était trop bon administrateur pour ne pas se rendre compte des difficultés de la situation. Il ne voulut pas ajouter un nouvel embarras à tous ceux qui assaillaient déjà la municipalité. Il aima mieux lui venir en aide en lui indiquant un moyen de parer aux nécessités de l'heure présente. Élevé à l'école des grands fonctionnaires qui s'étaient directement inspirés des méthodes de Colbert et de Louvois, il aimait avant toutes choses l'ordre et la régularité. Craignant que les Echevins de Marseille ne fussent embarrassés et peut-être arrêtés par l'accumulation des affaires qu'ils avaient à régler, il crut utile de régler leurs attributions respectiues. « Il me paraît, leur écrivit-il [1], que pour établir un ordre dans Marseille, il serait nécessaire de fixer vos fonctions, pour que chacun pût agir en conséquence du détail dont il serait chargé. » Il pria donc Estelle de s'occuper des approvisionnements de blé, Dieudé du vin, et Audimar de la viande. Moustier avait la tâche la plus délicate. « Il se chargerait de l'inspection générale de l'enlèvement des cadavres, aidé du chevalier Roze, et le sieur Bonnet, lieutenant de la maréchaussée avec ses archers, aurait soin de la conduite des tombereaux, de l'endroit où il faut faire creuser les fosses, et de la police qu'il faut garder, soit pour les faire profondes, soit pour y faire mettre de la chaux. » Deux jours plus tard (18 septembre) il revenait [2] sur cette question, car, disait-il, rien ne contribuera mieux au soula-

---

1. Lettre de Lebret aux Echevins, 16 septembre 1720 (Arch. mun.).
2. *Ibid.* Lettre du 18 septembre 1720.

gement du public et n'entretiendra plus sûrement entre vous l'union et la bonne correspondance que je vous ai recommandée, et qui est si importante dans cette triste occasion. » Il est probable qu'on lui avait représenté les Echevins comme divisés entre eux, jaloux peut-être les uns des autres, et neutralisant par de tristes rivalités leurs bonnes intentions et leurs efforts très réels, car il ajoutait, non sans amertume, « songez qu'après avoir risqué votre vie et sacrifié votre repos, vous serez encore accusés de la perte de Marseille, si vous ne vous réunissez pas pour concourir à la sauver ».

Ces conseils étaient sages, ils furent suivis. Les Echevins se répartirent entre eux la besogne suivant les indications de Lebret, et, jusqu'à la fin de la contagion, agirent chacun dans la direction qui lui avait été donnée; mais ils furent très froissés d'apprendre qu'on croyait à leur mauvaise entente et répondirent[1] à l'Intendant, non sans dignité : « Nous avons été bien mortifiés de voir par votre lettre qu'on vous a rapporté que nous n'étions pas unis entre nous, et que notre mésintelligence pouvait être préjudiciable à la ville. Nous pouvons protester avec vérité à Votre Grandeur que c'est ici une pure calomnie. » Ils prenaient à témoin de leur union le marquis de Pilles et le bailli de Langeron, et terminaient par cette éloquente protestation, tout à l'honneur de ceux qui l'ont écrite, car elle n'est que l'expression de la vérité, et restera le jugement définitif de la postérité : « Comme il ne se peut pas faire que, dans ce temps-ci, en faisant notre devoir, nous ne désobligions quelqu'un, on pourrait répandre contre nous des bruits qui seraient contraires à la vérité et à la justice ; mais vous êtes trop équitable, Monseigneur, pour y ajouter foi. Nous continuerons à donner tous nos soins et à exposer notre vie pour notre patrie avec une union et une intelligence parfaites. Moyennant quoi nous espérons que Votre Grandeur, satisfaite de notre conduite,

---

1. Lettre des Echevins à Lebret, 20 septembre 1720 (Arch. mun., C. E., p. 7, verso).

voudra bien, en cas de besoin, en rendre tel témoignage que la justice et la vérité demandent. »

Lebret avait l'âme trop bien située pour se tromper à ces accents convaincus. D'ailleurs il avait écouté, peut-être trop légèrement, les détracteurs des Echevins. Il ne tarda pas à recevoir sur leur compte des renseignements précis. Comprenant qu'il ne pouvait que se féliciter d'être secondé par de tels lieutenants, non seulement il les assura de ses bonnes dispositions, mais encore il les leur prouva, en les soutenant et en prenant leur parti, toutes les fois qu'un conflit administratif fut soulevé ou menaça d'être soulevé.

Ainsi, lorsque Langeron fut investi du commandement suprême, il interpréta ses instructions dans le sens le plus large, et parut empiéter sur les privilèges de la ville. Il s'appropria tous les droits sur les portes de la cité, et prétendit qu'à l'avenir personne, sans sa permission, ne fît entrer ou sortir quoi que ce soit. Il acceptait, il est vrai, une exception pour les Echevins, et leur donnait des billets signés en blanc, dont ils pourraient faire tel usage qu'ils trouveraient bon. Les Echevins protestèrent[1], au nom de leurs droits, récemment encore confirmés par les règlements de 1660 et de 1717. Même à l'époque du siège de Toulon en 1707, pendant la guerre de succession d'Espagne, ils étaient restés les maîtres des portes et en interdisaient l'entrée aux soldats campés au faubourg de la Barasse. Ils réclamaient donc contre cette usurpation de pouvoirs, mais, comme ils n'avaient qu'à se louer de leurs relations avec Langeron, ils ne voulaient pas entrer en conflit, et s'en rapportaient aveuglément à la décision de Lebret. Ce dernier se trouva

1. Lettre des Echevins à Lebret, 6 octobre 1720 (Arch. mun., C. E., p. 15, verso): « Il ne s'agit pas d'une ville assiégée, il n'est question que de pure police, que nous croyons appartenir à nous seuls... Nous avons eu l'honneur de vous dire, et nous avons celui de vous répéter, que nous ne disputerions rien à M. le commandant de Langeron, si nous nous regardions personnellement; mais que dirait-on de nous, si nous abandonnions les droits du chaperon, si nous laissions devenir la qualité et les fonctions de consul absolument inutiles ? Vous seriez, Monseigneur, le premier à nous en blâmer. »

fort embarrassé, car les Echevins avaient pour eux le droit strict, et d'un autre côté, il ne voulait pas mécontenter Langeron. Il se tira de la difficulté en homme d'esprit, et voici la décision qu'il prit[1] : « Je vois par votre lettre que l'ordonnance rendue par M. de Langeron vous paraît intéresser la juridiction que vous avez sur les portes de notre ville, et en effet il le semble, mais vous voyez en lui tant de bonnes intentions et tant de désir de faire cesser les malheurs de Marseille qu'il faut, je crois, vous en rapporter à lui, persuadés que vous êtes sans doute, comme vous le paraissez, qu'il n'a pas envie de diminuer vos droits et vos prérogatives. En effet, tout ce qui se fait dans un temps comme celui-ci ne peut tirer à conséquence. » Grâce à cette habile diplomatie, les Echevins trouvèrent avec raison que leur amour-propre était sauvegardé, puisqu'il ne s'agissait que d'une mesure transitoire, et le bon accord entre eux et le commandant supérieur ne fut pas un instant rompu. Voici du reste le témoignage officiel de la bonne entente qui ne cessa de régner entre eux. C'est une lettre[2] du 7 octobre 1720 adressée par les Echevins au Secrétaire d'Etat Le Blanc : « Nous avons sujet de rendre mille grâces à Son Altesse Royale de nous avoir donné un commandant tel que M. de Langeron, dont nous ne saurions assez louer le mérite et l'attention à pourvoir à toutes choses avec une prudence singulière. »

III

FINANCES

Deux questions fort graves restaient à régler pour lesquelles le bon accord entre fonctionnaires était indis-

---
1. Lettre de Lebret aux Echevins, datée de Saint-Rémy, 10 octobre 1720.
2. Lettre des Echevins à Le Blanc, 7 octobre 1720.

pensable : la question financière et celle des approvisionnements.

On était alors en pleine crise financière. C'était le temps où Law arrivait à l'apogée de sa gloire. La Cour et le peuple ne tarissaient pas en éloges sur la grandeur de son génie. Littérateurs et savants célébraient ses louanges. Le Régent venait de le nommer contrôleur général du royaume (5 janvier 1720) et d'exiler à Pontoise le Parlement qui lui avait toujours été hostile; mais l'engouement dura peu et le désenchantement fut aussi rapide que cruel. Prévoyant le désastre qui menaçait son entreprise, Law avait essayé de le conjurer par des mesures de rigueur. Dès le mois de décembre 1719, il avait été défendu d'employer les monnaies d'argent pour les paiements supérieurs à 10 livres, et celles d'or pour les paiements supérieurs à 30 livres. Un mois plus tard, le 28 janvier 1720, le cours forcé des billets avait été proclamé dans tout le royaume. Le 27 février, l'emploi des billets était déclaré obligatoire pour tous les paiements supérieurs à 100 livres, et il fut défendu de garder chez soi plus de 500 livres d'espèces monnayées, sous peine de confiscation. Le 11 mars, la monnaie d'or fut démonétisée et la monnaie d'argent réduite aux livres, sixièmes et douzièmes d'écus. Il en résulta une émission exagérée des billets, et, comme conséquence forcée, la dépréciation de leur valeur nominale, et la disparition à peu près complète des espèces monnayées. De là un trouble général, et la stagnation presque absolue dans les affaires. De là surtout la difficulté de pourvoir aux besoins matériels, car on ne voulait plus accepter de billets en paiement, et, d'un autre côté, on ne vendait rien sans exiger un paiement immédiat contre argent comptant.

Lorsque l'épidémie se déclara à Marseille, le numéraire disparut tout à coup, car tous les riches, et même tous les bourgeois aisés, en un mot tous les détenteurs de la fortune s'étaient enfuis ou se cachaient. Comment, dans cette détresse absolue, parer aux échéances ? Comment assurer les approvisionnements ? Comment

JUSTICE, ÉTAT CIVIL, FINANCES

payer les frais de la maladie? Les Echevins se rendaient si bien compte du danger qu'ils le signalèrent dès le premier jour et supplièrent qu'on leur vînt en aide.

De l'argent! De l'argent! C'est comme un refrain qui revient à chaque page de la correspondance municipale. « Ce qui[1] nous fait le plus de peine, c'est de n'avoir point d'argent, et vous savez que, dans une pareille occasion, il faut le jeter à pleines mains. » — « Le manque d'argent[2] nous fait presque autant de peine que le mal. Ayez la bonté, Monsigneur, nous vous en conjurons, d'y remédier. » — « Oserions-nous[3] représenter très respectueusement à Votre Altesse Royale que ce qui nous afflige presque autant que les alarmes de la contagion, c'est de voir que nous n'avons point d'argent et que nous n'en pouvons point avoir. M. Lebret, à qui nous nous sommes adressés, n'ayant pas pu nous en procurer, nous supplions très humblement Votre Altesse Royale de nous en faire avoir pour une occasion aussi essentielle. » — « Nous nous trouvons[4] dans un embarras incompréhensible, voyant surtout que le blé augmente furieusement et que nous n'avons point d'argent. » — « Il vous[5] sera facile de juger si, avec cette cherté de toutes choses, on peut tenir. Vous aurez la bonté de procurer deux mille francs à nos hôpitaux. C'est là un très petit secours. Ils crient miséricorde[6]. N'y aurait-il pas lieu de leur faire avoir quelque argent sur des billets de banque? »

Il faut rendre cette justice à Lebret qu'il s'efforça de venir en aide aux malheureux Echevins, qui se débattaient ainsi dans d'inextricables difficultés[7]. Tout d'abord il

---

1. Lettre des Echevins à Lebret, 29 juillet 1720.
2. *Ibid.*, 31 juillet 1720.
3. Lettre au Régent, 2 août 1720.
4. Lettre à Lebret, 4 août 1720.
5. *Ibid.*, 10 août 1720. — Cf. lettre analogue du 6 octobre 1720.
6. Dès le 4 août (lettre à Lebret, Arch. mun., C. E., p. 154), les hôpitaux « crient miséricorde. Ils nous ont priés de vous envoyer huit billets de banque de 1.000 francs afin que vous ayez la bonté de les faire compter. »
7. Lettre de Lebret aux Echevins, 24 août 1720.

chercha à les rassurer. « Je ne crois pas que vous deviez avoir de l'inquiétude par rapport aux dépenses qu'exige la funeste conjoncture dans laquelle nous nous trouvons... Il faut aller à la guérison du mal de préférence à toutes choses (24 août). » Il s'occupa ensuite de leur procurer un aide plus effectif. Il écrivit à Paris, il s'adressa à ses collègues des provinces voisines, il recourut à des banquiers, surtout à ceux d'Avignon qui passaient pour détenir alors de gros capitaux[1], mais partout il se heurta à des fins de non-recevoir, ou à des propositions de prêt, mais prêt de billets de banque et non d'espèces monnayées. Nous n'en avons pas besoin, répondaient les Echevins. Nous en avons plus que nous en désirons. Qu'on nous envoie seulement de l'argent monnayé. Aussi comprend-on qu'ils accueillirent plutôt fraîchement la demande[2] que leur adressa le prieur de Saint-Victor, Barbezieux, qui désirait échanger des billets de banque contre des espèces. La lettre[3] qu'ils adressaient à ce sujet à Lebret, le 23 octobre 1720, est tristement significative. Elle jette un jour singulier sur la détresse financière dont souffrait alors Marseille. « De qui pouvons-nous emprunter ? Et qu'est-ce qu'on pourrait nous prêter, si ce n'est des billets de banque absolument inutiles ? Les plus riches négociants en regorgent, mais ils n'ont pas un sol, et, avec des sommes considérables en papier ils se traînent dans une réelle indigence, et viennent de temps en temps nous demander en grâce de leur changer pour vivre quelques-uns de leurs billets, sur lesquels ils offrent de perdre tout ce qu'on voudra. Vous savez que les dépenses qu'il nous faut faire indispensablement sont immenses. Il faut fournir aux anciens hôpitaux, entretenir ceux du Mail, de la Charité, et des Convalescents qui sont destinés pour les pestiférés. Il

---

1. Des négociations paraissent avoir été engagées avec des banquiers d'Aups, Ronbaud et Frouillony, pour contracter un emprunt, mais nous n'avons retrouvé à ce propos qu'une lettre, assez vague, des Echevins, en date du 14 août 1720 (Arch. mun., C. E., p. 166).
2. Lettre des Echevins, 4 octobre 1720.
3. Ibid., 23 octobre 1720 (Arch. mun., C. E., p. 30).

faut avec cela acheter du blé, du bois, et mille autres choses, nourrir messieurs les médecins qui dépensent beaucoup et ne font rien, en sorte qu'il nous faut près de trente mille livres toutes les semaines. » Suivent quelques chiffres à discuter, et ils ajoutent : « Il est sûr que nous serions tombés dans un désordre affreux et que nous eussions péri, si nous n'eussions pas eu quelques dépôts, mais ces dépôts vont être consommés, et nous ne savons plus comment faire pour subsister... Est-il possible qu'à la cour on ne soit pas touché d'un état aussi pitoyable, et qu'on laisse périr une ville comme Marseille ! La peste vient d'enlever le tiers de nos habitants, les deux tiers qui restent vont mourir de misère... Nous ne souhaitons pas qu'on nous donne, mais qu'en retirant les billets de banque que nous avons été forcés de prendre, on ait la bonté de nous fournir autant d'espèces qu'il nous en faut pour ne pas mourir. » Lebret est ensuite prié d'envoyer à Paris un courrier spécial pour demander de l'argent. « Après quoi, si on n'a pas la charité de nous secourir, il ne nous restera que l'espérance certaine de voir tout périr[1] ».

A la même date les Echevins s'adressaient[2] à tous les hauts personnages dont ils supposaient l'intervention utile, non seulement au Régent, mais encore au maréchal de Villars, à Law, au marquis de la Vrillière, à M. de Fort, à Lenoir, avocat au conseil, etc. Ces lettres, conçues en termes à peu près identiques, parlent de la misère affreuse qui est venue se joindre à la maladie, des dépenses énormes qui s'imposent et de l'impossibilité où l'on se trouve de contracter des emprunts : « Nous vous supplions très humblement, Monseigneur, d'avoir la bonté d'entrer dans ces considérations et de contribuer à la conservation d'une ville également fidèle

---

1. Sur cette difficulté de se procurer des espèces monnayées, on peut encore consulter deux lettres des Echevins à Lebret, en date du 23 mai et du 18 décembre 1721 (Arch. mun., C. E., p. 102, recto, et 158, recto).

2. Voir les lettres toutes conçues dans les mêmes termes (Arch. mun., R. G., p. 53, recto).

et importante, en représentant à Son Altesse Royale la nécessité qu'il y a de lui fournir les espèces qui lui sont nécessaires pour vivre : sans quoi nous devons nous attendre à une confusion et à une mort générale. Nous osons espérer, Monseigneur, que, dans une occasion aussi essentielle, vous aurez la bonté de nous faire ressentir les effets de votre protection. »

Cet appel déchirant fut entendu. En France, nous avons toujours été compatissants au malheur, surtout au malheur de nos concitoyens, et cet esprit de solidarité fait notre force. Les secours arrivèrent de bien des côtés. Le Régent envoya 25.000 piastres et 1.600 marcs d'argent, qui furent remis par Taxil, agent à Marseille de la Compagnie des Indes. Ce premier secours arriva fort à propos, et les Echevins s'empressèrent d'en accuser[1] réception : « Le sieur Taxil nous a fait la rémission, écrivaient-ils à Lebret, et quoique il n'y ait pas tout[2] ce qu'on nous mande, ce secours ne laisse pas de nous faire beaucoup de plaisir. Nous vous le rapportons, Monseigneur, comme nous le devons, et le tenant de vos représentations et de vos bontés, nous vous en rendons mille grâces très humbles. En même temps nous vous prions de nous faire savoir si nous devons envoyer cet argent à la Monnaie d'Aix ou à celle de Montpellier, afin que nous puissions bientôt nous servir des espèces qui en proviendront, et dont nous avons grand besoin. »

Un secours plus important, et, il faut bien le reconnaître, plus inattendu leur fut adressé. Law, malgré sa détresse croissante, soit qu'il voulut par cette prodigalité faire croire à l'importance de ses ressources, soit que réellement il ait été saisi de pitié, annonça, en son nom personnel, un don de cent mille livres. Ce ca-

---

1. Lettre des Echevins à Lebret, 19 novembre 1720 (Arch. mun., C. E., p. 49, verso).
2. Il paraît que Taxil ne versa que 20.049 piastres au lieu de 25.000. Cf. A. FABRE, *Histoire de Marseille*, t. III p. 251.
3. Cf. lettres de remerciement adressées à La Vrittière, de Fort, Law, 23 novembre 1720.

deau vraiment royal fut très bien accueilli[1]. Ainsi que l'écrivait le premier historien de la peste, le secrétaire Pichatty, « M. Law, plus grand par son esprit et ses vertus que par ses dignités et sa fortune, fait tomber une assistance digne de la grandeur de sa charité. Mille bénédictions s'élèvent d'abord de tous côtés[2]. Une œuvre de miséricorde faite si à propos et dans une si extrême nécessité sera gravée pour l'éternité dans le cœur de ce pauvre peuple, comme elle le sera dans le livre de vie, et Dieu, qui en est le principe, en sera la conséquence. » Les Echevins envoyèrent[3] aussitôt au contrôleur général l'expression de la reconnaissance publique. « Nous recevons avec une vive et respectueuse reconnaissance la nouvelle qu'on vient de nous donner qu'il vous a plu d'ordonner qu'on nous compte cent mille francs pour le soulagement de cette ville infortunée. Nous vous en rendons, Monseigneur, mille grâces très humbles, et nous souhaitons que Dieu récompense abondamment, même en ce monde, de si grandes libéralités. » Ce souhait ne devait jamais se réaliser. La lettre des Echevins est datée du 25 septembre 1720, et, au mois de décembre de la même année, Law quittait la France chargé de l'exécration publique[4].

Il est un autre personnage qui aurait pu rendre alors à Marseille de grands services, mais qui se contenta de belles promesses. Le maréchal de Villars, gouverneur de la Provence, se trouvait à Versailles. Son devoir le plus strict aurait été de courir à Marseille, comme à un poste de combat, pour lutter contre le fléau. Il préféra resta à la Cour sous prétexte d'être plus utile à ses administrés, mais il était de ceux qui se contentent vo-

1. Cf. accusé de réception et lettre de remerciements des Echevins à Taxil, agent de la compagnie des Indes, 23 septembre 1720 (Arch. mun., C. E., p. 10).
2. Pichatty, ouv. cité, p. 50.
3. Lettre du 25 septembre 1720 (Arch. mun., R. G., p. 51, recto).
4. Voici la lettre adressée par les Echevins, le 13 janvier 1721, à son successeur Félix Lepeletier de la Houssaye (Arch. mun., R. G., p. 64, recto) : « ... Nous sommes persuadés qu'un emploi aussi important ne pouvait pas tomber en de meilleures mains, et qu'il en reviendra mille avantages considérables à l'État et aux particuliers... »

lontiers de promesses mirifiques. Aux demandes des Echevins il répondit[1] par des compliments empressés, mais, se retranchant sur la dureté des temps, il n'envoya aucun secours. « J'apprends avec une extrême peine le désordre où vous vous trouvez par le manque d'espèces. J'ai déjà eu l'honneur d'en parler à son Altesse Royale, mais je vous avoue que la crainte où je suis que sa bonne volonté n'ait pas un aussi bon effet qu'il serait à désirer me porte à vous exhorter à chercher tous les moyens que vous pourrez imaginer. L'argent est si rare ici que je puis vous assurer que, depuis plus de deux mois, je ne vis que d'emprunts et de crédit à très haut prix pour le pain, le vin, la viande. » Les Echevins ne se laissèrent pas décourager et prièrent de nouveau le maréchal d'intervenir. « Nos habitants, lui écrivaient-ils[2], sont moins sensibles à la maladie qu'à la misère qui les accable. Nous tâchons bien de les secourir, mais nos secours sont très faibles, et il n'y a que la Cour qui puisse nous en donner de suffisants. Nous les espérons toujours et nous les désirons encore plus, étant bien persuadés que Votre Grandeur nous fera la grâce de nous être très favorable dans les occasions. » Villars n'était jamais embarrassé pour se tirer d'affaire avec de bonnes paroles. Il accabla les Echevins de compliments, mais continua à ne pas desserrer les cordons de sa bourse : « Son Altesse Royale, leur écrivait-il[3], est fort disposée à vous donner tous les secours possibles. Les plus nécessaires seraient d'argent, mais il est bien rare, et pour moi, si par grand bonheur je n'avais trouvé de l'argent à emprunter, il fallait vendre mes meubles pour payer les marchands, qui ne pouvaient plus faire crédit. Si un homme dont les affaires sont assez bonnes est réduit en cet état, que doit-on penser des autres ? »

Découragés et ne pouvant plus compter que sur eux-mêmes, les Echevins n'hésitèrent pas à recourir aux

---

1. Lettre de Villars aux Echevins, 6 novembre 1720.
2. Lettre des Echevins à Villars, 5 avril 1721 (Arch. mun., R. G., p. 69, verso).
3. Lettre de Villars aux Echevins, 12 décembre 1720.

grands moyens. Ils tranchèrent dans le vif et prirent sur eux d'ordonner un certain nombre de dépenses que, d'habitude; ils ne faisaient jamais sans une autorisation spéciale. Ils étaient d'ailleurs si bien convaincus de l'irrégularité de leurs procédés qu'ils allaient pour ainsi dire au-devant des observations qu'on pouvait leur adresser, et s'excusaient auprès de l'Intendant. « Vous comprenez sans doute, lui écrivaient-ils [1], que dans ce malheureux temps il nous faut faire milles sortes de dépenses. Il nous serait bien dur, après avoir exposé notre vie et avoir pris des peines incompréhensibles, si nous nous voyions engagés à des recherches trop sévères. Si nous pouvions faire autoriser toutes les dépenses, nous le ferions, mais la chose n'est pas possible. Faites-nous la grâce de nous rassurer un peu sur l'appréhension que nous avons là-dessus et qui augmente nos souffrances. Nous tâchons de ne rien dépenser que très à propos et avec le plus d'économie qu'il nous est possible, et il ne nous passe rien par nos mains. »

Une des mesures les plus graves prises par les Echevins fut la suspension temporaire des baux, qu'ils prononcèrent le 2 avril 1721. Ils ne savaient trop comment le gouvernement central et surtout comment l'Intendant accueilleraient cette décision. Aussi avaient-ils écrit [3] à Villars pour le prier d'user de son influence afin de faire homologuer leur ordonnance : « Nous avons trouvé à propos de prendre ici une délibération pour faire résilier les baux qui avaient été passés en 1720... Nous vous supplions très humblement, Monseigneur, d'avoir la bonté de nous départir un peu de votre crédit pour nous procurer l'arrêt d'homologation que nous souhaitons. » Ils s'adressèrent également à Lebret, et ce dernier qui, en toute autre circonstance, aurait trouvé le procédé des Echevins un peu vif, insista auprès du Conseil de Régence pour que l'on passât outre. Le Conseil, sans rien décider encore, demanda l'avis motivé de Lebret. Aus-

---

1. Lettre de Lebret, 23 août 1720 (Arch. mun., C. E., p. 174, verso).
2. Registre des transcriptions, p. 68.
3. Lettre des Echevins à Villars, 5 avril 1721, ut. supra.

sitôt informés, les Echevins retournèrent à la charge auprès de l'Intendant pour que l'enquête leur fut favorable. « La délibération, lui écrivaient-ils [1], contient succinctement les raisons qui nous avaient déterminés à la prendre, et nous osons espérer que vous les trouverez justes. Nous vous envoyons une copie de cette délibération, et nous vous conjurons de faire en sorte que nous obtenions bientôt l'homologation, afin que les propriétaires aient le temps d'arrenter à d'autres. » Ainsi fut fait, et, par cette sage décision, fut écartée une cause de troubles et de désordres.

Lebret se montra plus réfractaire à l'idée de créer un tribunal extraordinaire chargé de régler les procès civils, surtout les procès de succession, relatifs à la contagion. C'est ce qu'avaient demandé les Echevins dans une supplique adressée au Régent [2] le 23 mars 1721. « Nous supplions très humblement Votre Altesse Royale de permettre que nous ayons l'honneur de lui présenter nos très humbles représentations pour obtenir de sa bonté des lettres d'attribution de juridiction à des juges particuliers, qui puissent décider en dernier ressort les contestations qui s'élèveraient dans cette ville pour les successions ou autrement à l'occasion de la contagion. L'état pitoyable où cette ville se trouve réduite et les pertes immenses qu'elle a souffertes pendant ce temps de calamité et de misère nous font espérer que Votre Altesse Royale, touchée de nos malheurs, voudra bien nous accorder cette grâce. » Ils avaient, par la même occasion, prié [3] Lebret de les appuyer, car « notre demande dans un temps de calamité nous paraît très importante à cette ville, peut-être même à l'État. Nous souhaitons d'en obtenir l'effet par la protection dont il vous plait de nous honorer. » Lebret trouva que le moment était mal choisi pour établir un tribunal extraordi-

1. Lettre des Echevins à Lebret, 15 mai 1721 (Arch. mun., C. E., p. 100, recto).
2. Lettre des Echevins au Régent, 23 mars 1721 (Arch. mun., R. G., p. 69, recto).
3. Lettre des Echevins à Lebret, 21 mars 1721 (Arch. mun., C. E., p. 87, verso).

naire, et conseilla aux Échevins de renoncer à leur projet. Un conflit était à redouter, mais on eut la sagesse à Marseille de ne pas indisposer l'Intendant, dont le concours était indispensable à la bonne gestion des affaires, et voici la lettre[1] qui lui fut adressée à la date du 4 avril 1721 : « Lorsque nous avons souhaité d'avoir des juges particuliers qui fussent en droit de décider en dernier ressort et sans frais tous les différends qui s'élevèrent en suite de la contagion, nous n'avions en vue que le bien public, et nous ne croyions pas qu'il pût y avoir des inconvénients, mais, puisque vous n'approuvez pas notre projet, nous nous en désistons dans la ferme résolution où nous sommes depuis longtemps de ne faire que ce que vous trouverez à propos. Cependant, comme il vous a plu, Monseigneur, de nous mander qu'il y avait d'autres moyens pour remédier aux inconvénients que nous craignions, sans renverser l'ordre de la justice, nous vous supplions très humblement d'avoir la bonté de nous expliquer ces moyens, afin que nous puissions les mettre en usage, s'il est en notre pouvoir de le faire. » Lebret leur répondit très sagement que le temps était le meilleur des médecins, et qu'il n'y avait qu'à suivre le cours ordinaire des choses en laissant fonctionner les tribunaux habituels, dès que l'ordre régulier serait rétabli. C'était en effet le moyen pratique d'éviter des contestations qui auraient rapidement pris un regrettable caractère d'acuité, et surtout de ne pas s'exposer au reproche d'avoir recouru à des mesures arbitraires.

Aussi bien, pour reconnaître la bonne volonté des Échevins, Lebret les assura qu'ils pouvaient compter sur lui pour apaiser tous les différends, et surtout ceux qui surgiraient à propos des affaires de succession. Comme preuve de ses bons sentiments à leur égard, il leur annonça en même temps que l'assemblée des Communautés[2] venait de contracter à Paris un emprunt

---

1. Lettre des Échevins à Lebret, 4 avril 1721 (Arch. mun., C. E., p. 89, verso).

2. Voir à ce propos une lettre écrite par Estelle, Dieudé et Audimar, jointe à un mémoire sur l'état de Marseille, demandant que les secours

important, et que Marseille serait certainement comprise pour une bonne part dans la répartition. De gros financiers parisiens, Bernard[1] et Paris, venaient en effet de consentir à envoyer dans le Midi, pour tout le temps que durerait la maladie, 300.000 livres par mois, et ce sans intérêt pendant trois ans. Ces conditions étaient inespérées : il ne s'agissait plus que d'en profiter. De là la supplique[2] adressée à Lebret par les Echevins le 14 juin 1721. « Comme il a plu à Son Altesse Royale de destiner des fonds considérables pour les villes et les villages de la province qui ont été affligés du mal contagieux, nous avons eu l'honneur d'écrire à la Cour pour représenter l'état de notre commune et tâcher de lui attirer une partie de ces fonds ; mais nous sommes persuadés que pour réussir nous avons besoin de votre secours. Nous vous supplions de ne pas nous le refuser et de contribuer à faire renaître une ville que vous avez conservée. Nous avons envoyé à la Cour un mémoire dans lequel nous exposons avec simplicité et dans la pure vérité la situation où nous nous trouvons. Nous prenons la liberté de vous envoyer une copie de ce mémoire, et nous osons espérer que, dans cette occasion, si importante, vous nous ferez la grâce de nous continuer l'honneur de votre protection. »

Lebret n'aurait pas mieux demandé que de tenir sa parole et de favoriser Marseille dans la répartition des fonds provenant de l'emprunt, mais on en avait décidé autrement à Paris. Le secrétaire d'Etat La Vrillière fit[3]

---

que doit envoyer Paris à la Provence soient distribués surtout à Marseille, 12 juin 1721 (Arch. nation., G7, 1730). — Lettre à Lebret du 14 juin 1721 (Arch. mun., C. E., p. 106, recto).

1. FABRE, *Histoire de Marseille*, t. II, p. 351.
2. Cf. une première lettre adressée par les Echevins à Lebret, le 17 mai 1721, alors qu'ils viennent d'apprendre par Villars que l'emprunt allait être contracté (Arch. mun., C. E., p. 100, verso) : « Nous l'avons prié de nous faire participer à cet emprunt. Nous vous supplions très humblement d'avoir la bonté de faire en sorte que nous touchions 2 ou 300.000 livres de cette somme dont nous avons un extrême besoin après les dépenses immenses que nous avons faites, et qui continuent encore. »
3. Lettre de La Vrillière aux Echevins, 8 juillet 1721 (Arch. mun.).

savoir aux Echevins, que le Régent était animé à leur égard des meilleures intentions, mais que, « pendant que plusieurs endroits de la Provence sont encore attaqués de ce fléau, il n'est pas temps de penser au rétablissement de cette ville, qu'il faut à présent uniquement s'appliquer à chasser le mal de tous les lieux infectés, et leur procurer à cet effet les secours nécessaires ; que c'est à cela que sont destinés les emprunts que l'on fait et qu'il ne conviendrait pas d'y toucher pour les employer à d'autres usages. Lorsque nous aurons l'esprit tranquille, vous pouvez compter que je ferai souvenir Son Altesse Royale de ses bonnes dispositions, et qu'il ne tiendra pas à moi que vous ne soyez contents. »

Il n'y avait plus qu'à s'incliner. La solution des diverses affaires d'ordre financier ne pouvait en effet être apportée du jour au lendemain. Avant de procéder à la liquidation générale, il fallait attendre la disparition du fléau ; car, autrement, toutes les mesures prises, ayant un caractère provisoire, seraient frappées de nullité. Les Echevins, qui se rendaient compte de la situation, n'insistèrent pas davantage. Il leur suffisait pour le moment d'avoir assuré les divers services municipaux, et d'avoir épargné à Marseille une banqueroute qui, pour de longues années, aurait paralysé son commerce et ruiné son commerce. Leur administration fut donc sage et utile.

CHAPITRE VIII

ADMINISTRATION MUNICIPALE. — LES APPROVISIONNEMENTS

I

ÉTABLISSEMENT DES BARRIÈRES

La grosse difficulté pour les administrateurs de Marseille n'était pas tant de lutter contre la maladie ou de faire régner le bon ordre que de prévenir la famine menaçante. Ils ne pouvaient, en effet, compter sur les maigres ressources du terroir pour assurer les besoins matériels de la population. Ils avaient l'habitude de s'approvisionner au dehors, et comme, du jour au lendemain, toutes les communications étaient interrompues avec les villes ou les pays voisins; comme, de plus, il était probable que, dans leur insouciance habituelle, les habitants n'avaient pas de provisions en réserve, il était à craindre qu'aux angoisses de la contagion se joignissent bientôt les horreurs de la famine. Cette pensée affolait les Échevins. Dès le premier jour, en annonçant aux pouvoirs établis la calamité qui fondait sur eux, ils appelaient déjà à l'aide pour se préserver d'autres malheurs plus terribles encore. Il n'est pour ainsi dire pas une page de leur correspondance qui ne soit pleine de leurs lamentations, parfois exagérées, mais toujours émou-

CARDIN LE BRET
Premier Président du Parlement d'Aix,
Intendant de Provence.

vantes, car elles sont sincères. Lorsque le Parlement d'Aix lança contre Marseille le terrible arrêt du 31 juillet, il y eut une heure d'épouvante, car la famine était imminente. Déjà les soldats de la garnison avaient manifesté leur mécontentement et menacé de prendre eux-mêmes, et où ils les trouveraient, leurs approvisionnements. Déjà s'agitaient les bas-fonds de la populace. Le marquis de Pilles, par son énergie, et Moustier, par sa ferme attitude, calmèrent l'émeute, mais il fallait à tout prix ne pas condamner Marseille à cet isolement qui la séquestrait du monde. On s'adressa [1] d'abord aux procureurs du pays (4 août) : « Nous avons eu le plaisir de vous fournir du blé pendant que vous ne pouviez en envoyer prendre dans la province : n'aurez-vous pas la bonté de nous en faire avoir dans le temps qu'il ne nous est plus permis d'en aller acheter, et qu'on a même défendu de nous en apporter ? Nous avons encore besoin des autres denrées qu'on avait coutume de nous apporter. Nous vous prions d'avoir la bonté de nous les procurer. » Ils s'adressèrent [2] également aux consuls des villes voisines, Aix, Arles, Toulon, La Ciotat, et au lieutenant [3] général de Caylus (14 août 1720) : « Monseigneur, l'état où le Parlement de Provence nous a réduits nous oblige à recourir à votre autorité et à votre protection pour obtenir le secours qui nous est nécessaire. Vous comprenez bien que, dans une grande ville comme celle-ci, on a besoin de beaucoup de choses. Il nous faudrait surtout du blé et de la viande. Comme il ne nous est plus permis d'en aller acheter, nous en avons demandé à MM. les procureurs du pays et à MM. les consuls d'Arles. Nous vous supplions très humblement d'interposer votre autorité pour nous en procurer, afin que nos habitants ne meurent pas de faim. » Le Régent lui-même fut sollicité [4] de donner des ordres pour

1. Lettre aux procureurs, 4 août 1720 (Arch. mun., C. E., p. 153, verso.)
2. Lettre des Echevins, 13 août 1720, aux consuls d'Aix (Arch. mun., C. E., p. 164, verso), de La Ciotat (Iᵒ., *ibid.*), d'Arles (*ibid.*, p. 163).
3. Lettre des Echevins à Caylus, 14 août 1720 (Arch. mun., p. 165).
4. Lettres au Régent des 28 et 29 août (Arch. mun., RG., pp. 46 et 47), et réponse de La Vrillière aux Echevins, 4 septembre.

que les intendants des provinces voisines envoyassent des provisions à Marseille. « Comme notre ville se trouve barrée, nous manquons de toutes choses et particulièrement de viande. Si Votre Altesse Royale voulait avoir la bonté de donner des ordres pour nous faire donner de la viande, elle sauverait la vie à plusieurs mille âmes, qui feraient des vœux au ciel pour la précieuse santé de Votre Altesse Royale. » Cet appel fut entendu. Non seulement le Régent ordonna de « rétablir les choses comme elles étaient, en observant toutefois de mettre des corps de garde pour empêcher que le mal ne se communique », mais il enjoignit « à l'intendant de Grenoble de vous faire renvoyer vos bestiaux et même de vous en procurer d'autres et de faire des marchés tels qu'il lui paraîtra convenable, pour procurer un prompt secours ». De leur côté, les consuls des villes voisines se mirent à la disposition de la municipalité marseillaise. On remarqua pour leur empressement les consuls de Toulon, d'Antrechaus et Gavoty, qui prirent à cœur « de nous procurer [1] tous les secours qui dépendent de nous ». Ce n'étaient là, par malheur, que des mesures temporaires, et dont le bon effet pouvait être suspendu du jour au lendemain. Tant que le Parlement maintiendrait son arrêt, Marseille était comme séparée du reste du monde, et, si on ne trouvait pas un *modus vivendi* acceptable, elle était condamnée aux pires catastrophes.

Ce n'étaient pas de vaines craintes qui assiégeaient ainsi les administrateurs municipaux. Veut-on se rendre compte de la détresse, très réelle, qui menaçait les Marseillais ? On n'a qu'à parcourir la correspondance des religieuses de la Visitation. Lorsque fut rendu l'arrêt du Parlement, elles n'avaient pour ainsi dire aucune provision dans leur couvent, et, du jour au lendemain, tout avait renchéri. Aussi furent-elles tout de suite réduites à la misère et aux privations : « Notre commu-

---

1. Lettre des consuls de Toulon aux Echevins, 7 août 1720 (Arch. mun.).

nauté, écrivait[1] l'une d'elles, se réduisit à la nourriture en maigre. Le peu de mouton qu'on pouvait avoir était réservé aux seuls infirmes. La mère Nogaret le refusa, quoique malade. Tout ce qu'on put gagner fut de lui faire accepter la soupe au gras. Elle la reçut avec plaisir, mais uniquement dans la vue de l'assurer aux pauvres malades de la ville pour qui on venait la demander à toute heure, et en faveur de qui elle la refusa toujours. » Une autre des sœurs de la Visitation, sœur Aimée Chastaignier, fut, heureusement pour la communauté, secourue par son beau-frère, La Tour d'Aygues, qui lui envoya de la farine : mais comment en faire du pain, puisqu'on n'avait ni four ni boulanger? C'est alors qu'intervint sœur Agarrade, qui, de concert avec une autre sœur, Charlotte Billon, s'improvisa maçon. Les deux sœurs démolirent les bancs en pierre du jardin, allèrent chercher des matériaux sur le rivage de la mer, et réussirent à construire un four informe, mais qui fonctionna. Ce ne fut pas le seul service que la sœur Agarrade rendit à la communauté. « On la vit se prêter à tout, pétrir le pain, laver la lessive, battre la laine des matelas et les refaire, se multiplier en quelque sorte et remplir tous les emplois. Nous lui devons cette justice : elle fut le soutien de notre communauté dans ces temps de calamité... Elle allait[3] dans notre terre de campagne, où, se traitant comme une bête de charge, elle portait de pesants fardeaux de fruits et d'autres provisions qui l'accablaient, de façon que, malgré son grand courage, elle était obligée de se reposer plusieurs fois pour reprendre haleine, et s'exposait par là davantage à prendre le mal contagieux. » Honneur à cette humble fille, dont le dévouement ignoré épargna sans doute à ses compagnes les angoisses de la famine, mais combien, hélas! se rencontra-t-il de sœurs Agarrade pour arracher leurs familles aux étreintes de la faim, et quelles

1. Lettre d'Anne-Marie de Rémusat, p. 246.
2. *Ibid.*, p. 250.
3. *Ibid.*, p. 247.

ne durent pas être les angoisses d'une municipalité qui se sentait débordée, et à la merci d'un soulèvement populaire !

Ce fut alors que les Echevins songèrent à établir des marchés intermédiaires, avec barrières fermées et soigneusement gardées, où les Marseillais pourraient se procurer des provisions apportées du dehors. Lebret accepta en principe la proposition, et d'un commun accord, une conférence fut fixée à Notre-Dame, tout près de Septèmes. Le premier procureur du pays, de Vauvenargues, s'y présenta avec quelques gentilshommes et médecins, et, de concert avec Estelle, accompagné d'un secrétaire, négocia un véritable traité, qui fut homologué par arrêt du Parlement et envoyé à toutes les villes de la province, qui promirent de s'y conformer. Nous avons retrouvé dans nos archives municipales[1] le *Mémoire de ce qui peut être traité en conférence avec messieurs les Echevins de la ville de Marseille.* » Il y est dit que les procureurs du pays « ont déjà écrit des lettres circulaires à toutes les vigueries, afin qu'on y excite les négociants à porter aux barrières du bois, du blé et généralement toutes les sortes de denrées et provisions, sur l'espérance d'en recevoir le prix comptant à une fixation honnête et convenable à chaque sorte de provision... Pour procurer une plus grande abondance de blé et empêcher autant qu'il sera possible le surhaussement du prix, il a paru à Messieurs les procureurs du pays qu'il serait bon que Messieurs les Echevins de Marseille expédiassent un ordre à M. Lion, personne de confiance dont la fidélité et l'exactitude sont connues, en manière que l'on peut ajouter foi à ses certificats. Pour toujours procurer à Messieurs de Marseille une certaine abondance qui leur est si nécessaire, ils n'ont qu'à envoyer des mémoires de l'endroit où ils veulent le recevoir et du prix qu'ils donneront comptant lors de la réception, pour que Messieurs les procureurs du pays agissent de leur côté suivant leur zèle et leur désir de favoriser cette

---

[1]. Papiers non classés aux Archives municipales.

ville... On représente encore à Messieurs les Echevins que les frais qu'il faut faire pour conserver la barrière afin qu'elle ne s'infecte pas et que l'on y puisse continuer le commerce avec confiance, doivent être supportés par la ville de Marseille... les frais ne sont pas considérables. Les appointements de tous les préposés ne montent qu'environ 300 livres par mois. M. le Premier Président, à qui Messieurs les procureurs du pays en ont parlé, trouve que Messieurs les Echevins de Marseille doivent cette dépense. »

Ce qu'il y avait de plus difficile à déterminer, c'était le nombre et l'emplacement des barrières. Les uns désiraient se trouver en deçà et les autres au-delà des limites convenues et les intérêts contradictoires se débattaient. On finit cependant par s'entendre. Il fut décidé que quatre marchés principaux[1] seraient ouverts, l'un à la plaine Saint-Michel pour les gens qui viendraient d'Aubagne, l'autre à Saint-Louis pour ceux qui viendraient d'Aix, le troisième et le quatrième à l'Estaque et au Frioul pour les communications avec la France et l'étranger. Enfin la ligne[2] de blocus devait comporter 89 postes dans la banlieue de Marseille avec 31 officiers, 332 soldats et 281 paysans, 11 à Cassis, 11 à Aubagne ; 27 à Allauch, 7 à Simiane, 16 aux Pennes, 10 à Gignac, 2 à Carry et 4 aux Martigues. Un arrêt du Conseil d'État, en date du 14 septembre 1720, confirma le blocus, et ordonna des prescriptions minutieuses et rigoureuses. Les vingt-six articles de cet arrêt prévoyaient tous les cas, même les plus étranges. Il n'y avait plus qu'à s'y

1. Lettre des Echevins à Lebret, 4 août 1720 (Arch. mun., C. E., p. 154, verso).
2. Archives des Bouches-du-Rhône, C., 910. La liasse compte 171 pièces. Elle contient « les devis faits par des ingénieurs pour borner des barrages tout le long du fossé de Craponne, les conventions passées par MM. les procureurs du pays pour la fourniture de bois et chandelle aux corps de garde établis aux barrages, et aux blocus de Marseille, Arles et autres lieux, les ordonnances rendues par M. le commandant pour la levée et la solde des compagnies de milice et de la Durance, la revue des compagnies, les ordres et répartitions sur la communauté du pays pour fournir à toutes ces dépenses, le tout pendant la contagion de 1720 et 1721. »

conformer : Marseille, tant que durerait la maladie, était séquestrée du reste du monde.

Les habitants de la banlieue sur le territoire desquels furent construites[1] les barrières n'acceptèrent pas sans protestation la décision des procureurs du pays. Ce qui surtout les indignait, c'était de se trouver en contact forcé avec les soldats, gardiens des postes, qui ne se piquaient pas alors d'une discipline bien stricte. Voici la lettre[2], très suggestive, qu'adressait à ce sujet aux Echevins de Marseille un certain Devoce, possesseur d'une bastide aux Cadenelles, près de Septèmes (20 août 1720). Il vient d'apprendre que quelques centaines de soldats sont en marche pour occuper les divers postes, « ce qui a donné une telle épouvante qu'une grande partie des ménagers enlèvent tous leurs meubles et abandonnent leurs bastides... Si cela est, comme on me l'a fortement assuré, je vous prie, au nom de tous les habitants de ces quartiers, de vouloir incessamment prévenir un orage qui serait capable non seulement de les faire mourir, mais encore de les ruiner de fond en comble, puisque, en même temps, ils seraient accablés de trois maux principaux : la peste, la guerre et la famine. Nous espérons de votre charité que vous nous soulagerez et nous ferez éviter ce malheur, puisque nous sommes du territoire et faisons partie de la commune de Marseille qui n'est point sujette à être foulée par les gens de guerre : étant hors d'exemple que, dans les temps de contagion, on fait garder les barrières et les territoires par des troupes réglées, parce que ce serait exposer tous les gens du terroir à être impunément égorgés. » Le pétitionnaire conclut en demandant que l'on change la barrière de place, et ce changement paraît d'autant plus nécessaire que la localité est déjà contaminée. « Il y a encore aujourd'hui deux morts et plusieurs malades qui

---

1. Pour la construction des barrières, voir lettre des Echevins à Lebret (9 septembre 1720), contenant force détails techniques (Arch. mun., C. E., p. 163, recto).

2. Lettre aux Echevins, 20 août 1720 (Correspondance de la mairie, au mot Devoce).

périssent faute de secours. En restant longtemps sans sépulture, la corruption pourrait bien gâter l'air, etc. » Les Echevins ne pouvaient revenir sur leur décision sans s'exposer à un bouleversement général. L'infortuné Devoce fut donc obligé de subir le voisinage de ces soldats, dont il redoutait le contact, et la barrière fut maintenue.

Aussi bien tout se passa à peu près régulièrement. Du côté d'Aubagne, d'excellentes relations avaient toujours existé entre les consuls de cette petite ville et les Echevins de Marseille : elles continuèrent. Voici la lettre[1], en date du 8 août 1720, qu'écrivait à ce propos la municipalité de Marseille : « Nous avons vu avec beaucoup de joie que, pour vos offres obligeantes, vous avez prévenu les instantes prières, que nous étions en état de vous faire. Nous vous en rendons mille grâces très humbles, et nous vous prions d'être persuadés que nous en conserverons une éternelle reconnaissance. Nous eûmes l'honneur de conférer hier avec MM. les procureurs du pays pour nos besoins, et il fut arrêté qu'il y aurait un marché pour toutes sortes de denrées entre les territoires de Marseille et d'Aubagne, et un autre au bureau de Notre-Dame. Ces marchés se tiendront les lundi, mercredi et vendredi de chaque semaine. Nous vous prions, messieurs, d'y faire apporter toutes sortes de provisions et particulièrement du blé, du bois et du charbon. »

Aux barrières d'Allauch, on se montra plus récalcitrant. Aussi les Echevins se virent-ils forcés d'adresser à Lebret la lettre[2] suivante (16 août 1720) : « Nous ne saurions nous passer du commerce d'Allauch, mais les habitants de ce village se refusent d'aller au marché qui est établi à l'extrémité du territoire d'Aubagne. C'est parce qu'il leur faudrait faire un long circuit. C'est pourquoi nous vous supplions d'avoir la bonté de nous procurer un marché à l'extrémité du territoire d'Allauch,

---

1. Lettre des Echevins aux consuls d'Aubagne, 8 août 1720 (Arch. mun., C. E., p. 157, verso).
2. Lettre des Echevins à Lebret, 16 août 1720 (Arch. mun., C. E., p. 167, verso).

quoique les habitants de ce village soient fort attentifs à se garder, puisque tout leur territoire est bordé de fusiliers. MM. les procureurs du pays peuvent y faire construire une barrière et y tenir des gardes pour empêcher le désordre et la communication, et tout cela aux dépens de notre communauté, parce que le commerce avec Allauch nous est d'une nécessité indispensable. »

A la barrière Notre-Dame, une difficulté se présenta. C'était le principal marché des grains. De plus, l'unique glacière, qui alimentait alors Marseille, se trouvait à l'extrémité du territoire des Pennes, à environ une demi-lieue de la barrière. On avait d'abord exigé[1] un service spécial de muletiers pour aller chercher chaque jour les provisions de glace nécessaires, mais on immobilisait ainsi des bêtes de somme dont les services pouvaient être utiles sur un autre terrain. Les Echevins demandaient que des gardes accompagnassent le convoi à chaque voyage : de la sorte, toutes les précautions seraient prises et, comme il n'y avait pas besoin de multiplier les voyages, les mulets pouvaient être utilisés ailleurs. Voici la lettre[2] qu'ils adressèrent à ce propos aux procureurs du pays, le 16 août 1720 : « Nous avons eu l'honneur de vous représenter que la glacière n'étant pas éloignée d'un quart de lieue de la limite de notre terroir, il ne serait guère convenable de tenir un relai pour faire demi-lieue par jour entre aller et venir; que d'ailleurs, comme les muletiers qui partiraient d'ici n'arriveraient jamais à la même heure, la glace fondrait; et qu'enfin tout cet inconvénient cesse en faisant suivre les muletiers par des gardes jusqu'à la barrière, pour empêcher qu'ils ne communiquent pas. Nous vous prions de vouloir entrer dans ces considérations, et de ne pas

---

1. Lettre des Echevins aux procureurs du pays, 12 août 1720 (Arch. mun., C. E., p. 162, recto). — Sur les négociations à propos de l'établissement de cette barrière, voir lettre des Echevins à Lebret, 19 août 1720 (Arch. mun., C. E., p. 172, recto).
2. Lettre aux procureurs du pays, 28 août 1720 (Arch. mun., C. E., p. 177, recto). — Cf. Lettre antérieure sur le même sujet adressée à Lebret, le 16 août 1720. — Lettre du 5 février 1721 à Chapus (Arch. mun., C. E., p. 80, recto et verso).

nous priver d'un secours qui nous est nécessaire, et où certainement il n'y a aucun risque. » La demande était légitime : elle fut accordée.

Même solution fut donnée à l'affaire de la barrière de la Gavotte. Cette barrière avait été placée à une grande demi-lieue de l'extrémité du territoire de Marseille, en sorte que 700 à 800 personnes mouraient de faim, puisqu'elles n'avaient pas la liberté de prendre des vivres, ni à Marseille, ni dans les villages circonvoisins. « Nous sommes persuadés[1] que vous n'avez pas eu l'intention de laisser périr tous ces gens-là faute de secours; cependant, plusieurs qui se sont présentés pour porter du pain et des denrées à leurs parents qui sont entre la barrière et l'extrémité de notre terroir, ont été rudement repoussés par les gardes que vous avez établis. Nous vous prions, Messieurs, d'avoir la bonté de prendre pour cela quelque tempérament et de donner les ordres nécessaires afin que ces gens-là tirent des secours ou de la province ou de Marseille. » Lors de l'établissement de la ligne de blocus, on avait eu le tort de vouloir aller trop vite, et il était évident que les habitants de la Gavotte avaient été sacrifiés; mais, dès que l'erreur fut signalée, ils rentrèrent dans le droit commun et furent assurés de ne pas mourir de faim.

La barrière du Frioul avait été désignée comme devant être le grand marché des blés venant de l'intérieur. Toutes les précautions avaient été prises pour empêcher[2] les communications. Il n'y eut de difficultés qu'avec les consuls des Martigues[3], qui auraient voulu être exemptés du droit de garde sur leurs bâtiments amenés au Frioul. Ils menaçaient de rompre toute communication, si on

---

1. Lettre des Echevins aux procureurs du pays, 13 août 1720.
2. Lettre des Echevins aux consuls d'Arles, 12 mai 1721 (Arch. mun., C. E., p. 99, recto).
3. Lettre des Echevins aux consuls des Martigues, 12 mai 1721 (Arch. mun., C. E., p. 98). « Nous avons trouvé à propos que les bâtiments de chez vous qui apporteront du poisson ou d'autres denrées, s'arrêteront à notre barrière du Frioul, d'où les patrons enverront ici par des bateaux ce qu'ils ont envie de vendre, ou nos patrons l'iront prendre. »

persistait à exiger ce droit. Il fallut décider, pour les contenter, que les bâtiments chargés de blé s'arrêteraient tous au Frioul et que, de Marseille, on viendrait prendre leur cargaison.

A la barrière de la Lèque, près de Bouc, les précautions exagérées prises par Cousin, préposé des communautés, faillirent amener un conflit. « Il voudrait[1] que notre préposé restât dans l'eau et qu'il reçût de l'eau comme un poisson. N'y a-t-il pas plus que de la cruauté de ne vouloir pas qu'on lui donne, en payant, les aliments nécessaires, qu'il puisse se mettre à terre et l'approcher de moins de cinquante pas ? Cette barrière est bien assez incommode par l'éloignement pour en augmenter encore les incommodités par des précautions outrées. » Ces exigences étaient, en effet, ridicules. Prévenu par les Echevins, Lebret s'empressa de rappeler à des sentiments de modération ce trop scrupuleux observateur des règlements sanitaires.

En résumé, tout se passa sans trop de froissements. Il y eut bien au début quelques hésitations, peut-être même quelques disputes, mais le tassement s'opéra assez vite, et on peut même s'étonner de ce que des rouages aussi compliqués aient aisément fonctionné. Ajoutons que les opérations furent presque toujours[2] régulières. Les blés et les bestiaux attendus arrivèrent aux époques convenues, et furent distribués aux ayants droit sans que jamais on ait eu à se plaindre d'une tentative d'accaparement. Néanmoins, comme jamais n'ont manqué les spéculateurs qui ne négligent pas l'occasion de faire de bonnes affaires aux dépens de la chose publique, quelques-uns des préposés aux barrières se permirent des actes indélicats, mais qui furent promptement signalés et flétris. A la barrière Notre-Dame, « on dit[3] que

---

1. Lettre des Echevins à Lebret, 18 septembre 1720 (Arch. mun., C. E., p. 6, recto).
2. On conserve aux Archives de Marseille quatorze lettres de Tronson aux Echevins. Il s'agit d'accusés de réception, de passage de caisses, etc. On n'y signale rien d'insolite.
3. Lettre des Echevins à Lebret, 21 août 1720 (Arch. mun., C. E., p. 173, recto).

ceux qui ont du blé à vendre ne pouvant pas conférer avec ceux qui veulent en acheter, si ce n'est par le moyen de personnes qui sont au milieu de la barrière, ces personnes font elles-mêmes ces achats pour leur compte, et elles le revendent après avec un profit exorbitant. En sorte que l'on nous a assuré que, dans le marché d'aujourd'hui, le blé se vendait au commencement de 42 à 44 livres, et sur la fin du même marché on l'a porté au delà de 50 livres la charge. » Les Echevins priaient donc l'intendant de vouloir bien désigner une sorte de médiateur officiel, qui surveillerait le marché et réglerait les prix. Lebret s'empressa de faire droit à cette demande, et appela à ce poste de confiance un bourgeois de Lambesc, Chapuis [1]. La mesure était bonne. Elle fut bien accueillie, mais demeura sans effet, car, sur d'autres points, se commirent de graves abus qui perpétuaient le mal.

Voici la lettre [2] qu'adressaient à ce sujet à l'intendant les Echevins de Marseille, à la date du 24 août 1721 : « Il y a longtemps qu'on nous porte des plaintes sur les monopoles qu'exercent aux barrières les gens que MM. les procureurs du pays y ont établis... Nos commissaires de police avaient cependant pris la liberté de les en avertir lorsqu'ils étaient venus à la barrière, et nous espérions toujours qu'ils auraient agréable de cesser un si indigne trafic ; mais, comme ce trafic continue et augmente, nous croyons qu'il est de notre devoir de tâcher de le faire cesser, d'autant mieux qu'il nous faut payer ceux qui l'exercent. Nous avons eu l'honneur de vous représenter que nous n'avons établi dans l'intérieur des barrières qu'un commissaire de police et un garde : MM. les procureurs du pays auraient bien pu se contenter d'un pareil établissement dans l'extérieur. Nous vous supplions très humblement, Monseigneur, d'avoir la bonté de faire réformer ces maltôtiers. »

Le plus déterminé de ces maltôtiers paraît avoir été

---

1. Lettre des Echevins à Chapuis, 24 août 1720 (Arch. mun., C. E., p. 175, recto).
2. Lettre à Lebret, 24 août 1721 (Arch. mun., C. E., p. 125, recto).

un certain Villevieille, un ancien officier, chevalier de Saint-Louis, établi à la barrière du Pin, sur la route d'Aix. Il prit tout de suite une attitude hostile vis-à-vis du commissaire Chapuis, le frère de celui qui avait été délégué à la barrière Notre-Dame, et du receveur des fonds Tronson, qui l'un et l'autre avaient une bonne réputation, et parurent la justifier. Villevieille ne se contenta pas d'accabler de dédain ses collègues : il essaya, sous leurs yeux et malgré leur surveillance, d'user de sa situation pour arrondir sa fortune. Il se mit, en effet, à acheter, en dehors de la barrière, des blés qu'il revendit à Marseille avec un gros bénéfice. Chapuis fut le premier à signaler cette coupable conduite. Le 12 septembre 1720, il écrivait[1] à Estelle pour se plaindre de ce que tous les blés de Rians, environ 260 charges, aient été achetés à M. de Valbelle par Villevieille, et voiturés à l'intérieur des barrières. « C'est là un monopole des plus criants, surtout venant de la part d'un homme qui est en place, et qui doit donner l'exemple. » Chapuis ajoutait qu'il était tout prêt à verbaliser. « N'appréhendez[2] pas surtout qu'on vous dise que Chapuis a jamais acheté un œuf pour le faire revendre. J'en donne ma tête pour garant. Il est surprenant que des gens en place fassent ce qu'ils défendent aux autres, et qu'ils veuillent manger le sang du pauvre. » Dès le lendemain[3], Tronson adressait une plainte aux Echevins sur les mauvais procédés dont Villevieille usait à son égard. Il faisait remarquer qu'il n'avait à sa disposition ni chambre, ni caisse pour enfermer les fonds qu'il recevait, et, pendant ce temps, Villevieille occupait un des gardes de la barrière, menuisier de son état, à fabriquer des meubles, qu'il faisait ensuite porter chez lui. N'avait-il pas encore eu l'audace « de jeter à bas l'entonnoir qui servait à passer les grains dans l'enceinte de la barrière » !

Les échevins n'hésitèrent pas. Dès le 14 décembre ils

---

1. Lettre de Chapuis à Estelle, 12 septembre 1720.
2. Lettre de Chapuis aux Echevins, 13 décembre 1720.
3. Lettre de Tronson aux Echevins, 13 décembre 1720 (Correspondance de la mairie, au mot Tronson).

adressaient deux lettres [1] à Villevieille : « Nous avons reçu des plaintes à votre sujet non seulement de la part du sieur Chapuis, mais d'autres gens dignes de foi, qui nous avaient assuré que vous achetiez du blé pour le revendre, et que même vous grondiez ceux qui venaient en vendre à la barrière sur ce qu'ils le laissaient à trop bon marché. Nous ne savons pas, monsieur, si cela contient vérité, mais vous avouerez qu'il ne vous conviendrait en aucune façon, à la place où vous êtes, de faire des achats de blé, ni d'autres denrées, parce qu'il est certain que ce ne serait que pour le revendre à plus haut prix. Nous souhaitons que les choses aient été faites dans l'ordre par le passé, et qu'il en soit de même à l'avenir. » La seconde lettre était une invitation à traiter avec plus d'égards Tronson, « pour lequel le premier président a quelque considération. Vous nous ferez plaisir de le traiter plus doucement. Il est utile au public, et rend mille bons offices à notre ville. Nous espérons qu'à notre prière vous agirez à son égard d'une manière dont il aura lieu d'être content ». Cette double missive exaspéra Villevieille. Il répondit [2] sur-le-champ aux Echevins, mais sa défense est pitoyable, car il ne discute même pas les graves accusations dont on le chargeait. « Les gens qui se sont allés plaindre de moi, que vous appelez dignes de foi, méritent un autre nom. Je les appelle de celui d'infâmes calomniateurs dignes de châtiment et non pas de foi. Je les prends à partie, et leur demande réparation. Eclaircissez la vérité, messieurs, et je ne doute point que vous ne punissiez ceux qui vous en ont imposé. Un ancien officier, accusé de commerce licite ou illicite, doit laisser le soin de son apologie à sa profession. Je croirai me faire tort d'entrer dans un plus grand détail. » Le même jour, et sans doute dans le premier emportement de sa fureur, Villevieille courait à la barrière avec deux gardes armés, et dispersait à coups de

---

1. Lettres des Echevins à Villevieille, 14 décembre 1720 (Arch. mun., C. E., p. 60, recto).
2. Lettre de Villevieille aux Echevins, 15 décembre 1720 (Correspondance de la mairie, au mot Villevieille).

canne les paysans qui s'y présentaient pour leurs achats. Ce traitement expéditif souleva un murmure général. « Comme j'eus beaucoup de peine à contenir le monde, s'empressa d'écrire [1] Chapuis à son protecteur Estelle, et que je ne réponds point des événements s'il y retourne, vous me ferez un sensible plaisir de lui écrire là-dessus, afin qu'il se contienne dans la barrière et qu'il n'empiète point sur nos droits. Cela vous regarde autant et même plus que moi, parce que je n'agis que par représentation. Ainsi ayez la bonté d'y mettre ordre et de me croire toujours avec un entier attachement, etc. »

Nous ignorons comment se termina ce conflit qui menaçait de passer à l'état aigu, car nous n'avons retrouvé dans les papiers de l'époque aucun autre document relatif à cette affaire. Le nom de Villevieille disparaît même des dossiers. Nous y retrouvons au contraire ceux de Tronson et de Chapuis. Le premier paraît avoir mérité jusqu'au bout la confiance et les éloges de la municipalité. Nous avons, en effet, une lettre [2] à lui adressée par les Echevins, à la date du 13 mai 1721, mais il est alors receveur non plus au Pin, mais à Septèmes, par laquelle ils l'autorisent à faire entrer pour sa provision quelques charges de farine : « nous souhaiterions bon que vous voulussiez vous passer de cette permission à cause de la conséquence, mais, néanmoins, si vous persistez dans cette demande, nous n'oserons pas vous refuser, en considération des bons offices que vous avez rendus à notre communauté ». Chapuis, au contraire, ne garda pas jusqu'au bout de bonnes relations avec la municipalité. Lors du règlement de liquidation, il présenta des notes qui parurent abusives. Il réclamait en effet [3], sans parler de ses honoraires et d'une gratification, la somme de 4.308 livres pour diverses dépenses faites à la barrière du Pin. La ville refusa. On ne voulait lui accorder que 139 livres et aucune gratification. « Le sieur Chapuis est

---

1. Lettre de Chapuis à Estelle, 15 décembre 1720 (Arch. mun.).
2. Cf. autre lettre du 9 novembre 1720, approuvant ses comptes financiers (Arch. mun., C. E., p. 100, recto).
3. Archives de Marseille. Papiers relatifs à la peste.

très mal fondé à demander une gratification. S'il y eût eu le moindre lieu de lui en accorder quelqu'une, il n'aurait pas manqué de la demander dans son précédent compte, d'autant mieux qu'il déclara alors aux sieurs Echevins qu'il ne voulait plus retourner à la barrière, parce qu'on lui proposa de diminuer ses appointements, et il n'y retourna que parce qu'il y trouvait son compte. » Lebret fut choisi comme arbitre entre la ville et Chapuis, mais on ne sait quelle fut sa décision, ou, du moins, nous n'en avons pas retrouvé trace dans les documents administratifs.

Il est un autre employé de la ville [1], Gibert, contrôleur au Frioul, dont la gestion souleva également des plaintes. Voici en effet la lettre peu aimable que lui adressèrent les Echevins à la date du 6 mai 1721 : « On nous a apporté diverses plaintes sur ce que vous faites payer des droits sur les marchandises que l'on apporte à la barrière, et nous avons été extrêmement surpris de voir que vous en avez même donné des quittances. M. le commandant de Langeron en a également reçu des plaintes. C'est pourquoi nous ne pouvons pas manquer d'avertir Monsieur le Premier Président, qui trouvera fort extraordinaire qu'un homme qui a des appointements comme vous fasse encore un revenu injuste et injurieux. Envoyez, s'il vous plaît, un état fidèle de tout ce que vous vous êtes fait payer, et gardez-vous bien de continuer cette exaction. »

Nous connaissons l'organisation [2] et le fonctionnement des barrières. Voyons maintenant comment les Echevins réussirent à y faire affluer les objets de première nécessité, dont ils avaient besoin pour l'approvisionnement de Marseille, et tout d'abord ce qui était en quelque sorte la base de l'alimentation, les blés.

---

1. Gibert avait pendant longtemps joui de la confiance de la municipalité. Voir lettre des Echevins, 6 mai 1721 (Arch. mun., C. E., p. 97, recto et verso).
2. Lettre des Echevins aux procureurs du pays, 27 mars 1722, pour réclamer des indemnités en faveur des propriétaires des terrains sur lesquels on avait construit les barrières (Arch. mun., C. E., p. 107, verso).

II

LA QUESTION DU PAIN

Les Echevins s'adressèrent d'abord aux particuliers. On a conservé une lettre qu'ils écrivaient[1], le 8 août 1720, au conseiller de Lubières, marquis de Roquemarine, pour le remercier de leur avoir cédé 300 charges de blé à 30 livres la charge. Ils le priaient seulement de faire voiturer ce blé à Saint-Chamas, où on le chargerait sur des bateaux pour le porter à la plage de l'Estaque. On sait, d'autre part[2], que plusieurs grands propriétaires, sur l'invitation expresse de Lebret, avaient proposé l'un, l'avocat général Gros, 200 charges de blé, qui seraient transportées à la barrière Notre-Dame, l'autre, le marquis de Cabannes, 600 charges, également pour Notre-Dame. MM. de Saint-Jean et Maurice de Pertuis avaient également promis leurs récoltes. On traita directement avec les sieurs Cousin[3], Roux de Bouc[4] et Jean Roman, négociant à la Bastide, Joseph Revest, commandant de la pinque Sainte-Anne[5], Tastanier de Bouc[6], Pierre Revest[7], Gaspard Maurin de la Bastide[8], Constant[9], Bellanger de Castellane[10], Rouvière[11]. Le notaire Mouton fit aussi d'importants achats à Toulon et aux environs pour le compte de la munici-

---

1. Lettre des Echevins au conseiller de Lubières, 8 août 1720 (Arch. mun., C. E., p. 158, recto).
2. Lettres à Lebret, 12 et 17 août 1720 (Arch. mun., C. E., p. 161, verso, et 170, recto).
3. Lettre des Echevins, 16 octobre 1720.
4. *Ibid.*, 16 octobre.
5. *Ibid.*, 14 octobre.
6. *Ibid.*, 14 octobre.
7. *Ibid.*, 18 octobre.
8. *Ibid.*, 22 octobre et 14 novembre (Arch. mun., C. E., p. 46, verso).
9. *Ibid.*, 14 et 19 novembre.
10. *Ibid.*, 30 septembre et 8 novembre (Arch. mun., C. E., p. 43, recto).
11. *Ibid.*, 12 et 14 octobre 1720.

palité[1]; et le négociant Rossignol à Cannes[2]. C'étaient là en quelque sorte des transactions indiquées à l'avance. Ainsi que les Echevins[3] l'écrivaient à Lebret : « Nous avons besoin du blé du pays. Ayez la bonté de nous en faire avoir et de charger quelqu'un du transport en cas que les vendeurs ne veuillent pas s'en charger. Nous payerons[4] le prix du blé et les frais du transport de la manière que vous trouverez à propos. »

Il était plus facile aux Echevins de traiter directement avec leurs collègues de la province : c'est ce qu'ils firent dès la première heure. Ils ne rencontrèrent de leur part que bonne volonté et s'en montrèrent reconnaissants : « Nous sommes bien obligés de vos offres, écrivaient-ils[5] aux consuls de Tarascon. Vous avez prévenu les prières que nous étions en état de vous faire de nous procurer quelque secours de blé. Vous savez qu'on a établi un marché à l'Estaque où toutes sortes de bâtiments peuvent aborder en sûreté. Messieurs les procureurs du pays y ont fait construire une barrière, et y ont mis des gardes, en exécution de notre conférence, afin d'empêcher tout désordre et toute communication. Aussi nous vous prions de faire quelques achats de blé au nom de la communauté de notre ville, et de le faire voiturer à l'Estaque, ou d'engager vos négociants à y envoyer. Si votre communauté en achète, nous approuvons également les traités que vous ferez, et, si ce sont des particuliers, nous leur offrirons un prix raisonnable. »

1. 14 octobre 1720. — Cf. règlement de comptes de César Raisson. Le chevalier Roze figure dans cette affaire.
2. Il existe aux Archives municipales (15e division, 4e section, n° 7) tout un dossier relatif à ces achats de blé par Rossignol.
3. Lettre à Lebret, 12 octobre 1720.
4. Voici un spécimen de reçu pour les blés : « Le sieur Capus, receveur des deniers de l'abondance, payera au sieur Jean Audibert la somme de deux mille quatre cents livres pour aller acheter du blé à Pleinier pour compte de l'abondance, et rapportant le présent avec acquit ladite somme de deux mille quatre cents livres vous sera admise à Marseille, 29 octobre 1721. AUDIMAR, DRUCBÉ. Reçu conforme : J. AUDIBERT. » On conserve aux Archives municipales (4e division, 15e section, n° 3) tout un dossier relatif à l'achat et au paiement de ces blés.
5. Lettre aux consuls de Tarascon, 14 août 1720 (Arch. mun., C. E., p. 166, recto).

Mêmes négociations et même accueil empressé de la part des consuls d'Aubagne[1] de Toulon, de la Ciotat[2], de Saint-Tropez, de Draguignan. Voici, entre plusieurs autres[3], l'instrument authentique de la transaction de Draguignan : « Emmanuel François Giraud, seigneur de la Garde Agay et la Moure, lieutenant-général de la submission et particulier en le sénéchaussée de la ville de Draguignan, subdélégué de M. l'Intendant dans le département de la dite ville, et en suite de l'ordre que nous avons reçu de M. l'Intendant de procurer à la ville de Marseille tous les secours que nous pourrons dans le malheur de contagion, dont cette ville est affligée ; avons donné pouvoir et commission au sieur François Guigon, greffier en chef de la dite sénéchaussée dans cette ville, d'aller chercher le plus de blé qu'il pourra, d'en arrêter le prix, et donner des arrhes à tous ceux qui en voudront vendre ; enjoignant aux consuls des lieux où il ira à l'occasion de ce de lui donner toutes les facilités qu'ils pourront pour lesdits achats : et de leur fournir en premier ordre les bestiaux nécessaires pour le transport dudit blé aux endroits où il sera ordonné, en payant à rétribution convenable lesdites voitures, suivant qu'il sera par nous réglé par rapport à la distance des lieux[4] où les achats seront faits à ceux où ils seront transportés. Faisons défense à tous qu'il appartiendra d'empêcher la sortie des blés que ledit sieur Guigon aura achetés en vertu de la présente commission, à peine de désobéissance au roi. Fait à Draguignan, le 10 octobre 1720, Giraud la Garde. »

Les consuls d'Arles se montrent d'abord plus récalcitrants. Ils étaient, il est vrai, très en froid avec leurs collègues de Marseille, à l'occasion d'un procès intenté

---

1. Archives municipales, C. E., p. 197, verso.
2. Lettre du 15 novembre 1720 (Arch. mun., C. E., p. 47, verso).
3. Archives de Marseille. Lettre des Echevins à Tolon, lieutenant de l'amirauté à Saint-Tropez, pour règlement de comptes, 14 octobre 1720. (Papiers non classés.)
4. Giraud de la Garde fit acheter pour Marseille du blé jusqu'au Languedoc. Voir aux Archives de Marseille divers comptes en son nom.

par un certain Salicoffre[1], et qu'ils avaient perdu. Ils ne leur donnèrent d'abord que de mauvaises raisons. « La ville d'Arles ne nous a offert aucun secours, écrivaient[2] les Echevins à Lebret. Il est vrai que nous venons de recevoir une lettre de MM. les Consuls par laquelle ils nous proposent de charger quelqu'un de nos commissions, mais nous ne connaissons personne dans ce pays-là, et ils ne voudraient pas recevoir un homme que nous y enverrions d'ici. C'est pourquoi nous vous supplions très humblement d'avoir la bonté d'envoyer à Arles quelque homme d'Aix pour y faire des achats ou d'en charger messieurs les consuls d'Aix ». Ils firent mieux : pressés par la nécessité, ils donnèrent tout pouvoir d'agir à Lebret[3], et poussèrent même l'oubli du passé jusqu'à l'autoriser à investir les consuls d'Arles de cette mission de confiance : « Mais souvenez-vous que notre besoin presse ». Les Arlésiens de leur côté eurent à cœur de ne plus se souvenir de leurs ressentiments, et se mirent dès lors à la disposition des Marseillais, qui leur en surent le meilleur gré, et eurent l'heureuse chance, quelques mois plus tard, de pouvoir leur témoigner leur reconnaissance, non par des paroles, mais par des actes.

Aix fut le principal marché des transactions[4] relatives à l'achat des blés, et ce fut l'assemblée des communautés qui prit la direction de ces affaires, à la suite d'une conférence entre le marquis de Vauvenargues, président de cette assemblée et les délégués de Marseille : « Monseigneur[5], vous avez sans doute été informé du résultat de notre conférence d'hier. M. de Vauvenargues, avec

1. Lettre des Echevins aux consuls d'Arles, 17 août 1720 (Arch. mun., C. E., p. 169, verso) : « Nous avons vu avec douleur et avec surprise qu'il y a de vos habitants qui conservent quelque ressentiment de l'affaire du sieur Salicoffre, sur quoi nous prendrons la liberté de vous dire que c'est bien injustement. »
2. Lettre des Echevins à Lebret, 12 août 1720.
3. Lettre à Lebret, 17 août 1720.
4. Voir aux archives de Marseille de nombreuses pièces de comptabilité, au nom de Perrin, bourgeois d'Aix.
5. Lettre des Echevins à Lebret, 8 août 1720 (Arch. mun., C. E., p. 159, recto et verso).

sa bonté et sa politesse habituelle, nous offrit du secours de la part de la province sous la condition qu'il trouvera à propos, ce que nous acceptâmes avec des remerciements. Nous avons particulièrement besoin de blé et M. Rigord vient de nous faire savoir que les Gênois enlèvent tout celui du Languedoc et d'Arles, et, comme nous pourrions tirer de là un puissant secours, nous vous supplions très humblement, Monseigneur, d'avoir la bonté d'écrire à M. de Bernage et à MM. les consuls d'Arles pour empêcher que les Gênois n'enlèvent pas leur blé. » A la suite de cette conférence les procureurs du pays rédigèrent un traité dont les conditions, bien que modérées, parurent exorbitantes aux Échevins. Aussi ne cachèrent-ils pas l'expression de leur mécontentement. Ils se plaignaient surtout de l'obligation qu'on leur imposait de payer argent comptant tous leurs achats « Nous l'avons écrit[1] aujourd'hui en termes modérés à MM. les procureurs du pays, et nous vous supplions très humblement de vouloir les porter à nous rendre plus de justice. » Ils auraient préféré traiter directement avec Lebret, et le priaient avec instance de se rendre à une nouvelle conférence à la barrière Notre-Dame, où il aurait réglé lui-même tous les détails de l'opération. Ils ajoutaient même, non sans malice : « Nous vous prions de faire dire à M. de Vauvenargues qu'il n'est pas nécessaire qu'il y aille. Nous attendons sur cela de vos nouvelles incessamment, parce que l'affaire est très essentielle ». Il ne paraît pas que Lebret ait goûté ces raisons. D'ailleurs, le bon accord ne tarda pas à se rétablir, et, en résumé, les Marseillais n'eurent qu'à se féliciter d'avoir accepté comme intermédiaires leurs voisins d'Aix. Au moins les approvisionnements de blé furent-ils à peu près assurés. Vauvenargues lui-même ne tarda pas à rentrer en faveur, car dès le 18 août, les Échevins remercièrent[2] Lebret d'avoir envoyé Vauvenargues traiter directement tous les achats de blé, ce qui

---

1. Lettre des Échevins à Lebret, 11 août 1720 (Arch. mun., C. E., p. 160, verso).
2. Lettre du 18 août (Arch. mun., C. E., p. 171, verso).

était urgent, « car la cessation de tout travail a réduit à la mendicité plus de six mille familles qu'il faut nourrir, et les empêcher de mourir de faim ou de se mutiner ». Dans la suite, ce fut toujours à lui qu'ils s'adressèrent en cas de nécessité, comme le prouve le billet suivant [1] : « Monsieur, étant honteux de nous adresser tous les jours à M. le Premier Président pour nos besoins, nous vous prions d'avoir la bonté de permettre que nous recourions à vous, et que nous vous priions de nous procurer deux charretées d'avoine, dont nous avons un extrême besoin [2]. »

On sait à quelles entraves, sous l'ancien régime était astreint le commerce des céréales. Non seulement l'exportation à l'étranger était interdite, mais encore la libre circulation des grains était interdite de province à province. Il en résultait des famines factices et des tripotages financiers. Villars fut prié d'intervenir, et il obtint, en effet [3], l'autorisation de faire entrer en Provence des blés du Languedoc. Lebret fut, à son tour, sollicité de faire fléchir la règle et de négocier avec son collègue, l'intendant du Languedoc, de Bernage, l'autorisation de faire quelques achats de blé dans cette province. Il déféra avec empressement à ce désir bien légitime, et les Echevins reconnaissants lui adressèrent [4] leurs remerciements : « Nous vous rendons mille grâces très humbles de la bonté que vous avez eue d'écrire à

---

1. Lettre à Vauvenargues, 12 septembre 1720 (Arch. mun., C. E., p. 1, verso). On trouve dans la correspondance municipale de Marseille, diverses lettres de Vauvenargues aux Echevins : 30 septembre 1720, demande de renseignements sur deux paysans aixois, Aubergier et Pellenc, envoyés à Marseille comme conducteurs de tombereaux ; — 11 octobre, changement de place de la barrière du Pin ; — 25 octobre, demande de renseignements sur quatre paysans d'Eguilles, qui ont conduit des troupeaux à Marseille ; — 26 octobre, envoi à Marseille de six garçons chirurgiens ; — 4 octobre 1721, paiement des médecins, qu'a-t-on fait à Marseille ?
2. Lettre des Echevins à Vauvenargues (6 octobre 1720), relative à cet achat d'avoine.
3. Lettre de Villars aux Echevins, Paris, 22 août 1720 (Correspondance de la mairie, au mot Villars).
4. Lettre des Echevins à Lebret, 12 août. — Cf. lettre de remerciements des mêmes à l'intendant de Bernage, 15 août 1720.

M. de Bernage pour le prier de charger quelque négociant du Languedoc d'y faire des achats tous les jours pour notre ville. Nous voyons, Monseigneur, que nous ne pouvons avoir secours que par les étrangers qui agissent pour nous. Ainsi, ayez, s'il vous plaît, la bonté de nous procurer les secours nécessaires par les personnes que vous trouverez à propos d'employer, et ayez pour agréable de régler vous-même la forme des paiements[1]. »

C'est encore à la complaisance et aux bons offices de Lebret, que recoururent les Echevins pour empêcher la sortie des blés de France. Ils s'étaient d'abord adressés à Brémusson, représentant de la compagnie des Indes, pour savoir s'ils pourraient se procurer des céréales dans les Etats barbaresques, et spécialement au cap Nègre, en Tunisie, mais la récolte avait manqué en Afrique. Ils se tournèrent alors du côté de Lebret « vous priant très instamment[2] de faire tout votre possible pour empêcher que les blés du Languedoc et d'Arles ne sortent pas du royaume, sans quoi, nonobstant la bonne récolte qu'il y a en Provence, on serait exposé à mourir de faim. » Il est probable que Lebret s'entremit à cet effet; autrement on ne s'expliquerait pas la lettre des Echevins aux consuls de La Ciotat[3], en date du 20 novembre 1720 : « Nous avons acheté un chargement de blé que M. Lioncey a envoyé en Levant et qui se trouve dans votre port. On vient de nous dire que le capitaine Lioncey a mandé que vous vouliez l'obliger de décharger une partie de ce blé dans notre ville pour le vendre à vos habitants. Nous avons eu bien de la peine à croire cela, tant parce que nous savons que vous n'avez pas besoin du blé que parce que vous avez la liberté d'en envoyer prendre partout et qu'il ne nous est pas permis

1. Lettre analogue des Echevins à Lebret, 15 octobre 1720. Notons pourtant que des difficultés s'élèveront à propos du paiement des blés achetés en Languedoc par un certain Pradines. Voir lettre des Echevins à Bernage, 7 mai 1721 (Arch. mun., C. E., p. 98, recto et verso).
2. Lettre du 8 août 1720 (Arch. mun., C. E., p. 159, verso).
3. Lettre des Echevins aux consuls de La Ciotat, 20 novembre 1720 (Arch. mun., C. E., p. 50, recto et verso).

d'en aller chercher. C'est pourquoi nous vous prions, Messieurs, de ne pas nous priver de ce chargement de blé, et de nous le laisser venir dans son entier. » Au surplus les craintes des Echevins n'étaient guère fondées, car, à la même date, au 19 novembre, tout en remerciant Lebret de sa diligence à assurer les approvisionnements de la ville, « nous faisons réflexion, écrivaient-ils [1], que, d'un côté, nous avons ici seize mille charges de blé, que nous en attendons, ou du blé du Pape, ou autrement, quatre mille charges, que les vingt mille charges du Languedoc ne nous manqueront pas, et que, dès que le passage sera ouvert, il en viendra de tous les côtés par mer et par terre, et que d'un autre côté, nous n'aurons plus tant de mangeurs. » C'était donc par excès de prévoyance que les Echevins continuaient à amasser ainsi des provisions de blé. Grâce à leurs soins, la famine ne fut pas un seul jour menaçante, et, tant que dura la peste, Marseille fut préservée de cette nouvelle calamité.

On avait donc le blé [2], mais les boulangers manquaient. La plupart d'entre eux s'étaient enfuis, et avaient abandonné leurs fours à des garçons qui n'avaient pas tardé à suivre le mauvais exemple donné par les patrons. D'une heure à l'autre, faute de cuisson, le pain pouvait manquer à Marseille. Au moment le plus critique de l'épidémie, à la fin d'août, à la suite d'une ordonnance des Echevins en date du 21, portant défense [3] aux compagnons et apprentis des meuniers et boulangers de quitter leurs maîtres, et aux patrons de céder leurs fours, il y eut ce que nous appellerons de nos jours une grève générale, suivie d'une émigration en masse. Voici comment [4] les Echevins en rendirent compte à Lebret : « Presque tous les compagnons des boulangers et des meuniers quittent leurs maîtres et cela nous fait

---

1. Lettre à Lebret, 19 novembre 1720 (Arch. mun., C. E., p. 49, verso).
2. On en avait même trop, car les bras manquaient pour aller le chercher à l'Estaque. A la date du 19 septembre, Langeron était forcé d'ordonner ce travail à des galériens. Cf. PICHATTY, p. 48.
3. Registre de transcription des ordonnances, pp. 15 et 16.
4. Lettre du 22 août 1720 (Arch. mun., C. E., p. 173, verso et recto).

craindre de manquer de pain. Pourriez-vous nous procurer une cinquantaine de boulangers et des meuniers à quelque prix que ce soit ? Nous vous serions infiniment obligés. Tout le royaume devrait se porter volontiers à souffrir pour secourir une ville comme Marseille dans l'état où elle se trouve. » Lebret se trouva fort embarrassé. Il ne pouvait méconnaître le bien fondé de cette demande, mais il n'avait pas les moyens de la satisfaire. Aussi sa réponse[1] fut-elle pleine d'hésitation et de réticences. « Je ne sais comment faire pour vous procurer des boulangers. Il en manque ici (à Aix), et on leur a défendu de sortir de la ville. Comme on empêche tant que l'on peut que personne ne sorte de Marseille, il n'y a pas d'apparence que les garçons boulangers soient allés bien loin. Ainsi vous les rappellerez peut-être en faisant une ordonnance qui les obligerait de revenir sous telle peine que vous aviserez. » Le conseil était bon. Dès le 26 août paraissait[2] un arrêté portant que tous les boulangers ou mitrons sortis de Marseille avaient cinq jours pour y rentrer, sous peine de la vie. De son côté la chambre des vacations du parlement d'Aix rendait un arrêt identique, et Lebret s'empressait de le faire afficher dans toute la province, avec ordre de jeter en prison les récalcitrants ; mais il ne paraît pas que la mesure ait produit grand effet, car, à la date[3] du 8 octobre 1720, les Echevins adressaient à Lebret la supplique suivante : « On nous a assuré qu'il y a trente-sept mitrons de Marseille en quarantaine à Saint-Maximin. Nous vous supplions très humblement d'avoir la bonté d'ordonner aux consuls de Sa Majesté de nous les envoyer ici, parce que ces mitrons nous sont absolument nécessaires. » Ils

---

1. Lettre de Lebret aux Echevins, 23 août 1720 (Arch. mun.).
2. Lettre de Lebret aux Echevins (27 août 1720) : « Il est impossible de vous trouver des boulangers, surtout en aussi grande quantité que vous en avez besoin. M. Rigord vous communiquera un arrêt que messieurs des vacations ont rendu pour obliger les vôtres à revenir. Je l'envoie dans toute la province avec ordre de faire arrêter ces boulangers, si on en peut découvrir quelqu'un. »
3. Lettre des Echevins à Lebret, 8 octobre 1720 (Arch. mun., C. E., p. 18, recto).

réclamaient[1] également la rentrée immédiate d'un des plus riches boulangers de Marseille, qui même était prieur de sa corporation, un certain Joseph Negrel, qui s'était retiré à Trets, « après avoir mis pour la forme un petit garçon à sa boutique. Nous vous supplions d'avoir la bonté de le faire revenir, afin qu'il vienne faire du pain comme auparavant et reprendre ses fonctions de prieur ». Cette fois Lebret n'hésita pas. Le cas était bien déterminé et il s'agissait de faire un exemple. Negrel fut sommé de rentrer à Marseille. Il s'exécuta et reparut le 8 septembre à sa boutique, mais il prétendait n'avoir ni blé, ni farine, ni argent. Les Echevins promirent de subvenir à tous ses besoins, et il reprit possession de son comptoir: « Au[2] lieu de nous tenir parole, il fit enlever clandestinement les meubles et effets de sa maison, et, le lendemain, il s'éclipsa sans que nous ayons pu en découvrir des nouvelles. Il est à présumer qu'il est allé rejoindre sa famille qui est à Trets. Cependant, comme c'était un boulanger qui travaillait beaucoup, nous aurions intérêt ou qu'il revînt, ou qu'il servît d'exemple en payant de son corps et de sa bourse pour contenir les autres et en rappeler quelques-uns. On assure qu'il est riche de plus de cinquante mille livres. » Des poursuites furent en effet ordonnées, mais Negrel avait de puissants protecteurs et il profita habilement des circonstances pour se cacher. Il demeura même introuvable. A la date du 30 novembre 1720, les Echevins écrivant à leur chargé d'affaires à Aix, M. Demours[3], avouaient leur déconvenue à ce sujet. « Quoique l'affaire contre Negrel ne soit pas terminée, il nous paraît à propos de laisser passer l'orage pour le poursuivre. »

Quant aux mitrons réfugiés à Saint-Maximin, comme ils ne se trouvaient pas en sécurité dans cette petite

---

1. Lettre des Echevins, 2 septembre 1720 (Arch. mun., C. E., p. 182, recto).
2. Lettre des Echevins à Lebret, 18 septembre 1720 (Arch. mun., C. E., p. 5, verso).
3. Lettre des Echevins à Demours, 30 novembre 1720 (Arch. mun., C. E., p. 55, verso). — Voir autres lettres relatives à l'affaire Negrel (ibid., p. 40, verso, et 41, recto).

ville, ils s'étaient transportés à Pont-Saint-Esprit, mais ils ne tardèrent pas à comprendre que leur affaire était mauvaise, et qu'il valait mieux pour eux rentrer à Marseille. Ils écrivirent donc aux Echevins pour leur proposer de revenir. Ceux-ci leur répondirent à la date du 11 décembre[1], et, sans doute parce qu'ils avaient encore besoin de leurs services, se montrèrent plus accommodants. « Il y a bien encore quelques malades dans les hôpitaux, mais on agit dans la ville comme au temps de pleine santé. Ainsi, si vous êtes dans le dessein de revenir dans cette ville, nous vous ferons remettre un four où vous pourrez travailler, et nous vous procurerons toutes les facilités possibles. »

Mêmes difficultés pour les meuniers. A la date du 23 septembre 1720, les Echevins écrivaient à Lebret[2]: « Comme la plupart de nos meuniers sont morts et que le nombre se trouve réduit à trois, nous vous prions très instamment de tâcher de nous en procurer quelques-uns, ou des compagnons. Vous pourriez leur faire dire qu'ils resteront dans leurs moulins et qu'ils n'entreront pas dans la ville. Nous les paierons bien. » Il faut croire que les meuniers se montrèrent accessibles aux promesses faites, car nous n'avons plus trouvé trace dans la Correspondance administrative d'embarras causés par leur abstention ou leurs prétentions. En tout cas, grâce à ces sages précautions, Marseille fut préservée de la famine. C'était un grand point acquis, dont il faut savoir gré à la municipalité.

III

LA QUESTION DE LA VIANDE

La viande était aussi nécessaire que le blé, et ce fut une des grandes préoccupations des Echevins que

---

1. Lettre du 11 décembre 1720 (Arch. mun., C. E., p. 59, recto).
2. Lettre à Lebret 23 septembre 1720 (Arch. mun., C. E., p. 9, recto et verso).

d'en assurer l'approvisionnement. Dès le 8 août ils écrivaient à Lebret[1] : « Comme nous avons un besoin extrême de blé, de viande, de bois et de charbon, nous osons espérer que vous voudrez bien avoir la bonté de contribuer, en ce qui dépendra de vous, pour nous en procurer. » Ils renouvelaient[2] leur demande quelques jours plus tard : « Nous vous sommes bien obligés de la bonté que vous avez de nous procurer du blé, mais c'est la viande qui nous est mille fois plus nécessaire, et sans laquelle nous sommes entièrement perdus. Aussi nous vous supplions très humblement de vous attacher à nous en procurer à quelque prix que ce soit. » Dès lors, presque dans toutes leurs lettres, ils prennent soin de rappeler à l'Intendant que la viande est nécessaire à l'alimentation générale, qu'il en faut surtout pour donner du bouillon aux malades, et qu'ils sont menacés d'en manquer bientôt : aussi écrivent-ils de tous les côtés, dans la province et au-dehors, pour s'en procurer ; tantôt à Passaud[3] d'Aix pour l'inviter à envoyer des moutons à la barrière Notre-Dame ; tantôt aux consuls d'Aubagne[4], mais le plus souvent à Lebret, qu'ils assiègent de leurs doléances[5]. En temps ordinaire c'étaient les fermiers dits de la boucherie, ils se nommaient Grimod et Martin, qui se chargeaient de l'achat et de la répartition des bestiaux, mais, vu la difficulté des communications et la rareté du numéraire métal, ils avaient haussé leurs prétentions et menaçaient même de ne pas exécuter les clauses de leur traité. Ils réclamaient de fortes avances, au moins une vingtaine de mille francs, pour payer les bestiaux qu'ils avaient achetés et s'en procurer de nouveaux[6]. « En autre temps nous aurions e-

1. Lettre à Lebret, 8 août 1720 (Arch. mun., C. E., p. 159, recto et verso).
2. Lettre à Lebret, 19 août 1720.
3. Lettre du 23 août 1720 (Arch. mun., C. E., p. 174, verso).
4. Lettre du 7 mai 1721.
5. Lettres du 17 août et du 27 août 1720 (Arch. mun., C. E., p. 170, verso). *Ibid.*, p. 175. « Nous manquons presque absolument de viande fraîche. Faites-nous la grâce de nous en procurer, si vous le pouvez. »
6. Lettre à Lebret : *ut supra*.

jeté avec mépris une pareille proposition, mais, dans la situation où nous nous trouvons, nous nous sommes contentés de leur dire qu'il ne nous était pas possible de leur fournir de l'argent, mais que nous aurions l'honneur de vous écrire, pour vous prier, Monseigneur, d'avoir la bonté de faire pour la communauté tout ce que vous jugerez à propos. Il est fâcheux de prêter à des gens qui doivent beaucoup, mais il serait encore bien plus fâcheux si on venait à manquer de viande. » Ils proposaient en conséquence d'emprunter telle somme que de besoin à la caisse des communautés, et, puisque la mesure s'imposait, d'en passer par leurs exigences. Lebret avait trop de bon sens pour ne pas comprendre qu'il fallait céder aux circonstances. Il consentit donc à prêter l'argent nécessaire. Il prit même la peine d'écrire aux fermiers de la boucherie pour les engager à continuer leur service ; mais il paraît que ces derniers en prirent à leur aise, car, à la date du 1ᵉʳ septembre, ils n'avaient pas donné de leurs nouvelles à Marseille, et n'avaient amené aucun des troupeaux sur lesquels on comptait. Pourtant, comme on ne trouve plus dans la correspondance [1] des Echevins aucune plainte sur leur compte, il est probable que, de leur côté, ils firent leurs réflexions, et continuèrent sans éclat leur besogne ordinaire.

C'est à ces sages concessions que les Marseillais durent de ne pas être privés de viande pendant toute la durée de la contagion, mais les Echevins firent bonne garde, et, jusqu'au dernier moment veillèrent à ce qu'ils restassent fidèles aux conventions. Voici ce qu'ils écrivaient [2] encore, à la date du 30 mai 1721, à Barba, alors directeur de la boucherie à Marseille : « Nous avons déjà reçu par la voie de M. le Premier Président la copie du traité que vous avez fait avec MM. Moreau, Martin et

---

1. Voir lettre des Echevins à Vauvenargues (12 octobre 1720) pour le remercier d'avoir envoyé des moutons venant d'Eguilles et de Tarascon. — Lettre à Lebret, 19 octobre 1720.
2. Lettre au directeur de la boucherie, 30 mai 1721 (Arch. mun., C. E., p. 102, verso).

Noguier. Quoique ce traité paraisse avantageux pour ces commissionnaires, nous l'approuvons dans l'espérance qu'ils donneront tous leurs soins pour nous faire avoir de bonne viande. Nous avons besoin chaque semaine de 800 moutons et de 600 agneaux, mais il faut faire en sorte qu'ils passent par des endroits sains, sans quoi on aurait de la peine à les recevoir ici. »

Les Echevins éprouvèrent encore quelque inquiétude à l'égard des bouchers et des gens attachés à leur service, car ils avaient été rudement atteints par la peste, surtout dans les abattoirs, et n'étaient plus assez nombreux. A la date du 9 septembre 1720[1], il ne restait plus que trois coupeurs de viande à Marseille, « tous les autres étant morts pour avoir voulu communiquer avec leurs parents qui étaient infectés. Vous comprenez, Monseigneur, combien il nous importe d'avoir des coupeurs. Faites-nous, s'il vous plaît, la grâce de nous en procurer quelques-uns ou d'Aix, ou d'Arles, ou de quelque autre endroit. Nous les payerons bien ce qu'ils demanderont et ils demeureront à la tuerie sans communiquer avec personne, de sorte qu'ils seront hors de tout danger ».

L'appât du gain détermina en effet quelques nécessiteux à répondre à l'appel, mais il en est de ce métier comme de tous les autres; il ne s'improvise pas. Les Echevins étaient obligés, quelques jours après la réception de ces ouvriers de renfort, de renouveler leur demande. « Des quatorze bouchers et quatre bouchères que vous avez eu la bonté de nous envoyer[2], écrivaient-ils à Lebret le 27 septembre 1720, il n'y a qu'un homme et une femme qui soient de cette profession. Les autres n'ont jamais manié ni couteau, ni mouton. Ils nous ont dit que les véritables bouchers que l'on avait sortis

---

1. Lettre des Echevins à Lebret, 9 septembre 1720. — Voir lettre du 12 septembre. Remerciements à Lebret pour avoir demandé quelques coupeurs à Arles. On a également utilisé les services de six forçats. « Mais vous comprenez qu'on ne peut s'en servir que dans la tuerie et non pas pour débiter la viande. » (Arch. mun., C. E., p. 184, recto).

2. Lettre à Lebret, 27 septembre 1720 (Arch. mun., C. E., p. 11, verso).

s'étaient rédimés avec de l'argent, et que ceux qui s'étaient chargés d'eux avaient ensuite pris les premiers venus, que ceux qui se trouvaient ici faisaient profession les uns de cordonniers, les autres de tisserands ou de laboureurs, et, ce qui nous persuade de la vérité de ce qu'ils disent, c'est qu'ils nous offrent de travailler ici avec plaisir de leur métier, de sorte qu'ils ne nous seront pas inutiles. Nous recevrons avec plaisir ceux que vous aurez la bonté de nous envoyer, et qui soient de véritables bouchers. » Il est probable que Lebret fut plus heureux dans son second envoi, car, dès ce moment, les Echevins paraissent satisfaits de la manière dont est assurée le service de la boucherie, ou du moins il ne font plus entendre aucune réclamation [1].

IV

LA QUESTION DU BOIS

Un des objets de première nécessité que les Echevins de Marseille mirent tous leurs soins à se procurer fut le bois. Très à la légère et sans songer au lendemain on avait brûlé celui dont on disposait, lorsque le docteur Sicard avait recommandé, comme un préservatif souverain, d'allumer des feux dans toutes les rues de Marseille pour chasser le mauvais air. Or non seulement ces feux n'avaient pas dissipé la contagion, mais encore ils avaient épuisé toutes les réserves de bois qu'on gardait en ville. On avait pourtant besoin de fagots et de menus bois, ne serait-ce que pour allumer les fours des

1. Voir pourtant lettre du 5 février 1721 (Arch. mun., C. E., p. 80, recto) relative aux approvisionnements pendant le carême : « Nous vous supplions d'avoir la bonté de contribuer à nous faire avoir la quantité de bestiaux dont nous pourrons avoir besoin dans le carême prochain... Comme il est à présumer que, d'un côté, il y aura encore des malades, et, de l'autre, que plusieurs voudront manger gras, nous croyons qu'il nous faudra au moins 4.000 moutons pour tout le carême et environ 30 bœufs par semaine. »

boulangers, et de planches pour les cercueils, sans parler des mille autres besoins de la vie courante. Dès le mois d'août « le bois¹ se vendait sept à huit francs le poids, c'est-à-dire quarante sols le quintal, les sarments quatre livres le cent, et ainsi de suite. Il vous sera facile de juger si, avec cette cherté de toutes choses, on peut tenir. » Il fallait donc, sans plus tarder, se procurer du bois.

Les Échevins s'adressèrent tout d'abord aux villes voisines, particulièrement aux petits ports du littoral, dont les tartanes portaient d'habitude à Marseille les pins ou les chênes verts qui s'étageaient sur les collines riveraines.

La ville de La Ciotat fut la première mise à contribution. Aussi bien les consuls de la petite cité se mirent avec empressement, et dans la mesure du possible, au service de Marseille. Voici la lettre ² que les Echevins leur adressaient le 6 août 1720 : « Messieurs, dans l'état où l'arrêt du Parlement nous a mis, nous avons besoin de toute sorte de secours, et, comme nous manquons particulièrement de bois, nous vous prions d'avoir la bonté de nous en faire avoir le plus que vous pourrez des Lèques. Vous y mettrez le prix tel que vous le trouverez à propos. Notre mal n'est pas aussi grand qu'on le publie, mais avec cela il est juste qu'on ne s'expose pas. Comme le bois nous est nécessaire, et que nos boulangers en manquent, nous vous prions instamment de nous en faire avoir. » Les consuls firent aussitôt les démarches nécessaires, et Marseille reçut un premier approvisionnement, qui fut bien accueilli, comme le prouve cette lettre³ de remerciements : « Nous recevons avec une parfaite reconnaissance la lettre que vous nous avez fait l'honneur de nous écrire le 11 de ce

---

1. Lettre des Echevins à Lebret, 10 août 1720 (Arch. mun., C. E., p. 160, verso).
2. Lettre des Echevins aux consuls de La Ciotat, 6 août 1720 (Arch. mun., C. E., p. 157, recto).
3. Lettre des Echevins aux consuls de La Ciotat, 13 août 1720 (Arch. mun., C. E., p. 164, recto). — Cf. autres lettres du 9 août et du 23 décembre 1720.

mois. Nous approuvons agréablement tous les traités que vous avez faits et tout ce qu'il vous plaira de faire pour l'achat du bois ». Suivent divers détails sur le paiement qu'on sera obligé d'effectuer moitié en billets, moitié en argent. Les Echevins terminent leur lettre en parlant de la maladie, dont ils s'efforcent d'atténuer l'importance, sans doute pour inspirer plus de confiance à leurs correspondants : « à l'égard de l'état du mal, il n'est pas encore bien grand, n'ayant eu que huit morts avant-hier et hier autant ; et étant morts plutôt faute de secours que par la violence du mal ».

Dès ce moment les bonnes relations continuèrent entre Marseille et La Ciotat. Il est vrai que les habitants de la petite ville, protégés par leurs murailles, observaient rigoureusement les règles du blocus, et ne permettaient à aucun Marseillais de franchir le cordon sanitaire, mais ils apportaient volontiers leurs bois à Marseille, ou plutôt au Frioul, où venaient le prendre des tartanes marseillaises. C'était le chevalier Roze qui, d'ordinaire, se chargeait de toutes les négociations relatives à l'achat du bois, mais, quand il était absent ou occupé ailleurs, les Echevins traitaient directement avec les consuls. Le bon accord[1] dura jusqu'à la fin de l'épidémie.

Les Echevins s'étaient également adressés à leurs collègues de Toulon. Ils leur avaient même sur ce point donné carte blanche[2]. « Si vous avez réglé le prix du bois, nous le payerons sur le pied que vous aurez fixé le tout, sinon nous tâcherons de contenter les vendeurs. » Il paraît que ces derniers profitèrent de l'occasion pour éle-

---

1. Voir lettres du 12 octobre 1720 aux consuls, et au patron Pierre Allègire. — Règlement de comptes avec les consuls, 18 et 26 octobre. — Lettre à Brillane, commandant du Frioul, pour paiement de bois au patron Mourre. — Lettre aux consuls pour régler l'achat Mourre, 11 novembre 1720. — Accusé de réception d'un chargement de bois amené par le patron Décugis, 17 septembre 1720 (Arch. mun., C. E., p. 4, recto). — Lettre aux consuls pour achat de bois, 21 novembre 1720. — Ibid., 29 octobre 1720 (Arch. mun., C. E., p. 38, recto et verso).
2. Lettre aux consuls de Toulon, 30 août 1720 (Arch. mun., C. E., p. 180, recto).

ver leurs prétentions, et les Echevins en témoignèrent leur mécontentement : « A l'égard du prix que vos patrons demandent du bois, il est exorbitant, et certainement ces patrons mériteraient une punition. Si vous pouvez en engager d'autres à nous apporter du bois à un prix raisonnable, nous vous serions bien obligés; mais il nous en viendra d'ailleurs[2]. »

Les Echevins en effet s'adressèrent ailleurs, ainsi à Hyères, où, dès le 22 août 1720, ils envoyaient la lettre suivante[3] aux consuls : « Dans l'état où notre ville se trouve, elle doit recourir à ses amis et à ses voisins, et, comme nous avons besoin, entre autres choses, de bois à brûler, nous vous prions de vouloir nous en procurer autant qu'il sera possible. Nous savons qu'il y en a une quantité prodigieuse à l'Almanare. Ayez agréable d'engager vos garçons à en aller chercher. Ils le viendront décharger avec précaution dans les bateaux que nous enverrons à deux ou trois milles de votre port, ou bien ils le déchargeront à Tête de More, où on en payera le prix comptant sur le pied que vous l'aurez réglé. » Comme le bruit s'était répandu que les matelots marseillais couraient sus à toutes les tartanes qu'ils rencontraient, et se conduisaient en vrais pirates, sans se soucier des lois sanitaires, les consuls d'Hyères hésitaient à faire les envois sollicités. Les Echevins furent obligés de les rassurer. On vous a mal informés, leur écrivaient-ils[4], lorsqu'on vous a dit que nos pêcheurs couraient sur les bâtiments qui approchent d'ici pour leur enlever leurs vivres, car on ne voit presque point de pêcheurs. D'ailleurs les vivres, du moins le pain et le vin, sont abondants, car on fait donner du pain à tout

1. *Ibid.* Lettre du 17 août (Arch. mun., C. E., p. 169).
2. Remerciements aux consuls de Toulon et paiement pour achat de bois, 8 octobre. — *Ibid.*, 18 octobre. — Lettre au consul d'Antrechaux, 25 octobre. — Difficultés opposées par les intendants de la santé à Toulon. Un marché avait été conclu avec un certain Germain de Bandol, mais les intendants le rompirent. Voir lettre des Echevins du 16 novembre 1720 (Arch. mun., C. E., p. 48, recto).
3. Lettre aux consuls d'Hyères, 22 août. — Cf. lettre à peu près identique, à la date du 9 octobre (Arch. mun., C. E., p. 174, recto).
4. *Ibid.* Lettre du 21 septembre 1720 (Arch. mun., C. E., p. 8, recto).

verant, et, quand tout cela ne serait point, nous empêcherions bien qu'on ne fit aucune insulte à ceux qui nous apportent du secours. Dans cette assurance, Messieurs, vous pouvez promettre aux patrons qui voudront charger du bois qu'il ne leur arrivera rien de fâcheux et qu'on les paiera exactement. »

Des négociations analogues furent entamées avec les consuls de Cannes[1] et d'Antibes[2]. Dans leur extrême désir de ne pas être pris au dépourvu, les Echevins entrèrent même en relations avec divers marchands de bois de l'intérieur. On a conservé une lettre, datée du 8 novembre 1720, et adressée à un négociant de Castellane, Bellanger, pour le remercier de ses offres de service : « Nous vous sommes bien obligés de l'envie que vous témoignez avoir de secourir notre ville, mais outre les difficultés que vous témoignez avoir, l'éloignement rendrait les provisions que vous voulez nous envoyer trop chères. »

L'étourderie des premiers jours avait donc été réparée ; Marseille ne devait pas manquer de bois. Ses approvisionnements de blé et de viande étaient également assurés. Le vin regorgeait dans les caves. Les magasins d'épicerie étaient bien remplis. Les légumes et les fruits arrivaient de divers côtés. On n'avait donc rien à craindre de la famine, et c'est à la sage prévoyance des Echevins qu'il faut attribuer cette sécurité relative.

1. Lettre des Echevins à Rioufle, délégué de l'intendant à Cannes, pour achat de bois, 18 octobre 1720.
2. Lettre au patron Aubert, d'Antibes, 2 octobre 1720 ; — à Baudy, négociant d'Antibes, pour achat de bois et charbon, 21 novembre ; à Brillane, préposé au Frioul, 28 octobre, 14 novembre. — Lettres à divers négociants, J.-B. Trulet, Donné, etc., pour achat de bois, 24 octobre 1720.

LE CHEVALIER ROZE A LA TOURETTE
(Tableau de de Troy, gravé par Thomassin.)

TROISIÈME PARTIE

DISPARITION DE LA PESTE

CHAPITRE IX

DÉCROISSANCE DE LA MALADIE

A la nouvelle des malheurs qui accablaient Marseille, l'opinion publique en France s'était vivement émue. Le Régent, Philippe d'Orléans, aussitôt informé par Lebret, n'avait pas caché sa douloureuse sympathie, et avait promis que, dans la mesure du possible, il viendrait en aide à ses infortunés compatriotes. On a beaucoup accusé le Régent d'indifférence et d'apathie. On a même prononcé des mots plus durs. Un chansonnier de l'époque n'a-t-il pas mis en circulation à ce sujet une de ces épigrammes cruelles, qui se gravent dans les souvenirs populaires, bien qu'elles ne soient que l'écho de misérables préventions?

> Après avoir pris notre argent
> Par un conseil inique,
> Chassé le parlement
> Pour être despotique,

Fait publier impunément
Cent arrêts qu'on déteste.
Il te manquait, maudit Régent,
De nous donner la peste !

Certes Philippe d'Orléans avait de nombreux défauts ; mais faire remonter jusqu'à lui la cause de la peste est une suprême injustice. Il s'efforça au contraire d'en atténuer les conséquences. C'est à sa demande que Chirac, son médecin ordinaire, organisa la mission médicale [1] qui essaya de secourir Marseille ; à sa demande encore que Law prit toutes les mesures compatibles avec la détresse du trésor pour empêcher une crise financière qui aurait achevé la ruine de Marseille. C'est lui qui, directement, et malgré l'opposition des membres du Conseil supérieur de la Marine, autorisa le prêt des forçats qui aidèrent Langeron à débarrasser la ville des cadavres qui l'obstruaient. C'est à lui que Villars, que Lebret, que les Échevins s'adressèrent quand ils eurent une demande à adresser, une faveur à solliciter, et toujours ils trouvèrent près de lui un accueil favorable. Il faut donc renoncer à la légende de l'indifférence gouvernementale. Jamais on ne recourut en vain au Régent, et, s'il avait eu les moyens de la combattre sûrement, la peste n'aurait pas eu de plus redoutable adversaire.

Peut-être trouverons-nous, avec nos idées modernes, que Philippe d'Orléans eût été bien inspiré, s'il était venu en personne apporter à Marseille des consolations et des encouragements ; mais les gouvernants d'alors ne comprenaient pas ainsi l'accomplissement de leurs devoirs. Sincèrement ils croyaient qu'il leur suffisait de donner de bonnes paroles et de prendre des mesures utiles, mais il ne leur venait même pas à la pensée d'aller braver sur les lieux le fléau destructeur. Sur un champ de bataille, ils étaient les premiers à donner l'exemple, mais le courage civil leur manquait, ou plutôt ils ne

---

1. Cf. *Instruction générale pour exécuter la première décision du Conseil de santé sur la manière de secourir la Provence*, in-4, 62 p., Paris, Imprimerie Royale, 1721.

le soupçonnaient pas. Il ne nous faut donc savoir mauvais gré ni au Régent ni à ses ministres, s'ils ont combattu la peste seulement de loin.

Même indifférence, ou plutôt même absence d'initiative personnelle de la part des grands. Nous savons déjà que le gouverneur de la Provence, le maréchal duc de Villars, resta tranquillement à Versailles, tant que dura la peste. Le grand amiral de France, et le prieur de Vendôme, sous les ordres immédiats desquels se trouvaient les galères, ne firent rien pour s'assurer des besoins de leurs hommes. Aucun des hauts fonctionnaires ne témoigna par une démarche directe l'intérêt qu'il portait aux pestiférés. Nous avons de cette quiétude inconsciente un témoignage curieux dans les Mémoires de l'époque. Ce n'est jamais qu'en passant et à titre épisodique que les auteurs de ces Mémoires parlent de la peste de Marseille. Saint-Simon, le plus connu de ces écrivains, qui entre dans de si minutieux détails sur tant de questions de minime importance, consacre seulement quelques lignes à ce dramatique événement. Il se contente de dire que la peste fit d'immenses ravages, et il ajoute[1] : « Les soins et la précaution qu'on prit la restreignirent autant qu'il fut possible, mais ne l'empêchèrent pas de durer fort longtemps et de faire d'affreux désordres. Ce sont des détails si connus qu'on se dispensera d'y entrer ici. »

Le clergé, pas plus que la cour, ne fut avare de bonnes paroles ; mais, sauf les honorables exceptions que nous avons signalées, il paya peu de sa personne. Il paya moins encore de sa bourse. Ce serait une erreur de croire que Belsunce reçut de ses collègues de l'épiscopat d'abondantes aumônes, qu'il n'eut ensuite qu'à distribuer. Le Régent avait bien envoyé une circulaire aux évêques pour les prier d'organiser des quêtes dans leurs diocèses ; mais on ne cite comme ayant répondu à cet appel que le cardinal de Bissy, en sa qualité d'abbé

---

1. SAINT-SIMON, *Mémoires*, édit. Garnier, t. XXXIV, p. 143. — Autre passage des *Mémoires*, également sans intérêt, t. XXXVIII, p. 127.

de Saint-Germain-des-Prés, l'évêque de Castres, celui de Soissons[1], et Fleury le précepteur du jeune roi ; et encore les secours envoyés par le dernier sont-ils au moins problématiques, si nous ajoutons foi à une curieuse lettre[2] adressée par Belsunce, le 21 mars 1721, à l'abbé de La Salle. « Je n'ai point connaissance, écrit-il, de l'aumône de Mgr l'ancien évêque de Fréjus. S'il y en a une considérable, j'accepterai avec plaisir vos offres, mais je crois que ce sera quelque aumône d'un roi mineur, qui sont précieuses venant de sa main, et qui nous donnent de grandes espérances que sa charité se fera sentir un jour abondamment. J'en ai déjà reçu deux fois de trois louis chacune. Mgr d'Aix autant. Ce sont les retranchements de son jeu. Il pourrait encore en être de même cette fois. » Six louis en tout, certes l'aumône était misérable, et nous nous associons aux compliments ironiques de l'évêque de Marseille. Vraiment il avait le droit d'être surpris. Ce n'est pas tout. S'il y eut de la part de Fleury et de son royal élève plus que de l'économie dans la distribution de leurs aumônes, au moins ces aumônes arrivèrent-elles à leur destination ; mais il n'en fut pas toujours ainsi. Il y eut des détournements, ou, si l'on préfère, des affectations d'argent qui sembleront singulières, pour ne pas employer une autre expression. On conserve[3] aux archives nationales une lettre en date du 3 janvier 1721, par laquelle le sieur de Beaumont, syndic de province, supplie le Régent d'ordonner que la quête faite à Paris par le curé de Saint-Sulpice pour les pauvres des diocèses de Marseille, Aix, Arles et Apt, et dont le produit s'était élevé à cent mille livres, soit convertie en espèces et envoyée à ces villes, qui ont un pressant besoin de secours !

A vrai dire il n'y eut qu'un seul dignitaire ecclésias-

---

1. D'après VAISSETE, *Histoire du Languedoc*, t. XIII, p. 46, la quête pour Marseille aurait produit dans le diocèse 100 pistoles en espèces et 5.000 livres en billets.
2. Cette lettre de Belsunce, écrite tout entière de sa main, nous a été communiquée par M. Domenc, libraire à Marseille.
3. Archives nationales, G[7], 1729.

tique qui se montra réellement charitable, l'archevêque d'Avignon, Maurice de Gonteri-Cavaillac, et encore n'était-ce pas seulement la charité chrétienne, mais aussi le sentiment de sa responsabilité qui le poussait ainsi à s'inquiéter de ses voisins. Il redoutait l'invasion du fléau par suite de la proximité des deux villes, et s'efforçait de le détourner et par des mesures exceptionnelles et par des prières spéciales. A diverses reprises il avait ordonné en faveur de Marseille des actes de foi solennels, processions ou cérémonies, et les Echevins lui en étaient reconnaissants. « Monseigneur, lui écrivaient-ils [1], le 10 octobre 1720, nous avons vu aujourd'hui seulement un exemplaire du mandement qu'il vous a plu de faire le premier du mois passé au sujet de la maladie dont notre ville se trouve affligée depuis longtemps. Nous n'avons pas eu connaissance des deux autres mandements que vous y rappelez, mais nous avons remarqué dans celui-ci les traits de la charité la plus parfaite. Nous vous en rendons mille grâces très humbles, et nous vous supplions d'avoir la bonté de continuer vos prières, afin qu'il plaise au Seigneur de nous délivrer du plus terrible de tous les maux. Nous souhaitons qu'il n'approche pas de votre diocèse. » L'archevêque s'empressa de leur répondre [2] qu'il était tout à leur disposition, mais qu'il regrettait amèrement de ne pouvoir contribuer de sa personne au soulagement des pestiférés. « La misère dont le peuple souffre ici depuis longtemps et celle à laquelle nous devons nous attendre cet hiver m'ont tellement épuisé de moyens que je me sens inévitablement condamné au cruel regret de voir souffrir mes pauvres ouailles et de me trouver les mains aussi dépourvues de ce qui pouvait les soulager que le cœur plein de tendresse et de désirs compatissants. »

L'archevêque d'Avignon ne se contenta pas de former des vœux. Il s'adressa directement à son souverain, au

---

1. Lettre des Echevins à l'archevêque d'Avignon, 10 octobre 1720 (Arch. de Marseille, C. E., p. 21, recto).
2. Lettre de l'archevêque d'Avignon aux Echevins, 27 octobre 1720 (Arch. mun.).

pape Clément XI, et fut assez heureux pour obtenir de lui une aide efficace. Le souverain pontife envoya directement à Belsunce un bref élogieux, en date du 14 septembre 1720, pour lui annoncer qu'il mettait à sa disposition pour ses malheureux diocésains deux mille charges de blé. « Notre affection particulière, lui disait-il, et notre tendresse paternelle pour votre ville nous a fait ressentir une vive et juste douleur en apprenant par les nouvelles publiques qu'elle est affligée de la peste. Quoique nous craignions que les péchés des hommes, et les nôtres principalement, n'aient pas peu contribué à cette calamité, puisque le Seigneur a coutume de se servir de ces sortes de fléaux pour faire éclater d'une manière indubitable sa colère contre les peuples, cependant notre cœur affligé n'a pas été peu consolé par la pensée que cette même ville est gouvernée par un évêque plein de probité, de vigilance, de piété et de zèle, qui ne manquera pas un seul moment de procurer exactement à ceux qui sont atteints de cette maladie tous les secours spirituels et temporels qui pourront dépendre de lui, mais qui encore, dans ces jours de colère, faisant les fonctions de réconciliateur, fera tous ces efforts pour détourner l'indignation divine par ses pieuses et ferventes prières. Cette idée avantageuse que nous avions conçue de vous a pleinement été confirmée par tout ce que nous avons entendu dire, par les lettres de plusieurs personnes, et même par celle que vous avez écrite le 4 août à notre cher fils de Gay, chanoine pénitencier d'Avignon, que l'on nous a fait voir depuis peu de jours. C'est par toutes ces lettres que nous avons appris, qu'à l'exemple du Bon Pasteur, vous êtes prêt à donner votre vie pour les brebis confiées à vos soins, de visiter même souvent ceux qui sont frappés de la peste, de les consoler avec une tendresse paternelle[1], de leur administrer vous-même de vos propres mains les sacrements de l'Eglise, et qu'à l'égard de ceux qui ont moins à souffrir de la maladie que de la faim, vous

1. Ce bref est contre signé Jean Christophe, archevêque d'Amasie.

recherchez tous les moyens de leur fournir tous les aliments nécessaires pour la conservation de leur vie, et enfin que vous remplissiez parfaitement tous les devoirs d'un bon et vigilant évêque. » Clément XI annonçait par un second bref des indulgences particulières pour les personnes qui donnaient à boire et à manger aux pestiférés et à ceux qui étaient soupçonnés de l'être, ou qui leur rendraient quelques services, et il leur envoyait sa bénédiction apostolique[1].

Comme la malignité publique trouve toujours moyen de s'exercer, on a prétendu que Clément XI ne s'était montré aussi généreux que pour discréditer le ministre favori du Régent, Dubois, qui se consumait alors à la poursuite du cardinalat. Notre chargé d'affaires à Rome, Lafitau, évêque de Sisteron, se serait opposé[2] à cette offrande fastueuse, en essayant de retenir dans les ports italiens les bâtiments frétés par le Pape. Ces navires prirent pourtant la mer. L'un d'eux fit naufrage. Les deux autres furent saisis par un pirate barbaresque, qui, fidèle aux règles de charité prescrites par le Coran, les relâcha dès qu'il connut leur destination. Belsunce fit vendre la moitié de la cargaison, et distribua aux pauvres de Marseille, partie en nature et partie en argent « cette aumône célèbre, faite par un Pape, repoussée par deux ecclésiastiques, sauvée par un pirate, et parvenue à son saint emploi par le concours singulier des deux religions de la Méditerranée[3] ».

En souvenir de la libéralité pontificale, les Echevins décidèrent l'érection dans la grande salle de l'Hôtel de Ville de Marseille, d'une plaque de marbre mentionnant cet acte de charité. Cette plaque fut enlevée ou détruite pendant la Révolution ; mais le souvenir de cette géné-

---

1. Ce second bref, en date du 15 septembre, est contresigné Olivier. — Cf. un mandement de Belsunce, en date du 9 octobre 1720, relatif à la manière de gagner ces indulgences. — PAPON, *Histoire de France*, t. IV, p. 675. — Lettre de Belsunce à l'archiviaire Capus (MÉRY et GUINDON, t. VI, p. 150).

2. Lettre de Lafitau à Dubois, citée par LEMONTEY, *ouv. cité*, p. 45. Cette lettre est datée du 5 octobre.

3. LEMONTEY, *ouv. cité*, p. 45.

rosité ne doit pas être perdu[1], d'autant plus que la conduite du Pape forme un contraste avec l'indifférence des autres souverains. Non seulement ils ne daignèrent prendre aucune part, même en paroles, à cette calamité, mais encore ils s'enfermèrent dans leur égoïsme et ne songèrent qu'à prendre des mesures préventives contre le fléau. La solidarité internationale n'était alors pas même soupçonnée. Chacun pour soi, et Dieu pour tous, telle était la formule de l'époque.

Un des sujets du Pape, le comte de Marsilly, généralissime des troupes pontificales, se montra[2] plus compatissant. Il avait commencé à étudier les plantes marines, et avait été fort aidé dans ce travail par les pêcheurs du littoral provençal. En outre, par la nature de ses fonctions, il avait eu de fréquents rapports avec les fonctionnaires marseillais. Il se trouvait à Bologne lorsque éclata la peste, mais il s'empressa d'écrire aux Echevins pour leur dire toute la peine qu'il éprouvait du malheur qui les frappait, et aussi pour leur annoncer l'envoi d'un tableau[3] représentant saint Pierre, patron des pêcheurs. Les Echevins furent très touchés de ce témoignage de sympathie. Ils répondirent aussitôt en leur nom, et au nom des pêcheurs, pour remercier de Marsilly, et l'assurer de leur reconnaissance[4].

1. Lettre des Echevins de Marseille aux Consuls d'Avignon 10 octobre 1720 (Arch. mun., C. E., p. 21, recto) : « Nous avons reçu la lettre que vous nous avez fait l'honneur de nous écrire pour nous apprendre l'aumône considérable qu'il plaît à Sa Sainteté de faire aux pauvres de cette ville. Nous vous rendons mille grâces très humbles de votre attention et de la joie que vous témoignez de cette aumône, et plus encore de la part que vous voulez bien prendre au malheur dont cette ville est affligée. Nous souhaitons avec passion que ce malheur n'approche pas de vous. »
2. Lettre de Marcilly aux Echevins, 27 août 1720 (Correspondance de la mairie, au mot Marcilly).
3. Ce tableau fut envoyé. Nous ignorons ce qu'il est devenu. Voir lettre de Marcilly, en date du 10 septembre 1721.
4. Lettre des Echevins à Marcilly, 3 octobre 1720 (Arch. mun., R. G., pp. 51 et 52) : « Nous vous rendons mille grâces très humbles de la part que vous avez bien voulu prendre au mal qui a affligé et qui afflige encore notre ville... Continuez vos prières pour notre entière délivrance, et soyez bien persuadé de notre vive et respectueuse reconnaissance. »

En France, tout comme à l'étranger, on paraît ne s'être inquiété de Marseille que pour se mettre à l'abri de la contagion. En Dauphiné, en Languedoc, et dans les provinces voisines on établit des cordons sanitaires, et on interdit toute communication, même indirecte, avec la ville contaminée. Un des témoignages les plus curieux de cet égoïsme municipal est donné par les consuls de la petite ville d'Alais. Ils daignèrent s'adresser aux Echevins de Marseille, mais pour leur demander des conseils sur la conduite à suivre en cas de contagion : « Vous vous êtes acquis tant de gloire dans vos fonctions, leur écrivaient-ils [1] (6 janvier 1721) par le grand zèle que vous avez eu pour le bien public et par le bon ordre que vous avez observé dans votre ville qu'étant excités par un si grand exemple, nous avons cru que nous ne pouvions pas nous dispenser de vous demander vos instructions en nous faisant l'honneur de nous apprendre les précautions que vous avez prises, afin de nous garantir du mal ou de nous en délivrer, au cas que nous eussions le même sort, et de nous faire en même temps la grâce de nous informer de temps en temps du progrès ou diminution de la contagion, soit pour rassurer nos habitants qui paraissent fort effrayés, que (sic) pour redoubler nos soins... » C'est donc uniquement parce qu'on a besoin d'eux, mais non pas pour leur venir en aide, que les consuls d'Alais recourent à leurs collègues de Marseille.

En résumé, sauf de très rares exceptions, Marseille était abandonnée à elle-même. On la plaignait, on lui prodiguait de bonnes paroles, mais on ne venait pas directement à son aide. Elle ne pouvait attendre son salut que d'elle-même et du temps...

Grâce à la bonne administration des Echevins, à la

1. Lettre des consuls d'Alais aux Echevins, 6 janvier 1721. — Cf. lettre des Echevins à Cler, commissaire pour la noblesse au Conseil de la santé, à Sarlat, qui les avait consultés sur les mesures à prendre en cas de peste, 15 novembre 1721 (Arch. mun., C. E., p. 145, verso). Ils lui indiquent la marche à suivre : « Voilà les précautions qui nous paraissent devoir être prises. Nous voudrions pouvoir vous en suggérer qui vous garantissent entièrement de ce cruel mal. »

direction ferme et intelligente de Langeron, au dévouement de Belsunce, le fléau, dès le mois d'octobre 1720, commença à décroître : « à l'heure qu'il est, Monseigneur, écrivait[1] Moustier à Lebret le 28 octobre, les affaires vont assez bien. Il y a 200 malades à l'hôpital du Mail, et 720 convalescents dans l'hôpital des Convalescents. Il mourut chaque jour de la semaine dernière de 25 à 30 personnes dans la ville et autant dans les hôpitaux, mais il en meurt beaucoup plus dans le terroir. Cependant la maladie se communique plus difficilement et plusieurs en relèvent, de sorte que nous espérons de la voir bientôt cesser, moyennant la grâce de Dieu. » Cet optimisme était sans doute de commande ; mais un fait réel se dégageait, celui du nombre des guérisons qui augmentait incessamment. Aussi les convalescents, de plus en plus nombreux, sortaient-ils de leurs maisons, et, bien que faibles encore, donnaient-ils dans la rue une certaine animation. Une opinion, d'ailleurs très fausse, s'était répandue à leur sujet, qu'ils n'avaient pas de rechute à craindre et qu'ils jouissaient en quelque sorte de l'immunité. C'est contre ce préjugé, dont les conséquences pouvaient être graves, que s'éleva, non sans raison, Lebret. « Comme il y a présentement beaucoup de convalescents à Marseille, écrivait-il[2] aux Echevins, qui se font sans doute un plaisir de se montrer, puisqu'on prétend qu'on en voit beaucoup dans les rues, je crois devoir vous parler encore de la nécessité qu'il y aurait de les mettre quelque part en quarantaine, parce que l'on prétend que ces convalescents peuvent communiquer la contagion plus facilement même que les malades. C'est aux maîtres de l'art à en juger, mais la seule opinion que l'on en a peut être dangereuse, car je remarque que la frayeur produit presque insensiblement le mal. Je vous prie donc d'aviser aux moyens d'empêcher ces convalescents de communiquer. » Le conseil était bon. Les Echevins s'y confor-

1. Lettre des Echevins à Lebret, 28 octobre 1720.
2. Lettre de Lebret aux Echevins, 23 septembre 1720 (Arch. mun.).

mèrent. Ils auraient voulu envoyer aux infirmeries tous ces convalescents, ainsi que les vagabonds qui erraient dans la ville et continuaient à propager la contagion, mais il était difficile de les clôturer. Ils songèrent alors au couvent de l'Oratoire, rendu libre par le départ des professeurs et des élèves ; mais c'étaient de nouvelles dépenses qui s'imposaient. D'ailleurs le nombre des malades diminuait chaque jour : ils se contentèrent d'enfermer les convalescents dans l'hôpital qui déjà portait leur nom. Grâce aux bons soins du négociant Reboul, on put y ménager jusqu'à 200 lits. C'était une nouvelle garantie pour la santé générale, et, en même temps, ce retour à l'ancien ordre de choses annonçait et laissait prévoir la fin de l'épidémie.

Le mieux alla en effet en s'accentuant, et les progrès de la guérison ne s'arrêtèrent plus[1]. Il y eut même des cas extraordinaires, celui de Portalis et de son domestique qui, se sentant attaqués, se barricadèrent chez eux, et pour charmer leurs derniers moments, imaginèrent de s'enivrer. A leur réveil, les bubons étaient percés, et ils guérirent. On citait encore un malade de Saint-Marcel, qui, dans son délire, se jeta dans l'écluse d'un moulin, resta toute une journée dans l'eau, et en sortit, perclus de rhumatismes, mais guéri. Les Marseillais reprirent courage. Les unes après les autres se rouvrirent les boutiques. Peu à peu reprenaient les affaires. A vrai dire il n'y avait plus qu'à faire exécuter les ordonnances, et tout permettait d'espérer que le fléau serait bientôt et définitivement vaincu. Ce fut en cette circonstance qu'on put apprécier l'intelligente fermeté de Langeron. Excités par son exemple, les fonctionnaires qui avaient abandonné leur poste eurent honte de leur pusillanimité, et revinrent, à ses côtés, prendre leur part du péril commun, car « on a honte de se cacher quand on voit un commandant se montrer hardiment partout. Son courage relève celui de tous les citoyens. Son intrépidité à braver les périls de la contagion enhardit les plus

1. LEMONTEY, *Histoire de la Régence*.

timides. Son zèle pour le bien public donne de l'émulation. On eût dit qu'il charmait les traits de la contagion[1]. »

Ce qui surtout contribua à augmenter la confiance, c'est que les soldats, demandés avec tant d'insistance par les Echevins pour les aider à maintenir l'ordre, arrivèrent enfin à Marseille (octobre 1720). Il eût été dangereux de les faire camper en ville. On les logea au couvent des Chartreux. Le subdélégué Rigord veilla à leur bien-être matériel. Pourvus d'une haute paie et bien soignés, les soldats, d'abord mécontents, car ils se jugeaient sacrifiés, s'accommodèrent de leur situation. On utilisa leurs services surtout aux portes de la ville, où ils empêchaient les paysans et les vagabonds d'entrer : ce qui était une nouvelle garantie de sécurité[2].

Presque au même moment, le 4 octobre, deux nouveaux hôpitaux, ceux du Mail et de la Charité, étaient mis à la disposition des pestiférés : la Charité sous la direction des docteurs Robert et Bouthilier, aidés par de nombreux infirmiers, et le Mail sous la direction de deux négociants, Beaussier et Marin, et des docteurs Pons et Guillhermin. Ce dernier ne tarda pas à succomber et fut remplacé par Audon qui mourut à son tour. Audon avait fait preuve d'un véritable dévouement, malgré les plaisanteries dont il avait été accablé, parce qu'il avait touché avec sa canne les bubons à l'aine d'une jeune fille, qui ne voulait pas se laisser visiter. Ces deux hôpitaux étaient bien installés et furent bien administrés; aussi les malades n'hésitaient-ils plus à s'y rendre, et, de ce fait, la ville fut assainie. Quant aux pestiférés qui préféraient ne pas quitter leurs maisons, ils étaient visités par d'autres médecins, sous la direction de Chicoyneau et des chirurgiens Souliès et Nélaton. Tout était donc

---

1. Bertrand, ouv. cité, p. 252.
2. On conserve aux Archives municipales (section 15, n° 8) les comptes de la paille fournie aux soldats dans leur différents postes, à la porte d'Aix, à la Loge, à la porte de Noailles, à la porte de Rome, au Palais, au Cours, à la Joliette, à la Tourette et à Saint-Victor. Le compte, depuis le mois de mai 1721 s'élève à 5.420 livres.

réglé pour le mieux, et il n'y avait plus qu'à attendre la fin naturelle de l'épidémie.

La mortalité continua pourtant pendant de longues semaines. Au mois d'octobre, sur 522 malades entrés, 257 mouraient à l'hôpital de la Charité, en novembre 172 sur 181 et en décembre 85 sur 153. A l'hôpital du Mail, en octobre, 190 morts sur 357 entrées, en novembre 115 sur 274 et en décembre 93 sur 103. Ce qui peut-être maintenait le nombre des malades, c'est que beaucoup de paysans, aux approches de l'hiver, cherchèrent un refuge en ville. Ils y apportèrent des habitudes de malpropreté et un mépris absolu des règles de l'hygiène qui firent dans leurs rangs de nombreuses victimes. On fut obligé[1] de leur interdire l'entrée de Marseille s'ils ne présentaient pas un certificat de non maladie dans leurs bastides depuis au moins quarante jours. Cette interdiction suffit pour diminuer le nombre des entrées et par conséquent des maladies. Une autre cause d'augmentation dans le nombre des pestiférés fut la hâte excessive ou, pour dire le mot, l'avidité singulière avec laquelle on s'empressa de recueillir les héritages. Beaucoup de ces successions étaient inattendues, et les ayants droit, qui souvent venaient de loin, n'étaient que plus pressés de les recueillir. Dans leur impatience ils s'installaient dans les meubles du mort, fouillaient dans ses hardes, et, sans s'en douter, s'imprégnaient des effluves malsaines qui se dégageaient des objets contaminés. On fut[2] obligé de défendre le transport des mobiliers et des vêtements, en sorte que le mal fut, pour ainsi dire, localisé.

Notons encore que beaucoup d'imprudences furent commises et qu'il y eut des rechutes, mais qui heureusement se convertirent en rougeoles, en érésipèles et en affections cutanées. Un médecin de la marine composa à ce sujet un mémoire où il établissait trois catégories parmi les convalescents, ceux dont les bubons étaient

---

1. Ordonnance du 11 novembre (Registre de transcription, p. 38).
2. Ordonnance du 7 janvier 1721 (Registre de transcription, p. 48).

restés fistuleux, ceux dont les bubons n'avaient donné qu'une légère suppuration, et ceux dont les bubons n'avaient pas suppuré. Il prescrivait pour les trois cas la médicamentation à suivre. Ce mémoire fut présenté au docteur Deydier, qui, en l'absence de Chicoyneau et de Verny, alors occupé à Aix, était en quelque sorte le directeur de la santé à Marseille. Deydier, persuadé que ce mémoire était l'œuvre d'un médecin marseillais, chargea un jeune médecin de le réfuter et de lire cette réfutation dans une assemblée générale des médecins. Il avait adopté un ton de raillerie qui souleva l'indignation. Les docteurs de Marseille prirent fait et cause pour l'auteur du mémoire. Deydier et les médecins étrangers se prononcèrent, au contraire, pour le rédacteur de la réfutation. La querelle s'envenima, et les malades, tiraillés entre deux opinions contradictoires, n'eurent plus qu'à se fier au hasard pour être guéris. Tout finit par s'arranger. Les médecins cessèrent leurs polémiques, et se contentèrent de soigner de leur mieux une maladie dont ils connaissaient maintenant et l'origine et les progrès. Plus de scarifications inutiles, d'incisions douloureuses, plus d'extirpation des glandes. Ils ne cherchaient plus qu'à apaiser la fièvre et qu'à diminuer la souffrance. « Les médecins, écrit[1] un témoin oculaire, approchent les malades de sang-froid, sans répugnance et sans aucune préparation. Ils s'assoient même sur leurs lits, touchent leurs bubons et charbons, et restent là avec tranquillité autant de temps qu'il faut pour se bien informer de l'état où ils sont. »

Le mal finit pourtant par s'atténuer[2]. Non seulement les hôpitaux ne furent plus encombrés, mais ils se vidè-

---

1. BERTRAND, ouv. cité, p. 258.
2. Lettre des Échevins aux consuls de Toulon, 4 décembre 1720 (Arch. mun., C. E., p. 55, recto) : « Vous serez sans doute bien aises d'apprendre que la santé est presque entièrement rétablie dans cette ville. Nous n'avons plus de malades que dans les hôpitaux... en sorte que nous avons tout lieu d'espérer de la miséricorde de Dieu que, dans une quinzaine de jours, nous serons délivrés de la maladie. » — Cf. lettre de Riouffe, chef de l'intendance à Toulon, 5 décembre 1720 (Arch. mun., C. E., p. 56, recto). — Id. aux Intendants de la santé à Toulon, 6 décembre 1720 (Arch. mun., C. E., p. 56, verso).

rent. Dès la fin de novembre, on évacua celui des Convalescents et celui de Rive Neuve. Il ne resta plus d'ouverts que ceux de la Charité et du Mail. On put aussi s'occuper de la banlieue qui avait été jusqu'alors bien négligée. Les bastides se trouvaient alors dans un état lamentable. Beaucoup de malades avaient été relégués dans les étables, parfois dans des grottes, où ils couchaient sur le sol. Dans telle ou telle ferme on ne rencontrait souvent que de tout petits enfants, qui avaient survécu, mais étaient incapables de suffire à leurs besoins. Les Echevins partagèrent[1] le terrain en quatre quartiers, et, à partir du 15 décembre, organisèrent des tournées médicales régulières. La détresse était si grande que les inspecteurs de la santé étaient obligés de porter avec eux de l'avoine pour leurs chevaux et des vivres pour eux-mêmes. Ce service d'inspection se prolongea jusqu'à la fin du mois de mai 1721.

On espérait que le mal cesserait avec le solstice d'hiver, mais, quand arriva la Noël, il fallut bien reconnaître que le fléau persistait. Voici ce qu'écrivaient[2] au 9 décembre les Echevins aux procureurs du pays : « A notre égard la maladie est bien encore chez nous, mais elle a fort calmé grâce au Seigneur. Il ne se fait presque point de nouveaux malades, et nous ne croyons pas que, depuis le commencement de ce mois; il soit mort quarante personnes de la contagion. » Pichatty[3] est plus optimiste : « Ce jourd'huy 10 décembre, la maladie a si fort calmé dans toute la ville qu'il n'a été porté aucun nouveau malade dans aucun des hôpitaux. Il y a lieu d'espérer que la colère de Dieu sera entièrement apaisée, que cette mal-

---

1. Cf. ordonnance du 24 décembre 1720 (Registre de transcription p. 45).
2. Lettre des Echevins aux procureurs du pays, 9 décembre 1720 (Arch. mun., C. E., p. 18, recto). — Lettre du 4 décembre aux consuls de Toulon (Arch. mun., C. E., p. 55, recto).
3. PICHATTY, ouv. cité, p. 63. — Cf. Lettre des Echevins à Lebret, 17 décembre (Arch. mun., C. E., p. 62, recto et verso) : « La maladie contagieuse avait presque entièrement manqué en cette ville. Il n'avait été reçu aucun nouveau malade dans les hôpitaux, mais on y en a porté après quelques-uns, et l'on croit que le vent marin qui a soufflé depuis quelques jours en a été la cause. »

heureuse et infortunée ville sera tout à fait délivrée de ce fléau cruel qui l'a si terriblement désolée, et qu'on y sera même à couvert du malheur de toute rechute par les sages, exactes, et judicieuses précautions que M. le commandant de Langeron prend, de concert avec MM. les Echevins, avec un zèle si infatigable, une assiduité si laborieuse, une vigilance si éclairée et une application si singulière, que le salut de Marseille ne pourra être regardé que comme son ouvrage, et qu'on sera obligé de bénir à jamais son glorieux nom et ceux de MM. les Echevins, qui le secondent si bien, et qui méritent à si juste titre, par l'ardeur avec laquelle ils ont exposé leur vie, le nom de Pères de la Patrie. »

Certes ces éloges étaient mérités, et, réellement, Marseille devait son salut à ceux que Pichatty nommait les Pères de la Patrie. Ils n'avaient pourtant pas encore réussi à extirper le fléau. En janvier 1721 il y avait à la Charité 113 malades et 53 décès, et au Mail 206 malades et 90 décès. Parmi les morts on signalait le cas de la femme d'un médecin et de son fils, emportés tous les deux en vingt-quatre heures. Le médecin fut aussitôt mis en quarantaine, car on exigea qu'il donnât l'exemple de l'obéissance aux règlements. En février 54 entrées à la Charité, mais 53 guérisons, et on ferme l'hôpital. Au Mail 124 entrées et 68 morts. Langeron ne se relâche pas de la plus étroite surveillance. Il renouvelle ses arrêtés sur la déclaration des malades et leur transfert aux hôpitaux. Il ordonne (1er mars) « sous peine de la vie irrémissiblement et en outre à la confiscation de tous les meubles et effets » que les parents et domestiques soient astreints à ne cacher aucun des cas qui se présenteront. Cette sévérité porta ses fruits, malgré quelques décès foudroyants, tel celui de la femme d'un capitaine de vaisseau, Madame Rouvière, qui rentrait il est vrai de la campagne. Le nombre des malades diminua de mois en mois. Au seul hôpital qui restait consacré au service des pestiférés, celui du Mail, entrèrent en avril 84 nouveaux malades, en mai 52, en juin 26. Quant au nombre des décès, il n'est plus que de 70, de 39 et de 20, mais le meilleur symptôme de guérison est que les maladies ordinaires reparaissent, et qu'on commence à signaler les éruptions cutanées et les inflammations qui d'ordinaire succèdent aux grandes épidémies. Aussi l'espoir renaît-il dans tous les cœurs, et Marseille reprend peu à peu sa physionomie de grande ville, affairée [1], et bientôt joyeuse.

Il serait injuste de ne pas reconnaître la grande part que prit Belsunce à ce renouveau. Convaincu de l'utilité des prières, persuadé aussi qu'on pouvait conjurer les épidémies par des cérémonies propitiatoires, et que le meilleur moyen d'apaiser le courroux céleste était d'essayer de le détourner par des prières ou des fêtes, il avait déjà, lors [2] des premiers bruits de l'invasion du mal contagieux, ordonné des prières à Saint-Roch, qui passait pour le grand protecteur des villes contaminées. Au 30 juillet et au 24 août, de nouveaux mandements prescrivirent des prières publiques et un jeûne général. Comme rien n'indiquait un arrêt dans la maladie, il supplia les Echevins de faire de leur côté acte public d'expiation. Or les Echevins venaient tout justement de recevoir la lettre d'un Marseillais qui avait occupé et occupait encore une grande situation dans l'Église, mais qui tenait à garder l'anonyme et s'engageait à payer les frais d'un établissement hospitalier à Marseille, de préférence une succursale de la Trappe. Les Echevins auraient préféré un asile pour les orphelins de la peste. Fort embarrassés, ils s'adressèrent à un Jésuite de la maison de Saint-Jaume à Marseille, alors retiré à Rocquemaure, près de Bagnols en Languedoc, le père Combes, et lui demandèrent son avis [3] : « Comme il ne

---

1. Voir la lettre circulaire du 11 décembre 1720, adressée par les Echevins à MM. les députés du commerce : « Le danger est passé, et il est à propos de chercher des moyens pour éviter les pertes immenses que les négociants de cette ville souffriraient, si on ne donnait pas quelque adoucissement au décri des billets de banque... Nous vous attendons donc, messieurs... » (Arch. mun., C. E., p. 68, verso).
2. Mandement de Belsunce, en date du 15 juillet 1720.
3. Lettre des Echevins au P. Combes, 19 septembre 1720 (Arch. mun., C. E., p. 7, recto et verso.)

faut jamais rien négliger de ce qui regarde la conscience et la religion, et surtout dans un cas aussi intéressant pour nous, nous vous prions de vouloir nous expliquer la pensée et les intentions du solitaire qui nous a écrit sans se faire connaître et nous marquer ce que vous trouverez à propos que nous fissions dans ce temps fâcheux. » Le P. Combes répondit sans hésiter qu'il n'y avait qu'à se conformer aux intentions du donataire et que c'était l'unique moyen d'apaiser la colère du Seigneur, mais, ajoutait-il[1], « le moyen que vous avez pris par le vœu de fonder une maison d'orphelins, est excellent, et il n'y a pas six mois que je lisais dans un manuscrit de notre maison de Saint-Jaume que deux fois vous aviez arrêté par un vœu à peu près semblable la colère de Dieu sur votre ville ». Il conseillait en outre aux Échevins de s'entendre sur ce sujet avec Belsunce. C'est ce qu'ils firent. L'évêque, prévenu de leurs intentions, s'empressa de donner son adhésion. La création d'une maison de refuge pour les orphelins de la peste fut donc décidée, et, dès le 8 septembre, Belsunce venait célébrer une messe d'action de grâces dans la chapelle de l'Hôtel de Ville ; mais ce ne fut là qu'une cérémonie d'ordre privé, à laquelle n'assista qu'un nombre restreint d'invités.

Belsunce estimait avec raison que, pour mieux frapper l'imagination populaire, il était urgent de convier la population tout entière à une manifestation religieuse. C'était le grand remède qu'avaient déjà proposé diverses personnes. « Votre ville ne guérira jamais de la peste, avait écrit[2] d'Avignon aux Échevins un correspondant anonyme, que par l'intercession du bienheureux Jean-Baptiste de Gault, votre ancien évêque. Je vous le déclare de la part de Dieu. Vue la présente, commencez une neuvaine au nom du peuple. Portez-vous vous-mêmes à la Major, et assistez à la messe que vous ferez dire tous les jours à l'autel qu'on lui avait dressé autrefois. Vous ferez

1. Lettre du P. Combes aux Échevins, 7 octobre 1720 (Correspondance de la mairie, au mot Combes)
2 Lettre aux Échevins, 12 octobre 1720 (Arch. mun.).

tirer la caisse où l'on mit son corps à sa mort à l'endroit où elle est et vous l'exposerez au public, au milieu de sa chapelle, pendant la neuvaine. Vous vous confesserez et communierez à la fin, et vous ressentirez l'effet de sa puissante intercession auprès de Dieu. » Un avocat du Vendômois, Leconte, leur avait également recommandé [1], comme un préservatif assuré, une procession générale en l'honneur de Saint-Sébastien, qui jadis avait préservé Vendôme du fléau. « C'est chez nous une tradition certaine que, presque aussitôt que le vœu fut fait, le mal cessa ; aussi, depuis ce temps, nous avons eu une dévotion particulière à ce saint, en l'honneur duquel il y a des confréries érigées dans les quatre paroisses de cette ville et en celles de la campagne les plus proches, où le mal avait pénétré, qui, tous les ans, continuent la même dévotion. » Belsunce, auquel les Echevins communiquèrent ces deux lettres, résolut de profiter de ces pieuses indications, mais il voulut faire mieux. Ce n'est pas sous la protection de Gault ou de Saint-Sébastien qu'il mit la ville de Marseille : D'ailleurs il ne croyait pas à l'efficacité de cette intervention. Ainsi qu'il l'écrivait à son ami [2] Capus, « je regarde ce prélat comme un saint, et je garde un rochet et une de ses bagues comme de précieuses reliques. Je suis tout prêt de faire en cela, de tout mon cœur, ce qu'il faudra, mais l'écrivain ignore les règles quand il demande que le corps du Bienheureux soit exposé. La première des informations pour la béatification est sur ce point-là ; et, si on découvre qu'on ait prévenu le jugement de l'Eglise par un culte rendu, il n'en sera plus parlé : » à défaut de Gault, Belsunce songea à étendre sur elle la protection spéciale du Sacré-Cœur de Jésus. Le 22 octobre il publia donc un mandement où, fidèle à la théorie qui présentait la peste

---

1. Lettre de Leconte aux Echevins, 17 octobre 1720 (Arch. mun., au mot Leconte). — Voir lettres du recteur des Pénitents Gris à Avignon, de Salvan de Cheneville, adressées aux Echevins (1ᵉʳ et 30 novembre, 17 décembre 1720), pour leur recommander diverses cérémonies expiatoires.

2. MÉRY et GUINDON, *Histoire de la commune de Marseille*, t. VI, p. 153 (lettre du 13 octobre 1720).

comme un châtiment de la colère céleste, il rappelait les mauvais jours qui venaient de s'écouler et affirmait que l'unique moyen de vaincre l'épidémie était de recourir au Sacré-Cœur. Voici quelques extraits de ce mandement. Il a la valeur d'un document historique, car il a été fait par un témoin oculaire, et encore sous l'impression des épisodes tragiques qu'il raconte.

« Malheur à vous et à nous si tout ce que nous éprouvons n'est pas encore capable de nous faire rentrer en nous-mêmes. Une quantité prodigieuse de familles entières sont totalement éteintes. Le deuil et les larmes sont introduits dans toutes les maisons. Un nombre infini de victimes est déjà immolé à la justice d'un Dieu irrité, et nous qui ne sommes pas les moins coupables, nous pourrions être tranquilles !

« Sans entrer dans le secret de tant de maisons désolées par la peste et par la faim, où l'on n'entendait que des gémissements et des cris, où des cadavres, qu'on n'avait pu enlever, pourrissaient depuis quelques jours auprès de ceux qui n'étaient pas encore morts, et souvent dans le même lit, étaient pour ces malheureux un spectacle plus dur que la mort elle-même, sans parler de toutes ces horreurs qui n'ont pas été publiques, de quels spectacles affreux vous et nous n'avons-nous pas été et ne sommes-nous pas encore les tristes témoins ?

« Nous avons vu les rues de cette vaste ville bordées des deux côtés de morts à demi pourris, si remplies de hardes et de meubles pestiférés, jetés par les fenêtres, que nous ne savions où mettre le pied ; toutes les places publiques traversées de cadavres entassés, et en plus d'un endroit mangés par les chiens... Nous avons vu une infinité de malades, devenus un objet d'horreur et d'effroi pour les personnes même à qui la nature devait inspirer les sentiments les plus tendres, abandonnés de tout ce qu'ils avaient de plus proche. Combien de fois, dans notre amère douleur, n'avons-nous pas vu ces moribonds tendre vers nous leurs mains tremblantes pour nous témoigner leur joie de nous revoir encore une fois avant de mourir, et nous demander ensuite notre bénédiction et l'absolution de leurs péchés ! Combien de fois aussi n'avons-nous pas eu le regret d'en voir expirer sous nos yeux, faute de secours ! »

C'est pour venir en aide à tous ces maux que Belsunce annonça que la fête du vœu serait célébrée au jour de la Toussaint, le 1ᵉʳ novembre 1720 : « Voulant¹ paraître comme le bouc émissaire, chargé des péchés de tout le peuple, et comme s'il était la victime destinée à leur expiation, il marche la corde au col, la croix entre ses bras, et les pieds nus. Un autel avait été dressé sur le cours non loin de l'église Saint-Martin, au pied de la montée de la porte d'Aix. Entouré de son clergé, bien diminué par la maladie, mais fier du rôle qu'il avait joué et des services qu'il avait rendus, assisté par tous les fonctionnaires encore debout, et pressé par les flots d'une population émue qui le saluait de ses acclamations, l'évêque célébra la messe, prononça la formule du vœu par lequel il mettait Marseille sous la protection du Sacré-Cœur et donna la bénédiction. » C'est un moment solennel dans la vie de Belsunce, et celui dont la postérité a gardé le souvenir. Qu'on veuille bien pourtant se rappeler que, contrairement aux indications d'une gravure fort belle, très répandue, mais historiquement fausse, les rues n'étaient plus alors encombrées de cadavres, et l'aspect général de la ville ne présentait plus ce degré d'horreur que nous avons essayé de caractériser. Remarquons en outre que ce vœu n'était prononcé que par Belsunce, et que, très à tort, on y associe d'ordinaire les Echevins. Ce n'est que plus tard, à la reprise de la peste en 1722, que les Echevins alors en exercice prononceront le vœu fameux qui, à l'heure actuelle, est encore exécuté, au moins en partie.

Quelques jours plus tard, le 15 novembre, eut lieu une autre cérémonie expiatoire. Belsunce annonça qu'il donnerait une bénédiction solennelle, et qu'il exorciserait la peste du haut du clocher de l'église des Accoules. On a tourné en ridicule cette cérémonie. Le clocher des

1. PICHATTY, *ouv. cité*, p. 59.

Accoules se termine en effet en pointe, et il est certain que seuls peuvent s'y risquer des ouvriers couvreurs ; mais, à la base même de cette flèche, règne une galerie extérieure à jour. C'est là que Belsunce fit disposer un autel et qu'au bruit de toutes les cloches de la ville et du canon des galères, il donna la bénédiction à ses diocésains, et lança contre la peste les imprécations liturgiques, en se tournant successivement vers les quatre points cardinaux.

Une procession générale fut encore ordonnée pour le mardi 31 décembre 1720. Le rendez-vous était à l'église Saint-Ferréol, et c'est du porche de cette église que Belsunce donna une première bénédiction. Son intendant Goujon faisait partie du cortège. Il a laissé de la cérémonie une description détaillée qui présente un grand intérêt, car elle permet, en suivant son itinéraire, de reconstituer en partie le vieux Marseille. Aussi n'avons-nous qu'à reproduire quelques fragments[1] du livre de raison de ce fidèle auxiliaire de Belsunce. « Continuant jusqu'à la porte de Rome et donné encore la bénédiction, puis sortant de la porte où se sont trouvés plusieurs soldats commandés par des officiers qui ont accompagné la procession marchant tête nue et le fusil abaissé, sur les deux ailes, et deux officiers à la tête, l'un à droite, l'autre à gauche, et sans battre la caisse à cause du *Miserere* que les prêtres ont chanté tout le long du chemin qu'a fait la procession. Sortant de la porte de Rome a pris à main gauche et monté le long du mur jusqu'à la première hauteur où s'étant arrêté et mis à genoux, a donné la bénédiction à la ville et terroir du côté de Mazargues et de Notre-Dame de la Garde, puis continuant jusqu'à la porte de Notre-Dame du Mont où le sieur Pesser, curé de ladite église, avait fait dresser un reposoir. Monseigneur a donné la bénédiction à tout le terroir de ce côté-là ; puis, continuant toujours le long des murs du même côté, étant à la jonction des deux chemins au-dessus de la porte des Capucins, Monseigneur

---

1. *Journal de Goujon*, cité par Laforêt (*ouv. cité*, p. 60).

a donné la bénédiction, et descendant à la porte de Noailles l'a aussi donnée, et à la porte des Réformés, de même à la porte Bernard du Bois; et, suivant toujours lesdits murs du même côté, la procession a passé dans le cimetière, où est une très grande quantité de morts de cette maladie contagieuse, et dont la plupart des morts n'étaient qu'à demi couverts, et on y voyait la tête, les bras et les jambes de divers morts ; et ayant traversé tous ces cadavres, Monseigneur a donné la bénédiction au terrain de ces quartiers-là, puis, arrivant à la porte d'Aix, a donné la bénédiction à la ville, et suivant toujours jusqu'à la rue de la Bourgade, où, étant vis-à-vis, a donné la bénédiction à la Bourgade; puis, de là, la procession a continué jusqu'à la porte de la Joliette, où a été fait de même qu'aux autres portes, à la mer, aux Infirmeries, et aux quartiers de ce côté-là; et la procession étant entrée en ville par la porte de la Joliette, et suivi le long de ladite rue vis-à-vis l'hôpital de la Charité, Monseigneur a donné la bénédiction du Saint-Sacrement à tout ce côté-là ; puis a passé dans la grande place des Cimetières et continué jusqu'à l'église de la Major, où, étant arrivé, ayant pris le Saint-Sacrement sur l'autel dressé dans le tambour de la porte de l'église, a fait une exhortation, et ensuite a donné la bénédiction; puis, descendant dans l'église, on a mis le Saint-Ciboire avec le Saint-Sacrement dans le tabernacle de ladite chapelle, et, tout le clergé s'étant retiré, Monseigneur est revenu à la maison de l'Intendance, où Sa Grandeur loge depuis le 14 septembre dernier. »

Belsunce n'épargnait donc ni ses prières, ni ses peines, et ce qu'il y a de réel, la croyance populaire est ici d'accord avec la vérité, c'est que ces diverses cérémonies expiatoires produisaient d'heureux résultats. Il y eut sinon cessation du fléau, au moins accalmie. Sans doute il y avait encore des malades, mais plus de cas foudroyants, et ceux qui étaient attaqués n'éprouvaient que des fièvres passagères, mais plus de lésions organiques. Les bubons en éruption duraient peu et les guérisons devenaient assez fréquentes. Il est vrai que la maladie se manifesta avec assez de violence dans le quartier Saint-Ferréol, qui jusqu'alors était resté à peu près indemne, mais les précautions avaient été prises et les secours ne manquèrent pas. Aussi la population commença-t-elle à se rassurer. On se hasarda à quitter ses maisons. On s'aventura dans les rues, mais avec quelles singulières précautions ! On avait imaginé des bâtons de huit à dix pieds de long, dits bâtons de Saint-Roch, avec lesquels on écartait les passants, et surtout les chiens. « Rien [1] n'était plus risible que de voir tous les hommes armés de ces longs bâtons. On les eût pris facilement pour des voyageurs nouvellement débarqués et fatigués du chemin. » Malgré ce renouvellement de la vie sociale, les communications étaient encore bien rares. On avait presque peur de toutes les démonstrations extérieures d'amitié. C'étaient surtout ceux qui rentraient de la campagne, hâlés, poudreux, habitués à vivre éloignés les uns des autres, qui s'observaient de loin et s'évitaient autant que possible, « en sorte [2] que cinq ou six personnes occupaient toute une grande place ». Peu à peu, par suite de l'accoutumance, on redouta moins la communication par simple contact. Les bâtons de Saint-Roch furent remisés, et de nouveau on échangea quelques poignées de mains et de bonnes paroles. « Le monde se répand avec plus de liberté, écrivait en mai 1721 un témoin [3] oculaire ; les femmes, sortant de leurs retraites, commencent à orner nos rues et à faire cesser cette affreuse solitude qui les rendait si tristes. Elles fréquentent les promenades et rendent au Cours et au Port leurs embellissements ordinaires. Les assemblées sont ouvertes, les coteries se réunissent ; on renoue les parties de plaisir ; en un mot, on commence à se rendre les devoirs d'amitié et d'honnêteté que la contagion avait entièrement abolis. Bientôt la ville reprendrait son ancien lustre, si la terreur du mal, répandue dans tout le royaume, partie même chez les étrangers, ne tenait en-

---

1. BERTRAND, *ouv. cité*, p. 283.
2. ID., *ibid.*
3. ID., *ibid.*, p. 270.

core son commerce suspendu. Les négociants, impatients de le renouer et de réparer leurs pertes, s'assemblent tous les jours auprès de la Loge, quoique fermée, et y traitent leurs affaires en plein air. » Marseille renaissait donc à la vie, à l'activité, à l'espérance.

Ceux surtout qui, atteints par la maladie, avaient eu la bonne fortune de survivre, se croyaient assurés de l'avenir et ne cachaient pas leur joie. Ce sentiment, bien humain, avait déjà été noté par Thucydide [1]. « Les plus compatissants pour les moribonds et pour les malades étaient ceux qui avaient échappé au trépas. Ils avaient connu la souffrance et ils se trouvaient désormais à couvert, les rechutes n'étant pas mortelles. Objet de l'envie des autres, ils étaient pour le moment remplis de joie et nourrissaient pour l'avenir une vague espérance de ne succomber à aucune autre maladie. »

Cette quiétude des Marseillais échappés à la peste se manifesta encore d'une façon assez imprévue. Une véritable fièvre matrimoniale s'empara de la population, et un nombre presque incroyable s'accomplit d'unions mal assorties et toujours mal préparées. Ainsi que l'écrit un contemporain, « une nouvelle fureur saisit les personnes de l'un et de l'autre sexe et les porta à conclure dans les vingt-quatre heures l'affaire du monde la plus importante et à la consommer presque sur-le-champ. On voyait des veuves, encore trempées des larmes que la bienséance venait de leur arracher sur la mort de leur mari, s'en consoler avec un nouveau, qui leur était enlevé quelques jours après, et pour lequel elles n'avaient pas plus d'égards que pour le premier ». Cette folie prit des proportions extraordinaires, surtout dans le bas peuple. Enrichis par des héritages inattendus ou par des gains excessifs, on vit des vieilles filles se ruer au mariage, et de tout jeunes gens passer au doigt de

---

1. Thucydide, liv. II, § 51.
2. Bertrand, *ouv. cité*, p. 292. — Cf. Papon, *ouv. cité*, t. IV, p. 690. « Les veuves voyaient à peine leur mari descendu au tombeau qu'elles en épousaient un autre, que la mort leur enlevait bientôt après, et qui souvent était remplacé par un troisième. »

vieilles épousées l'anneau nuptial. Les nouveaux arrivés étaient comme happés au passage, et « de charitables [1] entremetteuses les saisissaient pour ainsi dire au collet et arrachaient leur consentement au contrat ». Dans leur empressement à jouir des joies du mariage, on vit même des malades, dont les bubons suppuraient encore, faire bénir leur union. Comme l'écrivait l'intendant [2] Dupuy, « tout ce qui s'est passé est déjà oublié. Les Marseillais ne songent plus qu'à se marier ». Suivant la forte expression de Michelet, « on aurait juré que la mort servait d'entremetteuse ». De tous les soins que dut prendre Langeron pour empêcher que la maladie ne se renouvelât, le moins essentiel ne fut pas de faire visiter par les médecins les couples nombreux qui demandaient à s'épouser. L'autorité ecclésiastique, bien que portée à encourager ces unions, finit par s'émouvoir, et Belsunce, de concert avec Langeron, déclara que la bénédiction nuptiale ne serait donnée qu'après délivrance par un médecin de certificat de non-maladie ; mais l'élan était donné. Les mariages continuèrent, disproportionnés, souvent grotesques, et ils ne furent pas inféconds, tant il est vrai que la nature semble prendre à tâche de combler les vides et de réparer les pertes amenées par le fléau ! Cinq ans [3] après la peste, les registres des paroisses avaient enregistré un nombre de naissances si considérable que le chiffre de la population était sensiblement le même qu'avant l'épidémie.

Le plus déplorable, mais cet inconvénient était à prévoir, c'est qu'il n'y eut pas alors à Marseille que des unions légales. Marseille redevint rapidement une ville de luxe, de plaisir et aussi de débauche. « Jamais, lisons-nous dans une lettre du 12 novembre 1722 [4], on ne vit dans Marseille tant de magnificence, de luxe,

---

1. BERTRAND, *ibid.*, p. 294.
2. Cité par LAFORÊT, p. 66.
3. PAPON, *ouv. cité*, t. IV, p. 690 : « Si le terme des accouchements avait pu être abrégé, on aurait bientôt vu la ville aussi peuplée qu'auparavant. »
4. LEMONTEY, *Histoire de la Régence*, t. I, p. 407.

d'habits brodés, de repas somptueux ». « C'est alors [1] que toutes ces maisons où, peu de jours auparavant, on n'entendait que pleurs et gémissements, ne retentissent plus désormais que de cris de joie ». Bals dans les maisons particulières, danses jusque dans les rues et sur les places publiques, noces et festins, magasins grands ouverts et remplis d'acheteurs, Marseille reprit, presque du jour au lendemain, sa physionomie brillante, mais agitée. On eût dit que ses habitants cherchaient à s'étourdir sur leurs récents malheurs en se livrant à la joie et en dépensant le plus gaiement possible les richesses dont ils venaient d'hériter. Thucydide, quelques siècles auparavant, avait déjà constaté à Athènes ce prompt oubli du passé et cette soif de plaisirs. « Cette maladie [2], écrit-il, donna dans la ville le signal d'un autre genre de désordres. Chacun se livra plus librement à des excès qu'il cachait naguère. A la vue de si brusques vicissitudes, de riches qui mouraient subitement, de pauvres subitement enrichis, on ne pensait qu'à jouir et qu'à jouir vite ; la vie et la fortune paraissaient également précaires. Nul ne prenait la peine de poursuivre un but honorable, car on ne savait si on vivrait assez pour y parvenir. Allier le plaisir et le profit, voilà ce qui devint beau et utile [3]. On n'était retenu ni par la crainte de Dieu, ni par celles des lois. Depuis qu'on voyait tant de monde périr indistinctement, on ne mettait plus aucune différence entre la piété et l'impiété. D'ailleurs personne ne croyait prolonger ses jours jusqu'à la punition de ses crimes. Chacun redoutait bien davantage l'arrêt déjà prononcé contre lui, et suspendu sur sa tête : avant d'être atteint, on voulait goûter au moins de la volupté ».

---

1. Bertrand, *ouv. cité*, p. 293.
2. Thucydide, liv. II, § 53.
3. Cf. Boccace (prologue du *Décaméron*) racontant les plaisirs du parc de Pampinea, pendant et après la peste noire. — Cf. le continuateur de Guillaume de Nangis, p. 10. — Qu'on se rappelle également Machiavel, après la peste de 1527 qui ravagea l'Italie, s'éprenant d'amour dans une église où l'on célébrait les funérailles.

En même temps que les filles[1] de joie ou que les coureurs d'aventures avaient reparu à Marseille les escrocs et les bandits. Habitués à une longue impunité, tous ceux auxquels le fléau avait constitué des rentes, et en première ligne les corbeaux, avaient pris l'habitude de piller à leur aise[2] les maisons où on les appelait pour leur triste ministère. Surtout à la campagne et dans des maisons isolées, les vols se multipliaient. On ne comptait plus les attaques nocturnes. Même en plein jour les passants[3] étaient assaillis, frappés et assassinés. Il n'était que temps de rétablir l'ordre, ou sinon Marseille était en proie à l'anarchie. Heureusement Langeron était habitué à faire observer la discipline, et résolu à user de ses pouvoirs. Il commença par défendre aux étrangers ou aux inconnus l'entrée de la ville à la chute du jour. Les habitants ne purent circuler dans les rues après neuf heures du soir, ou ils devaient être munis d'un flambeau. Tous les lieux publics, cabarets, maisons de plaisir ou de jeu, furent fermés. Des patrouilles circulèrent et tout attroupement suspect fut immédiatement dispersé. A vrai dire c'était l'état de siège dans toute sa rigueur ; mais l'opinion publique se prononça en faveur de ces mesures justifiées par les circonstances. Personne ne réclama contre ces ordonnances tant soit peu arbitraires, mais en tout cas salutaires. On applaudit

---

1. Registre de transcription, pp. 67 et 71 (31 mars et 1ᵉʳ mai 1721). — Ordonnance portant que les commissaires généraux feront une revue exacte pour découvrir les filles et femmes débauchées. — Recherche des femmes et filles de débauche qui se sont retirées dans le terroir.
2. Registre de transcription, p. 90. Ordonnance du 29 juillet contre les forçats qui volent dans les maisons que l'on désinfecte.
3. *Ibid.*, p. 15. Ordonnance condamnant au carcan « toute personne du bas peuple qui insultera les honnêtes gens ». Voir le rôle de la fourniture du pain aux prisons (Arch. mun., 15ᵉ section, n° 10). On y cite comme incarcérés, par ordre de Langeron, Bonseigneur, Boisseret, Poulier, Aubert, femmes Cathin, Rose et Martie, Jean Guillot et Mesnard, pour vols ; Coullet, pour insulte au capitaine Olmer ; Elly, pour menaces de mort ; Audibert et Touillard, pour assassinats et impiétés ; Vieil, pour libertinage ; Marie Castelle, pour vie lubrique ; Berenguier, Tixerant, Arnaud, pour assassinat ; Blan et Bousquet, pour infraction aux règlements de police ; Marguerite Meyfrede et Marie Mathieu, pour vie lubrique ; Aillé, pour querelle au jeu ; etc.

au contraire, quand on apprit la constitution d'une chambre de police, présidée par Langeron en personne, assisté par les quatre Echevins, trois procureurs, quelques praticiens et Pichatty en qualité de procureur du roi. Quelques jugements[1] sommaires furent prononcés, d'une sévérité implacable. Non seulement divers malandrins surpris en flagrant délit de vol furent jetés aux galères, mais quelques criminels de droit commun furent condamnés à mort, et pendus haut et court : ce qui fit une excellente impression. En outre on créa[2] des commissaires spéciaux pour établir des inventaires réguliers, et un trésorier fut désigné pour recevoir tous les dépôts d'argent trouvé. La bonne police fut donc rétablie assez rapidement, et, sauf cette excitation factice qui accompagne presque toujours les grandes émotions populaires, tout marcha bientôt comme par le passé.

On songea même, et ceci prouve que l'espérance commençait à renaître dans les cœurs, à faire la vendange, car on croyait avoir remarqué que, lors de la dernière peste qui avait ravagé le pays, la décroissance de la maladie avait coïncidé avec le commencement des vendanges. Ne prétendait-on pas d'ailleurs que « les vapeurs[3] du vin nouveau dans une ville où on en récolte une quantité si prodigieuse pourraient beaucoup servir à y désinfecter les maisons ». Langeron et les Echevins ordonnèrent donc que les vendanges seraient faites comme à l'ordinaire. Propriétaires et paysans profitèrent de l'autorisation et, malgré la dureté des temps et la fréquence des deuils, cette récolte amena de nombreux rapprochements et fit une heureuse diversion. Non seulement elle ne provoqua aucune agravation du fléau, mais la santé générale parut s'améliorer, et, en effet, avec le vin nouveau qui fermentait commencèrent à se dissiper les craintes et à se rétablir la confiance.

Restait à faire rentrer Marseille dans le droit commun

---

1. Ordonnances du 22 et 23 octobre 1720.
2. Ordonnance du 24 octobre 1720 (Registre de transcription, p. 35).
3. PICHATTY, ouv. cité, p. 49.

en rompant la ligne de blocus, et en rouvrant les communications avec le reste du pays : mais il était nécessaire de procéder auparavant à une opération indispensable, à une désinfection générale. Dès le mois de septembre 1720 on songeait déjà à purifier, ou, pour employer l'expression du temps, à parfumer les maisons contaminées. Le P. Casimir, Augustin déchaussé, avait même à ce sujet adressé une lettre[1] très explicite aux Echevins de Marseille : « Le P. Léon de France, de notre congrégation, avait exercé ses secrets avec succès dans les villes de Flandre qui avaient été frappées de la peste, et Louis XIV, qui l'avait pensionné pendant sa vie, lui avait donné un ample pouvoir de régler les pauvres villes pour ce qui regardait leur santé. Après la mort de ce père qui arriva à Paris, ses secrets furent mis dans le dépôt du couvent que nous y avons, et j'en ai eu un extrait. J'ai fait l'expérience du grand parfum pour les chambres, et je l'ai trouvé si pénétrant qu'il a terni l'argenterie dans une table fermée, et de l'argent monnayé dans une poche de toile fermée dans un tiroir. Il a pénétré les linges fermés, même un jeu de cartes neuf enveloppé et fermé dans une caisse dont il a terni le rouge, de façon à ce que cette couleur ressemblât à de la sanguine, quoique je n'eusse employé à ce parfum que le quart de la dose que vous verrez dans son entier dans la recette. » Il est probable qu'on ne prêta pour le moment qu'une attention médiocre à l'envoi du bon religieux, car sa lettre, datée d'Aubagne, arriva à Marseille en pleine crise, et les Echevins avaient encore à lutter directement contre la maladie, sans se préoccuper encore des mesures à prendre lors de la guérison. Ils étaient pourtant convaincus de la nécessité de chasser

---

1. Lettre du P. Casimir aux Echevins de Marseille, 17 septembre 1720. Dans la correspondance de la mairie, lettre de Martin à l'archiviaire Capus (25 septembre 1720) sur la nécessité de procéder à la désinfection : « Autrement tout périra ou tombera dans un désordre affreux. Cela demande un remède prompt et efficace. » — Ordonnance du 30 décembre 1720, relative à la désinfection (Registre de transcription, p. 46). — Nouvelles ordonnances, le 30 décembre 1720, le 10 janvier et le 3 février 1721 (Registre de transcription, pp. 46, 50, 59).

le mauvais air. Dès le mois d'octobre 1720, ils s'occupèrent en effet du nettoyage de la ville, « tant[1] pour rendre le passage libre dans les rues que pour en ôter l'horrible infection qui y est par la prodigieuse quantité d'ordures et de fumier, dont elles sont toutes remplies. » A cet effet ils avaient imaginé de se servir des bateaux à boue servant au curage du port. On les remplissait de toutes sortes de détritus, et on les déchargeait ensuite en pleine mer. On avait aussi brûlé beaucoup de hardes suspectes et de meubles contaminés. C'étaient là certes d'excellentes mesures, mais elles étaient insuffisantes. Il fallait, évidemment, procéder à une désinfection générale qui ne serait efficace qu'à la condition d'être conduite méthodiquement, et, pour ainsi dire, scientifiquement.

On avait cru d'abord qu'il aurait suffi d'exposer au grand air pendant quarante jours tous les meubles et vêtements qui avaient été à l'usage des pestiférés. Tel était l'avis des Echevins qui ne cherchaient, et c'était naturel, qu'à éviter la grosse dépense d'une opération générale ; mais Langeron comprit bien vite que cette mesure n'était pas assez radicale pour être salutaire. D'ailleurs, de Paris et d'Aix, on insistait pour que la désinfection fût sérieusement exécutée. La Vrillière, le ministre de la Maison du Roi, dans les attributions duquel entraient toutes les mesures d'hygiène publique, avait même écrit : « Sa Majesté veut qu'il soit procédé à une désinfection générale à Marseille pour y affermir et perfectionner le bon état de la santé, afin qu'à l'ouverture de son commerce les marchandises qui en sortiront puissent être reçues avec assurance et sans danger ». La mesure était urgente, car, de tous les ports de la Méditerranée, sauf à Venise, on faisait savoir que les navires venant de Marseille seraient impitoyablement repoussés, s'il ne présentaient pas toutes les garanties. Il n'y avait donc plus qu'à s'exécuter. C'est à quoi s'employèrent Langeron et les Echevins, ainsi que les

---

1. PICHATTY, *ouv. cité*, p. 34.

commissaires spéciaux nommés pour la circonstance.

Ce travail fut long, car il dura plus de trois mois, et il coûta cher, environ 3.500.000 livres, mais il fut bien mené et eut d'heureuses conséquences. Peut-être ne sera-t-il pas sans intérêt d'entrer à ce sujet dans quelques détails ; on trouvera les éléments de ce travail dans divers documents conservés aux archives [1] des Bouches-du-Rhône : état des drogues achetées par la province pour la composition du parfum employé à la désinfection des hardes, meubles et maisons des pestiférés ; état [2] des drogues et médicaments envoyés par les procureurs du pays à l'intendant Lebret ; état des remèdes expédiés en Provence par l'intendant Bernage ; état de remèdes donnés par le prévôt des marchands et les Echevins de Lyon ; état des médicaments que le procureur du pays fait venir de Montpellier ; état des médicaments expédiés à de Caylus et à Lebret par les sieurs Beyrés et Huguenot ; état de ce qui est dû au parfumeur Imbert pour la désinfection de certains villages, etc. Citons encore les nombreux registres conservés aux archives de Marseille contenant les inventaires des maisons désinfectées, et les documents portant encore la trace et quelque vague odeur des parfums dont ils furent inondés. Langeron et les Echevins eurent en outre à leur disposition le Règlement de 1629 relatif aux précautions à prendre contre la peste, et le Règlement général en dix-sept articles signé à Frigolet, le 17 février 1731, par de Caylus. C'est en analysant ces diverses ordonnances que nous pourrons étudier successivement les parfumeurs, ainsi qu'on nommait les préposés à la désinfection, les parfums, et les procédés de désinfection.

On donnait le nom de parfumeurs non pas aux fabricants de parfums, mais aux employés chargés de la désinfection des lieux contaminés. De même que les portefaix et les corbeaux, ils étaient choisis par les con-

1. Archives des Bouches-du-Rhône, C., 915.
2. A savoir : 25 quintaux de poix noire, 25 de sandaraque, 25 de résine, 25 de soufre en poudre, 50 de goudron, 50 d'huile de genevrier, 25 d'huile de térébenthine.

suls et assermentés[1]. Comme on croyait, d'ailleurs très à tort, que les convalescents étaient assurés de l'immunité, on les prenait surtout parmi ceux qui avaient échappé à la contagion. On cherchait à prévenir toute malversation de leur part, car ils étaient surveillés par des gardes et par des commissaires de quartier, qui tenaient registre des maisons à désinfecter[2]. Le règlement de Caylus renouvelle ces défenses, et ordonne, afin d'enlever tout soupçon, que les parfumeurs entreront dans les maisons les poches renversées, et en sortiront de même[3]. Les parfumeurs portaient un habit spécial, des habits et des bas en grosse toile cirée. Au moment d'entrer dans une maison mortuaire, ils devaient porter devant les yeux et à la bouche un mouchoir ou une éponge trempée de vinaigre, et tenir entre leurs gencives un morceau d'angélique, de citron ou de girofle[4]. On leur recommandait de ne respirer qu'à travers ce mouchoir. En outre ils avaient à la main un fagot composé de sarments de vigne, de genièvre, de romarin, de laurier, de rue et autres plantes odoriférantes, tout imprégné de poix, de résine, de soufre ou de salpêtre[5], et ils l'allumaient aussitôt entrés. Parfois ils remplaçaient ce fagot par un croc en fer afin d'étaler plus facilement meubles ou vêtements. Ils étaient soumis à une alimentation spéciale. Chaque jour ils devaient absorber de l'ail, des oignons, des figues, des noix, du bon vin, et prendre chaque matin « pilules de Ruffi, ou de thériaque, ou de métridat, ou autres opiates préservatrices ». Enfin, avant d'entrer dans les maisons contaminées, ils se frottaient avec du vinaigre, soit thériacal, soit ordinaire, « derrière les oreilles, les aisselles et aux aines, le pouls et narines ». Ainsi armés contre la contagion, ils entraient en fonctions et se servaient de leurs parfums.

Ces parfums étaient variés : le règlement de 1629 ne

1. Ordonnance de 1629, article 51.
2. *Ibid.*, art. 51-57.
3. *Ibid.*, art. 73.
4. *Ibid.*, art. 71.
5. *Ibid.*, art. 72.

parle que de substances odorantes à brûler, mais ne les énumère pas. Il mentionne encore les lavages au vinaigre et les badigeonnages à la chaux. Le règlement de Caylus, plus explicite, distingue le parfum doux, formé de poix noire, de sandaraque, de résine, de colophane, de soufre en poudre, de goudron, d'huile de cade et de térébenthine ; le parfum ordinaire qui ne contient pas de soufre, et le parfum violent, dont voici la formule pour 100 livres : 6 de soufre, 4 de poix résine, 4 d'antimoine, 4 d'orpiment, 1 d'arsenic, 4 de cinabre, 3 d'ammoniac, 4 de litharge, 3 d'assa fœtida, 4 de cumin, 4 d'euphorbe, 4 de poivre, 4 de gingembre et 5o de son. Ce n'étaient pas les seuls parfums employés. En pleine contagion, et sans doute par ordre de Lebret, on distribua[1] une brochure in-4° de 19 pages, intitulée : *Parfums et remèdes contre la peste, dont s'est servi avec tout le succès possible le frère Léon, augustin déchaussé de France, lequel a été employé par le Roi pour guérir les personnes attaquées de la contagion qui régnait en plusieurs endroits du royaume en 1666, 1667, 1668 et 1669, avec la manière de parfumer les maisons pour les préserver et les purger de l'air infecté.* C'est sans doute la fameuse recette déjà recommandée aux Echevins par le frère Casimir[2]. Il y a deux formules. Voici la première : on met en poudre, on bat, on passe au tamis et on mêle 2 livres de soufre, 2 d'alun, 2 d'encens, 4 de poix résiné, 12 onces d'antimoine, 4 de sublimé, 4 d'arsenic, 4 d'orpiment, 2 livres de graines de lierre, de laurier et de genièvre, et on ajoute deux livres de poudre à canon. La seconde recette, plus simple, est plus facile à préparer : 5o livres de poix résine, 4o de soufre, 6 d'antimoine, 1 livre et demie de camphre, du sel de crapaud (?), 4 grains d'anis et de l'eau de scorsonère. Nous n'avons pas à nous prononcer sur la valeur de ces divers spécifiques, d'autant plus qu'ils présentent

1. Paris, Delatour et Simon, 1720.
2. Lettre du P. Casimir, augustin déchaussé, aux Echevins (Aubagne, 17 septembre 1720) (Correspondance de la mairie, au mot Casimir). Voir plus haut, p. 316.

entre eux de grandes analogies. Avouons pourtant qu'ils paraissent bien compliqués.

Il en sera de même du parfum pour « aérer les habits, perruques, chemises et linges en temps de peste, et les chambres mêmes, valets, servantes et soi-même ». « Il se compose de 40 livres de poix résine, 6 de soufre, 6 d'alun, 6 de salpêtre, 1 livre de benjoin, 2 de borax, 10 onces d'antimoine, 4 d'orpiment, 4 de cinabre. On pilera et on mêlera le tout. On l'imbibera de six pintes d'eau-de-vie de Paris, et on obtiendra de la pâte ou des boulettes. »

Ce n'étaient donc pas les parfums qui manquaient. Restait à les appliquer. Or, voici comment on procédait : on commençait par brûler les objets dangereux et sûrement contaminés, tels que lits, paillasses, linges, bois vermoulus, etc. On en avait au préalable fait l'inventaire afin de faciliter le règlement des indemnités[1]. Défense expresse aux habitants de recéler aucun meuble infecté[2]; puis on entassait dans une chambre les meubles que l'on voulait conserver, après les avoir imbibés de parfums[3]. Les matelas et traversins qui n'avaient pas servi aux malades étaient exposés à l'air libre pendant quarante jours, et chaque jour on devait les retourner et les battre à la baguette. Quant aux linges, on leur faisait subir une première lessive par des lavandières qui avaient été atteintes par la contagion, et une seconde par des lavandières bien portantes, mais on ne les rendait qu'après quarante jours d'exposition au grand air. Il n'y avait d'exception que pour les objets de fer ou de cuivre, et pour les portes et fenêtres qu'on se contentait de laver au vinaigre bouillant. Une fois que les chambres étaient vides de tout mobilier, on bouchait toutes les ouvertures, et on brûlait de la chaux, puis, trois jours de suite, on les arrosait avec du vinaigre, on allumait des feux dans toutes les cheminées, on les blanchissait à fond, et il était interdit d'y rentrer avant quarante jours.

1. Ordonnance de 1629, art. 62.
2. *Ibid.*, art. 68.
3. *Ibid.*, art. 63.

Dans les infirmeries et hôpitaux, on ordonnait d'allumer des feux odoriférants, et de tapisser les pavés et murailles de roses, de fleurs d'oranger ou de violettes. Les lits devaient être fermés et entourés de draperies trempées dans de l'eau de roses ou du vinaigre. Les assistants auront soin de tenir dans leurs mains une pomme de qualité odorante. Quant aux malades épargnés par la maladie, on aura grand soin de les laver, ou plutôt de les lessiver par tout le corps[1]. Avant de les laisser sortir, on brûlera leurs habits et, s'ils sont pauvres, on leur en donnera d'autres aux frais de la communauté[2].

Le règlement de Caylus contient en outre diverses particularités qu'il ne sera pas sans intérêt de connaître. Ainsi les articles XI et XIV portent que les maisons à désinfecter seront marquées d'une croix rouge, et que 50 livres d'amendes seront attribuées aux imprudents qui s'aviseront d'effacer ce signe distinctif. Les parfumeurs seront tenus de jeter par les fenêtres matelas, paillasses, traversins, draps, ordures et immondices[3]. Ils entasseront les meubles suspects dans une seule chambre, et y allumeront un réchaud avec de la filasse imbibée de térébenthine. Ils auront soin de ne partir que quand ils verront le parfum en état de bien brûler. Ils procéderont ainsi de chambre en chambre en commençant par le haut. Trois jours après, second parfum et nettoyage général au vinaigre, surtout dans la salle où les malades auront couché. On remplaçait alors la croix rouge par une croix blanche, mais on ne pouvait rentrer dans la maison qu'après une nouvelle attente de deux jours, et une visite du commissaire qui délivrait un certificat spécial. Le règlement recommande « d'enlever les araignées qui sont fort pernicieuses ». Il indique aussi la manière de parfumer les individus. On les faisait entrer dans une chambre où on avait brûlé plusieurs livres de foin aspergées de bon vinaigre et de parfum, et, quand la fumée était épaisse, on les y introduisait

1. Ordonnance de 1629, art. 78.
2. *Ibid.*, article 30.
3. Règlement de Caylus, art. 3 et 8.

de gré ou de force. Ils devaient y rester le temps de réciter un *pater* et un *ave*. La prière devait leur sembler longue ! Plusieurs patients en étaient quittes pour des éternuements ou des enrouements prolongés, mais il en est d'autres qui manquaient étouffer. C'est ce qui faillit arriver à Chicoyneau et à ses collègues, quand on leur imposa, lors de leur retour, une quarantaine à La Ciotat.

Après les maisons et les personnes il fallait s'occuper des marchandises. Là encore il y avait pour le battage, l'aération, le lavage à l'eau et au vinaigre, des règles spéciales. Ainsi les papiers et documents devaient être passés à la flamme [1], et ceux des quarantenaires, exposés à l'air et battus de verges six fois [2]. Les lettres étaient soumises à la fumée de grains de laurier, de génévrier ou de romarin, ou mises dans le vinaigre avec leur enveloppe. Nous avons retrouvé telles de ces lettres qui ne sont jamais parvenues à leurs destinataires, et qui portent intacts, avec leurs adresses, les secrets ou les affaires qu'elles contiennent. Les sacs de cuir seront plongés trois jours et trois nuits dans l'eau de vie ou l'eau salée [3] et les cuirs exposés au soleil et à l'humidité six jours et six nuits [4]. La soie et les étoffes de soie seront simplement déballées et exposées à l'air pièce par pièce. La laine et les tapis seront battus de verges deux fois par semaine, puis exposés au soleil et au serain, et, de dix en dix jours, arrosés de vin blanc ou d'eau-de-vie [5]. Pour les cotons, lins, chanvres, etc., on se contentera de les battre, de les éparpiller, et de les exposer à l'air pendant douze jours [6]. Les métaux, bijoux et coraux seront simplement lavés dans le vinaigre ou l'eau pure [7]. On déballera souvent les épiceries, drogues, et éponges [8]. Quant aux voitures et

1. Ordonnance de 1629, art. 115.
2. *Ibid.*, art. 111.
3. *Ibid.*, art. 109.
4. *Ibid.*, art. 120.
5. *Ibid.*, art. 106.
6. *Ibid.*, art. 108.
7. *Ibid.*, art. 110.
8. *Ibid.*, art. 113-115.

attelages, il faudra les désinfecter pendant trois jours.

Telle de ces prescriptions nous paraîtra puérile, et à tout le moins inutile, mais nos ancêtres croyaient à la nécessité de ces prohibitions minutieuses. Nous pouvons sourire de leur crédulité; au moins rendrons-nous justice à leur prévoyance.

Les parfumeurs se mirent donc à l'œuvre et ce travail fut sérieux, si l'on en croit les procès-verbaux et les inventaires composés à cette occasion par les commissaires de quartier, et par un fonctionnaire spécial, le « receveur et payeur des deniers de la contagion », Bouys. Les inventaires[1], dont le dernier ne fut dressé qu'en 1723, existent encore. Ils sont conservés[2] aux Archives municipales. On distingue les dépôts des clefs des maisons contaminées entre les mains des commissaires ; les dépôts de bijoux, effets, argent monnayé, papiers, titres et clefs d'appartements des pestiférés, et les livres de comptes-courants des ventes des effets des particuliers morts de la peste. Ces registres ont tous été trempés dans de l'excellent vinaigre, car ils ont conservé une odeur très caractéristique. Tous les meubles brûlés, toutes les hardes, les moindres ustensiles, tout est énuméré, catalogué avec soin, avec indication de la valeur et par conséquent de l'indemnité à payer. Les futurs historiens soit du mobilier, soit de la vie privée dans les premières années du dix-huitième siècle, trouveront dans ces registres une ample matière à renseignements précis et authentiques.

Veut-on se rendre compte du soin avec lequel furent rédigés ces inventaires, et de l'intérêt qu'ils présentent au point de vue de l'histoire sociale : nous en choisirons un entre mille autres, et nous le ferons d'autant plus volontiers que le nom du chevalier Roze se trouve mêlé

1. A la date du 28 avril 1723, J.-B. Serre, commissaire aux prisées, vendait encore aux enchères publiques, sur le Cours, divers objets sans héritiers.
2. Voir aux Archives municipales, Dépôts et inventaires de dépôts du 23 octobre 1720 au 15 octobre 1725. Voir série 15, n° 8, le « Cahier des effets de la paroisse Saint-Martin, remis à M. Rey Chataud, commis du magasin d'entrepôt de ladite paroisse ».

à l'affaire. Il s'agit du « Rolle des meubles de la veuve de Jean Vicard, donnés par ordre de M. le chevalier Roze pour le service de l'hôpital de la Corderie, et qui ont été brûlés ou consommés ». On lui avait emprunté 3 matelas estimés 24 livres pièce, soit 72 livres, 2 traversins de plume 18 livres, 2 draps de lit 20 livres, une couverture d'indienne de grand format 25 livres, 4 chaises 4 livres, 1 dame-jeanne de 24 pots 6 livres, 1 flacon de 8 pots 2 livres, 1 chandelier de laiton 4 livres, 1 poids de bois 5 livres, 100 sarments 1 livre 10 sols, 300 livres de charbon 15 livres, total 142 livres 10 deniers. En foi de quoi le chevalier Rose avait délivré le certificat suivant : « Je certifie comme ce qui est mentionné a été consumé pour le service de l'hôpital de la Corderie et cela a servi pour les Carmes déchaussés qui s'étaient établis pour confesser, que je les avais fait mettre dans un appartement de mademoiselle de Vicard : en foi de quoi j'ai fait le présent certificat pour lui servir et valoir en ce qui est de besoin. » Deux pièces comptables sont annexées à ce certificat : la première signée par les commissaires chargés de l'inventaire, Candolle, Maurelly, Martin, Paul Cordier. « Nous nous sommes transportés sur les lieux et avons pris les informations nécessaires. Après quoi, du consentement de la demoiselle Vicard, nous avons fixé et modéré le montant desdits meubles et hardes à la somme de cent trente-cinq francs, de laquelle messieurs les Echevins auront pour agréable de lui faire expédier un mandat à Marseille le 26 février 1723. » La deuxième pièce est un ordre de paiement de cette somme de cent trente-cinq francs, signé Martin et Saint-Michel (27 février 1723) à l'ordre du sieur Bouys, receveur et payeur des deniers de la contagion. Au dossier est joint l'acquit définitif, en date du 1ᵉʳ mars 1723, signé au nom de sa mère par Jean Vicard. Tout est donc parfaitement en règle. Aucune contestation n'est possible, et il en est de même pour les centaines de dossiers mentionnés dans les inventaires. Jamais liquidation ne fut exécutée dans de telles conditions de modération et de régularité. Cette comptabilité[1] est tout à l'honneur et des commissaires qui l'entreprirent et des Echevins qui l'ordonnèrent et la surveillèrent.

Langeron avait pris goût à cette besogne salutaire. Il tenait la main à ce qu'elle s'accomplit scrupuleusement et intégralement. Dans une lettre[2] écrite le 24 mars 1721 par un certain Gravier à l'un de ses frères, « j'eus l'honneur, dit-il, d'aller saluer hier monsieur le commandant, qui me gratiosa fort. C'est un très aimable homme et fort civil quand il n'y a pas de mal dans la ville, mais il est fort emporté quand il sent du mal dans le district de son commandement ». C'est ainsi qu'il faillit entrer en conflit avec Belsunce, qui s'était opposé, on ne sait trop pourquoi, à l'exécution dans les églises de l'ordonnance sur la désinfection. Voici la lettre qu'adressaient à cette occasion, tout à la fois au maréchal de Villars et aux ministres La Vrillière et Leblanc les Echevins de Marseille. « Il y a environ un mois et demi que, de concert avec M. le commandant de Langeron, nous faisons travailler à désinfecter et parfumer les maisons tant de la ville que de la campagne, et cela va être incessamment achevé. Nous allions aussi faire la désinfection des églises dans quelques-unes desquelles on avait enseveli des pestiférés, mais Monsieur l'Evêque de Marseille, ayant prétendu que c'était à lui à ordonner cette désinfection, a fait publier une ordonnance qui règle la manière de le faire, et nomme même des commissaires ecclésiastiques pour y procéder[3]. » De là conflit d'attribution. Les avocats consultés ayant répondu que la police sanitaire appartenait à l'autorité municipale, la cour est priée « de décider sur cette petite contestation ». Villars répondit[4] le premier, mais il esquiva la

---

1. LAFORÊT, ouvr. cité, p. 84.
2. Un dossier spécial consacré à la désinfection est déposé aux Archives municipales de Marseille. Les frais ne furent réglés qu'en février 1723.
3. Lettre collective des Echevins, 2 mars 1721 (Arch. mun., R. G., pp. 67 et 68).
4. Lettre de Villars aux Echevins, 19 mars 1721.

difficulté en promettant de soumettre la lettre des Échevins au Régent. « Je suis toujours surpris, ajoutait-il, que, dans des calamités aussi grandes que celles que vous essuyez, il y ait la moindre division, et que l'on ne convienne pas sur-le-champ des petites difficultés qui peuvent faire cesser le mal. J'avais déjà ouï parler des difficultés qui sont entre vous et Monsieur l'Évêque, mais comme je ne reçois qu'aujourd'hui votre lettre, je ne pourrai parler qu'aujourd'hui à Son Altesse Royale. » Leblanc[1] fut plus catégorique. Il n'hésita pas à donner tort à Belsunce, et en s'appuyant sur des raisons de droit. « L'autorité du Roi sur la police temporelle ne s'étend pas moins sur le territoire des églises que sur le reste du royaume, et rien ne doit être exempté des précautions que ceux à qui elle est confiée jugent à propos de prendre pour la sûreté publique. L'évêque de Marseille est trop bon citoyen pour ne pas se prêter à ce qui peut affermir la tranquillité de la province... Son Altesse Royale croit qu'en ouvrant pour y remettre de la chaux il en pourrait sortir des exhalaisons capables de ranimer la maladie, et désire pour cette raison qu'on les fasse au contraire sceller le plus solidement qu'il sera possible avec défense de les ouvrir qu'après une année expirée, et que l'on fasse, s'il est nécessaire, pour plus grande sûreté, mettre un lit de ciment sur le pavé de l'église avec un second pavé dessus. » Belsunce eut le bon sens de comprendre qu'il n'avait qu'à s'incliner devant ces ordres péremptoires, et d'ailleurs justifiés. Il n'y eut donc pas de conflit, et les morts purent reposer dans leurs tombes improvisées.

A l'arsenal et aux galères tout se passa sans encombre. La désinfection fut exécutée militairement. Voici comment un témoin oculaire rend compte de l'opération[2]. « M. de Barras, commandant, fit publier sur chaque galère, au son des tambours et trompettes, un ban par lequel il était défendu à tout forçat de cacher aucune

---

1. Lettre de Le Blanc aux Échevins, 23 mars 1721 (Correspondance de la mairie, au mot Le Blanc).
2. LAFORÊT, *ouvr. cité*, p. 83.

harde, sous peine de la bastonnade jusqu'au sang. » La précaution était bonne, car beaucoup de forçats avaient pénétré dans les maisons pendant l'épidémie, et il était probable qu'ils n'avaient pas négligé l'occasion de renouveler leur garde-robe aux dépens des pestiférés. « Après quoi le major prit avec lui une troupe de Turcs, et fit faire en sa présence une visite exacte de toutes les galères. Il en fit enlever toutes les hardes et les fit transporter avec des étiquettes dans les magasins du parc, où le tout fut bien et dûment parfumé; après quoi les hardes furent rendues à chaque galère, conformément aux étiquettes. »

On n'oublia pas non plus les bâtiments dans le port. Non seulement les négociants, les patrons, et les gens de mer furent obligés de déclarer toutes les marchandises qu'ils avaient à bord, mais encore de les porter aux îles de la rade où elles furent désinfectées. Les voiles et les linges subirent même une lessive spéciale.

C'est alors que Langeron et les Echevins se crurent autorisés à publier, le 28 mai 1721, une « Relation [1] de l'état présent de la ville de Marseille ». « Il y a cinq mois que la peste semble être sur sa fin dans la ville de Marseille, la communication ne paraissant presque plus dangereuse et n'y tombant de malades que rarement. Il n'y en avait point eu dans les treize derniers jours du mois d'avril. Depuis ce temps-là il y en a eu quatorze en diverses fois, dont la plupart sont des rechutes de vieux maux mal guéris. Il y a aujourd'hui huit jours que nous n'en avons eu aucun, et, comme la ville a été bien désinfectée, il y a lieu d'espérer qu'il n'en tombera plus. » A l'hôpital du Mail douze personnes seulement étaient encore soignées. A vrai dire il n'y avait plus de malades que ceux qui se livraient à tous les excès. Aux portes de la ville on avait établi de sévères consignes. Dans la banlieue avaient été disposées des barrières et divers postes commandés par des officiers. Des brigades ambulantes parcouraient la campagne. Toutes les marchan-

---

1. Registre de transcription, p. 115.

dises suspectes du port ou de la ville avaient été transportées à l'île Pomègue. Les précautions étaient donc bien prises, et il était permis d'espérer que le gouvernement se départirait de sa sévérité, et ferait bientôt rentrer Marseille dans le droit commun.

Après la désinfection matérielle il fallut s'occuper de ce qu'on pourrait appeler le nettoyage moral. Ce fut surtout l'œuvre de Belsunce et de ses auxiliaires. Ils s'y employèrent avec un zèle extrême et sans jamais se laisser rebuter. Persuadé que le meilleur moyen d'obtenir des résultats était de frapper l'imagination de ses diocésains, le saint évêque ordonna coup sur coup de nombreuses cérémonies destinées à maintenir les Marseillais dans la crainte des représailles célestes. Le 24 février 1721, dans son mandement du Carême, où il donnait, ce qui était de sa part une énorme concession, la permission de faire gras quatre jours par semaine, il annonçait en même temps une neuvaine en l'honneur de saint François-Xavier à l'église des Jésuites de Saint-Jaume, et une autre neuvaine en l'honneur du Sacré-Cœur de Jésus, à l'église des Capucins, qui serait suivie d'une retraite de dix jours et d'une bénédiction en plein air. Il organisait aussi une mission pour les soldats, alors assez nombreux aux alentours de Marseille, et qui ne donnaient précisément pas l'exemple des vertus. Dans son zèle apostolique, il s'engageait à leur faire prêcher jusqu'à deux sermons par jour! Quand arriva la semaine sainte, et surtout au jour de Pâques, la foule fit irruption dans la cathédrale, et Langeron, qui craignait avec raison un retour offensif de la maladie, se crut obligé d'en faire garder les portes. Belsunce annonça aussitôt qu'il dirait la messe en plein air sur le Cours, et, en effet, les dimanches suivants, tantôt sur une place et tantôt sur une autre, il officia en personne. Au 12 juin célébration solennelle de la Fête-Dieu et procession générale; au 16 du même mois, célébration de la fête du Sacré-Cœur. Au 22 juillet, mandement pour détruire les faux bruits qui s'étaient répandus sur le prétendu renouvellement de la contagion. Au 22 août, nouveau mandement pour la réouverture des églises de la ville, et à ce sujet violente réprimande aux femmes trop occupées de leur toilette « O vous, femmes et filles mondaines, qui n'avez point de pudeur de vous montrer avec des robes sans ceinture, et dans un déshabillé indécent et immodeste, soyez saisies d'horreur et d'effroi, si vous voulez entrer dans le temple de Dieu, vêtues d'une manière aussi peu respectueuse. » Même lorsque le danger paraît écarté, le pieux évêque, craignant un retour de la vengeance divine, ordonnera, par son mandement du 26 septembre, de solennelles actions de grâces, mais, ajoute-t-il, « surtout prenez garde d'exciter la colère céleste. Ne nous livrons point à une joie profane capable d'irriter de nouveau le Seigneur; que notre joie soit toute sainte : qu'elle soit même mêlée de crainte et de douleur : la mort est encore chez nos voisins ». Enfin, le 15 octobre 1721, en souvenir de la cérémonie expiatoire qui, à la Toussaint de l'an passé, produisit une si vive impression, il lance un dernier mandement pour la renouveler le même jour, avec amende honorable et consécration au Sacré-Cœur de Jésus. A vrai dire, Belsunce ne laissa passer aucune occasion d'affirmer, par des actes de foi répétés, sa profonde conviction de la réalité de l'intervention divine, et il est certain que ses paroles eurent un retentissement considérable, car les Marseillais prirent part avec empressement à toutes ces cérémonies. Ils avaient vu leur évêque à l'œuvre et il lui étaient reconnaissants de son ardeur apostolique.

Dans la mesure du possible, Marseille était donc débarrassée des impuretés qui, pendant de trop longues semaines, avaient infecté ses rues et son port, et les Marseillais, rappelés au sentiment de leurs devoirs par les exhortations incessantes de leur premier pasteur, commençaient à reprendre de saines habitudes de travail, et à reconstituer la famille sur des bases honnêtes. C'était maintenant à l'administration à remplir son rôle en faisant rentrer la ville dans le droit commun.

Langeron et les Echevins préludèrent à ces formalités en annonçant qu'une fête serait célébrée en l'honneur du rétablissement de la santé du jeune roi Louis XV. Ils voulaient associer ainsi dans un même sentiment de reconnaissance la joie qu'ils éprouvaient de voir leur souverain reprendre des forces en même temps que Marseille renaissait à l'espérance. Au jour fixé, 15 septembre 1721, Belsunce donna aux principales autorités un festin somptueux, à la suite duquel les Echevins, s'étant rendus à l'Hôtel de ville pour y revêtir leurs costumes de cérémonie, allèrent chercher Langeron dans son hôtel ; puis, précédés de leurs gardes, et d'un orchestre de violons et de hautbois, escortés par quatre compagnies de miliciens enrubannés aux couleurs de la ville, et suivis par plusieurs centaines d'enfants portant des banderoles blanches et criant vive le Roi, ils se rendirent tous ensemble à la cathédrale, où l'on chanta le *Te Deum*. Comme le soir était venu, on alluma des flambeaux de cire blanche, et le cortège alla sur le cours où on avait préparé un feu d'artifice. « Une salve[1] de 400 boîtes salua son entrée sur la Cannebière, dont toutes les maisons s'illuminèrent tout à coup comme par enchantement. Les Echevins allumèrent le feu, et dès lors l'air parut comme embrasé par la prodigieuse quantité de fusées et de gerbes éblouissantes qui s'y croisaient, éclataient et ruisselaient de toutes parts. En même temps le port semblait en feu, et les tours, les remparts, le vieux fort Saint-Jean, la cime aérienne de celui de Notre-Dame de la Garde, l'arsenal, l'Hôtel de ville, l'abbaye de Saint-Victor, Rive Neuve et tous les bâtiments étincelaient à la fois de plus d'un million de bougies. Il n'y avait pas jusqu'aux murs funèbres des Infirmeries qui, pour effacer la sombre image du passé, s'étaient parés d'une brillante illumination. L'esprit national était ainsi fait. Sur ces vastes fosses des pestiférés, infectes et fraîches encore, la mobile population de Marseille jetait ses vêtements de deuil et, oubliant que la mort avait fauché naguère 80.000 Provençaux,

---

1. *Mercure de France*, cité par A. BOUDIN, *Histoire de Marseille*, p. 408.

se livrait aux transports d'une joie délirante, parce qu'elle venait d'épargner les jours d'un enfant. »

Cette fête eut un heureux lendemain. Malgré l'excitation du plaisir et l'encombrement de la foule, le fléau semblait endormi. Aucun cas nouveau n'avait été signalé. Langeron, les Echevins et les principaux fonctionnaires crurent avoir le droit de signer un nouvel état de situation de la santé publique. « Déclarons et savoir faisons que, depuis le 19 août dernier, il n'y a eu aucun malade atteint, ni suspect du mal contagieux dans cette ville de Marseille, et comme, précédemment, ce mal avait si fort baissé et diminué depuis quelques mois qu'il n'en tombait plus que très peu, et encore par intervalles et de loin en loin, que la communication paraissait même n'avoir plus aucun effet dangereux, et que les désinfections générales avaient été réitérées tant de fois et avec tant d'exactitude, avons lieu de croire que Dieu nous a fait la grâce de nous délivrer entièrement de ce mal. » En conséquence, un *Te Deum* à la cathédrale était annoncé[1], en même temps qu'une seconde quarantaine de santé, celle que prescrivaient les règlements (30 septembre 1721).

Une première quarantaine avait déjà été exécutée, du 19 août au 29 septembre 1721. La seconde quarantaine dura du 1er octobre au 9 novembre 1721. Elle fut exactement observée et, le 9 novembre, fut enfin publiée, à la grande joie de la population, « l'acte[2] déclaratif de ce qui s'est passé dans la ville de Marseille et dans son terroir pendant la quarantaine de santé, et de ce qui a été pratiqué de plus essentiel, avant ladite quarantaine, pour arrêter le progrès de la contagion et pour l'éteindre entièrement ». Ce document de la délivrance porte les signatures suivantes. Ce sont en quelque sorte des lettres de noblesse pour les signataires : Langeron, Estelle,

---

1. Voir la « Situation de la santé publique à Marseille », au 30 septembre 1721, publiée par Méry et Guindon, *ouvr. cité*, p. 324.
2. Registre de transcription, p. 148. « L'exposé des faits relatifs à la contagion », a été publié par Méry et Guindon, *ouvr. cité*, t. VI, p. 330.

Audimar, Dieudé, Moustier; Pichatty, procureur du Roi; André, Magallon, de Saint-Jacques, Roland, Tiran, Saint-Michel, Dupuis, Claude Roze, Piquet, Borely, Laurent, Séren, Bétandier, Cornier, Gueydon, intendants de la Santé; Barthalon, E. et P. Rémusat, Aillaud, députés; Descamps, Desperrier, Bonaneau, Icard, capitaines; Bertrand, Raymond, Robert, Colomb, Michel, médecins; Nogaret, Guien, Guillet, Grimod, Cathelier, Amphoux, Marnier, Hermand, Marin, Beaussier, directeurs des hôpitaux; Cotta, Leblois, Dupuis, Reboul, Rostan, Sallard, Armand, Long, Guilhermy, Rebetty, commissaires; Castellane-Mazauges, Sebottes, Casteau, Ribois, inspecteurs; Capus, archiviaire et secrétaire. Il ne manque que trois noms à ce livre d'or du dévouement, ceux du viguier Fortia de Pilles, de l'évêque Belsunce, et du chevalier Roze. Sans doute ils étaient retenus ailleurs par leurs fonctions : mais il serait injuste de ne pas associer leur souvenir à celui des hommes de cœur qui eurent la satisfaction de constater, à titre officiel, la fin de l'épidémie. Aussi comprenons-nous la joie patriotique du docteur Bertrand[1] qui terminait son livre par ces belles paroles : « Le peuple doit sa délivrance et la cessation de ce terrible fléau à la miséricorde du Seigneur, qui a bien voulu apaiser sa colère, aux vœux de son évêque, à la sagesse d'un commandant, à la vigilance des magistrats, au zèle des citoyens qui les ont assistés, aux prières et aux aumônes des gens de bien, à celles du Souverain Pontife d'heureuse mémoire, de plusieurs évêques du Royaume, aux soins d'un Intendant toujours attentif à toutes les nécessités, enfin aux libéralités de l'illustre prince qui nous gouverne et aux nouveaux secours qu'il vient de nous accorder. »

1. BERTRAND, *ouvr. cité.*

CHAPITRE X

LA LIQUIDATION

On n'avait plus à redouter la peste, mais il était nécessaire d'évaluer tous les dommages qu'elle avait causés, et cette difficile liquidation ne pouvait s'opérer du jour au lendemain.

Tout d'abord quel était au juste le nombre des victimes ? On sait déjà que Lebret avait, à plusieurs reprises, prié les Echevins de tenir un compte exact de tous ceux qui succombaient; mais, embarrassés par les mille détails d'une administration compliquée, les Echevins avaient déclaré qu'il leur était impossible de procéder avec précision. A peine dégagés des soucis immédiats de l'heure présente, ils songèrent néanmoins à établir ce qu'on pourrait appeler le bilan de la mortalité [1]. Les chiffres qu'ils donnèrent n'étaient et ne pouvaient être qu'approximatifs, car bien des inhumations avaient eu lieu qui n'avaient pas été déclarées, et beaucoup des étrangers qui, dès les premiers jours, avaient afflué dans Marseille, beaucoup de vagabonds et de

---

1. Dès le 7 janvier 1721, ordre est donné aux commissaires des îles de faire un relevé exact de toutes les personnes décédées (Registre de transcription, p. 49). — Ordre aux commissaires des îles de remettre aux commissaires généraux l'état des morts de leur île (*ibid.*, p. 81). — 26 juin 1721.

MONSEIGNEUR DE BELSUNCE

mendiants étaient morts sans même laisser de traces. En outre des familles entières avaient disparu qu'il était vraiment malaisé de reconstituer, sans parler des orphelins, qui ne pouvaient donner aucun renseignement sur leurs parents. Les Echevins ne reculèrent cependant pas devant cette délicate opération, et voici les chiffres auxquels ils arrivèrent : 30.139 victimes pour la ville [1], et 8.916 pour le terroir, en tout 39.055 ! Certains quartiers avaient été frappés plus durement que d'autres. Sur la paroisse Saint-Martin, 9.148 personnes avaient succombé, 5.415 aux Accoules, 4.255 à la Major, et seulement 2.668 à Saint-Laurent, 2.601 à Saint-Ferréol et 1.107 à Rive Neuve. Il est vrai qu'à l'hôpital de Rive Neuve en comptait 3.558 décès, 177 à l'hôpital du Mail, et 608 à celui de la Charité.

Ces chiffres paraissent être au-dessous de la vérité. D'après Bertrand [2] il faudrait les augmenter de 10.000 au moins pour la ville et 1.000 pour le terroir, total 50.000. D'ailleurs on pourrait régler ce nombre à proportion des différents corps de métier. Ainsi, sur 100 maîtres chapeliers et 300 compagnons il n'en restait que 50 et 30 ! 84 menuisiers sur 134 étaient morts, 78 tailleurs sur 138, 110 cordonniers sur 200, 350 savetiers sur 400, 350 maçons sur 500, et c'était bien pis pour leurs familles, car les femmes et les enfants, bien plus que les hommes, avaient payé tribut au fléau. Du 20 août au 3 novembre 691 forçats avaient été enlevés par la contagion. Cette proportion était vraiment effrayante, et on peut dire, sans exagération, que la bonne moitié de la population marseillaise avait disparu.

Après le « dégât humain » passons au dégât matériel. On ne saurait avancer un chiffre quelconque sur les pertes générales provenant de la cessation absolue des affaires, de l'interruption du commerce et l'abandon des récoltes. De ce chef toutes les classes de la société

---

1. Dans l'état déclaratif de la santé envoyé par les Echevins à Lebret, le 29 novembre 1721, un autre chiffre est indiqué : 39.115 (Registre de transcription, p. 104).
2. BERTRAND, ouvr. cité, p. 406.

étaient également frappées. Il en résultait une misère générale, et, comme conséquence immédiate, une surélévation du prix [1] de tous les travaux et de toutes les denrées. Voici à ce propos le témoignage d'un contemporain, qui n'est pas dépourvu d'intérêt. Un négociant, Gravier, écrivait [2] à un de ses correspondants le 3 septembre 1721 : « Nous souffrirons pendant quelque temps, faute d'ouvriers, qui se font payer actuellement très cher. Les maçons gagnent 40 sols par jour, et les manœuvres de toute espèce 20 sols, au lieu qu'auparavant les premiers ne coûtaient que 10 sols, et les autres 6 sols; ainsi que tous les autres ouvriers à proportion qui manquent dans tous les métiers. Les souliers valent 3 livres la paire : encore on les a taxés à cela, on les avait vendus jusqu'à 12 livres. Enfin tout est cher à l'excès. » Cette situation devait se prolonger, car, plus d'un an après, le 6 novembre 1722, le même Gravier se plaignait en ces termes [3] de la cherté des vivres : « Le séjour de notre ville n'est rien moins qu'agréable. Les denrées y sont d'une cherté qui approche de celle d'une famine. Il y a quelques jours, M. Gratian étant venu de la campagne pour me voir, je voulus le régaler à dîner. Deux pigeons que j'achetai à cette occasion avec quelques champignons me coûtèrent six livres ! Cela est-il croyable ? Si mes affaires me permettaient de me retirer à la campagne, j'y courrais bien volontiers. » Les pertes générales résultant du fléau furent donc immenses, mais il est impossible de les évaluer même approximativement.

Il n'en est pas de même de certaines dépenses, imposées par les circonstances, et dont la preuve matérielle existe encore. Ces preuves sont même nombreuses, car on a conservé de nombreux documents, règlements de comptes, notes diverses, réclamations de tout genre,

---

1. Voir le tarif des denrées, fixé par ordonnances du 11 avril, 4 août, 30 août 1721, 12 mai 1722 (Registre de transcription, pp. 70, 89, 100, 127.)
2. LAFORÊT, ouvr. cité, p. 90.
3. Ibid., p. 91.

mandats de paiement, etc., qui permettraient d'établir une comptabilité régulière, s'ils étaient complets, mais c'est le hasard seul qui les a sauvés de la destruction, et ils sont comme jetés au hasard dans des dossiers où l'on est tout étonné de les rencontrer. On ne peut donc mentionner ces pièces qu'à l'état de curiosité. Il y aurait pourtant là les éléments d'un travail sur l'histoire privée de la société marseillaise à l'époque de la peste. Nous ne pouvons que l'indiquer à nos successeurs.

L'administration municipale avait essayé d'établir un certain ordre dans ces dépenses extraordinaires. A la date du 2 décembre 1721[1], le receveur des finances de la ville, Bouys, avait dressé un « état des dépenses qui ont été faites par la communauté de Marseille à l'occasion du mal contagieux ». Le rédacteur de ce mémoire le fait précéder de ces sages réflexions : « Il n'est pas possible de donner un état précis de toutes les dépenses que la communauté de la ville de Marseille a faites à l'occasion du mal contagieux, parce qu'elle doit encore une partie de ces dépenses. En effet, elle n'a rien payé des drogues qui ont été prises chez les épiciers, tant pour les remèdes que pour les parfums. Elle doit la plus grande partie des toiles qu'on a achetées pour les hôpitaux, comme encore une partie des honoraires et appointements des médecins, apothicaires et chirurgiens. Enfin elle doit plusieurs autres choses qui ont été achetées tant pour les hôpitaux que autrement, mais néanmoins on fera ici un état des dites dépenses le plus juste et le plus fidèle qu'on pourra, en les réduisant par chapitres, sauf d'(sic) augmenter dans la suite, et de représenter ce qui pourra avoir été omis. »

Les dépenses extraordinaires comprenaient le dépôt à l'île de Jarros de toutes les marchandises de provenance suspecte, la création de quatre compagnies de milice pour garder les maisons contaminées et escorter les Echevins jusqu'à l'arrivée des soldats de l'armée régulière, l'entretien de 696 forçats avec 4 officiers dits de

---

1. Registre de transcription, p. 106.

sifflet et 40 soldats des galères, la distribution de bons de pain, l'entretien des hôpitaux[1], la solde de la garnison supplémentaire, celle de 43 capitaines commissaires de quartier et de 4 inspecteurs généraux, les appointements des médecins, les achats de vivres, etc. Ces dépenses se décomposaient ainsi : Achat de blé jusqu'au 10 août 1721, 45.394 charges pour 317.758 livres ; viande pour 285.260 livres ; bons de pain, 60.000 ; location de tombereaux et de chevaux, 20.000 ; acompte sur les honoraires des médecins et chirurgiens venus de Paris, 98.687 livres, des médecins venus de la province, 140.000 livres, des médecins marseillais, 96.000 livres ; achat de bois, 47.500 livres ; entretien de l'hôpital du Mail, 60.000 livres, et de l'hôpital des Convalescents, 49.000 livres ; achat de lits et de linges, 32.000 livres ; indemnité aux propriétaires des terrains sur lesquels on avait creusé des fosses pour les morts, creusement des fosses, logement des médecins, dégâts divers, 40.000 livres ; remèdes, 100.000 livres ; construction de barrières pour le cordon sanitaire, 28.000 livres ; paiement des employés à ces barrières, 66.620 livres ; appointements d'un commissaire inspecteur, 2.566 livres ; établissement d'une contre-barrière, 7.200 livres ; blocus par mer du côté de Toulon, 3.400 livres.

À ces dépenses devait être ajoutée la privation de certaines recettes municipales, qui n'avaient pu être réalisées ; ainsi il avait fallu renoncer aux revenus de la ferme de la boucherie évalués à 194.000 livres, à ceux de la ferme des farines, 174.000, de la ferme du sel, 20.550, de la ferme de la glace, 8.000, de celle de la chandellerie 9.500, de celle des pétrisseurs boulangers, 6.100. Le bureau de la Loge n'avait pas été loué, perte sèche, 1.500 livres, la Madrague de la pêche non plus, 2.625 livres ; pas plus que le droit de pâture des « pourceaux extrava-

---

[1]. Voir par exemple, le dossier des dépenses pour l'hôpital du Mail, dressé par l'administrateur Beaussier, et s'élevant en recettes à 98.463 livres, 5 sols, 8 deniers (Arch. de Marseille, 4ᵉ division, 15ᵉ section, n° 3). Dans ce dossier figurent toutes les notes des fournisseurs. Tout a été payé le 8 janvier 1723. Le receveur municipal Bouys a donné quittance.

gants », 1.900 livres ; les bancs et mazeaux des Poissonnières, 3.700 livres ; et divers appartements du vieil hôtel de ville, 1.064 livres. Le total général s'élevait à la somme de 2.963.906 livres[1].

Un des articles de ce projet de budget prévoyait une somme de 300.000 livres pour solde de tout compte au corps médical ; mais sous toutes réserves, attendu qu'on lui avait beaucoup promis, mais uniquement parce qu'on espérait que la contagion ne durerait pas, et qu'il y aurait lieu de discuter des honoraires exagérés. Ce ne sont pas en effet les discussions qui manquèrent, et il y eut peu de règlements de comptes aussi ardus.

Parmi les médecins qui se firent remarquer par leur acharnement à réclamer soit leurs honoraires, soit des suppléments d'allocations, ne se montrèrent particulièrement exigeants que les membres de la mission de Montpellier. Ils ne cessèrent pas de harceler les Echevins de leurs réclamations, et, à tout propos, recoururent à l'intervention de l'autorité supérieure. Leurs prétentions pourtant n'étaient pas toujours bien fondées, si l'on en juge par le cas de Fournier. Ce jeune homme, simple étudiant en médecine, était arrivé à Marseille comme secrétaire du docteur Deydier, et avait eu le tort de se présenter comme pourvu de ses grades. On sut bientôt la vérité, et les Echevins non seulement ne voulurent lui délivrer aucune gratification, mais encore ne se chargèrent pas des frais de sa nourriture. Fournier pria aussitôt l'intendant du Languedoc, de Bernage, de vouloir bien le soutenir auprès des Echevins. En effet, ce dernier leur adressa une recommandation pressante en sa faveur : « Le sieur Fournier, étudiant en médecine à Montpellier, se présenta de si bonne grâce pour aller à Marseille avec nos médecins que je ne puis me dispenser de vous prier de le traiter favorablement. Il le mérite certainement par son zèle... Puisque vous avez gratifié jusqu'aux garçons chirurgiens, il est bien juste que ce

[1]. Sur cette somme, les Etats de Provence consentirent à une décharge de 415.149 livres, 15 sols, 6 deniers (état conservé aux Archives de Marseille).

jeune homme soit traité au moins aussi favorablement. Je vous le demande pour lui comme une justice qui lui est due, et dont je vous serai cependant très obligé [1]. » Les Echevins n'avaient qu'à répondre par l'exposé des faits, et ils n'y manquèrent pas [2] : « MM. Chicoyneau, Verny et Soulier, nous dirent, la veille ou l'avant-veille de leur départ, qu'ils se croyaient obligés en conscience de nous avertir que le sieur Fournier n'était point médecin et qu'il n'avait rendu aucun service à la ville. Nous apprîmes en même temps qu'il n'était venu avec M. Deydier que pour lui faire compagnie. Sur cela nous fîmes connaître à M. Deydier qu'il nous paraissait juste qu'il supportât sur ses honoraires la nourriture du sieur Fournier. Il est vrai qu'alors M. Deydier nous dit que ce jeune homme lui avait servi de secrétaire, mais, outre qu'il est inouï qu'un médecin ait eu des secrétaires à la visite des pestiférés, il est constant que le sieur Fournier n'a pas mis le pied dans les hôpitaux, ni dans la maison d'aucun de nos malades, et que le sieur Deydier ne lui a dicté aucune ordonnance. Nous sommes persuadés qu'on n'aurait pas dû se prévaloir de nos occupations infinies en faisant passer pour médecin un homme qui ne l'était pas, et qu'il est juste que M. Deydier supporte la nourriture du sieur Fournier, qu'il a voulu emmener avec lui uniquement pour lui faire compagnie. »

Les Echevins terminent en protestant de leur bonne volonté, et déclarent à l'Intendant que, malgré l'évidence de leurs droits, et uniquement par déférence pour lui, ils accepteront l'arrangement qu'il décidera. Nous n'avons retrouvé dans les documents de l'époque aucune autre pièce relative à cette affaire, mais il est probable que Fournier reçut en partie satisfaction, car dans l'état de paiement des médecins et chirurgiens étrangers, il est indiqué comme ayant reçu mille livres ; il est vrai que son nom figure avec la désignation suivante : « Fournier,

1. Lettre de Bernage aux Echevins, 10 février 1721 (Arch. mun.).
2. Lettre des Echevins à Bernage, 20 février 1721 (Arch. mun., R. G., p. 67, recto et verso).

secrétaire de Deydier, prétendu médecin. » Notons[1] en passant que ce Fournier racheta ce mauvais début dans la carrière médicale. Il prit tous ses grades et acquit du renom. Il fut plus tard nommé médecin de la ville de Dijon et des États de Bourgogne, et membre de l'Académie de Dijon. Sans parler de ses *Observations sur la nature et le traitement de la peste, avec le moyen d'en prévenir ou d'en arrêter les progrès* (Dijon, Frantin, 1778), il publia près de cinquante mémoires sur l'art médical. Il ne devait mourir que le 21 février 1782.

Les véritables membres de la mission de Montpellier se montrèrent tout aussi récalcitrants. Les Echevins eurent beaucoup de peine à se débarrasser d'eux. Ils n'avaient d'ailleurs aucune[2] illusion sur leurs prétendus services. Ils trouvaient, non sans raison, que Chicoyneau et ses collègues avait beaucoup parlé, beaucoup écrit, mais peu agi ; néanmoins, comme il y avait eu promesse ferme d'appointements, et que les médecins de Montpellier avaient tenu leurs engagements, il n'y avait plus qu'à s'exécuter. Ce que demandaient les Echevins, c'était de les voir partir au plus vite. Ainsi qu'ils l'écrivaient aux procureurs du pays[3], dès le 4 avril 1721, « comme il est de votre intérêt et du nôtre de nous délivrer bientôt de Messieurs les médecins et chirurgiens de Montpellier, et que M. de Bernage a écrit à M. Pons, l'un d'eux, que l'entrée en Languedoc ne lui sera pas refusée, mais que MM. Chicoyneau, Verny et Souliers devant s'en aller, il serait convenable qu'ils s'entendissent entre eux pour partir ensemble, nous vous prions d'avoir la bonté de faire en sorte que MM. Chicoyneau, Verny et Souliers se disposent à partir incessamment, afin que votre ville

---

[1]. MUTEAU, *Galerie bourguignonne*, t. I, p. 358.
[2]. Les Echevins leur conférèrent pourtant, avant leur départ, des certificats élogieux. La minute de ces certificats est conservée aux Archives municipales de Marseille.
[3]. Lettre des Echevins aux procureurs du pays, 4 avril 1721 (Arch. mun., C. E., p. 90, verso). Cf. lettre des Echevins à Lebret, 5 mai 1721 (Arch. mun., C. E., p. 96, verso). — « Nous ne les avons pas priés de venir. C'est la Cour qui a eu la bonté de nous les envoyer, et ce sera à elle de régler ce qui devra leur être payé, en tâchant de concilier leurs services et notre misère. »

et la nôtre soient bientôt délivrées d'une dépense qui
ne nous paraît plus nécessaire ». La mission se trouvait
alors à Aix. On fit comprendre à ses membres que le
moment était venu de regagner leur domicile. On leur
donna des certificats élogieux, dont la minute se trouve
encore aux archives municipales de Marseille, on régla
leur compte[1] ainsi qu'il avait été convenu, 5.500 livres
à Chicoyneau, Verny et Deydier, et 4.500 à Soulliès :
mais ils ne reçurent que des avances, puis on les dirigea
sur la Ciotat, où ils devaient purger une quarantaine de
santé avant de rentrer à Montpellier. C'était après une
entente avec les consuls de la Ciotat qu'ils devaient
s'arrêter dans cette ville. « Nous vous prions, avaient
écrit[2] les Echevins, de leur fournir, en payant, tout ce
dont ils pourront avoir besoin. Nous vous protestons
encore que nous ne perdrons jamais le souvenir des bons
offices que vous avez eu agréable de nous rendre dans
toutes les occasions qui se sont passées, particulièrement
depuis le commencement du mal contagieux. »

C'est à la Ciotat, où ils furent d'ailleurs assez mal
traités[3], que les membres de la mission reçurent l'assurance formelle du prochain paiement du restant de leurs
honoraires, « car, leur écrivaient les Echevins[4], vous
pouvez être persuadés que notre parole vaut un contrat
des personnes les plus exactes et les plus régulières »,
et ils ajoutaient : « nous avons fait retirer des infirmeries
toutes vos hardes, et nous les avons fait porter à votre
adresse. Si vous avez besoin de quelque chose que nous
puissions vous procurer, vous n'avez qu'à nous le faire
savoir. » Il est vrai qu'ils n'oubliaient pas de leur réclamer divers objets prêtés, vaisselle d'argent, matelas,

---

1. État des médecins, etc. Cf. Registre de transcription, p. 15. État
des médecins et chirurgiens étrangers qui sont venus à Marseille par
ordre de Son Altesse Royale (3 juin 1721).
2. Lettre des Echevins aux consuls de la Ciotat, 1ᵉʳ juin 1721 (Arch.
mun., C. E., p. 103, verso).
3. Voir plus loin, chapitre de la peste en Languedoc.
4. Lettre des Echevins à Chicoyneau, 6 juin 1721. Les honoraires ne
furent entièrement payés que le 21 juin (Arch. mun., C. E., p. 104,
verso).

linges, etc., et priaient¹ les consuls de la Ciotat de les remplacer dans cette circonstance délicate. » Les docteurs de Montpellier ne se laissèrent pas prendre à ces protestations. Jusqu'au dernier moment ils ne cessèrent de harceler les Echevins de leurs âpres réclamations. A la date du 5 juillet 1721, Chicoyneau leur adressait encore une longue lettre² pour demander, ou plutôt pour exiger le remboursement des frais de la quarantaine. Ils n'avaient pourtant pas eu à se plaindre de leur intervention. Chicoyneau, Verny et Deydier reçurent tous les trois des lettres de noblesse et deux mille livres de pension. Chicoyneau fut en outre honoré du cordon de Saint-Michel. Leurs services étaient donc très suffisamment payés.

Certains de leurs collègues se montrèrent encore plus rapaces, et, pour triompher de leurs exigences, les Echevins durent entamer de pénibles négociations. Les docteurs Mailhe et Labadie se signalèrent par leur mauvais vouloir. Ils se plaignaient surtout d'Estelle, et se prétendaient lésés par lui. Lebret avait été comme assiégé par leurs aigres revendications, et, ne voulant prendre sur lui de trancher le différend, il se contentait de transmettre aux intéressés les lettres accusatrices. Il avait été convenu que ces docteurs, directement envoyés par Paris, seraient payés par l'extraordinaire des guerres. Les Echevins consentaient bien à leur faire des avances, mais ils ne voulaient pas, comme de juste, prendre à leur charge tous leurs honoraires, « d'autant plus, comme ils l'écrivaient³ à Lebret, que nous les nourris-

---

1. Lettre des Echevins aux consuls de la Ciotat, 28 juillet 1721 (Arch. mun., C. E., p. 116, recto).
2. Lettre de Chicoyneau aux Echevins, 5 juillet 1721 : « J'espère que vous ne trouverez pas mauvais que j'aie l'honneur de vous représenter qu'ayant déjà trouvé juste, et nous ayant assuré plusieurs fois, avant notre départ de Marseille, que nous serions défrayés de tout ce qu'il pourrait nous en coûter dans tout le cours de notre quarantaine, tant pour la nourriture que pour le logement, meubles, hardes et autres choses nécessaires à la vie, etc. »
3. Lettre des Echevins à Lebret, 22 décembre 1721 (Arch. mun., C. E., p. 161, verso. — Cf. lettres de Mailhe et Labadie aux Echevins, écrites de la Ciotat le 3 et le 28 juin 1721, et d'Agde le 28 octobre 1722 (Cor-

sons depuis longtemps à grands frais et à pure perte pour la communauté ». Et ils ajoutaient « nous voulûmes savoir ce que la communauté leur aurait fait payer et nous vérifiâmes que le sieur Mailhe avait reçu 3.500 livres et le sieur Labadie 2.000. Nous trouvâmes cependant bon de faire toucher encore 500 livres au sieur Labadie et 300 livres au sieur Mailhe, en sorte que celui-ci a à son compte 3.800 livres et le sieur Labadie 2.500 livres, et autant qu'il nous ont dépensé ici ou à la Ciotat. Après cela, Monseigneur, il vous sera facile de juger si ces médecins ont lieu de se plaindre. Nous vous réitérons la très humble prière que nous avons eu l'honneur de vous faire de nous délivrer le plus tôt qu'il vous sera possible de ces deux inutiles médecins, de même que des chirurgiens qui se trouvent ici, en nous procurant la décision et le règlement[1] que nous vous avons demandé de leurs appointements. » Mailhe et Labadie finirent par l'emporter sur les Echevins, car ils figurent l'un et l'autre sur l'état général de paiement, chacun pour la somme de 8.033 livres, 6 sols.

Un Marseillais, le docteur Robert, souleva également quelques difficultés au sujet de ses honoraires. Les Echevins le renvoyèrent aux procureurs du pays. « Nous lui avons dit[2] que les autres médecins qui avaient servi dans le même temps que lui ayant été payés de ce qui se trouvait leur être dû, il n'avait qu'à s'adresser à vous. Nous vous prions de vouloir bien nous faire savoir s'il y avait quelque exception à l'égard du sieur Robert, et si vous n'avez pas la bonté de le faire payer comme les

respondance de la mairie de Marseille). — Lettre des Echevins à Vauvenargues, 2 octobre 1721 (Arch. mun., C. E., p. 133, recto et verso) : « Nous vous supplions de nous faire savoir de quelle manière vous en usez à l'égard des chirurgiens étrangers qui sont encore dans Aix, et si vous continuez à les nourrir et payer... Vous comprenez que nous avons ici plusieurs chirurgiens et garçons, qui nous sont depuis longtemps absolument inutiles, et dont nous voudrions bien pouvoir diminuer la dépense. »

1. Voir lettre des Echevins aux procureurs du pays, 13 octobre 1722 (Arch. mun., C. E., p. 42, verso).
2. Lettre des Echevins aux procureurs du pays, 24 novembre 1722 (Arch. mun., C. E., p. 53, verso).

autres médecins. » Cette fois encore la ville de Marseille n'eut pas satisfaction, car le docteur Robert figure sur les états de paiement pour la somme de 5.000 livres.

La grosse difficulté fut soulevée par les chirurgiens[1], maîtres ou garçons. On leur avait promis pour toute la durée de la contagion de forts appointements, mais on avait espéré que la maladie ne durerait pas longtemps, et, par conséquent, que la dépense ne serait pas trop forte. Or, « l'agonie du mal[2], pour parler de la sorte, ayant duré trois fois plus que le mal, et pendant ce temps-là ces chirurgiens n'ayant rien fait ou fort peu de chose, il ne serait pas juste de leur payer pendant douze ou quatorze mois sur le même pied leurs appointements qui montaient à des sommes considérables. Nous avons eu l'honneur de vous mander que nous ne voulions rien retrancher à ceux qui étaient morts dans le service, mais à l'égard des autres qui n'ont travaillé et n'ont été exposés que pendant deux ou trois mois, nous croyons qu'ils ne doivent pas être payés comme s'ils avaient toujours été dans le service et dans le danger. » Ils priaient en conséquence Lebret de trancher le débat. Au fond les Echevins avaient raison, mais il y avait de leur part engagement formel. Lebret leur conseilla de tenir la parole donnée, puisqu'il ne s'agissait que d'un sacrifice d'argent. Les Echevins se rendirent à ces sages raisons, et, sur les états de paiement figurent quatre-vingt-dix-neuf chirurgiens ou garçons chirurgiens pour une somme de 142.096 livres.

En résumé, les médecins et chirurgiens étrangers avaient jusqu'alors toujours obtenu gain de cause : aussi comprend-on le dégoût et le découragement de la munipalité à ce sujet. Il est un mot qui revient à chaque page de leur correspondance comme un refrain attristé : c'est

---

1. Lettre des Echevins à Lebret, 26 novembre 1721 (Arch. mun., C. E., p. 146, verso). Voir les certificats, très élogieux, qui leur furent délivrés, et dont la minute est conservée aux Archives municipales de Marseille.
2. Lettre des Echevins à Lebret, 20 décembre 1721 (Arch. mun., C. E., p. 160, recto).

celui de délivrance. S'adressaient-ils[1] à Villars, à la Vrillière, à leurs amis et protecteurs de Paris, c'est toujours pour être « délivrés » ou « déchargés » des médecins étrangers à la province. Voici ce qu'ils écrivent à l'Intendant[2] à la date du 30 décembre 1720 : « Nous vous supplions très humblement de permettre que nous ayons encore l'honneur de vous écrire au sujet de nos médecins et chirurgiens. Ils nous ont dépensé un argent infini pour leur nourriture et cette dépense continue toujours. Vous savez d'ailleurs que ces gens-là nous demandent perpétuellement de l'argent, et que notre communauté n'est pas en état de leur en donner. C'est pourquoi nous vous prions très instamment d'avoir la bonté de faire cesser cette dépense. S'il est possible au moins de nous délivrer des continuelles demandes de ces médecins ou chirurgiens, c'est la grâce que nous vous demandons. » Lorsqu'enfin on aura fait droit à leur demande, ils ne modèrent[3] pas l'expression de leur joie : « Nous vous réitérons, écrivent-ils aux procureurs du pays, nos remerciements très humbles de la bonté que vous avez eu de délivrer notre ville d'une partie de nos médecins et chirurgiens étrangers, qui nous étaient inutiles depuis un long temps infini. »

Même après leur départ, et quand les Echevins croyaient tout réglé, ils éprouvèrent de désagréables surprises, par exemple lorsque la dame Boulle, qui avait logé ces médecins, présenta à la municipalité le mémoire[4] des dommages causés par eux. La lecture de ce mémoire démontre ou que la dame Boulle entendait bien ses intérêts, ou plutôt que les médecins avaient usé de

---

1. Lettre de La Vrillière aux Echevins, 22 juillet 1721 : « Vous souhaitez être déchargés de quelques médecins étrangers de la province dont vous n'avez plus présentement besoin. M. de Langeron m'en ayant aussi écrit, je lui réponds, par ordre de Mgr le duc d'Orléans, qu'il peut les renvoyer à Arles, où leur secours est nécessaire, et que, pour lors, vous ne serez plus tenus de leur dépense. »
2. Lettre des Echevins à Lebret, 30 décembre 1721 (Arch. mun. C. E., p. 62, recto).
3. Cf. lettre des Echevins à Lebret, 19 juillet 1722, relativement à la réclamation du docteur Boyer.
4. Archives municipales, section 15, n° 8.

peu de ménagements vis-à-vis du mobilier qu'on leur avait prêté. Ils avaient en effet brisé pour 55 livres de vitrages, 160 livres de menuiserie, 69 livres de ferrements, et 204 livres de meubles, sans parler de 115 livres de maçonnerie, et d'une provision de bois et charbon de 59 livres. En outre ils avaient lacéré quatre rideaux d'indienne de 50 livres, douze chaises de 32 livres, et ils avaient cru pouvoir s'approprier quinze tasses de porcelaine de Chine évaluées à 45 livres, dix-neuf tasses de Moustiers de 9 livres et une paire de chenets de cuisine de 36 livres : le tout sans préjudice de divers ustensiles de cuisine brisés ou dégradés pour 60 livres. La note présentée montait à 895 livres 17 sols. On la trouva fort exagérée. Une enquête fut ordonnée (27 novembre 1722), et, après expertise, Moustier se décida à ordonnancer un mandat de quatre cent livres. Il ne dut pas le signer volontiers.

Aussi bien les Echevins avaient peine à se reconnaître dans ces comptes embrouillés, et, si quelques demandes indiscrètes leur furent adressées, il est probable que, de leur côté, ils se trompèrent parfois dans leurs règlements de comptes. Même à l'heure actuelle, il est bien difficile de se prononcer sur le bien-fondé de ces diverses réclamations, et à peu près impossible de déterminer avec précision les sommes qui furent réellement dépensées. On conserve aux archives nationales diverses pièces comptables, mais qui se contredisent. Il est fâcheux qu'on n'ait pas retrouvé l'état dont il est question dans la lettre [1] adressée par les Echevins au contrôleur général le 8 octobre 1721 : « Nous avons envoyé il y a quelque temps à M. Lebret les états de tous les médecins et chirurgiens qui avaient travaillé dans cette ville pendant la contagion, et nous l'avons prié de vou-

---

[1]. Lettre des Echevins au contrôleur général, 8 octobre 1721 (Arch. mun., R. G., p. 82). Cette lettre se retrouve aux Archives nationales, G⁷, 1734. — Cf. Registre de transcription, p. 73. État des médecins et chirurgiens qui viennent à Marseille après avoir fait un traité à Aix pour leurs honoraires (3 juin 1721). — Cf. lettre de Lebret aux Echevins, 22 octobre 1721, relative au règlement des honoraires du chirurgien Baille, et du garçon chirurgien Vernet.

loir bien régler ce qui devait être payé aux uns et aux autres. Il nous a mandé qu'il vous avait envoyé ces états afin que vous eussiez la bonté de les régler vous-même, ou de les faire régler. Cela nous fait prendre la liberté de vous représenter très respectueusement, Monseigneur, qu'il y a ici de quatre sortes de médecins et chirurgiens, et c'est pour cela que nous en avons fait quatre états différents, dont le premier regarde les médecins et chirurgiens qu'il a plu à la Cour de nous envoyer, et dont Sa Majesté nous fait la grâce de vouloir supporter le paiement. Le second est pour les médecins et chirurgiens qui n'étaient venus dans cette ville qu'après avoir pactisé sur leurs honoraires et s'être fait promettre des sommes excessives ; le troisième état regarde les médecins et les chirurgiens de cette ville qui ont travaillé, et le quatrième ceux que les affiches, que nous avions fait placarder au Languedoc et en Provence, nous avaient attirés. » Cette division était claire et méthodique. Il est regrettable que ces quatre états ne nous soient point parvenus, ou du moins que nous ne les ayons pas retrouvés. A leur défaut nous ne pouvons citer qu'un « état des médecins, apothicaires, chirurgiens majors et garçons chirurgiens qui ont servi dans la ville et terroir de Marseille pendant la contagion, et qui s'y sont rendus par ordre de son Altesse Royale ou sur les affiches des Echevins ». Sur cet état figurent dix-sept médecins, quatre apothicaires, sept garçons apothicaires et soixante et onze chirurgiens ou garçons chirurgiens. Les médecins recevaient par mois 1.000 livres d'appointements, les apothicaires et les chirurgiens 500, les garçons apothicaires ou chirurgiens 200. La dépense totale s'est élevée à 259.440 livres, dont 215.595 pour le temps du service et 43.845 livres depuis la fin du service jusqu'au départ définitif, qui eut lieu le 13 juin 1722. Tels sont les chiffres qui nous paraissent devoir être adoptés pour le paiement des soins médicaux.

Quant aux dépenses, que l'on pourrait qualifier de matérielles, pour les drogues, remèdes ou parfums, il est impossible de les évaluer [1], sous peine d'omission et d'inexactitude forcée. Il est vrai que les notes abondent, mais, qu'on nous permette cette plaisanterie usée, ce sont de vraies notes d'apothicaire. En veut-on quelques spécimens ? Voici, par ordre de Beaussier et Marin, commissaires généraux et directeurs de l'hôpital de la Charité, la note [2] des fournitures faites par Rimbaud du 12 janvier au 16 juillet, 2.614 livres et du 18 au 23 août 1721, 58 livres : ces fournitures sont parfois bizarres : ainsi le 2 avril, 5 drachmes de pierre infernale, et 4 livres 4 onces d'huile de scorpion ; le 28 avril 6 livres de thériaque, le 13 juillet 3 onces d'esprit volatil de vipère. A l'hôpital du Mail, et par ordre de Beaussier, sont présentées les notes d'Aubin, de Lespiau, d'Audibert : telle de ces notes avait paru fortement majorée. Elle s'élevait à 1.442 livres 19 sols et elle avait été réduite par Moustier à 1.113 livres 19 sols. Voici maintenant les comptes du pharmacien Dufour. Ils sont répartis en quatre dossiers : le premier renferme 87 ordonnances, pour l'exécution desquelles il réclame 3.358 livres 3 sols. Le second, relatif à l'hôpital des Convalescents renferme 22 ordonnances pour une somme de 4.483 livres 4 deniers, dont 176 livres d'huile de scorpion, 296 livres de diachylum, et 360 livres de galbanum. Dans le troisième dossier figurent pour la somme de 1.022 livres 103 ordonnances pour les malades de la banlieue, et dans le quatrième, par ordre du docteur Michel, et, à la date du 20 décembre 1720, toutes les ordonnances délivrées aux Infirmeries pour la somme de 7.900 livres 13 sols. Mouriés a

---

1. Un grand nombre de notes acquittées sont conservées aux Archives municipales, section 15, n°s 8, 9, 10, 11. Elles sont relatives à des achats de foin, de paillasses, de bières, à des journées de portefaix, de chevaux, de mulets, au paiement du corps de garde et des soldats des galères, au blanchissage, etc. Elles ne présentent d'ailleurs qu'un intérêt médiocre.

2. Telles de ces notes ne seront réglées que fort tard (affaire Cazenove, 19 juillet 1722). — Cf. lettre des Échevins à Lebret (Arch. mun., C. E., p. 15, recto). État des médicaments fournis par feu Pierre Soldat aux infirmeries et à la place de Linche : 1.034 livres, réduites par le docteur Raymond à 741 livres (Arch. mun., 4e division, 15e section, n° 10).

envoyé une note des remèdes et instruments fournis à l'hôpital du Mail du 4 octobre 1720 au 12 novembre 1720, pour la somme de 741 livres; Alexis Moullard à l'hôpital du Midi, en décembre 1720, sur ordre du docteur Bouthilier, pour une ordonnance de 43 livres d'alkermès, de lilium de Paracelse, et, qui semblera singulier, d'une préparation mercurielle. Le même Moullard, à la date du 4 janvier 1721, réclamera, pour une livre de sirop de rhubarbe, 6 livres. Audibert et Magalon ont présenté à l'hôpital du Mail du 5 octobre au 20 novembre 1720 une note de 2.341 livres ; mais les Echevins l'ont réduite à 1.990 livres. Le même Magalon et Mestres réclament à l'hôpital de la Charité 550 livres.

Le père Victorin, des Carmes Réformés, a cédé la pharmacie de son couvent, et l'inventaire fait sous la direction du docteur Deydier, a été arrêté par Estelle à la somme de 3.000 livres ; mais les bons pères ne négligeaient pas leurs intérêts, car dans cet inventaire figurent 27 vieux livres, divers instruments hors d'usage et jusqu'à deux pots vides, mais ornés de l'étiquette thériaque de Mithridate ! Le Père Casimir, des Augustins Réformés, connaît également la valeur de l'argent. Il a dressé un mémoire « des réparations et remplacements des ustensiles qui manquent dans la pharmacie, depuis l'inventaire fait au mois de juin 1721 jusqu'en 1722 que l'on remit le couvent aux dits Réformés. » Ce mémoire monte à 894 livres, 7 sols, 6 deniers, à savoir 120 livres, 18 sols pour réparation du laboratoire, et, ce qui est presque un comble, 734 livres pour refaire une balustrade en bois de chêne qui servait de clôture à un parterre. Il est vrai que les Echevins trouvèrent la note singulièrement exagérée. Ils envoyèrent sur les lieux cinq commissaires enquêteurs qui réduisirent la note de 898 à 350 livres, et le Père Casimir accepta sans protester, et donna toutes les signatures d'acquit définitif qu'on lui demanda.

Signalons encore à titre de curiosité, et pour nous permettre de pénétrer plus avant dans la vie intime de l'époque, l'état, certifié par le capitaine de quartier Giraud, des bastides infectées au quartier du Canel, et les sommes reçues pour la désinfection de diverses bastides, 633 livres ; deux notes du même Giraud, l'une de 516 livres, et l'autre de 232 pour la nourriture et la garde de deux chevaux, du 18 novembre 1720 au mois de juin 1721 ; l'état des linges fournis pour les malades enfermés aux Infirmeries du 3 août au 6 septembre 1720, 889 livres, la fourniture de bougies faites pour Langeron par Jacquemin du 1 juillet au 28 novembre 1721 et qui monte à 163 livres ; la note des dépenses faites à l'Hôtel de ville pour la table de messieurs les officiers et employés du 18 août au 14 décembre 1720. Cette note, signée Estelle, monte à 751 livres, 15 sols, 7 deniers. Il serait superflu de prolonger l'énumération, car les documents abondent, et ils se ressemblent tous, ou du moins les fournisseurs semblent s'être entendus pour tirer parti de la situation, et leurs comptes sont parfois étranges. Ainsi une dame Anne Trévau réclamera, pour un fanal de verre blanc destiné au corps de garde de l'Hôtel-de-ville 15 livres, pour dix-huit pelles et deux fourches 20 livres, pour raccommodage des arrosoirs du jardin de l'Intendant 2 livres, pour deux fanaux de signal 15 livres et pour deux porte-voix, instruments destinés au service des bateaux de garde dans le port 10 livres, en tout 62 livres. Estelle, chargé de donner son visa, se récrie, mais il obtient à grande peine une diminution de 2 livres.

Il est un genre de réclamations qui revient souvent dans les comptes administratifs : il s'agit des indemnités demandées par les propriétaires des maisons, et spécialement des couvents, qu'on avait utilisés pour le service des pestiférés. Les religieux avaient bien cédé la place, mais ils ne négligeaient pas leurs intérêts, et présentaient des notes singulièrement exagérées. Qu'on nous permette, à titre d'indication, d'analyser[1] le mémoire présenté à cette occasion par le P. Delestrac, économe du couvent des Servites, en novembre 1722. Il récla-

1. Archives municipales, section 15, n° 8.

mait 1.896 livres d'argent monnayé et 2.400 livres en billets de banque, plus deux quintaux de riz (55 livres) ; un baril d'anchois (7 livres) ; un fromage (13 livres) ; sept charges de blé ou farine (384 livres) ; un quintal et demi de morue, deux tombereaux et douze dames-jeannes de vin, un eminot et quart de sel, quatre escandaux d'huile (84 livres) ; trente pieds de bois, cinq cents sarments, six moules pour le vinaigre ; une boîte, une montre et un service d'argent ; plusieurs pièces d'indienne, les ameublements et effets des PP. Arnaud, Meyfren, Chicusse, Ardent, Laugier, Bernard, Bayon morts de la peste, plus l'argent « qui pouvait être dans les troncs de l'église », un quintal de cire, le livre des actes du couvent « qui nous manque, ce qui nous est d'un préjudice considérable » ; presque tous les papiers du couvent ; les livres de la bibliothèque, des couvertures, des sacs pour le blé, les chaises, les tables, et presque tout le linge. Comme on le voit le déménagement avait été sérieux, et les Servites avaient été traités comme dans une ville prise d'assaut ; mais il est probable qu'ils avaient exagéré leurs pertes, car une enquête fut ordonnée. Elle fut faite sous la direction d'Estelle par les experts Candolle, Martin, Cordier et Mallet, et elle aboutit à une proposition d'indemnité de mille livres, que les bons PP. acceptèrent sans plus de difficultés, et qu'ils s'empressèrent d'encaisser le 26 novembre 1722.

A ce mémoire était jointe la réclamation particulière du P. Brunet, qui se prétendait spécialement lésé. Voici la note présentée. Nous la reproduisons à titre de curiosité, et comme permettant de reconstituer le mobilier et la garde-robe d'un moine à l'époque de la peste. Il affirmait donc avoir laissé dans sa chambre, à sa sortie du couvent, le 1 août 1620, trois douzaines de chemises, dix paires de linceuls, quatre matelas, deux paillasses, deux oreillers, trois garnitures de lit, dont deux de soie, trois couvertures d'indienne, un tapis d'indienne, deux rideaux blancs de mousseline et d'indienne, deux douzaines de serviettes, un tambour pour chauffer le linge, huit chaises garnies de soie dont six à la Dauphine et deux grandes de « commodité », un briquet avec six cuillers en vermeil pour le café, deux habits de religieux, une chape, huit « gombots » et plusieurs autres petits linges, dix grand tableaux, trois chandeliers en laiton, un réchaud en laiton, un service de table en argent, un chauffe-lit, une cantine remplie de bouteilles, et cent volumes choisis ; sans parler de diverses tables, garde-robes, portières et chaises ordinaires. La résidence sans être somptueuse, était au moins plus que suffisante, et le bon Père paraît ne pas avoir renoncé aux douceurs de la vie. Aussi désirait-il rentrer en possession sinon de son mobilier qui avait été dispersé, mais au moins d'une somme d'argent qui lui permettrait de reconstituer sa confortable retraite. Là encore une enquête fut ordonnée, et les experts, sous la direction d'Estelle, n'estimèrent qu'à 400 livres l'indemnité réclamée. Le P. Brunet accepta la décision, et sa signature s'étale au bas de l'acquit qu'on lui présenta.

Le nombre est infini des demandes[1] d'indemnité qu'on adressa à la municipalité. Elles furent toutes étudiées ; mais accueillies plus ou moins favorablement, par exemple celle du sieur Barbier, capitaine du quartier de Notre-Dame-de-la-Garde, qui demandait 308 livres dix sols, pour services rendus pendant la contagion, et avait cru devoir adresser sa requête à Lebret (8 août 1721). Ce dernier la renvoya à l'examen des Echevins, et le receveur Bouys la déclara mal fondée. Il ajouta même sur le placet la note suivante : « La demande du sieur Barbier ne paraît pas juste, d'autant plus qu'il fut destitué de sa charge de capitaine par M. de Langeron, et il n'aurait pas manqué de demander en son temps, s'il lui était dû quelque chose. » Même en réunissant ces diverses notes, on ne pourrait déterminer un chiffre de dépenses rigoureusement vrai, car il est évident que tous les comptes n'ont pas été conservés, et par conséquent que l'évaluation serait inexacte.

---

1. Archives municipales, section 15, n° 8. Plusieurs centaines de demandes ont été conservées. Toutes sont annulées et réglées.

En résumé : lourdes dépenses, liquidation pénible, et qui se prolongera longtemps, puisque le 30 août 1723[1] le chirurgien Nicolas réclamait encore 50 livres pour la location du cheval dont il s'était servi dans ses tournées ; que le 11 mars 1724, les héritiers du chirurgien Jacques Aubert, mort dans l'exercice de ses fonctions le 20 septembre 1720, se prétendaient lésés d'une somme de 500 livres ; que le 10 janvier 1724 Reynard, chirurgien à Montpellier, réclame la pension de son oncle « pour services rendus » pendant la peste, et qu'en octobre 1724, Pastour, chirurgien de Cotignon, intentait à la ville de Marseille un procès en réclamation de 2.100 livres d'honoraires. Un dicton populaire veut que plaie d'argent ne soit point mortelle, mais les plaies dont souffrait Marseille étaient profondes, et bien des années allaient se passer avant que fût rétabli l'équilibre dans les finances municipales.

Il est vrai que des compensations étaient offertes aux Marseillais, et que le gouvernement, bien inspiré, venait de se décider à accorder aux plus méritants d'entre eux des récompenses bien justifiées. L'heure en effet était arrivée de reconnaître les services rendus. Deux hommes s'étaient entre tous distingués, Belsunce et Langeron. On offrit à Belsunce en 1724, lorsque le bâtard d'Orléans, de Saint-Albin, fut appelé à l'archevêché de Cambrai, le duché-pairie de Laon, puis l'archevêché de Bordeaux, mais il ne voulut pas abandonner son diocèse, et refusa ces hautes dignités ecclésiastiques. Il aima mieux rester fidèle à son épouse mystique, et déclara qu'il ne quitterait jamais Marseille. En agissant ainsi, il faisait preuve d'un grand désintéressement, car les revenus de l'évêché de Laon étaient autrement considérables que ceux de Marseille, et il devenait pair du royaume ; mais, aux yeux de la postérité, n'a-t-il pas eu cent fois raison de préférer résider dans une ville où il était aimé et respecté ? Il est vrai que, par compensation, le roi lui

1. Papiers inédits, non classés, des Archives municipales de Marseille. — Voir réclamation des chirurgiens Varinet Bayle, lettre des Echevins à Lebret, 15 janvier 1722 (Arch. mun., C. E., p. 163, verso).

donna la riche abbaye de Saint-Arnoul de Metz. La Papauté aurait été bien inspirée en lui conférant la pourpre cardinalice, mais elle se contenta de l'honorer du pallium, et de lui envoyer une croix magnifique, accompagné d'un bref flatteur. Aussi bien qu'était-il besoin pour Belsunce de tous ces honneurs ? N'avait-il pas pour lui la satisfaction du devoir accompli ? Ne jouissait-il pas de l'estime et de l'affection de ses diocésains ? N'était-il pas assuré de passer aux yeux de la postérité comme le modèle des évêques !

Langeron, plus heureux au point de vue humain, reçut d'abord le titre de lieutenant-général. Voici les termes de son brevet. « ... Les habitants de Marseille, longtemps accablés par tous les malheurs inséparables de la contagion, ne sont parvenus au rétablissement de l'ordre et de la santé que par le courage avec lequel il s'est livré à des travaux continuels pour leur conservation, par la sagesse de plusieurs règlements qui sont autant de preuves de sa capacité et de son expérience, et par la fermeté avec laquelle il les a fait exécuter. » Langeron fut de plus confirmé dans le commandement supérieur de Marseille et de son terroir. Ainsi que le porte son brevet de nomination, il était nécessaire « d'avoir un commandant fixe, qui, par une application suivie, puisse veiller à ce qu'il ne se passe à Marseille rien de contraire à notre service, à l'intérêt de l'Etat et au bien des habitants. » Or, Langeron s'est déjà distingué « notamment dans le commandement que vous avez déjà exercé dans la dite ville, dont la conservation est due à tout ce que vous avez fait pour y rétablir l'ordre et la santé ».

Cette double nomination fut bien accueillie à Marseille. On la trouvait justifiée par les services rendus. Un poète, ou plutôt un versificateur anonyme, se fit l'interprète de l'opinion publique lorsqu'il adressa à Langeron ce sonnet[1], dont l'intention est supérieure à l'exécution :

---

1. Ce sonnet est donné par LAFORÊT (ouv. cité, p. 63) qui affirme que son auteur était directeur d'un des hôpitaux de Marseille.

Nous allons devenir vos enfants ;
Et vous rendrez justice aux petits comme aux grands.
Vous êtes populaire et courtois,
Aimé des dames et du roi.
Votre cœur est bon et vaillant,
S'égalise avec le juste et le plus grand.
Excusez l'auteur du titre qu'il vous donne :
Il vous a souhaité auprès de la couronne.
Votre mérite et votre valeur
Nous servira de père dans nos douleurs.
Vous avez bravé les dangers
Devant les morts que vous avez fait lever.
Vos soins et votre vigilance.
On fait garantir la ville en diligence.

Comment fut accueilli ce naïf et puéril hommage de reconnaissance, nous l'ignorons. Il est probable que Langeron dut en sourire, mais il voulut du moins profiter de la bonne volonté de ses administrés, et demanda[1] à la municipalité une gratification pour les gardes qui lui avaient servi d'escorte pendant toute la durée de la contagion : On s'empressa de la lui accorder. Voici le reçu que nous avons retrouvé aux archives de Marseille : « Le sieur Bouys, receveur et payeur des deniers qui regardent la contagion, ayant donné de notre ordre un louis d'or de quarante-cinq livres aux gardes de M. le bailli de Langeron, commandant dans cette ville et son terroir, pour les peines qu'ils avaient prises en diverses occasions pendant la contagion, il demeurera déchargé des dits quarante-cinq livres en vertu de la présente, sans autre. A Marseille le 25 janvier 1723. »

Les Echevins, tout autant que Langeron, avaient été à la peine : il n'était que juste qu'ils fussent à l'honneur. Aussi bien ils s'attendaient à recevoir une récompense. Lebret et Langeron ne leur avaient pas caché qu'ils avaient demandé en leur honneur un éclatant témoi-

---

1. Voir autres recommandations de Langeron en faveur de Michaëlis qui demandait une lieutenance de quartier à Marseille (11 août 1724) et qui s'était distingué lors de la peste, — et en faveur de Jean Auberge, gardien de l'une des portes de Marseille lors de la contagion (25 mars 1723) (Papiers non classés aux Archives de Marseille).

gnage de satisfaction. Villars s'était joint à eux[1]. Ils y comptaient si bien qu'ils cherchèrent à hâter ce moment. Ils écrivirent à leurs protecteurs habituels, et tout d'abord au maréchal de Villars[2] : « Vous avez eu la bonté de vous employer auprès de son Altesse Royale pour nous faire avoir quelques grâces en considération des soins que nous avons pris et des dépenses que nous avons faites pendant la contagion... Nous vous supplions très humblement de continuer à nous honorer de votre protection dans cette occasion. » Ils écrivirent également à Villars-Brancas[3] qui leur répondit aussitôt qu'il était tout disposé à les appuyer. « Pour les éloges que M. le bailli de Langeron fait de vous, et par tout ce qu'on sait ici que vous avez fait d'admirable pendant la contagion dans votre ville, il n'y a aucun lieu de douter que M. le Régent ne se rende aux sollicitations qui lui ont été déjà et seront faites en votre faveur, et qu'il ne vous accorde des grâces proportionnées à vos services et aux dépenses particulières où vous avez été engagés, tant que ce malheureux fléau a subsisté. Vous pouvez compter que j'y contribuerai en tout ce qui dépendra de moi. » Le 22 janvier 1721, à l'occasion du jour de l'an, le maréchal[4] de Villars confirmait sa première dépêche : « Je vous répéterai, leur écrivait-il, que vous devez espérer des grâces de la bonté de son Altesse Royale, et que je n'oublierai rien pour vous les procurer, mais il faut attendre que vous n'ayez plus aucune apparence de maladie à Marseille. » Or, la maladie se prolongea, et les grâces en effet ne furent pas encore accordées. Ainsi que le leur écrivait[5] le ministre La Vrillère, au 20 octo-

1. Lettre de Villars aux Echevins, 12 décembre 1720 : « Dès que le mal sera entièrement cessé, M. le marquis de Pilles, MM. les Echevins et l'archiviaire recevront des marques de l'estime de Son Altesse Royale. »
2. Lettres des Echevins à Villars, 1er octobre (Arch. mun., R. G., p. 81, verso), et à Lebret, 2 octobre 1721 (Arch. mun., C. E., p. 133, verso).
3. Lettre de Villars-Brancas aux Echevins, 20 octobre 1721.
4. Lettre de Villars, 12 janvier 1721.
5. Lettre de La Vrillère aux Echevins, 2 octobre 1721 (Correspondance de la mairie, au mot La Vrillière).

bre 1721, « je puis vous assurer que Son Altesse Royale est dans l'intention de vous donner des marques de sa satisfaction des services que vous avez rendus, mais, avant de se déterminer, elle veut voir les choses entièrement rétablies dans leur premier état, afin de connaître tous ceux qui sont à récompenser, et vous pourrez compter que j'aurai soin de le faire souvenir de vous ». Les promesses étaient donc formelles, mais l'exécution de ces promesses était bien tardive. Au mois de novembre 1721 rien encore n'avait été accordé, car Vauvenargues, en réponse[1] à une lettre de ses collègues de Marseille qui justement le félicitaient des récompenses qu'il venait d'obtenir leur écrivait : « qu'il désirait d'avoir bientôt lieu de les féliciter à son tour des récompenses que vous avez si bien méritées ». On ne s'explique vraiment pas ces hésitations du gouvernement. On eût dit qu'il craignait d'acquitter une dette de reconnaissance. Enfin arriva le jour de la réparation. Les quatre Echevins reçurent des lettres patentes de noblesse et 6.000 livres de gratification. En 1723 Moustier, s'étant rendu à Paris[2], obtint en outre le cordon de Saint-Michel.

Plus encore peut-être que les Echevins, le chevalier Roze méritait une récompense. Il avait, dans les derniers mois de la contagion, redoublé de zèle si possible. Ce n'était pas à la surveillance des maisons de la ville que s'arrêtait sa sollicitude. Il l'étendait même aux bastides de la banlieue. Un des très rares autographes de lui qu'on ait conservé est adressé à son cousin Guilhermy, lieutenant civil, et daté du 20 septembre 1720. Il donne quelques détails sur les membres de sa famille, et ajoute : « Cette pauvre ville se trouve de plus en plus affligée par la plus grosse quantité de morts qu'il y a tous les jours. Nous travaillons incessamment à pouvoir subvenir à nettoyer, ce qui coûte bien des peines et des soins. Voyez une lettre que M. de Moustier a écrite

---

1. Lettre de Vauvenargues aux Echevins, 14 novembre 1721.
2. Voir à la Correspondance de la mairie, au mot Moustiers, trois lettres de lui, adressées de Paris à la municipalité, aux dates du 22 janvier, du 11 mai 1723 et du 16 mai 1725.

à MM. les Echevins, que quand vous en aurez fait la lecture vous me la renverrez. » Voici un autre billet de lui, adressé au même Guilhermy, à la date du 17 octobre 1720. Nous le reproduisons avec ses étrangetés orthographiques : « Monsieur et cher coussein. Je suis fort chagraint des malades et mortz qui sont au proche de votre bastide. Si vous n'avait pas des enterreurs, moy je vous en enverray. Je remis à votre pourvoyeur quatre battons d'origan pour les bubons. C'est un origan que Messieurs de Montpellier font. Il m'a cousté livres 30. Tout ce que vous aurez besoin, donnetz-moi vos ordres. » Combien est-il à regretter qu'on n'ait pas conservé la correspondance du chevalier ! Ainsi que l'écrivait un contemporain, « c'est un instrument universel et à toutes sortes d'usages, c'est une source publique où tout le monde va puiser ; c'est un protée que l'on voit en un jour sous mille formes différentes ».

Le plus singulier c'est que déjà la jalousie s'acharnait après lui, et qu'on commençait à l'attaquer pour sa gestion financière. Ne l'accusa-t-on pas [1] d'avoir fait renouveler à diverses reprises les barrières construites par son ordre dans le quartier de Rive Neuve pour « avoir un moyen tout naturel de s'en approprier les planches » ? Ne lui reprocha-t-on pas de ne pas avoir distribué aux pauvres l'argent que lui avait confié pour cet usage l'abbé de Saint-Victor ? Comme si toute sa vie ne protestait pas contre de telles calomnies ! Il fut, il est vrai, chargé d'intérêts financiers considérables, mais jamais il n'abusa de sa position pour s'enrichir aux dépens de la commune. Dans la masse des documents relatifs à la liquidation, et qui sont conservés dans nos archives, on en rencontre à peine quelques-uns qui portent la signature de Roze, et aucun de ces documents n'est entaché d'irrégularité. Voici par exemple une lettre des Echevins, en date du 14 octobre 1720, qui mentionne une somme de 13.000 livres à lui confiées [2]. Voici un reçu de

---

1. STEPHEN D'ARVE, *le Chevalier Roze*, p. 65.
2. LAFORÊT, *ouv. cité*, p. 105.

Bouys, receveur « des deniers qui regardent la contagion », contre signé Estelle, en date du 6 février 1721, et qui est relatif à un remboursement de 3.000 livres à compte des avances faites par Roze à l'hôpital de Rive Neuve. Voici encore une lettre[1] des Echevins à Lebret, en date du 31 mars 1722, relative à une réclamation d'un sieur Varichon, garde à l'hôpital de Rive Neuve, qui demandait à être payé de ses services. « Nous vous prions seulement, Monseigneur, de considérer que M. le chevalier Roze ayant présenté le compte des dépenses qu'il a faites à l'hôpital de Rive Neuve, il s'y déchargea de 561 livres 12 sols qu'il disait avoir payé à quatre gardes pour leurs appointements, et comme Varichon était un de ces gardes, il doit s'adresser à M. le chevalier Roze en le cas qu'il n'ait pas été payé; mais il est à présumer qu'il l'a été, sans quoi il n'aurait pas laissé passer près d'une année et demie sans se plaindre. » Nous avons aussi retrouvé un compte[2] de vingt barils de goudron vides fournis à l'hôpital de Rive Neuve par un certain Blanchet. Voici l'attestation annexée à ce compte. « Je certifie comme la verité est que le sieur Blanchet a forny les vint barrils de goudron vides sans avoir fait de prix. Les dit barrils ont servi pour le parfum des convalessants quy sortit de l'hospital dans le mois d'octobre à Marseille, à Rive Neuve, 21 mai 1721, le chevalier Roze. » Estelle a contresigné cette note, mais comme il a trouvé la facture majorée, il l'a réduite de 80 à 60 livres. Citons enfin un curieux document[3] qui se rapporte

---

1. Lettre des Echevins à Lebret, 31 mars 1722 (Arch. mun., C. E., p. 168, verso). — Cf. lettre des Echevins à César Reison, 18 octobre. 1720. C'est un simple accusé de réception d'une lettre, où il est dit que le chevalier Roze avait été chargé de faire compter cinquante écus à Mlle Rose Germain. — Voir aux Archives municipales (section 15, n° 8) la note suivante, signée par le chevalier Roze, et contresignée par Estelle, le 2 octobre 1720 : « Je certifie que le sieur André Reynaud a fourni deux cents quintaux de foin pour le service des chevaux de M. le commandant de Langeron et pour ceux que j'ai eus au service de la communauté dans ce temps de contagion, dont le prix lui sera payé par MM. les Echevins. »
2. Archives municipales (15° section, n° 8).
3. Collection des autographes aux Archives municipales de Marseille.

à un épisode dont nous ignorons les détails. On nous permettra, pour la circonstance, de conserver l'orthographe fantaisiste du chevalier: « La Bédoulle, 24 aoust 1721. Messieurs. Selle issy este pour vous assurer de mes devoir, et pour vous remestre l'incluse pour le sieur Sibon, vostre procureur. Par isselle je lui donne les meilleurs eclercissements que je puis au sujet de la carcasse du vaisseau que la communotté prit dans le temps de la contagion. Je vous suis avec respec, messieurs, votre très humble et très obéissant sujet, le chevalier Roze. » Cette lettre à Sibon a été égarée comme beaucoup d'autres[1], et nous le regrettons, car elle nous aurait sans doute apporté une preuve nouvelle de la correction absolue du chevalier dans sa gestion financière.

On lui reprochait encore certaines brusqueries de caractère, mais n'étaient-elles pas justifiées, et au-delà, par la gravité des circonstances, et, quand une ville est dans l'agonie, est-il possible de procéder avec la même régularité que lorsque tous ses organes fonctionnent régulièrement? D'ailleurs n'est-ce pas la pire des injustices que d'oublier que, dans cette longue bataille contre la peste, périrent à ses côtés 31 de ses gardes, et 40 officiers, sans compter les petits employés, domestiques, soldats et forçats? Qu'on veuille bien se souvenir que de l'expédition de la Tourette ne revinrent que trois soldats et un forçat! A tous ces titres Roze méritait donc une récompense nationale, et elle ne lui fut pas accordée! On le pourvut, il est vrai, d'une pension sur l'Évêché de Conserans, mais c'était en qualité de chevalier de Saint-Lazare et nullement comme sauveur de Marseille. Divers actes le qualifient encore de « capitaine d'infanterie à la suite de la garnison de Marseille ». C'était une bien mince récompense. Aussi bien Roze paraît s'être dès lors confiné dans son rôle de né-

---

[1]. Nous avons encore retrouvé aux Archives municipales (section 15, n° 8) un billet du chevalier Roze ainsi conçu : « Messieurs les Recteurs de l'houpital de la Charitté, vous payerez à M. Dusuit sant escandal de dix livres huille que je vous les anvoye par ordre M. Guillet recteur. A Marseille, ce 8 novembre 1720. Le chevalier Roze. »

gociant. Il resta l'associé de son frère et continua ses opérations commerciales.

Au moins trouva-t-il le bonheur domestique, et ici se place un roman d'amour que nous aurions mauvaise grâce à passer sous silence. En 1722 il se rendait à Paris lorsque sa voiture se dérangea à la Gavotte, près de Septèmes. Il s'arrêta à l'auberge et y fit la connaissance de mademoiselle Magdeleine Lapasset [1], dont la mère venait de mourir, et qui se trouvait seule et abandonnée. Roze se mit aussitôt à son service, l'aida à rendre les derniers devoirs à sa mère, et la charma tellement par ses prévenances et son amabilité qu'elle lui accorda sa main. Le mariage fut célébré le 23 juillet 1722 dans une chapelle particulière dépendant des Pennes. Sa femme lui apportait en dot [2] une fortune assez considérable, mais elle ne lui donna pas d'enfants. Marmontel a donc eu tort d'écrire dans son *Histoire de la Régence* : « Roze, à la honte de sa patrie, mourut dans l'indigence, victime de l'ingratitude de ses concitoyens. On ne connaît même pas le lieu de sa sépulture. » Il n'y a rien de vrai dans cette double affirmation. D'abord Roze n'était pas pauvre. Ce qui le prouve c'est l'inventaire [3] de son mobilier, dressé après décès, le 18 septembre 1733, par le commissaire Peyssonnel. La simple énumération des meubles démontre que Roze mourut plutôt dans la richesse. Ainsi, dans les deux salons, les meubles sont tendus d'étoffes orientales, dont quelques-unes ont vingt mètres de longueur. Dans la chambre nuptiale, ornée de tentures damassées, figure un lit à quenouille, c'est-à-dire à colonnes torses, avec trois matelas et couverture de satin cramoisi. On signale en outre de la vaisselle

---

1. D'après Stéphen d'Arve *le Chevalier Roze*, p. 93), Mlle Lapasset était déjà connue du chevalier. Il était en visite chez Mme Ortigue grand'mère de Madeleine, lorsqu'il offrit ses services pour rendre les derniers devoirs à la défunte.
2. Voir le contrat de mariage dressé par M⁰ Blanchard, notaire, le 11 juillet 1722. Il est reproduit par Stéphen d'Arve, *ouvr. cité*, p. 94.
3. Cet inventaire, conservé aux Archives des Bouches-du-Rhône dans le fonds de la sénéchaussée de Marseille en 1732, a été publié par M. l'abbé Arnaud d'Agnel (*Bulletin historique et philologique*, 1903).

plate dont le poids représente dix kilos, une chaise à porteurs, deux livrées de domestiques, et de nombreux tableaux. Il est vrai que la bibliothèque ne comprend que douze volumes, mais ce détail prouve que le chevalier ne fut jamais un lettré. Sa richesse ou du moins sa large aisance sont suffisamment indiquées. Notons encore que Roze possédait une bastide à Montredon, et qu'il y recevait la visite [1] de son illustre ami Belsunce. Quant au lieu de sa sépulture, on sait qu'il mourut à Marseille, dans une maison rue Poids de la Farine, qui existe encore, au numéro 13, et qu'il fut enterré sous les dalles de l'église Saint-Martin, comme le prouve le régistre de la paroisse du 18 février 1733 au 31 janvier 1734, où l'on peut lire en toutes lettres : « dudit jour 3 septembre 1733 nous avons enterré dans notre paroisse messire Nicolas Roze, époux de Mme Labasse (sic) Pris au Poids de la Farine. Barbery, prêtre ». Il est vrai que ces cendres furent exhumées plus tard, mais ce document irrécusable n'atteste-t-il pas la date et le lieu du dépôt ?

Il est une autre légende relative à la fille prétendue naturelle de Roze qu'il importe de détruire. Il est vrai que cette jeune personne se fit religieuse à Marseille, au couvent des Bernadines, mais par vocation et nullement par force. En outre elle était fille légitime, issue d'un premier mariage contracté par Roze, sans doute en Espagne. Sa mère se nommait Claire Amielh. Elle est ainsi nommée dans un acte authentique, le contrat de mariage de Roze avec sa seconde femme, où il est désigné sous le nom de « noble Nicolas Roze, chevalier de Saint-Lazare, veuf de dame Claire Amielh ».

Sans doute on a peu de détails sur les dernières années de Roze, mais, de même que les peuples heureux dont l'histoire est toujours concise, rien ne nous empêche de supposer que le chevalier Roze vécut paisiblement jusqu'à sa mort, tantôt à Marseille ou à sa bastide de Montredon, tantôt dans les propriétés qu'il tenait de sa femme à Septèmes et à la Bédoule. Ainsi que l'écrit un de

---

1. *Journal du maître d'hôtel de Belsunce*, à la date du 30 octobre 1722.

ses historiens, Autran, « plus de richesses et plus d'honneur n'auraient rien ajouté à sa gloire, et on sera toujours sûr de le louer suffisamment, quand on exposera sans la moindre exagération ce qu'il a fait ». Donc gardons dans nos cœurs un souvenir reconnaissant à ce héros du devoir, et accordons une pensée au grand citoyen, dont un modeste médaillon, plaqué sur une humble fontaine, et seulement le 14 juillet 1886, reproduit les traits. Un anonyme écrivait, dès 1825, « on peut le regarder comme le nouveau fondateur de la ville de Marseille, dont le nom mérite d'être consacré à la postérité par des monuments éternels ». Ces monuments n'existent pas, et d'ailleurs ils ne sont jamais éternels. Gardons au moins une sincère reconnaissance et un souvenir attendri à la mémoire de ce grand Marseillais.

En dehors des membres de la Municipalité et des principaux fonctionnaires, beaucoup d'agents avaient rendu d'incontestables services, et méritaient sinon des récompenses honorifiques, au moins des gratifications.

Les Echevins avaient appelé l'attention toute spéciale de l'Intendant sur les commissaires de police établis pour décider sur toutes les contestations qui s'étaient élevées pendant la contagion. Ces commissaires avaient marqué beaucoup de zèle et d'assiduité. On demandait[1] de porter leurs appointements à 300 livres par mois. Lebret trouvait exagérée cette élévation de traitement, mais les Echevins[2] revinrent à la charge. « Nous avons pris la liberté de vous représenter, Monseigneur, lui écrivaient-ils, que, lorsque le mal contagieux commença à calmer dans cette ville, il s'éleva mille contestations pour des successions, pour des explications, ou autrement, et, comme nous ne pouvions pas entrer dans ce grand détail, nous choisîmes comme commissaires cinq procureurs du siège pour y vaquer... Outre les soins qu'ils donnaient en quittant leurs études, ils se trouvaient beaucoup exposés, étant journellement entourés de qua-

---

1. Lettre des Echevins à Lebret, 10 décembre 1721 (Arch. mun., C. E., p. 155, recto).
2. *Ibid.*, 16 décembre 1721 (Arch. mun., C. E., p. 157, recto).

rante ou cinquante personnes, quelques-unes desquelles pouvaient être convalescentes ou atteintes du mal. D'ailleurs ces mêmes commissaires étaient de temps en temps en obligation de faire des descentes dans diverses maisons de la ville et de la campagne où il y avait eu des morts. Enfin ils ont fait quantité de procédure civile et criminelle. » Les Échevins insistaient donc pour que, conformément à leur promesse, ces commissaires fussent largement rétribués. « Nous vous supplions très humblement d'approuver que des gens qui ont tant travaillé et si utilement soient payés. » Lebret finit par se rendre à ces raisons d'ailleurs plausibles, et approuva les propositions de la Municipalité. Comme d'ailleurs il avait été chargé par le Gouvernement de présenter diverses propositions de gratifications, il rédigea cet état dans les premiers jours de janvier[1] 1722, et l'envoya à la cour en y joignant un mémoire très détaillé, sur le même objet, pour toute la Provence[2]. Ce mémoire lui fut retourné avec pleine et entière approbation: en sorte qu'il n'y eut plus qu'à distribuer les grâces accordées sur la demande de l'Intendant. On conserve aux Archives nationales[3] la liste de ces grâces : elle est fort intéressante à consulter, car elle fait connaître par le détail les services rendus par d'humbles serviteurs, mais nous craindrions, en les énumérant, de tomber dans la monotonie. Nous ne ferons qu'une exception en faveur de Pichatty, ce secrétaire du conseil municipal, que nous avons toujours rencontré ferme à son poste, et qui, malgré l'étendue de ses occupations, trouva le temps de composer ce premier Mémorial de la peste, auquel nous avons fait de fréquents emprunts. Or Pichatty, en rédigeant ce travail, avait peut-être eu le tort de ne pas assez ménager certaines susceptibilités. Il avait aussi commis, dans sa précipitation, diverses inexactitudes; en sorte que son ouvrage fut assez mal ac-

---

1. Voir sa lettre d'envoi à la date du 19 janvier 1722 (Arch. nation., G7, 1736).
2. Archives nationales, G7, 1731.
3. *Ibid.*, G7, 1738-1745.

cueilli dans le monde officiel. Lebret n'hésitait pas à se prononcer contre lui. « Je crois comme vous, écrivait-il aux Echevins[1], que la relation que le sieur Pichatty a fait imprimer, serait bonne à supprimer, me paraissant qu'il y a plusieurs choses omises, mais encore plusieurs faits qui ne sont pas exacts. En tout cas il ne faut pas douter qu'il n'y ait beaucoup d'autres relations de vos malheurs, et celle que vous avouerez sera sans doute la seule à laquelle on ajoutera foi dans la suite des temps. » Lebret se trompait, car le Mémorial de Pichatty, même à l'heure actuelle, est resté comme un des plus importants documents de l'époque : il n'en est pas moins vrai qu'en haut lieu on lui savait mauvais gré de sa franchise. On lui reprochait également d'avoir un mauvais caractère. Villars-Brancas, dans une lettre aux Echevins en date de 29 décembre 1737, parlait[2] de lui comme d'un esprit remuant et inquiet, qui ne tendait qu'à élever toutes sortes de tracasseries dans le Conseil de la Ville », mais il était au courant des affaires municipales, très actif, et très courageux. Ainsi les Echevins[3] prirent-ils sa défense. Ils le soutinrent même auprès de Villars et ce dernier leur donna raison : « J'ai reçu, leur écrivait-il[4], votre lettre du 30 octobre au sujet du sieur Pichatty, duquel j'ai déjà ouï dire beaucoup de bien, et je suis persuadé que vous ne pouvez mieux faire que de le confirmer dans l'emploi où vous l'avez nommé. » Malgré Lebret, Pichatty fut donc maintenu sur la liste des gratifications, et, quand il mourut, une pension fut accordée à sa famille[5].

1. Lettre de Lebret aux Echevins, 30 septembre 1720.
2. Lettre de Villars-Brancas aux Echevins, 29 décembre 1737.
3. Lettre des Echevins à Lebret, 16 décembre 1721 (Arch. mun., C. E., p. 157) : « A l'égard du sieur Pichatty, qui a supporté le plus gros poids de police, il est constant qu'il a rendu les plus longs et les plus importants services, ayant décidé toutes les questions de droit qui se présentaient, et même, comme il ne pouvait vaquer à tout, M. de Langeron et nous trouvâmes à propos de lui donner un substitut. »
4. Lettre de Villars aux Echevins, 13 novembre 1721. — Cf. lettre de La Vrillière (7 décembre 1721), approuvant le choix de Pichatty comme avocat de la ville et procureur du roi.
5. Inventaire des Archives de Marseille, p. 22, colonne 1.

On nous saura gré de conserver aussi le nom de quelques modestes agents de la municipalité, dont les services, s'ils ne furent pas bruyants, furent du moins utiles. Ils ne figurent pas dans les listes officielles, mais nous avons retrouvé dans les archives municipales l' « état [1] des sommes que messieurs les Echevins ont trouvé juste de faire payer aux dénommés ci-après pour leur travail pendant la durée de la contagion ». Michel Nicolas, Jean Cauvin, Dauphiné et Sanbuc, ont été attachés à la personne d'Estelle, Audimar, Dieudé et Moustier, tant que dura la peste. Deux d'entre eux, Nicolas et Dauphiné, furent même atteints par le fléau. On récompensa leur dévouement en leur donnant une gratification. Sallindre, valet du bureau de la Santé, mourut dans l'exercice de ses fonctions : mais son fils reçut une petite pension. Guillaume Ferrandin, concierge de l'hôtel de ville, Pierre Rougier, valet du bureau du vin, et les Pères Capucins qui ont rempli l'office d'aumôniers, et dont beaucoup sont morts, sont encore inscrits sur cette liste d'honneur, de même que l'entrepreneur Brémond, l'actif constructeur de l'hôpital du Mail, et Jean Guérin, le fournisseur des hôpitaux et le principal agent des inhumations et de la désinfection, « que nous avons employé pendant la contagion à toutes sortes d'usages avec une entière satisfaction de notre part, et qui, dans ces occupations, eut le mal contagieux, dont il fut guéri à ses frais et dépens ». Que ces bons citoyens reçoivent ici le tribut de reconnaissance qui leur était bien dû.

En résumé presque tous les services avaient été reconnus et furent récompensés. On trouva même, car il ne manque jamais d'esprits inquiets ou jaloux pour regretter la joie de leurs voisins, que certaines de ces récompenses avaient été accordées un peu légèrement. A cette occasion un poète local composa une chanson épigrammatique dans cette langue provençale alerte et sonore, qu'on a trop longtemps dédaignée, et qu'on nous permettra de reproduire dans sa saveur primesautière [2].

1. Archives municipales, 4ᵉ division, 15ᵉ section, n° 11.
2. LAFORÊT, ouvr. cité, p. 96.

Cansoun nouvello dei recompenso de la pesto,
Sur l'air de : *la Bello Poulineiro e soun bravo varlé.*

Enfin, réjouissez-vous,
Dignes oufficiers de la pesto.
Vouestro recoumpenso es lesto.
Es ainsi : prepara-vous
Per recebre vouestro crous,
Deis servicio surprenant
Qu'avez rendus à Marseillo,
Lou brut vengat eis ourillos
D'un prince reconnaissant :
Anas regorgea de ben.
Déjà, per expres courrier
Es vengudo la caisseto.
N'es pas pleno de brouqueto,
May de crous de chivalier
Et de brevets d'oufficier.
Es veray : de geleous d'abord
Uno noumbroso cabalo
N'avien retingo la malo ;
May Diou, ennemy d'au tort,
Vous rendé tant de trésor.
Approucha-vous tour à tour,
Emplega de la gandoulfo.
Venes apara la coufo,
Et recebre en aques jour
Lon fruit de vouestre secours.
Pareisses au premier rang,
Introductour de la pesto !
Venés prendre vouestro resto,
La crous, et per son ruban,
Prenés mille francs par an,
Et vous, qu'éries soun segound,
Venés passa dans la caisseto.
Poudés reprendre la breto,
Lon Rey vous, emé raison,
Ennoubli vouestro maison.
Majour, que ti sies tan ben
Sacrifia por la villo,
Ornament de ta famillo,
Pren ton brevet que ti ven
D'inspecteur dei bastimen.
Prenes aro à vouestro tour

LA LIQUIDATION

> Gardo-pouertos, commissaires,
> Médecins, apothicaires,
> Capitains, inspectours,
> Economes, directours.
> Oufficiers de ville, et vous,
> Sergeants, souldats, sentinelos,
> Varlets, gardes d'escudelos,
> Venés senso estre trentous
> Vous saisi de vouestros crous.
> Vous turen part dou gateau,
> Avec part a la caissette.
> Approucha, passa gavetto,
> Capoun, goudouliers et courbeau,
> Conductours de tombereau,
> L'i a des gens particuliers
> Trouvant lei crous trou communo ;
> Mais si qu'auqu'un n'importuno,
> Verés ben d'autre foulies :
> Faray Bastian chivalier.

Au nombre de ceux qui auraient mérité une récompense figurent en première ligne les forçats des galères, qui avaient accepté la mission d'ensevelir les morts ou de remplir divers offices répugnants, mais à la condition expresse que les survivants auraient remise de leur peine. On sait que la plupart d'entre eux avaient succombé à leur pénible tâche. Il n'était donc que juste de tenir aux « rescapés » la parole donnée. Nous avons peine à l'avouer, mais le pouvoir central ne reconnut pas tous ses engagements. Des rares galériens survivants, 241 seulement sur 784, les uns reçurent la liberté promise, les autres garnirent de nouveau les bancs de la chiourme et subirent, comme par le passé, toutes les rigueurs du bagne[1]. On retint en effet tous ceux qui n'exerçaient aucune industrie, et n'avaient vécu que de brigandage. On se demande quelles raisons on a pu alléguer pour violer ainsi des promesses solennelles. Craignait-on de ne pas avoir assez de monde pour le service de la marine, ou plutôt, sous prétexte que les galériens étaient en dehors du droit commun, les considérait-on comme quantité négligeable? Quoi qu'il en soit, plusieurs de ces

1. FABRE, *Histoire de Marseille*, t. II, p. 352.

infortunés durent réintégrer leurs prisons flottantes. Tel était le prix dont on payait leurs services !

Il n'y eut d'exception que pour quelques-uns d'entre eux : Jean Larieu[1], un ex-dentiste qui, sans doute, resta attaché à l'hôpital; Jean Delaire, que les Pères Chartreux gardèrent comme domestique, et du Belay qui, plus favorisé, obtint l'autorisation de rester à Marseille. Tous les autres furent réduits à ronger leur frein, et à maudire entre eux l'ingratitude gouvernementale.

Au moins les Echevins de Marseille protestèrent-ils contre cette iniquité. Voici une lettre[2], tout en leur honneur, qu'ils adressèrent le 20 décembre 1721 au Régent : « Nous supplions très humblement Votre Altesse Royale d'avoir la bonté de permettre que nous ayons l'honneur de vous représenter avec un profond respect que, dans les mois d'août et de septembre 1720, il lui avait plu d'ordonner à MM. les officiers généraux des galères de nous donner des forçats, dont nous avions besoin pour enterrer les morts et servir aux autres usages nécessaires pendant la contagion. On nous en donna 696 dont il reste 210, tous les autres étant morts. Parmi ces 210 forçats, il y en a encore 28 qui se trouvaient employés aux boucheries, aux magasins des blés, ou à charrier du bois pour les hôpitaux ou pour le camp. MM. les officiers des galères ont fait remettre ces 28 malheureux forçats à la chaîne, présupposant que, par la qualité de leurs services, ils ne devaient pas avoir gagné leur liberté, comme les autres ont fait en enterrant les morts : mais nous osons espérer que ces 28 forçats auront le bonheur de recouvrer pareillement leur liberté, s'il plaît au Conseil de considérer qu'ils ont été également exposés comme les autres, et que leur travail a même été plus long et plus pénible. En effet, de 34 forçats qui ont été employés dans les magasins de blé, où toute la ville abordait, il n'en a échappé que 6. Il en est

---

1. Inventaire des Archives de la ville de Marseille, p. 22, lignes 2, 3 et dernière de la première colonne.
2. Lettre des Echevins au Régent, 20 décembre 1721 (Arch. mun., R. G., p. 86, recto et verso).

mort 14 à la boucherie que les autres forçats qui ont resté enterrèrent. Ceux même qui étaient employés à charrier du bois étaient aussi, de temps en temps, obligés d'enlever quelques cadavres. C'est pourquoi nous supplions très humblement Votre Altesse Royale d'avoir la bonté de délivrer ces pauvres malheureux de la chaîne où ils ont été remis, et d'ordonner qu'on leur accorde la liberté, que nous croyons qu'ils ont gagnée par leurs longs et pénibles services. » Cette demande était trop légitime pour qu'il n'y fût pas fait droit. D'ailleurs on ne s'adressait jamais en vain au cœur de Philippe d'Orléans. Il transmit au Conseil la lettre des Echevins et, dès le 7 janvier 1722, L. A. de Bourbon et le chevalier d'Orléans leur annonçaient[1] que la grâce était accordée. C'était une première satisfaction donnée à l'opinion publique : ce ne devait pas être la dernière.

Les officiers des galères, habitués à traiter leurs hommes avec une extrême rigueur, avaient, au mépris des ordres reçus, retenu au bagne près de 80 des forçats qui avaient exposé leur vie pour le salut de Marseille. Ils y étaient encore en avril 1723. Les Echevins voulurent mettre un terme à cette iniquité. Ils s'adressèrent donc, non plus à Philippe d'Orléans qui n'était plus Régent du Royaume, mais au premier ministre, le cardinal Dubois[2] : « Avant que cette ville fut déconsignée, MM. de Vaucresson et de Barras firent remettre à la chaîne environ 80 de ces forçats, qui se trouvaient encore ici, et ces pauvres malheureux qui se revoient en galères nous représentent tous les jours les services qu'ils ont rendus à cette ville, et le travail pénible et dangereux auquel ils avaient été exposés pendant longtemps, et en considération duquel Son Altesse Royale avait eu la bonté de leur promettre la liberté. Nous supplions très humblement votre Eminence d'avoir pitié de ces pauvres malheureux, et d'avoir la bonté de leur accorder la récompense promise, et après laquelle ils

1. Lettre aux Echevins, 7 janvier 1722.
2. Lettre des Echevins au cardinal Dubois, 5 avril 1723 (Arch. mun., R. G., p. 124, recto et verso).

soupirent depuis longtemps. Si Votre Eminence veut bien délivrer ces forçats de leurs chaînes, Elle fera une œuvre de charité bien grande, et Elle excitera ceux qui, dans la suite, pourraient rendre à la ville les mêmes services dans un pareil malheur par l'espérance d'une pareille récompense ». Nous ignorons la suite donnée à cette affaire, car nous n'en avons pas trouvé la solution dans les papiers à notre disposition. Nous aimons à croire que si, dans la circonstance, les Echevins firent leur devoir, le cardinal Dubois ne méconnut pas le sien, et rendit la liberté à ces malheureux, qui l'avaient si bien méritée.

A la fin de l'année 1723, un de ces misérables était encore retenu aux galères. Son cas était pourtant intéressant. Il se nommait Antoine Jauffret, et il avait non seulement servi de corbeau, mais encore de portefaix et d'infirmier à l'hôpital. Seulement il figurait dans le rôle comme mort ou évadé. Les Echevins intervinrent en sa faveur. Ils demandèrent sa mise en liberté dès le 30 septembre, mais ils ne l'obtinrent que le 17 novembre. Le ministre Maurepas leur écrivit[1] directement pour leur annoncer cette grâce. Elle était bien tardive, mais enfin l'injustice était réparée. Il n'en est pas toujours ainsi dans les jugements humains !

1. Correspondance de la mairie, au mot Maurepas.

LE MARÉCHAL DUC DE VILLARS
Gouverneur de Provence.
(Collection J. B. Samat.)

CHAPITRE XI

LA RECHUTE

Un des premiers historiens de la peste de Marseille, l'auteur anonyme des *Réflexions sur la peste*, écrivait déjà, dans les premiers mois de l'année 1721 : « Le cruel Philistin qui nous a désolés est encore sur nos terres, et nous menace de renouveler ses premières fureurs. Ce feu dévorant a bien fui devant l'incursion d'un Aaron, mais il n'est pas éteint, et il est à craindre que de nouveaux embrasements ne ramènent de nouvelles désolations. Periclitamur omni hora (Cor. 15). » Ce pressentiment qui troublait le rédacteur des Réflexions, Capus, l'archiviaire de l'Hôtel de Ville, l'éprouvait également. Voici ce qu'il écrivait, à la date du 8 mai 1721, sur le Registre[1] où il transcrivait toutes les ordonnances relatives à la peste. « La maladie contagieuse qui avait cruellement affligé cette ville avait entièrement cessé et l'on avait joui pendant neuf ou dix mois d'une santé parfaite, mais, dans le commencement du mois d'avril 1722, il y eut quelque léger soupçon de rechute... Le mal en demeura là jusqu'au commencement du mois de may suivant... Dieu veuille que cela n'ait pas de suites fâcheuses. »

1. **Registre de transcription**, p. 118.

Capus ne prévoyait que trop les malheurs qui, pour la seconde fois [1], allaient fondre sur Marseille, et rappeler l'année 1720. Aussi bien la maladie n'avait jamais complètement disparu. De temps à autre, on apprenait quelque mort soudaine, inexplicable autrement que par la peste, et, au fond, personne n'était bien tranquille. Les nouveaux [2] Echevins, Moustier et Dieudé, qui étaient restés en fonctions, Rémusat et Saint-Michel qui avaient remplacé Estelle et Audimar, affectaient, il est vrai, la confiance la plus absolue, mais ils ne parvenaient pas à cacher leurs inquiétudes persistantes, et, par les précautions qu'ils prenaient pour étouffer les mauvais bruits, ils avouaient leurs craintes. Dès le mois de juillet 1721, un certain Ravel ou Revel, d'Aix, avait écrit à un de ses amis que Marseille était de nouveau sous le coup du fléau, « qu'il y mourait trente à quarante personnes par jour, que l'on enterrait fort secrètement pendant la nuit ». Les Echevins s'adressèrent aussitôt à leur collègue Vauvenargues en le priant de démentir cette calomnie, dont les conséquences pouvaient devenir dangereuses [3]. « Vous comprenez qu'il est du bien public d'empêcher que l'on ne fasse pas de pareils bruits, qui répandent de la frayeur, et causent mille inconvénients. » Si, dans le monde officiel, on redoutait une rechute, la population Marseillaise n'était pas autrement rassurée. Des bruits sinistres continuaient à circuler. Ainsi qu'il arrive, on finissait par croire comme réel ce qu'on craignait, et, de proche en proche, se répandaient les mauvaises nouvelles, commentées et amplifiées.

1. On peut consulter, à la Bibliothèque de Marseille, le manuscrit Aa. 50, intitulé : *Histoire de la rechute de la ville de Marseille*. L'auteur anonyme de cette relation a composé, au jour le jour, une sorte de mémorial, dépourvu de toute prétention littéraire, mais curieux par les détails qu'il renferme.
2. Avis de l'élection donné par lettres à Brancas, qui avait succédé à Langeron le 29 novembre 1721, à Villars, à Lebret, au Chancelier, à Le Blanc, à La Vrillière (2 décembre 1721). — Lettre de félicitation de Lebret (4 décembre 1721).
3. Lettre des Echevins à Vauvenargues, juillet 1721 (Arch. mun., C. E., p. 111, recto et verso).

Une Marseillaise réfugiée à La Ciotat, Mme Audiberte Rome, eut à ce moment la malheureuse idée d'écrire à un certain Aubert que plusieurs portefaix venaient de mourir à Marseille, et que les malades étaient fort mal soignés dans les hôpitaux. Elle y avait été pour sa part aussi mal traitée que si elle eût été condamnée aux galères. Cette lettre tomba entre les mains des Echevins de Marseille qui la communiquèrent[1] aux consuls de La Ciotat. Ceux-ci mandèrent aussitôt auprès d'eux Mme Rome, et, comme cette dernière prétendait ne pas être l'auteur du document incriminé, ils lui firent subir un interrogatoire en règle, à la suite duquel, perdant la tête, la malheureuse fut convaincue de mensonge. « Pour[2] ne pas laisser impunie cette calomnie, nous avons trouvé à propos de la faire embarquer sur la présente tartane du patron Jacques Rolland pour retourner chez elle, où vous pourrez lui imposer telle peine que vous jugerez à propos, et telle que sa légèreté ou sa malice peuvent mériter. »

On ne sait si les Echevins se montrèrent sévères à l'égard de cette commère bavarde : il est probable qu'ils ne donnèrent pas suite à l'affaire, par crainte d'un éclat, mais ils se tenaient sur leurs gardes, tout en se croyant obligés d'affirmer en toute circonstance que l'état sanitaire était excellent. Ainsi, le 5 avril 1722, ils écrivaient[3] aux consuls de Draguignan « le bruit s'était répandu que le mal s'était rallumé ici, mais ce bruit était sans fondement ». En réalité la peste n'avait pas complètement disparu. Nous avons retrouvé un[4] « Etat des morts depuis le 18 février », où sont énumérées[5] toutes les personnes mortes subitement, et de maladies qualifiées

---

1. Lettre des Echevins aux consuls de La Ciotat, 6 décembre 1721. (Arch. mun., C. E., p. 154, recto).
2. Réponse des consuls de La Ciotat, décembre 1721 (Arch. mun.).
3. Lettre des Echevins aux consuls de Draguignan, 5 avril 1722.
4. Archives municipales, 15° section, 4 division, n° 11.
5. 3 février, Reibaud ; 3 mars, Mlle Reibaud ; 30 mars, deux enfants de Beau ; 3 avril, abbé Chardrousse, et la servante de l'abbé Izouard ; 9, enfant à Saint-Victor ; 11, Beau ; 25, Mlle Audiffrete ; 4 mai, six personnes aux infirmeries ; du 5 au 11, dix-huit personnes.

de suspectes. Or, ces maladies étaient si peu suspectes que les Echevins ordonnaient de brûler sur-le-champ les hardes et effets des défunts. Le « cahier [1] des effets brûlés, par ordre de M. le Marquis de Pille et de M. Moustier, aux personnes attaquées de contagion à partir du 14 avril 1722 » existe encore. On n'aurait pas pris tant de précautions s'il se fût agi de malades ordinaires. L'étude de ce cahier est même intéressante : elle nous permet d'entrer dans la vie intime des Marseillais de l'époque. Voici, par exemple, de quoi se composait le modeste mobilier de l'une des victimes de l'épidémie, l'abbé Chardrousse. On trouva dans son logis de la rue d'Aubagne deux cadres dorés, un lit, deux tables de noyer, deux rideaux d'indienne, deux tapis du Levant, deux soutanes d'étamine, un mauvais « capot », deux manteaux, quatre culottes, deux justaucorps, deux vestes, quatre couverts de laiton, dix serviettes, trente-deux livres, trois nappes, douze chemises, un drap de lit, trois surplis, quatre gilets, quatre paires de bas noirs, quatre paires de souliers, trois paires de boutons d'argent, une seringue, un miroir avec cadre noir, un chandelier en laiton, une boîte à tabac, une canne, plusieurs rabats et mouchoirs sales, seulement une pièce de vingt sols.

Malgré leur assurance officielle les Echevins n'étaient donc pas tranquilles, et bientôt il leur faudra reconnaître la vérité : la peste est de nouveau à Marseille. En effet, le 13 avril, et cette fois sans qu'il fût possible de cacher plus longtemps l'accident, un certain Beauveau était transporté aux Infirmeries avec tous les symptômes de la peste. Moustier courut se rendre compte par lui-même de l'état du malade. Le docteur Robert, qui le soignait, déclara bien que Beauveau n'était malade que d'un excès de table, mais coup sur coup d'autres cas furent signalés, et ils étaient au moins fort suspects, car les Echevins « firent désinfecter fort exactement et secrè-

1. Archives municipales, 4ᵉ division, 15ᵉ section, n° 11. Voir également, à titre de curiosité, l'inventaire du mobilier brûlé dans la chambre des enfants Beau.

tement » les maisons des contaminés. « Bien que la précaution nous paraisse inutile, écrivaient-ils[1] à Lebret et au marquis de Brancas, nous aurons l'honneur d'informer fidèlement Votre Grandeur de tout ce qui se passera pour la santé. »

Lebret fut très effrayé par cette communication. Le même jour, 15 avril, il envoyait deux courriers aux Echevins pour leur demander[2] des nouvelles précises : « Je vous prie instamment de me mander tous les ordinaires ce qu'il y aura de nouveau, car, quoique il ne semble pas qu'il y ait lieu de craindre, l'on ne laisse pas d'être toujours dans l'inquiétude. » Quant au marquis de Villars-Brancas, qui, en sa qualité de commandant militaire de la province, était chargé à Marseille des mêmes attributions que naguère Langeron, il insistait de son côté pour avoir des renseignements précis. Affectant un calme qu'ils n'éprouvaient pas et persuadés de la nécessité de rassurer la population, même en déguisant la vérité, les Echevins répondirent aux hauts fonctionnaires qui les interrogeaient que tout allait pour le mieux. La lettre qu'ils adressèrent[3] à Brancas le 26 avril 1722 est même fort explicite, bien qu'on devine sous leurs atténuations exagérées la réalité de leurs craintes. « Monseigneur, la santé continue d'être fort bonne ici, mais nous appréhendons que notre trop grande attention, notre rigidité, et la précaution que nous prenons ne donnent lieu de croire que le mal a recommencé chez nous et que nos médecins ne trouvent toujours de douloureux accidents, s'ils continuent à les examiner comme ils font.

1. Lettres des Echevins à Lebret et à Brancas, 14 et 15 avril 1722 (Arch. mun., C. E., p. 172, recto).
2. Lettre de Lebret aux Echevins, 15 avril 1722 (Arch. mun.).
3. Lettre des Echevins à Brancas, 26 avril 1722 (Arch. mun., C. E., p. 174, recto et verso). Les Echevins avaient également cherché à rassurer Lebret. Voir réponse de ce dernier, datée du 26 avril 1722 : « J'apprends avec plaisir le bon état de vos quarantaines, et toutes les précautions que vous avez prises sur cette matière. » On peut encore consulter aux Archives de la Chambre de commerce de Marseille (G. G., 2), à la date du 17 juillet 1722, une circulaire adressée en même temps à Villars, La Vrillière, Brancas, Lebret, Langeron, de Pilles, etc., sur les causes de la rechute.

Nous sommes même persuadés que, si nos devanciers avaient agi depuis soixante ans aussi scrupuleusement que nous, il ne se serait pas passé une année sans soupçonner et croire la peste. Et réellement la santé n'a jamais été si bonne et si universelle dans cette ville qu'elle l'est depuis longtemps. L'on n'avait jamais vu que, dans la vaste paroisse de Saint-Martin, le Saint-Sacrement ne fût point sorti pendant une semaine entière comme il est arrivé depuis Pâques. Nous vous supplions d'avoir la bonté d'entrer dans ces considérations afin de procurer quelques soulagements à cette ville qui souffre, quoique saine, depuis tant de temps. »

En termes à peu près identiques les Echevins tenaient Lebret au courant de la situation, mais, plus habitués à entrer avec lui dans tous les détails, et reprenant une vieille querelle que l'on croyait assoupie, ils se plaignaient[1] à lui des médecins « qui trouvent toujours des accidents à craindre et épluchent toutes les maladies ». Ils lui demandaient en même temps l'autorisation, qui avait été suspendue, de délivrer des patentes de santé aux navires qui sortiraient du port. Lebret[2] les remercia des bonnes espérances qu'ils lui donnaient, les félicita des bonnes dispositions qu'ils avaient déjà prises, mais n'osa pas prendre sur lui d'autoriser la sortie des navires. « Les assurances que vous me donnez de la bonne santé me font un vrai plaisir, quoique que j'aie toujours été aussi persuadé que vous qu'elle n'a jamais été aussi bonne qu'elle l'est depuis longtemps. Je conviens que le trop de précautions nuit quelquefois, mais je n'ai pas pu me dispenser d'en prendre en dernier lieu pour détruire entièrement les mauvaises impressions que des esprits inquiets et mal intentionnés peuvent avoir suggérées à nos voisins. Personne n'est plus porté que moi à tout ce qui peut tendre à votre bien et à l'avantage de votre commerce, mais il y a si peu de temps jusqu'à

---

1. Lettre des Echevins à Lebret, 26 et 29 avril 1722 (Arch. mun., C. E., p. 173, verso et recto. *Ibid.*, p. 174, verso et recto).
2. Lettres de Lebret aux Echevins, 28 et 30 avril. — Cf. lettre de Brancas (Arch. mun.).

mon retour à Marseille, que je vous prie de ne rien innover à ce que j'ai ordonné. J'irai dans peu de jours : alors je rétablirai toutes choses dans leur état naturel, et conformément aux derniers arrêtés du conseil[1]. »

Il semblait donc, bien que l'alarme eut été chaude, que l'état sanitaire n'était pas compromis. Tout à coup arrivèrent de mauvaises nouvelles. Le 4 mai, dans la maison de l'emballeur Berne, située rue de la Croix[2], survint une mort subite, et trois cas suspects furent signalés. Les Echevins prirent aussitôt les précautions d'usage. « Nous avons fait enterrer pendant la nuit les morts et porter les malades aux infirmeries. Nous y avons fait aussi passer les personnes saines qui se trouvaient dans la même maison, laquelle a été ensuite parfumée et fermée, et tout ce qui a paru tant soit peu suspect brûlé. Nous espérons que, par les précautions les plus rigides que nous avons prises et que nous continuerons, cet accident n'aura pas de suite fâcheuse[3] ». Les Echevins se trompaient. De nouveaux décès eurent lieu dans la Grande Rue et dans la rue de la Croix d'Or. Sans doute on prétendit que ces morts n'étaient pas le fait de la peste. On allégua même[4] qu'une vieille femme était morte « d'une suffocation causée par la succion de quelques dames-jeannes de vin » ; mais bientôt l'hésitation ne fut plus possible, et Moustier était obligé, le 11 mai 1722, d'avertir le conseil municipal que « quelques morts précipitées qu'il y eut ces jours derniers ayant fait soupçonner un retour de peste », il y avait lieu de recourir aux précautions ordinaires.

La panique fut générale. « Les malades mouraient alors si subitement, écrit l'auteur anonyme de l'histoire de

1. Lettre analogue de Villars aux Echevins, 8 mai 1722 (PT, n° 381). « Il nous faudra quelque temps, ajoutait-il, pour voir le calme se rétablir dans les esprits. »
2. Petite rue qui joint la Coutellerie à la rue du Chevalier-Roze.
3. Lettre des Echevins à Lebret, 6 et 10 mai 1722 (Arch. mun., C. E., p. 177, verso). — Lettre identique à Brancas (Arch. mun., C. E., p. 176, recto et verso).
4. Lettre des Echevins à Lebret, 12 mai 1722 (Arch. mun., C. E., pp. 178 et 179, recto et verso).

la Rechute[1], que tout le monde était épouvanté ». En un clin d'œil, boutiques, églises et couvents se ferment. Les chanoines de Saint-Victor se barricadent dans leur monastère et les religieuses, avec la permission de l'évêque, se réfugient dans leurs familles. Les citadelles de Saint-Jean et de Saint-Nicolas, ainsi que l'arsenal, haussent leurs ponts-levis.

En vain les Échevins ordonnent[2], sous les peines les plus sévères, trois mois de prison et confiscation de marchandises, à tous les boutiquiers de rouvrir leurs magasins[3] (8 mai) ; à tous les « cabaretiers[4], billardiers et cafetiers » de vendre leurs boissons comme d'habitude (18 mai) ; aux boulangers, aux meuniers et à leurs garçons de ne quitter ni leurs fours, ni leurs moulins[5] (11 et 18 mai) ; en vain défendent-ils l'émigration vers les bastides, et Brancas va-t-il jusqu'à menacer de mort ceux qui essayeront de sortir du territoire, même les animaux domestiques qui, par mégarde, franchiraient la limite[6]. Les habitants se précipitent hors la ville et sortent des barrières sous le feu des soldats. Aussi bien ne lit-on pas sur les murs les ordonnances qui prescrivent une désinfection générale[7] (11 mai) et qui condamnent à être fusillés ceux qui seront convaincus de vol pendant le travail de la désinfection[8] ? (26 mai)? Les commissaires de quartier ne sont-ils pas investis de pouvoirs extraordinaires[9] (26 mai)? Voici qu'on porte aux Infirmeries toutes les marchandises qui arrivent à Marseille[10] (18 mai) ; voici qu'on creuse dans les jardins

---

1. Manuscrit A^a, 50, p. 7.
2. Voir dans Méry et Guindon, *ouv. cité*, t. VI, p. 340 : « Mesures adoptées par les autorités locales contre la peste ».
3. Registre de transcription, p. 119. « Exception est faite pour les marchands drapiers, merciers, toiliers et fripiers, mais à condition de ne pas sortir de la ville, 19 mai. (*Ibid.*, p. 129).
4. Registre de transcription, p. 129.
5. *Ibid.*, pp. 120, 123, 125.
6. Manuscrit A^a, 50, p. 17.
7. Registre de transcription, p. 120.
8. *Ibid.*, p. 131.
9. *Ibid.*, p. 130.
10. *Ibid.*, p. 118.

du couvent de l'Observance des fosses gigantesques pour recevoir les cadavres, et, pour enlever toute illusion, dès le 1ᵉʳ juin, on imprime et on distribue dans les rues la *Méthode de traiter la maladie contagieuse*, et des *Observations* générales *sur la maladie, sur ses symptômes, l'usage des remèdes, le traitement des éruptions et jusque sur les évacuations naturelles*. Le viguier de Pilles, trouvant que « bien des gens se donnaient la licence d'écrire ce qu'ils voulaient et de faire le mal plus grand qu'il n'était, dans les pays étrangers et dans le royaume » fait même publier dans la ville et le terroir une défense, sous peine de la vie, à tous les habitants, « d'écrire ce qui se passait à Marseille au sujet du mal ». L'excès de ces précautions prouvait l'étendue des craintes. On se croyait revenu aux pires jours de 1720, et la terreur allait de nouveau régner à Marseille.

Les Echevins furent à la hauteur des circonstances. Ainsi que leurs devanciers, ils ne quittèrent pas leur poste de combat et s'efforcèrent d'arrêter la marche envahissante du fléau. Leur premier soin fut d'organiser le service hospitalier. Ils songèrent à transporter les malades non pas seulement aux infirmeries qui deviendraient promptement insuffisantes, mais à l'hôpital de la Charité, dont on délogerait les occupants qui seraient transférés à l'hôpital des Convalescents. Quant aux quarantenaires on leur réserverait le couvent de l'Observance.

Les recteurs de l'Hôtel-Dieu se montrèrent aussi peu

1. Registre de transcription, pp. 135-139.
2. Voir dans le registre de transcription de Capus (p. 120), diverses recettes de parfums et de remèdes.
3. Manuscrit Aᵃ, 50, p. 5.
4. Arrangements pris dans la ville de Marseille par M. le marquis de de Pilles et MM. les Echevins au commencement du mois de mai 1722. Broch. in-8, 8 pages, Marseille, Maillard. — Cf. Manuscrit Aᴬ, 50, p. 4.
5. L'état nominatif des malades entrés dans ces hôpitaux a été conservé (Arch. mun., 4ᵉ division, 15ᵉ section, nº 11), ainsi que les comptes administratifs de toutes les dépenses, et jusqu'aux mémoires des fournisseurs. De même pour les inventaires.
6. Voir aux Archives municipales (*ut supra*) le « Mémoire de ce qui est dû aux Pères de l'Observance » pour avoir été délogés de leur couvent.

empressés qu'en 1720[1]. De nouveau ils émirent la prétention de ne pas recevoir dans leurs salles de pestiférés. Dès le 2 mai, sur le rapport du docteur Raymond et du chirurgien Amoureux, ils décidèrent de parquer dans de nouvelles bâtisses, ce qu'on appelait l'Entrepôt, tous ceux des malades suspects que les Echevins leur enverraient, et ils députèrent[2] trois d'entre eux, Castellan, Grimod et Demandes, au marquis de Pilles, pour le supplier de les ménager et de ne leur envoyer les pestiférés qu'en cas de nécessité absolue. Bientôt même, dès le 14 mai[3], comme les progrès de la maladie devenaient inquiétants, les recteurs, aussi prudents, pour ne pas dire aussi pusillanimes qu'en 1720, décidèrent de suspendre jusqu'à nouvel ordre les séances du bureau, « attendu que les soupçons de contagion causent un dérangement général dans la ville et que la frayeur s'est répandue dans toutes les familles. Il sera sursis à l'assemblée des bureaux, lesquels ne se tiendront que sur la convocation qui sera faite par M. le Semainier, pour causes extraordinaires, jusqu'à ce que la santé soit parfaite dans la ville et que les esprits soient rassurés[4]. » Ils ne devaient en effet reprendre leurs délibérations que le 17 septembre. Au moins, avant de se disperser, avaient-ils assuré les services, en contractant un emprunt de 15.000 livres, et en mettant à la tête du service des chirurgiens le sieur Orange, qui se distingua par sa froide intrépidité, et à la tête du service des nourrices et des enfants trouvés l'économe Caillat et son commis Augier.

Les Echevins s'occupèrent également d'assurer le service médical, et ce ne fut pas sans difficulté. Il fallut user de rigueur contre deux d'entre eux, Sicard, qui n'avait pas voulu servir à la Charité et fut, par ordre de Pilles, enfermé au fort de Notre Dame de la Garde, et Agier qui fut, nous ne savons pour quel motif, dégradé[5]

---

1. FABRE, *Histoire des hôpitaux de Marseille*, t. 1, p. 360.
2. Archives hospitalières de Marseille. Registre K, fol. 42.
3. *Ibid.*, fol. 44.
4. Il y eut pourtant une autre séance le 16 juillet (K, fol. 45). Mais on n'y prit que des mesures relatives au règlement intérieur.
5. Manuscrit A², 50, p. 5.

de sa profession, déclaré indigne et incapable d'exercer à l'avenir la médecine et, de plus, banni de Marseille. Quant aux autres « messieurs médecins, qui se sont cru nécessaires en cette occasion, ils ont fait quelque bruit pour avoir leur part meilleure. On ignore s'il n'aurait pas été plus prudent de s'en passer, à la réserve de l'hôpital de la Charité, où il en faut absolument pour la satisfaction de l'opinion publique; mais, pour le reste, des chirurgiens pourraient suffire, ce qui serait une grosse épargne pour la communauté. Quoique messieurs les médecins paraissent fondés à demander ce qui leur est dû, nous sommes dans l'impuissance de leur donner aucun secours. Votre Grandeur jugera aisément que, pour mettre nos seuls hôpitaux en état, il nous faut des sommes réelles et considérables. Il en faut pour la subsistance des malades qui peuvent venir, et pour celle des gaillards mis en quarantaine, pour les salaires et nourriture des employés et domestiques pour servir[1]. » Ces dépenses étaient en quelque sorte obligatoires. Lebret ne l'ignorait pas, mais il n'avait été informé que par voie indirecte des dispositions prises, et, bien que résolu à tout approuver, il aurait voulu être averti à titre officiel. « Je ne demande pas mieux que de vous aider en tout ce que je pourrai, écrivait-il aux Echevins[2] (10 mai), et ce n'est que dans cette vue que je vous prie de me faire savoir ce qui se passe. » Il insistait sur la nécessité d'être mis au courant, et demandait qu'un des employés de l'hôtel de ville fût spécialement chargé de ce service. Les Echevins se confondirent en excuses : « Nous[3] reconnaissons que, sans votre secours, tous nos soins deviendraient inutiles. C'est pourquoi nous vous supplions très humblement de continuer à nous honorer de votre protection. » Le bon accord fut tout de suite rétabli et, comme par le passé, cette entente amena d'heureux résultats.

1. Lettre des Echevins à Lebret, 12 mai 1722 (Arch. mun., C. E., pp. 178-179).
2. Lettre de Lebret aux Echevins, 10 mai 1722 (Arch. mun.).
3. Lettre des Echevins à Lebret, 27 mai 1722 (Arch. mun., C. E., p. 185, verso).

Ce qui préoccupait l'administration municipale, c'était le manque d'argent. « Il[1] nous est dû considérablement comme vous le savez, Monseigneur, écrivaient les échevins à Lebret, par le munitentionnaire (sic), par les galères et par les citadelles. Si nous étions payés, nous pourrions survenir (sic). » Ils ne le pouvaient en effet que sur un rendement de 4.000 livres par semaine provenant de la fabrication de la farine, et il leur fallait veiller à toutes les dépenses courantes, et prendre des garanties pour les dépenses supplémentaires qui s'imposaient. « Le moyen de survenir[2] (sic) avec un revenu modique ! Il ne nous reste que l'espérance du secours de Votre Grandeur, si la maladie venait à se déclarer. » Comme les besoins devenaient de plus en plus urgents, ils songèrent, dans leur détresse, à s'adresser au Contrôleur Général (29 mai 1722). Ils lui[3] envoyèrent un état de la situation générale de Marseille, et le supplièrent de venir à leur aide, « car aujourd'hui Marseille se trouve épuisée et le retour du mal contagieux va causer sa ruine entière, si votre protection ne la soutient. Nous avons convoqué ces jours derniers les plus notables habitants pour tâcher de retirer d'eux quelque emprunt, mais ils n'ont eu que des billets de banque à nous offrir après les pertes immenses qu'ils ont faites et la cessation entière du commerce depuis deux ans, pendant lesquels tout ce qu'il y avait d'or et d'argent dans notre ville en est sorti pour acheter du blé, de la viande et du bois. » En attendant la réponse, qui pouvait tarder, du Contrôleur Général, les Echevins renouvelèrent leurs instances auprès du maréchal de Villars[4], qui se contenta, suivant son

---

1. Lettre des Echevins à Lebret, 11 mai 1722 (Arch. mun., C. E., p. 177, verso, et 178, recto).
2. Ibid., lettre du 12 mai.
3. Lettre des Echevins au Contrôleur Général, 29 mai 1722 (Arch. mun., R. G., p. 92, recto et verso). Voir aux archives de la Chambre de commerce de Marseille (G. G, 2) lettre du 19 janvier 1721 pour demander le paiement en argent des billets de banque appartenant à la communauté.
4. Archives de la Chambre de commerce de Marseille AA, 23. Lettre du 8 février 1721. Voir lettre conçue à peu près dans les mêmes termes, par le marquis de Brancas (7 février).

habitude, de leur envoyer de belles promesses : « Son Altesse Royale est bien disposée à nous faire tous les plaisirs qui sont en son pouvoir, et monsieur le contrôleur général qui est fort de mes amis, a les meilleures intentions. Je n'oublierai rien auprès de lui pour vous servir; mais n'allez pas former des espérances qui redoublent notre tristesse pour les voir déçues. Je vous manderai dans peu de jours ce que je pourrai obtenir. J'en informerai votre député et vous pouvez compter que je ferai tout ce qui sera en mon pouvoir pour vous faire accorder des secours. »

Comme la réalisation de ces promesses était à tout le moins hypothétique, les Echevins coururent au plus pressé, et s'adressèrent aux négociants de Marseille pour négocier un emprunt. A cette occasion, le marquis de Villars-Brancas, se souvenant de ce qu'il avait déjà fait au siège de Girone, lors de la guerre de succession d'Espagne, alors que les habitants de cette ville, sollicités par lui, n'avaient pas hésité à lui prêter, sur la seule garantie de sa parole, une somme de 500.000 livres, proposa à la municipalité de contracter un emprunt dans les mêmes conditions. « Je vous prie de faire savoir aux négociants, écrivait-il [1] au marquis de Pilles, que ce n'est ni au roi ni à la ville qu'ils prêteront leur argent ; que c'est moi qui le leur demande et leur en répondrai sur tout le bien et charges que je puis avoir, trop heureux de témoigner par cet endroit la tendre affection que j'aurais pour une ville aussi respectable que Marseille, et où je n'oublierai jamais que j'ai passé les meilleures années de ma jeunesse. » Aussi bien le marquis de Brancas était coutumier du fait, et ce désintéressement était trop rare chez les grands seigneurs ses contemporains pour qu'on ne le signalât pas avec les éloges qu'il mérite. Voici ce qu'il avait dès le 24 janvier 1721 écrit à ce propos aux procureurs [2] du pays : « Quoique mes terres se soient jusqu'à présent garanties du mal, je n'ose-

---

1. MÉRY et GUINDON, ouv. cité. t. VI. p. 338.
2. Archives des Bouches-du-Rhône, C., 142.

rai me flatter qu'elles en soient exemptes, en étant autant environnées qu'elles le sont... Je pourrais plus qu'aucun demander ce qui m'est dû de la Province pour m'aider à vivre : à Dieu ne plaise que j'y pense dans la détresse où elle est. Tout ce que je souhaiterais de vous, messieurs, serait que vous voulussiez bien remettre à M. Ricard quelque bon compte sur mes appointements pour en aider mes vassaux... Je ne crois pas qu'il puisse trouver mauvais que je cherche à les soulager par préférence aux autres, lorsque c'est surtout à mes propres dépens. »

On assure que le dévouement est contagieux. Le marquis de Pilles déclara aussitôt qu'il voulait participer à la générosité du commandant militaire, et qu'il offrait en garantie du futur emprunt sa vaisselle d'argent, évaluée à dix mille livres. Vraiment on ne saurait trop admirer cette générosité ; quand on rencontre de pareils actes de dévouement, on ne peut que s'incliner ; Brancas et Pilles en cette circonstance ont tous les deux bien mérité de la patrie.

Les négociants Marseillais furent moins généreux. Soit que leurs ressources fussent moindres, soit que l'esprit de sacrifice fût chez eux moins développé, ils ne réunirent dans leurs souscriptions, et à grand'peine, qu'une somme de 64.000 livres. C'était un piètre résultat. Les Echevins en furent navrés. Encore essayèrent-ils de masquer leur déconvenue. « Un exemple si touchant, écrivaient-ils [1] à ce propos à Brancas, appuyé de vôtre crédit, n'aurait pas manqué de procurer de grands effets dans un temps plus heureux, mais que peut le crédit, que peuvent les exemples quand la misère est réelle ? Aussi osons-nous dire avec liberté que les billets de banque, l'interdiction du commerce, les fléaux qui nous accablent et nous suivent depuis si longtemps ne permettront bientôt plus de compter des riches parmi nos citoyens. Les marchandises invendues, les denrées de notre

---

1. Lettre des Echevins au marquis de Brancas, 5 juin 1722 (Arch. mun., C. E., p. 3 verso et p. 4 recto et verso).

terroir presque sans consommation dérangent nos habitants. Chacun craint dans son état. Les plus riches même appréhendent d'être enveloppés dans une misère générale. » Ils prient en conséquence le marquis de Brancas de vouloir bien instruire le Régent de leur triste situation, et d'implorer le secours du gouvernement.

Il faut rendre cette justice au Régent que, dès qu'il connut la vérité, il s'empressa de venir à l'aide de Marseille. Croyant qu'il fallait parer au danger le plus immédiat, et empêcher la famine qui pouvait être menaçante, il eut même la singulière idée d'envoyer aux Echevins un lot considérable de légumes secs, et particulièrement de pois. Un des brasseurs d'affaires louches qui alors l'entouraient lui avait sans doute suggéré ce moyen détourné de se débarrasser d'un approvisionnement gênant. Ce n'était pas précisément ce que réclamait la municipalité. Ainsi qu'elle l'écrivait[1] à Lebret (15 juillet 1722), « nous aurions bien souhaité qu'à la place de ce secours, il lui eût plu de nous procurer quelque argent, car nous ne savons comment faire pour subsister ». Mais elle se garda bien de témoigner autrement son dépit. Elle se contenta de faire vendre à Lyon ces légumes dont elle n'avait que faire, et attendit d'autres secours plus utiles. Les Echevins furent récompensés de cette bonne attitude, car ils apprirent bientôt que le Régent mettait à leur disposition une somme de 60.000 livres. Gautier, notaire de la province, fut chargé de leur expédier cette somme, qui leur fut en effet transmise et servit à couvrir les dépenses les plus urgentes. Les Echevins s'empressèrent d'en accuser[2] réception et prièrent[3] le Contrôleur Général d'agréer tous leurs remerciements, mais sans lui cacher que leur situation était toujours bien obérée : « Nous avons reçu les 60.000 livres qu'il a plu à Son Altesse Royale de nous faire donner

1. Lettre des Echevins à Lebret, 15 juillet 1722 (Arch. mun., C. E., p. 12, verso).
2. Lettre des Echevins à Lebret et à Gautier, 17 et 23 juillet (Arch. mun., C. E., p. 13, recto et verso, et p. 17, recto).
3. Lettre des Echevins au contrôleur général, 12 août 1722 (Arch. mun., R. G., p. 94, verso, et 95 recto).

pour nous secourir dans l'état pitoyable où ce renouvellement de peste a mis notre communauté. Nous vous en rendons mille grâces très humbles, mais nous vous supplions de nous faire la grâce de nous procurer quelque continuation de secours. Lorsque cette nouvelle peste arriva, notre communauté se trouvait déjà dans la dernière extrémité à cause des dépenses immenses qu'elle venait de faire, et ce surcroît de malheur achève de la ruiner si elle n'est pas promptement secourue. Il y a deux ans et plus que notre commerce a entièrement cessé, et que les dépenses ordinaires ont augmenté de la moitié, tant à cause du mal contagieux que par l'extrême cherté de toutes choses. Nous avons dans cette ville pour 30 millions de billets de banque dont il ne nous a pas été possible de faire usage. Faites-nous la grâce, Monseigneur, d'entrer dans ces considérations, moyennant quoi nous sommes assurés d'un prompt secours ».

Cette lamentable pénurie continua. Jusqu'au dernier moment les Echevins se virent forcés d'assiéger l'Intendant Lebret de leurs demandes d'argent, tantôt pour réclamer ce qui leur était dû, tantôt pour solliciter des envois de numéraire à échanger contre les billets de banque, ou simplement pour éveiller la pitié du gouvernement. « Nous vous supplions[1] très humblement d'avoir la bonté de nous procurer quelque secours du côté de la Cour, moyennant quoi nous ferons les achats de blé nécessaire, en Languedoc. » Malgré la bonne volonté de Lebret, il était bien difficile de parer à tous ces besoins, et, tant que durerait le blocus, Marseille serait obligée de se suffire à elle-même. Or ce blocus était très rigoureux. Dès le 6 mai, on l'avait établi ou plutôt rétabli autour de la ville, conformément aux précédents[2]. On l'avait même

---

1. Lettre des Echevins à Lebret, 19 et 21 août 1722 (Arch. mun., C. E., p. 26, verso, et 29, recto et verso). — Voir lettre des Echevins à Lebret, 2 décembre 1722 (Arch. mun., C. E., pp. 51 et 52), relative aux réclamations d'un sieur Pellas sur un prétendu accaparement des monnaies par la municipalité.
2. Manuscrit A^a, 50, p. 4. — Voir circulaire de Brancas aux consuls d'Aubagne, Cassis, Gemenos, Cuges, Auriol et Roquevaire pour défendre toute communication avec les villes consignées.

étendu aux villages de Bouc, Cabriés, Simiane, Colonges et Gardane. D'un commun accord, Lebret et Brancas avaient de nouveau installé les postes et les barrières de 1720, et les avaient fait garder par les troupes, naguère campées à Marseille : douze compagnies des régiments de Flandre et de Brie, qui occupèrent des positions stratégiques à Septèmes, la Gavotte, la Bégude, Braye de Camp, la Bastidonne, Château-Gombert, l'Estaque et le Frioul [1]. Une ligne de bateaux de surveillance garda la cité depuis l'anse de Figueirolles jusqu'à l'île de Riou. En outre, pour intercepter les communications avec les villes voisines, des soldats furent envoyés par les procureurs du pays, et campèrent sur un certain nombre de points soigneusement délimités par quartier. D'après le procès-verbal [2] de la visite faite sur la ligne de blocus par le marquis de Bargème, premier procureur du pays, du 5 au 10 juin 1722, et d'après le relevé des baraques à construire le long de la ligne et les conventions pour fournir du bois et de la paille à ces postes, on sait que sur le territoire de Cassis il y avait dix stations (au bout du port, Portmiou, Pas de la Reine, Oratoire, Vieux chemin de Marseille, Vallon, Conférence, Four à chaux, chemin d'Aubagne, Mussuguet) ; sur le territoire d'Aubagne onze (Le Mussuguet, Cabrette, Girarde, Veneau, la Tenue, Creisseau, barrière d'Aubagne, Aumône, Pin, Grassiane, Riensatel) ; sur le territoire d'Allauch vingt-sept (Gourd de Roubaud, La Treille, Marthélenc, Belon, Babarran, La Clune, Sambrigous ; entre les trois Las de Lambrigous, aux trois Las, la Langouste, Pont, vallon de Saint-Jacques, vallon de Cauvin, la Porche, Bastide Brouillard, Bastide Tisserand, la Bégude, au-dessus de Jorret, Mazage, la Nonciade, Caman, Preutegarde, au-dessus de la Grave, entre la Grave et le Grino-

---

1. Docteur ALEZAIS, *le Blocus de Marseille pendant la peste de 1722* (Congrès des sociétés savantes de Provence en 1906, pp. 527-546). — Cf. Manuscrit A³, 50, pp. 13, 15.
2. Archives des Bouches-du-Rhône, C., 910. — D'autres inspections furent faites par Robinet, commissaire des guerres (Manuscrit A³, 50, p. 17).

lier, à la passe des Houïdes, au-dessus de la passe des Houïdes, vers Simiane) ; sur le territoire de Simiane sept (Simiane, vallon des Houïdes, grande et petite Etoile, coulet de Sanguin, Garavagne, Septèmes); sur le territoire des Pennes seize (entre Simiane et Septèmes, plaine de Septèmes, chapelle de Septèmes, la Bédoule, Tian, entre Tian et la Gavotte, la Gavotte, moulin du Diable, mont du Diable, Grand-Gache, Clau de Bourgogne, la Margaridette, Bourbon, la Dré de Mourrage); sur le territoire de Gignac, dix (La Monedière, Grand Vallon, Pas de l'Escalier, Colombier, Rove, la Courbière, Madrague, la Viste, Nioulon, Méjeau); sur la Côte, sept (Carry, Notre Dame du Rouet, Sausset, Sainte-Croix, la Couronne, Bounion, Ponteau). On nous pardonnera l'aridité de cette énumération, mais nous avons pensé que ce document présenterait un certain intérêt aux amateurs de géographie locale, à cause des nombreux lieux dits qui y sont mentionnés et qui, d'ordinaire, ne figurent pas sur les cartes.

Chacun de ces postes était occupé par des soldats de Royal Roussillon et des Arquebusiers, et par des paysans fournis par les communautés voisines, armés, en cas de besoin, de fusils pris chez les particuliers, et commandés soit par des sergents, soit par des simples soldats. La direction générale était confiée au colonel du régiment des Arquebusiers d'Hostarta, et à de Pons, un des aides de camps de Brancas [1]. On les renouvelait tous les cinq jours. Les postes étaient installés dans des bastides ou dans des baraques en pierres sèches recouvertes de tuiles. On avait cru pouvoir, pour quelques-uns, se contenter de tentes, mais on y avait vite renoncé à cause du mistral. La construction de ces postes était à la charge des communautés. Chacun d'eux était pourvu de paille, de bois et de petits tonneaux à eau. Aux barrières d'Aubagne on avait exagéré les précautions : une perche traversait le chemin à quinze pas de la barrière ; on avait

1. *Histoire de la rechute*, pp. 8 et 10, pour les instructions données aux commandants des postes, le 19 mai 1722.

planté des pieux tenant tous à cette perche et formant une sorte de treillis par lequel passaient et le vendeur et les denrées. En outre on avait disposé trois entonnoirs pour les grains, le vin et l'huile [1]. Le marquis de Brancas avait d'abord décidé que la ville de Marseille prendrait à sa charge et la solde des gardiens et les frais d'entretien. C'était une grosse dépense. Les Echevins protestèrent [2]. « Nous prenons la liberté de vous supplier très humblement, Monseigneur, d'avoir la bonté de faire supporter cette dépense à la province, puisque cet établissement se fait pour la garantir, et qu'il donnera occasion aux lieux circonvoisins de débiter leurs blés et leurs denrées, et de tirer de cette ville les provisions dont ils pourront avoir besoin. Les soldats n'étant pas proprement établis pour nous procurer des secours, il nous paraît que nous ne devons pas les payer, ni leur faire aucune fourniture. » Cette réclamation était légitime. Brancas y fit droit, et chaque communauté reçut l'ordre de subvenir aux dépenses de ces postes.

Quelques habitants des villages compris entre Marseille et la ligne de blocus eurent à souffrir de la présence des soldats. On leur défendait de ramasser leurs récoltes au delà du territoire délimité. Lésés dans leurs intérêts, quelques propriétaires de la Bédoule, du vallon de Fraize et autres lieux rédigèrent, en termes assez vifs, une supplique qu'ils prièrent les Echevins de faire parvenir à Brancas. Les Echevins profitèrent de la circonstance, mais cette fois avec toutes les formules de la politesse, pour demander [3] qu'on permît en même temps aux propriétaires d'Allauch de récolter leurs moissons, et aux patrons de la Ciotat de vendre leurs bois. Brancas reçut fort mal cette ouverture. Il avait été froissé

---

1. Manuscrit A⁰, 50, p. 13.
2. Lettre des Echevins au marquis de Brancas, 11 mai 1722 (P. J., n° 385). — Lettre à Lebret, 16 mai 1722 (Arch. mun., C. E, p. 181, recto et verso). — Lettre des Echevins à Brancas, 19 mai 1722 (Arch. mun., p. 183, verso). — Voir aussi lettre à Brancas du 20 juin (Arch. mun., C. E. p. 6, verso).
3. Lettre des Echevins à Brancas, 20 juin 1722 (Arch. mun., C. E., p. 7, recto).

par le ton impérieux et sans doute comminatoire de la pétition. « Je ne réponds point au mémoire, écrivit-il[1] aux Echevins, car je ne le pourrais faire qu'en faisant mettre dans un cachot celui qui l'a dicté, pour les impertinences dont il est rempli. J'ai placé ma ligne comme j'ai cru devoir le faire. Je n'ai point de comptes à rendre à personne, et je ne la changerai sûrement point. » Il permettait néanmoins aux propriétaires en deçà de la ligne de faire leurs récoltes, mais sous la surveillance de sentinelles. « Vous voyez, ajoutait-il, que cette ligne ne leur fait aucun mal. Je vous renvoie donc ce mémoire, auquel, je vous répète, je ne pourrai répondre qu'en faisant mettre celui qui l'a dicté au cachot. » La question était tranchée par cette affirmation péremptoire. Les Echevins n'insistèrent pas, et la ligne de blocus continua à être strictement gardée, sur une longueur, à vol d'oiseau, d'une soixantaine de kilomètres. Elle le fut pendant près de huit mois, sans doute jusqu'au 7 janvier 1723, car à cette date, on fournissait encore du bois aux soldats[2] de la barrière. Tous les contrebandiers[3] qui essayèrent de la franchir furent arrêtés et impitoyablement passés par les armes ou pendus. En juin, un frère lai qu'on avait surpris en compagnie de fraudeurs n'obtenait la vie qu'à la condition de dénoncer ses complices. Deux d'entre eux étaient pris à Septèmes et fusillés à Aix. En août, à Châteauneuf les Martigues et à Allauch deux « contrebandiers » étaient également fusillés au moment où ils essayèrent de franchir la ligne ; à Marseille pareil sort était réservé à trois autres qu'on avait surpris sans passeport. Certes cette rigueur était grande, mais elle était imposée par les circonstances et personne ne protesta.

Aux barrières diverses exactions furent commises. Les Echevins avaient chargé un homme de confiance, Man-

---

1. Réponse de Brancas aux Echevins, 21 juin (Arch. mun.).
2. Voir aux Archives municipales (4ᵉ division, 15ᵉ section, nº 10) le règlement pour la fourniture de bois aux soldats de la ligne du blocus, du 10 mai 1722 au 7 janvier 1723.
3. Manuscrit Aª, 50, pp. 17, 18, 25.

dine, de se rendre à Septèmes pour y faire des achats de blé et de volailles, mais une nuée d'agioteurs véreux l'y avait précédé. Les soldats chargés de la garde de la barrière étaient de connivence avec eux, et de louches spéculations risquaient de compromettre la facilité et la sincérité des transactions. Avec raison les Echevins se plaignirent[1] à Lebret (30 mai). « Le sieur Mandine revint hier de la barrière. Il trouve qu'on fait de la maltôte, que les soldats achètent et revendent. L'officier qui commande ferme les yeux et les particuliers ne peuvent rien avoir que par ce canal. Nous espérons que M. de Brancas donnera ordre à cet officier de ne pas souffrir que personne fasse aucun commerce que par la voie du sieur Mandine, que nous reconnaissons d'une probité à toute épreuve. » Il est probable que le marquis continua à « fermer les yeux », car, quelques semaines plus tard, le 24 août les Echevins renouvelaient[2] leurs plaintes, mais cette fois auprès des procureurs du pays : « Il y a longtemps qu'on nous a assuré que les gens que vous avez établis aux barrières y exercent un injuste trafic au préjudice de nos habitants. Nous n'avons jamais voulu vous en porter nos plaintes, parce que nous aimons mieux souffrir que nous plaindre, et nous espérions toujours que cet injuste trafic cesserait ; mais, comme il continue, et augmente même à ce qu'on nous assure, nous vous supplions d'avoir la bonté d'y remédier, afin qu'il ne soit pas dit que ceux que vous avez demandé que nous payions ne soient occupés que des moyens de profiter sur nos habitants. Nous sommes persuadés que vous empêcherez cela et que vous voudrez bien congédier une partie de ces gens inutiles et nuisibles. »

Pendant que les Echevins se débattaient ainsi contre de misérables questions d'argent, la maladie suivait son cours et continuait à progresser. Elle s'étendait même

---

[1]. Lettre des Echevins à Lebret, 30 mai 1722 (Arch. mun., C. E., p. 187, recto et verso).
[2]. Lettre des Echevins aux procureurs du pays, 24 août 1722 (Arch. mun., C. E., p. 30, recto et verso).

dans la banlieue[1], particulièrement à Château-Gombert, et de nouveaux cas étaient signalés à Manosque, à Saint-Martin de Castillon et au Beausset ; à Marseille même le nombre des malades augmentait. On commençait à les porter à la Charité[2]. Jusqu'au 7 juin on en conduisit 135 dont 74 moururent. A cette date sur les 61 qui restaient en traitement, 46 paraissaient hors de danger, et 4 très malades. Goujon[3], le maître d'hôtel de Belsunce, mentionne dans son journal, à la date du 14 mai que « l'on porte toujours les malades attaqués du mal contagieux à l'hôpital de la Charité », et à la date du 16 mai que « le mal contagieux continue. Il y a toujours quelques morts. La plus grande partie des habitants de la ville s'est retirée aux bastides ». A vrai dire on ne savait pas quel était le nombre exact des contaminés, car leurs parents ne faisaient aucune déclaration de peur des quarantaines, et s'enfermaient soigneusement chez eux. Ce manque de précision dans les renseignements exaspérait[4] Lebret. « En rassemblant tout ce qu'on nous écrit de Marseille, nous ne sommes nullement au fait de ce qui s'y passe. Aucun de ceux qui écrivent n'est d'accord avec l'autre, je ne dis pas seulement pour le genre de la maladie, mais même sur le nombre des malades et des morts, et nous ne pouvons vérifier les méprises et les doubles emplois, parce que personne ne marque les noms des malades. On peut encore moins se faire une idée de la qualité de ces malades, puisqu'il ne nous vient pas de rapport par écrit des médecins. » Il concluait en demandant la création d'un poste de secrétaire, spécialement chargé de la tenue d'un registre, où seraient inscrits, jour par jour, les noms et qualités des malades et des morts. Il proposait même d'envoyer d'Aix un sujet propre à cette besogne. Ce formalisme bureaucratique était peut-être gênant, mais il était utile. Sur ce point les Échevins

---

1. Manuscrit A⁴, 50, pp. 15 et 24.
2. Déclaration des recteurs de service au dit hôpital.
3. Journal de Goujon, *ouv. cité*.
4. Lettre de Lebret aux Echevins, 14 mai 1722 (Arch. mun.).

n'avaient qu'à s'incliner ; c'est ce qu'ils firent et ils eurent raison.

Grâce à la correspondance de la municipalité soit avec Lebret, soit avec Brancas, on pourrait presque suivre les progrès quotidiens du fléau. Ainsi, au 12 mai [1], « nous apprîmes la mort de la servante du sieur Aubert, courtier, qui demeure dans la rue de la Croix d'Or ; hier 13 il est mort une bouchère, rue de la Campane, de la contagion, une autre bouchère attaquée derrière les Augustins, et un maçon malade soupçonné d'après le rapport des médecins ». La rue de la Croix d'Or fut fermée aux deux bouts, et on prit les clefs des portes de derrière qui communiquaient avec d'autres rues. Dans la journée [2] du 14 mai six victimes, Quam Redon, chirurgien étranger, la nourrice de M⁰ Barrigue, la bouchère de la Porte des Augustins, Mlle Roustan, un meunier et un enfant. On signale [3] pour la journée du 15 mai seulement deux morts, une servante de la demoiselle Tillet et un nommé Ferrer, plus trois nouveaux malades ; pour la journée du 16 mai trois nouveaux malades et un mort, un pertuisanier des galères ; et encore croit-on qu'il est mort d'une indigestion d'eau-de-vie. Dans la journée du 17 on a pris une bonne mesure. Au lieu de conduire à l'hôpital de la Charité indistinctement tous ceux qu'on soupçonnait d'être contaminés, comme [4] « on a trouvé qu'il serait rude à des personnes distinguées d'être mêlées et confondues avec la populace, et comme il serait aussi dangereux de leur permettre d'aller à leurs campagnes avec des gardes toujours sujets à négligence ou à corruption », on dispose deux couvents, ceux des Réformés et des Minimes, où les suspects pourront être transportés avec leurs effets et leurs domestiques, mais où ils

1. Lettre des Echevins à Lebret et à Brancas, 14 mai 1722 (Arch. mun., C. E., p. 180, recto et verso).
2. Lettres des Echevins à Lebret et à Brancas, 15 mai 1722 (Arch. mun., C. E., p. 180, verso).
3. *Ibid.*, 16 et 17 mai 1722. Lettre à Brancas, 17 mai 1722 (Arch. mun., C. E., p. 182, recto et verso).
4. Lettre des Echevins à Lebret, 18 mai 1722 (Arch. mun., C. E., p. 182, verso, et 183, recto).

seront soignés à leurs frais. « Ce nouveau projet a fait beaucoup de plaisir en ville. »

Comme la maladie ne paraissait pas en voie de décroissance, le Viguier et les Echevins recoururent aux moyens qui avaient été déjà employés lors de la grande contagion. Ils firent fermer les théâtres et « l'académie de musique, où il y avait eu jusqu'à aujourd'hui un concours infini de monde ». Les prêtres et les religieux, tout en continuant de célébrer les offices, s'enfermèrent dans les chœurs de leurs églises, sans communication avec les assistants. Les marchands installèrent de petites barrières aux portes de leurs magasins et ne reçurent l'argent des acheteurs qu'après l'avoir passé dans le vinaigre. On imagina même d'imposer aux corbeaux une énorme cocarde jaune au chapeau, afin qu'on pût les apercevoir de loin et les éviter en conséquence [1]. Pourtant il n'y eut jamais de ces scènes d'épouvante, de ces encombrements de cadavres dans les rues, et de ces décès en plein air qui avaient marqué d'une façon sinistre l'automne de 1720. La maladie suivit en quelque sorte son cours normal, et ne procéda plus par bonds irréguliers. Les médecins purent visiter tous leurs clients, et se distribuer les quartiers de la ville et de la banlieue pour assurer tous les services. Au mois de juin on ne comptait déjà plus que sept à huit nouveaux malades par jour. En juillet on n'avait plus à soigner que des contaminés frappés depuis plusieurs semaines. Aussi les Echevins n'étaient-ils plus embarrassés, comme ils l'avaient été jadis, pour dresser la liste des décès et l'adresser régulièrement à l'intendant. A partir du mois de juin, et conformément aux indications de Lebret, ils se contentent de dresser une liste mortuaire, aussi exacte que possible, d'après les rapports soit des commissaires de quartier, soit des médecins des hôpitaux, et ils l'envoient [2] en

---

1. Manuscrit Aⁿ, 50, pp. 10, 11, 12.
2. Lettre des Echevins à Lebret, 18, 19, 20, 21, 22, 24 mai, 3 juin, 23 juillet, etc. (Arch. mun., C. E., pp, 183, 184, 185, 187). Voici, par exemple, la lettre du 25 mai (P. J., n° 403) : « Ci-joint est la feuille des morts et malades du 24, tant de la ville que de la campagne, qui est

double expédition à l'Intendant et au Gouverneur Militaire. C'était l'application de la mesure que Lebret n'avait cessé de recommander lors de la première contagion, mais que les Echevins n'avaient pu réaliser, débordés qu'ils étaient par la multiplicité de leurs affaires. Aussi Lebret se montra-t-il très satisfait, et chercha-t-il à leur témoigner sa gratitude, en leur venant en aide dans la mesure du possible. Non seulement il approuva [1] toutes leurs ordonnances, et toutes les mesures prises pour les soins à donner aux malades, mais encore il intervint auprès de Brancas pour alléger les charges militaires qui pesaient sur la ville, et s'efforça de résoudre ou tout au moins d'atténuer ses embarras financier. Il consentit à ce que les procès pendants fussent suspendus, vu l'impossibilité pour les Marseillais d'aller eux-mêmes plaider leurs procès à Aix [2]. Il poussa même la condescendance jusqu'à proposer son arbitrage aux Echevins et aux médecins dont les prétentions paraissaient singulièrement exagérées. Les docteurs en effet abusaient de la situation. « Ils faisaient les rétifs [3] et ne se contentaient plus de trois livres par visite aux malades ». Le Viguier, marquis de Pilles, avait pourtant consenti à avancer à chaque médecin [4] 5oo livres et 3oo à chaque chirurgien, et la difficulté de trouver comptant cette somme avait failli rompre le marché. « Il a fallu puiser dans la caisse de la boucherie et dans celle de la farine pour faire cette somme, qui nous manquera pour nos dépenses courantes » ; mais ce ne fut pas le seul embarras que causèrent les médecins. Lorsque

---

un peu forte. La journée d'aujourd'hui commence assez bien. Il est à souhaiter que ce soit de même le reste du jour. »
1. Lettre de Lebret aux Echevins, 19 mai 1722.
2. Lettre des Echevins à Lebret, 21 mai 1722 (Arch. mun., C. E., p. 184, verso).
3. Lettre des Echevins à Brancas, 14 mai 1722 (Arch. mun., C. E. p. 180, recto et verso).
4. D'après un état conservé aux Archives municipales (4e division, 15e section, n° 11), les médecins employés par la mairie au 14 mai 1722 étaient : Boyer, Robert, Michel, Raymond, Bertrand et les chirurgiens Nelaton, Dalmas, Coste, D'Alliès, Bresdolle, Reynard, Branque, Simon, La Gouraudière.

arriva l'heure de répartir entre eux l'argent promis, surgirent de nouvelles difficultés ; mais cette fois entre les membres du corps médical, à cause de leurs prétentions contradictoires. Les Echevins qui assistaient malgré eux à des scènes tragi-comiques se croyaient revenus au temps de Molière. « Ça n'a été qu'à grand'peine, écrivaient-ils[1] à Brancas, qu'on a pu les concilier entre eux pour leur département, et avec nous pour de l'argent. C'est une chose très fatigante pour des gens peu lettrés comme nous d'avoir à soutenir thèses pendant trois heures contre une troupe des auteurs (*sic*), dont les arguments sont encore plus subtils sur le fait de leur lustre que sur la guérison. »

Un de ces docteurs, le médecin en chef de la Charité, Robert, se fit remarquer par son outrecuidance. Il entendait rester le maître absolu, et ne supportait pas la présence de ses collègues dans les salles de malades. L'un d'eux, le chirurgien Janeton, avait cru pouvoir circuler librement dans l'hôpital. Robert le rappela rudement à l'observation du règlement, et adressa[2] une plainte en règle aux Echevins: « Comme je n'ai pas besoin d'être sous les yeux d'un chirurgien qui ne doit être auprès de moi que pour exécuter mes ordres, ce monsieur nous étant fort inutile, il doit par votre ordre se tenir dans son district (*sic*) de l'Observance pour y faire ses fonctions. Ce que j'attends de votre bonté. » S'il se montrait peu complaisant vis-à-vis d'un collègue, Robert ne ménageait pas aussi la Municipalité. Voici[3] la lettre, à tout le moins singulière, qu'il adressait aux Echevins, le 26 mai 1722, en réponse à une demande de renseignements : « à l'égard de ce grand nombre de morts que vous faites sonner si haut, croyez-vous bien que ce soient là des malades traités dans mon hôpital ? Pouvez-vous ignorer que la plupart de ceux qu'on nous apporte

---

1. Lettre des Echevins à Brancas, 15 mai 1722 (Arch. mun., C. E., p. 180, verso).
2. Lettre de Robert aux Echevins, 25 mai 1722 (Arch. mun., non classée).
3. Correspondance de la mairie, au mot Robert.

arrivent ici mourants ? Voudrait-on me faire l'injustice de me mettre ces sortes de morts sur mon compte ? De tous ceux qui viennent ici dès le commencement de leur mal, j'ose vous assurer qu'il en réchappe plus de la moitié, et c'est tout ce qu'on peut obtenir de cette maladie. Vous avez sans doute oublié les ravages qu'elle a faits la dernière fois et la mortalité de vos hôpitaux de ces temps-là... car la peste est toujours la peste. Pour ce qui est du mémoire circonstancié que vous me demandez sur la manière dont je traite mes malades, vous ne savez pas sans doute que la bizarrerie et la variété de cette maladie ne nous permet pas de suivre une méthode fixe, et que chaque malade en demande une en particulier. Comment donc en dresser un mémoire circonstancié ? Si ceux qui vous ont inspiré cette curiosité ont assez de cœur pour me suivre dans mes visites, ils verront la méthode dont je me sers pour chaque malade en particulier. »

Les Echevins eurent le bon esprit de ne pas insister et maintinrent Robert dans la direction de l'hôpital de la Charité, mais ce grincheux personnage ne leur sut aucun gré de leur mansuétude. Lors du règlement des comptes, il se montra fort âpre dans ses revendications. Il affectait d'être inquiet sur le paiement de ses honoraires. Il fallut pour le rassurer un engagement[1] formel de la Municipalité.

Ce ne fut pas la seule contestation que les Echevins eurent à débattre avec le corps médical. Les garçons chirurgiens se prétendirent lésés lorsqu'on régla leurs honoraires. Beaucoup de ceux qui avaient été engagés n'avaient pas eu l'occasion de soigner un seul malade. Or la ville ne leur avait donné que des acomptes, et ils exigeaient l'intégralité du traitement convenu. Ils se

---

[1]. Lettre des Echevins à Lebret, 9 septembre 1722 (Arch. mun., C. E., p. 33, recto et verso). On conserve aux Archives municipales, à la date du 21 octobre 1722, un reçu, signé Robert de 3.400 livres, pour solde de tout compte. A ce reçu est joint une attestation du receveur Bouys et un certificat des directeurs de l'hôpital de la Charité, Herman et Nogaret.

plaignaient en outre d'avoir été mal traités en paroles par les Echevins. Lebret demanda des explications à ces derniers. « A l'égard des mauvais traitements, répondirent-ils[1], ces fraters n'en ont certainement reçu aucun de nous, si ce n'est de n'avoir pas été entièrement payés de leurs appointements, mais vous savez que nous ne l'avons pas pu par misère, ni dû le faire à cause que le Roi a bien voulu nous faire la grâce de se charger de leur paiement ; mais ces gens-là se plaignent toujours. Si, lorsqu'ils le font injustement, on les punissait, ils n'écriraient pas si souvent. »

Pour en finir avec les prétentions du corps médical, rappelons encore que les chirurgiens de Marseille entamèrent un procès contre la municipalité. Voici à quelle occasion. En vertu des privilèges que la Royauté leur avait accordés en diverses occasions, les Echevins avaient le droit[2] de conférer des lettres de maîtrise aux étrangers dont les services leur agréaient. Ils avaient usé de ce droit en faveur de quelques chirurgiens étrangers à Marseille, mais qui avaient payé de leur personne pendant la contagion, et méritaient cette récompense. Les chirurgiens de Marseille protestèrent et s'adressèrent au Parlement pour juger le différend. De là un procès qui devait s'éterniser, et qui ne fut définitivement jugé que lorsque les corporations et maîtrises furent abolies en 1792.

N'avons-nous pas retrouvé dans les Archives municipales[3] la réclamation de la nommée Geneviève Blanque, femme de service à l'hôpital de la Charité, qui se prétendait lésée dans son règlement de compte, et, à l'appui de son dire, présentait des certificats de l'économe Laugier et du docteur Bouthilier ? Elle invoquait même le témoignage d'Estelle, et Moustier, fort embarrassé, priait son ancien collègue de vouloir bien rappeler ses sou-

1. Lettre des Echevins à Lebret, 11 juin 1722 (Arch. mun., C. E., p. 4, verso, et 5, recto).
2. Lettre des Echevins à l'avocat Audibert, 26 mai 1723 (Arch. mun., C. E., p. 89, recto et verso).
3. Archives municipales (section 15, n° 8).

venirs, et de déclarer si ces prétentions étaient fondées. Estelle, qui ne pouvait se noyer dans ces minutieux détails, et qui d'ailleurs était de bonne foi, refusa l'attestation. La femme Blanque revint à la charge, et adressa un nouveau placet à l'hôtel de ville, mais cette fois sur un ton menaçant. « M. Estelle, disait-elle, a resté à ne vouloir point donner la réponse. La suppliante a besoin de l'argent de son service, et si messieurs les Echevins ne la payent elle s'adressera à la Cour. » Il fallait en finir avec cette sotte affaire. Moustier signa un bon de vingt livres, et il est probable que la pétitionnaire se trouva satisfaite, car on ne trouve aucune autre demande dans son dossier [1].

Obsédés par ces réclamations incessantes et trop souvent mal justifiées, les Echevins n'aspiraient qu'au moment de ce qu'ils appelaient la délivrance. Il y a dix médecins étrangers, écrivaient-ils [2] à Lebret (26 août) « qui nous embarrassent. Nous vous supplions très humblement de faire en sorte que nous en soyons bientôt délivrés ». Ils renouvelaient [3] ce vœu quelques jours plus tard (9 septembre) « Nous vous demandons en grâce de nous délivrer de nos médecins et chirurgiens étrangers qui nous dévorent, et, comme ils ne font plus rien, grâce à Dieu, nous vous supplions très humblement de nous faire savoir si nous devons continuer à leur payer leurs appointements sur le même pied que nous le leur avons payé depuis le mois de mai dernier, et leur subsistance par dessus à raison de quatre livres par jour. » Ils s'étaient même, dans leur embarras, adressés aux procureurs du pays, qui, en effet, s'entremirent en leur faveur et réussirent à les « délivrer ». Aussi s'empressèrent-ils de leur exprimer [4] toute leur

1. Réclamation analogue des garçons apothicaires. Lettre des Echevins à Lebret, 17 octobre 1722 (Arch. mun., C. E., p. 42, verso)
2. Lettre des Echevins à Lebret, 26 août 1722 (Arch. mun., C. E., p. 31, verso). Autre lettre du 19 juillet 1722 (Arch. mun., C. E., p. 15, recto et verso) relative au règlement des honoraires du docteur Boyer.
3. *Ibid.*, 9 septembre 1722.
4. Lettres aux procureurs du pays, 19 et 21 septembre 1722 (Arch. mun., C. E., p. 35, verso). — Nouvelle lettre du 2 octobre 1722 (C. E.,

reconnaissance. « Nous vous sommes bien obligés de la bonté que vous avez eue de contribuer à nous délivrer de nos médecins et chirurgiens étrangers. Nous les ferons partir mardi, de bon matin, 22 de ce mois, afin que les voitures puissent revenir ici le même jour. »

On n'avait donc pas eu à se féliciter à Marseille des prétentions du corps médical. L'opinion publique s'était d'ailleurs énergiquement prononcée contre eux. « Ils ne sont pas devenus plus habiles, écrivait[1] l'auteur anonyme de l'*Histoire de la rechute* et connaissent la peste aussi peu qu'en août 1720. » Les Marseillais ont toujours aimé la plaisanterie, la galéjade pour employer l'expression locale : aussi répétaient-ils volontiers que le docteur Bertrand avait pris pour les symptômes de la peste des piqûres de puce, qui marbraient le corps d'une jeune fille : mais c'étaient surtout les médecins étrangers qu'ils poursuivaient de leurs brocards, et au besoin de leurs invectives. Au contraire ils n'avaient qu'à se louer, ainsi d'ailleurs qu'en 1720, de leurs bonnes relations avec le clergé. Belsunce était toujours à sa tête. Dès la réapparition du fléau, il s'était mis comme par le passé, à la disposition de la municipalité. Il avait ordonné des prières publiques et des processions, non pas seulement, comme[2] au 11 avril 1721, « pour que Dieu détourne des filets des pêcheurs les dauphins qui leur faisaient de grands dégâts » mais pour implorer la clémence céleste. Lorsque le fléau exerça de nouveau ses ravages, il songea à engager la ville par un vœu solennel. C'est le fameux vœu par lequel il mettait Marseille sous la protection du Sacré-Cœur de Jésus[3]. On se figure d'or-

---

pp. 39 et 40) : « Nous vous réitérons nos remerciements très humbles de la bonté que vous avez eue de délivrer notre ville de nos médecins et chirurgiens étrangers, qui nous étaient inutiles depuis un long temps infini. » Les comptes des médecins marseillais ou étrangers sont conservés aux Archives municipales (4ᵉ division, 15ᵉ section, nᵒ 10).

1. Manuscrit Aᵉ, 50, p. 22.
2. *Journal de Goujon.* — Des processions générales eurent lieu le 25 août en l'honneur de la Vierge, et le lendemain en l'honneur de saint Roch (Manuscrit Aᵉ, 50, p. 38).
3. La dévotion au Sacré-Cœur de Jésus avait été tout récemment introduite à Marseille par Madeleine Rémusat. Elle comptait déjà

dinaire que ce vœu date de la première contagion : il ne fut en réalité prononcé que le 28 mai 1722, à la suite d'une lettre adressée par l'évêque aux Echevins le 19 du même mois, et dont nous avons retrouvé l'original entièrement écrit par Belsunce, dans les Archives de l'hôtel de ville. Voici cette lettre.

« Les précautions que Monsieur le Gouverneur et vous prenez pour arrêter les progrès de ce qui cause nos justes alarmes, sont dignes du zèle et de la sagesse des véritables pères de la patrie : mais vous le savez, Messieurs, vos soins, vos peines, vos travaux deviendront bien inutiles, si Dieu lui-même ne daigne les bénir. Je viens donc aujourd'hui vous exhorter de commencer par un acte de religion qui soit capable de désarmer le bras vengeur qui paraît s'élever de nouveau contre vous. Vous vous souvenez sans doute qu'au jour de la Toussaint de l'année 1720 je consacrai cette ville et ce diocèse au Sacré-Cœur de Jésus, source inépuisable de toutes les grâces et de toutes les miséricordes, et que dès ce même jour nos maux diminuèrent sensiblement, continuellement, et sans rechute ; mais vous devez vous souvenir aussi que Messieurs les Echevins ne purent alors paraître entrer dans cette consécration, ni prendre part à aucune des cérémonies qui furent faites ensuite en l'honneur de Jésus-Christ, notre libérateur. Pour réparer cela, Messieurs, je crois devoir vous proposer de faire incessamment et sans cérémonie un vœu stable au divin cœur de notre Sauveur. Je n'ai garde de vous proposer rien qui puisse causer la moindre dépense à une ville que je ne sais que trop être épuisée, et je sais d'ailleurs que Dieu ne demande point nos présents, mais nos cœurs. Je désirerais donc, Messieurs, que vous vous engageassiez, vous et vos sucesseurs à perpétuité, d'aller tous les ans, le jour que j'ai fixé la fête du Sacré-Cœur de Jésus, entendre la sainte messe dans l'Eglise

près de 40.000 associés, lorsquelle fut autorisée par un bref du pape Clément XI, du 30 août 1717. Ainsi s'explique le vœu de Belsunce. Voir le livre, auquel nous avons déjà emprunté d'intéressants détails : *Vie de Madeleine Rémusat*, p. 288 et suiv.

du premier monastère de la Visitation, que nous appelons les Grandes Maries, y communier, et y offrir en réparation des crimes de cette ville un cierge ou flambeau de cire blanche pour brûler ce jour-là devant le Saint-Sacrement, et enfin d'assister sur le soir du même jour à une procession générale d'actions de grâces, que j'établirai pour un certain nombre d'années, à votre réquisition. Ce vœu, comme vous le voyez, ne coûterait rien à la ville qui en serait édifiée, et j'ai une véritable confiance qu'il ferait cesser nos maux ou qu'il les abrégerait au moins très considérablement. Je vous supplie, Messieurs, de ne pas rejeter cette proposition, mais au contraire de la recevoir avec une entière confiance en la miséricorde du Seigneur, dont nous avons déjà ressenti des effets si marqués, et de ne pas différer l'exécution. »

Les Echevins accueillirent avec empressement cette proposition. Le conseil fut convoqué, le 28 mai 1722, et voici la décision [1] signée Moustier, Dieudé, Rémusat, Saint-Michel, de Pilles, qui fut prise à l'unanimité. « Il a été convenu que nous ferons un vœu ferme, stable et irrévocable, entre les mains de Monseigneur l'évêque, par lequel, en ladite qualité, nous engageons nous et nos successeurs, à perpétuité, d'aller toutes les années, au jour auquel il a fixé la fête du Sacré-Cœur de Jésus, entendre la sainte messe dans l'église du premier monastère de la Visitation, dite des Grandes Maries, y communier et offrir, en réparation des crimes commis en cette ville, un cierge ou flambeau de cire blanche, du poids de quatre livres, orné de l'écusson de la ville, pour le brûler ce jour-là devant le Saint-Sacrement, d'assister le même jour à une procession générale d'actions de grâces, que nous prierons et requerrons Monseigneur l'évêque de vouloir bien établir aussi à perpétuité. »

L'engagement était donc formel. Non seulement les Echevins avaient accepté toutes les propositions de Belsunce, mais ils les avaient encore étendues, puisqu'ils

---

1. Registre de transcription, p. 124.

demandaient que la procession générale ne fut pas célébrée à titre provisoire, mais bien à titre perpétuel. Ils voulurent de plus donner à leur engagement un caractère solennel, et, le 4 juin, revêtus de leurs robes rouges, et escortés par un populaire immense, ils se rendirent à la cathédrale. « Là [1], s'étant avancés tous quatre, et mis à genoux au bas du marche-pied du maître-autel, au-devant de nous qui avions le Saint-Sacrement en main, le sieur Moustier, premier Echevin, prenant la parole au nom de tous quatre, a fait et prononcé en nos mains ledit vœu. » Ils assistèrent ensuite à une procession, mais à laquelle ne figurait que le clergé, par crainte d'une trop grande communication avec la foule. « Monseigneur [2] l'évêque a donné la bénédiction au reposoir qui avait été dressé à l'hôtel de ville, où il a réitéré l'amende honorable qu'il avait faite le 1er novembre 1720, et la consécration de la ville au Sacré-Cœur de Jésus. Il n'y a eu que ce seul reposoir dans la ville, mais Monseigneur l'Evêque a donné la bénédiction du Saint-Sacrement, pendant la marche, à tous les coins par où la procession a passé. »

Huit jours après, le 12 juin, fut pour la première fois accompli le vœu à l'église de la Visitation. Les Echevins assistèrent à une messe solennelle et offrirent le cierge aux armes de la ville, mais il n'y eut pas de procession générale, à cause de la contagion. Laissons [3] Belsunce raconter lui-même comment se termina la cérémonie. « Ainsi que je l'avais ordonné par mon mandement, on dressa avec magnificence un autel sur une plate-forme qui est en haut et au-dessus de l'église des Accoules, d'où l'on découvre presque toute la ville et son terroir. J'y portai le Saint-Sacrement. Aussitôt que les cloches des Accoules sonnèrent, toutes celles de la ville et du terroir qui a environ sept lieues sonnèrent aussi pour avertir partout les fidèles de se mettre en prières, de demander pardon et de se consacrer au Sacré-Cœur de

---

1. Extrait du greffe de l'évêché de Marseille, à la date du 4 juin 1722.
2. Registre du cérémonial de 1712 à 1742, à la date du 4 juin.
3. Lettre de Belsunce à M. de Canilly.

Jésus. Tout le monde étant donc en prière, je fis vers le haut de l'église une courte exhortation, une nouvelle amende honorable, et enfin, au bruit d'une infinité de cloches, de boîtes, et du canon de la citadelle et des galères, je donnai la bénédiction du Très-Saint-Sacrement à tous les quartiers de la ville et du terroir. Jamais spectacle ne fut plus beau et plus touchant. La place qui est devant l'église des Accoules, les rues qui y aboutissent et les toits de toutes les maisons étaient couvertes de monde, plus attiré par la dévotion que par la curiosité. »

Marseille est donc devenue la ville du Sacré-Cœur, et les Marseillais resteront longtemps fidèles à cette nouvelle dévotion. Le vœu fut en effet, sans interruption, exécuté jusqu'à la Révolution [1]. Le 7 juin 1793, l'évêque constitutionnel Roux célébrait encore la messe d'actions de grâces, non plus au couvent de la Visitation qui avait été détruit, mais à la cathédrale de la Major. Il est vrai que, depuis 1791, la municipalité s'abstenait d'y assister. Ce même jour le clergé insermenté célébrait de son côté la messe d'actions de grâces, mais en secret, dans la rue Bernard du Bois, sous la direction de l'abbé Reymonnet et du chartreux Dom Joseph. Il en fut de même en 1794. Lorsque la liberté des cultes fut proclamée en 1795, on se réunit de nouveau à la Major. Le 3 juin 1807 le maire de Marseille, d'Anthoine, annonça que le vœu serait exécuté comme par le passé, et que la municipalité prendrait part à la cérémonie. L'archevêque d'Aix, de Cicé, lança aussitôt un mandement par lequel il rétablissait la procession générale, et, ce qui était une innovation, il autorisa les femmes à y assister. De 1831

---

1. Signalons un conflit d'attribution, pour infraction à l'étiquette qui faillit éclater à la Major entre l'évêché, et la municipalité lors de la célébration du *Te Deum* d'action de grâces en décembre 1721. Ce conflit fut terminé grâce à l'intervention de Villars. Cf. lettre de Villars aux Echevins, 19 décembre 1722 : « Il est très surprenant que, dans des temps destinés à rendre grâces à Dieu de nous avoir ainsi délivrés des malheurs qui vous ont accablés si longtemps, MM. du chapitre puissent songer à faire de la peine à ses premiers officiers qui se sont distingués par leur zèle et leur fermeté pour le salut de leur patrie. Je vous avoue que cette première réflexion ne me dispose point en leur faveur. »

à 1835 nouvelle interruption, ou du moins la procession n'a plus lieu que dans l'intérieur de la cathédrale. En 1836 tout recommence comme autrefois, jusqu'au moment où, sous la troisième République, on supprime toutes les démonstrations extérieures du culte, et par conséquent la procession générale. C'était pourtant un acte de foi qui ne blessait personne : c'était en même temps pour le commerce Marseillais une occasion de dépenses et par conséquent de gain, car les dames de la ville se paraient de leurs plus fraîches toilettes pour assister à la cérémonie. Enfin, au point de vue pittoresque, rien n'était plus curieux que de voir les rues pavoisées, jonchées de fleurs et les maisons drapées sur le passage de la procession, les pénitents dans leurs cagoules multicolores, les fonctionnaires et les officiers en grand uniforme, sans parler des reposoirs de quartier, édifiés et ornés au frais du voisinage. Reverrons-nous jamais, à une époque moins troublée, ces émouvantes cérémonies ? c'est le secret de l'avenir.

Quant à la visite au monastère, et à l'offrande du cierge, elle a encore lieu chaque année, le vendredi qui suit la Fête-Dieu. Ce ne sont plus les Echevins qui offrent le cierge traditionnel, mais les membres de la Chambre de Commerce. On ne saurait les blâmer d'être restés fidèles à la tradition. Quelle que soit l'opinion du jour, il n'est jamais bon de répudier le souvenir des ancêtres, et de ne pas tenir un engagement librement donné.

Bien que la maladie n'ait jamais atteint le degré de violence où elle était parvenue en 1720, l'opinion publique en France s'était douloureusement émue à la nouvelle du malheur qui frappait Marseille. L'intendant du Languedoc, de Bernage, inquiété par ce voisinage compromettant, avait pris toutes sortes de mesures préservatrices, tout en promettant aide et assistance. « Je vous [1] plains de tout mon cœur dans l'affligeante situation où vous êtes. Si je pouvais contribuer à vous en

---

1. Lettre de Bernage aux Echevins, 28 mai 1722 (Arch. mun.).

délivrer bientôt, je le ferais avec grand plaisir, personne ne s'intéressant plus que nous à la conservation de vos habitants. » Les conseils des villes voisines montrèrent un égal empressement. Ceux de Toulon [1] se signalèrent par leur bonne volonté. « Nous prenons trop de part à ce qui regarde votre ville pour manquer à vous témoigner le chagrin que nous et tous nos habitants ont ressenti du nouveau malheur qui vous est arrivé par la rechute du mal qui vous afflige... Nous vous prions d'agréer que nous vous offrions nos services pour tout ce dont vous aurez besoin pour votre soulagement et celui du public. Il n'y a aucun de nous et de ce peuple qui ne fût prêt à donner une partie de son sang pour vous le procurer. Nous vous supplions de ne pas nous épargner. » A ces offres de service les Echevins répondirent [2] par de cordiaux remerciements, mais déclarèrent que le mal était moins grand qu'on ne l'avait redouté. A Paris l'émoi fut plus sérieux, car Lebret et Brancas, qui redoutaient le retour des scènes de 1720, n'avaient pas caché leurs appréhensions. Comme on se souvenait encore des services que le bailli de Langeron avait rendus à Marseille, comme d'un autre côté les princes Italiens avaient [3], paraît-il, demandé sa nomination, on crut que son retour s'imposait dans des circonstances également graves. Il fut donc pour la seconde fois investi du commandement de Marseille et de son terroir, avec pouvoirs extraordinaires, et invité à se rendre en hâte à son poste. Le marquis de Mizon, colonel du régiment de Flandre, lui fut adjoint comme lieutenant [4].

Certes Langeron était resté populaire à Marseille, et on n'avait pas perdu le souvenir de tout ce qu'il avait fait pour l'intérêt commun, mais si, en général, cette nomi-

---

1. Lettre des consuls de Toulon aux Echevins, 23 mai 1722 (Correspondance de la mairie, aux mots Cavasse et Legrand).
2. Lettre des Echevins aux consuls de Toulon, 1ᵉʳ juin 1722 (Arch. mun., C. E., p. 188, verso) : « La maladie ne fait pas de progrès, et nous nous flattons que, moyennant la grâce de Dieu, nous en serons bientôt entièrement délivrés. »
3. Manuscrit Aᵉ. 50, p. 20.
4. Registre de transcription, p. 142.

nation fut bien accueillie par le peuple, elle froissa vivement divers fonctionnaires, entre autres les Echevins, et surtout les marquis de Pilles et de Brancas. Les Echevins n'avaient pas toujours eu à se louer du sans-gêne et de la rudesse de Langeron. D'ailleurs il leur déplairait de se voir relégués au second plan. Langeron s'était pourtant empressé de leur annoncer sa prochaine arrivée. Il les avait même priés de lui chercher un logement. Sous prétexte qu'il ne leur avait pas communiqué sa commission, les Echevins demandèrent [1] des instructions à Lebret : « Nous savons et vous avez sans doute appris ce qui arriva à nos devanciers sur le refus respectueux d'une pareille demande qui leur avait été faite par M. de Beauveau, et nous ne voudrions pas tomber dans le même inconvénient, quoique le cas d'alors fut peut-être différent de celui d'aujourd'hui. Nous osons nous flatter que vous nous ferez la grâce de nous suggérer d'une manière ou d'une autre ce que nous devons faire. » Lebret n'était pas l'homme des conflits. Il engagea les Echevins à se montrer de bonne composition et en effet ces derniers eurent le bon goût de ne pas tenir compte de ce manque de prévenance, et firent savoir [2] à l'Intendant qu'ils mettaient à la disposition du nouveau venu la maison Marin ; mais ils ne négligèrent pas de témoigner aux marquis de Brancas et de Pilles qu'ils avaient ressenti l'affront immérité qu'on leur faisait subir, et qu'ils comptaient néanmoins sur la continuation de leurs bons offices.

Le marquis de Villars-Brancas qui, par l'arrivée de Langeron, se trouvait privé de toute autorité sur Marseille, n'avait pas reçu sans dépit la nouvelle de cette nomi-

1. Lettre des Echevins à Lebret, 14 juin 1722 (Arch. mun., C. E., p. 5 verso). Le même jour une lettre identique était envoyée à Brancas.
2. Lettre des Echevins à Lebret, 17 juin 1722 (Arch. mun., C. E., p. 6, recto et verso). Cette maison fut somptueusement éclairée, si du moins on ajoute foi au compte des chandelles brûlées du 4 juin 1722 au 28 mars 1723. Il y en eut pour 741 livres 12 sols (Arch. mun., 4e division, 15e section, n° 10). Le tapissier Garaud, rien que pour l'aménagement du lit, présente un compte de 161 livres 13 sols. — Note supplémentaire du tapissier Michel : 6 pièces d'indienne pour lit, 100 pans de toile à tamis, 19 pièces d'indienne. Total 182 livres.

nation. Ainsi qu'il l'écrivait aux Echevins [1], le 15 juin 1722 « il faut qu'on ait cru votre ville beaucoup plus mal qu'elle n'est, grâce à Dieu. Je souhaite que le bon ordre s'y maintienne à l'avenir autant qu'il y a été jusqu'à présent. Soyez persuadés de la continuation de mes bons offices et de ma protection en toute occasion ». Lorsque les Echevins lui transmirent une copie de la commission de Langeron, que ce dernier leur avait enfin communiquée, il leur répondit [2] sur un ton aigre-doux « qu'il en avait déjà connaissance par la communication que vous jugez bien qu'il a été obligé de m'en donner à son passage ici ». Il leur rappelait que d'ailleurs Marseille faisait partie de la province, et qu'il en restait toujours le gouverneur militaire. Aussi était-il disposé à leur donner des marques de sa bonne volonté pour tout ce qui pouvait contribuer à leur soulagement. Villars-Brancas se montrait donc beau joueur, et, bien que fort irrité, conservait toute sa dignité. Il ne voulut cependant pas rester sous le coup de ce qu'il considérait comme un affront et demanda l'autorisation de s'éloigner. Il obtint sans peine ce congé. « Nous avons bien du regret de vous voir quitter la province, lui écrivirent [3] aussitôt les Echevins. Votre séjour dans elle faisait toute notre consolation et notre espérance, et nous ne croyions pas qu'aucun accident fût capable de nous abattre, tandis (*sic*) que nous aurions le bonheur d'être à portée de Votre Grandeur, mais nous espérons qu'Elle pourra nous soutenir et nous être utile de loin comme de près. Nous vous supplions très humblement d'avoir la bonté de nous honorer de votre protection et de trouver bon que, dans les occasions, nous ayons recours à vous. »

Le marquis de Pilles ressentit plus vivement l'injure et en conçut un vrai chagrin. Il crut nécessaire de se justifier devant ses collègues, et le fit avec dignité devant tous les notables réunis à l'hôtel de ville (8 juin). Après

1. Lettre de Brancas aux Echevins, 15 juin 1722 (Arch. mun.).
2. *Ibid.*, 7 juillet 1722.
3. Lettre des Echevins à Brancas, 12 août 1722 (Arch. mun., C. E., p. 24, recto).

avoir obtenu de l'assemblée un acte qui constatait son zèle et son dévouement pendant toute la durée de la contagion, il se retira dans son gouvernement des îles du golfe de Marseille. Comme Langeron n'était pas encore arrivé, les Echevins affectèrent de toujours considérer de Pilles comme leur supérieur immédiat, et ils lui adressèrent leur rapport quotidien sur la situation de la ville. Le marquis se montra touché de cette marque d'estime et de sympathie. « J'ai reçu la lettre que vous avez pris la peine de m'écrire avec la liste des morts et des malades d'hier. Je suis charmé, je vous assure, du bon état où se trouve Marseille. On le doit à vos soins. J'espère qu'ils la feront jouir dans peu d'une santé parfaite. Je vous demande la continuation de votre souvenir, que je mérite par mon attachement à la patrie et à vous en particulier[1]. »

Même après l'arrivée de Langeron qui n'eut lieu que le 28 juin, les Echevins crurent devoir en informer de Pilles et lui envoyer en même temps copie de la commission du nouveau commandant. « Nous vous prions instamment, ajoutaient-ils[2], que ce commandement ne diminue point les bontés dont vous avez toujours honoré notre ville, et nous vous protestons qu'il ne changera pas dans les sentiments pleins d'amour, de reconnaissance et de respect, avec lesquels nous avons l'honneur d'être, etc. » Ils lui écrivaient[3] encore le 20 août, en lui envoyant des nouvelles de la peste, et l'assuraient « de leur sincère et respectueux dévouement, ainsi que des regrets que votre éloignement nous cause. » Le marquis avait d'abord résidé au château d'If, dans la rade de Marseille. Il se rendit bientôt après au château de Saint-Romans, en Languedoc, pour y purger sa quarantaine. Les Echevins n'oubliant pas que, malgré son éloignement, il était toujours Viguier de Marseille, continuèrent

---

1. Lettre du marquis de Pilles aux Echevins, 29 juin 1722 (Correspondance de la mairie, au mot Pilles).
2. Lettre des Echevins à de Pilles, 6 juillet 1722 (Arch. mun., C. E., p. 9, verso, et 10, recto). Même lettre adressée à Lebret et à Brancas.
3. *Ibid.*, 20 août (Arch. mun, C. E., p. 27, verso, et p. 28, recto).

à le tenir au courant de ce qui se passait en ville. Pilles se montra reconnaissant de cette attention. « Rien[1] ne saurait me faire plus de plaisir que la marque de votre souvenir. Je ne négligerai pas les occasions de vous en marquer ma reconnaissance... Il faut espérer que le Seigneur, en bénissant vos soins, délivrera Marseille. Personne ne le souhaite plus ardemment que moi. Je vous offre les miens à Paris, si vous les trouvez de quelque usage. » De Pilles en effet se rendait à la Cour, sans doute pour se plaindre d'avoir été brutalement mis de côté. Les Echevins, fidèles à leur engagement, continuèrent à lui écrire, et, comme ils n'ignoraient pas que leurs allusions seraient comprises, ils glissèrent[2] dans leurs missives quelques épigrammes, d'ailleurs anodines, à l'adresse de Langeron. « On chanta hier à la Major le *Te Deum* pour l'entière cessation du mal contagieux, mais M. le bailli de Langeron ne trouva pas à propos de s'y trouver sous prétexte de la désinfection générale, qui n'est pas faite, et qui durera peut-être encore tout le mois prochain. » Ce n'était point là un banal échange de congratulations. De part et d'autre on avait appris à se connaître, à s'estimer, et on n'hésitait pas à le dire bien haut : démonstration tout à l'honneur et de ceux qui la font, et de celui qui en est l'objet[3].

Langeron avait donc repris possession de son commandement (29 juin 1722), et, après un moment d'hésitation, bien naturelle de leur part, les Echevins lui avaient, comme par le passé, promis leur concours. Ils tinrent parole. Le nouveau commandant de son côté ne chercha, tout en se maintenant dans ses attributions, qu'à ménager toutes les susceptibilités et à concilier tous les intérêts. Comme par le passé, il se montra impitoyable

---

1. Lettre de Pilles aux Echevins, 26 août 1722 (Correspondance de la mairie, au mot Pilles).
2. Lettre des Echevins à de Pilles, 28 septembre 1722 (Arch. mun., R. G., p. 160, recto).
3. De Pilles fut d'ailleurs récompensé de ses services. On lui donna, pour son fils, la survivance de la viguerie de Marseille, qui rapportait 1.000 livres, et, pour lui, on érigea, aux appointements de 12.000 livres, son commandement des Iles de la rade en gouvernement particulier.

envers tous les malandrins pris en flagrant délit, et il n'était que temps d'agir, car « il y eut alors une si grande quantité de voleurs et de meurtriers à Marseille, que M. de Langeron faisait redoubler les patrouilles, et dispersait dans le terroir la maréchaussée qu'il avait créée en 1720 ; ce qui avait toujours subsisté, pour les surprendre. Ils avaient assassiné divers paysans dans leurs bastides. » Quelques exécutions sommaires rétablirent bientôt un ordre relatif. Fort de son expérience, Langeron approuva et maintint toutes les mesures préservatrices qui avaient été prises. Il n'hésita même pas à se prononcer contre ses collègues, les officiers des galères qui ne voulaient[1] pas se charger des frais de subsistance des équipages qu'ils avaient fait passer de l'Arsenal dans le port et les laissaient à la charge de la ville. Cette prétention était injuste. Langeron le leur fit comprendre, et le conflit ne fut pas soulevé. Il s'employa également à régler les honoraires du corps médical, et spécialement des apothicaires, auxquels pourtant on avait déjà distribué de forts acomptes, et qui néanmoins soulevaient réclamations sur réclamations. Le docteur Reymond avait été chargé d'examiner leurs notes. « Vous savez, écrivaient[2] non sans malice les Echevins, qu'il y a ordinairement les deux tiers à rabattre sur les comptes que les apothicaires présentent à des particuliers. M. Raymond n'a pas retranché la moitié de ceux qui ont été présentés à la communauté par nos apothicaires, et ils ne sont pas contents. » L'affaire risquait de s'éterniser, mais Langeron fit entendre raison aux parties et tout finit par s'arranger.

Il y eut aussi quelques contestations au sujet du paiement des gardes des barrières. Les procureurs du pays voulaient faire supporter cette charge à la ville de Mar-

---

1. Lettre des Echevins à Brancas, 14 juillet 1722 (Arch. mun., C. E., p. 11, recto et verso, et p. 12, recto).
2. Lettre des Echevins à Lebret, 27 juillet 1722 (Arch. mun., C. E., p. 18, verso, et 19, recto). — Cf. lettre des Echevins aux procureurs du pays, 8 août 1722. Compte particulier de l'apothicaire Hugues et lettre à Lebret, du 8 août (Arch. mun., C. E., p. 22, recto).

seille, conformément[1] à ce qui s'était passé quelques mois auparavant, mais les Échevins alléguaient qu'ils n'avaient fait alors que céder à la nécessité, et que leur représentant, Estelle, lors de la conférence de Notre-Dame, le 7 août 1720, avait consenti par force à tout ce qu'on exigeait de lui; mais les circonstances n'étaient plus les mêmes, car il n'y avait plus à Marseille de besoins urgents, et c'était surtout à la requête de la province que les barrières avaient été posées. Lebret fut prié de trancher le différend. « Nous espérons, lui écrivirent[2] les Echevins, que, si vous voulez bien jeter les yeux sur le mémoire ci-joint, vous ne serez point de leur sentiment, puisque l'utilité en est tout au moins réciproque dans l'obligation que la province a de se garder. M. le marquis de Brancas en convint lors de la conférence qu'il eut avec messieurs les procureurs du pays et M. Moustier, premier Echevin. Nous espérons que Votre Grandeur confirmera son sentiment, n'étant pas juste que cette pauvre ville si dérangée par tous les malheurs qui l'accablent, paye encore des frais à des inconnus, que la province est naturellement obligée de supporter. » Lebret n'aurait pas mieux demandé qu'à déférer au désir des Echevins, mais, dans l'espèce, leur revendication était mal fondée. Aussi se prononça-t-il en faveur de la province. Les Echevins acceptèrent cette décision, mais ils prièrent[3] l'Intendant de modérer la dépense, et surtout de la rendre fixe et invariable, car ils désiraient connaître à l'avance le montant de leurs futurs débours.

Il est vrai que la prochaine cessation de la maladie allait bientôt mettre un terme à ces dépenses extraordinaires. Dès le 24 juin, s'adressant à Lebret, les Echevins lui annonçaient[4] que « grâces à Dieu nous n'avons eu

1. Lettres des Echevins aux procureurs du pays, 6 et 15 juillet 1722 (Arch. mun., C. E., pp. 8, verso ; 9, recto et verso ; 10, verso ; 11, recto).
2. Lettre des Echevins à Lebret, 20 juillet 1722 (Arch. mun., C. E., p. 15, verso, et sq,).
3. *Ibid.*, 8 août 1722 (Arch. mun., C. E., p. 23, verso).
4. Lettre des Echevins à Lebret, 24 juin 1722 (Arch. mun., C. E., p. 7, recto et verso).

hier 23 aucun malade ni dans la ville, ni dans le terroir, et seulement deux morts à la Charité. Comme vous, nous croyons que la maladie tend à sa fin. » Six jours plus tard, adressant au maréchal de Villars et aux ministres Le Blanc et La Vrillière une lettre [1] collective pour leur annoncer l'entrée en fonctions de Langeron, « il est vrai, disaient-ils, que la maladie tend à sa fin, et elle n'a pas fait beaucoup de mal grâces à Dieu ». Cette confiance était peut-être exagérée, car, sur leurs rapports, on crut que tout était terminé. Villars [2] les félicitait même de l'entière disparition du fléau. « Je reçois avec grande consolation votre lettre du 30 du mois passé, laquelle, comme celles que je reçois de M. le marquis de Brancas et de M. Lebret, me confirme que vous êtes totalement délivrés du mal. » Ce qu'il y avait de vrai c'est que le mal s'atténuait, et que le nombre des contaminés allait toujours en diminuant. Ainsi, le 15 juillet, les Echevins [3] seront-ils dans la note juste quand ils préviendront Lebret, que « la maladie ne fait presque plus de mal, ainsi que vous voyez par les listes que nous vous envoyons tous les jours des morts et des malades qu'il y a ; mais cette cruelle maladie n'est pas encore entièrement éteinte, elle dure et nos dépenses aussi. » Au 23 juillet ils signaleront [4] de nouveaux progrès : « Il y a quelques jours que l'on n'a rien découvert dans la ville, ni dans le terroir, si ce n'est dans le quartier de Château-Gombert, où cependant nous espérons que le mal cessera bientôt par les bons ordres qui y ont été observés. » Redoublement [5] de confiance au 7 août : « Il n'y eut hier ni morts, ni malades, et nous aurions eu lieu de vous adresser souvent une pareille nouvelle depuis le commencement

---

1. Lettres des Echevins à Villars, à Leblanc, à La Vrillière, 30 juin 722 (Arch. mun., C. E., p. 7, verso et recto).
2. Lettre de Villars aux Echevins, 14 juillet 1722. — Cf. lettre analogue de Brancas, 25 juillet 1722 (Correspondance de la mairie).
3. Lettre des Echevins à Lebret, 15 juillet 1722 (Arch. mun., C. E. p. 12, verso).
4. Lettre des Echevins à Lebret, 23 juillet 1722 (Arch., mun., C. E. p. 16, verso).
5. *Ibid.*, 7 août 1722 (Arch. mun., C. E., p. 22, recto).

de cette prétendue peste, si on n'avait fait mention que des réellement pestiférés. » Ainsi que l'écrit l'auteur anonyme de l'*Histoire de la Rechute*, « il n'était tombé [1] depuis cinq jours qu'une femme et mort un religieux, confesseur de l'hospice de la Charité. Aussi la confiance était rétablie. On se visitait, on se promenait, et on mangeait ensemble comme avant la rechute. Le Palais s'ouvrait et on y plaidait à l'ordinaire. Les églises étaient plus fréquentées. Les marchands commerçaient à la Loge comme dans les temps les plus libres, les boutiques n'avaient plus de barrière, et tout était dans une heureuse sécurité. »

On croyait donc cette fois tout fini, et on s'était déjà mis en mesure de rentrer dans le droit commun, lorsqu'il y eut un retour offensif de la terrible maladie. Au 12 août les Echevins écrivaient encore [2] à Brancas : « la santé continue d'être bonne ici, et il y a seize jours qu'il n'y a eu ni mort, ni malade, » mais ils étaient bientôt forcés de reconnaître qu'ils s'étaient trompés. Un décès avait eu lieu sur la paroisse Saint-Laurent. Le docteur Mailhe avait donné un certificat constatant qu'il n'avait trouvé aucune trace de contagion. L'enterrement avait été autorisé pour le 5 août. La veuve du défunt s'était retirée dans une maison amie, et y avait apporté son linge et ses hardes; mais à peine [3] était-elle installée que deux des habitants tombèrent subitement malades, avec tous les symptômes de la contagion. On les fit examiner et conduire à la Charité. On ordonna également de désinfecter les meubles des deux malades et du défunt, et de parfumer leurs maisons. « Quoique il soit à présumer que cet incident n'aura pas autrement de suites, nous n'avons pas laissé d'en sentir un chagrin mortel par la considération du préjudice qu'il causera à notre ville. » La panique en effet avait été grande. Bourgeois et négociants avaient de nouveau cherché un

---

1. Manuscrit A*, 50, p. 20.
2. Lettre des Echevins à Brancas, 12 août 1722 (Arch. mun., C. E., p. 26, recto et verso). Même lettre adressée à Lebret.
3. Lettre des Echevins à Lebret et à Brancas, 17 août 1722.

refuge dans leurs bastides. Les magasins s'étaient fermés, et la ville avait repris sa physionomie des mauvais jours. Langeron, exagérant peut-être la prudence, renouvela aussitôt les prescriptions les plus sévères, surtout pour la surveillance des portes de la ville[1]. Il défendit, sous peine de mort, à toutes les personnes malades ou employées à la Charité « de[2] toucher à aucun effet quelconque ». Les Echevins de leur côté, toujours fermes à leur poste, s'apprêtèrent à combattre de nouveau l'implacable fléau. Tout se disposa pour une lutte suprême.

Ce n'était heureusement qu'une fausse alerte. Brancas en avait eu le pressentiment. « Je ne crois pas, écrivait-il[3] aux Echevins, qu'après un aussi long intervalle que vous n'aviez rien, ce puisse être quelque chose de conséquence, et que cet accident ait des suites. Je comprends bien qu'on se servira de ce prétexte à la Cour pour différer encore votre liberté, et voilà le plus fâcheux ; soyez cependant persuadés que je ne négligerai rien pour faire revenir la Cour de la prévention où l'on a eu grand soin de l'entretenir à cet égard, et vous me ferez toujours plaisir de m'instruire de votre situation qui m'intéresse sensiblement. » Cette situation en effet alla toujours en s'améliorant. Il n'y eut plus de ces cas foudroyants qui jetaient l'épouvante dans la population, plus de rechutes, et le nombre des guérisons augmenta rapidement. C'étaient évidemment les dernières vagues de la tempête qui soulevaient encore la surface des flots, mais le vent ne soufflait plus, et un radieux soleil paraissait à l'horizon. Dès le 19 août les Echevins écrivaient[4] à Lebret : « Nous n'avons eu ni hier, ni avant-hier, aucun nouveau malade. Dieu veuille qu'il n'y en ait plus aucun atteint ou soupçonné de contagion ! » Leur vœu se réalisait, car ils avaient bientôt la joie

---

1. Registre de transcription, p. 132, 5 août 1722.
2. *Ibid.*, p. 141.
3. Lettre de Brancas aux Echevins, 22 août 1722 (Correspondance de la mairie).
4. Lettre des Echevins à Lebret. 19 août 1722 (Arch. mun., C. E., p. 26, verso).

d'annoncer[1] à Lebret (19 septembre) « que ce qui nous console, c'est que la santé continue à être bonne ».

On en était si bien persuadé à l'Arsenal[2] que les commandants des galères n'avaient pas hésité à rétablir les communications avec la ville, et avaient rendu la liberté aux ouvriers civils, que réclamaient leurs femmes, avec autant d'acharnement que jadis les Athéniennes de Lysistrata, chansonnées par Aristophane. Les galères ne devaient rentrer dans le port que le 22 octobre, en sorte que ce fut « ce jour-là seulement que tout fut à Marseille dans la situation des temps libres ».

Il ne restait plus qu'à faire cesser l'état de siège, et qu'à rendre à Marseille ce que Brancas appelait sa liberté. Langeron présida à cette rentrée dans le droit commun, mais avec une sage lenteur. On eût dit qu'il voulait se garantir contre un second retour offensif du fléau. Depuis longtemps il désirait une désinfection générale non seulement des maisons et des bastides, mais aussi des magasins. Dès le 6 juillet il avait provoqué une assemblée générale à l'hôtel de ville, espérant que ses propositions seraient acceptées. Elles furent au contraire discutées et repoussées. Le 10 juillet il revint à la charge, et insista pour que la désinfection fût aussi complète que possible. L'assemblée se montra récalcitrante, à cause des frais immenses qu'aurait coûtés cette opération et pria Lebret et Brancas de se prononcer en sa faveur. Langeron écrivit de son côté pour obtenir l'autorisation d'agir. Un conflit était donc imminent. On a conservé le « Mémoire[3] envoyé à la Cour au sujet de la désinfection générale que M. de Langeron veut faire à Marseille et réponse à ce mémoire par les Echevins qui ne veulent pas de la désinfection générale ». Quelques-unes des raisons[4] alléguées par les Echevins sont à tout le moins étranges : « La plupart de ceux qui ont traité de la peste ont donné dans de grandes erreurs. Les

---

1. *Archives municipales*, 19 septembre 1722.
2. Manuscrit A^a, 50, pp. 36, 43.
3. *Ibid.*, pp. 49-56.
4. *Ibid.*, p. 51.

uns n'ont fait que voltiger autour de la superficie, d'autres voulant pénétrer jusque dans l'intérieur se sont perdus dans ses abîmes. Enfin quelques autres se sont engagés dans des principes et des raisonnements qui choquent de front les raisons les plus communes. La raison de cet égarement n'est autre chose que l'entêtement à vouloir connaître la nature et la cause de cette maladie absolument impénétrable, et de vouloir la soumettre aux principes de l'Ecole. Si ces hommes célèbres veulent travailler utilement à ce grand ouvrage, ils doivent changer de méthode, abandonner leurs préjugés et s'attacher à la pratique et à l'expérience de tous les pays qui seule peut nous indiquer tout ce qu'il y a de meilleur à faire. C'est désormais l'unique chemin qu'ils doivent suivre s'ils veulent réussir, et porter un jugement droit sur les différents cas qui se présentent. » Langeron n'était pas homme à se laisser arrêter longtemps par ces arguments théoriques. Alléguant que les Etats voisins et particulièrement les princes Italiens, réclamaient une prompte solution, agacé d'ailleurs par une opposition dont il ne comprenait pas la portée, il se souvint à propos qu'il était armé de pouvoirs discrétionnaires, et, sans plus se soucier des discussions de l'hôtel de ville, prit sur lui d'ordonner, le 5 septembre[1], une désinfection générale et très rigoureuse. Les scellés furent en effet apposés sur neuf cents magasins de toute sorte.

Comme c'était surtout des boutiques de fripiers qu'il fallait se défier, à cause de la facilité relative de la contrebande, Langeron les pourchassa[2] tout spécialement.

1. Registre de transcription. p. 159. Cf. instructions envoyées par La Vrillière à Langeron au sujet de la désinfection, le 17 novembre 1722 (Arch. nation., G7, 1737).
2. On a conservé aux Archives municipales (section 15, n° 8) les noms des forçats employés par Langeron à la désinfection des fripiers. Nous les donnons à titre de curiosité. Le Grand rue du Grand Puits); Nouveu, Denis, Jacques, Nicolas, Le Capucin, Michel, La Bonté, Martin (rue Poids-de-la-Farine); Nicolas (rue des Chapeliers); Pierre Roux (rue de Robe-Verte); La Montaigne, Leboirgne (ibid.); Juliot à l'Oratoire); Pierre, De Martagon (Grande-Horloge); Arnoux, Janos, (Jullien, Bertrand (aux Treize-Coins de la Major); Lecieur, Lachapelle, Mageau, Bodreux, Foy (à la Tourette); Masonier (à la Plate-Forme);

« Les fripiers de cette ville étant ceux que l'on doit soupçonner [1] le plus d'avoir des marchandises suspectes de contagion, pour les achats qu'ils font ordinairement de toutes celles qui leur sont présentées, sans savoir d'où elles viennent, et étant important de s'assurer de leur désinfection et de n'avoir sur cela aucun doute », une soixantaine de citoyens sont nommés commissaires inspecteurs et investis, à partir du 14 septembre, de pouvoirs discrétionnaires et du droit de visite « dans toutes les boutiques et arrière-boutiques, dans les appartements, coins et recoins, caves et greniers, et même sur les toits des maisons, pour faire porter au Lazaret tout ce qu'ils y trouveront de susceptible ». Pour assurer l'exécution de son arrêté, Langeron avait même imaginé de ne faire ni publier ni afficher l'ordonnance; « afin que les fripiers et fripières ne connaissent notre intention que dans le moment où les commissaires généraux iront chez eux »; il s'était contenté d'en faire délivrer une copie à chaque commissaire, et ces derniers s'acquittèrent de leur mission avec une implacable rigueur. Leurs recherches furent minutieuses, et elles étaient nécessaires. Ainsi, jusque dans le clocher des Accoules, on trouva, de vieilles hardes, qui furent portées au Lazaret pour y être brûlées. Brûlés également deux ballots de vêtements hors d'usage dans la maison du prêtre Chardousse, rue d'Aubagne; brûlés plusieurs ballots de marchandises appartenant au sieur Arnaud; brûlés plusieurs balles et ballots de bourre de soie à Joseph Boyer, rue Notre Dame de la Garde; douze balles de soie d'Espagne au sieur Boyer; deux ballots de soie à Pierre Gautier, rue Bonneterie, et par surcroît, il est envoyé aux infirmeries avec toute sa famille. Aussi bien cette sévérité était justifiée. Ne trouva-t-on pas, rue de l'Oratoire, sous le toit d'une vieille maison et cachés par

---

Depuis (château de Joly); Carbonnel, Gilly (Poissonnerie-Vieille); Cordon (Friperie); Lafleur, Gayord, Parisien (au Faubourg); Duplessis, Le Grand (Carmes-Déchaux); Toulouse (Place Neuve); Saint-Louis (rue Longue); Laforêt (rue des Capucins); Paul (au Panier); et, sans désignation, Tibaud, Charles, Barbe, Lainé, Panetier.

1. Ordonnance de Langeron du 14 septembre 1722 (CAPUS, p. 156).

une cloison et même dans le tuyau de la cheminée, des vêtements qui portaient encore les marques de la maladie !

Dans ces tournées[1] fastidieuses mais utiles se signalèrent deux des lieutenants de Langeron, le marquis de Mizon, et de Crest, capitaine au régiment de Flandre. Ce fut surtout dans le quartier Saint-Lazare qu'ils opérèrent. Voici le procès-verbal d'une de leurs journées de chasse, celle du 28 septembre 1722. Ils saisirent et firent brûler 5 charretées de laines, de bourres et de peaux dans la maison Aillaud ; 14 balles de chiffons et linges servant à fabriquer le papier dans la maison de la nommée Imbert, revendeuse, « dont le commerce nous parut aussi suspect que celui des fripiers » ; 20 pelotons de laine dans la maison Marquise ; 11 ventrières de mules, 6 tentes de campagne, 138 sacs vides, et 1 sac plein de vieux cordages dans la maison Villecros ; 3 matelas dans la maison Cauvin, et, chez divers, 22 ballots de hardes et de linges en mauvais état.

Ces perquisitions minutieuses, sévèrement et rudement appliquées, furent suivies d'une opération générale de désinfection. Langeron imagina à ce propos un règlement draconien et chargea de nombreux commissaires de l'exécuter. Les ordonnances qu'il rendit le 22 septembre et le 4 octobre mériteraient un examen détaillé, non seulement parce qu'elles contiennent la liste des commissaires délégués, mais aussi parce qu'elles constituent un document géographique ou plutôt topographique de premier ordre, et permettent de dresser en quelque sorte le plan de Marseille en 1722[2]. La ville était alors divisée en six paroisses : La Major (quartiers de La Major, de Lorette, des Grands-Carmes) ; Saint-Martin (quartiers Saint-Jaume, des Prêcheurs, des Récollets, Saint-Homebon, les Récollets, Capucins, Robe Verte, Sainte-Barbe, l'Echelle, les Augustins, Pavé d'Amour, Nonnerie) ; les Accoules (quartiers la

---

1. Acte déclaratif de l'état présent de la santé. — Registre de transcription, p. 171.
2. Registre de transcription, pp. 158, 161, 164.

Roquette, Grand'Rue, Cheval Blanc, La Loge, Saint-Victoret, Bonneterre, Panier, Marignane, Saint-Esprit, la Renarde, place Vivaux, rue des Rondeaux); Saint-Laurent (quartiers de l'Humilité, Coin des Cabires, Saint-Laurent, Bouters, Saint-Sauveur, la Ferrade, Nuit, Sainte-Catherine); Saint-Ferréol (la Cannebière, Carmes déchaussés, Saint-Ferréol, Porte de Rome, Fontaine Longue, Maucouinat, Aubagne); Rive Neuve (quartiers des Bertrandines, Saint-Roch, île de Roze, Dumarquizat, Long du quai jusqu'aux chantiers, Dessus les chantiers).

Les commissaires nommés par Langeron furent donc chargés d'inspecter dans tous les quartiers les maisons suspectes, et de faire porter les marchandises et les effets qu'ils y trouvèrent aux étages supérieurs pour qu'ils y fussent exposés à l'air (22 septembre et 4 octobre). Pendant cette opération une pluie torrentielle tomba le 23 septembre, après six mois de sécheresse. La désinfection fut conduite avec beaucoup de minutie, car on a conservé les procès-verbaux d'enquête[2] des commissaires enquêteurs, et on sait qu'ils n'épargnèrent pas leurs peines, puisque, rien que dans le quartier des Accoules, ils visitèrent à Saint-Victoret 35 magasins, à la Loge 71, aux Rondeaux 32, au Cheval Blanc 13, à Vivaux 24, à la Roquette 2, à la Grand'Rue 9, à la Bonneterie 37, au Panier 10, et à la Renarde 48. On poussa même les précautions jusqu'à ordonner aux paysans de se confiner chez eux, sous peine de la vie, et toutes les bastides furent désinfectées[3] (25 septembre). Les corbeaux, dont on se défiait plus particulièrement, furent consignés dans un local isolé; on visita les vaisseaux; on parfuma les églises, les couvents, les magasins mis sous scellés. Aucune précaution ne fut négligée. Il est vrai que l'opération fut conduite avec une certaine

---

1. Manuscrit A^a. 50, p. 40.
2. Ces procès-verbaux sont conservés aux Archives municipales (1^r division, 15e section, n°s 10 et 11).
3. Registre de transcription, p. 165.
4. Ibid., p. 167.

brutalité, car Langeron n'était pas l'homme des ménagements. Aussi les Echevins furent-ils médiocrement satisfaits de cette rudesse dans les procédés, et, à diverses reprises, ils témoignèrent leur mécontentement. « Nous avons l'honneur, écrivaient-ils [1] à Lebret, le 10 septembre, de vous envoyer un exemplaire de l'ordonnance que M. le bailli de Langeron fit publier hier sur la désinfection. Elle a contristé nos négociants et encore plus nous, par la considération que nous ignorons absolument les suites. M. de Langeron trouvant à propos de nous en faire un mystère. » Il y avait là les germes d'un conflit administratif, mais Lebret n'eut pas de peine à convaincre [2] les Echevins que les intérêts particuliers devaient s'incliner devant la nécessité générale, que d'ailleurs les résultats des mesures prises étaient excellents, et qu'il n'y avait plus qu'à reconnaître l'efficacité de cette mesure salutaire.

Un autre conflit fut à la veille d'être soulevé avec les procureurs du pays, qui ne voulaient pas autoriser l'enlèvement des barrières qui isolaient Marseille du reste de la province. Dès le 19 octobre 1722 les Echevins les avaient suppliés [3] de leur accorder cette faveur. Ils faisaient remarquer que jamais blocus ne s'était autant prolongé, « et pourtant il y a trois mois que la santé est aussi parfaite et aussi sûre ici qu'à Aix, et on ne nous y reçoit qu'avec des quarantaines rebutantes et ruineuses. Voudriez-vous avoir la bonté de représenter qu'une rigidité trop grande et très inutile ruine Marseille et fait

---

1. Lettre des Echevins à Lebret, 10 septembre 1722 (Arch. mun., C. E., p. 34, recto).
2. Lettre de Lebret aux Echevins, 13 septembre 1722 Correspondance de la mairie, au mot Lebret) : « L'ordonnance a paru nécessaire à S. A. R; et, si elle doit rassurer tout le reste du royaume et les pays étrangers sur la santé de Marseille, nous devons la regarder comme un bien et un avantage pour ce malheureux pays. »
3. Lettre des Echevins aux procureurs du pays, 19 octobre 1722 (Arch. mun., C. E., p. 45, recto). — Nouvelle lettre du 10 décembre 1722 (C. E., p. 53, verso) : « Il y a tous les jours des gens de la Province qui viennent nous demander s'ils peuvent y porter sans quarantaine des marchandises, que l'on appelait autrefois susceptibles. Nous avons la douleur de voir que nous ne pouvons pas leur dire que cela est permis ou leur en procurer la permission. »

souffrir la province ? » De fait, les quarante mille personnes qui survivaient à Marseille sur une population de quatre-vingt-dix mille âmes étaient en proie à une misère profonde. Ces barrières qu'on ne pouvait franchir sans subir une quarantaine ruinaient le commerce et l'industrie; mais la peur paralysait tous les bons mouvements, et, dans leur égoïsme municipal, les villes voisines redoutaient de reprendre contact avec la cité maudite. On avait pourtant publié des états déclaratifs de santé plus que rassurants, on s'était soumis à toutes les quarantaines prescrites par les règlements. Jusqu'au 6 novembre le blocus avait été absolu; mais ce ne fut qu'au 19 novembre que fut rendue l'ordonnance de déconsignation [1]. Le Parlement d'Aix ne l'accepta qu'à contre-cœur. Au 10 décembre les Echevins étaient encore réduits à lui demander l'autorisation de transporter sans quarantaine les cuirs, laines, toiles et autres marchandises qualifiées de « susceptibles ». Le Parlement restait d'abord sourd à toutes les sollicitations, et, malgré les instantes prières [2] de Langeron, repoussait toutes les ouvertures. Il fallut, pour le décider, les ordres impératifs de la Cour, mais ce ne fut qu'en janvier 1723 qu'il consentit à enregistrer l'arrêté et à supprimer les barrières [3].

Les Echevins auraient également désiré que Marseille rentrât promptement en relations avec les puissances voisines. Or l'Espagne avait interdit tout commerce avec la France. L'Angleterre, la Hollande et l'Autriche avaient pris des mesures prohibitives. Toutes les villes italiennes étaient impitoyablement fermées, et les vaisseaux étrangers, fuyant Marseille, portaient leurs cargaisons à

---

1. Lettres de remerciements adressées à ce propos par les Echevins à Lebret, Brancas, Villars, de Pilles, La Vrillière, de Beaumont, etc., 28 novembre 1722 (Arch. mun., R. G., p. 106, recto).
2. Voir aux Archives nationales (G⁷ 1737) une lettre de Langeron, en date du 12 décembre 1722, jointe à l'état déclaratif de la santé de Marseille, que le roi déconsigne.
3. Archives de la Chambre de commerce de Marseille (G. G., 2 - Lettres de félicitations adressées à ce propos par les consuls d'Antibes (20 octobre); Saint-Pons (29 octobre); Saint-Tropez (30 octobre); Nantes (4 décembre); Carcassonne (18 décembre).

Gênes ou à Livourne. Les Echevins avaient beau multiplier les preuves du bon état sanitaire de leur cité, et ordonner qu'aucune marchandise ne sortirait du port sans une permission signée par eux [1], la défiance restait la même. Elle se traduisait même par de véritables actes d'hostilité. Ainsi en Angleterre non seulement on refusait l'entrée des ports aux vaisseaux venant de France, mais encore on brûlait impitoyablement tous ceux que l'on soupçonnait de porter des marchandises contaminées. Voici ce qu'écrivait aux membres de la Chambre de commerce de Marseille notre représentant [2] à Amsterdam, Laugier de Tassy, à la date du 5 juin 1721 : « J'apprends par une lettre d'Irlande, du 12 du mois passé, que le conseil de Dublin a fait brûler deux vaisseaux anglais venant de Toulon dans le port de Clontar et un autre vaisseau anglais, nommé *la Sainte-Élisabeth*, capitaine Henri Vaughean, parti aussi de Toulon dans le mois de février dernier, dans le port de Cork. La frayeur s'est répandue sur toute la terre. » C'étaient surtout les Autrichiens, alors maîtres des Pays-Bas, qui faisaient bonne garde sur leurs frontières. « Les états de Brabant, écrivait encore Laugier de Tassy, veulent obliger la République (Hollande) à mettre en quarantaine tous les bâtiments venant de la côte de France, ou veulent rompre tout commerce avec elle, qui fait tous ses efforts pour obvier à cette résolution. On brûle à Quiévrain, frontière des Pays-Bas autrichiens, tout ce qui vient de France, même par Paris. On y a brûlé depuis peu des ballots contenant des nippes et galanteries pour bijoutiers valant environ 200.000 livres tournois. On a brûlé même un ballot de cartes géographiques. »

Ces prohibitions étaient exagérées, mais le maître des Pays-Bas, l'empereur d'Allemagne Charles VI, n'était nullement disposé à les faire disparaître. Il usait même de tout son crédit, surtout auprès des Pro-

---

1. Registre de transcription, pp. 148, 177. Correspondance de la mairie, au mot Villars.
2. Archives de la Chambre de commerce, A. A., 21.

vinces Unies, pour les prolonger. En Hollande en effet, les négociants n'auraient pas mieux demandé qu'à reprendre leurs relations d'affaires avec les ports français. Notre chargé d'affaires à Amsterdam, Laugier de Tassy, est très explicite à ce sujet. Dans sa correspondance avec la Chambre de commerce de Marseille il ne cesse de vanter les bonnes dispositions des Hollandais. « MM. les Etats généraux, leur écrit-il, ont ordonné un jeûne général le 11 de ce mois pour la cessation du fléau en Provence, et leurs chaires retentissent des prières en faveur des Provençaux. Il est vrai que leur intérêt s'y trouve. » Dans une autre lettre[1] du 3 novembre 1721 : « Si les Hollandais avaient été les maîtres et n'eussent pas les puissances du Nord à ménager, non seulement ils ne rompraient pas le libre commerce avec nos ports de l'Océan, comme on tâche de les contraindre, mais même ils ne l'auraient pas rompu avec nos ports de la Méditerranée. Il me faudrait faire un journal pour vous communiquer tout ce qui s'est passé là-dessus et la perplexité des .tats sollicités et obsédés par les ambassadeurs étrangers. » Malgré leur bonne volonté ils durent en passer par les exigences de leurs voisins, et le blocus continua : « Plusieurs négociants de Marseille, écrivait encore Laugier de Tassy, paraissent empressés par leurs lettres d'envoyer ici des bâtiments. Il n'y aurait pas de la prudence à le faire sans savoir s'ils seront reçus ici et à quelle quarantaine ils seront soumis. » Or les quarantaines persistèrent, de plus en plus rigoureuses. Le gouverneur général des Pays-Bas autrichiens se fit même remarquer par son intransigeance. N'alla-t-il pas jusqu'à faire aux Hollandais un *casus belli* de la reprise des relations commerciales avec la France ? Cette hostilité mal déguisée durait encore en 1723. « Je suis persuadé, écrivait[2] à ce propos Laugier de Tassy, qu'il y aurait bien du temps qu'ils auraient admis les bâtiments français sans les menaces que l'Empereur et les princes du Nord

---

1. Archives de la Chambre de commerce, A. A., 21.
2. *Ibid.* Lettre du 8 avril 1723.

leur ont souvent réitérées de rompre la communication avec eux, s'ils avaient une facilité. »

Navrés de ces mauvaises dispositions, et soucieux de rentrer dans le droit commun, les Échevins Marseillais avaient essayé d'intéresser Villars à leur malheureux sort. Ce dernier leur répondit (10 octobre) : « Comme son Altesse Royale sait bien ce qui convient à une aussi importante ville que la vôtre pour faire fleurir le commerce si nécessaire pour le Royaume, je suis persuadé qu'elle donnera les ordres que nous pouvons désirer pour cela, et vous devez l'être que je les solliciterai, et que votre intérêt m'est très cher. Assurez-en tout ce qui compose nos meilleurs négociants. » Ce n'étaient là que de vaines promesses. Aucune mesure effective n'avait été prise. Au 18 novembre les Échevins avaient encore le regret d'écrire à Lebret [1] : « La santé continue à être parfaite, mais quoique les quarantaines de confiance et de désinfection soient heureusement finies, nous nous trouvons toujours bornés. Il est vrai qu'on a commencé aujourd'hui à ôter la garde des portes, et ainsi la ville communique avec le terroir, mais cela ne rétablit pas notre commerce [2]. » Il ne fut en effet rétabli avec les îles Françaises de l'Amérique que le 22 janvier 1723, avec les États du nord, l'Angleterre, la Hollande et l'Allemagne qu'en mars 1723, et il suffisait d'une simple patente de Langeron. L'ordonnance du 31 mai 1723 le rétablit avec les pays du Levant, et dans les conditions antérieures, c'est-à-dire avec patente signée par les intendants de la santé. Le maréchal de Villars s'empressa d'annoncer la bonne nouvelle [3] aux Échevins : « Je reçois en ce moment une lettre de M. le Contrôleur géné-

---

1. Lettre des Échevins à Lebret, 8 novembre 1722 (Arch. mun., C. E., p. 49, recto). Voir lettre de Lebret aux Échevins, 26 novembre 1721 (Correspondance de la mairie, au mot Lebret) : « Je ne vois pas encore M. le marquis de Brancas disposé à votre déconsignation à cause de l'affaire d'Allauch. »
2. On trouve pourtant aux Archives nationales (G7, 1737) une lettre de Lebret, datée du 28 juillet 1722, et qui énumère les premiers navires sortis de Marseille après la contagion.
3. Lettre de Villars aux Échevins, 3 juin 1723 (Correspondance de la mairie).

ral avec la copie de l'arrêt qui rétablit votre commerce dans son entier; j'avais supplié M. le Cardinal premier ministre de vouloir bien ordonner l'expédition dudit arrêt, je suis sûr que vous le recevrez avec joie, et je m'en ferai toujours une très sensible de vous rendre tous les services qui seraient en mon pouvoir. » C'était en effet une bonne nouvelle pour Marseille que celle de sa libération, mais la Savoie ne consentit à rentrer en relations qu'en juin 1723, l'Espagne, la Papauté et Naples que le 15 juillet 1723. Pour que la prospérité commerciale de Marseille fût rétablie, elle avait donc encore à dissiper bien des préventions. Ce devait être l'œuvre du temps, car la confiance ne s'impose point par ordonnance. Il est vrai que Marseille est une de ces cités privilégiées qui, jetées à terre par une catastrophe imprévue, se relèvent plus vigoureuses, et, comme le géant de la fable antique, reprennent des forces en touchant le sol. On la croyait abattue à tout jamais : au contraire une ère nouvelle de prospérité allait bientôt s'ouvrir pour elle.

Aussi bien la rechute n'avait pas été aussi terrible qu'on l'avait craint au début. Il n'y eut en effet que 260 personnes [2] atteintes par le fléau, dont il ne mourut que 194. Il est vrai qu'on avait été obligé de dépenser encore près de 400.000 livres, et, que la vie matérielle était devenue difficile, à cause du renchérissement subit de tous les prix. Cependant, comme le remarque un contemporain[3], « jamais autant de magnificence, de luxe, d'habits dorés et de repas magnifiques, car ceux à qui la peste avait procuré des successions les dissipaient en peu de temps. » La cessation de la peste, en outre des héritiers, fit d'autres heureux. La Cour se montra très large sur le chapitre des récompenses. Langeron, qui ne devait quitter Marseille que le 4 septembre 1723, reçut l'abbaye de Boulbonne, qui valait dix mille livres de revenus. Deux de ses officiers, La Coffinière, capitaine dans

1. Voir aux Archives nationales (G[7], 1736) une pétition des négociants marseillais (31 mars 1725) transmise par le marquis de Brancas.
2. Manuscrit A[a], 50, p. 45.
3. *Ibid.*, p. 45.

le régiment de Brie et Bouisson, capitaine réformé du régiment de Vermandois, eurent la croix de Saint-Louis. On donna à de Malvin, qui avait commandé à Allauch, et à de Pezel, qui avait commandé à Aubagne, une pension de six cents livres. Thomassi, de Castellane, Mazauges, Castel, Reboli et Sabolin, qui en 1720 avaient déjà rempli les fonctions d'inspecteurs, furent nommés capitaines à la suite dans les citadelles de Marseille avec sept cent vingt livres d'appointements. Enfin, et c'était une justice bien tardive, Lebret obtint pour son subdélégué Rigord une pension de mille livres. Quant aux Echevins ils se contentèrent de l'honneur d'avoir servi leur pays et rempli leur devoir [1].

En résumé, cette fois encore, Marseille avait échappé au plus terrible des dangers, et le *Te Deum* d'actions de grâces, célébré le 28 février 1723 n'était pas une cérémonie de complaisance, mais la réputation d'insalubrité de cette ville était désormais établie. Peut-être même dure-t-elle encore, bien que très à tort. Plusieurs années après 1720 ces défiances s'avouèrent au grand jour. Elles étaient, il est vrai, parfois très intéressées. En Italie, surtout, où l'on jalousait les progrès et, si on peut employer cette expression, la renaissance de Marseille, se répandaient les bruits les plus extraordinaires, particulièrement à Gênes, l'éternelle rivale de Marseille. Voici à ce propos deux lettres [2] fort curieuses, que nous avons retrouvées dans les Archives municipales. La première est adressée de Gênes, le 26 mars 1723, par MM. Antonio Damiany et Cie à J. B. Rey : « Depuis hier a été mise en campagne une méchante nouvelle que nous croyons fausse, étant pourtant certains que MM. du Magistrat de Gênes ont écrit à celui de Florence, lui disant que le 9 du courant survint une disgrâce chez vous à deux portefaix qui transportaient des meubles et hardes

1. Manuscrit A*, 50, p. 21. Notons encore que le roi, pour reconnaître les services rendus par les Jésuites en 1720, leur céda une grande propriété près de Notre-Dame de la Garde, à condition d'y établir un collège, où seraient enseignées les langues et les mathématiques.
2. Voir dans la collection de la Correspondance municipale, aux articles Rey et Richard.

d'un bourgeois qui changeait de maison, et qu'en ouvrant une caisse lesdits portefaix tombèrent morts. Cette nouvelle a alarmé beaucoup la place, quoique on n'y ajoute nulle foi, ayant de vos lettres du 11 courant, et que vous ne nous en marquez rien. Par conséquent cette nouvelle est fausse. Ayez la bonté, s'il vous plaît, de nous dire en réponse ce qui se passe là-dessus. » Voici la seconde lettre. Elle est datée du 26 mars 1723 et écrite par MM. Bonnaguno et Richard, de Livourne, et adressée au sieur Lombardon; « La nouvelle que messieurs les Génois ont écrite à ce magistrat de la santé a consterné tous nos Français. Ils entendent qu'il soit (*sic* arrivé un accident dans votre ville; qu'en ouvrant une caisse ou ballot il s'est trouvé infecté et qu'il est mort subitement deux à trois personnes. Cependant il n'y a eu en cette ville aucune nouvelle semblable ou approchante. Si c'est une imposture venant dudit Génois, il serait à propos que messieurs du Commerce puissent en avoir quelque ressentiment, et faire entendre à la Cour que cette nation n'a tenté qu'à détruire le commerce de votre ville. Si, au contraire, cette nouvelle se vérifie, on doit par contre leur rendre justice d'être sur leurs gardes, puisque en pareille occasion on ne saurait être trop circonspect. Tous ceux qui ont quelque intérêt en Provence sont dans une grande attente de voir arriver le courrier pour savoir ce qui en est. Dieu veuille par sa miséricorde nous préserver d'un semblable malheur ! »

La sinistre nouvelle s'était répandue à travers toute l'Italie. Elle avait produit une grande impression surtout à Venise. Comme les Vénitiens, à cause de leurs fabriques de soie, avaient de fréquents rapports avec les Lyonnais, les Echevins prièrent le prévôt des marchands de Lyon, Cholier, de démentir ces faux bruits. Cholier le leur promit[1] : « Comme j'ai des relations assez fréquentes en Italie pour savoir ce qui s'y passe,

1. Lettre de Cholier aux Echevins, 20 avril 1723 (Correspondance de la mairie, au mot Cholier).

il y a longtemps que j'ai promis de les informer exactement, s'il arrivait quelque accident. » Il ajoutait même, et cette prudence l'honore : « Je vous prie de me permettre de différer à rendre publics et votre lettre et votre procès-verbal. J'en conférerai auparavant avec quelques-uns de nos principaux négociants. Il ne m'était point parvenu que l'on eût parlé ici de cet accident. Peut-être y a-t-il quelque inconvénient d'en renouveler le bruit. »

Cette circonspection du prévôt des marchands de Lyon ne saurait être trop approuvée, mais les Echevins, forts de leur expérience, étaient portés à exagérer les précautions contre un retour possible du fléau. Apprenant que trois bâtiments étaient venus d'Egypte avec patente brute, ils n'avaient pas voulu les recevoir, et avaient demandé à Lebret d'obtenir du gouvernement que, dans toutes les Echelles du Levant, nos consuls ne fussent plus autorisés à délivrer des patentes dans les villes où il y aurait soupçon de peste. Lebret, non sans raison, leur fit comprendre que ce serait ruiner à tout jamais le commerce de la France avec le Levant. Ne valait-il pas mieux construire à Marseille un grand Lazaret, bien aménagé, et pouvant suffire à tous les besoins ? C'était en effet la meilleure solution du problème, et on le comprit si bien que les Intendants de la Santé, de concert avec la Municipalité, s'occupèrent aussitôt de dresser le plan de l'établissement projeté : mais il était entendu qu'on ne négligerait aucune des précautions habituelles, et qu'on continuerait à exercer la plus stricte surveillance [1].

En 1724 des bruits alarmants furent de nouveau répandus : Lebret s'en fit l'écho dans une lettre [2] qu'il adressait aux Echevins de Marseille le 30 mai. « Il y a trois jours que le bruit courait dans cette ville [3] que

---

1. Lettre de Lebret aux intendants de la santé et aux Echevins, 3 juin et 29 juillet 1723 (Arch. mun.).
2. Lettres de Lebret aux Echevins, 2 et 30 mai 1724 (Correspondance de la mairie, au mot Lebret).
3. Aix.

M. le Maréchal de Villeroi avait reçu une mauvaise nouvelle qui devait affliger tout le royaume, et l'on prétendait ici que M. de Mazenod-Beaupré avait répandu ce bruit-là, et qu'il disait le tenir d'un courrier nouvellement arrivé de Marseille. Cependant, comme on n'a reçu aucunes nouvelles fâcheuses, on a de la peine à comprendre pourquoi ce bruit a été servi. Aussi je vous prie de savoir du sieur de Mazenod-Beaupré sur quoi était fondé ce qu'il a répandu dans le public. Si c'était une plaisanterie, je vous prie de l'avertir qu'il ne convient pas d'en faire de pareilles. » Brancas de son côté avait été mis au courant de ces rumeurs, et il s'en était inquiété. « J'avais déjà eu connaissance, leur écrivait-il [1] le 17 juin, des bruits de peste qui s'étaient répandus dans la province. L'on n'y a pas ajouté grande foi, mais rien ne déterminera plus à les détruire que la suite du temps, par la bonne santé dont jouira votre ville. Je dois cependant vous dire que ce qui a le plus contribué à ces bruits sont les changements prompts et subits qu'on a faits dans les emplois des infirmeries et du bureau de santé. S'y serait-il passé quelque contravention ou mauvaise manœuvre de la part de ceux qui étaient en place et qu'on a destitués ? »

Les bruits en circulation n'avaient donc aucun fondement, mais tout le monde se tenait sur ses gardes, et le moindre cas suspect était immédiatement signalé. Sur ce point Lebret exigeait la plus grande exactitude. Une mort subite ou suspecte avait-elle lieu ? On l'en avertissait aussitôt, et il accusait réception du renseignement [2]. Un navire arrivait-il de quelque endroit contaminé ? Il était informé sur l'heure [3] et prenait des mesures en conséquence. « J'ai reçu, écrivait-il [4] aux Echevins le 17 juin 1724, la lettre que vous avez bien voulu m'écrire le 14 de ce mois au sujet du bâtiment du

---

1. Lettre de Brancas aux Echevins, 17 juin 1724.
2. Lettre de Lebret aux Echevins, 27 juin et 8 juillet 1724 (Correspondance de la mairie, au mot Lebret).
3. *Ibid.*, 2 mai 1724.
4. *Ibid.*, 17 juin 1724 (Arch. mun.).

capitaine Roux. Messieurs les Intendants de la Santé m'ont envoyé copie de leur délibération au sujet de ce même bâtiment, et de la déclaration du capitaine ; mais, quoiqu'il y ait lieu d'espérer que les accidents arrivés pendant le voyage n'auront pas de suite, puisque ils n'en ont point eu jusqu'à présent, je crois cependant qu'il ne faut pas se presser de donner l'entrée à ce bâtiment, car lesdits intendants ne doutaient pas que les morts qu'il y a eu sur le bord n'eussent la peste ; en effet cela a été trop vite pour qu'il en soit autrement, et, en pareille matière, on ne saurait user de trop de précautions et de circonspection. »

Précautions et circonspection, tel était donc le mot d'ordre de l'administration, et la consigne fut fidèlement exécutée, puisque, grâce aux mesures prises, la peste n'a jamais plus ravagé Marseille, ou du moins elle a toujours[1] été étouffée dans ce Lazaret, dont Lebret réclamait et pressait la construction. Le 19 mai 1741, sur un vaisseau venant d'Alger, cinq cas, dont deux mortels pendant la traversée, avaient été signalés. On retint l'équipage au Lazaret, et la précaution était bonne, car un garde de santé fut atteint et mourut. En mai 1760 *le Sillon* arriva de Saint-Jean-d'Acre avec deux morts suspectes. L'équipage fut aussitôt débarqué, et sept matelots moururent au Lazaret. La maladie avait même eu un caractère de violence, bien dangereux si on l'eût laissée se propager. En mai 1768 *le Brun*, parti de Tripoli de Syrie et repoussé à Livourne à cause des quatre décès survenus pendant la traversée, débarqua au Lazaret sept de ses hommes, dont un seul mourut. En mai 1784, car c'est toujours au mois de mai que paraît se déclarer l'épidémie, le capitaine Ragusain Millich, dont les matelots avaient acheté à Tanger des vêtements contaminés, est retenu au Lazaret, mais autour de lui sont atteints et meurent quatre gardes de

---

[1]. D'après DE VILLENEUVE, *Statistique des Bouches-du-Rhône*, la peste aurait été, après 1728, signalée, mais étouffée six fois, en 1760, 1763, 1784, 1786, 1796, 1819. Des cas suspects se produisirent encore en 1825 et 1837, mais ils ne franchirent jamais l'enceinte du Lazaret.

santé et plusieurs employés. Le chirurgien de l'établissement, Blanc, tombe à son tour frappé par le fléau, mais réussit à se sauver. Le 24 janvier 1785, le capitaine Courdier, de Tunis, perd deux de ses hommes, et en 1786 un navire de Bône en perd également deux, mais au moins la peste ne franchit pas les limites du Lazaret. En 1796 un navire espagnol, d'Alger, est encore arrêté à temps. Aussi bien nos administrateurs prenaient alors si bien leurs précautions qu'ils surveillaient la peste même à l'étranger. Voici la curieuse lettre, datée d'Aix, 5 germinal an VII (25 mars 1799) et adressée au Conseil municipal de Marseille, que nous avons retrouvée aux Archives municipales de cette ville : « Nous sommes informés qu'un vaisseau venant d'Alger est arrivé à la Goulette de Tunis, et y a débarqué sept hommes d'équipage, dont trois sont morts dans les deux jours suivants avec tous les symptômes de la peste, indépendamment d'un quatrième qui a été jeté à la mer pendant la traversée. Comme nos côtes se trouvent exposées aux pirateries des Barbaresques et qu'une descente de leur part pourrait nous communiquer ce fléau, nous vous invitons à redoubler de zèle et de surveillance pour que les lois sanitaires soient aussi scrupuleusement que strictement observées, et surtout à prendre les mesures que votre sagesse vous suggérera, et que votre localité exigera afin de nous défendre d'une maladie aussi destructive. Nous ne saurions trop appeler votre attention sur cet objet. Veuillez bien nous rendre compte dans le plus court délai des mesures que vous aurez prises pour assurer le service de surveillance continuelle sur tous les points de votre arrondissement. Signé, Allemand, Barbier, administrateurs du département des Bouches-du-Rhône. »

Malgré ces précautions le terrible fléau était toujours menaçant. En mai 1819, un navire suédois, *la Continuation*, qui avait relâché à Tunis après avoir perdu quatre hommes pendant la traversée, débarqua son équipage au Lazaret de Marseille. Un enfant nouveau-né, et un garde de santé qui avait commis l'imprudence de dormir dans une couverture ayant servi à un malade furent rapidement emportés, et deux autres matelots furent frappés, mais ils guérirent, et, cette fois encore, grâce aux précautions prises, Marseille fut préservée.

On a depuis détruit le Lazaret, et de somptueux édifices s'élèvent aujourd'hui sur son emplacement, mais les règlements sanitaires subsistent[1], et tous les navires suspects sont encore obligés de purger leur quarantaine aux îles de la rade de Marseille. Sous prétexte de liberté des transactions certains théoriciens s'élèvent contre ces prétendues entraves; il n'en est pas moins vrai que le premier des droits est celui de défendre sa vie, et que Marseille, porte de l'Orient, a grand raison d'observer encore ces règlements sanitaires, peut-être gênants, mais à coup sûr utiles[2]. Si en effet quelque grand *Saint-Antoine*, à l'heure actuelle, apportait le microbe destructeur à cette populeuse cité de 600.000 âmes, ce n'est plus, avec la facilité de communications, quelques provinces qui seraient atteintes, mais la France, mais l'Europe entière, et alors éclaterait, comme au temps de Froissart, cette terrible peste noire « dont bien la tierce partie du monde mourut ».

La peste de 1720 n'a jamais été oubliée à Marseille. Son souvenir fait en quelque sorte partie du bagage des connaissances courantes. Aussi peut-il sembler étonnant que quelque monument commémoratif n'en ait pas tout de suite perpétué la mémoire. Sans doute on a donné à quelques rues de la ville le nom des fonctionnaires qui se sont dévoués à son salut ; on a également

1. Voir aux Archives nationales (G7, 1738-1745) un projet de règlement d'ordonnance ou de déclaration du roi sur la santé. — Cf. Ordonnance du 13 septembre 1724, respectée par le décret de la Convention du 9 mai 1793, qui renouvelle les anciens règlements sanitaires. — Voir aussi les arrêtés du 25 juillet 1805 et du 20 mars 1822.
2. Il paraîtrait qu'en 1906 un incendie volontaire détruisit une cartonnerie, où avaient été entassés des chiffons de provenance suspecte. On ne saurait trop louer les magistrats municipaux d'avoir recouru à ce remède héroïque. En 1910 un navire suspect, chargé d'émigrés syriens, n'a pas été admis à la libre pratique et renvoyé à son point de départ.

dressé sur une fontaine le buste du chevalier Roze ; on avait encore élevé une statue en l'honneur de Belsunce sur le Cours, à l'endroit même où, d'après la tradition, il aurait célébré une messe solennelle ; mais, à cause de scrupules politiques, cette statue a depuis été transférée sur une place lointaine. Le 1er juillet 1726, Belsunce avait posé la première pierre d'une église sur la place Saint-Ferréol, et il avait eu la satisfaction de la consacrer, le 3 mai 1740, après son achèvement. C'est dans cette église qu'on avait érigé un monument en son honneur et dressé une pierre avec inscription qui rappelait le dévouement des magistrats, des fonctionnaires et des citoyens. Cette église fut détruite en 1793, lors de la fureur iconoclaste qui poussa Fréron, Barras et les autres proconsuls de la Convention à faire disparaître tant de souvenirs du passé. Le 12 janvier 1821, en vertu d'une délibération du Conseil municipal, présidé par le maire marquis de Montgrand, « le Conseil, considérant que le délire impie de la Révolution a détruit un très grand nombre des anciennes églises de Marseille, que depuis longtemps l'administration publique, les pasteurs et les fidèles reconnaissent, avec un douloureux regret, l'insuffisance de celles qui ont échappé à la dévastation », décidait la reconstruction de l'église Saint-Ferréol, qui serait consacrée au Sacré-Cœur de Jésus, avec une chapelle dédiée à saint Roch et un monument commémoratif en l'honneur de Belsunce et de tous ceux qui s'étaient dévoués avec lui, au salut de Marseille. La première[1] pierre en fut posée le jour anniversaire du centenaire du vœu, et le cardinal de Beausset célébra la messe sur le Cours et conduisit la procession générale, mais il se peut que la fatalité s'acharne après certaines pierres, de même qu'elle se déchaîne après certains individus. Diverses considérations de voirie rendirent nécessaire la disparition de cette église, ou plutôt sa non-construction. En 1829, lorsqu'on fora

1. Le procès-verbal de la cérémonie, ainsi que les discours prononcés à cette occasion, ont été donnés par Méry et Guindon, *ouv. cité*, t. VI, pp. 278-311.

un puits artésien destiné à alimenter une fontaine de la rue Montgrand, on fit disparaître jusqu'à cette première pierre, posée naguère avec tant de solennité. C'est la place Saint-Ferréol qui occupe aujourd'hui l'emplacement de l'église projetée.

Un autre monument avait été élevé le 16 septembre 1802. Un des fonctionnaires qui, à Marseille, se signalèrent par leur bonne administration, le préfet Charles Delacroix, fit alors construire dans la rue Paradis, à la hauteur de la rue Armény, une élégante fontaine en l'honneur des héros de la peste en 1720. Sur cette fontaine se dressait une colonne de granit gris avec chapiteau d'ordre ionique, surmontée de la statue du génie de la Santé par le sculpteur Barthélemy Chardigny. Le génie relevait d'une main le flambeau de la vie à moitié éteint, et de l'autre couronnait les citoyens qui s'étaient illustrés par leur dévouement. Voici les inscriptions : sur la face antérieure : « A l'éternelle mémoire des hommes courageux dont les noms suivent : Langeron, commandant ; marquis de Pilles, gouverneur viguier ; Belsunce, évêque, Estelle, premier échevin, Moustier, Audimar, Dieudé, Echevins ; Roze, commissaire général pour le quartier de Rive Neuve ; Millay, jésuite commissaire pour la rue de l'Escalle principal foyer de la contagion, Serre, peintre célèbre, élève de Puget ; Roze l'aîné, Rolland, intendants de la Santé ; Chicoyneau, Vernes, Peysonnel, Montagnier, Bertrand, Michel et Deydier médecins. Ils se dévouèrent pour le salut des Marseillais, dans l'horrible peste de 1720. » Sur la face postérieure : « Ce monument a été élevé l'an X de la République Française une et indivisible, 1802 de l'ère vulgaire, le général Bonaparte étant premier consul, les citoyens Cambacérès et Lebrun étant deuxième et troisième consuls, le citoyen Chaptal, ministre de l'Intérieur, par les soins du citoyen Charles Delacroix, préfet du département des Bouches-du-Rhône, organe de la reconnaissance des Marseillais. » Sur la face latérale droite : « Hommage à plus de cent cinquante religieux, à un grand nombre de médecins et chirurgiens qui moururent victimes de leur zèle à secourir et consoler les mourants. Leurs noms ont péri. Puisse leur exemple n'être pas perdu ! Puissent-ils trouver des imitateurs, si ces jours de calamité venaient à renaître. » Sur la face latérale gauche : « Hommage à Clément XI qui nourrit Marseille affligée. Hommage au Raiz Tunisien, qui respecta ce don qu'un Pape faisait au malheur. Ainsi la morale universelle rallie à la bienveillance les hommes vertueux que divisent les opinions religieuses. »

On a depuis déplacé cette colonne. Au moins ne l'a-t-on pas détruite. Elle a été transportée en 1880, dans le jardin de la Bibliothèque municipale, et, du haut de la colline du Lycée, l'élégante statue de Chardigny semble étendre encore sa main protectrice sur la ville entière. Cette fontaine, le buste du chevalier Roze à la Tourette, le nom des quatre Echevins et celui de Langeron donné à cinq des rues de Marseille, quelques tableaux épars dans les musées et les statues de Belsunce, de Roze et de Lebret qui ont été dressées sur la façade de la nouvelle préfecture, tels sont à l'heure actuelle les seuls monuments qui rappellent aux Marseillais ce sinistre épisode de leurs annales. Nous nous estimerions trop heureux si nos lecteurs voulaient bien considérer ce modeste essai comme une pierre ajoutée à ces monuments de la reconnaissance nationale.

QUATRIÈME PARTIE

LA PESTE EN PROVENCE ET DANS LES AUTRES PROVINCES

CHAPITRE XII

LA PESTE EN PROVENCE

Marseille ne fut pas la seule des villes de Provence attaquées par le fléau destructeur. Il résulte de divers documents conservés aux Archives nationales que de nombreuses communautés furent ravagées par la contagion. Un premier « État des villes et lieux de Provence attaqués des maladies contagieuses, des jours auxquels la contagion a commencé de paraître, du nombre des morts et des jours auxquels la contagion a cessé » fut dressé [1] le 1ᵉʳ juin 1721 ; mais il était incomplet, et d'ailleurs la maladie reprit avec violence. Il fallut recommencer ce triste travail. Il fut cette fois terminé le 18 avril 1722,

---

1. Archives nationales, G⁷, 1730.

et on reconnut [1] que soixante-neuf communautés Provençales avaient été contaminées. Il ne peut entrer dans notre esprit de raconter en détail l'histoire de la peste dans ces soixante-neuf communautés : d'abord parce que cette étude serait forcément fastidieuse, et aussi parce que les documents précis font souvent défaut. Il nous suffira de détacher quelques épisodes et de passer en revue les localités contaminées.

La peste semble avoir exercé ses fureurs autour de quatre foyers principaux : Marseille, Aix, Toulon et Arles. Ces quatre villes furent de véritables centres d'infection : mais il y eut en outre dans la province ce qu'on pourrait appeler des cas isolés. Nous étudierons successivement les uns et les autres.

I

LE FOYER MARSEILLAIS

Dans la banlieue immédiate de Marseille, il n'est pour ainsi dire pas un hameau qui ait été épargné. Tous ces populeux faubourgs qui font aujourd'hui partie intégrante de la ville, tous ces riants villages qui lui tressent à l'heure actuelle comme une ceinture verdoyante et dans lesquels les émigrés avaient cru trouver une retraite assurée, furent visités par le fléau destructeur et impitoyablement ravagés. Lorsque, à la fin de l'épidémie, on se décida à dresser ce tableau des décès que Lebret avait si souvent réclamé aux Echevins, on arriva à un total affligeant. Rien qu'aux environs de Marseille et sur le territoire de la commune 8.916 décès furent constatés, et encore ce tableau est-il forcément incomplet, car les registres étaient fort mal tenus, et beaucoup de victimes furent emportées, dont il ne resta aucune trace. Malgré sa monotonie, reproduisons cette lugubre nomen-

1. Archives nationales, H, 1198-02.

clature[1]. Château-Gombert perdit 641 âmes, Saint-Jérôme 357, La Magdeleine 331, Les Olives 247, Sainte-Marthe 218, Saint-Just 179, Saint-Charles 160, Saint-Barthélemy 95, Le Canet 445, les Aygalades 325, Notre-Dame-de la Garde 308, Les Petites Crottes 284, La Baume Saint-Antoine 250, Saint-Louis 171, Notre-Dame-de Bon Secours 153, Le Rouet 130, Saint-Pierre 103, Pierrefeu 85, La Bédoule et Camplong 69, Saint-Marcel 508, Saint-Julien 275, Sainte-Marguerite 386, Saint-Barnabé 323, Saint-Loup 521, Saint-Giniez 362, Saint-Jean-du-Désert 68, Bonneveine 101, Montredon 221, Mazargues 228, Les Caillols 273, Les Martegaux 56, Saint-Vincent 59, La Pomme 134, Saint-Laurent la-Capelette 121, La Valentine 59, Notre-Dame du Mont 274, Saint-Menet 76, Eoures 29, Les Accates 48, Les Camoins 62, Ensues 181. Telle de ces localités, Château-Gombert par exemple, le Canet ou Saint-Marcel étaient entièrement dépeuplées. Il y a peu d'exemples dans l'histoire d'épidémies ayant fait autant de victimes sur un espace aussi restreint.

Les petites communes situées dans le voisinage immédiat de la grande ville avaient tout d'abord espéré échapper à la catastrophe, et avaient pris leurs précautions en conséquence, mais les points de contact étaient trop nombreux et les occasions de rapprochement trop fréquentes. L'épidémie ne les épargna pas et la mortalité fut effrayante. Il en est peu qui furent aussi rudement éprouvées qu'Allauch[2]. Les habitants de cette laborieuse cité s'occupaient surtout de travaux champêtres. Ils étaient les grands pourvoyeurs de Marseille en légumes, en fruits et même en céréales. Aussi les relations avec la ville étaient-elles fréquentes et pour ainsi dire quotidiennes. Lorsque le Parlement d'Aix lança son arrêt de blocus du 31 juillet, les habitants d'Allauch prirent de nombreuses mesures de précaution contre la contagion. Non seulement un bureau de santé fut éta-

---

1. Seuls furent épargnés les lieux dits La Nerthe et La Treille.
2. J. MAUREL, *la Peste à Allauch en 1720* (Congrès des sociétés savantes de Marseille en 1906, pp. 561-582).

bli à l'hôtel de ville, et une barrière posée sur le chemin de Marseille, mais encore la Municipalité imposa une quarantaine à tous les passants, et défendit aux maraîchers de se servir de fumier venant de la ville. Elle vota des secours aux nécessiteux dont le nombre avait augmenté à cause du blocus, et, dans la prévision d'une prochaine catastrophe, aménagea une infirmerie à Estangue et un cimetière au quartier des Trémières. Elle engagea même l'apothicaire Granet à faire, aux frais de la ville, des provisions de médicaments, et passa des marchés pour des achats de chaux vive. Les habitants craignaient tellement d'être contaminés que, chaque nuit, des patrouilles circulaient armées de fusils pour arrêter la contrebande et empêcher les communications avec Marseille. Tout fut inutile, et le fléau s'abattit avec rage sur la malheureuse cité. Allauch avait alors près de 5.000 habitants. Il en mourut 1.023, et, depuis cette époque, le chiffre de la population ne s'est jamais relevé, car on ne comptait au dernier recensement que 3.320 habitants dans la commune.

Dès le 20 août le Parlement d'Aix avait consigné Allauch comme lieu suspect. En effet le fléau s'y déclara le même jour, et avec une terrible intensité. Les consuls [1] engagèrent aussitôt trois corbeaux qui furent logés dans la chapelle de l'Enfant-Jésus. On leur promit 4 livres par sépulture. On leur adjoignit trois infirmiers et deux infirmières, et le blocus fut sévèrement ordonné, mais aussitôt augmentèrent tous les prix. La viande manqua, le vin également, et, comme des contrebandiers en introduisaient pendant la nuit au risque de porter avec eux la contagion, les consuls en défendirent la vente, sauf à trois endroits désignés, Cavau, La Pouche et Boffe, et encore sous la surveillance d'un garde. Malgré ces précautions, la maladie fit des progrès. L'apothicaire Granet, atteint par le fléau, fut remplacé par Jean Michel, lequel exploita la situation, car il demanda un traitement de 200 livres par mois (21 septembre). La maladie

---

1. Archives des Bouches-du-Rhône. C., 927.

le saisit à son tour et il eut alors pour successeur Jean Mouriés. Les infirmeries devinrent bientôt insuffisantes. Il fallut en installer trois nouvelles en ville pour suppléer à l'hôpital tout de suite encombré et d'ailleurs enclavé dans des maisons. On en improvisa un second (26 août) à la chapelle de Notre-Dame de Beauvezer, puis bientôt un troisième dans un moulin à vent au quartier de Roubaud. On creusa des tranchées pour enterrer les cadavres dans la chaux vive. Les corbeaux surmenés exigèrent six livres pour chaque enterrement. On les leur donna, mais ils ne profitèrent pas longtemps de cette augmentation de solde, car ils moururent tous, et il fallut faire appel aux bonnes volontés pour remplir ce sinistre emploi (13 septembre).

Comme l'épidémie prenait des proportions effrayantes, tous les services publics se trouvèrent bientôt désorganisés. Les intendants de la Santé s'enfuirent au loin, les gardes des barrières désertèrent leurs postes, les bouchers vendirent leurs troupeaux. Seuls, les contrebandiers continuèrent leur triste besogne, et il fallut lancer contre eux un monitoire sans pitié. Bientôt on fut menacé de famine. Le consul Caire alla en personne chercher du pain à la barrière, mais il n'avait pas apporté d'argent et on ne voulut pas lui faire crédit. Rentré désespéré à Allauch, il écrivit une lettre touchante à Lebret pour solliciter des secours. L'Intendant lui promit du blé et des moutons, ainsi qu'un secours de 800 livres que Caire alla chercher à Aix, mais on fit à peu près au hasard la répartition, et, dès le 31 juillet, on se trouvait de nouveau sans pain et sans argent. Or, il fallait nourrir près de 600 quarantenaires, soigner 150 malades, payer les chirurgiens, les gardes, les commissaires, sans parler de deux médecins venus de Marseille, à condition de recevoir chacun mille livres par mois. La situation semblait désespérée, car aucune amélioration n'avait été signalée, et même le nombre des malades augmentait.

Ce fut alors, après sept longs mois de souffrance, que les habitants d'Allauch prirent une résolution désespérée. Ils décidèrent une quarantaine générale avec autorisation aux consuls de la faire durer tant qu'ils le jugeraient utile. On sait combien était sévère la réglementation de la quarantaine. En vertu de l'ordonnance rendue le 1er novembre 1720 [1] par Lebret, défense absolue aux habitants de sortir de leurs maisons dont les capitaines garderont les clefs dans leurs poches ; sentinelles à tous les carrefours avec ordre de tirer sur ceux qui sortiront ; rues fermées par des barrières; pour l'alimentation les habitants se montreront à leurs fenêtres à des heures fixées, et en feront descendre des paniers où on déposera les vivres. Si on veut payer, on placera l'argent dans un papier qu'un garde prendra avec des pincettes, et jettera dans un pot plein de vinaigre, etc. C'était en quelque sorte une mise hors la loi. N'avait-on pas été obligé de régler jusqu'à la distribution de l'eau, car il n'y avait que deux puits sur le territoire de la commune. Les consuls Caire et Camoin exécutèrent à la lettre ces dures prescriptions. Ils achetèrent 250 charges de blé et rationnèrent les vivres, y compris l'eau. La ville fut divisée en quatre quartiers, et six gardes chargés de la surveillance dans chaque quartier. Pendant le jour toutes les avenues étaient surveillées et personne ne sortait sans une permission écrite des consuls. Chaque nuit des patrouilles circulaient pour empêcher les vols et les brigandages, et aussi les communications d'une bastide à l'autre. Un corps de garde fut installé à la Boudonnière pour arrêter les contrebandiers, et il fut convenu qu'on n'accepterait pour les cultures de la saison aucun travailleur venant de Marseille.

Commencée le 11 mars 1721, la quarantaine se poursuivit sans incident jusqu'au 28 avril 1721. Elle avait était suivie avec une extrême rigueur. Cet emprisonnement volontaire de quarante-sept jours eut au moins pour résultat une véritable renaissance. Tous les symptômes de maladie disparurent et de nombreux malades

---

1. Cf. ordonnance de Lebret, Saint-Rémy, 1er novembre 1720. — Mémoire pour parvenir à l'exécution de l'ordonnance pour les lieux attaqués des maladies (Arch. des Bouches-du-Rhône, C. 909).

recouvrèrent la santé. Caire et Camoin parcoururent alors le territoire pour se rendre compte de l'état général, et procédèrent, suivant l'usage, à la désinfection des locaux, des hardes et des meubles. Au 23 mai tout semblait fini, mais la Municipalité restait néanmoins sur le qui vive. « Nous avons quand même un extrême besoin de nous garder, lisons-nous dans ses délibérations, la peste étant toujours au terroir de Marseille, Aubagne et Auriol étant toujours atteints. Les appointements sont excessifs par rapport à cette communauté, mais il vaut mieux payer des appointements, que de voir mourir les habitants comme il vient d'arriver, et de faire de plus grandes dépenses. »

Les pressentiments de la Municipalité ne devaient que trop se réaliser. De nouveaux cas étaient signalés dans les premiers jours de juin, sans doute à cause du relâchement des précautions, et de nouveau les malades encombraient les Infirmeries. On en avait pourtant établi jusqu'à sept, à la Charité et à la Chapelle des Pénitents pour les malades de la ville, aux Roubauds pour ceux de la campagne, à la bastide Baudouin et à l'Enfant-Jésus pour les convalescents, à Notre-Dame-de-Chaban et au Pas de l'Estanque pour les quarantenaires. Ces infirmeries étaient desservies par deux chirurgiens, un apothicaire, douze infirmiers[1] et vingt infirmières, sans parler des médecins qui, de temps à autre, venaient de Marseille. Malgré tous ces soins vingt malades sur vingt moururent encore pendant le mois de juin, et seize sur seize du 1er au 10 juillet. Les Consuls étaient désespérés, mais ils firent leur devoir et renouvelèrent toutes les défenses antérieures. Ils les agravèrent même puisqu'ils interdirent toute sortie nocturne après la retraite battue par les tambours, et ordonnèrent la fermeture des cabarets, le nettoyage des cloaques, et l'isolement indi-

---

1. Un de ces infirmiers se nommait Vanel Guillaume (Arch. des Bouches-du-Rhône, C., 913). On a conservé le nom de deux autres infirmiers, Mendic et Vernet, qui reçurent 100 livres de gratification, et des femmes La Rousse et Marianne Blanqui, qui reçurent 60 et 30 livres.

viduel des malades avec garde à la porte de chacun d'eux. Il est vrai que cette dernière prescription fut mal observée, car, nous lisons dans une délibération du 7 juillet : « Il y en a qui s'émancipent à ôter les gardes qu'on met à leurs maisons quand ils sont malades. Ils ne peuvent être ôtés qu'en vertu d'une délibération du bureau. A ceux qui ne voudront pas les souffrir, il sera permis de rester dans leurs maisons, à condition que la porte en sera murée. »

Les secours ne manquèrent pas à Allauch. Langeron[1] y envoya tout de suite les médecins de l'hôpital du Mail pour soigner les malades. L'assemblée des communautés, l'intendant Lebret et l'archevêque d'Aix donnèrent une somme de 1.000 livres, et le chapitre de la Major, à titre d'aumône, dix charges de blé. Belsunce, dès le 5 juin, alla visiter ses diocésains d'Allauch, leur prodigua des consolations, et leur laissa un secours de 200 livres. Le curé de la localité et ses vicaires, excités par l'exemple de leur premier pasteur, firent également leur devoir. On signala le zèle et le dévouement d'un frère observantin, Siméon, qui tomba malade par excès de fatigue, mais qui ne sut pas pousser jusqu'au bout l'esprit de sacrifice, car il réclama avec obstination un traitement de 50 livres pour services rendus. Ainsi protégés contre l'épidémie, les habitants d'Allauch finirent par en triompher. A la date du 21 août les consuls Caire et Camoin rédigeaient un rapport de victoire où ils se vantaient d'avoir triomphé du fléau. Il est vrai qu'ils y joignaient aussitôt comme correctif l'énumération de tout ce qu'ils avaient dépensé : 100 lits avec 100 draps et 100 chemises de nuit pour les malades, 10 quintaux de mauvais linge, 500 quintaux de pain, 90 de viande, 10 de riz, 10 d'huile, 8 d'eau-de-vie, 2 de savon, 10 de charbon, 200 millerolles de vin, 20 de vinaigre, 20 minots de sel et 2.000 sarments. Ils demandaient en outre des médicaments, surtout des parfums

1. Archives des Bouches-du-Rhône C., 927. — *Ibid.*, C., 14. Lettres de Vintimille aux procureurs du pays, 20 janvier et 3 février 1721.

dits violents, pour la désinfection, et ils terminaient par cette mélancolique déclaration : « Nous, consuls de ce lieu d'Allauch, attestons le présent état véritable, que nous avons fait le plus juste possible, ayant été abandonnés de tout le monde dans le fort du mal, ce qui a été cause que l'on n'a pas tenu une lettre certaine pour tout ce qu'on demande. »

Caire et Camoin n'étaient pas encore au bout de leurs peines. Dans les premiers jours de septembre 1721, un cas extraordinaire et foudroyant se produisit à la campagne d'Honoré Nicolas, dit Amoulaire. Quatorze personnes furent atteintes et treize moururent. L'infection avait été probablement causée par des hardes contaminées. Langeron ordonna une visite générale (8 septembre), et fit brûler tout ce qui était suspect. Il envoya un commandant spécial à Allauch, Chaluy, avec douze hommes et un sergent qui établirent aussitôt un corps de garde et prirent les précautions nécessaires. En effet, du 20 septembre au 1er novembre, aucun cas ne fut signalé, mais du 1er au 13 novembre, dix personnes mouraient en ville, quatorze du 13 au 20, et vingt et une du 21 au 31, c'est-à-dire que le fléau reprenait avec plus d'intensité que jamais. Or Marseille renaissait alors à la santé, et le voisinage immédiat d'Allauch menaçait la malheureuse cité d'une prochaine rechute. Désolés de ce retour offensif, les Echevins prirent en hâte les précautions d'usage, mais ils étaient fort inquiets. « Vous savez sans doute[1], écrivaient-ils à Lebret, le 17 novembre 1721, le triste accident qui est arrivé à Allauch. Nous apprenons par les nouvelles d'aujourd'hui que depuis huit jours il y est mort quatre personnes du mal contagieux, et qu'il y a encore vingt neuf malades. On prend toutes les précautions imaginables pour empêcher que le mal ne se communique pas. Il y a des soldats qui font nuit et jour une patrouille exacte, et qui ont ordre de tirer sur ceux qui voudraient sortir. A notre barrière et aux portes de la ville nous avons fait redoubler les soins et l'attention des soldats

---

1. Lettre des Echevins à Lebret, 17 novembre 1721 (Arch. mun., C. E., p. 148, verso).

qui y sont, et nous espérons, Monseigneur, que, moyennant la grâce de Dieu et les précautions que l'on prend, il ne nous arrivera aucun inconvénient[1]. » Marseille fut en effet préservée, mais Allauch fut de nouveau ravagée par la contagion. Il fallut ordonner une nouvelle quarantaine générale, et la faire observer en toute rigueur[2], car des patrouilles armées furent réparties dans tout le terroir. Heureusement la force du venin était en quelque sorte épuisée, et bientôt le nouveau consul Michel avait la satisfaction d'adresser à Lebret un rapport où il disait : « Les chirurgiens qui trouvent leur compte à avoir des prétextes de faire durer la peste, condamnent tous les malades qu'ils visitent, et, si nous n'avions pas la précaution de les faire mettre en départ, s'il en survenait quelqu'un, il nous arriverait la même chose, mais heureusement tout le monde se porte bien et l'hôpital va être vidé dans quelques jours. » Du 15 au 18 février 1722 fut organisée la quarantaine de convalescence, et au 19 du même mois commença la quarantaine de santé. Michel pouvait écrire dans un second rapport à la date du 19 mars : « J'ai fait vider entièrement et sortir de quarantaine les chirurgiens, infirmiers, infirmières et corbeaux, et fait désinfecter toutes les hardes qui avaient servi à l'hôpital ; de sorte que nous n'avons plus rien qui ressente la peste, et nous pouvons compter de n'en avoir plus aucune semence, car la communication est plus grande que jamais et notre quarantaine de santé commencée depuis le 18 février. Nous pouvons compter, quand elle sera finie, avoir resté quelques jours sans morts, ni malades, ni sans aucun soupçon de peste. » Ce ne fut pourtant que le 29 mars 1723 que parurent l'acte déclaratif[3] de l'entier rétablissement de la santé,

1. Lettre analogue des Echevins au marquis de Brancas, 26 novembre 1721 (Arch. mun., C. E., p. 150, verso).
2. Lettre de Lebret aux Echevins, 26 novembre 1721 : « Je ne vois pas encore M. le marquis de Brancas disposé à votre déconsignation, à cause de l'affaire d'Allauch. »
3. Cet acte est signé par Malvia, commandant d'Allauch, Michel, inspecteur général; Fouque, intendant; Pinatel, commandant; Raymond, vicaire; Blanc, prêtre desservant.

et le 9 avril l'acte[1] de déconsignation rendant à Allauch la libre pratique.

En résumé, du 20 août 1720 au 4 janvier 1721, 1.331 personnes avaient été malades, et 1.023 avaient succombé. Les dépenses[2] au 30 septembre 1720 s'élevaient déjà à 53.055 livres. On les avait, il est vrai, réduites à 46.433, mais, en tenant compte des dépenses supplémentaires amenées par la rechute, on arrivait à un total général de 53.999 livres 6 deniers.

Presque en même temps qu'Allauch diverses localités voisines de Marseille avaient été attaquées par la peste et eurent beaucoup à souffrir. A Carry la contagion se déclara le 25 octobre 1720, au quartier de l'Escalette, et fit onze victimes. La communauté fut obligée de dépenser 500 livres pour acheter du blé, de la viande et des remèdes, et encore l'assemblée[3] des communautés lui envoya-t-elle 300 livres en argent, 72 moutons et 12 charges de blé. A Septèmes les Pennes le premier cas se produisit le 26 août et la maladie dura jusqu'au 14 avril 1721. A Septèmes sur 540 habitants on compte 274 malades et 222 morts, et aux Pennes 200 sur 260. La communauté reçut bien quelques secours, 500 livres de la part de la province, 4 charges de blé et 20 moutons, mais les dépenses s'élevèrent à la somme de 3.631 livres, 1 sol, 9 deniers.

A Cassis[4], bien que la surveillance de la côte et des collines qui l'entourent fut relativement facile, la contagion exerça d'affreux ravages. Il est vrai que la peste[5] était pour les Cassidiens une vieille connaissance. A maintes reprises ils avaient subi les assauts de la terrible maladie. S'ils y avaient échappé en 1649, lors de

1. Cet acte est signé Brancas et Michel.
2. D'après les comptes consacrés aux Archives départementales, C. 927, la dépense totale n'aurait été que de 45.873, savoir : hôpitaux, 23.701 ; médecins, 10.000 ; quarantaine générale, 12.712.
3. Archives des Bouches-du-Rhône, C., 927.
4. RAIMBAULT. Archives de Cassis.
5. Ibid., p. 12. Vœu de quarante messes en l'honneur du Saint-Esprit, et construction à l'entrée du port d'une chapelle en l'honneur de Notre-Dame de Santé.

la peste qui sévissait à Marseille, dès l'année suivante ils lui payaient un large tribut [1]. Vingt ans plus tard, en 1669, ils avaient réussi à esquiver le mal contagieux dont les menaçaient des soldats revenus de Candie [2], mais, en 1680, en 1687 et en 1691 [3], ils avaient été de nouveau rudement frappés. Aussi les mauvaises nouvelles venues de Marseille les accablèrent de stupeur. En effet, dès les premiers jours, sans doute à cause de la fréquence des communications, le mal éclatait avec rage. Les Consuls affectaient, il est vrai, de ne pas croire à la peste, mais ils étaient obligés de reconnaître, dès le 21 juillet, « qu'il meurt plusieurs personnes par des maladies inconnues », et ils recouraient aux bons offices d'un médecin [4], dont ils réclamaient les soins pour eux seuls. Au 31 décembre 1720 ils payaient aux héritiers du valet de ville Sionnès 98 livres, 16 sols, somme à laquelle avaient été évaluées les meubles et hardes dudit Sionnès et de son fils, après que le premier fut mort de la peste au service de la communauté [5]. Dès lors les décès se multiplièrent et les malades étaient si nombreux qu'on était obligé de les isoler dans la chapelle Saint-Clair et dans la masure du jas de cette propriété. Le patron pêcheur Raphaël Gaffarel [6], fermier de la teinture des filets du sieur de Foresta-Collongues, ne put même, neuf mois de suite, remplir son office accoutumé, puisque la place était prise, et réclama plus tard, le 22 mars 1722, des dommages-intérêts qui lui furent accordés. Le nombre des morts s'accrut dans de telles proportions que le curé de Cassis, chargé en temps ordinaire de la tenue des registres de l'état civil, ne put se conformer aux règles ordinaires et se contenta d'inscrire le nom des défunts. Voici la curieuse note [7] dont, à cette occasion, il chargea ses

1. RAIMBAULT, p. 92.
2. *Ibid.*, p. 98.
3. *Ibid.*, pp. 12, 175, 165. Cf. un rapport de Masse et Arnaud, médecins à La Ciotat et à Aubagne sur une maladie endémique qui sévissait à Cassis, 5 mars 1714. *Ibid.*, p. 175.
4. *Ibid.*, p. 21.
5. *Ibid.*, p. 115.
6. *Ibid.*, p. 22.
7. *Ibid.*, p. 183.

registres. « Du septième mars mil sept cent vingt-deux, nous, curé de cette paroisse de Cassis, attendu la cessation ou le calme de ce mal contagieux dans notre paroisse, par la grâce de Dieu et le mérite de la très sainte Vierge et de tous nos saints patrons, avons inséré dans notre registre le nom de tous les paroissiens et paroissiennes qui sont morts ou mortes, soit du même mal qui fut déclaré le 16 du mois de septembre dernier, ou de tout autre mal jusqu'à ce jour, et pour obvier aux inconvénients qui pourraient arriver à l'avenir sur la forme des certificats qu'on sera obligé de faire des dits morts dans les occasions, attendu qu'on n'a pu insérer dans le registre chaque acte mortuaire en particulier, nous avons cru devoir en faire un modèle qui pourra être suivi dans la suite. » Or, bien longue est l'énumération des victimes. Elle compte deux cent quatorze noms.

Si rudement frappée, la commune de Cassis fut secourue dans la mesure du possible. L'assemblée des communautés[1] lui vota une somme de 1.500 livres. Le Roi lui accorda, en 1725, 3.000 livres sur les fonds destinés aux localités qui avaient souffert de la peste[2]. Le Pape la comprit au nombre des villes auxquelles, par l'entremise de Belsunce, il envoya des provisions[3], mais il paraît que ces provisions furent pillées par un certain Rampal. Les Echevins de Marseille, indignés de cette grivèlerie, rédigèrent *ab irato*, le 13 décembre 1720, une épître comminatoire aux consuls. « Si vous étiez réellement dans la nécessité que vous alléguez, vous n'aviez qu'à la faire connaître à ceux qui pouvaient vous procurer des secours, et, quoi que nous ne soyons pas dans l'abondance, nous ne vous aurions pas laissé mourir de faim. Vos besoins ne sauraient excuser une entreprise

---

1. RAIMBAULT, *Mémoire de la situation où se trouve la communauté de Cassis, à la suite de la peste de* 1720, p. 31.
2. *Ibid.*, p. 117. Lettre du trésorier de la viguerie, 10 juillet 1725.
3. Ces secours furent distribués par Jean Sicard et Joseph Girard. Voir le compte rendu de leur mission, à la date de 1722. RAIMBAULT, p. 144.
4. Lettre des Echevins aux consuls de Cassis, 31 décembre 1720 (Arch. mun., C. E., p. 64, verso).

aussi hardie. » Donc qu'on rende le blé usurpé, sinon une action judiciaire sera entamée. Les Cassidiens étaient dans leur tort; ils se soumirent, mais il semble que leurs voisins aient gardé contre eux une certaine rancune. Voici en effet ce qu'ils leur écrivaient à la date du 2 octobre 1721 : « Nous n'hésiterions pas à recevoir ici vos habitants, persuadés que la santé est rétablie depuis longtemps chez vous, mais Monsieur le commandant soumettant à une quarantaine de quatre à cinq jours les gens qui viennent de la Ciotat, où il n'y a eu aucun mal, il semble qu'on ne peut pas éviter de faire faire la même quarantaine à vos habitants [1]. »

Malgré tous ces secours, la ville de Cassis fut obligée de s'endetter de 31.121 livres, 2 sols, 2 deniers ; ce qui était beaucoup pour ses minces ressources. Notons en passant que, pendant de longues années encore, Cassis fut exposée à un retour offensif du fléau [2], à cause de l'entêtement de ses habitants à conserver devant les portes de leurs maisons des tas de fumier et d'immondices, ce qu'ils nommaient des cloaques, soi-disant pour préparer la fumure des terres. En vain l'administration multiplia-t-elle ses efforts pour interdire les cloaques. En juillet 1742 elle en ordonna même la suppression [3]. Afin de dégager l'hôpital, elle acheta le jardin du sieur Doson, hôtelier, qui y avait accumulé un amas de détritus. Ce fut peine perdue. Le 20 décembre 1753 [4], un certain Isnard écrivait encore aux consuls pour leur donner la marche à suivre pour arriver à supprimer les cloaques et le fumier que les Cassidiens s'entêtaient à maintenir dans leurs rues. On ne voulut rien entendre, et la ville de Cassis continua à être un réceptacle d'immondices et un terrain tout préparé pour la contagion. Le mal se perpétua, car il nous souvient d'avoir vu, il n'y a pas encore bien longtemps, pour ainsi dire à la porte

---

1. Lettre des Echevins aux consuls de Cassis, 2 octobre 1721 (Arch. mun., C. E., p. 133, verso, et 134, recto).
2. RAIMBAULT, p. 116.
3. *Ibid.*, p. 261.
4. *Ibid.*, p. 151.

de chaque maison de Cassis, des tas de matières fécales ou de détritus innommables, d'où se dégageaient des vapeurs malsaines et des odeurs fétides.

Cette déplorable habitude, nous la retrouverons dans une ville voisine, à la Ciotat, où même elle se maintint plus longtemps encore, car ce fut seulement à l'occasion d'une visite de Napoléon III, en 1860, que le maire se décida à faire disparaître ces foyers de corruption. Ce qu'il y eut de vraiment extraordinaire en 1720, c'est que la Ciotat fut préservée de la peste. Il est vrai que les Consuls Marin, A. Martin et J.-B. Martin, prirent des précautions inusitées. Dès le début [1] de la maladie, ils avaient demandé à l'intendant des renseignements précis, et ce dernier les avait d'abord rassurés. « J'ai reçu la lettre que vous avez pris la peine de m'écrire hier, leur écrivait-il d'Aix le 17 juillet 1720. J'étais à Marseille dans le temps que vous écriviez, et je vis tout le monde fort tranquille sur les bruits qui avaient couru. MM. les Echevins et les Intendants de la Santé ayant pris toutes les précautions nécessaires. Ainsi, je ne pense pas qu'il y ait lieu d'interrompre la communication. » Malgré ces assurances, les Consuls se défiaient, et ils avaient raison. Aussi continuaient-ils à se tenir sur leurs gardes, comme l'atteste cette lettre [2] qu'ils adressaient, le 12 mars 1721, aux Echevins de Marseille : « Si nous avons eu le bonheur de nous conserver par nos soins et les dépenses que nous avons faites, nous espérons, avec le secours de la divine Providence, de nous maintenir dans cette parfaite santé dont nous jouissons, vous assurant que nous ne nous relâcherons point de notre vigilance, quelque belle apparence que l'on nous publie de la cessation du mal en bien des endroits, étant très sûrs que la contagion est un mal qui se glisse sans donner le

---

1. Archives de la Ciotat, *passim*.
2. Lettre des consuls de la Ciotat aux Echevins de Marseille, 12 mars 1721. — Voir aux Archives de la Ciotat les nombreuses lettres adressées aux Consuls de cette ville par Perrin, commandant militaire à Saint-Maximin, surtout les lettres du 27 avril, 4 août, 28 septembre, 25 octobre, 8 et 11 novembre 1721, et 1er mars, 11 octobre, et 22 octobre 1722, *passim*.

temps d'y prendre garde. » Les Ciotadens s'associèrent aux efforts de leurs chefs, soit en organisant des patrouilles, soit en défendant l'entrée de la ville. La Ciotat était alors entourée par une ceinture de remparts dont nous avons encore vu les derniers débris. D'après la tradition, pendant que leurs maris allaient à la pêche, les femmes montaient la garde sur les murailles. Elles avaient même préparé des chaudrons d'huile et de poix pour repousser tous ceux qui voudraient en forcer l'entrée. Un jour pourtant se présentèrent des soldats de la garnison de Marseille. Il était impossible aux officiers municipaux de leur fermer les portes. « Les femmes [1] firent ce qu'ils ne pouvaient faire. Les unes, armées de pierres, montèrent sur les murailles, les autres, chargées de leurs enfants, formèrent une barrière en dedans et en dehors des murs. Les premières menaçaient les Consuls de les assommer s'ils admettaient ces étrangers, les autres opposaient le fruit de leur tendresse aux armes des soldats. Dans ce désordre on ne savait quel parti prendre. On se vit forcé de capituler. Une d'elles proposa une condition qui fut acceptée. Elle exigea, au nom de toutes, que ces troupes fissent une quarantaine aux Capucins et dans les bastides voisines, et qu'on les admît, s'il était prouvé qu'elles n'étaient point attaquées de la peste. » C'est ainsi que la maladie épargna ce gracieux coin de Provence.

Aussi bien les Ciotadens tenaient tellement à la réputation d'immunité dont ils jouissaient qu'ils manquèrent faire un très mauvais parti à un de leurs concitoyens, le patron Décugis, qu'ils accusaient à tort d'avoir répandu de faux bruits sur la santé des habitants. Il fallut, pour

1. Marin, *Histoire de la ville de la Ciotat*, 1 vol. in-12, Paris, 1782, p. 95.
2. Lettre des Echevins aux consuls de la Ciotat, 18 mars 1721 (Arch. mun., C. E., p. 87, recto). Il existe aux archives de la Ciotat de nombreux documents relatifs aux pestes qui ont ravagé la Provence. — Voir série GG, t. CLV-GLXI sur les pestes de 1526 à 1713; t. CLXII, délibérations de la Santé de 1659 à 1722. — Sur la quarantaine de Marseille, t. CLXIII. — Sur les arrêts rendus de 1720 à 1729, t. CLXIV et surtout, aux t. CLXV-CLXVI, les lettres écrites de Marseille, Aix, Toulon et Saint-Maximin. — Que ce soit pour nous l'occasion de remercier M. Louis Payan de la Tour, qui a bien voulu faire pour nous des recherches aux Archives municipales de la Ciotat.

lui épargner un affront, l'intervention directe des Echevins de Marseille : « Nous vous assurons, écrivirent-ils aux consuls, que c'est une calomnie que l'on a faite au pauvre patron, et qu'il ne nous a rien dit d'approchant, et, comme il nous paraît un fort bon homme nous vous prions de vouloir bien empêcher qu'il ne soit pas maltraité, à cause de quelques curieux qui lui ont fait cette imposture. »

Il est une autre ville, non loin de Cassis et de la Ciotat, qui n'eut pas la même fortune. Aubagne était alors un des principaux marchés agricoles de la Provence. C'est à Aubagne que s'approvisionnaient les marchands de fruits et de légumes de Marseille, et ce sont surtout les maraîchers d'Aubagne qui subvenaient aux besoins de la grande ville. Les communications étaient donc incessantes, et il était bien difficile de les interdire absolument. Aussi l'épidémie s'y déclara-t-elle de bonne heure, et avec une telle violence[1] que, du 2 septembre 1720 au 11 juillet 1721, malgré les bons soins du docteur Sicard, périrent près de deux mille personnes. On cite encore parmi les médecins qui se dévouèrent au salut de leurs concitoyens le docteur Arnaud. Il paraît seulement que ses services furent mal appréciés, car il adressa au ministre La Vrillière une lettre[2], que le hasard des temps a conservée. Il se vante d'avoir fait tous ses efforts pour rassurer la population d'Aubagne et des environs. « Il a fait revenir les couleurs sur tous les visages, entrant dans toutes les maisons, prenant sans crainte les bras et les mains des pestiférés », tandis que ses confrères forçaient les parents des malades à les descendre à la porte des maisons, ne leur tâtaient le pouls qu'en tremblant, et balbutiaient leurs ordonnances de façon à épouvanter. Malgré ses peines, il n'a reçu aucun salaire. Aussi demande-t-il justice. Espérons que le docteur Arnaud aura reçu satisfaction, mais il

---

1. Archives des Bouches-du-Rhône, C., 913. — Voir lettres de Vintimille aux procureurs du pays, 29 octobre 1720, et à l'assesseur Bouisson (même date).
2. Bibliothèque nationale, ms. n° 12067.

nous faudra reconnaître que ses soins furent infructueux, car, à la date du 11 janvier, il y avait encore quatorze malades aux infirmeries, quatre à la maison des convalescents et quinze familles en quarantaine [1]. La chapelle des Pénitents noirs avait été convertie en hôpital, et les cadavres étaient ensevelis tout autour. Il y eut une recrudescence très sérieuse, en septembre 1721. Ce fut même à cette occasion que les consuls s'engagèrent à célébrer une procession générale, tous les ans, le jour de la fête du Sacré-Cœur de Marie, et même consacrèrent leur ville à la Vierge. Les dépenses occasionnées par la maladie s'élevèrent à 140.000 livres. L'assemblée des communautés avait, dès le 16 octobre 1720, voté un secours de 3.000 livres, mais la ville restait fort endettée et à peu près dépeuplée. C'était un véritable désastre dont elle fut longue à se relever.

Tout près d'Aubagne, à la Penne, village de 462 habitants, sur 200 pestiférés, 165 moururent et 35 seulement furent guéris, du 28 août 1720 au 10 février 1721. La communauté avait dépensé 4.438 livres, 9 sols, 1 denier, et elle n'avait reçu comme secours de la province que 800 livres, 4 vaches, 87 charges de blé et 87 moutons [2].

Gemenos [3] et Roquevaire [4] furent également très éprouvés. On n'a pas le chiffre exact des décès et des dépenses. On a conservé le nom du chirurgien Decornier qui, à Roquevaire, se signala par un dévouement inlassable, et mourut avec ses deux enfants, victime du devoir [5].

A Auriol les habitants avaient recouru au suprême remède. Ils avaient évacué la ville et s'étaient dispersés dans les bastides environnantes. Lorsque les procureurs du pays visitèrent [6] la région, le 7 juillet 1721, ils y arri-

1. Enquête faite par les procureurs du pays sur la santé publique à Aubagne (Arch. des Bouches-du-Rhône, C., 910).
2. Archives des Bouches-du-Rhône, C., 927.
3. Un secours de 800 livres fut accordé à Gemenos, 20 février 1721.
4. Un secours de 1.000 livres fut accordé à Roquevaire, le 27 juillet 1721.
5. Archives des Bouches-du-Rhône, C., 913.
6. *Ibid.*, C., 910. — *Ibid.*, C., 941. Lettre de Vintimille aux procureurs du pays ; « Ils n'ont ni argent, ni viande. Il faut tendre la main à ces pauvres gens. »

vèrent le jour même de la mort de Moricaud Rousset, premier consul et gouverneur de la place. Le second consul était en quarantaine. Il ne restait plus que 250 habitants et près de 1.400 avaient fui devant le fléau. 40 malades étaient soignés aux infirmeries et 80 à la maison des Convalescents. Un premier secours de 1.000 livres fut accordé le 25 février 1721, et deux autres, de la même importance le 29 mars et le 25 juillet.

Deux localités voisines d'Auriol, Saint-Zacharie et Nans, également éprouvées, reçurent aussi des secours de la province, Saint-Zacharie de 1.300 livres (19 juin 1721), et Nans de 500 (1ᵉʳ février) et 800 (10 juin). Ces indemnités étaient bien insuffisantes pour réparer toutes les pertes !

Sur la route de Marseille à Arles, le premier village frappé par le fléau paraît avoir été Vitrolles. La peste y fit son apparition le 2 août 1720, et y exerça ses ravages jusqu'au 1ᵉʳ avril 1721 [1]. Sur ses 770 habitants, 257 furent atteints par la maladie et 210 en moururent. Frappés d'épouvante, les habitants tentèrent d'abord de se disperser, mais, dès le 19 août, le Parlement d'Aix lança contre eux un arrêt sévère : « Ordre aux émigrés de rentrer à Vitrolles, de vider la colline dite Larloy, où ils se sont répandus. Défense de communiquer avec les habitants d'Aix et de la province, et à iceux de les recevoir et de leur donner retraite dans leurs maisons de campagne, ni ailleurs, à peine pour les uns et les autres de la vie. » Ces ordres impitoyables, presque féroces, qui dénotent de la part de ceux qui les lancèrent ou un profond égoïsme ou une méconnaissance absolue de tous les sentiments de charité, furent strictement exécutés. Parqués dans les limites de leur territoire et privés de tout secours, les habitants de Vitrolles pouvaient se considérer comme condamnés à mort. Seul, intervint en leur faveur l'archevêque d'Aix, Vintimille. Le 23 août 1720 il communiqua à l'assemblée des com-

1. Archives des Bouches-du-Rhône, C., 927. — *Ibid.*, C., 909. Lettre de Lebret aux procureurs du pays pour renvoyer à une date ultérieure les élections de Vitrolles, 21 novembre 1720. — JOURDAN, *l'Épidémie à Nans* (1899).

munautés une lettre qu'il venait de recevoir. Il n'y avait plus alors à Vitrolles ni chirurgiens, ni médicaments, ni même provisions. Le premier consul s'était enfui. Les deux autres ne pouvaient convoquer le conseil, dont les membres s'étaient dispersés dans la campagne. Saisie de pitié, l'assemblée[1] vota un secours immédiat de 500 livres, l'envoi de 15 moutons et d'une caisse de drogues : « Elle délibéra en outre d'y envoyer un chirurgien, si on en trouve un qui veuille y aller. » Enfin elle ordonna la désinfection générale et l'incendie des meubles et des hardes, mais le mal était enraciné, et l'infortunée cité semblait vouée à une destruction complète.

Malgré le sévère blocus de Vitrolles, les localités voisines, Lançon, Gignac, furent bientôt atteintes. A Lançon l'assemblée des communautés, par délibération du 31 octobre 1720, envoya un secours de 500 livres, plus six onces de confection d'hyacinthe et une livre de thériaque[2]. A Gignac, où se fit remarquer par son dévouement un chirurgien d'Aix, Focachon, sur 480 habitants, 48 furent malades et 42 moururent (15 août au 15 octobre 1720). Vintimille envoya un secours de 100 livres qui fut réparti entre les familles pauvres. L'assemblée des communautés vota une subvention de 900 livres, qui servit en partie à payer les honoraires de Focachon (27 mars 1721). A Rognac, où la peste se déclara le 6 septembre, sur 183 malades, 143 moururent et le fléau ne disparut que le 17 juillet 1721. Aux Martigues on croyait s'être prémuni contre tous les dangers. On avait retenu les services d'un chirurgien, d'un aide-chirurgien, de deux capitaines d'infirmerie, de trois parfumeurs, de six valets, de sept corbeaux, de trois pourvoyeurs, de deux intendants de la Santé, de deux gardes de la milice, de deux autres gardes pour Bouc, et de quatre pour l'étang de Berre[3]. Néanmoins la peste éclata et il fallut recourir à la bonne volonté des

---

1. Archives des Bouches-du-Rhône, C., 927.
2. Archives des Bouches-du-Rhône, C., 927. — *Ibid.*, C., 941. Lettre de Lebret aux procureurs du pays, 22 décembre 1720.
3. Archives des Bouches-du-Rhône. Lettre du 17 mars 1721.

communautés, qui votèrent un premier secours de 3.000 livres le 29 novembre 1720, un second de 3.000 livres le 6 décembre, et un troisième le 30 mars 1721. Le village de Berre fut aussi contaminé. On vint à son aide par l'envoi d'une première somme de 1.000 livres le 17 mars 1721, d'une seconde et d'une troisième, également de 1.000 livres, le 27 mars et le 31 juillet 1721.

II

LE FOYER ARLÉSIEN

Arles[1] avait jusqu'alors échappé à la contagion, mais elle était comme entourée d'une ceinture de localités contaminées, et elle allait à son tour subir les attaques du fléau. A la nouvelle du malheur qui frappait Marseille, les Arlésiens s'étaient émus de pitié. Bien qu'une affaire désagréable, celle d'un certain Salicofre, divisât alors les deux municipalités, les consuls G. de Sourchon et Brunet n'avaient pas hésité à se mettre à la disposition des Marseillais. Ils leur avaient écrit le 16 et le 30 juillet pour leur confirmer leurs bonnes dispositions. Voici la lettre[2] qu'ils leur adressaient encore le 14 août : « Nous vous prions de ne pas douter que s'intéressant autant que nous faisons à vos disgrâces nous ne soyons en état de vous y procurer tous les soulagements possibles. Il n'est que juste de secourir une ville avec laquelle la nôtre a une si ancienne et si étroite union. Vous n'avez qu'à envoyer des commissions chez nous à gens non suspects, et nous les laisserons acheter tout ce qui sera nécessaire, avec pouvoir de convenir des sûretés raison-

---

1. Sur la peste d'Arles nous avons surtout consulté le manuscrit 231 de la bibliothèque d'Arles, *Recueil de pièces imprimées et manuscrites concernant la contagion*. Il a été composé par Laurent Bonnemant, sous-diacre à Arles. Il nous a été signalé par le très érudit et très complaisant professeur d'histoire au collège d'Arles, M. de Lacaze-Duthiers. — D' LAVAL. *Lettres et documents pour servir à l'histoire de la peste d'Arles*, Nîmes 1878.
2. Lettre des consuls d'Arles aux Échevins, 14 août 1720 (Correspondance de la mairie, au mot Sourchon).

nables pour éviter le mal que la communication pourrait nous attirer. » Arles devint en effet le grand marché d'approvisionnement de Marseille. Elle était alors le centre d'un important commerce de batellerie, et le voisinage de Beaucaire y attirait, à l'époque de la célèbre foire, de nombreux négociants français ou étrangers. Il importait donc au salut de Marseille de conserver avec Arles au moins des relations d'affaires. Il est vrai que les consuls prirent leurs précautions[1]. Dès le 3 juillet 1720, ils interdisaient à des allèges de Marseille qui revenaient de Beaucaire de passer par la ville et le Conseil municipal, convoqué en séance extraordinaire, prenait[2], sur la proposition de Jacques d'Arlatan, diverses décisions importantes : établissement d'un bureau de santé de soixante nobles et bourgeois, interdiction de tout commerce avec Marseille, achat de provisions, quarantaine imposée aux barques et aux voitures, corps de garde en ville, dans la Crau et sur le Rhône, louage de corbeaux, achat de tombereaux et d'habits de toile cirée, de linges et de drogues; aménagement d'infirmeries au couvent des Minimes, aux maisons de Saint-Roch, Saint-Lazare, Saint-Genest, et, pour les convalescents, du couvent des Carmes déchaussés[3].

L'archevêque d'Arles, François de Forbin-Janson, avait d'abord essayé d'une autre méthode. Considérant la peste comme un châtiment céleste, il avait essayé

1. Voir lettre du comte de Toulouse à Lebret (19 septembre 1720) pour se plaindre de ce que les consuls d'Arles s'opposent au transport des bois de la marine destinés à Toulon (Biblioth. nation., ms. 12067, cité par BONNET, p. 6).
2. Relation de la peste d'Arles en 1720 et 1721, extraite des registres de la mairie. — Cf. dans le manuscrit Bonnemant, pièce n° 1 : FRANÇOIS PEILHE, Relation véritable de ce qui s'est passé dans la ville d'Arles en Provence durant le fléau de la peste en 1720 (in-4°, p. 19, Arles, Meniel); pièce n° 6 : JOSEPH CAUDONNEL, Relation de la peste d'Arles en 1721 ; pièce n° 7 : Remarques particulières sur la contagion d'Arles (Extrait du registre des officiers de la ville d'Arles).
3. Manuscrit Bonnemant, pièce n° 10 : ordonnance du bureau de santé pour empêcher l'entrée des personnes suspectes de peste (31 juillet 1720) ; pièce n° 12 : mandement portant défense de s'assembler la nuit sous prétexte de prières, 27 septembre 1720 ; pièce n° 20 : Ordonnance du bureau de santé désignant le lieu où doit se tenir le marché.

par un mandement[1] du 12 octobre 1720 de détourner la colère céleste; seulement, et par une singulière application aux idées du jour, il avait appelé la vengeance du Tout-Puissant sur tous ceux qui avaient eu le tort de ne pas se conformer aux prescriptions de la bulle *Unigenitus*, alors si discutée, c'est-à-dire sur tous ceux qui, de près ou de loin, avaient adopté les théories Jansénistes. « Quel triomphe pour les hérétiques, s'était-il écrié, de voir la foi attaquée le plus violemment par ceux qui auraient dû la défendre, et verser même leur sang pour la soutenir. » Il citait à ce propos quelques passages d'une lettre pontificale, et n'hésitait pas à dire que le seul moyen de se guérir de la peste était de se jeter dans les bras du Pape. Or, le gouvernement, qui était alors en délicatesse avec le Souverain Pontife, goûta peu ces sentiments ultramontains. Le mandement fut dénoncé et un arrêt du Conseil d'État, en date du 31 décembre 1720, prononça sa suppression : « Le sieur archevêque d'Arles n'a pas assez senti la force et la conséquence des expressions dont il s'est servi pour en faire une triste peinture. Il y a mêlé des objets étrangers. En parlant sans sincérité et sans ménagement des affaires publiques, il s'est expliqué avec encore moins de précautions sur celles de l'Eglise... Il paraît avoir oublié les maximes du royaume jusqu'au point de rendre publique dans son mandement, sans l'agrément et la permission du Roi, une partie du bref qu'il dit avoir reçu de Sa Sainteté. » Forbin-Janson n'insista pas davantage. Il eut le bon sens de comprendre que le moment était mal choisi pour entamer une polémique et préféra se renfermer dans les devoirs de sa charge. Il la remplit[2] avec tant de dévouement qu'il mérita par ses

---

1. Manuscrit Bonnemant, pièce n° 13 : mandement du 12 octobre 1720 et (pièce n° 14) arrêt du conseil d'État qui ordonne la suppression du mandement, 31 décembre 1720. — Cf. mandement du 6 août 1720, ordonnant une procession en l'honneur de saint Roch (pièce n° 11).
2. Manuscrit Bonnemant, pièce n° 15 : mandement qui ordonne une procession pour obtenir de la pluie (22 novembre 1720, ; pièce n° 16: ordonnance de l'archevêque pour régler la manière d'administrer les sacrements en temps de peste (17 décembre 1720).

éminents services l'estime et la reconnaissance générales.

On attendait donc en Arles l'ennemi de pied ferme : il allait bientôt commencer son attaque. En novembre 1720, un pourvoyeur de Toulon apporta par contrebande dans la Crau des marchandises contaminées. Il les déposa dans la cabane ou « tapie » de son associé Claude Robert, dit Poucet, mais la tante de ce dernier, Marguerite Poucet, mourut subitement (26 novembre.) Robert Poucet prit peur et rentra se cacher en ville dans sa maison des Arènes. Quelques jours après, lui et sa femme étaient emportés par le fléau. Sa belle-mère et ses voisins succombaient au même mal foudroyant. Le doute était impossible : la peste était dans Arles.

Malgré la frayeur des habitants et leur émigration en masse[1] dans les campagnes voisines, la contagion ne fit d'abord que peu de victimes. A la fin d'avril 1721, il n'y avait encore que cinquante-six morts, mais en mai la maladie prit une grande intensité, surtout dans le quartier des Arènes, alors couvertes de masures élevées sur les ruines du monument romain. Dans ce seul mois de mai cent trente personnes y moururent. Le Consul Arlatan prit toutes les mesures de précaution d'usage, et, pour empêcher le fléau de s'étendre, entoura la ville d'un cordon de soldats. Il résulte d'un document conservé[2] aux Archives des Bouches-du-Rhône que les postes établis sur la ligne de blocus étaient au pont des Moines, au pont de Barbegau, aux mas de Ribesalte, Serrurier, Poudrier, Chiousse, aux ponts du Nor et de Francony, entre ce pont et le mas de Couradon, au mas de Couradon, au pont de l'Hoste et à l'écluse des Vidanges ; mais tout fut inutile, et le nombre des malades alla toujours en augmentant.

Exaspérés par les privations qu'ils subissaient, quelques milliers de misérables essayèrent de rompre le blocus. Ils se réunirent aux pestiférés en quarantaine,

---

1. Manuscrit Bonnemant (pièce 31) : vers sur la désertion de plusieurs Arlésiens occasionnée par la crainte de la contagion (1721).
2. Archives des Bouches-du-Rhône, C., 910.

se répandirent dans la ville et commencèrent à la piller (4 juin). Les corbeaux, en général gens de sac et de corde, profitèrent aussitôt de l'occasion. Ils se joignirent aux insurgés, et même, sur bien des points, prirent la direction du mouvement : ce sont eux qui lancèrent la foule contre la maison d'un bourgeois de Trinquetaille, Noguier [1], qui fut pillée et presque détruite. Le danger devenait sérieux. Arlatan essaya de le conjurer. Ramassant à la hâte quelques archers et agents de la Municipalité, il se porta à la rencontre des mécontents, mais il fut reçu à coups de pierres, et allait peut-être succomber quand il fut sauvé par l'intervention de l'archevêque et du chanoine Lecamus. L'un et l'autre étaient fort populaires à Arles, Forbin-Janson surtout, dévoué à ses fonctions [2] et d'une inépuisable charité. Il s'était consacré au service des malades. Passant par-dessus les règles étroites de l'Eglise, il avait accordé à tous ses paroissiens la permission de ne pas observer les jours maigres ; il avait mis la ville sous la protection de saint François Régis. On lui savait gré dans le peuple, et de sa tolérance et de son zèle apostolique. Les insurgés se dispersèrent donc à sa voix, mais le calme ne fut pas rétabli pour cela. Le 9 juin, lorsque le comte de Cailus, averti de l'incident, arriva avec des renforts, il fit bien fusiller trois des chefs révoltés, mais les désordres continuèrent [3]. Il devint nécessaire de mettre

---

1. Noguier demanda une indemnité à Lebret, qui renvoya l'affaire devant le parlement d'Aix. Après quinze ans de silence, Noguier réveilla l'affaire et se pourvut auprès du comte de Saint-Florentin. — Voir manuscrit Bonnemant, pièce 49 : Mémoire pour les sieurs consuls et communauté de la ville d'Arles ; pièces 50 à 64 : Documents concernant ce procès.
2. Manuscrit Bonnemant, pièce n° 21 : Mandement portant permission de manger de la chair pendant une partie du carême (21 février 1721). — Ordonnance pour fermer les églises et permettre l'usage du gras (2 juin 1721), pièce 25. — Règlement au sujet de la célébration de la sainte messe en temps de peste (16 juin 1720), pièce 27. — Permission de manger de la viande tous les samedis pour ceux de la campagne (17 janvier 1721), pièce 18.
3. Manuscrit Bonnemant, pièce 48 : Arrêt du Parlement de Provence contre les auteurs du tumulte arrivé en 1721 en la ville d'Arles, 9 août 1721.

Arles en état de siège et de nommer (11 juin) commandant de la place, avec pouvoirs discrétionnaires, Dominique de Jossaud, major au régiment de Noailles connu pour sa sévérité, et même par sa dureté.

A peine arrivé (23 juin), ce dernier installa des miquelets au centre de la ville, sur la place du Marché, et quelques exécutions sommaires apprirent aux Arlésiens qu'il n'était que temps d'obéir.

Pendant que la malheureuse cité se débattait ainsi contre l'anarchie, la maladie poursuivait son œuvre. Rien que pendant le mois de juin périrent 3.530 personnes ! Parmi les victimes on comptait le consul d'Arlatan, deux de ses collègues Grossi et Gleize, Honoré de Sabatier successeur de Gleize, et Ignace de Graveson qui le remplaça. Le major de la place, du Bouchet de Faucon, périt également, ainsi qu'un gentilhomme, le chevalier Romieu[1] qui avait trouvé moyen de narguer le fléau dans une chanson qui resta longtemps populaire :

> Accablés de malheur, entourés de la peste,
> Grand saint Roch, nous ne craignons rien,
> Et rien ne nous sera funeste
> Si vous êtes notre soutien.
> Secourez ce peuple chrétien,
> Et venez apaiser la colère céleste,
> Mais n'amenez pas votre chien :
> Nous n'avons pas de pain de reste.

La triste situation de la ville, et, en même temps, la marche et les progrès du fléau sont exposés tout au long dans une lettre[2] navrante adressée le 1ᵉʳ juillet 1721, par les nouveaux consuls Gley de Sourchon, Prony et Brunet à leurs collègues de Marseille, en réponse à une lettre[3] du 18 juin par laquelle ces derniers demandaient

---

1. LAFORÊT, *ouv. cité*, p. 26.
2. Correspondance de la mairie, au mot Sourchon.
3. Lettre des Échevins aux consuls d'Arles, 18 juin 1721 (Arch. mun., C. E., p. 107, verso). « Nous vous prions de nous faire savoir si nous pourrions vous procurer quelque secours et quelque soulagement. Nous nous ferions un plaisir de vous donner des marques de l'union

avec instance de leurs nouvelles, et se mettaient à leur disposition pour leur fournir secours et soulagement. « Il n'est que trop vrai que le mal contagieux fait ici des ravages depuis la mi-mai, quoique il fut entré dans Arles le 17 décembre dernier, et que nos Infirmeries aient été ouvertes tout l'hiver. Comme il faisait très peu de progrès, nous nous flattions que nous en serions quittes à bon marché... cependant le mal est devenu sérieux depuis le 15 de mai. Il nous a enlevé presque tout notre peuple des deux plus grandes paroisses de cette ville ; les autres, quoique moins mal traitées, le sont assez pour nous faire craindre les suites. En un mot nous nous croyons en proportion aussi affligés que vous l'avez été, et que Toulon l'est encore ; car, outre le peuple qui nous meurt, beaucoup d'honnêtes gens ont péri ou se trouvent pris. Nous avons perdu presque tous nos valets de ville, et nous craignons même pour un de nos collègues. Nos Infirmeries se trouvant trop petites pour la prodigieuse quantité de malades qui nous survient tous les jours, et ayant été jugées trop meurtrières dans cette saison-ci, nous avons eu recours à des cabanes de claies de jonc, que l'on travaille à force pour donner place aux malades qui restent dans la ville. » Les médecins sont presque tous morts, entre autres Pitot[1], de Montpellier. Morts également, les chirurgiens, disparus les corbeaux. « Le fléau de la peste n'est pas resté notre seul malheur. Les sauterelles que nous n'avions pu faire chasser cette année-ci, maîtresses de nos campagnes, les ravagent impitoyablement et ont déjà dévoré une partie de notre récolte. Dieu veuille enfin apaiser sa colère qu'il a fait éclater d'une manière bien vive sur cette pauvre province... Si vous pouvez nous envoyer des chirurgiens, des parfumeurs et des corbeaux, nous es recevrions à bras ouverts. »

qui se trouve depuis longtemps entre nos deux villes, et de la reconnaissance que nous conservons des bontés que vous nous avez témoignées pendant notre affliction. »

1. Manuscrit Bonnemant, pièce n° 2 : État de la ville d'Arles et de son terroir par rapport à la contagion, depuis le 26 novembre 1720 jusqu'au 20 mars 1721, par Pitot, médecins des infirmeries, in-4° 15 pages.

Ce cri de détresse fut entendu. A défaut des médecins et des chirurgiens qu'ils avaient déjà expédiés à Montpellier, les Échevins de Marseille s'empressèrent d'envoyer à Arles[1], dès le 14 juillet, des parfumeurs et douze quintaux de parfum, mais un seul corbeau, « n'ayant pas pu trouver ici des gens qui aient voulu s'exposer à enterrer les morts ». « Nous voudrions bien ajoutaient-ils[2], pouvoir vous procurer quelque soulagement et nous vous prions de vous persuader que nous sentons vos peines. Vous nous feriez bien plaisir si vous voulez nous faire part de l'état où vous vous trouverez. Ce sera pour nous une consolation, quoique triste, d'être informés du progrès ou de la cessation du mal. » En effet le 1er août[3] ils expédiaient à leurs voisins trois parfumeurs et deux chirurgiens et se mettaient tout à fait à leur service. « Nous nous ferons un plaisir singulier de vous donner quelque soulagement. Si vous avez besoin de quelque chose que nous puissions vous procurer, vous n'aurez qu'à nous en donner avis. » De Nîmes et de Beaucaire arrivèrent aussi des secours. Toulon[4] envoya tout le personnel médical disponible. L'assemblée des communautés vota des subsides à diverses reprises. Les moines de l'abbaye de Montmajour donnèrent une aumône de mille livres[5].

Le Pape accorda une indulgence plénière aux pestiférés d'Arles et aux fidèles qui les servaient. Si l'évêque de Castres, un Arlésien, Honoré de Quiqueran de Beaujeu[6],

---

1. Lettre des Echevins aux consuls d'Arles, 14 juillet 1721 (Arch. mun., C. E., p. 111, verso) confirmée par une autre lettre du 15 juillet. — Cf. lettre du 26 septembre 1721 aux procureurs du pays, alors à Lambesc, pour annoncer un nouvel envoi de parfums à Arles (Arch. mun., C. E., p. 131, verso).
2. Lettre des Echevins aux consuls d'Arles, 1er août 1721 (Arch. mun., C. E., p. 118, recto).
3. État des confesseurs, chirurgiens, infirmiers, infirmières et corbeaux qui sont partis de Toulon pour aller à Arles (Arch. des Bouches-du-Rhône, C., 912).
4. Manuscrit Bonnemant, pièce 17.
5. Manuscrit Bonnemant, pièce 22 : Mandement de l'archevêque pour la publication de la bulle, 18 janvier 1721.
6. Manuscrit Bonnemant, pièce n° 32 : Mandement de l'évêque de Castres, in-4, Arles, Mesnier, 1721.

se contenta d'appeler les bénédictions célestes sur ses compatriotes en composant à leur intention un mandement, l'archevêque de Reims[1], cardinal de Mailly, ancien archevêque d'Arles, adressa à ses premiers diocésains des secours moins platoniques sous la forme d'une aumône de 10.000 livres. La charité privée fit aussi des miracles, mais les souffrances étaient grandes et la misère accablante.

Au mois de juillet le mal atteignit son apogée[2]. 4.025 personnes avaient succombé lorsque Forbin-Janson ordonna le 20 juillet, en l'honneur de saint Roch, une procession générale à la suite de laquelle on crut remarquer une diminution dans le nombre des morts ; mais ce n'était qu'un répit momentané. Alors moururent[3] Baudrand, capitaine du guet, le trésorier Brunet, presque tous les médecins et plusieurs des domestiques de l'archevêque, qui, abandonnant son palais, se retira dans la maison de l'archidiacre de Varadier de Saint-Andéol, mais sans renoncer pour cela à remplir les devoirs de sa charge. Les Consuls firent comme lui et s'installèrent dans la maison du lieutenant de Faucher. Les magistrats quittèrent le Palais. Le bureau de Santé fut alors réduit à douze membres, qui allèrent de maison en maison, prenant en dépôt l'argent, les bijoux et les papiers précieux.

Au mois d'août, le 4, une quarantaine générale fut commencée[4]. Les contrevenants étaient menacés des traitements les plus sévères. On devait, suivant le cas,

---

1. Manuscrit Bonnemant, pièce n° 8. — Lettre du chanoine Perrinet au cardinal de Mailly, contenant la relation de ce qui s'est passé en la ville d'Arles en l'année 1721. ms. gr. in-8, 29 pages.
2. *Ibid.*, pièce 29 : Mandement pour demander à Dieu par la prière, le jeûne, une procession et l'établissement de la fête du Sacré-Cœur de Jésus, la cessation du fléau.
3. Manuscrit Bonnemant, pièce n° 3 : Relation de la peste arrivée à Arles en 1720 et 1721, par M. de Poussan. Cette relation a été corrigée et imprimée dans *le Mercure* de février 1722. — Cf. pièce n° 5. Liste des personnes les plus considérables d'Arles, mortes de la peste depuis le 3 juin 1721.
4. Manuscrit Bonnemant, pièce 34 : Règlement pour exécuter avec fruit la quarantaine dans la ville, 28 juillet 1721. — Pièce 35 : Règlement de piété à observer pendant la quarantaine, 31 juillet 1721.

ou les exposer sur des chevaux de bois aux risées de la populace, ou les fustiger ou les fusiller, et ce n'étaient pas de vaines menaces, car le terrible Jossaud, avec ses miquelets commandés par son neveu de Pont-Château, organisait de fréquentes rondes et arrêtait sans pitié tous ceux qu'il trouvait en défaut. On commença également la désinfection[1] des maisons ; mais cinq cents personnes moururent encore. Il n'en périt que trois cent quarante et un dans le mois suivant et, dès lors, une amélioration réelle fut constatée, mais les pertes avaient été cruelles.

L'Intendant Lebret[2], fidèle à ses habitudes bureaucratiques, aurait voulu que les Consuls dressassent avec soin et tous les jours, la liste des morts. Comme il était à peu près impossible de satisfaire à cette exigence, il se contenta d'une liste qui serait établie tous les dix jours ; mais les Consuls, pas plus que n'avaient pu le faire ceux de Marseille, ne trouvèrent pas le temps de procéder avec régularité. Ils se contentaient de donner en bloc la liste des victimes. Or la simple énumération était navrante.

D'après « l'état[3] des personnes mortes de la contagion », et bien qu'une partie des habitants se fut réfugiée à la campagne, il était mort du 17 décembre 1720 au 30 avril 1721, 56 personnes, pendant le mois de mai 130, pendant le mois de juin 3.530, en juillet 4.025, en août 341, en septembre 53, et du 1ᵉʳ octobre au 24 du même mois 17, en tout 8.152 victimes, sans parler de 1.638 à la campagne ; sur le nombre on comptait 72 prêtres, 35 conseillers municipaux, 4 consuls, 9 avocats, 11 nobles, 35 médecins[4] et chirurgiens, 150 infirmiers ou corbeaux. Pendant de longs mois encore des

---

1. Manuscrit Bonnemant, pièce 36 bis : Quittance pour mémoire des paiements de parfums.
2. Manuscrit Bonnemant, pièce 33 : Avertissement au sujet des états qu'il faut dresser des malades et des morts de la contagion, 25 juillet 1721.
3. Manuscrit Bonnemant, pièce nº 9.
4. Voir aux Archives des Bouches-du-Rhône (C., 913) l'état des médecins, chirurgiens et apothicaires employés au service des malades d'Arles.

morts soudaines devaient rappeler de temps à autre que le feu couvait encore sous la cendre. Arles avant la peste comptait 23.178 âmes : à la fin de la maladie il en restait à peine 13.000 !

Dès le 21 septembre 1721, l'archevêque, encouragé par la décroissance apparente de la maladie, avait autorisé la réouverture des églises et la célébration d'un *Te Deum* d'actions de grâces. Le 23[1] il ordonne une procession générale en l'honneur de sainte Rosalie et de saint François Régis. Cette cérémonie marqua la fin de la grande mortalité. Un acte[2] déclaratif de l'état de la santé dans la ville d'Arles, « et son vaste terroir » attestait que, depuis le 21 septembre 1721 il n'y avait eu ni morts ni malades de la peste. Au 5 janvier 1722 on célébrait un service solennel pour les morts, et dix jours plus tard deux autres en l'honneur des fonctionnaires morts à leur poste et de l'archevêque de Reims, Mailly ; mais ce fut seulement à la fin de mars que le blocus fut levé, ainsi que le prouve la lettre[3] adressée aux consuls le 4 juin par les Echevins de Marseille : « Nous avons reçu avec beaucoup de joie la lettre que vous nous avez fait l'honneur de nous écrire le dernier du passé. Nous nous conjouissons (*sic*) avec vous de votre déconsignation, et souhaitons avec passion que nous jouissions les uns les autres d'une parfaite santé et que le commerce entre nous ne soit plus interrompu[4]. »

Arles avait été rudement éprouvée par le fléau, aussi les Arlésiens, quand ils se crurent à l'abri, firent-ils éclater leur joie par des cérémonies religieuses[5], des

1. Manuscrit Bonnemant, pièce 38 : Mandement de l'archevêque pour la procession d'actions de grâces, 22 septembre 1721.
2. *Ibid.*, pièce 43 : Acte déclaratif de l'état de la santé, 18 décembre 1721.
3. Lettre des Echevins aux consuls d'Arles, 4 avril 1722 (Arch. comm., C. E., p. 170, recto).
4. La déconsignation complète ne fut accordée que le 8 avril 1722 par ordonnance de Brancas.
5. Manuscrit Bonnemant, p. 44 : Ordonnance de l'archevêque au sujet des legs pieux faits pendant la contagion (30 mars 1722). — Pièce 45, Mandement pour l'institution de la fête du Sacré-Cœur de Jésus (29 juillet 1722). — Pièce 46 : Projet de l'établissement de l'adoration perpétuelle du Sacré-Cœur de Jésus (1722).

legs aux églises, et aussi par des danses et des fêtes. Pour mieux marquer leurs sentiments de profonde délivrance, ils votèrent[1] l'érection d'une pyramide sépulcrale près de l'ancienne chapelle de Saint-Bordulf, aux Aliscamps. L'architecte du monument fut Joseph Guibert. Il reçut comme honoraires 305 livres. L'inscription composée par les consuls était légèrement outrecuidante : *Peste Arelatem devastante ad patriam liberandam, coronati lorica charitatis, se hunc in abyssum libenti animo dejecerunt præfectus d'Arlatan, consules Gleize, Grossi, de Sabatier, de Graveson, et alii civitates primarii. Sic suos habet Curtios Gallica Roma Arelas.* Les nouveaux Curtius votèrent encore l'achat d'une figure antique, un Esculape, qu'on fixa à la porte de la salle du conseil. Le dieu de la santé était ainsi, de même que saint Roch ou saint François-Régis, élevé à la dignité de protecteur de la cité ; tant il est vrai que les Arlésiens, fiers de leur antique histoire, voulaient rester fidèles à leurs vieilles traditions.

III

LE FOYER AIXOIS

Une autre cité, également orgueilleuse de son passé, Aix[2], tout autant qu'Arles ou que Marseille, fut ravagée par le fléau. De toutes les villes provençales Aix était, il

---

1. Manuscrit Bonnemant, pièce 40. « La misère du temps représentée par un vœu que la ville d'Arles fit à Dieu au sujet de la contagion l'an 1721, » par François Peilhe, apothicaire. Ce sont des vers et de très mauvais vers.
2. Sur la peste d'Aix, consulter aux Archives des Bouches-du-Rhône (C, 900, 909, 927, 941, 942) de nombreuses lettres de Vauvenargues, Bouisson, Vincens, La Brillane, Vintimille, Lebret, Caylus, de Régina, Gautier. — Cf. D' BOURGUET, *les Grandes Épidémies qui ont régné en Provence* (Mémoires de l'Académie d'Aix, 1882, pp. 363-387). — Archives d'Aix : Registres des délibérations du Conseil de la communauté (n°° 1719-1731).

vrai, la plus menacée non seulement par le voisinage mais aussi par la fréquence des communications avec Marseille. Le commerce avec l'intérieur du royaume se faisait alors surtout par la grande route qui, par Saint-Antoine, Septèmes et Luynes, joignait ces deux villes, et c'était un interminable défilé de voitures lourdement chargées qui, chaque jour, gravissaient les pentes de la Viste ou des Frères Gris. Aussi dès que furent signalés les premiers cas de peste, les consuls d'Aix prirent-ils toutes leurs précautions pour se garantir de la contagion[1]. Le premier consul, qui était en même temps procureur général de l'assemblée des communautés, de Clapier, marquis de Vauvenargues, était un excellent administrateur, tout dévoué à ses fonctions, plus dévoué encore à ses concitoyens, et qui, dès le premier jour, s'efforça de les mettre à l'abri du fléau menaçant. Il fut dans la circonstance, aidé par les membres du Parlement de Provence qui, sous couleur de bien public, furent plutôt disposés à exagérer[2] les mesures préventives, mais jugèrent bientôt utile de transférer hors d'Aix le siège de leur juridiction, tandis que Vauvenargues resta ferme à son poste, donna jusqu'au dernier moment l'exemple de la fermeté, et se montra aussi remarquable par la correction de son attitude que par son labeur incessant et par la rectitude de son jugement.

Il serait injuste de ne pas lui associer dans la reconnaissance populaire l'archevêque d'Aix, Charles Gaspard de Vintimille, des comtes de Marseille, du Luc, abbé de Saint-Denis de Reims, conseiller du Roi en tous ses conseils, etc. Il avait été un des prédécesseurs de Belsunce au siège épiscopal de Marseille et dirigeait depuis 1708 le diocèse d'Aix. Lui aussi fut à la hauteur

---

1. On signale vingt et une épidémies pestilentielles à Aix, savoir : en 1348, 1390, 1416, 1421, 1451, 1484, 1502, 1507, 1521, 1523, 1530, 1546, 1564, 1580, 1581, 1587, 1629, 1630, 1650, 1664, 1720 !!! L'épidémie de 1348 fut si terrible qu'une des rues d'Aix porte encore le nom de Rifle-Rafle, parce que toutes personnes qui l'habitaient succombèrent.
2. Rien qu'au mois d'août le Parlement rendit vingt-trois arrêts et en septembre vingt relatifs à la peste. Voir Archives des Bouches-du-Rhône, C., 909 (144 pièces).

des circonstances. Non seulement il continua de résider dans son archevêché, mais encore il distribua lui-même tous les secours de la religion, fit d'abondantes aumônes et déploya un zèle vraiment apostolique. Vauvenargues et Vintimille furent en quelque sorte les directeurs de la défense Aixoise, mais, s'ils n'avaient été aidés par de généreux collaborateurs que nous aurons l'occasion de citer dans le cours de ce récit, ils auraient succombé l'un et l'autre aux difficultés de leur tâche.

Dès le 31 juillet[1] 1720 le Parlement avait interdit à tout Marseillais l'entrée de la ville. Défense aux voituriers et muletiers de faire des chargements pour Marseille. Défense de recevoir des étrangers sans un billet des Consuls. Fermeture de toutes les portes de la ville, sauf celles de Saint-Jean et de Bellegarde. Organisation de gardes bourgeoises, et, ce qui rappelle les pires époques du Moyen Age et un fanatisme qui commençait à ne plus être dans les mœurs, « expulsion des Juifs et de leurs hardes sous peine de mort ». Ce n'étaient là que des mesures en quelque sorte d'observation préventive, mais bientôt les nouvelles s'aggravent, la contagion grandit et la peur augmente. C'est alors une succession[2] d'arrêtés hâtifs, précipités, et qui semblent indiquer que la population tout entière est prise de terreur panique. Dès le 3 août défense aux étrangers, vagabonds et gens sans aveu de sortir de la ville, fermeture de tous les couvents, églises et cabarets en dehors des fortifications, surveillance minutieuse des foires et marchés; le 5 on installe jusqu'à cinq compagnies de gardes bourgeoises qui occuperont toutes les avenues de la cité et en empêcheront l'entrée. Le 8 est dressé un tarif[3], véri-

---

1. Voir aux Archives d'Aix (délibérations du Conseil de la communauté) le compte rendu de l'assemblée du 31 juillet, à laquelle assistèrent quarante-six conseillers ou notables, et où furent confirmées toutes les mesures préventives ordonnées par le Parlement.
2. Voir pour tous ces arrêts et règlements les Archives des Bouches-du-Rhône, C., 909, et les délibérations du conseil de la communauté d'Aix, en date du 27 août (Arch. d'Aix).
3. Nouveau tarif des denrées établi le 28 septembre 1720 (délibérations du Conseil de la communauté) (Arch. d'Aix).

table maximum, fixant le prix des journées, quinze sols pour les hommes, six pour les femmes, six florins pour les bêtes de somme, y compris leurs conducteurs. Un quintal de bois vert se vendra douze sols, de bois de chêne dix sols, de charbon vert trente-cinq sols et de charbon blanc trente sols. Au même jour, après une conférence de Vauvenargues avec les Échevins de Marseille, il est décidé que trois marchés seront installés pour fournir aux besoins de Marseille, un à la barrière Notre-Dame près de Septèmes, un au Mouton près d'Aubagne, à la troisième à l'Estaque ; mais quel luxe de réglementation ! Ne va-t-on pas jusqu'à menacer des galères les habitants de Bouc, de Cabriès et autres lieux circonvoisins s'ils achètent du blé ou d'autres grains en dehors des barrières fixées ! (17 août 1720). Pourtant aucun cas de peste n'a encore été signalé ; mais on n'ignore pas que le fléau sévit avec intensité à Marseille et on s'efforce de le détourner d'Aix. Voici qu'on défend (19 août), ce n'était d'ailleurs que sagesse, de conserver des tas de fumier dans la ville : on n'en tolérera plus qu'à cinq cents pas des fortifications. La chasse est interdite. On ordonne « que les indiennes, cotonines et autres marchandises qui peuvent communiquer la peste et ont été achetées depuis ce temps de soupçon, seront brûlées à la diligence des Consuls et des Commissaires de quartier. Inhibition et défense à toute espèce de personnes, de quelque état et condition qu'elles soient, d'acheter, vendre ou débiter des susdites marchandises pendant tout le soupçon de peste à peine de la vie ». Le même jour quatre autres ordonnances sont rendues : règlement des Infirmeries, service des gardes bourgeoises, défense aux pénitents d'assister aux funérailles tant que durera la peste, et, comme des cas ont été signalés à Vitrolles, interruption de toute communication avec la localité contaminée.

On assure qu'en temps d'épidémie la peur fait souvent plus de victimes que la maladie. Il est certain qu'aucun malade suspect n'avait encore été signalé, mais les Aixois étaient sur le qui vive et de funestes pressentiments troublaient leurs pensées. L'archevêque Vintimille se fit l'interprète de l'opinion courante, lorsqu'il ordonna, le 24 août 1720, une procession générale « pour apaiser la colère de Dieu », et, fidèle à la théorie de la vengeance divine, annonça la prochaine apparition du fléau. « Nous ne pouvons nous dissimuler à nous-mêmes que nous ne sommes pas meilleurs que nos voisins, que le cri de nos iniquités s'augmente de plus en plus, et que le Seigneur, prêt à appesantir sa main sur nous, n'en deviendra que plus terrible dans ses châtiments, si nous abusons davantage du temps qu'il nous donne pour les éviter. » C'est à la même inspiration qu'obéissait un président au¹ Parlement d'Aix, lorsqu'il écrivait dans son livre de raison : « Nous nous attendons à voir la peste ravager notre coupable ville qui est mille fois plus criminelle que Babylone, Tyr, Sodome, Gomorrhe par les usures, les impiétés et les abominations qui y règnent. Ces calamités affreuses sont les redoutables effets de la colère d'un Dieu justement irrité. »

Il n'en fallait pas tant pour porter à son comble l'affolement des Aixois. Des corps de garde furent installés à toutes les avenues de la ville, surtout du côté de Puyricard, où on avait signalé quelques cas suspects, et, par une mesure générale, on expulsa tous les étrangers qui n'étaient pas pourvus de billets de santé ; mais il était déjà trop tard ; le fléau avait fait son apparition. Malgré le monitoire du 13 septembre 1720, délivré par l'official d'Aix à la requête du procureur général contre les contrebandiers; malgré l'ordonnance du 16 septembre contre les vagabonds qui ravageaient la campagne, et la défense aux mendiants et gens sans aveu de stationner sur les chemins ou aux portes de la ville pour demander l'aumône, sous peine de fouet, et, en cas de récidive, sous peine de mort, la peste fut apportée par des contrebandiers qui avaient profité de la nuit

---

1. Papiers d'un président au parlement d'Aix cités par DE RIBBE, *Deux chrétiennes pendant la peste de 1720, d'après des documents originaux*, p. 9.

pour introduire des marchandises contaminées, et déjà, dans les Infirmeries, qui avaient été disposées par avance, étaient admis des malades qui présentaient tous les symptômes de la contagion.

Les Consuls firent leur devoir. Ils s'efforcèrent tout d'abord de cacher la réalité du mal afin de ne pas l'aggraver par l'épouvante, et continuèrent à prendre une série de mesures préventives, qui cachaient mal l'étendue de leurs appréhensions. Dès le 21 août ils défendaient de mettre les malades à la rue, et, le chirurgien Viau, ayant prononcé l'expulsion de deux contaminés, fut condamné à deux cent livres d'amende, applicables à l'achat de médicaments. Le lendemain 22, comme s'ils redoutaient déjà que, par suite d'un isolement prochain, Aix fût menacée de la famine, les consuls s'occupaient des approvisionnements. Ils défendaient la vente et la circulation des grains, et, le 26, ils obtenaient du Parlement un arrêt « qui fait inhibition et défense à tous les habitants d'Avignon et du comtat Venaissin d'aborder la Provence, et d'avoir commerce avec les habitants de la Provence, sous peine de la vie, et aux bateliers, mariniers, gardes des ports et des passages de les laisser passer sous peine de galères. » Ces prohibitions rigoureuses allaient encore être aggravées, et le redoublement de sévérité coïncidera avec l'augmentation du mal. Dès le 23 août les médecins recevaient l'ordre, ainsi que les chirurgiens, les apothicaires et leurs serviteurs, de ne pas sortir d'Aix. Les apothicaires étaient de plus sommés de garder en réserve tous leurs médicaments. Défense, sous peine de galères, aux boulangers, aux fourniers et aux fourgonniers de quitter la ville. Tous ceux d'entre eux qui ont déjà émigré réintégreront leur domicile dans les cinq jours, ou sinon leurs meubles seront vendus. C'était déjà comme un arrêt de la vie de société, et il était à prévoir qu'on abordait seulement l'ère des difficultés.

Cependant le Parlement et les diverses administrations fonctionnaient toujours. Les Consuls et la plupart des agents municipaux n'avaient pas quitté leur poste, et, bien qu'on ait eu à déplorer quelques défections, l'attitude générale de la population se maintenait correcte. L'assemblée générale des communautés se tint même à Aix comme à l'ordinaire dans les premiers jours de septembre, sous la présidence de l'archevêque Vintimille. Il était difficile de ne point parler du fléau qui désolait Marseille et menaçait le reste de la Provence. L'assemblée décida de demander au Roi l'abandon du don gratuit, tant que durerait la maladie, ainsi que les arrérages des capitations de 1718 et 1719, et la ferme du contrôle des actes notariés. Elle prit en outre diverses mesures pour la conversion[1] des billets de banque en espèces monnayées, et distribua quelques secours aux localités contaminées; mais on s'attendait aux pires calamités. Vintimille annonçait « qu'il y a à Marseille un désordre et une confusion étonnants, qu'on ne vient plus aux barrières pour acheter les blés et les moutons qu'on y conduit, qu'on laisse les corps morts sans les inhumer, ce qui infectait l'air, » et il demandait aux Consuls d'Aix de faire de grosses provisions de vivres et surtout de médicaments; bientôt même il agitait la question de transférer le bureau de l'assemblée dans une ville non contaminée, que désignerait l'Intendant.

Cette proposition fut d'abord mal accueillie, mais comme, de jour en jour, les nouvelles empiraient, il devint nécessaire, si l'on voulait assurer les services, d'opérer ce transfert. Vauvenargues, le premier Consul, déclara aussitôt qu'il resterait à Aix, car « il voudrait sacrifier jusqu'à la dernière goutte de son sang ». L'assesseur Bouisson partageait ces sentiments. Des deux autres Consuls l'un, La Brillane, serait volontiers resté, mais il était déjà malade, et on avait besoin de lui pour aider l'Intendant ; l'autre, Vincent, se dit tout prêt à « se sacrifier pour la patrie », mais il ajouta qu'il

---

1. On lit dans les papiers d'un président au parlement d'Aix, cités par DE RIBBE, p. 9 : « Vous seriez frappé de voir la consternation où l'on est. Les billets de 1.000 livres sont achetés à 150 et même moins; ceux de 100 sont donnés pour 22, ceux de 10 pour 3 et 2, 10. Tout est inondé de papiers, et on ne voit pas un sou. »

serait peut-être préférable d'accompagner La Brillane, « avec cette réserve qu'il sera toujours en état de revenir dans la ville toutes les fois qu'on aura besoin de lui, et que, si Dieu venait à disposer de l'un ou de l'autre de messieurs ses collègues, il viendrait pour donner ses soins à la ville ». Ainsi fut décidé. Le bureau de l'Assemblée partit aussitôt pour Saint-Rémy où on avait fixé sa résidence provisoire, mais ce départ fut mal accueilli par la population. Des troubles éclatèrent même sur sa route. A Salon, on l'empêcha de passer, et Berthier, receveur des consignations, fut tué d'un coup de fusil. A vrai dire on arrivait à l'heure où l'épouvante se convertit en folie, et où la colère se traduit par des crimes. C'est à cet état d'âme que faisait allusion l'archevêque Vintimille, dans une lettre du 10 octobre 1720, qu'il adressait aux procureurs du pays[1]. « J'ai reçu la lettre que vous avez eu la bonté de m'écrire, et j'ai vu avec peine les contretemps qui vous sont arrivés dans votre course jusqu'à Saint-Rémy, mais, comme la contagion a porté partout une terreur affreuse, c'est sagesse à ceux qui sont en place de compatir à la situation où se trouvent les esprits, crainte qu'ils ne se portassent à quelque chose de plus fâcheux, dont nous serions les plus affligés et les plus embarrassés. L'exemple que vous donne monsieur Lebret est digne de sa sagesse, car de croire que parce qu'on est président, conseiller ou procureur du pays on ne peut ni prendre, ni donner la peste, quand on sort d'un lieu contagieux, c'est un vieux conte du temps de nos pères, qui n'est plus de mise dans ce temps-ci. » L'assesseur de Vauvenargues, Bouisson, partageait cette manière de voir[2]. Il se disait très « mortifié de voir la dureté avec laquelle vous avez été traités aux endroits où vous avez passé, mais c'est ici un temps de la colère du Seigneur pour tout le monde et dont personne ne peut se garantir. Il faut baiser la main qui nous frappe. Avec cela, je dois vous féliciter

---

1. Archives des Bouches-du-Rhône, C., 941.
2. *Ibid.* Lettre du 11 octobre. — Cf. lettre du 26 octobre où il parle de l'assassinat de Berthier.

de n'avoir point passé par Salon, où, infailliblement, il y aurait eu un carnage horrible, si vous vous fussiez trouver dans l'action ».

Les membres du Parlement ne se montrèrent pas plus braves. Dès le 3 octobre[1] ils prenaient une délibération en vertu de laquelle « il serait à désirer que la Cour déterminât un endroit pour se retirer, laissant la garde de ce palais, où il y a des papiers très importants pour le Roi et le public, au premier Consul ». Ils ne tardèrent pas à réaliser leur « désir », car, dès le lendemain 4 octobre, ils quittaient la ville, et cherchaient un refuge d'abord à Saint-Rémy puis à Barbantane, non sans avoir délégué leurs pouvoirs à divers avocats qui acceptèrent cette dangereuse mission[2]. Ce fut alors comme une émigration générale dans les bastides et les villages voisins. Les chanoines de Saint-Sauveur, les religieux et religieuses se dispersèrent aux environs. Marchands et artisans fermèrent leurs magasins et leurs établis. Seuls restèrent en ville ceux qu'enchaînait leur pauvreté ou que retenait le sentiment de l'honneur.

Tout en reconnaissant que membres du Parlement ou procureurs du pays exagérèrent la prudence et se hâtèrent trop d'assurer en dehors d'Aix les services administratifs, il nous faudra rendre justice à l'activité qu'ils déployèrent pour combattre le fléau. Le Parlement multiplia les ordonnances et prit toutes les précautions qui lui parurent dictées par les circonstances. Lebret surtout se signala par un acharnement au travail qu'on ne saurait trop admirer. Rien qu'aux Archives des Bouches-du-Rhône on conserve[3] 57 lettres de lui, écrites de décembre 1720 à mai 1721, adressées aux procureurs

---

1. Archives du palais de justice d'Aix, registre 82.
2. Il n'est que juste de conserver le nom de ces braves : Decormis, Tabaret, François et Pierre de Séguiran, Gérard, Saurin, Melchior et Pierre Blanc, Canceris, Sube, Genesy, Benoît, Bayan et l'assesseur Bouisson.
3. Archives des Bouches-du-Rhône, C., 941. — Voir aux mêmes archives, C., 909, la série des ordonnances qu'il rendit, ainsi le 28 octobre pour prescrire une lessive générale, le 1er et le 2 novembre pour interdire les lieux contaminés, le 10 avril 1721 pour réglementer la quarantaine générale, etc.

du pays, et relatives soit aux approvisionnements, soit aux finances de la province, ou bien encore aux mesures à prendre contre l'épidémie. Il entre dans tous les détails, même les plus minutieux, et paraît n'avoir en vue que l'intérêt général. C'est vraiment un administrateur modèle. Quant aux procureurs du pays, ils ne reculent devant aucune besogne, et s'efforcent de donner satisfaction à tout le monde, et toujours avec les formes les plus courtoises. Rien de plus significatif à ce propos que la correspondance[1] qu'ils échangent soit avec les commissaires des guerres du Coquiel, de Chailley et Lenfant pour se procurer de l'argent, des vivres, du bois, des remèdes et jusqu'à des fournitures de bureau, soit avec Beaumont, leur agent à Paris, ou bien encore avec de Regina, greffier de la province, avec Gautier, trésorier des États ou avec Thebault, agent de l'intendance et secrétaire de Lebret, pour veiller à l'exécution de leurs ordonnances. Ils ne négligent pas cependant de répondre à de simples particuliers[2], par exemple à de Forbin la Barben, ou à de Cournillon, qui s'adressent directement à eux pour obtenir des secours. Qu'on les accuse d'avoir manqué d'héroïsme puisqu'ils ont fui devant la contagion, soit, mais on ne pourra pas ne pas admirer leur inlassable vigilance.

Pendant ce temps, à Aix, la contagion ne cessait de progresser. Près de cinquante malades entraient chaque jour aux Infirmeries, qui avaient été établies à l'hôpital général de la Charité, et, comme tous les lits furent bientôt occupés, on transféra les malades ordinaires aux couvents des Chartreux et des Augustins, et on improvisa un nouvel asile de pestiférés au couvent des Minimes. Par mesure de précaution on s'occupa même de creuser d'énormes fosses à proximité des Infirmeries.

---

1. Archives des Bouches-du-Rhône, C., 942. On conserve aux archives : 9 lettres de du Coquiel, 3 de de Chailley, 6 de Lenfant, 11 de Beaumont, 2 de Regina, et 2 de Thebault.
2. *Ibid.*, C., 942 : 14 lettres de Labarben, 1 de Cournillon. — Voir encore 15 lettres de Carnaud, agent de l'intendance, 2 de Suffren et 2 de Lubières de Roquemartine.

Voici comment Vauvenargues, à la date du 13 novembre 1720, rendait compte de la situation aux procureurs du pays : « Le mal continue toujours son train. Nous avons actuellement dans nos Infirmeries près de 650 malades. Il s'en forme tous les jours une quarantaine un jour comportant l'autre, et tout autant de morts. Dieu veuille apaiser sa colère ! » Quelques semaines plus tard la situation avait empiré. « Nous avons été obligés, écrivait le premier assesseur Bouisson, d'envoyer prendre des forçats à Marseille, quoique nous en eussions déjà vingt-deux, car M. de Perrin a eu la bonté de nous en fournir quelques-uns... Si la maladie continue à faire des progrès comme elle fait, il faudra que nous périssions tous de la peste ou de la famine, car nous n'avons plus de bestiaux que pour cette semaine, et l'autre il n'y aura que les malades qui en auront. Nous avons trois infirmeries pour les malades et deux pour les convalescents. Nous allons établir une quatrième infirmerie à l'hôpital Saint-Jacques... Tout cela coûte des sommes infinies, à quoi se joint la dépense des parfums et tous les gages des pensionnaires qui sont horribles [1]. »

Les forçats auxquels faisait allusion le premier assesseur d'Aix ne rendirent dans cette ville aucun service appréciable. Ils furent même les propagateurs de la contagion. Voici comment parle d'eux un contemporain, Pierre-Honoré Roux, commissaire de la santé à Marseille, dont le livre de raison nous a été communiqué par son descendant direct, M. Paul de Roux [2] : « Le mal fut porté par quantité de forçats des galères, qu'on avait cru morts dans la ville depuis qu'ils travaillaient, mais qui s'étaient sauvés pour aller dans leur pays. Ils usaient pour réaliser leurs desseins de plusieurs stratagèmes. Les uns entraient dans les maisons pour aller prendre les cadavres où personne ne les suivait, se travestissaient là où ils trouvaient les habits les plus convenables, mais, comme on s'aperçut le soir à la retraite

---

1. Archives des Bouches-du-Rhône, C., 941.
2. *Ibid.*, C., 941. Lettre du 30 décembre 1720.

qu'il en manquait du nombre qu'on avait compté le matin, on se ravisa. On les faisait répondre les uns des autres et on en fit un catalogue. Alors ils trouvèrent un moyen plus fin et plus subtil pour tromper les officiers qui les commandaient. Lorsque on voulait en favoriser un, ses camarades, qui lui fournissaient la liberté, le faisaient décamper travesti, et, d'abord qu'il était parti, habillaient un cadavre, qu'on ne trouvait que trop facilement, de ses habits, et déclaraient à leurs officiers que c'était là le corps d'un tel. On en surprit plusieurs, et le 16 octobre on en fusilla un qu'on avait arrêté lorsqu'il escaladait les murs. »

La situation était donc aussi mauvaise que possible. Par bonheur plusieurs hommes se rencontrèrent qui, sans se laisser un seul instant détourner de leur devoir, continuèrent à exercer leurs fonctions avec simplicité et dignité. Parmi eux nous citerons en première ligne le premier consul Vauvenargues et l'archevêque Vintimille. Vauvenargues[1], dès le 6 août 1720, avait été nommé commandant d'Aix et de son terroir, et investi de pouvoirs extraordinaires. Il consacra tous ses soins non seulement à épargner à ses administrés les horreurs de la famine en remplissant les greniers de blés et en amassant des vivres de toute sorte, mais encore à faire respecter l'ordre et la bonne police. Le recueil de ses ordonnances[2] est intéressant à consulter. Tantôt il improvise un règlement pour la bonne tenue des hospices (16 novembre), tantôt il détermine les heures et les lieux de promenade pour les employés des Infirmeries (17 novembre). Aujourd'hui[3] (10 octobre) il ordonnera de déclarer tout cas suspect, il défendra de transporter hors des hospices les hardes ou provisions de bouche des pestiférés. Demain il prescrira le dénombrement des habitants, il fixera les jours de marché, ou bien il nom-

1. Voir dans le Registre des délibérations du conseil de la communauté d'Aix (Arch. d'Aix) la nomination de Vauvenargues, et la confirmation de ses pouvoirs par Caylus, le 30 septembre 1720.
2. Archives des Bouches-du-Rhône, C., 909. Cf. (Arch. d'Aix) délibération du Conseil de la communauté, à la date du 28 septembre 1720.
3. *Ib.I.*, 6e liasse.

mera dans chaque quartier des commissaires spéciaux chargés de visiter les malades, de veiller à leurs transport dans les Infirmeries, de surveiller les enterrements, de s'opposer à tout changement de domicile dans l'intérieur de la ville. Ces commissaires devront en outre examiner soigneusement les billets de santé qu'on leur présentera et ne délivrer qu'avec toute garantie des autorisations de sortie de quarantaine. Le souci des affaires municipales ne l'empêche pas de veiller aux intérêts de la province. Il est en relations quotidiennes [1] avec les procureurs du pays, et leur recommande avec instance telle ou telle communauté dont on lui a signalé les besoins, par exemple Auriol, Aubagne, ou Martigues, et il le fait toujours en termes d'une exquise courtoisie, sans jamais se répandre en plaintes inutiles ou en récriminations déplacées. C'est le modèle du fonctionnaire, pénétré du sentiment de sa responsabilité, et résolu à faire son devoir, tout son devoir.

Nous aurions mauvaise grâce à ne pas citer à ses côtés le premier assesseur Bouisson. Lui aussi resta ferme à son poste, et, sans seulement paraître s'inquiéter de ce qui se passait autour de lui, continua à paisiblement administrer la ville qui, sans lui, se serait débattue dans l'anarchie. C'est lui surtout qui s'occupa [2] de ce qu'on pourrait appeler la vie matérielle, lui qui assura les approvisionnements, régla toutes les questions financières et surveilla la police. Malgré son apparente impassibilité, il trouvait des accents émus pour déplorer la mort de ses amis. La correspondance qu'il échange à ce sujet avec les procureurs du pays dénote un cœur tendre et une âme sensible, mais on dirait qu'il a honte de son émotion et veut conserver au moins les apparences de la gaieté. Ainsi le 20 janvier 1721, à propos d'un remède qu'on avait envoyé de Barbantane, « M. de

---

1. Lettres du 20, du 27, du 29 janvier et du 1er février 1721 (Arch. des Bouches-du-Rhône, C., 142).
2. Archives des Bouches-du-Rhône, C., 941. Lettres du 11, 19, 26, 29, 30 octobre; 7, 9, 10, 14, 16 novembre; 22, 24 décembre 1720; 3, 10, 14, 18, 19 janvier 1721; 2, 12 mars, 28 avril, etc.

Vauvenargues, écrira-t-il, a fait le premier essai sur lui et tous ceux de sa maison. Peu s'en fallut qu'ils n'en crevassent. Vous m'auriez beaucoup plus fait de plaisir de nous envoyer des rouleaux de louis ». Certes de pareils serviteurs du public sont rares, et quand l'occasion se présente de leur rendre justice[1], ne faut-il pas la saisir avec empressement ?

Signalons encore la bonne volonté des membres d'une association charitable dite de la Miséricorde, qui se donna pour tâche de distribuer du bouillon aux malades. Ils le portaient eux-mêmes, de maison en maison, mais avec des précautions infinies. On exigeait en effet une demande écrite par les malades, et signée par leurs curés. Ainsi que le mentionne une affiche datée d'octobre 1720 « la distribution se fera tous les jours de 8 heures à 9 heures du matin, avec une marmite pour chaque paroisse, qui sera portée par deux hommes et escortée d'un garde pour empêcher le désordre et les insultes, et par un homme qui aura une clochette à la main pour que les personnes qui seront auprès des malades soient averties de descendre à la porte de leurs maisons pour recevoir la quantité de bouillon qui devra être donnée[2] ». Ces précautions paraîtront sans doute singulières, mais ne dénotent-elles pas l'état d'âme d'une population, exaspérée par la souffrance et toute prête à l'anarchie !

Quant à Vintimille, aussi ferme qu'un officier à son poste de combat, non seulement il aidait Vauvenargues et Bouisson dans tous leurs travaux administratifs[3], mais ne dédaignait pas de s'arrêter aux plus minces détails. Ainsi le 20 octobre 1720, « comme je prévois, écrivait-il, que nous aurons toute la ville à nourrir cet hiver,

---

1. Bouisson et ses collègues furent exceptionnellement confirmés dans leurs fonctions par ordonnance royale en date du 14 décembre 1720 (délibérations du conseil de la communauté. Arch. d'Aix).
2. Archives des Bouches-du-Rhône, C., 909, 6ᵉ liasse.
3. Voir Archives des Bouches-du-Rhône, C., 941. Lettres du 3, 10, 13, 15, 23 décembre 1720; 1ᵉʳ, 10, 17 janvier 1721, etc., adressées aux procureurs du pays sur les finances de la province et en particulier d'Aix. — Cf. lettre des agents généraux au clergé de France, abbés de Premeaux et de Brancas, et du marquis de Coriolis-Corbières sur le même sujet (27 décembre 1720).

voyez si nous pourrions avoir des pois d'Auvergne. Je crains que les villages qui pourraient nous envoyer des légumes ne les retiennent pour eux et ne soient avares de nous en fournir ». Et le 10 novembre à propos d'une fourniture de souliers faite aux convalescents : « Il faut que le cordonnier qu'on a employé n'ait pas l'idée d'un grand pied. Ils sont presque tous inutiles, tant ils sont petits. Il y a une trentaine de convalescents qui se sont présentés tantôt à moi aux infirmeries de l'Arc. Ils nous ont paru en bon état, mais avec les souliers en pantoufles[1]. » Tout en ne jugeant pas au-dessous de sa dignité de s'occuper des légumes et des souliers à distribuer à ses malades, Vintimille ne craignait pas, comme l'avait fait Belsunce, de s'asseoir à leur chevet et d'administrer les sacrements. D'une inépuisable charité non seulement il dépensait en aumônes tous ses revenus, mais encore il n'hésitait pas à faire appel à la charité publique. Apprenant que le Régent venait de lui conférer une abbaye, celle de Belleperche, « je n'ai jamais tant souhaité, écrivait-il[2] aux procureurs du pays, d'être riche qu'à présent pour être plus en état d'assister nos pauvres ». Si on l'eût écouté, il aurait sans hésiter sacrifié la vaisselle et les ornements des églises ; il aurait même consenti à la fonte des cloches. « Il y a plus de deux mois que j'en ai fait la proposition non seulement à M. Lebret et à M. de Caylus, mais même à la Cour. J'avais proposé même la fonte des cloches pour faire une espèce de monnaie qui pût nous soutenir, mais, par les réponses qu'on m'a fait, j'ai vu qu'on rejetait cet expédient. Ainsi il est inutile de m'en parler encore[3]. » Ce n'était pas seulement à ses diocésains d'Aix que songeait Vintimille. Il n'oubliait pas sa qualité de président de l'Assemblée des communautés, et, dans sa correspondance avec les Procureurs du pays, il ne cessait de leur signaler tel ou tel village, dont les

1. Archives des Bouches-du-Rhône, C., 941. — Cf. lettre analogue du 15 novembre.
2. Lettre du 27 janvier 1721 (Arch. des Bouche -du-Rhône, C.. 941).
3 Lettre du 10 janvier 1721 (*ibid.*, C., 941).

besoins lui semblaient urgents ; et il le faisait en termes touchants[1] : « M. le curé et M. le commandant d'Auriol vinrent ici avant-hier me déclarer qu'il n'y avait point de viande. Faut-il que nous mangions tout seuls et que nous consommions tous les fonds de la province. »

On a beaucoup vanté l'héroïsme de Belsunce, et on a eu raison de le faire, mais pourquoi l'histoire oublieuse a-t-elle laissé dans l'ombre le dévouement de l'archevêque d'Aix ? Ne devrait-on pas associer dans la reconnaissance populaire son nom à celui de l'évêque de Marseille ?

Le grand vicaire, l'abbé de Villeneuve[2], aida Vintimille dans sa lutte contre la contagion. C'était un homme de grande valeur et d'un courage que rien ne rebutait. Il s'était donné pour tâche d'assister les malades à leurs derniers moments, et on le vit tous les jours portant de maison en maison les suprêmes consolations. Un religieux bénédictin, Jean Sabathier[3] d'Amiens, se fit également remarquer par son zèle apostolique. Il avait demandé et obtenu non sans peine, de son supérieur, Denis de Sainte-Marthe, l'autorisation d'aller soigner les pestiférés à Marseille, mais, comme l'épidémie y était en décroissance, il se rendit à Aix, où au contraire elle atteignait son apogée. Il a laissé, sous forme de lettre adressée à la fille du Régent, l'abbesse de Chelles, une intéressante description de la maladie, telle qu'il a pu l'observer. Citons à ses côtés plusieurs religieux[4] qui tombèrent victimes du devoir. André Arnaud, de la

---

1. Archives des Bouches-du-Rhône, C., 941. Lettre du 2 mars 1721. — Cf. lettres analogues, 20, 29 janvier ; 3 et 5 février, 5 et 7 mars, 14 mai.
2. Voici comment parle de lui un contemporain, Pasturel, dans son livre: *In Provincia et Comitatu Venaissino pestiferis inservientes demortui* : « Nihil in se vel ex se prætermittens pro levamine, subsidio, tutela, opitulatione pestifero morbo laborantium, quos verbo vitæ, efficacia virtutis, omni ope et opere fovit et tutatus est. Pervigili cura vicos et plateas civitatis, loca etiam aura pestilenti sanieque manantia perlustrans, nihil vitæ propriæ, solique ægrotorum saluti consulens, etc. »
3. Pasturel, *ibid.*, p. 22.
4. Archives des Bouches-du-Rhône, pp. 29, 30, 41, 44, 47, 49, 50, 53, 26, 46, 68, 81, 86, 91, 93.

Roche, Boyer, Carrel, Leydier, Audibert, Blanc, de la Gonée, Thibault, Petit, Joubert, Arnaud, Merle, Vidal, Jaubert. Ils ont succombé au champ d'honneur. Que justice leur soit rendue.

Nous aurions mauvaise grâce à ne pas nommer, à côté de ces héros du dévouement les deux demoiselles de Ribbe[1] Thérèse-Delphine et Marie-Marguerite, qui se consacrèrent au service des pestiférés, et moururent toutes deux victimes de leur zèle. La première n'avait que dix-neuf ans. Elle ne resta que dix jours à l'hôpital et fut emportée par la contagion le 26 décembre. La seconde avait vingt et un ans[2]. On l'avait d'abord chargée des salles réservées aux femmes. Atteinte une première fois par la maladie, elle avait eu l'heureuse chance de guérir, mais elle provoqua une rechute par ses imprudences et fut emportée[3] à son tour (mars 1721). En même temps que ces vaillantes Françaises, Mlle de Lévezy, sœur du lieutenant de la prévôté, ne rougissait pas de s'occuper de la lessive des pestiférés ; une autre jeune fille de dix-neuf ans, Marguerite Olivier, donnait les derniers soins aux cadavres ; une sœur de l'hôpital, sœur Thérèse, « imprimait le respect à tous ceux qui avaient affaire à elle. Intrépide, on l'a vue souvent, chargée des habits tout chauds des morts, aller les étendre elle-même sans redouter l'air qui s'en exhalait[4] ». Honneur à ces victimes du devoir[5]. Si la postérité n'était pas si oublieuse des services rendus, il y a longtemps que leur souvenir aurait dû être conservé à Aix par quelque monument

---

1. CHARLES DE RIBBE, *ouv. cité*.
2. Lettre à sa famille par le carme déchaussé, Hyacinthe de Sainte-Marie et lettre de Marie-Marguerite à son frère (DE RIBBE, pp. 86 et 175). — Voir le livre de Chicoyneau et Verny où le cas de Marguerite de Ribbe est longuement analysé.
3. Lettre du capucin Zacharie d'Auxonne, aumônier de la Charité, à l'abbé de Villeneuve et à de Ribbe fils. — RIBBE, pp. 205-209. — Voir PASTUREL, *ouv. cité*, p. 60 sur Delphine et p. 74 sur Marguerite de Ribbe.
4. Lettre du P. Sabatier, p. 80.
5. Pasturel cite encore (pp. 33, 34, 38, 39, 45, 79, 82) les religieuses Anne de Creyflel, Catherine de Saint-Chamas, Sylvia More, Anna de Martin, Anne-Marie de Malvesin, Élisabeth Escursane, Marguerite Audoird.

commémoratif. Notons encore, d'après une tradition locale[1], que les filles publiques, gagnées par la contagion du dévouement, coururent aux Infirmeries et se dévouèrent à la mort pour soigner les malades. Certes, nous n'aurions pas mieux demandé que de joindre dans notre admiration les pécheresses repenties aux saintes filles déjà habituées à tous les sacrifices, mais il paraîtrait que le dévouement des Madeleines Aixoises était plutôt une punition. Il résulte en effet d'une délibération du Parlement, en date du 14 octobre 1720, que l'avocat Seguiran[2], l'un des recteurs du refuge des filles pénitentes, avait été obligé de réclamer une punition sévère contre quelques-unes de ses pensionnaires, qui, apprenant le départ projeté des conseillers pour Saint-Rémy, avaient voulu, elles aussi, sortir de la ville. Les filles Julienne Clerc et Antoinette Daumasse s'étaient fait remarquer par leur esprit d'indiscipline. La cour faisant droit aux réquisitions de Seguiran ordonna « que les dites Julienne et Daumasse seraient tirées de la dite maison du Refuge, et conduites aux prisons royales de ce palais, et mises dans des cachots séparés, au pain et à l'eau, et les fers aux pieds pour y rester jusqu'à ce qu'autrement soit dit et ordonné ». Ce traitement rigoureux fut observé et les prisonnières en furent tellement navrées qu'elles acceptèrent, comme une faveur insigne, afin de recouvrer en partie leur liberté, de servir comme infirmières. Ainsi que le constate une délibération du 12 novembre 1720 « Antoinette Daumasse et Julienne Clerc, filles pénitentes du Refuge, ont été mandées pour savoir de leur bouche si elles souhaitaient aller aux Infirmeries des pestiférés. Elles y furent conduites, après leur audition, pour servir d'infirmières pendant tout le temps de la contagion, avec défense d'en sortir à peine de la vie ». Il nous faut donc renoncer à cette légende du dévouement des filles galantes d'Aix. Sans doute on les ren-

---

1. LEMONTEY, *Peste de Marseille*, p. 50.
2. Archives du palais de justice d'Aix. Registre n° 32 (de 1720 à 1728)

contra dans les hôpitaux, mais à titre de prisonnières, et leur concours forcé ne fut jamais qu'une punition.

C'est en novembre et en décembre que la peste atteignit son apogée. Ainsi que l'écrivait[1] Vintimille : « Elle regrille de nouveau partout où elle a été, au moins en deçà de la Durance. Voilà qui est bien affligeant, car je ne sais pas où tout cela aboutira, si le bon Dieu n'a pitié de nous. » Tous les quartiers de la ville, toutes les bastides du terroir et les villages voisins furent alors infectés, et la mortalité fut grande, puisque, d'après les rapports[2] journaliers des médecins sur leurs visites aux malades, du 12 septembre 1720 au 14 octobre 1721, d'après le tableau des malades entrés aux Infirmeries, et l'état récapitulatif des pestiférés morts à Aix, 7.534 personnes furent emportées par le terrible fléau. Il n'y eut que peu de guérisons, ainsi que le constate Martin[3], l'auteur de la « Relation de la peste d'Aix, extraite de l'histoire de la dernière peste ». La plupart de ceux qui étaient frappés du mal mouraient subitement[4]. « Dès qu'il s'était glissé dans une maison, tous ceux qui l'habitaient se trouvaient atteints. On conduisait souvent dans les Infirmeries des familles entières qui en avaient été surprises dans le même instant, et qui, peu de temps après, étaient portées dans la même fosse. Il n'y avait presque point d'intervalle entre la vie et la mort, et les corbeaux, quoique en grand nombre, avaient peine à suffire au transport des malades et à la sépulture des morts. Si ce cruel fléau paraissait parfois se ralentir,

---

1. Lettre du 25 décembre 1720 aux procureurs du pays (Arch. des Bouches-du-Rhône, C., 141).
2. Ces documents sont conservés aux Archives des Bouches-du-Rhône, C., 909. — Voir particulièrement les lettres adressées à Vauvenargues par Isnard, médecin de l'infirmerie de l'Arc, de mai à juillet 1721.
3. Paris, in-12, 1732.
4. Lettre de Demours, procureur au Parlement, aux échevins de Marseille, 21 décembre 1720 : « Je dois encore vous dire que de tous ces malades qu'on fait porter aux infirmeries, n'en escape (sic) pas le quart, et que ces deux derniers jours, il est décédé aux dites infirmeries environ six vingt, outre ceux décédés dans la ville. » (Correspondance de la mairie, au mot Demours.) — Lettre des Echevins d'Aix à leurs collègues de Marseille, 14 décembre 1720.

ce n'était que pour porter ensuite de plus terribles coups. Il frappait sans autre pitié que celle d'abréger les douleurs en abrégeant la vie. » Le Père Sabathier, qui soignait alors les malades à l'hôpital, a constaté lui aussi que la plupart des cas étaient foudroyants. Dans une page émue il a décrit quelques-unes des scènes navrantes, dont il fut le témoin. « Jusque-là nous n'avions vu les effets de la peste que, pour ainsi dire, de loin, mais nous commençâmes à les voir de plus près. Souvent, quand on ouvrait la chaise dans laquelle on amenait de la ville les pauvres affligés, au lieu d'un malade, on était surpris de ne rencontrer qu'un cadavre. D'autres fois on les trouvait agonisants, et il fallait sur-le-champ, et dans cette même chaise, leur administrer les sacrements comme on pouvait. La nature frémissait en moi à tous ces spectacles, mais le lendemain, jour de Saint-Etienne, j'en eus un autre, et j'avouerai ingénuement que je ne pus pas le soutenir. J'étais à la fenêtre de ma chambre, récitant mon office, lorsque j'entendis rouler le funèbre tombereau, qui portait pour le premier voyage les cadavres de ce jour-là. Je m'avançai pour regarder, mais un aspect si terrible me frappa tellement que je reculai à l'instant. Il y avait là environ vingt cadavres, dont les visages découverts et pour la plupart défigurés ajoutaient à l'horreur naturelle qu'on a pour les corps morts. Comme les vapeurs contagieuses qui s'en exhalaient ne permettaient pas qu'on se donnât toute la peine nécessaire pour les ranger, on voyait les bras des uns, les pieds, la tête des autres pendre d'un et d'autre côté. Enfin tout contribuait à rendre ce spectacle plus effrayant. J'eus honte de ma faiblesse, mais je ne pus d'abord prendre le dessus, et ce ne fut qu'après avoir de nouveau demandé le secours de Dieu que je me hasardai à me vaincre[1]. »

Il n'y eut pourtant jamais à Aix de ces scènes répugnantes, comme nous avons été obligés d'en décrire

[1]. Consulter sur la peste d'Aix le registre des actes du notaire Urtis en 1720. DE RIBBE (p. 22) en a donné plusieurs extraits intéressants.

quelques-unes à Marseille. Pas de désordre dans la rue. Pas d'encombrement de cadavres. Pas de scandale aux cérémonies funèbres. Comme le reconnaît Martin, « on ne voyait point dans les rues, dans les cours, ni sur les places publiques des monceaux de cadavres tout pourris, ni de malades languissants couchés sur le pavé et prêts à expirer de misère; les morts ne restaient pas dans leurs maisons, ni dans leurs lits, faute de sépulture. A mesure que les pestiférés mouraient, on les portait dans les fosses, et on les couvrait de terre et de chaux vive. Dès qu'un habitant était frappé du mal, on le conduisait aussitôt dans l'Infirmerie la plus proche, où il était secouru promptement. »

C'est surtout à Vauvenargues que doit être reporté l'honneur de cette bonne administration. A ses soins infinis, méticuleux même, la ville d'Aix doit son salut. Occupé toute la journée à régler de multiples détails, il travaillait souvent jusqu'à une heure avancée de la nuit à réglementer tous les cas que sa prudence lui faisait prévoir, soit pour la police dans Aix et son terroir, soit pour le maintien de l'ordre. Il fut vraiment l'âme de la résistance. Il suffirait presque de suivre dans le registre des délibérations municipales et d'énumérer ses ordonnances pour se rendre compte de sa prodigieuse activité et de son endurance extraordinaire. Ainsi, le 18 août[1], il répartira les médecins entre les quartiers d'Aix; le 26 septembre, il réglera les prix de louage pour les mulets et les voitures; le 10 octobre, il ordonnera le transport de tous les pestiférés aux Infirmeries; le 2 novembre, il interdira formellement de recevoir et de transporter dans les maisons de ville ou dans les bastides

---

1. Archives des Bouches-du-Rhône, C., 969. — Voir les mandats expédiés du 12 septembre 1720 au 9 mai 1721. Ils s'élèvent à la somme de 444,296 livres 8 sols. — Cf. l'état des appointements des officiers des infirmeries, de la garde bourgeoise et des membres du bureau de Santé. — Ne pas oublier qu'à diverses reprises l'assemblée des communautés vota des secours importants : le 3 novembre 1720, 30,000 livres; le 14 novembre, même somme; le 29 novembre et 22 décembre, même somme; le 31 mars 1721, 30.000 livres; le 18 avril, 10.000 pour achat de moutons, etc.

les meubles, hardes et provisions quelconques des pestiférés ; le 12, il s'occupera de solder les compagnies de milice ; le 17, il commencera un dénombrement des habitants, et cela sans parler de sa correspondance avec les Consuls des villes voisines, avec les médecins étrangers, avec les négociants ou propriétaires chargés de l'approvisionnement, et avec l'Intendant Lebret qu'il tient au courant de tout. C'est vraiment un travailleur prodigieux. On se demanderait volontiers si le sentiment du devoir accompli n'augmente point parfois les forces humaines.

Lebret rendait pleine et entière justice à Vauvenargues. Il aimait à le citer comme exemple. Il lui arrivait même de forcer la note et d'exciter ainsi la jalousie de ses collègues. Nous faisons allusion à une curieuse lettre [1] que lui adressèrent, le 28 octobre 1720, les Échevins de Marseille, en réponse à une missive que nous n'avons pas retrouvée, et dans laquelle l'Intendant de Provence avait sans doute exalté outre mesure les services du premier consul d'Aix. « Nous ne sommes pas surpris qu'on ait d'abord mis un bon ordre dans Aix, et qu'on vous informe exactement de tout ce qui s'y passe. Ils ont vu venir de loin le mal. Ils ont eu le temps de se préparer. On ne voit jamais dans Aix deux mille cadavres exposés dans les rues. Messieurs les Procureurs du Pays n'ont pas cent mille âmes à nourrir. Presque tous les habitants d'Aix ont leurs provisions de blé, de vin, d'huile et de bois, au lieu qu'à Marseille on va du jour à la journée, et on se repose sur de pauvres Échevins, lesquels, depuis le commencement de la maladie, se trouvent abandonnés de tout le monde, et privés de tout secours, hors les vôtres, Monseigneur, qui ont certainement sauvé Marseille. » Lebret était un homme d'esprit. Il comprit la leçon détournée qu'on lui donnait, mais ne cessa point avec raison, d'avoir Vauvenargues en haute estime. Le premier consul d'Aix la méritait de tout point.

---

1. Lettre des Échevins de Marseille à Lebret, 28 octobre 1720 (Arch. mun., C. E., p. 35, verso).

Nous n'avons pas l'intention de suivre les progrès et la décroissance de la maladie. On trouvera les éléments de ce travail dans la correspondance, conservée aux Archives des Bouches-du-Rhône [1], et qui fut échangée à ce propos entre Lebret, Vauvenargues, Bouisson, Vincent, La Brillane, Vintimille, Caylus, de Régina, Gautier et divers médecins. Ces lettres, presque toutes inédites, renferment de curieux détails. Il nous suffira de les avoir indiquées à nos successeurs, car nous ne pouvons, dans ce tableau d'ensemble, dépasser certaines limites. Contentons-nous de rappeler que la période de décroissance commença en janvier 1721, mais qu'il y eut une recrudescence du fléau au mois d'avril, car, à cette époque, le 2 et le 10, Vauvenargues fut obligé de prendre de nouvelles mesures de précaution, et bientôt, le 4 mai, d'interdire le prêt des passe-ports de quarantaine [2]. Ce n'était heureusement qu'une alerte. Au mois de juin, tout semblait fini, et, en attendant la quarantaine de santé générale, on pouvait déjà s'occuper de la désinfection. Marseille venait de faire en grand l'expérience des parfums. Vauvenargues pensa qu'il serait bon de s'adresser à ses collègues de Marseille pour leur demander des instructions. « Plusieurs personnes, messieurs, leur écrivit-il [3], sont persuadées que la continuation de la maladie à Aix, procède de la mauvaise qualité des parfums dont on se sert pour désinfecter les maisons, et du peu d'habileté et d'expérience des employés à cette opération. Ce qui me détermine de m'adresser à vous pour vous prier de nous procurer des parfumeurs expérimentés pour cette désinfection. » Les Echevins qui, pendant toute la durée de l'épidémie, s'étaient efforcés, dans la mesure du possible, de venir en aide à leurs voisins, et qui leur avaient déjà envoyé médecins et médicaments, s'empressèrent de déférer à leur désir.

---

1. Archives des Bouches-du-Rhône, C., 941, 942.
2. *Ibid.*, C., 909.
3. Lettre de Vauvenargues aux Echevins, 29 avril 1721 (Correspondance de la mairie, au mot Vauvenargues).

« Nous avons reçu, leur écrivaient-ils [1] le 5 mai, la lettre que vous nous avez fait l'honneur de nous écrire le 29 du passé, et nous vous avons fait préparer dix quintaux de parfum, que nous ferons porter vendredi prochain à la barrière. Nous enverrons ce jour-là les trois parfumeurs que nous choisirons parmi ceux que nous avons employés, et dont nous sommes fort contents. Ayez, s'il vous plaît, la bonté d'envoyer des voitures pour ces parfumeurs et pour le parfum. Vous aurez pour agréable de nous informer de la quantité que vous désirez encore de ce parfum. Il nous revient à trente sols la livre. Nous souhaiterions bien de pouvoir vous être de quelque secours dans l'état où votre ville se trouve, et contribuer à y faire cesser entièrement le mal contagieux. Nous sommes convenus sous votre bon plaisir à trente deniers par jour pour chaque parfumeur outre leur nourriture et leur logement. Ils ont été payés ici sur ce pied-là. » Notons en passant que l'envoi arriva à destination, mais qu'il y eut des difficultés pour le paiement. Deux des parfumeurs, Sauveur Achard et Mathieu Clément, se prétendirent lésés. « Vous trouverez sans doute, écrivirent à ce propos les Echevins de Marseille à leurs collègues d'Aix, qu'il est juste que ces pauvres malheureux retirent les 85 livres qui sont dues à chacun d'eux, et nous les leur compterons, si vous jugez à propos que nous le fassions. » On ne sait comment se termina le différend, mais il est probable que la lettre de change tirée par les Echevins de Marseille ne fut pas protestée.

L'opération des parfums coûta cher, à la ville d'Aix. Il résulte d'une délibération du Conseil de la Communauté d'Aix [2], en date du 23 janvier 1722, que jusqu'au mois de mai 1721 il avait été fait quatre mille opérations de désinfection, au prix de 10 francs l'une, pour les frais

---

1. Lettre des Echevins à Vauvenargues, 5 mai 1721. — Nouvelle lettre confirmant la précédente, 8 mai 1721 (Arch. mun., C. E., p. 97, recto, et 98, verso).
2. Lettre des Echevins aux consuls d'Aix, 16 novembre 1721 (Arch. mun., C. E., p. 147, recto).

desquelles on n'avait encore recueilli que 8.000 livres et « comme la communauté de cette ville¹ doit des sommes considérables pour raison des parfums soit aux employés qui méritent d'être bien payés à cause des grands dangers qu'ils ont courus, en étant péri plus de trente, soit pour le loyer des maisons et autrement, que d'ailleurs la ville est épuisée, il y a lieu de délibérer sur ce qu'il y a à faire pour le recouvrement de ce qui reste dû ». Le chef des parfumeurs, un certain Curel, s'était fait remarquer par son zèle, mais on ne l'avait pas encore payé, et il réclamait ses appointements. Le conseil² reconnut la validité de cette réclamation, et décida que les premières sommes provenant de ce que les particuliers n'avaient pas encore soldé lui seraient attribuées. Ce n'était que justice. Il décida en même temps qu'on demanderait au Parlement d'autoriser des poursuites et au besoin la contrainte contre les débiteurs récalcitrants.

D'ordinaire, quand on ordonnait la désinfection, on annonçait en même temps la fin probable de l'épidémie. C'était en quelque sorte la préface obligatoire de la quarantaine générale imposée à toutes les villes contaminées, avant qu'elles rentrassent dans le droit commun. Cette quarantaine fut en effet autorisée par ordonnance du 31 août 1721³. Au point de vue religieux, elle fut observée en toute rigueur. Voici quelques curieux détails à ce sujet que nous trouvons dans une lettre⁴ adressée aux échevins de Marseille par le procureur Demours (4 juin 1721): « Quand la quarantaine générale a commencé, toutes les églises ont été fermées, et tous les habitants entendaient la messe dans leurs maisons, au son des cloches, par des signes qu'on avait marqués... Les dimanches et fêtes, pendant qu'on chantait les vêpres aux églises les portes fermées, les habitants étaient

---

1. Archives d'Aix. Délibération du conseil de la communauté.
2. *Ibid.* Délibération du 11 septembre 1721.
3. Archives des Bouches-du-Rhône, C., 909
4. Lettre de Demours aux Echevins de Marseille, 4 juin 1721 (Correspondance de la mairie, au mot Demours).

aux fenêtres de leurs habitations et les chantaient tout haut publiquement... Pendant la dite quarantaine on a donné tous les jours la bénédiction aux églises les portes fermées ; et, pendant qu'on y chantait au son des cloches le *Te Deum*, on chantait aussi des fenêtres tout haut, et après on chantait aussi les litanies de la Sainte-Vierge de la Miséricorde, et pendant les Rogations on chantait aussi tout haut publiquement des fenêtres, les litanies des saints et les prières pour la bénédiction de la terre. »
Ces chants et ces prières chassèrent-ils le mal, ou la peur du mal, nous n'avons pas à résoudre le problème ; il nous suffira de constater que l'épidémie déclina, puis disparut, et qu'au jour indiqué pour la cessation de la quarantaine, Aix put rentrer en communication avec la Provence et le reste du monde. A cette occasion Vintimille publia un mandement d'actions de grâce, par lequel il ordonnait des prières pour les morts et aussi pour la délivrance des lieux encore attaqués ou contaminés. Il ordonnait en outre à perpétuité une procession générale qui fut longtemps célébrée, mais qu'on a laissé tomber en désuétude. Caylus ne jugea pas la situation assez bonne pour lever tout de suite le blocus. Il ne permit que le 10 octobre 1722 de délivrer des billets de santé pour les villes voisines [1], et toutes les barrières ne furent définitivement abaissées que beaucoup plus tard, et encore avec beaucoup de restrictions, car, à la date du 10 décembre 1722, les Échevins de Marseille écrivaient [2] encore aux procureurs du pays pour leur demander la libre circulation, sans quarantaine, des marchandises qu'on appelait autrefois « susceptibles ».

Ces précautions ne paraissent pas exagérées. La ville d'Aix avait chèrement payé le droit de se garer contre le fléau. 7.520 personnes avaient en effet succombé soit à Aix, soit dans le terroir, du 1er août 1720 au 31 juillet 1721. D'après l'état général conservé aux Archives des Bouches-du-Rhône [3], 1.097 étaient morts

1. Délibérations du conseil de la communauté (Arch. d'Aix).
2. Lettre des Echevins aux procureurs du pays, C. E., p. 53.
3. Archives des Bouches-du-Rhône, C., 910.

à l'Hôtel-Dieu, 1.610 dans leurs maisons, 347 aux Minimes, 3.192 à la Charité et 1.308 à l'Arc. Les mois [1] les plus chargés avaient été novembre et décembre 1720 et janvier 1721 avec 1.034, 1.654 et 1.239 victimes. Quant aux dépenses, elles avaient été considérables. D'après l'état général, et le contrôle des sommes payées à l'occasion de la contagion 444.296 livres, 8 sols avaient été consacrés aux besoins les plus pressants, et on devait encore beaucoup d'argent, car, au 3 juin 1722 [2], quand entrèrent en fonctions les nouveaux administrateurs de la ville, ils se trouvèrent en face d'une dette de 260.000 livres immédiatement exigibles, sans compter 80.000 livres d'autres dettes contractées pendant la contagion, et ils n'avaient pour toute ressource jusqu'à la fin de l'année que 100.000 livres environ. Il est vrai que souvent, ils subissaient des revendications bien intempestives. Ainsi le marquis de Mayrargues [3] les attaquait parce que, pendant l'épidémie, ils avaient autorisé les paysans à couper des fascines dans ses bois; ou bien les Pères Jésuites les priaient de faire remplacer les meubles qu'ils avaient prêtés aux Infirmeries [4]. On leur réclamait encore des indemnités pour les effets qu'ils avaient été obligés de faire brûler [5]. Ils avaient en outre été forcés de réparer les fontaines d'eau thermale nécessaires aux besoins des convalescents, et ces travaux avaient été sérieux, car « pour faire remonter l'eau il fut fait une muraille de seize pas de hauteur, laquelle ayant fait remonter l'eau, toutes les fontaines publiques qui étaient taries rejaillirent, et on survint avec succès à la purification des malades convalescents [6] ».

Cette étude de la peste à Aix serait incomplète, si nous n'accordions un souvenir aux médecins qui s'effor-

1. Archives des Bouches-du-Rhône, C...926. État général des dépenses faites par la ville d'Aix — C...919. Contrôle des sommes payées.
2. Archives d'Aix. Délibération du conseil de la communauté, 3 juin 1722.
3. *Ibid.* Séance du 21 novembre 1722.
4. *Ibid.* Séance du 6 janvier 1723.
5. *Ibid.* Séance du 9 décembre 1722.
6. *Ibid.* Séance du 8 juin 1722.

cèrent de combattre le fléau. On a conservé les noms de quelques-uns d'entre eux[1] : Isnard, médecin en chef de l'Infirmerie de l'Arc, dont il existe un lumineux rapport adressé à Vauvenargues[2], Joannin, Fouque, Guaredet et Bérard qui furent affectés aux quartiers de Saint-Jean, de Bellegarde, des Cordeliers et des Augustins ; Sainte-Marie qui, voulant rassurer ses clients, se coucha dans le lit d'un pestiféré, mais fut emporté deux jours plus tard[3] ; Aucane Emeric, remplaçant de Rouard, professeur à la faculté de médecine, qui venait de mourir. C'est cet Aucane[4] qui, le 7 octobre 1720, écrivait à l'un de ses amis : « Je me livre à servir les malades, sans attendre[5] autre récompense que celle que le Seigneur voudra me donner. Souhaitons seulement qu'on me fournisse ce qui me sera nécessaire pour mon entretien, et les instruments pour travailler les remèdes. » Citons encore le docteur Henricy de Puget-Théniers, chirurgien de l'hôpital général à Avignon. Il se trouvait par hasard à Aix lorsque se déclara la peste. Prié par Vauvenargues de rester pour soigner les malades, il n'hésita pas un instant, et déploya tant de zèle que les consuls, par reconnaissance, lui délivrèrent, le 1er avril 1722, des lettres de maîtrise fort louangeuses. Lorsque Chaix, professeur d'anatomie à Aix, se démit de ses fonctions en février 1722, ce fut en faveur d'Henricy[6], « attendu sa capacité et en considération des services importants qu'il avait rendus aux pauvres malades atteints de la contagion pendant tout le temps qu'elle avait ravagé la ville, ayant été témoin de sa dextérité, capacité et vigilance ». Aussi le roi le nomma-t-il à cette chaire vacante,

1. Archives des Bouches-du-Rhône, C., 910. État des appointements, payés aux médecins, chirurgiens, infirmiers, etc., employés à Aix pendant la peste. — État des mandats payés. — Procès-verbaux d'entrée et de sortie des malades du 17 septembre au 12 octobre 1720.
2. Archives des Bouches-du-Rhône, C., 910.
3. PAPON, *Histoire de Provence*, t. IV, p. 680.
4. DE RIBBE, *ouv. cité*, p. 24.
5. Voir un des rapports journaliers d'Aucane, à la date du 13 septembre 1720 (Arch. départem., C., 909). — Voir le bel éloge d'Aucane par PASTUREL, *ouv. cité*, p. 55.
6. Archives d'Aix. Délibération du conseil, séance du 14 juillet 1722.

le 17 juillet 1722, avec un certificat élogieux, et lui décerna-t-il la décoration de Saint-Roch. Henricy devait mourir à Aix en 1749. Chicoyneau[1] et ses collègues, quant la peste fut à son déclin à Marseille, se rendirent aussi à Aix, et y restèrent tant que leur présence parut nécessaire. Accordons encore un souvenir à leurs humbles collaborateurs[2] et dévoués auxiliaires, Thomas, Collignon, Geoffroy, Lafitau, Viadieu[3], Demay, Laffon, Héraud, Lagel[4], Maloue[5], Rabeau et Fleuriot. En résumé[6] le corps médical, à Aix, se montra à la hauteur de sa vieille réputation, et, s'il ne triompha pas plus tôt du fléau, ce ne fut, de sa part, ni faute de soins ni faute de dévouement[7].

Aux environs d'Aix, et malgré les précautions prises, diverses localités furent rudement éprouvées par le fléau. Gardane comptait alors 2.000 habitants. La peste s'y déclara le 3 octobre 1720 et six malades furent emportés en quelques heures. Sous le coup de l'épouvante les habitants disposèrent deux infirmeries pour les malades et une pour les convalescents. Ils s'assurèrent en même temps les services de deux corbeaux, bientôt trop occupés, car la maladie fit de rapides progrès[8]. A ce premier malheur se joignit bientôt une affreuse misère. Les

---

1. Voir *Observations et réflexions propres à confirmer ce qui est avancé par MM. Chicoyneau, Verny et Soulier dans la relation du 10 décembre*, 1729, 1 vol. de 163 p. imprimé à Aix en 1721 par ordre de M. de Vauvenargues, premier Procureur du Pays.
2. Archives des Bouches-du-Rhône, C., 912.
3. Délibération du conseil de la communauté qui lui accorde des lettres de maîtrise, 14 juillet 1722.
4. *Ibid.* Séance du 3 août 1722.
5. *Ibid.* Séance du 9 mai 1722.
6. Cf. lettre des Echevins de Marseille à Geoffroy, 1er décembre 1720 (Arch. mun., C. E., p. 54, verso) pour regretter qu'il n'ait pas pu venir à Marseille : « Nous sommes persuadés que nos habitants ont beaucoup perdu d'avoir été privés du secours que vous leur auriez donné pendant la durée de la maladie contagieuse. Ce qui nous console, c'est de penser que les gens d'Aix en ont profité. »
7. Il nous faut encore citer deux empiriques de Paris, Rabeau et Florian, qui furent envoyés à Aix aux frais de la Couronne, mais leur médication produisit des effets désastreux. Cf. BONNET, *ouv. cité*, p. 6.
8. Archives des Bouches-du-Rhône, C., 927. — *Ibid.*, C., 941. Lettre de Vintimille aux procureurs du pays.

habitants de Gardane en effet vivaient surtout du produit de leurs fruits et de leurs légumes, et ils ne pouvaient plus les vendre, tous les marchés leur étant fermés à cause de la contagion des deux villes voisines, Aix et Marseille. Ils ne pouvaient plus non plus offrir leurs services en temps de vendange aux propriétaires d'Aix, car le blocus de cette ville était rigoureux. Aussi étaient-ils à peu près sans ressources. L'assemblée des communautés, par délibération du 13 novembre 1720, leur envoya une somme de 1.500 livres et une caisse de parfums de 100 livres; mais ils avaient déjà dépensé 2.646 livres 12 sols, ce qui dépassait de beaucoup leurs revenus [1].

Même situation douloureuse à Simiane, qui du 15 octobre 1729 au 17 juillet 1721, eut 328 malades et 257 morts sur 770 habitants, et dépensa 15.821 livres 15 sols. On ne put lui accorder pour la secourir que 2.733 livres en argent, 303 quintaux de blé, 223 moutons et 3 bœufs. L'assemblée des communautés lui vota en outre, le 9 décembre 1720, une subvention de 1.500 livres.

A Meyrargues la peste qui se déclara le 15 août 1720 et ne disparut que le 28 janvier 1721, atteignit 554 habitants sur 850, dont 382 moururent. L'assemblée des communautés lui vota un premier secours de 2.500 livres et un second de 700. Elle donna de plus 71 charges de blé, 131 moutons et un bœuf. L'archevêque Vintimille accorda de son côté une aumône de 890 livres ; mais la dépense totale ne s'en éleva pas moins à 18.712 livres 10 sols 2 deniers, ce qui était énorme pour les ressources de la petite ville.

A l'ouest d'Aix et dans la direction d'Arles se fut comme une traînée de poudre qui atteignit successivement toutes les localités situées sur cette ligne : Rognes, Saint-Cannat, Vernègues, Lambesc, Pelissanne et Salon [2]. Par une singulière coïncidence ce sont ces mêmes

---

1. Archives des Bouches-du-Rhône, C., 927.
2. *Ibid.*, C., 141. Lettre de Lebret aux procureurs du pays.

localités qui devaient être particulièrement éprouvées par le tremblement de terre du 11 juin 1909. A Rognes et à Saint-Cannat, la maladie fit de cruels ravages. Sur les 1.500 habitants de Saint-Cannat[1] la peste, qui dura du 22 septembre 1720 au 26 avril 1721, en atteignit 422 et en enleva 342. Les dépenses s'élevèrent à 11.808 livres 13 sols, 9 deniers, sur lesquels la province donna 3.700 livres; mais ces secours furent insuffisants. Le 14 novembre, constatant « que Saint-Cannat se trouve dépourvu de moutons et d'argent, n'ayant que des billets de banque qui n'ont plus cours », l'assemblée des communautés votait un nouveau secours de 600 livres et, six jours plus tard, le 20 novembre, envoyait encore 600 livres. C'était bien peu pour faire oublier les désastres et réparer toutes les pertes ! A Rognes, l'assemblée ne vota, le 10 décembre 1720, que 200 livres, et à Pelissanne, le 20 novembre 1.000 livres. Il est vrai que le 1ᵉʳ avril 1721, reconnaissant que « pour conserver le reste de la population et faire cesser la maladie, il n'y a pas de moyen plus efficace que de pourvoir les lieux qui en sont atteints de tous les secours que la province pourra leur procurer[2], » une nouvelle somme de 1.500 livres était votée en faveur de cette commune. A Salon les pestiférés furent soignés par Roux, chirurgien de Lançon, par Daniel et Chrétien, chirurgiens envoyés par la Cour et par Boissin et Aublet, apothicaires ; mais la maladie éprouva cruellement les habitants de cette jolie cité provençale, car on ne prononça sa déconsignation que le 8 avril 1722, comme le prouve la lettre de félicitation que les Echevins de Marseille adressèrent à cette occasion à leurs collègues de Salon [3].

Non loin de Salon, le Parlement et l'Intendant avaient cherché un refuge à Saint-Rémy, mais le fléau les y suivit, car les mesures [4] préventives furent très mal

1. Archives des Bouches-du-Rhône, C., 927.
2. *Ibid.*, C., 912.
3. Lettre des Echevins aux consuls de Salon, 30 mars 1722 (Arch. mun., C. E., p. 168, recto).
4. BONNET, *Documents inédits sur la peste de Provence*, p. 7. Vintimille ne put s'empêcher de trouver cette prudence exagérée. Ainsi qu'il

observées. Ainsi que le constatait Lebret dans une lettre du 18 mars 1721, adressée au Conseil du Roi : « Au bout de vingt jours on laissa sortir les habitants sans attendre qu'on ait reçu les drogues nécessaires pour la désinfection... On ne put également empêcher le second vicaire de la paroisse de donner les cendres... ce prêtre avait confessé plusieurs pestiférés, et à partir de ce moment on eut à enregistrer de nouveaux malades. » Or, dans leur naïf égoïsme, dès que se manifestèrent les premiers symptômes de la contagion, magistrats et fonctionnaires s'enfermèrent prudemment chez les Pères Augustins de Frigolet. Ce couvent était isolé dans la campagne. Des vagabonds ou des gens sans aveu pouvaient par conséquent s'y établir. Les émigrés de Saint-Rémy jugèrent utile de se munir de poudre et de fusils pour être en état de soutenir un siège. Quant aux Pères Augustins, ils furent délogés sans autre ménagement. Il est vrai qu'on leur promit une indemnité. Pendant ce temps la peste exerçait ses ravages à Saint-Rémy. Une troupe de bohémiens et autres vagabonds avait été accusée de la propager. Les gens de Frigolet ordonnèrent aussitôt au commandant de Saint-Rémy, Dufrêne, de faire enfermer cette troupe suspecte. Ils lui acccordèrent même pour ses peines une gratification de 150 livres, mais jugeant le voisinage encore trop compromettant, ils abandonnèrent l'abbaye et se retirèrent à Tarascon.

A Tarascon [1] et dans les villages des environs on avait soigneusement organisé la défense. Ainsi à Barbantane un détachement du régiment de Forez gardait la place et on avait construit des baraques pour en surveiller les abords. Les dépenses s'élevèrent à la somme de 6.586 livres 6 sols 7 deniers. A Cabanes, les frais de clôture du village, la garde des barrières et la surveil-

---

l'écrivait (13 janvier 1721) : « La peur fit partir M. Gautier un peu vite, mais c'est un mal dont on ne guérit personne. » Cf. Lettre de Lebret, 20 décembre 1720.

1. Archives des Bouches-du-Rhône, C., 928. — C., 941. Lettre de Lebret aux procureurs du pays, 2 février 1721.

lance sur la ligne du canal de Craponne, montèrent à 3.889 livres 16 sols 7 deniers. A Eyguières, on dépensa 782 livres pour les barrières, 344 pour les soldats, 216 pour achat de fusils, 1.981 pour achat de drogues et 360 pour objets de literie. A Eygalières, la dépense totale fut de 7.072 livres 7 sols 7 deniers. A Eyargues de 4.107 livres 9 sols 10 deniers. A Mézoargues de 829 livres. A Mollèges de 3.213, à Orgon de 3.020, à Rognonas de 55, à Roquemartine de 227, à Saint-Andiol de 1.949, à Saint-Rémy de 1.254, à Sénas de 700, et à Vergnières de 402.

Malgré ces précautions, Maillane fut envahie par le fléau et les besoins y furent urgents, car l'assemblée des communautés fut obligée de voter quatre secours de 600 livres, puis de 400 (11 mars 1721), de 500 pour achat de drogues, et de 400 (17 juin 1721) par suite d'une rechute. A Noves[1] qui comptait 1.288 habitants et où la contagion commença le 16 août 1721 pour ne finir qu'au 30 septembre, il y eut 163 malades dont 146 moururent. On dépensa pour la garde des barrières, 15.488 livres, pour les dommages causés par les soldats, 852 livres 77 sols, et pour indemnité des effets mobiliers enlevés aux pestiférés et brûlés 14.710 livres.

La contagion s'étendit également au nord d'Aix, dans la direction de la Durance ; à Venelles, au Canadet, au Puy Sainte-Réparade. A Venelles[2] la peste se déclara le 1ᵉʳ novembre 1720 et dura jusqu'au 15 janvier 1721. Sur 410 habitants, 43 tombèrent malades et 33 moururent. Les dépenses s'élevèrent à la somme de 1.422 livres 15 sols. On leur envoya comme secours en argent 400 livres, et de la part de Vintimille, 120 livres plus 25 charges de blé et 77 moutons. Au Puy Sainte-Réparade[3] et au Canadet qui comptaient la première 1.000 et la seconde 130 habitants, la première de ces localités perdit 32 âmes, et la seconde, bien autrement

---

1. Archives des Bouches-du-Rhône, C., 928. — *Ibid.*, C., 941. Lettre de Lebret et placet du curé de Noves.
2. *Ibid.*, C., 927.
3. *Ibid.*, I, p. 927.

éprouvée, 34. La peste s'y était déclarée le 29 août 1720, et elle dura jusqu'au 26 janvier 1721. La dépense totale s'éleva à 5.035 livres, et encore le Roi avait-il envoyé directement 40 charges de blé, la province 110 moutons et 400 livres d'argent (21 novembre 1720)[1].

La Durance n'arrêta pas la peste. Pertuis fut atteint par le fléau, le 6 octobre 1720. On affecta aussitôt au service des malades le couvent de Sainte-Claire, et à celui des convalescents l'hôpital de la Charité, une grande maison appartenant à l'hôpital au quartier des Hères, et le couvent des Capucins, mais l'épidémie fit de cruels ravages, et les dépenses s'élevèrent à la somme de 41.867 livres. L'assemblée des communautés vota un premier secours de 3.000 livres, le 24 octobre, et un second de 1.500 livres le 28 novembre, mais, comme il y eut une rechute en mai 1721, d'autres secours furent envoyés qui montèrent à une somme totale de 10.000 livres. Vintimille avait donné 1.200 livres ; le grand sénéchal de Forcalquier, de Réal, envoya 130 charges de blé. On reçut d'autre part 6 bœufs, 36 moutons et 125 charges de blé ; mais la misère était toujours grande, et la ville fut pour longtemps obérée et affaiblie[2].

De Pertuis le fléau gagna Saint-Martin de Castillon. En six jours il franchit la distance qui séparait les deux villes. La peste se déclara le 12 octobre 1720, et tout de suite elle frappa sans pitié : au plus fort de la contagion, il y eut en effet 28 habitants enlevés en un seul jour. Prêtres, apothicaires, chirurgiens, bouchers, boulangers, et tous ceux qui distribuaient des vivres aux habitants avaient succombé. Le deuxième Consul s'était enfui dans une de ses campagnes. Seul resta ferme à son poste le premier consul Courtois ; et encore eut-il à lutter contre un capitaine réformé du régiment de Murat, qu'on avait improvisé commandant de la place, et qui non seulement entrava la distribution du blé et des vivres, mais encore retint les fonds destinés aux habi-

1. Archives des Bouches-du-Rhône C., 909. Interdiction lancée par Lebret contre ces deux villages.
2. *Ibid.*, C., 941. Lettre de Lebret aux procureurs du pays.

tants. Ce maltôtier fut-il est vrai révoqué par d'Argenson, qui surveillait la ligne de blocus de la Durance et du Verdon, mais les habitants eurent à souffrir de ces malversations. Il est vrai que l'assemblée des communautés [1] vint à leur aide, et leur vota un premier subside de 500 livres (4 novembre 1720), et deux autres d'égale somme, le 16 décembre 1720 et le 23 août 1721.

Apt[2] ne fut pas épargnée par le fléau. Les consuls Lagier, Bontemps et Parreur s'étaient pourtant mis en mesure de le combattre. Toutes les avenues de la ville étaient gardées, toutes les portes fermées, et les voyageurs avaient été invités à rebrousser chemin ; mais une famille de pestiférés aixois, les chapeliers Mézard, s'était introduite au faubourg de la Bouquerie, et, bien qu'on l'ait forcée, très inhumainement d'ailleurs, à camper en plein air, la mort fit rapidement son œuvre (1er août) ; surtout lorsqu'une contrebandière de Marseille eut réussi à vendre des étoffes contaminées (6 septembre). Aussitôt se déclare une panique, et les habitants se dispersent dans leurs bastides, mais ces bastides deviennent promptement des foyers d'infection. Rien qu'à celle des Jeans-Jeans, il y eut 19 décès ! En trois jours, du 27 au 30 septembre, sur 16 malades, 9 succombèrent ; du 1er au 15 octobre, sur 51 cas, 45 furent mortels, et du 16 au 30 octobre, 60 sur 78 ! Les consuls firent tout leur devoir. Ils organisèrent jusqu'à trois hôpitaux au couvent des Cordeliers, à celui des Capucins et à la Charité ; mais, malgré le dévouement des religieuses Ursulines, du curé Joannis, du capucin Borély, de l'abbé Mervezin, qui prodiguèrent leurs soins aux malades, et leur servirent d'infirmiers et même de corbeaux, malgré le zèle des docteurs Joseph Julien, Pierre Masse et Provençal, le fléau fit de nombreuses victimes. Il fallut

---

1. Archives des Bouches-du-Rhône, C., 936.
2. Abbé Boze, *Histoire d'Apt*. — Sauve, *les Épidémies de peste à Ap* (Annales Provençales, 1905). — Archives d'Apt : Rapport des consuls sur l'origine et la propagation de l'épidémie. — Correspondance des consuls avec les procureurs du pays et le marquis d'Argenson. — Mémoire des Cordeliers et réponse des consuls. — Rôle des individus de quarantaine aux Capucins. — État des gages et de la solde, etc.

recourir aux mesures extrêmes, et entourer la ville d'un cordon sanitaire.

Argenson, qui commandait en Dauphiné et était par conséquent chargé de surveiller la frontière, redoutait le voisinage de la ville contaminée, et voici les sévères instructions [1] qu'il envoya le 3 octobre 1720, à toutes les communautés des environs : « C'est pour vous ordonner, messieurs, de vous garder avec toute sorte de précaution nuit et jour contre la ville d'Apt, que nous soupçonnons d'être attaquée du mal contagieux. Fermez vos villages, barrez vos avenues, ne recevez chez vous aucun habitant de la dite ville, pas même vos parents, frères ni sœurs, et, si vous avez besoin par précaution de médicaments et autres denrées, il faut vous en procurer ailleurs qu'au dit Apt, même des médecins et chirurgiens en cas que vous eussiez des malades. Faites bien nettoyer les boues et ordures de votre village, tenez vos maisons nettes, brûlez-y de bonnes herbes que vous trouverez autour de vous, en un mot prenez les mesures pour vous garantir d'Apt, comme si la peste y était comme à Marseille... Ne recevez chez vous aucun billet de santé d'Apt, ni personne en quarantaine de la dite ville. »

Apt se trouvait donc par le fait isolée et comme séparée du reste du monde. Dans l'enceinte même de la ville on redoubla de précautions. Peut-être eut-on le tort d'en négliger d'élémentaires. Ainsi l'inhumation des cadavres avait lieu dans le pré de la Véginière, à quelques mètres de l'infirmerie, et les linges et vêtements des pestiférés étaient lavés dans l'écluse du moulin qui vient se déverser dans le torrent qui traverse la ville. Il est vrai que, par compensation, les Capucins refusèrent de recevoir ceux de leurs confrères qui s'étaient consacrés à soigner les malades, et que les Cordeliers non seulement s'isolèrent dans les maisons particulières où ils avaient cherché un refuge, mais encore, lors du règlement des comptes [2], ils eurent l'impudeur de présen-

1. Archives des Bouches-du-Rhône, C., 141.
2. Archives d'Apt, GG., 24.

ter une note où figuraient le loyer d'une cave pour placer leur vin, les dégâts commis par les rats dans leur grenier, le salaire d'un homme qui leur avait apporté individuellement du vin, une indemnité pour perte subie de ce fait que les morts, qui auraient pu être enterrés dans leur église, l'avaient été dans le cimetière, un dédommagement pour l'argent des quêtes qu'ils auraient pu recueillir pendant la fête de saint Elzéar, et une indemnité de dix sous par jour pour chacun d'eux ! Les consuls se contentèrent de répondre : « On ne peut que s'étonner de la prétention des religieux au sujet de la fête de saint Elzéar, alors que la désolation régnait parmi les habitants. Quant à l'article du vin, il est si pitoyable qu'on n'y fait point de réponse. » Les Cordeliers se le tinrent pour dit, et ne renouvelèrent pas leur scandaleuse réclamation.

Quant à l'évêque, Foresta, il n'abandonna pas, il est vrai, son diocèse, et jusqu'au dernier moment voulut célébrer les offices, mais on ne le vit jamais ni circuler dans les rues, ni s'asseoir au chevet des malades; et même lorsqu'il se décida, dans les derniers jours de l'épidémie, à ordonner une cérémonie expiatoire, les habitants reçurent l'ordre, sous peine de mort, de ne pas se trouver sur le passage de la procession, qui se déroula, encadrée de fusiliers, sur les flancs de la colline de Tauleri. C'est du haut de cette colline, où plus tard devait être bâtie une chapelle en l'honneur de Notre-Dame de la Garde, que l'évêque exorcisa la peste, et bénit ses diocésains, qui, agenouillés sur les toits de leurs maisons, prenaient de loin part à la cérémonie.

Comme les bourgeois s'étaient enfuis dans leurs bastides et que la misère[1] était grande en ville, la populace exaspérée menaçait de piller les maisons abandonnées. Sans la ferme contenance d'une compagnie de miliciens commandée par Sinety la Coustière, l'anarchie allait se

---

1. L'assemblée des communautés avait pourtant voté (28 novembre 1720) un premier secours de 1.500 livres. Elle en vota deux autres, de la même somme, le 9 mars et le 2 avril 1721, et un quatrième de 500 livres, le 27 juin.

déchaîner. Au mois de novembre, la situation paraissait désespérée, et les consuls commençaient à se décourager. Ainsi qu'ils l'écrivaient à Vintimille[1] : « Pour vous obéir, nous avons l'honneur de vous dire que nous avons un extrême besoin d'argent et de sel, et, si nous avons le bonheur que la contagion commence à ne plus faire grand progrès, nous avons le malheur d'avoir sur nos bras une infinité de familles d'artisans réduits à la dernière mendicité, ce qui est pour nous une peste autant à craindre que la première. Nous conjurons donc Votre Grandeur de nous faire la grâce de nous procurer les secours que nous avons l'honneur de vous demander pour ne pas tomber dans de nouveaux malheurs. » Ces secours furent accordés. Ils arrivèrent même fort à propos, car la situation empirait de jour en jour. Ce fut seulement dans les premiers mois de 1721 que la maladie entra dans la période de décroissance. Les habitants, persuadés qu'ils devaient leur salut à la protection divine, s'engagèrent, par un vœu solennel, à assister en grande pompe, tous les ans, le jour de l'Assomption, aux litanies de la Vierge, et à célébrer des messes à chacune de ses fêtes. Le nombre des victimes n'en était pas moins considérable, 280 dont 180 sur 226 entrés aux infirmeries. Les hôpitaux ne furent d'ailleurs évacués que le 22 avril 1721 et la ville déconsignée seulement le 9 mai de la même année. Quant aux dépenses, elles avaient été considérables, plus de 30.000 livres, dont 84 pour tabac en poudre destiné aux pipes des aumôniers et des infirmiers, 198 pour poudre et grenaille contre les chiens et les chats, 1.993 pour désinfectants, 1.899 pour les médecins, et 32 « au sieur Bernard pour avoir accommodé les orgues de l'église des Cordeliers, détraquées par les rats et par les corbeaux, qui enfoncèrent la porte pour y badiner ». Le temps et le local ne prêtaient pourtant guère au badinage !

Un village voisin d'Apt, Roussillon, fut également

1. Archives des Bouches-du-Rhône. Lettre du 18 décembre 1720 (C., 111).

atteint par le fléau. Il y persista même longtemps, car la levée du blocus ne fut prononcée que le 4 avril 1721[1]. Un autre village, Cucuron, fut aussi très éprouvé. L'assemblée des communautés lui accorda un premier secours de 1.000 livres, le 31 mars 1721 pour acheter des vêtements aux convalescents dont on avait brûlé les hardes, et quatre jours plus tard, le 4 mai, une somme égale pour parer à des besoins pressants. A Villars-Brancas « on a eu le bonheur d'être délivré, après la perte de 15 à 20 personnes, par les précautions qui y ont été prises, dont l'une est d'avoir fait brûler les hardes et meubles de ceux qui ont eu le malheur d'être atteints ». Le mal, tout bien considéré, ne fut donc pas très grand au delà de la Durance, et, grâce aux précautions prises, il ne s'étendit pas davantage.

IV

LE FOYER TOULONNAIS

Il n'en fut pas de même à Toulon, car cette ville, après Marseille, eut beaucoup à souffrir de la contagion. Il est vrai que la peste avait en quelque sorte élu domicile dans cette cité populeuse, aux rues étroites, à peu près privée d'eau, même pour les usages domestiques, et dont les administrateurs paraissaient ne jamais s'être souciés des règles de l'hygiène. Alors que Toulon étouffait encore dans sa ceinture de remparts, il nous souvient d'avoir gardé la plus triste impression de la saleté des rues et du manque absolu de confort. On ne jetait pas alors tout à l'égout, mais tout à la rue. D'incontestables progrès ont été accomplis depuis cette époque, mais lors des premières années du dix-huitième siècle, dans le noir dédale de ses ruelles et de ses impasses, s'accumulaient d'abominables détritus, et se préparaient par conséquent des champs de culture

1. Archives départementales, C., 910.

pour toutes les épidémies. Le port lui-même était un réceptacle d'immondices, et Louis XIV n'avait été qu'imparfaitement obéi, quand, le 10 mai 1663[1], il avait adressé aux consuls la lettre suivante : « Nous avons été surpris d'apprendre que vous n'ayez point encore satisfait à l'ordre que vous avez ci-devant reçu de notre part de nettoyer votre port et d'en ôter toutes les vieilles carcasses de galères, qui le peuvent gâter pour toujours ; c'est pourquoi nous voulons et vous enjoignons qu'aussitôt la présente reçue vous fassiez incessamment travailler à ce nettoiement... »

Sur ce terrain si bien préparé, la peste avait déjà, à maintes reprises, marqué sa prise de possession. En 1461, 1464, 1587, 1629, 1651, 1664 la terrible maladie avait cruellement exercé ses ravages[2]. Les consuls avaient pourtant pris quelques précautions, et se croyaient à l'abri. Le commandant de la place, le major Dupont[3], un rude soldat qui ne plaisantait pas avec la consigne et qui avait déjà lutté contre le fléau dans les plaines de Flandre, se mit à la disposition des consuls, et les assura de son concours dévoué; mais les consuls de Toulon, comme le firent d'ailleurs les administrateurs de presque toutes les villes contaminées, ne voulaient pas croire à l'imminence du danger. On eût dit qu'ils hésitaient à troubler la tranquillité de leurs concitoyens. Ils avaient été pourtant prévenus par leurs collègues, les Échevins de Marseille, mais ils se contentèrent tout d'abord de leur accuser réception de leur communication. Très sensibles au malheur de leurs voisins, avec lesquels ils avaient toujours entretenu de bonnes relations, ils crurent qu'il leur suffisait de leur venir en aide. « L'amitié et la bonne intelligence, leur écrivaient-ils, qu'il y a eu de tout temps entre nos deux communautés [4] (6 août

---

1. OCTAVE TEISSIER, *Inventaire des Archives de la ville de Toulon*, p. 13.
2. O. TEISSIER, *ouv. cité*, Archives de Toulon, G. G., 37, 38, 39, 40, 41, 42, 43.
3. Voir sa lettre, du 1er septembre 1720, aux Echevins de Marseille, citée plus haut, § VI.
4. Lettre des consuls de Toulon aux Echevins de Marseille, 7 août 1720. — Autre lettre du 20 août 1720 pour annoncer des secours de

1720), nous obligent à prendre toute la part que nous devons aux maux dont votre ville est à présent affligée, et vous ne devez pas douter que nous n'y soyons très sensibles. Nous vous offrons tout ce qui peut dépendre de nous dans cette triste conjoncture. » Bon nombre de Marseillais profitant de ces bonnes dispositions, avaient même cherché un refuge à Toulon. Ils y étaient sans doute arrivés munis de billets de santé, et on les avait soumis à l'examen habituel, mais ils portaient avec eux les germes de la maladie, et cet examen devenait plus nuisible qu'utile, car il forçait les Toulonnais à la nécessité de communiquer avec ceux qui ne cachaient pas qu'ils arrivaient de Marseille. Ainsi que l'écrit l'historien de la contagion toulonnaise, Jean de Geoffroy[1] baron d'Antrechaus, seigneur de la Val d'Ardenne, Consul de Toulon, « l'ennemi était campé sur nos glacis avant même que nous eussions été prévenus de sa marche ». On se doutait pourtant à Toulon de l'imminence du danger et on chercha à le prévenir. Des instructions pour combattre le fléau furent imprimées et répandues dans le public[2]. On ordonna de parfumer et de purifier les appartements[3]. Diverses conventions furent passées entre la Municipalité et les maîtres chirurgiens[4]. On établit des gardes aux portes de la ville, ainsi que des capitaines et sergents de quartier[5]. Huit intendants de santé furent nommés, et on leur adjoignit bientôt un nombre égal de collègues. Une maison, dite de quarantaine, fut installée, dans laquelle on résolut d'enfermer, mais aussi de nourrir les mendiants. Tout autour on construisit de petites baraques dites d'isolement[6]. L'arsenal de Toulon servit beaucoup pour la construction de ces cabanes, car on

---

tous genres, proposer le partage des provisions de blé, et ouvrir les infirmeries à tous les émigrants de Marseille (Correspondance de la mairie, au mot Antrechaus).

1. D'Antrechaus, *Relation de la peste dont la ville de Toulon fut affligée en 1721*, § 4. Cf. Lambert, histoire de la peste de Toulon en 1721 (1861).
2. Archives de Toulon, G. G., 44.
3. *Ibid.*
4. *Ibid.*
5. *Ibid.*, B. B., 8 1.
6. *Ibid.*

y trouva les madriers et les planches nécessaires, et le
Roi fit cadeau à la ville de tout ce qu'elle avait emprunté
à l'arsenal. On prépara également un lazaret, dans
l'enclos du sire de Cuers, au quartier dit de Teullet, et
on mit en état l'hôpital dit de Saint-Roch. Toutes les
mesures de précaution semblaient donc avoir été prises,
et, comme on annonçait la décroissance du fléau à Marseille, on commençait à espérer que Toulon échapperait
à la contagion.

Tout fut compromis par l'imprudence ou par la cupidité de quelques habitants d'un petit pays voisin, Bandol[1]. On sait que les marchandises provenant du vaisseau qui avait apporté la peste à Marseille, le *Grand Saint-Antoine*, avaient été déposées à l'Ile de Jarros.
Quelques habitants de Bandol débarquèrent dans l'île,
y volèrent une balle de soie et la partagèrent entre eux.
C'en fut assez pour infecter la localité. Un patron toulonnais, Cancelin[2], se trouvait avec sa barque à Bandol
le jour même où fut partagé le ballot de soie contaminé. Au lieu d'avouer sa présence à Bandol, il fit viser
son billet de santé dans le voisinage, à Saint-Nazaire,
et rentra à Toulon où il fut admis sans difficulté. C'était
le 5 octobre 1720. Dès le lendemain on apprenait que le
fléau avait fait son apparition à Bandol, et le blocus
était aussitôt ordonné; mais il était déjà trop tard. Cancelin tombait malade le 7 et mourait le 10. Personne
encore ne le supposait mort de la peste; mais le 17 sa
fille était emportée en quelques heures, et les voisins
avertissaient les Consuls et leur dénonçaient la présence
clandestine de Cancelin à Bandol. Un ordre d'autopsie
était immédiatement envoyé, mais le rapport des médecins fut favorable. Néanmoins, comme certains symptômes
avaient paru suspects, on mettait une sentinelle à la
porte de la maison de Cancelin, et les trente-cinq per-

---

[1]. Archives des Bouches-du-Rhône, C., 941. Lettre de Vintimille aux procureurs du pays, 29 octobre 1720. — Archives de Toulon, B. B., 81. Envoi de vivres et de médicaments à Bandol.

[2]. Il est nommé ailleurs Cancelin. Cf. O. Teissier, *Inventaire des Archives de Toulon*, p. 419.

sonnes qui avaient assisté à ses obsèques étaient arrêtées et internées à l'hôpital Saint-Roch, où on assurait leur subsistance. On prenait même la précaution de les forcer à enterrer elles-mêmes la fille de Cancelin. Le mal semblait donc localisé, et tout permettait d'espérer qu'il ne s'étendrait pas davantage. Ce n'étaient, hélas! que de fausses espérances. Sept des membres de la famille Cancelin mouraient en moins de quinze jours avec les symptômes bien caractérisés de la peste, et, bien que les consuls, pour ne pas effrayer la population, affectassent de ne pas croire à la réalité de la contagion, ils ordonnaient cependant de désinfecter la maison suspecte et de brûler tous les effets contaminés.

Il y eut alors un moment de répit. A la fin de novembre tout semblait calme; mais les consuls étaient inquiets. Ils avaient aménagé leurs hôpitaux et formé des projets pour construire des abris temporaires en cas de besoin. Ils avaient même amassé des provisions[1], au cas où le blocus serait déclaré. Ce n'était que sagesse de leur part, car le mal allait bientôt éclater, foudroyant, inexorable.

Le 3 décembre 1720 mourait à Toulon, soi-disant de langueur, la veuve Tassy. On partagea ses effets entre ses trois héritiers. Or l'un d'eux, Bonnet, mourut subitement le 6. On mit cette mort sur le compte de l'apoplexie. Le second, Michel, tombait malade le 9 avec sa femme et son fils. On les transporta à Saint-Roch, et tous les trois y moururent presque en même temps. La troisième, veuve Remedi, était également frappée et perdait la vie avec trois des siens. Les uns et les autres avaient été en communication avec les Cancelin. Ils étaient donc victimes d'une maladie contagieuse.

A cette nouvelle, une véritable terreur panique s'empara des Toulonnais. D'un commun accord, ils supprimèrent les fêtes de Noël qui, dans le Midi, étaient l'occasion de nombreuses réunions, et s'apprêtèrent à faire face à l'ennemi. Leurs voisins de Marseille, avertis par la rumeur publique, et craignant une reprise du fléau,

---

[1]. Archives de Toulon, B. B., 81. Délibération du 20 janvier 1721.

coururent aux renseignements. Les Échevins écrivirent[1] aussitôt à leurs collègues, en leur rappelant qu'ils avaient toujours agi à leur égard avec la plus grande franchise. Aussi demandaient-ils à être traités de même. « Vous comprenez bien, Messieurs, ajoutaient-ils, que dans la situation heureuse où notre ville se trouve par la miséricorde de Dieu, il nous importe et au bien public que nous sachions l'état de la vôtre par rapport à la santé. Nous vous prions d'avoir la bonté de nous en donner des nouvelles par le retour de cet exprès, avec la bonne foi que l'on doit faire paraître dans une pareille occasion. » Comme les derniers jours de décembre n'avaient été marqués par aucun accident, les Consuls se crurent autorisés à répondre à leurs collègues que tout allait pour le mieux. « Il est vrai, disaient-ils, que nous avons[2] eu deux attaques différentes et en différents temps de la contagion, mais il est vrai aussi qu'elles n'ont eu aucune suite, et que nous avons eu le bonheur d'y couper chemin... Nous n'avons aucun malade qui nous soit suspect, et la santé est aussi parfaite qu'on peut la souhaiter. Vous pouvez être tranquilles sur notre compte ». — « Messieurs, répondirent[3] aussitôt les échevins, nous avons appris avec une joie singulière que la santé est bonne dans votre ville. Les attaques qu'elle avait eues et que votre prudence et vos bons soins ont heureusement arrêtées dans le commencement avaient été cause que l'on publiait que la contagion s'était glissée parmi vous. Nous souhaitons que vous continuiez à jouir d'une parfaite santé. Nous vous prions d'être persuadés que nous nous intéressons beaucoup à tout ce qui pourra vous regarder. » Marseillais et Toulonnais étaient également sincères dans leurs congratulations : mais combien le réveil allait-il être terrible !

1. Lettre des Échevins aux consuls de Toulon, 31 décembre 1720 (Arch. mun., C. E., p. 65, verso).
2. Lettre des consuls de Toulon aux Échevins de Marseille, 2 janvier 1721 (Correspondance de la mairie, au mot Antrechaus).
3. Lettre des Échevins aux Consuls de Toulon, 7 janvier 1721 (Arch. mun., C. E., p. 68, verso, et suiv.

Un certain Gras, voyant que Toulon était dépourvu d'étoffes grossières en laine, annonça qu'il allait en acheter à Signes; mais en réalité il se rendit à Aix qui était déjà contaminé, transporta ses achats à Signes pendant la nuit, et se fit donner dans cette ville, pour lui et pour ses ballots, un billet de santé pour Toulon. Il y arriva le 12 janvier 1721 et vendit en deux jours toutes ses étoffes, mais sa fille mourait le 17, et lui-même, cinq jours après, expiait le crime de sa cupidité. Au moins eut-il, avant de mourir[1], l'heureuse inspiration d'avouer sa faute, mais il était déjà trop tard. Tous ceux qui lui avaient acheté des étoffes tombèrent malades. On essaya bien de faire le vide autour d'eux et on les transféra en masse à l'hôpital Saint-Roch, mais bientôt la place manqua, et « la fin[2] de nos maux fut désormais le seul terme de notre désolation et de nos embarras ».

Au moins rendrons-nous cette justice aux consuls, qu'ils se hâtèrent de prendre les précautions[3] d'usage. Tout mort pour lequel on n'avait appelé ni médecin, ni apothicaire, fut réputé suspect et sa famille internée à Saint-Roch. Défense absolue de changer de maison, de déménager des matelas ou des vêtements, de jeter n'importe quoi par les fenêtres. Défense de loger et même de visiter parents et amis. Comme les vivres avaient subitement renchéri, les approvisionnements trop considérables furent interdits, et on distribua des soupes aux pauvres, aux frais de la ville, dans quatre couvents. Au Mourillon on entassa sur un vaisseau deux cents cinquante mendiants, mais avec un aumônier, deux commis et des vivres pour deux mois. Enfin on se mit en règle avec des villes voisines, qui furent aussitôt préve-

---

1. Lebret aurait voulu qu'on intentât un procès à la mémoire de Gras; mais le Conseil du roi ne fut pas de son avis. « On n'a pas jugé qu'il convînt de faire cette procédure extraordinaire, parce qu'il faudrait un édit pour l'autoriser ; le cas dont il s'agit n'étant pas de ceux prescrits par l'ordonnance criminelle pour faire le procès à la mémoire d'un mort. » (Lettre du 29 octobre 1721, citée par BONNET, *Documents inédits, etc.*, p. 8).
2. D'ANTRECHAUS, *ouv. cité*, § 17.
3. *Ibid.*, § 21.

nues de la catastrophe imminente. Voici la lettre[1] écrite à cette occasion par les Consuls à leurs collègues de Marseille : « Avant que le temps nous ait rassurés sur quelques morts promptes qui nous sont arrivées en cette ville, nous ne donnerons pas de patentes de santé, et nous n'en avons expédié aucune depuis le 14. Nous sommes bien aises de vous en faire part, quoiqu'il n'y ait encore nul risque de commerce avec nous ; mais dans la crainte de manquer à la bonne foi dont nous devons user à votre égard, nous aimons mieux suspendre notre commerce que d'avoir à nous reprocher la moindre chose du monde. Deux soldats du régiment de Berry, morts trop précipitamment, nous ont fait douter de leur maladie, quoiqu'on n'ait reconnu sur leurs cadavres aucune marque de contagion ; mais notre doute semble s'être confirmé par d'autres morts qui nous sont survenues de la même espèce. Nous avons tout arrêté et coupé, autant qu'on le peut, à toute communication. Nous avons lieu d'espérer que cet accident n'aura pas de suites, en quoi la saison nous favorise beaucoup[2]. » Des lettres analogues furent adressées aux Consuls des communautés voisines, et, dans une assemblée générale tenue à l'Hôtel de Ville, on décida non seulement la suppression de la garde bourgeoise, et le casernement des soldats en dehors de la cité, mais aussi la quarantaine de tous les habitants[3].

Cette quarantaine fut publiée le 18 février, et commencée le 10 mars. Elle fut exécutée en toute rigueur. Les habitants durent se pourvoir de provisions pour quarante jours à partir du 10 mars. Il n'y eut d'exception que pour la viande et le pain. La ville fut divisée en 135 quartiers ou îles, dont 45 grandes, 45 moyennes et

[1]. Lettre des consuls aux Echevins, 18 janvier 1721 (Correspondance de la mairie, au mot Antrechaus).
[2]. Les Echevins répondirent, le 24 janvier 1721 (Arch. mun., C. E., p. 78 verso) : « Nous vous prions de croire que ces alarmes deviennent les nôtres, tant par rapport à vous, messieurs que par le grand préjudice qui en reviendrait à la province, et particulièrement au commerce. »
[3]. Archives de Toulon, G. G., 44.

46 petites, et 600 pourvoyeurs aux approvisionnements furent désignés avec près de 1.000 employés subalternes, qui devaient tous être atteints par le fléau. On procéda ensuite à l'opération du dénombrement. 26.000 personnes furent inscrites sur les rôles, dont la moitié se déclarèrent indigents, et il fallut par conséquent les assister. Aussi, dès le premier jour, les dépenses furent-elles considérables. Le résultat immédiat de ces mesures draconiennes fut que, du jour au lendemain, les rues furent encombrées de fumier, car les jardiniers n'enlevaient plus les détritus de tout genre, que les Toulonnais avaient la déplorable habitude de déposer aux portes de leurs maisons. L'air en fut bientôt empesté et la mortalité augmenta. En outre, il fut impossible d'observer strictement la quarantaine, car il y avait beaucoup de dispensés, et le blocus n'était pas et ne pouvait pas être effectif. Aussi bien les Consuls eux-mêmes doutaient de son efficacité, car, au 15 mars, ils écrivaient[1] à leurs collègues de Marseille : « N'y ayant que cinq jours que nous sommes enfermés, nous ne pouvons encore nous apercevoir de la réussite de notre projet. Ce qu'il y a de vrai c'est que, depuis le 10, il nous est mort cent vingt personnes, toutes maladies comprises. »

On aura remarqué que d'Antrechaus et ses collègues évitaient de prononcer le mot de peste. Cherchaient-ils à se tromper eux-mêmes sur la nature du mal ? Au fond ils étaient si bien persuadés de sa réalité qu'ils recouraient déjà aux préservatifs dont on leur avait vanté l'efficacité contre ce redoutable fléau. C'est ainsi qu'ils ordonnèrent, comme on l'avait fait à Marseille, d'allumer de grands feux, mais qui devaient être aussi inutiles. « L'ordre[2] fut donné de préparer devant chaque maison, dès trois heures après midi, de quoi faire un feu et de l'allumer à sept heures du soir, au son des cloches de la cathédrale. Jamais ordre ne fut plus ponctuellement exécuté. Un embrasement général couvrit la ville d'une

---

1. Lettre des consuls de Toulon aux Echevins de Marseille, 15 mars 1721.
2. ANTRECHAUS, ouv. cité, § 22

fumée si épaisse pendant la nuit qu'elle n'était pas encore dissipée le lendemain. Ce fut une dépense en bois et en parfums tout à fait inutile. L'air qu'on humait à Toulon dans ce temps là, n'était ni plus pernicieux, ni moins salutaire que celui que l'on respirait dans le pays sain. La peste y fit les mêmes progrès. »

Ces progrès furent tels que les Consuls cessèrent de se payer de mots, et reconnurent officiellement l'existence de la contagion. « De vrais indices de peste se succédaient tous les jours, écrivait[1] avec une éloquence attristée Antrechaus. Des traces sûres nous ayant conduits jusqu'à sa source, plus nous nous attachions à en suivre le cours, plus nous reconnaissions les différentes branches qui s'y étaient réunies. Ce n'était plus cette source qui fournissait à peine et que nous avions cru tarissable, ce fut un torrent grossi et impétueux que rien ne put arrêter. Tout concourut à l'irritation de nos maux. Accablés sous leur poids, on en conçoit si peu l'étendue qu'on se persuade de voir diminuer la mortalité quand elle se soutient toujours plus dans sa force. »

A la nouvelle des malheurs qui accablaient Toulon, l'opinion publique s'était, dans toute la France, douloureusement émue, non pas seulement par esprit de solidarité, mais dans la crainte que la contagion ne s'étendît à tout le royaume. Le Régent ordonna l'envoi de secours immédiats. Il permit aux commandants des galères de fournir tous les forçats disponibles pour remplir l'office de corbeaux, et, au nom de Louis XV, donna cinq cents charges de blé. Les ministres annoncèrent d'importants subsides. L'assemblée des communautés en vota d'immédiats. Par délibération du 9 mai 1721, reconnaissant « que la maladie qui ravage si furieusement la ville de Toulon y porte ses progrès si avant qu'elle s'est introduite dans la maison de ville même, où elle a terrassé le sieur Gavotty, second Consul, et qu'il est pressant d'apporter tous les secours nécessaires pour éviter la perte entière d'une ville si importante à l'État et à la

---

1. ANTRECHAUS, *ouv. cité*, § 25.

Provence », elle envoyait un secours de 15.000 livres, plus 10.000 livres à un certain Rouvière pour achat de bestiaux. Le 17 mai, elle payait 4.000 livres d'honoraires aux docteurs Chicoyneau, Verny et Soulliers. Le 20 du même mois, vote de 3.000 livres pour fourniture de 2.000 quintaux de galette, le 10 juin de 15.000 livres, le 26 juin de 10.000 livres pour achat de bestiaux, et le 21 juillet de 300 livres au hameau de Rustrel où on avait été obligé de brûler les hardes et les meubles de quatorze personnes sur quatorze habitants emportés par le fléau[1].

Nulle part cet esprit de charité ne se manifesta avec plus de touchante unanimité qu'à Marseille. Il est vrai que dans cette ville on avait été trop cruellement éprouvé pour ne pas être ému de compassion par les malheurs qui frappaient une cité voisine et amie. Les Échevins prirent sans doute toutes les précautions d'usage, et interdirent aux Toulonnais, sous n'importe quel prétexte, l'entrée de la ville, mais en protestant[2] de leur bonne volonté. Ils poussèrent même la prudence jusqu'à exiger des Consuls de la Ciotat qu'ils n'eussent plus de communication avec les gens de La Cadière et de Saint-Nazaire, à cause de la proximité de Toulon. « Comme[3] par la miséricorde du Seigneur, nous nous voyons délivrés du cruel mal, il n'est rien que nous ne soyons en état de mettre en usage pour l'éloigner de cette ville, et nous serions bien fâchés d'être obligés de refuser l'entrée aux bâtiments qui viendraient de votre port. » Au même moment, et en quelque sorte par compensation, ils envoyaient[4] à Toulon, en réponse à une demande des

---

1. Archives des Bouches-du-Rhône, C., 142. Lettre de Caylus aux procureurs du pays (2 mars 1721). Lettres de Lebret (7 mars 1721), de Vintimille (7 et 14 mars).
2. Lettre des Echevins aux Consuls de Toulon, 10 mars 1721 (Arch. mun., C. E., p. 80, recto) : « Nous vous prions instamment de vouloir bien désister de donner patente à des gens pour venir en cette ville y faire quarantaine et y apporter des marchandises... parce que nos infirmeries se trouvent entièrement remplies. »
3. Lettre des Echevins aux Consuls de la Ciotat, 10 mars 1721 (Arch. mun., C. E., p. 86, recto).
4. Lettre des Echevins aux Consuls de Toulon, et remerciement des consuls, 14 et 28 avril 1721 (Arch. mun., C. E., p. 92, recto et verso, et

Consuls, huit garçons chirurgiens, Espitalier, Cober, Joannis, de Laistre, Gaibet, Josserand, Granger et Turick, et avaient même l'amabilité de payer leurs honoraires à l'avance. Il est vrai que deux de ces garçons chirurgiens mouraient à peine arrivés, et les Consuls, en annonçant leur mort à Marseille, exprimaient[1] naïvement leurs regrets de les avoir payés à l'avance; mais la bonne volonté des Marseillais s'était affirmée et les Toulonnais n'avaient pas le droit de se plaindre de leurs voisins. De cette bonne volonté, on eut une preuve nouvelle lorsque, le 13 mai 1721, ils envoyèrent[2] à Toulon six garçons chirurgiens et deux apothicaires, dont ils avaient soldé à l'avance et les appointements et le passage. Ils renouvelèrent[3] cet envoi, toujours dans les mêmes conditions, le 31 mai. Le nouveau convoi se composait alors de cinq garçons chirurgiens, un apothicaire et quatre infirmières. « Nous voudrions, ajoutaient-ils, pouvoir vous donner de plus grands secours et contribuer à la diminution de votre mal. » Au moins cherchèrent-ils à leur assurer des secours spirituels, car ils expédièrent à Toulon, quelques jours plus tard, toujours en payant à l'avance leur passage, « quatre confesseurs qui se sont offerts avec beaucoup de zèle et avec beaucoup de charité pour le secours de vos malades[4] ».

Lorsqu'on apprit à Marseille que la peste venait d'attaquer un des consuls, Gavotty, les Échevins s'empressèrent d'adresser à leurs collègues une lettre[5] de condoléance : « Nous apprenons avec une douleur inexprimable que le zèle héroïque que vous faites paraître dans le triste état où votre ville se trouve réduite vient d'être

95, recto). On a conservé le nom de dix chirurgiens qui donnèrent leurs soins aux Toulonnais : Vallet, Notin, Champeaux, Cessy, Lerat, La Brunerie, Guizot, Brosse, Maurice, Danice (Arch. des Bouches-du-Rhône, C., 912).

1. Lettre des Consuls de Toulon aux Echevins, 29 avril 1721.
2. Lettre des Echevins aux Consuls de Toulon, 13 mai 1731 (Arch. mun., C. E., p. 99, recto et verso).
3. *Ibid.*, 31 mai 1721 (Arch. mun., C. E., p. 103, recto).
4. *Ibid.*, 28 avril 1721.
5. *Ibid.*, 2 mai 1721 (Arch. mun., C. E., p. 96 recto).

bien fatal à l'un de vous, que l'on nous assure être pris du mal contagieux. Nous sommes trop sensibles à cette fâcheuse nouvelle pour ne pas souhaiter d'en être promptement éclaircis. Notre attachement d'ailleurs pour votre ville nous fait partager avec vous vos maux, et nous pousse à vous offrir de bon cœur tout ce qui peut dépendre de nous. Si vous n'avez pas suffisamment[1] de blé, nous vous en enverrons. Nous voudrions pouvoir fournir à tous vos besoins. Nous vous prions de nous rendre cette justice de vouloir en être persuadés, et de nous faire l'honneur de vous adresser à nous pour tout ce que nous pouvons faire pour votre soulagement. » Cette lettre, tout à l'honneur de ceux qui l'écrivirent et de ceux auxquels elle était adressée ne démontre-t-elle pas que les Provençaux avaient le sentiment de la solidarité qui les unissait, et qu'ils savaient mettre en pratique la vraie charité, celle qui ne se paie pas de mots, mais se traduit par des actes[2].

La nouvelle de la maladie du consul Gavotty n'était que trop vraie. Il mourut à son poste de combat, mais ses collègues ne perdirent pas courage et au contraire redoublèrent d'efforts : « Nous sommes dans une cruelle appréhension, leur écrivait-on[3] de Marseille, sachant combien vous vous exposez. Nous souhaitons qu'il plaise au Seigneur de délivrer bientôt votre ville de la maladie qui l'afflige et de vous en garantir surtout. » A cette lettre de sympathique condoléance les consuls répondirent par un exposé[4] de la situation, vraiment navrant, mais qui constitue un document historique du plus haut intérêt (10 mai) : « Nous avons eu le malheur de perdre M. Gavotty notre collègue, deux de nos con-

---

1. Ce n'était pas une offre pour la forme. Voir lettre des Echevins à Lebret (20 mai 1721). Cf. à la même date, lettre analogue à l'assemblée des communautés, alors à Frigolet (Arch. mun., C. E., p. 101, recto).
2. Archives de Toulon, B. B., 81. Délibération du 25 mai 1721.
3. Lettre des Echevins aux consuls de Toulon, 7 mai 1721 (Arch. mun., C. E., p. 98, recto).
4. Lettre des Consuls de Toulon aux Echevins, 10 mai 1721 (Correspondance de la mairie, au mot Antrechaus).

seillers, MM. Marin et Richard, et M. Martin notre médecin. Nous sommes sensibles comme nous devons l'être à la part que vous voulez bien y prendre, et nous n'en attendions pas moins de vos sentiments... Le détail de nos maux ne peut que rappeler les vôtres. Nous sommes réduits à toutes les horreurs où l'on a vu Marseille. Nous passons 200 morts tous les jours, et nous comptons, depuis le 10 du mois de mars, d'avoir perdu près de 7.000 âmes. C'est avec toutes les peines du monde que nous parvenons à leur donner la sépulture, et nous ne savons que trop par votre funeste expérience combien ce travail est dispendieux et pénible. Nous convenons néanmoins qu'il n'y a nulle comparaison à faire entre Toulon et Marseille. Le ravage que la contagion y a fait est inexprimable, mais dans notre malheur Dieu nous donne le temps de compter nos morts, de les enregistrer et de savoir à dix personnes près ce que la mort nous enleva. Les grandes dépenses que la maladie coûte à Marseille nous empêchent, messieurs, de vous demander aucun secours. L'argent est trop rare pour en demander à personne. Nous souhaitons seulement que la santé se rétablisse entièrement à Marseille et dans son terroir, et que vous jouissiez longuement avec tranquillité du fruit de vos travaux. »

L'archevêque d'Aix, en sa qualité de président de l'assemblée des communautés, s'était efforcé de secourir les malheureux Toulonnais. A diverses reprises il leur avait envoyé des subsides, et s'était occupé d'assurer leurs approvisionnements. Les Consuls lui en étaient reconnaissants, et voici la lettre [1], vraiment touchante, qu'ils lui adressèrent à cette occasion, le 3 mars 1721. « C'est peut-être la dernière fois que nous avons l'honneur d'écrire à Votre Grandeur. M. Marin, l'un de nos conseillers, qui était enfermé avec nous à l'Hôtel de Ville, est mort avec deux bubons, et, dans le moment, M. Martin notre médecin, et M. Richard, notre trésorier de la boucherie, viennent d'être attaqués. Nous travaillons à

---

1. Archives des Bouches-du-Rhône, C., 941.

quitter l'Hôtel de Ville, si la maladie nous en donne le temps. Au milieu des dangers, Monseigneur, nous ne demandons rien pour nous. Nous savons qu'il faut périr pour la patrie et qu'on donnera des ordres pour nous remplacer, mais souffrez que nous intercédions pour ce pauvre peuple qui périt misérablement. Le blé que M. Lebret nous a envoyé est arrivé de Saint-Nazaire, mais nous n'avons pas 1.500 livres pour en payer le nolis. Nous n'avons plus de portefaix pour le débarquer, point de muletier pour l'aller faire moudre, point de boulanger pour en faire du pain. Dans une si cruelle extrémité nous croyons être heureux de quitter ce monde. Nous vous faisons peut-être, Monseigneur, les derniers adieux, mais nous vous recommandons nos pauvres habitants. » Tout commentaire n'est-il pas superflu, et les Toulonnais d'aujourd'hui, quand ils connaîtront cette lettre, depuis longtemps perdue dans de poudreuses archives, ne seraient-ils pas bien inspirés s'ils en reproduisaient, dans une des salles de leur Hôtel de Ville, sur une tablette de marbre, les passages principaux !

Comme le nombre des malades allait toujours en augmentant dans cette ville infortunée, il fallut songer à leur ménager des abris. Il était bien dur de déloger les pauvres de leur asile habituel, l'hôpital du Saint-Esprit, et jusqu'alors l'évêque, Mgr de la Tour du Pin, s'y était opposé, mais il dut s'incliner devant la nécessité. Les malades ordinaires furent donc transportés au couvent des Dominicains, et les pestiférés, qui encombraient déjà la maison de Saint-Roch, transférés au Saint-Esprit. On compta dans cet asile jusqu'à 503 malades et 207 à Saint-Roch. Il fallut bientôt improviser une nouvelle retraite au Lazaret, et on y entassa 1.107 malades. Comme la peste ne tarda pas à éclater à bord du vaisseau où avaient été enfermés les mendiants, on fut obligé de les débarquer et de les parquer dans un des magasins du Mourillon. Ces changements furent mal accueillis. Les malades n'entendaient pas raison et ne voulaient pas bouger. Il y eut des cas de résistance furieuse. Il fallut lier les récalcitrants avec des cordes, car les sangles faisaient défaut, et, comme ce furent des forçats qui se chargèrent de cette sinistre besogne, ils n'y mirent aucun ménagement. Aussi se trouva-t-il des malades qui guérirent de la peste, mais moururent des violences qu'ils avaient subies. Bientôt furent insuffisants les quatre hôpitaux que l'on avait créés. Il fallut en aménager un cinquième, au camp Guérin, avec les tentes et les madriers de l'Arsenal. Les malades de la ville y affluèrent. On en compta jusqu'à 1.200 et la mortalité fut terrible, car ils manquaient absolument de confortable et n'avaient même pas d'eau en quantité suffisante. « Un infirmier [1] qui portait de l'eau dans les tentes était arrêté à chaque pas, de sorte que ce secours précieux n'arrivait presque jamais où on l'attendait. Qu'on juge de l'état d'un malade qui ne pouvait même pas étancher sa soif! Heureux ceux que des parents et des amis allaient visiter et soulager! »

Pendant le mois d'avril près de 200 personnes mouraient par jour. Au 30 avril il en périt 270. Alors se présenta un nouveau danger, la difficulté d'ensevelir les cadavres. En temps ordinaire un tombereau suffisait; il en fallut deux en mars et quatre en avril, et, comme les corbeaux devenaient rares ou tombaient de fatigue, Toulon était exposé à voir se renouveler les horribles scènes qui avaient si tristement désolé les rues de Marseille. Au 23 mai on ne put faire enlever que 287 cadavres, et il en restait beaucoup dans les maisons. Par une chance inespérée, arriva de Marseille une escouade de 100 galériens envoyés par Langeron. Ils se divisèrent en deux groupes, dont les uns creusèrent des fosses, et les autres y déposèrent les cadavres, en sorte qu'il n'y eut jamais d'amas dans les rues, et que l'odeur infecte qui avait été si prononcée et si répugnante à Marseille disparut bientôt. Ces forçats furent ainsi les sauveurs de Toulon. Antrechaus [2] leur rend justice dans son

1. ANTRECHAUS, ouv. cité, § 38.
2. ANTRECHAUS, ouv. cité, § 28. Archives de Toulon, G. G., 45. État des corbeaux empruntés aux galères et volontaires.

mémoire. « Je suis persuadé, écrit-il, que ce n'est que sur les galères du roi qu'on peut trouver des misérables assez ennemis d'eux-mêmes et de leur vie pour n'être rebutés d'aucun péril. Je peux attester qu'autant de forçats qui sortirent des galères pour remplir cet effrayant ministère furent autant de libérateurs, et que c'est à leur liberté, justement attachée aux services qu'ils rendirent, que la Provence doit son salut. Tout y aurait péri par l'infection des cadavres. »

En même temps qu'aux forçats il serait injuste de ne pas accorder une place d'honneur au clergé Toulonnais, et, particulièrement à l'Evêque, de la Tour du Pin, qui, digne émule de Belsunce et de Vintimille, donna l'exemple du dévouement. Il eut même, sur les conseils d'Antrechaus, l'heureuse inspiration de ne pas s'assujettir aux règles étroites de l'Eglise. Non seulement il consentit à accorder l'absolution à tous ceux qui se repentiraient de leurs fautes *in articulo mortis*, mais encore il conféra les sacrements de l'ordre, avant l'âge canonique, à tous les jeunes séminaristes qui manifestèrent l'intention de se consacrer au service des malades. Cette sage tolérance porta ses fruits. Il n'y eut à Toulon, en matière religieuse, ni surprise, ni désordre, et le 31 mai 1721, à la suite d'un mandement épiscopal qui instituait une fête du Sacré-Cœur, la population tout entière s'associa à cet acte de foi. De même, le 30 octobre 1721, lorsque l'Evêque annonça un *Te Deum* [1] d'actions de grâces et un service funèbre en l'honneur des deux consuls morts au champ d'honneur, tous les Toulonnais prirent part à la double cérémonie. Ils tenaient à montrer ainsi au clergé local qu'ils lui savaient gré de sa belle conduite.

Malgré le dévouement intéressé des forçats, et le zèle ardent des prêtres Toulonnais, la maladie suivit son cours. Il fallut prolonger après le 20 août la quarantaine générale, car « certaines [2] îles étaient si dépeuplées

---

1. Archives de Toulon, B. B., 82.
2. ANTRECHAUS, *ouv. cité*, § 39.

qu'on ne trouvait aucun homme capable d'en être le pourvoyeur, et qu'on était contraint d'en confier le soin à des femmes ». Le quartier de l'Hôtel de Ville fut particulièrement éprouvé. Comme on avait eu besoin de linge pour le service des hôpitaux, une collecte générale avait été ordonnée à son de trompe. Elle produisit beaucoup et tout ce linge fut porté à l'Hôtel de Ville où deux femmes furent occupées à le trier, mais elles moururent toutes les deux, et dès lors la maladie n'épargna plus personne. Un autre consul, Marin, fut emporté par le fléau, et à ses côtés périrent aumôniers, médecins, notaires ainsi que les officiers municipaux et tous les agents de ville sans exception. Ce n'étaient plus quatre tombereaux qui suffirent au service des funérailles : il en fallut jusqu'à huit. « Il ne paraissait [1] plus que notre ville ait été habitée L'herbe croissait dans les rues. Le boulanger ne trouvait plus à vendre son pain. La viande séchait et se pourrissait sur les étaux, n'y ayant plus de pourvoyeurs. On n'avait plus de secours que de soi-même ! » En vain avait-on recours à tous les remèdes connus ou inconnus, par exemple au parfum de Magalon [2] de Marseille, extraordinaire mélange de fleur de soufre, d'antimoine, d'orpiment, de myrrhe, d'encens, de storax, de laudanum, de poivre, d'arsenic, de gingembre, d'anis, de ciperus, de cardamonium, d'aristoloche, d'euphorbe et de cubèbe. Pharmacopées bizarres, jeûnes extravagants, prières publiques, rien n'y faisait. Seuls les cautères avaient produit quelque effet, car la suppuration s'écoulait par là. On signalait pourtant quelques cas de guérison et Antrechaus reprenait quelque espoir. « Comme j'ai suivi, écrivait-il [3], cette cruelle maladie dans son principe, ses progrès et sa fin je dois exposer ici qu'on ne commence à respirer dans une ville que lorsque on a des sujets qui ont guéri de la

---

1. ANTRECHAUS, p. 39.
2. Voir lettre des consuls de Toulon aux Echevins, pour se plaindre de Magalon qui leur a vendu trop cher, 1.376 francs, 10 quintaux de parfum (1ᵉʳ juillet 1721).
3. ANTRECHAUS, *ouv. cité*, § 25.

peste et qui peuvent, chacun dans leur état, donner leurs soins à des malades que la peste a surpris plus tard. » C'est sans doute dans cette attente qu'il se décida à prononcer la suppression de la quarantaine générale (10 mai), « mais[1] jamais criminels ne sortirent de leurs cachots plus pâles et plus défaits. Un grand nombre étaient si faibles et se soulevaient avec tant de peine qu'ils se déclarèrent malades pour se faire porter dans les hôpitaux ». Il fallut en effet créer un septième hôpital, à la Charité, dont on délogea les malades ordinaires pour les disperser dans les bastides voisines ; mais ce devait être le dernier progrès de la maladie. Du jour au lendemain diminua le nombre des pestiférés. Les cas de guérison devinrent de plus en plus nombreux, et on put prévoir le moment où le mal, affaibli par sa violence même, finirait par disparaître.

Voici la lettre[2] par laquelle Antrechaus et son nouveau collègue André Tournier faisaient part de leurs espérances aux échevins de Marseille (1er août 1721) : « Nous commençons à respirer par la grâce de Dieu, et nos maux tendent à leur fin. Nous n'avons plus de morts dans notre ville, mais il y survient de temps en temps quelque nouveau malade, dont on la purge exactement. La plupart sont gens qui s'infectent volontairement ou par une indigne avidité ou par trop de confiance, mais elle diminue tous les jours. Nous n'avons plus dans nos hôpitaux que 26 malades au bouillon, 5 à 600 convalescents hors de danger, même nombre de quarantenaires au Lazaret, ayant déjà donné l'entrée à plus de 1.200. Nous comptons avoir perdu 14.000 âmes et tout le peuple qui nous reste a eu la maladie. La campagne est en très bon état, Dieu merci ! Nous n'y avons ni morts, ni malades, ou bien peu, et nous n'aurions aucun mort à l'hôpital de la Charité, si l'on n'y transportait tous les jours huit à dix malades du château de Misiessy, où sont logés les pauvres qui étaient à la Charité, et où la con-

---

1. ANTRECHAUS, *ibid.*, § 25.
2. Lettre des consuls de Toulon aux Echevins, 1er août 1721 (Correspondance de la mairie, au mot Antrechaus).

tagion a pénétré. De 300 qu'ils étaient, il peut déjà en être mort la moitié. Voilà dans quelle situation nous nous trouvons. Nous touchons insensiblement à notre délivrance, et nous vous remercions de votre souvenir et de la part que vous prenez à ce qui nous regarde. »

En effet l'amélioration continua, non seulement parce que on savait mieux soigner les malades, mais aussi parce que le nombre des chirurgiens et des infirmiers avait augmenté, et que d'ailleurs, dans toute épidémie, arrive le jour où le mal s'use par sa violence même. La surveillance des hôpitaux était bien faite et les soins médicaux administrés avec intelligence. On remarqua un forçat de vingt ans, Nicolas, qui s'improvisa chirurgien et eut l'heureuse chance de sauver presque tous ses malades. Peu à peu s'espacèrent les décès. Le dernier atteint fut un gentilhomme sexagénaire, de Bonnegrâce, qui fut emporté le 7 septembre 1720. Il est vrai que, lorsqu'on essaya [1] de dénombrer les pertes, les constatations furent terribles. Sur les 18.745 Toulonnais atteints par le fléau, 13.283 avaient succombé, dont 6.476 en ville, 1.434 à l'hôpital du Saint-Esprit, 1.821 au camp Guérin, 611 à Saint-Roch, 712 à la Charité, 371 à Saint-Mandrier, 110 mendiants et 1748 dans la banlieue. Encore ces chiffres ne sont-ils qu'approximatifs et probablement inférieurs à la réalité, car il ne restait en ville que 10.493 survivants. Tout fait donc supposer que, sans parler des étrangers qui échappèrent à tout recensement, plus de 16.000 Toulonnais furent emportés par le fléau [2].

Le 7 novembre 1721 fut enfin publié l'acte [3] déclaratif de la santé à Toulon et dans la viguerie, et le 7 décembre fut dénoncé la fin de la quarantaine de santé.

Les consuls en envoyèrent aussitôt une copie certifiée

1. Archives de Toulon, G. G., 44. Cf. G. G., 45, testaments des pestiférés et listes des morts.
2. La dépense s'était élevée à 368.981 livres (Arch. de Toulon, G. G., 44).
3. Cet acte fut expédié à Marseille le 8 novembre. L'accusé de réception est daté seulement du 19 novembre (MÉRY et GUINDON, ouv. cité, t. VI, p. 327. Voir lettre des Échevins aux consuls de Toulon, 14 novembre 1721 (Arch. mun., C. E., p. 145, recto).

à toutes les communautés voisines. Marseille en accusa réception[1] le 15 décembre 1721. « Nous avons reçu avec beaucoup de joie la lettre que vous nous avez l'honneur de nous écrire avec l'exemplaire que vous avez fait imprimer sur la santé de votre ville. Nous vous faisons mille compliments sur l'heureux état où vous vous trouvez. » Les consuls avaient envoyé en même temps un questionnaire en douze articles avec prière de répondre. L'exemplaire conservé aux Archives de Marseille est encore intact; soit qu'on ait négligé d'y répondre, soit qu'on ait jugé inutile de se donner cette peine. En effet la santé se maintint à Toulon, et, comme les précautions étaient bien prises, il n'y eut pas de rechute. Ce ne fut pourtant qu'en avril 1722 qu'on se décida à abattre les barrières qui avaient été construites du côté de Marseille.

D'Antrechaus avait été l'homme de la situation. Il méritait une récompense. Deux de ses frères, lieutenants au régiment de Ponthieu, étaient morts à l'hôpital, et lui-même avait été gravement atteint. De plus il avait sans compter dépensé sa fortune. Les Toulonnais lui en gardèrent une profonde reconnaissance. Ils l'appelaient entre eux le Grand. On lui décerna la croix de Saint-Michel et une pension de 1.000 livres (3 et 7 mai 1723). En outre on accorda une lieutenance à un de ses frères. Le Régent (20 juillet 1721), le maréchal de Villars (26 juillet, 26 octobre 1721), et Le Blanc, secrétaire d'état à la guerre (16 juin, 16 juillet 1721) n'avaient pas attendu ces flatteuses récompenses pour lui adresser des lettres de félicitations et de remerciements. Antrechaus eut donc l'heureuse chance d'être traité comme il le méritait. Le livre qu'il a composé sur la peste de Toulon suffirait à sauver sa mémoire de l'oubli. Il est écrit sobrement avec une émotion sincère, et une rare modestie. Obligé de parler de lui-même, le consul le fait toujours avec une retenue trop rare pour ne pas être signalée chez

---

1. Lettre des échevins aux consuls de Toulon, 15 décembre 1721 (Arch. mun., C. E., p. 157, recto).

un auteur de Mémoires. Nous nous étonnons de ce que ce livre, si suggestif, ne soit pas mieux connu. Il mériterait l'honneur d'une réimpression et d'un commentaire. Un érudit Toulonnais rendra, sans doute, quelque jour ce suprême hommage à un citoyen qui mérite bien de sa patrie.

Le plus déplorable fut que de Toulon la peste passa dans la banlieue et y exerça d'affreux ravages. Toutes les petites villes voisines furent atteintes par l'implacable fléau. A Bandol[1], où l'épidémie s'était tout d'abord déclarée, 40 habitants sur 187 furent malades et 29 moururent. Les survivants épouvantés se dispersèrent dans les bois, mais ils n'avaient pas de provisions, et il fallut leur envoyer des secours. On leur donna, à diverses reprises, 5.941 livres de pain, 3 barils de vin, 120 livres de viande, 325 de riz, 70 de savon, 112 de sel, 10 de miel, 207 d'huile et 60 quintaux de farine. L'assemblée des Communautés leur avait alloué un premier secours de 600 livres, et elle leur en vota un second de 300, le 24 octobre 1721.

En face de Bandol, de l'autre côté du golfe, le joli village de Saint-Nazaire[2] fut également fort éprouvé, du mois d'août 1720 au 22 septembre 1721. Les dépenses s'élevèrent à 19.601 livres. Il est vrai que l'assemblée des Communautés envoya 500 livres de secours, et que l'archevêque d'Aix, Vintimille, donna jusqu'à 900 livres. Les habitants de La Cadière[3] furent obligés, pour lutter contre le fléau, de dépenser 20.706 livres 11 sols 2 deniers. Parmi les dépenses figurent les réparations d'une vieille tour, située près de la porte de la Roque, destinée à servir de corps de garde aux habitants qui surveilleraient l'entrée du village. A Ollioules[4], dans le voisinage immédiat de Toulon, la peste enleva 1.319 personnes sur 2.000 habitants (1er janvier au 10 août 1721) et le total des dépenses s'éleva à 38.847 livres 14 sols 1 denier.

1. Archives des Bouches-du-Rhône, C., 927.
2. *Ibid.*, C., 927.
3. *Ibid.*, C., 927.
4. *Ibid.*, C., 913.

Signalons le dévouement du chirurgien Laurent Combal qui soigna les pestiférés, et de l'apothicaire Martelly, qui leur fournit des remèdes et des parfums[1].

De la banlieue l'épidémie se propagea dans les communes voisines[2], à la Garde, au Revest, à la Valette[3] à Sainte-Marguerite, au Luc, à la Seyne, à Six-Fours (5 août), à Solliès, et partout elle fit de nombreuses victimes. Au Revest, le seigneur du lieu écrivait que, sur 500 habitants, 300 étaient morts, 150 encore malades et 50 disséminés dans la campagne. A Roquebrussane on se croyait hors de toute atteinte, car on avait pris de sérieuses précautions. Dès le 4 août 1720 on avait nommé des intendants de santé, partagé la ville en quatre sections, et même amassé des provisions. N'avait-on pas poussé le scrupule jusqu'à infliger une amende à un berger qui avait conduit son troupeau dans un pacage suspect ! Tout fut inutile, car, tout autour, à Néoules, au Garéoult, à Mazauges[4], à Forcalqueiret, à Besse, à Sainte-Anastasie, la maladie avait déjà fait son apparition. Le 15 août mourut subitement une femme. On mit bien en quarantaine son mari et ses voisins, mais le 24, la peste était officiellement déclarée. On prit comme infirmerie la chapelle Sainte-Anne et un bastidon voisin, mais, dès le 30, mouraient deux personnes soupçonnées du mal et seize soldats qui étaient de garde aux Craus. Sous le coup de l'épouvante, on décida une quarantaine générale, et, pour la faire mieux observer, la création d'une compagnie de vingt-deux soldats avec deux sergents et un capitaine, dont la solde serait payée par la Communauté. Des secours furent envoyés à Roquebrussane. On a conservé une délibération de l'assemblée des Communautés en date du 11 octobre 1721, en vertu de laquelle

1. L'assemblée des communautés vota, les 3 et 21 juin, deux secours de 1.500 et de 1.000 livres.
2. Indemnités de 1.000 livres à La Garde, de 1.000 au Revest, de 2.300 à La Valette, de 400 à Sainte-Marguerite, de 2.300 à La Seyne, de 1.200 au Luc.
3. Archives des Bouches-du-Rhône, C., 941. Lettre de Lebret aux procureurs du pays.
4. Indemnité de 600 livres accordée à Mazauges, le 3 juillet 1721.

Aurelly, inspecteur des lieux contaminés dans la viguerie de Brignoles, était chargé d'y porter un premier secours de 600 livres et des vêtements pris parmi ceux que la ville d'Aix avait fait confectionner pour ses Infirmeries, à savoir 100 draps de lit, 133 paillasses, 600 chemises, 80 culottes, 80 chemises de cadis, 30 jupes, 25 jupes pour filles, 32 brinbates (*sic*) pour femmes et 24 pour jeunes filles. Ces secours furent distribués, mais ils n'apportèrent qu'un soulagement momentané, car il y eut des pestiférés à Roquebrussane jusqu'au 6 avril 1722.

Un hameau voisin, Forcalqueiret[1], fut encore plus maltraité. Il perdit 180 habitants sur 230 et la peste s'y maintint du 27 mai au 27 novembre 1721. A Besse[2], bien que la Communauté eût payé 350 livres pour se clore de barrières et 227 pour la subsistance de huit soldats de garde du côté du Cannet, la peste éclata le 4 septembre 1721, et il fallut pour la combattre dépenser encore 6.000 livres. A Néoules le lieutenant qui commandait le poste ayant autorisé un sergent à acheter des moutons à Forcalqueiret, ce dernier en rapporta la peste. On consigna aussitôt la maison où logeait le sergent et on séquestra ses habitants. L'officier s'avisa de trouver qu'on empiétait sur ses droits. Il se déclara maître absolu, ordonna au curé de faire les enterrements comme à l'ordinaire, et mit en liberté les habitants séquestrés, mais la peste éclata avec fureur, et, trois jours plus tard, ce malencontreux despote fut obligé de fuir le village, où il avait introduit la mort, 16 juillet 1720. A Sainte-Anastasie[3], 315 personnes moururent sur 500 habitants, du 10 juin 1721 au 20 décembre 1722. Au hameau de Sue[4], composé de trois bastides peuplées de 58 habitants, la peste en emporta sept, du 8 au 15 janvier 1721, et les frais de la garde établie pour empêcher les malades de

1. Archives des Bouches-du-Rhône, C., 929. On lui vota une indemnité de 700 livres (9 juillet 1721).
2. *Ibid.*, C., 938.
3. *Ibid.*, C., 931. On lui accorda une somme de 1.000 livres et 100 charges de blé (11 octobre).
4. *Ibid.*, C., 927.

communiquer entre eux s'élevèrent à 287 livres. A Cuers[1], non loin de Toulon, la maladie éclata le 27 juin 1721. La première victime paraît avoir été un nommé Jean Martin, surnommé le Fède. Il fut enseveli par ordre du bureau de santé, non pas au cimetière, mais dans le champ qu'il cultivait. La contagion durait encore au mois de juillet, et l'épouvante était générale, car « Madeleine Salle, épouse de Louis Dauphin, âgée d'environ trente-trois ans est décédée dans la communion de l'église le 17 juillet 1721 [2], après s'être accouchée dans la nuit et avoir baptisé elle-même son propre enfant, n'ayant trouvé personne qui ait voulu le baptiser, attendu la contagion, et a été ensevelie le même jour en campagne par des corbeaux, étant morte de la peste ».

Plus heureuses ou mieux gardées, diverses localités provençales, pourtant bien voisines de celles qui étaient si durement frappées, réussirent à se préserver[3] de la contagion. Il est vrai que toutes les précautions avaient été prises. En thèse générale, aucune de ces communes[4] ne s'abstint de lever et de payer des troupes de garde et de construire des barrières et des clôtures. On conserve encore dans nos dépôts d'archives la volumineuse[5] correspondance échangée à ce propos entre les fonctionnaires; mais ce qui réussissait sur un point n'avait aucun effet sur un autre. La maladie semblait se

---

1. Archives du Var, t. I, G. G., 7. Registre des délibérations, p. 435.
2. *Ibid.*, p. 439. L'acte mortuaire est dressé par le vicaire Robert.
3. Voir pour le canton de Fréjus (Arch. du Var, t. I, B. B., 3, 1720) et pour celui de Tallar (*ibid.*, H. H., 10, 1720).
4. Voir aux Archives des Bouches-du-Rhône, C., 910, la liasse contenant « les devis faits par des ingénieurs pour former des barrages tout le long du fossé de Craponne, les conventions passées par MM. les procureurs du pays pour la fourniture des bois et chandelles aux corps de garde établis aux barrages et aux blocus de Marseille, Arles et autres lieux; les ordonnances rendues par MM. les commandants pour la levée et la solde des compagnies de milice et de la Durance ; les revues des compagnies, les ordres et répartitions faites par MM. les procureurs du pays sur les communautés pour fournir à toutes ces dépenses, le tout pendant la contagion de 1720 à 1721 ». (171 pièces).
5. Archives des Bouches-du-Rhône, C., 914, d'Aix à Brue ; C., 918, du Cannet à Lorgues ; C., 918, de Maillane à Guinson; C., 919, de Régusse à Saint-Zacharie C., 920, de Salon à Vitrolles.

jouer de ceux qui la combattaient, et frappait au hasard. Pourquoi Toulon et sa banlieue immédiate furent-ils si douloureusement atteints, alors que Brignoles, Draguignan [1], Hyères, Cannes ne furent même pas menacées ? Ainsi, à Draguignan, on se contenta de murer quatre grandes portes et deux petites, et on pratiqua six ouvertures pour monter sur le rempart. Ces travaux coûtèrent 320 livres. On construisit en outre pour 350 livres des barrières en dehors de la porte Saint-François. On démolit, moyennant 400 livres, des maisons en ruine qui auraient pu servir d'asile à des voisins suspects. Les achats de blé montèrent à 225 livres, plus 956 pour du blé envoyé de Toulon. Achat de moutons, 2.266 livres, de pain et de vin pour les pauvres 280, frais de quarantaine 700, armement de la garde bourgeoise 650, escorte des vagabonds et déserteurs 290, entretien des corps de garde 1.200, levée de vingt hommes de milice 2.520 : Dépense totale 25.043 livres 13 sols 4 deniers [2]. A Hyères [3] on dépensa 700 livres pour faire élever des murailles qui joignaient la maison du lieutenant Dauby et la porte de la Fabre; 400 pour établir des barrières aux grandes portes et autour du faubourg; 13.764 pour la solde de 50 miliciens, 2 officiers et un tambour, d'août à décembre 1720; en tout 26.333 livres 10 sols. A Cannes [4], dès la fin de juillet 1720, une infirmerie avait été ménagée

---

1. Archives des Bouches-du-Rhône, C., 928 (19 pièces) ; 929 (121) 930 (10); 931 (24); 932 (105); 933 (73); 934 (151); 935 (68); 936 (182); 937 (21). 928 (16); 939 (21) ; 940 (24) A Draguignan (Arch. du Var, Registre des délibérations, B. B., 38) de nombreuses mesures préservatrices furent ordonnées par la municipalité. On chargea le P. Valentin, un observantin, de faire un tableau commémoratif d'un vœu à Notre-Dame, et ce tableau fut porté processionnellement dans la chapelle de la Vierge. Voir la lettre du 25 avril 1733, adressée par les Echevins de Marseille aux consuls de Draguignan (Arch. mun., C. E., p. 173, verso), pour renouer leurs bonnes relations d'autrefois : « Nous souhaitons ardemment que, jouissant tous d'une parfaite santé, nous reprenions bientôt notre mutuel commerce... Nous vous prions de nous donner quelquefois de vos nouvelles sur la santé, et particulièrement si elle continue d'être bonne chez vous. »
2. Archives des Bouches-du-Rhône, C., 932.
3. Ibid., C., 931.
4. Ibid., 930.

à Saint-Cassien, près de la Siagne. On y recueillit les émigrés Marseillais et les marchands qui revenaient de la foire de Beaucaire. Les frais d'entretien montèrent à la somme de 1.188 livres. Il fallut de plus construire des barrières autour de la ville (1.245 livres), armer deux barques pour observer la rade (1.188 livres), et solder une garde de 60 hommes échelonnés sur la Siagne depuis la Levade jusqu'à son embouchure, 1.398 livres, en tout 27.513 livres 8 sols. Au moins, ces dépenses ne furent-elles pas inutiles, et la peste ne frappa point aux portes de ces villes si bien gardées ; mais combien y en eut-il d'autres qui s'étaient imposé les mêmes sacrifices, et que le fléau n'épargna pas !

V

LA PESTE DANS LES BASSES-ALPES

Dans le département actuel des Basses-Alpes [1], il n'y eut que trois localités contaminées, Gaubert, Sainte-Tulle et Corbière. Leurs habitants avaient pourtant pris de sérieuses précautions et s'étaient attachés à la stricte observation des règlements de 1629. En l'absence du comte de Médavy, lieutenant-général en Dauphiné et Provence, deux de ses lieutenants, les marquis de Belrieu et d'Argenson avaient établi leurs quartiers généraux le premier à Sisteron, depuis la ligne du Jabron jusqu'en Dauphiné, et le second à Manosque, depuis la ligne du Jabron jusqu'au Comtat. Quatre cordons sanitaires avaient été créés, le premier sur le Verdon de Gréouls à Colmars, le second sur la Durance du Comtat à Sisteron, le troisième sur le Jabron depuis son embouchure jusqu'à Buis, et le quatrième dans le Comtat, se soudant au

---

[1]. MAUREL, *la Peste de 1720 dans les Basses-Alpes* (Académie de Digne 1907). Cf. FERAUD, *Histoire et Géographie des Basses-Alpes* ; GUICHARD, *Souvenirs historiques : peste de Digne*.

troisième. Impossible de franchir cette quadruple ligne, très étroitement surveillée. Le fléau ne réussit en effet à pénétrer que dans ces trois localités ; mais, s'il n'y eut que trois centres d'habitation attaqués, tous les autres eurent à souffrir du fléau par le prélèvement des hommes employés à la garde, par l'achat de fournitures et de remèdes, par l'interruption des communications, la mévente des produits et la cessation presque absolue des affaires. Partout on dressait des palissades, on creusait des fossés ; partout des sentinelles montaient la garde, mais c'étaient de pauvres paysans qu'on expédiait aux divers blocus en les armant de mauvais fusils, et qui ne recevaient pour toute indemnité que de deux à sept sous par jour. Ils étaient de plus accablés de réquisitions de combustible, de paille, de pain, qui excédaient les ressources disponibles, et, comme on les levait par force, ils étaient obligés de laisser leurs champs en friche. Aussi les transactions avaient-elles été brusquement interrompues par défaut d'écoulement de produits et aussi par difficulté de pénétration, et la misère était-elle grande, car le blocus ne fut levé que le 7 septembre 1721 et la note des frais à solder fut considérable.

En veut-on la preuve ? A Manosque, pour plus de sûreté, on avait décidé de fermer à chaux et à sable les portes de la ville, mais il fallut payer 40 journées de maçons, 40 journées de manœuvres, 800 quintaux de chaux et 50 charges de sable, sans parler d'une barrière en planches sur le chemin d'Aix, et d'une barrière en forme de ravelin qui, seule, restait ouverte, à la porte de la Saunerie. Il fallut de plus creuser des fossés et payer des sentinelles. On installa deux infirmeries dans la bastide Collongue, chacune de cent lits : la première était destinée aux « honnêtes gens », et la seconde à « la populace ». Quant aux étrangers, on les enfermerait dans des bastides isolées. Pour les vagabonds, on se contenterait de les expédier à Lurs. Ce n'est pas tout. Comme le burlesque se mêle presque toujours au tragique, un charlatan n'inventa-t-il pas une ceinture antipestilentielle qui, portée autour des reins, devait rendre invulnérable ! D'Argenson s'engoua de cette belle invention. Il logea l'opérateur aux frais de la ville, et commanda un certain nombre de ces ceintures pour les localités contaminées. Elles ne produisirent aucun effet, mais il fallut bien les payer. Notons encore que Manosque s'engagea par un vœu solennel à célébrer tous les ans, le 21 novembre, une procession solennelle à la chapelle de Toutes-Aures. Chacun devait y paraître avec des flambeaux de cire blanche. La ville fut donc épargnée, mais la note à solder s'éleva à 35.939 livres 19 sols 10 deniers.

A Castellane[1] la dépense s'éleva à 28.235 livres 1 sol 50 deniers, dont 4.558 livres 16 sols pour le combustible fourni aux divers postes, 450 livres pour achat de fusils et 194 pour achat de poudre et de balles. On ne parle pas des pertes subies par les habitants qui possédaient des propriétés au-delà du Verdon, car on leur défendit de passer la ligne et d'aller les cultiver. De là perte de récolte et misère croissante.

A Forcalquier[2], le commandant de la viguerie, d'Audiffret, crut devoir s'entourer d'une garde de 22 soldats, et de plus, il envoya 22 hommes à Sainte-Tulle, 22 à Pertuis, 30 à la ligne du Comtat et 38 à la garde des lieux infectés. Il fallut leur acheter des habits, des fusils, et leur construire des baraquements. La dépense fut de 10.061 livres 15 sols et 1 denier.

A Seyne[3], l'alarme fut chaude. On a conservé des lettres adressées par le notaire Michel aux communautés voisines pour les mettre en garde contre le fléau menaçant. Le chevalier de Montauban, gouverneur de la place, ordonna la levée de 28 miliciens destinés à la garde du cordon sanitaire, et, malgré l'opposition des Consuls, en laissa le paiement à la ville. Comme la protection de saint Sébastien, le patron de Seyne, ne parut plus suffisante aux Consuls, ils votèrent l'achat de drogues, conformément aux indications du docteur Arnaud et de

1. Archives des Bouches-du-Rhône, C., 917-935.
2. *Ibid.*, C., 929.
3. Delmas, *Essai sur l'histoire de Seyne les Alpes*, pp. 87, 89.

l'apothicaire Rémusat. La dépense fut de 500 livres : mais les habitants s'estimèrent heureux d'en être quittes pour la peur, car la contagion ne s'étendit pas jusqu'à eux.

A Riez, le commandant Gimenel, lieutenant-colonel du Royal Roussillon, envoya 49 hommes garder le Verdon, de Gréoulx à Esparron, et leur donna des fusils achetés 12 livres pièce. En outre, 62 hommes montèrent alternativement la garde aux quatorze barrières établies sur le terroir et aux huit barrières du cordon sanitaire de la Durance. Malgré ces précautions, quatre Marseillais réussirent à se réfugier dans une bastide leur appartenant. Deux d'entre eux moururent et un troisième fut très malade. On fit aussitôt brûler et la bastide et les récoltes. Un autre malade, un religieux cordelier d'Arles, vient mourir à Riez. Avant sa mort, on avait consulté sur son cas divers médecins, et, comme il ne possédait rien, la ville fut obligée de payer la consultation qui coûta 200 livres.

Même dans de petites localités, les mesures de précautions amenèrent de fortes dépenses : à Gréoulx 12.136 livres 14 sols; à Courbons 4.968 livres 17 sols; à Lausières 3.451 livres 4 sols; à Moustiers[1] 6.819 livres 17 sols 11 deniers. A Mane, il fallut boucher les ouvertures des remparts ainsi que les portes et fenêtres des maisons particulières qui prenaient jour sur ces remparts, de plus, improviser une infirmerie et envoyer 12 hommes aux lignes de la Durance : coût total 2.364 livres 4 sols 3 deniers. A Mallefougasse les habitants avaient imaginé une barrière économique de buissons, mais on feignit de croire que le fléau l'avait franchie, et, à maintes reprises, sous un prétexte ou sous un autre, des garnisaires y furent envoyés, qui marquèrent leur passage par de lourdes dépenses. Valensole qui avait été il est vrai fort éprouvée par le fléau en 1631 fut lourdement imposée : pour 1720, 10.831 livres; pour 1721, 8.567 livres; pour 1722, 958 livres; formant un total de 19.606

---

1. Archives des Bouches-du-Rhône, C., 933, 934.

livres. A Oraison, dépense de 3.351 livres 16 sols 6 deniers; à Puimichel, de 1.784 livres 12 sols ; aux Mées de 21.923 livres 14 sols 4 deniers. Nous ne voudrions pas prolonger cette énumération qui deviendrait promptement fastidieuse : il nous suffira d'avoir indiqué que, si, grâce à ces précautions, le fléau n'exerça pas de ravages, les dépenses furent néanmoins considérables. Lorsqu'il s'agit de les solder, les mémoires présentés furent mal accueillis. On ne voulut pas, entre autres, reconnaître les honoraires de certains Consuls qui s'étaient donné le titre d'Inspecteurs des travaux. Tout finit pourtant par s'arranger, mais la vie normale ne reprit qu'après deux ans d'arrêt.

Quant aux trois localités contaminées, elles furent, sans parler des pertes matérielles, bien durement éprouvées. L'une d'elles, Gaubert, petit village bâti sur un rocher de la rive gauche de la Bléone, à une lieue de Digne, perdit 29 habitants sur 500. La première victime fut la nommée Marianne Gassend. Frappée par la maladie le 4 septembre 1720, elle mourut le 8.

On ne sait comment fut apporté le fléau, sans doute par l'aubergiste qui, malgré les règlements, avait hospitalisé des suspects. Le sieur de Gaubert, conseiller au Parlement, et le marquis de Courbon, avocat général, son fils, convoquèrent aussitôt les médecins de Digne qui, sans doute pour rassurer la population, déclarèrent que « les maladies qui régnaient n'étaient que des fièvres continues », mais le 22 septembre quatre décès survenaient, dont trois au cabaret et un au village. Le doute n'était plus permis. Le cabaret fut aussitôt fermé et une infirmerie installée à la bastide Saint-Vincent. Le Parlement[1] proclamait le blocus, dont Barras était nommé capitaine, et d'abord des paysans, puis des soldats du régiment d'Auribeau en assurèrent la stricte exécution. Le plus singulier c'est qu'aucun médecin ne visita les pestiférés. Les Consuls le déclarent expressément (21 juil-

---

1. Archives des Bouches-du-Rhône, C., 917 et 909, interdiction prononcée le 30 septembre 1720.

let 1721) : « Il n'est entré dans le lieu aucun médecin, ni chirurgien, et les malades n'ont été secourus que par les gens du lieu aux dépens du seigneur et de quelques particuliers. » La maladie ne prit fin qu'en décembre 1720. La désinfection fut opérée le 24 du même mois par un parfumeur de Digne, Saint-Jean, auquel les consuls avaient adjoint Fustel et Second. Ils reçurent pour leur peine 350 livres. Comme on trouva que l'opération n'avait pas été suffisante, on se décida à brûler deux bastides, ainsi que le cabaret, avec tout ce qu'ils contenaient, et on désinfecta six autres maisons[1]. Une troisième désinfection fut encore opérée du 16 au 19 juin 1721, et, sur la prière instante de l'évêque de Digne, du Puget, le village fut enfin déconsigné (10 août 1721). Il n'avait en effet plus rien à craindre de la peste, mais il était ruiné. Il lui fallait solder tout ce qu'il avait acheté comme provisions, blés, moutons, légumes, sel, remèdes, remplacer les linges et les meubles brûlés, et payer comme honoraires 2.787 livres 2 deniers[2]. La misère était telle que « les prêtres, tout comme les autres habitants du lieu, étaient pieds nus depuis environ onze mois que le lieu est bloqué ». Le curé avait été obligé de brûler les livres de sa bibliothèque et jusqu'à ses registres paroissiaux. A l'exception d'un subside de 900 livres voté le 9 juin 1721 par l'assemblée des communautés, et d'une aumône de 150 livres de l'archevêque Vintimille, aucun secours n'avait été envoyé ; aussi les Consuls Hermitte et Villevieille écrivaient-ils, non sans amertume, à l'Intendant Lebret (27 novembre 1721)[3] : « Nous sommes hors d'état de nous soutenir. Les dépenses que nous avons été obligés de faire, la longueur du blocus et des consignes dans laquelle nous sommes aujourd'hui pour les vigueries voisines nous ont absolument ruinés. »

Ce qu'il y eut de singulier c'est que, tout près de Gaubert, une ville, relativement importante, Digne, n'eut

---

1. Archives des Bouches-du-Rhône, C., 917.
2. Etat envoyé au Parlement avec pièces justificatives. 29 août 1720.
3. Archives des Bouches-du-Rhône, C., 917.

rien à souffrir de la peste. Il est vrai que les habitants de Digne avaient été durement éprouvés[1] par la peste de 1629, et qu'instruits par une triste expérience ils avaient cette fois pris toutes leurs précautions. Ils avaient même demandé à l'avance des chirurgiens pour combattre le fléau, et l'un d'eux, qui devait plus tard devenir un célèbre oculiste, Jacques Daviel[2], avait été envoyé à Digne dès le mois d'octobre 1720, mais il n'avait pas trouvé l'occasion de se rendre utile, car la maladie n'avait fait aucune victime, et il regrettait de n'avoir pas à la combattre. Ainsi qu'il l'écrivait[3] le 17 mars 1721 au conseiller d'Etat Le Blanc, « comme je ne respire que de marquer l'empressement que j'ai d'être du nombre des libérateurs de cette malheureuse province, j'ai eu l'honneur d'en écrire à M. Lebret et de lui marquer qu'il n'y avait aucun lieu de craindre pour Digne... Le grand désir que j'avais, en partant de Paris, de connaître cette maladie ne m'a point passé ; au contraire il augmente tous les jours, quoiqu'il ait enlevé trois de mes collègues qui sont Rolland, Saint-Martin et Phylipart. Ma vie, à la vérité, est précieuse, mais quelle gloire pour moi de la sacrifier pour un si grand roi et pour ma nation. J'espère que Votre Grandeur fera attention à ma juste demande et qu'elle m'accordera la grâce d'aller à Toulon qui est infecté. » Daviel obtint, en effet, ce qu'il considérait comme une faveur, et il fut un de ceux qui donnèrent leurs soins aux Toulonnais et contribuèrent à les sauver. Les compatriotes de Daviel lui ont, en 1890, élevé une statue dans sa ville natale, à Bernay[4] ; ce sont surtout les mérites de l'oculiste qu'ils ont voulu récompenser; mais ce tranquille héroïsme, ce sacrifice de la

---

1. La peste de 1629 n'avait laissé à Digne que 1.500 habitants sur 10.000.
2. C'est Daviel qui pratiqua le premier l'extraction du cristallin dans l'opération de la cataracte. Voir ses *Lettres sur les maladies des yeux* (1748), et son *Mémoire sur une nouvelle méthode de guérir la cataracte* (1756).
3. Cette lettre a été donnée pour la première fois par BONNET, *Documents inédits sur la peste de Marseille* (1891).
4. Il était né à La Barre, en Normandie, le 11 août 1696.

vie fait avec tant de calme ne méritent-ils pas d'être mis en lumière !

Nous savons quelles calamités assaillirent le modeste village de Gaubert. La ruine, tel fut encore le résultat de la peste pour une petite localité voisine de Manosque, Corbières. L'irruption du mal y fut foudroyante, et les administrateurs ne purent prendre aucune des mesures que comportait la circonstance. Le second Consul fut au nombre des victimes, et le premier, Sube, resté seul sur la brèche, dût se multiplier pour ne pas rester au-dessous de sa tâche. Ne fut-il pas obligé d'entourer lui-même d'une haie le coin de terre destiné à servir de sépulture aux pestiférés[1]! Aussi bien la supplique qu'il adressa au Parlement, le 22 décembre 1720, et qui est signée par lui, de Beauverget, André, Gayon, Isnard, très touchante dans sa naïveté, donne un tableau exact de la situation : « Messieurs, les pauvres habitants de Corbières se donnent l'honneur de vous écrire avec des cœurs percés de douleurs et les larmes aux yeux pour vous représenter le déplorable état où le bon Dieu nous a voulu réduire par la maladie de la peste... Nous avons 96 morts, 58 convalescents et 12 malades. Il y en a 4 qui sont bien mal... Nous ne savons plus de quel bois faire flèche puisque nous n'avons plus ni argent, ni moutons. Pour du blé et du vin nous en avons pour fournir à nos convalescents, puisque nous ne saurions vendre une charge de blé à cause de la maladie. Nous nous trouvons sans linge, quoique nous ayons fait trois fois la quête. Les pauvres habitants ont donné même de leur petit nécessaire. C'est dans cette occasion qu'on voit bien la misère de Corbières. De bien loin on ne peut pas voir un plus pauvre lieu. Bien du monde le savent, et nous vous disons bien la vérité, puisque nous avons tous la mort sur la lèvre. Le second consul, il est mort de la peste. Le premier, qui est un pauvre ménager chargé de six enfants, il y a bien cinq mois qu'il ne peut rien faire pour gagner la vie de sa pauvre famille

---

1. Archives des Bouches-du-Rhône, C., 944.

pour les obligations qu'il est obligé de faire. Sans lui nous aurions été mal dans nos affaires. Nous vous demandons très humblement d'avoir quelque petite gratification pour lui... Pour nous, nous sommes comme un vaisseau qu'il est sur la mer sans voile et sans timon : mais le bon Dieu et la Sainte Vierge s'en rendront le pilote pour aller au ciel, car nous voyons tous les jours l'image de la mort. »

Ce que n'indiquent pas les signataires de la supplique, c'est le nombre des victimes, et il fut considérable : 127, dont 92 du 25 septembre au 28 décembre 1720 et 35 de ce jour au 13 avril 1721. On célébrait à cette date la fête de Pâques. Le curé Melve, qui était resté vaillamment à son poste, mentionne le dernier décès en inscrivant au registre mortuaire ces paroles empruntées à l'Évangile du jour : *Qui nostram mortem moriendo destruxit et vitam resurgendo reparavit.* Il aurait pu également mentionner la dépense totale qui s'éleva à la somme de 8.811 livres 3 sols 3 deniers, savoir 705 pour le blé, 1.090 pour la viande, 650 pour les remèdes, 968 pour les matelas et linges, 1.140 pour frais d'ensevelissement et 120 pour installation d'un nouveau cimetière, sans parler des honoraires des médecins et de la désinfection. Au 16 décembre 1720, l'assemblée[1] des communautés avait voté un secours de 500 livres. Ce fut seulement le 19 juillet 1721 que le marquis d'Argenson signa l'autorisation de déblocus[2].

Plus encore que Gaubert et que Corbières, le village de Sainte-Tulle fut ravagé par la peste[3], car il perdit plus de la moitié de ses habitants, 426 sur 810. Sainte-Tulle est un village ouvert de toutes parts, et à quelques pas du grand chemin de Marseille. Aussi, dès le 4 août 1720, le conseil municipal avait-il pris de sévères mesures de précaution. Une ceinture de fascines et de palissade avait été improvisée, au prix de 220 livres. Alphéran et Denis avaient été nommés intendants de la santé. On avait

---

1. Archives des Bouches-du-Rhône, C., 929.
2. *Ibid.*, C., 910.
3. Robert, *Histoire de Sainte-Tulle.*

équipé une garde bourgeoise de six hommes, et, de plus, envoyé quatre hommes et un officier au bateau de Mirabeau, et une autre escouade de huit hommes aux deux portes des bateaux de Manosque. Trois jours après, le 7 août, on apprenait la mort soudaine d'Anne Bonnet, qui arrivait de Marseille avec un nourrisson. Le 8 et le 9, mouraient deux autres personnes, mais, comme elles ne présentaient aucun des caractères de la peste, on se rassura. Ces morts soudaines avaient néanmoins paru fort étranges. On se décida à faire l'autopsie du premier mort, et la constatation fut navrante. C'était bien à la peste qu'avaient succombé les malades, et à une peste si violente que, du 19 septembre, jour de l'autopsie, jusqu'au 6 décembre, moururent plusieurs centaines de contaminés : en un seul jour, le 3 octobre, jusqu'à dix-sept, ce qui était, proportionnellement à la population, plus effrayant qu'à Marseille. Le blocus fut aussitôt déclaré, et le lieutenant de Mazade en fut nommé commandant, avec des soldats du régiment de Provence, pour en assurer l'exécution. Trois chirurgiens furent chargés du service. Deux d'entre eux, Martin et Queyras, furent emportés dans la quinzaine, et le troisième, Archimbaud, ne consentit à rester qu'avec un traitement de 500 livres par mois, une pension viagère et la nourriture[1]. A grand'-peine recruta-t-on quatre corbeaux. Il en mourut deux et les survivants exigèrent double salaire, soit 6 livres par jour. Ils devaient de ce chef toucher 1.320 livres. Trois infirmeries avaient été créées : à la chapelle Saint-Pierre, à la chapelle Sainte-Tulle et à la bastide Archimbaud; mais, comme les locaux furent bientôt trop exigus, le marquis d'Argenson conseilla de transformer en hôpital les écuries et quelques chambres du château de Tourves. Dix infirmiers ou infirmières s'y installèrent aussitôt, et commencèrent leur triste service.

A Sainte-Tulle comme à Marseille, les habitants, pénétrés de l'idée qu'il étaient punis pour leurs crimes et qu'il fallait désarmer la colère de Dieu, eurent la pensée

---

1. Archives des Bouches-du-Rhône, C., 929.

d'une expiation. Les consuls Alphéran et Dauvergne convoquèrent les survivants sur la place de l'église paroissiale (le 9 septembre), et proposèrent d'instituer une procession annuelle et perpétuelle, à laquelle assisteraient, pieds nus et la corde au cou, tous les magistrats municipaux et au moins une personne de chaque famille [1]. Ils décidèrent qu'une amende de 10 livres serait infligée à quiconque serait surpris travaillant le dimanche, et enfin ordonnèrent un jour de jeûne général. Malgré leurs pieuses résolutions, les habitants de Sainte-Tulle ne virent pas cesser leurs maux. Le fléau atteignit son apogée du 22 septembre au 14 octobre. L'affolement fut alors général. On s'imagina que toutes les maisons étaient contaminées et qu'il fallait vivre au grand air. Des tentes furent donc dressées aux quartiers de Piétourousse, Collet-Pointu, Saint-Pierre et le Thor. Le notaire Blanchard courait de l'une à l'autre pour recevoir les testaments. Il avait été bien rudement atteint, car en un jour il avait perdu deux de ses fils et avait été obligé de les enterrer lui-même sous un gros noyer, à quelque cent pas de sa maison. Le curé Deferre mourut, excédé de fatigue. Un capucin, le P. Michel Ange, venu de Manosque avec le P. François de Salon, fut atteint par l'épidémie, mais se sauva « en buvant chaque matin un verre d'urine [2] ». Son collègue, moins bien avisé ou moins favorisé, ne voulut pas se soumettre à ce remède héroïque et mourut. Un vicaire, Archimbaud, fut seul épargné et donna tous les secours de la religion. Parmi les morts on signale le consul Dauvergne et avec lui sept membres de sa famille. On cite le cas extraordinaire de Claude Guérard, alors allaité par sa mère qui mourut. On le croyait si bien condamné qu'on l'avait déjà couché dans la bière, à côté d'elle. Il respirait encore. Une voisine eut pitié de lui et le recueillit. Il devait vivre jusqu'à quatre-vingt-quatre ans. Mentionnons enfin la folie étrange d'un individu qui, chaque nuit, appliquait aux tuyaux

---

1. Le fac-similé de la délibération, revêtue de quarante-cinq signatures, a été donné par ROBERT, ouv. cité, p. 188.
2. ROBERT, ouvr. cité, p. 179.

des fontaines et aux portes des maisons des emplâtres chargés de pus. Argenson ordonna de le tuer comme une bête fauve, mais il s'enfuit dans la tuilerie de Sagnas et s'y barricada. On l'y laissa mourir de la maladie qu'il avait contractée dans ses dégoûtantes opérations [1].

Au 6 décembre 1720, il y avait encore douze malades aux infirmeries, dont deux moururent en février et un troisième le 4 mars 1721. Ce fut le dernier décès constaté. On procéda à deux désinfections successives, et comme le marquis d'Argenson, exagérant peut-être la prudence, exigea, avant de prononcer la déconsignation, une désinfection générale, le docteur Fabre et le chirurgien Martin, de Manosque, l'exécutèrent en douze séances à partir du 7 juillet. Le 14 du même mois tout était terminé, mais Sainte-Tulle ne fut « rétabli dans le commerce » que le 26 septembre 1721, et la levée totale du blocus prononcée seulement le 23 décembre 1721; et encore le bureau de santé était-il maintenu, et on défendait de recevoir des étrangers sans billet, ou des marchandises sans certificat de provenance. Ces précautions paraissent peut-être exagérées, mais elles étaient justifiées par l'étendue et l'importance du désastre.

Sans parler en effet du capital humain qui avait disparu, la richesse publique était singulièrement compromise. On n'avait récolté ni vin, ni huile. Les vers à soie n'avaient pas été soignés. Faute de bras, le tiers du territoire n'avait pas été ensemencé. Les arbres fruitiers avaient été coupés pour le chauffage des troupes. Les meubles et hardes avaient été brûlés jusqu'à la paille en sorte qu'on n'avait pas de fumier. Pour tout secours l'archevêque d'Arles avait envoyé 200 livres, l'évêque de Sisteron 300, et l'assemblée des Communautés avait voté une somme de 500 livres (16 décembre 1720). Or les dépenses [2] avaient été considérables : 64.859 livres,

1. Voir, à propos de ces semeurs de peste, le très curieux article écrit par le docteur BIENVENU dans la *Médecine Internationale* de mars 1911.
2. Rapport des consuls (8 janvier 1722), cité par MACHEL, p. 148.

Elles se décomposaient ainsi qu'il suit : 900 livres aux frères Blanchard, capitaines des quartiers, 1.000 au docteur Archimbaud, 1.320 aux corbeaux, 2.245 infirmiers et nourriture, 3.838 pour 400 moutons, 200 pour du vin, 120 journées de bûcherons, 42 pour du sel, 82 pour de l'huile, 297 pour des drogues, autant pour des parfums, 200 pour habiller les convalescents dont on avait brûlé les vêtements, 256 pour les diverses désinfections, et 6.000 pour le blocus.

On a remarqué que la mauvaise chance s'acharne parfois après des individus : il en est de même pour les sociétés. Tout les accable à la fois. C'est ce qui arriva pour Sainte-Tulle. Il lui fallut subir et perdre un odieux procès intenté par le marquis de Tourves. Ce gentilhomme, dont la rapacité fait contraste avec d'autres dévouements, possédait à lui seul trente-six domaines nobles. Il aurait donc pu subir sans se plaindre le dommage, que, paraît-il, il avait souffert, quand on avait occupé, pour les transformer en infirmeries, quelques salles, d'ailleurs vides, de son château. On lui avait brûlé, l'enquête le prouva, deux tapisseries de Bergame en cuir mordoré, deux lits de cadis, un matelas et deux couvertures. Il réclama une indemnité énorme, et non seulement n'accepta aucune demande de réduction, mais encore mit tout en œuvre pour se faire payer. Il adressa même un placet au lieutenant-général de Brancas, qui se récusa et passa la pièce au marquis d'Argenson. Ce dernier aurait dû l'imiter, d'autant plus que c'est lui-même qui avait désigné le château comme pouvant servir d'infirmerie; mais il prononça une sentence[1] (29 mars 1721) en vertu de laquelle les infortunés habitants de Sainte-Tulle étaient condamnés à payer au marquis pour meubles détériorés 7.551 livres 9 sols, plus 150 francs pour frais du rapport de liquidation, plus une somme indéterminée pour blanchîment du château. Le jugement était exécutoire dans un mois. La commune protesta, mais un lieutenant et quatorze grenadiers arrivaient aussitôt à

---

1. Archives des Bouches-du-Rhône, C. 919.

Sainte-Tulle pour y tenir garnison. Le conseil, poussé à bout par les exigences de cette soldatesque, se résigna à contracter un emprunt de 9.000 livres, mais il ne put jamais se procurer toute cette somme, et dut recourir à de misérables expédients. Les marguilliers de l'église prêtèrent 434 livres 7 sols. On vendit à Aix sept chaînes d'argent et quelques aunes de ganse dorée pour 353 livres 15 sols 11 deniers. La confrérie du Rosaire se défit de quelques bijoux pour 51 livres 12 sols. Quant au blanchîment du château il coûta 1.200 livres, et les dépenses des garnisaires s'élevèrent à 999 livres. Vraiment la mesure était comble, et les habitants de Sainte-Tulle avaient le droit de garder à leur seigneur une sérieuse rancune; mais en ce monde tout se paie un jour ou l'autre, et j'imagine que le châtelain de Tourves, si largement indemnisé, s'il n'éprouva pas quelque remords de sa rapacité, en reçut, d'une façon ou d'une autre, le châtiment mérité.

Il nous resterait à établir le bilan des pertes subies par la Provence du fait de la maladie qui la ravagea, et cela non seulement pour les soixante-neuf localités contaminées, mais aussi pour toutes les localités qui eurent à prendre des précautions contre le fléau dévastateur. Les éléments de ce travail existent, mais nous ne pouvons l'entreprendre ici, car il nous entraînerait trop loin. Il nous suffira d'indiquer les principales pièces qui pourront être utilisées par nos successeurs. Aux Archives départementales des Bouches-du-Rhône (c. 911) on conserve un mémoire adressé par le Procureur du pays au Contrôleur Général pour solliciter les secours du Roi; le compte des recettes et dépenses des sommes accordées par le roi à la province, rendu par le sieur Gautier, trésorier des États, le 2 avril 1722; le compte rendu aux Procureurs du pays par les sieurs Fédon et Alphéran de la recette et dépense par eux faites de blés achetés pour la province; l'état des dépenses faites pendant la contagion pour la garde des lignes de blocus : 1.140.694 livres 15 sols 1 denier; la dépense pour la ligne de blocus formée sur le Jabron, remboursée aux communautés par le pays, 150.451 livres 1 sol. Signalons encore l'état[1] de distribution des secours que la province fit donner en 1721 aux communes affligées de la peste, soit en argent, soit en blé, viande, etc.; le compte des agents commis par la province pour recevoir l'argent et les secours en nature destinés aux communautés affligées par la peste et pour en opérer la distribution [2]; l'état[3] des drogues achetées par la province pour la composition du parfum ordonné par le règlement de M. de Caylus pour la désinfection des hardes, meubles et maisons des villes et lieux qui ont été attaqués de la contagion et de la distribution qui en a été faite par ordre de MM. les Procureurs du pays; sans parler de diverses notes particulières, dont quelques-unes assez curieuses, par exemple celle d'un pharmacien de Barbantane, Millaudon : « mémoire de tout ce que j'ai envoyé aux villes et lieux contaminés par ordre de M. l'intendant et de MM. les procureurs du pays[4] à savoir à Orgon le 8 avril 1721, 50 livres; à Saint-Rémy le 8 avril, 100 livres; le 14 mai 50; le 24 juillet, 100; le 11 septembre, 50; à Saint-Michel de Frigolet et à Arles le 22 septembre 25 et 100 livres. » On trouve en outre aux Archives[5] nationales, aux dates de septembre et d'octobre 1721, deux « états des morts qu'il y a eu dans la province depuis que la maladie s'y est manifestée », plus deux lettres de Lebret, datées du 10 février et du 5 novembre 1722, jointes à un gros[6] mémoire sur l'état des dommages soufferts de 1720 à 1722 par les habitants de la province à cause des lignes de blocus des lieux attaqués par la contagion. Il résulte d'un autre document, également conservé aux Archives nationales[7] que les communautés de Provence

---

1. Cet état comporte 141 pièces (C., 921) 74 (C., 922) et 169 (C., 920).
2. Cet état comporte 330 pièces (C., 923), 313 (C., 914), et 368 (C., 925).
3. Archives des Bouches-du-Rhône, C. 915. Curieuse note du pharmacien Imbert qui réclame pour 1.469 livres de parfums fournis à Berre 5.876 livres, pour 100 fournis à Rognac 800 livres, pour 217 fournis à Simiane, 868 livres, et pour 363 fournis à Nans 1.448 livres.
4. *Ibid.*, C. 915.
5. Archives nationales, G7, 1733 et 1734.
6. *Ibid.*, G7, 1736-1737.
7. *Ibid.*, H., 1198-1202.

ayant eu la peste avaient dépensé au 18 août 1722, de leur propre fonds, 680.048 livres 10 sols 3 deniers. Elles avaient reçu des avances du Régent, 1.299.888 livres 9 sols 2 deniers ; des avances de la province, 1.339.394 livres 6 sols 3 deniers, et de leurs emprunts 2.910.792 livres 4 sols : en tout 6.230.123 livres 9 sols 8 deniers. Par conséquent elles devaient tant à la province qu'à leurs créanciers la somme de 4.250.186 livres 10 sols 3 deniers. Ces chiffres ne concordent pas avec ceux d'un autre document daté de 1723 (Archives nationales, H. 1198 — 02) et qui porte à quinze millions la dette des communautés. Seule une étude minutieuse des pièces comptables donnera le chiffre définitif : nous ne cherchons pour le moment à dégager qu'un fait unique, à savoir que le « dégât matériel » fut aussi considérable que « le dégât humain » et que la peste de Provence fut réellement un malheur national.

Aussi bien, il serait injuste de ne pas reconnaître que le gouvernement s'efforça d'atténuer, dans la mesure du possible, les conséquences de ce désastre. Qu'on nous permette, malgré l'aridité des chiffres, de citer un document conservé aux Archives nationales, le « Bordereau des secours qui ont été envoyés en Provence à l'occasion de la contagion, depuis le 7 juin 1721. » Gautier, trésorier de Provence, a reçu de Geoffroy, caissier de la caisse commune des receveurs généraux, 700.520 livres, et de Russel de Lyon 100.000 livres, en tout 800.520 livres, pour payer les bestiaux envoyés par le sieur de la Chapelle, suivant le compte par lui rendu à d'Enry, intendant d'Auvergne, le 17 janvier 1722. En outre, il a reçu pour des blés envoyés de Languedoc en Provence par le sieur de la Rocq, suivant le compte qu'il a rendu à M. de Bernage, intendant du Languedoc 15.785 livres ; en blés envoyés de Montauban par le sieur Herpaille 16.839 livres ; en blés envoyés de Lyon par le sieur Rusnel 82.851 livres. Ce ne sont pas les seuls sacrifices d'argent consentis par le pouvoir central. Le caissier

1. Archives nationales, H., 1198-02.

Geoffroy a payé à Paris à divers médecins, chirurgiens et apothicaires 176.233 livres 15 sols, et aux membres du corps médical qui ont servi en Provence 128.475 livres; le tout sans parler de 540.000 livres que le Roi a fait payer par la Monnaie de Riom au sieur Sulque, chargé de la fourniture des viandes pour la Provence du mois de septembre 1720 au mois de juin 1721, à raison de 60.000 livres par mois; plus 245.000 livres qui ont été fournies par la Monnaie d'Aix antérieurement au 7 juin 1722, et, pour mémoire, les blés envoyés par le sieur de la Brisse, intendant de Bourgogne, antérieurement au 1er juin 1721. Notons encore que la Provence a été admise à payer en billets de banque la moitié de ses impositions pour l'année 1720, et toutes ses impositions pour les années 1721 et 1722 : ce qui constituait une réelle économie, étant donnée la dépréciation des billets. Enfin, par décision du 1er novembre 1723, le Roi accordait à la Provence une remise de 4.500.000 livres, à répartir en quinze années, « en considération tant des pertes et des dépenses excessives que la contagion a causées à ce pays, que des dettes qu'il a contractées à l'occasion de cette maladie », et cette somme se répartissait ainsi, pour l'année 1723, remise du don gratuit entier, soit 700.000 livres, et pour les années suivantes jusqu'en 1737, remise de 200.000 livres.

Il nous faut donc renoncer à la légende qui veut que Marseille et la Provence aient été abandonnées par le gouvernement. A vrai dire, tout le monde a fait son devoir. Les récriminations sont inutiles, et ce ne sera pas un réconfort médiocre que de rappeler ici que, dans cette catastrophe nationale, les Français ont resserré les liens de solidarité qui les unissaient déjà, comme ils seraient disposés à les nouer de nouveau si, ce qu'à Dieu ne plaise, quelque fléau s'abattait encore sur eux.

Quant au nombre des victimes, nous savons déjà qu'il est impossible de le déterminer avec précision, d'abord parce que les registres de l'Etat civil n'étaient pas alors

---

1. Archives nationales, H., 1198-02.

tenus avec assez d'exactitude, et surtout parce que, dans la confusion des événements, non seulement on ne s'inquiéta pour ainsi dire pas des cas isolés, mais aussi que les parents eux-mêmes négligèrent souvent les déclarations nécessaires. Nous ne pouvons, mais sous toutes réserves, que reproduire le tableau donné une première fois par Chicoyneau, dans son *Traité de la peste* et réédité par Papon dans son *Histoire de Provence*.

VILLES.	NOMBRE des habitants.	DURÉE de la maladie.		NOMBRE des morts.
Apt.	6.000	1er août 1720	- 2 fév. 1721.	251
Vitrolles.	800	2 août	— 1er avril —	209
Ste-Tulle.	810	7 août	— 1er avril —	430
Aix.	24.000	9 août	— 1er sept. —	7.534
Aubagne.	7.000	15 août	— 1er sept. —	2.114
Mayrargues.	850	15 août	— 28 sept. —	384
Allauch.	5.000	16 août	— 28 sept. —	942
Lançon.	1.800	22 août	— 28 janv. —	816
Roussillon.	1.100	25 août	— 7 mars —	154
Les Pennes.	740	25 août	— 26 janv. —	223
Le Puy.	900	29 août	— 26 janv. —	29
St-Canadet.	125	29 août	— 26 janv. —	32
St-Zacharie.	1.050	30 août	— 3 mars —	254
Gaubert.	500	4 sept.	— 31 déc. 1720.	29
Gignac.	470	10 sept.	— 31 mai 1721.	10
Cassis.	3.500	15 sept.	— 1er fév. —	214
Rognac.	370	18 sept.	— 1er fév. —	243
Perthuis.	4.000	25 sept.	— 10 mai —	364
Caseneuve.	1.100	25 sept.	— 3 mars —	18
Corbières.	400	25 sept.	— 11 avril —	131
Bandol.	100	25 sept.	— 15 déc. —	32
Nans.	500	27 sept.	— 15 déc. —	125
Berre.	2.000	28 sept.	— 15 déc. —	1.071
Cucuron.	3.500	1er oct.	— 15 déc. —	730
Gardane.	2.000	3 oct.	— 7 oct. 1720.	6
Pellissanne.	2.200	6 oct.	— 2 juin 1721.	223
Villars.	300	9 oct.	— 31 déc. 1720.	42
Martigues.	6.000	12 oct.	— 31 déc. —	2.150
Simiane.	774	15 oct.	— 10 juil. 1721.	264
Toulon¹.	22.000	17 oct.	— 10 juil. —	13.160
Le Canet.	600	18 oct.	— 31 mai —	198
St-Savourin.	4.000	22 oct.	— 31 juil. —	206
St-Rémy.	3.000	1er nov.	— 31 juil. —	996
Auriol.	3.200	1er nov.	— 31 juil. —	1.595

1. D'après d'Antrechaus, Toulon avait 26.762 habitants, et en aurai perdu 13.283.

VILLES	NOMBRE des habitants.	DURÉE de la maladie.	NOMBRE des morts.
Venelles.	410	1er nov. — 15 janv. —	33
Salon.	4.000	4 nov. — 15 janv. —	700
Rustrel.	750	14 nov. — 15 fév. —	13
Vaugives.	200	2 déc. 1720 - 27 avril 1721.	34
Arles.	22.000	17 déc. — 27 avril —	8.110
Tarascon.	10.000	17 déc. — 1er août —	210
Mazaugues.	440	17 déc. — 4 avril —	168
Gemenos.	1.100	20 déc. — 6 avril —	54
Orgon.	1.700	29 déc. — 18 avril —	105
Maillanes.	750	7 janv. 1721 - 18 avril —	106
Ollioules.	3.500	8 janv. — 18 avril —	1.100
La Valette.	1.660	20 fév. — 10 juil. —	1.203
Le Revest.	650	1er juin — 10 juil. —	465
Forcalqueiret.	147	7 juin — 1er août —	85
La Garde.	415	11 juin — 1er août —	230
Garcoult.	1.200	13 juin — 1er août —	163
Ste-Anastasie.	500	14 juin — 1er août —	144
Le Puget.	1.060	3 juil. — 1er août —	88
Roquevaire.	2.500	9 juil. — 1er août —	46
Néoules.	450	16 juil. — 1er août —	143
St-Nazaire.	1.500	24 juil. — 1er août —	30
Frigoulet.	60	12 juil. — 1er août —	19
Graveson.	900	15 juil. — 1er août —	8
Noves.	1.228	16 juil. — 1er août —	98
	157.899	Total :	48.525

Dans les localités provençales contaminées, à peu près le tiers de la population avait été enlevé par le terrible fléau. La colère céleste, d'après les théories de l'époque, s'était donc suffisamment manifestée, et on pouvait appliquer à la Provence ces paroles du Prophète : « Tous ceux qui auparavant avaient la joie dans le cœur sont dans les larmes. Le bruit des tambours avait cessé ; les cris de joie ne s'entendaient plus ; on ne buvait plus de vin en chantant des airs, et toutes les liqueurs agréables étaient devenues amères. »

LE CHEVALIER ROZE
(Collection J.-B. Samat.)

CHAPITRE XIII

LA PESTE EN LANGUEDOC ET DANS LE COMTAT

I

LA PESTE EN LANGUEDOC

La Provence avait payé un large tribut à la maladie, mais il était à craindre que le fléau destructeur n'exerçât ses ravages dans le reste du royaume, car on avait longtemps et de parti pris, surtout au début, fermé les yeux sur l'imminence du danger, et les précautions n'avaient été ordonnées que bien tard. On avait même commis des imprudences en donnant la libre pratique à des voyageurs venant de pays notoirement contaminés, et on s'était ainsi exposé à répandre partout le mal contagieux. Il est vrai que, lorsque l'hésitation ne fut plus possible, on lutta avec énergie contre l'épidémie, et même qu'on exagéra les précautions.

C'est surtout en Languedoc que la lutte contre la peste s'imposa comme une nécessité, non seulement parce que de toutes les provinces c'était la plus exposée à cause de son voisinage immédiat avec les localités attaquées, mais surtout parce que des relations de tous les jours existaient entre Provençaux et Languedociens.

et qu'à vrai dire les pays riverains de la Méditerranée avaient une existence commune, et risquaient fort, étant unis par les mille liens de la parenté, de l'amitié ou des intérêts, d'être éprouvés par la même catastrophe.

Le gouverneur du Languedoc était le duc de Roquelaure, grand seigneur qui avait bravement fait son devoir dans la guerre de succession d'Espagne et lors de la pacification des Cévennes. Aidé par l'Intendant de Bernage, un de ces excellents fonctionnaires de l'école de Colbert qui rendirent tant de services au pays par leur endurance au travail et leurs capacités administratives, il avait réussi, malgré la dureté des temps, à maintenir l'ordre dans la province : il y jouissait même d'une véritable popularité. A la première apparition de la peste en Provence, tout en autorisant les transactions commerciales et même en facilitant la vente des blés et des bestiaux, il n'avait pas hésité à prendre des mesures contre l'épidémie. Dès le 4 août 1720, il avait écrit à toutes les villes de la province, en les engageant à surveiller les allées et venues des habitants. Trois jours plus tard, le 7 août, il prescrivait à toutes les portes et aux avenues qui conduisaient à Toulouse une étroite surveillance. Il chargeait même le capitaine de santé, fonctionnaire toujours en exercice depuis les grandes épidémies du seizième siècle, de poser des barrières aux principaux carrefours, de nettoyer les rues, de réparer les brèches ouvertes aux remparts, et d'armer les patrouilles. Le même jour était nommée une commission de douze membres dite commission de santé. Ce n'était pas encore une déclaration de guerre, mais c'étaient déjà des préparatifs de lutte.

Comme les nouvelles empiraient, le conseil municipal [1] de Toulouse se rassembla le 3 septembre, et décida la nomination d'un bureau de santé, dont feraient partie les Capitouls en exercice, quelques conseillers munici-

1. La plupart de ces détails relatifs à Toulouse sont empruntés à la *Continuation de l'histoire du Languedoc* de DEVIC et VAISETTE, t. XIII, *passim*.

paux, et les douze membres de la commission de santé. La première séance du bureau de santé eut lieu le 6 septembre, en présence de Marmiesse, président à mortier, des conseillers Prougen, Tournier, d'Assézac, du procureur général Le Mazuyer, et de l'avocat général de Sagel. D'importantes décisions y furent prises. Tout d'abord on s'occupa des pauvres honteux, en faveur desquels on institua des quêtes générales. On ordonna ensuite une vérification très minutieuse de toutes les boutiques d'apothicaires, car on craignait que les médicaments ne fissent défaut. On rédigea une formule, destinée à l'impression, pour les billets ou billettes de circulation, car on voulait éviter l'abus des autorisations particulières, accordées avec trop de facilité et sans aucune garantie. Le service de la garde bourgeoise fut organisé. Tous les bourgeois durent, à tour de rôle, en faire partie. On choisit au nord de Toulouse, dans ce qu'on appelait la Grande Lande, trois maisons particulières, destinées à servir d'infirmeries. Enfin, on ordonna de livrer aux flammes divers ballots de marchandises provenant de localités contaminées.

Toutes ces mesures, inspirées par les circonstances, furent bien accueillies par l'opinion publique. Il y eut bien quelques résistances de la part des négociants dont on brûlait les marchandises suspectes, mais ils reçurent des indemnités et ils eurent le bon esprit de s'en contenter. Quant aux propriétaires de la Grande Lande, l'un d'entre eux, la veuve Belot, déclara qu'elle ne céderait qu'à la violence, mais on lui donna huit jours pour déguerpir et elle s'exécuta. A vrai dire il n'y eut de difficulté qu'avec les gardes bourgeoises, et uniquement pour une question de préséance, qui fut rapidement réglée. Les chanoines de Saint-Étienne avaient annoncé qu'en vertu de leurs privilèges et en qualité de supérieurs hiérarchiques, ils ne consentiraient pas à monter la garde à côté de simples prébendés. Il n'y avait qu'à sourire de ces prétentions surannées. Roquelaure ne les prit pas au sérieux. Il se contenta de rappeler au sentiment de leurs devoirs ces partisans de l'inégalité, et leur adressa une lettre fort digne, mais où l'ironie perçait sous chaque mot [1] (11 juin 1721 : « Tenez la main à ce que cela soit exécuté ponctuellement, de manière que je n'en entende plus parler, observant de faire sentir à MM. les chanoines et aux prébendés que, dans la conjoncture présente où il s'agit du salut de la patrie, il ne doit pas être question de préséance. »

En même temps qu'à Toulouse, toutes les villes du Languedoc prenaient leurs précautions contre l'invasion probable du fléau. Il en est deux surtout, Nîmes et Beaucaire, qui, à cause du voisinage immédiat et de la fréquence des communications, étaient directement menacées. Les consuls de Nîmes [2], dès les premiers jours du mois d'août, avaient demandé à Roquelaure des instructions spéciales et s'y étaient rigoureusement conformés. Toutes les mesures de précaution ordinaires avaient été prises. Huit barrières avaient été construites aux principales avenues, et elles étaient gardées par des soldats. L'évêque, de la Parisière, avait prié un des plus renommés docteurs de la Faculté de Montpellier, Astruc, de rédiger un mémoire sur le traitement à suivre, et le syndic de la province y ajouta le rapport des médecins envoyés en mission à Marseille, Chicoyneau et Verny. Les deux documents furent imprimés et distribués dans tout le terroir. Lorsque la peste augmenta, et que le danger fut plus redoutable, le conseil de la ville non seulement créa un bureau de santé spécial, mais encore s'approvisionna en bois et en charbon, et ordonna d'exhausser les murailles de la ville pour empêcher les introductions suspectes (12 octobre 1720). Quelques jours plus tard, il décidait l'inventaire de tous les médicaments alors existant dans la pharmacie. Un rapport général fut dressé à ce sujet par le docteur Durand (21 décembre 1720), et, comme on avait constaté l'insuffisance des provisions d'ipécacuana, de casse, de tamarin et de manne, un crédit extraordinaire fut voté pour acheter

---

1. Devic et Vaissette, *ouvr. cité*, p. 948.
2. Ménard, *Histoire de Nîmes*, t. VI, p. 489.

ce qui manquait. En même temps, les pharmaciens recevaient l'ordre de ne plus délivrer au dehors le moindre médicament. Tant que dura l'épidémie, les Consuls ne négligèrent aucune précaution. Ainsi, le 15 mai, pour éviter l'infection causée par le tirage des cocons de vers à soie, ils prennent de sages mesures d'hygiène. Ils ordonnent la mise à l'évent de toutes les marchandises achetées en Gévaudan, où la peste exerçait ses fureurs, et les font déposer en quarantaine dans la métairie de Mirabel. Ils interdisent la foire de Beaucaire (17 mai). Lorsque la ville d'Alais est attaquée par le fléau, ils établissent une ligne de blocus à peu près infranchissable, et redoublent de précautions. Perquisitions dans les maisons suspectes, achat de drogues et de provision, défense aux jardiniers et aux meuniers de faciliter l'entrée des marchandises dans la ville sous peine d'amende, et, en cas de récidive, sous peine de carcan, et, ce qui pour l'époque était un véritable progrès et une réelle innovation, ordre de construire des latrines dans toutes les maisons ; rien ne fut négligé. C'est à cette prudence que Nîmes dut son salut. La peste n'y fit aucune victime, et les Nîmois eurent même la satisfaction de pouvoir rendre service à leurs voisins d'Alais et surtout à ceux d'Arles. Les Arlésiens leur avaient écrit une lettre touchante pour implorer leur secours. Les consuls, par délibération spéciale en date du 4 juillet 1721, décidèrent l'envoi immédiat à Arles de deux chirurgiens, de six ballots de vieux linge, et de 100 livres de thériaque, fabriqué spécialement pour leurs besoins et avec toutes les garanties d'authenticité. Les Arlésiens se montrèrent reconnaissants de ce bon procédé. Lorsque les communications furent rétablies, en décembre 1722, les Consuls firent en corps, et à titre officiel, une visite de remerciements à leurs collègues de Nîmes. Cette visite fut rendue, et de grandes fêtes marquèrent la reconnaissance populaire.

A Beaucaire[1], à cause de sa situation sur le Rhône, en face d'une ville contaminée, Tarascon, et par suite du

1. DE FOURTON, *Mémoires pour servir à l'histoire de Beaucaire*.

grand concours d'étrangers attirés chaque année par la célèbre foire de juillet, de minutieuses précautions s'imposaient. Les Consuls [1] — ils se nommaient en 1720 Jacques de Maillan, Brouzet, Brunel et Cartailler — ne manquèrent pas à leur devoir. Dès le mois d'août 1720, ils interrompaient brusquement toute communication avec la Provence, et, avec l'aide du marquis de Nogaret, établissaient un cordon sanitaire avec postes, gardés par de forts détachements, à la métairie Courtois, au pont, au jardin Foussart, à Saint-Denis, à Tournaire, et aux métairies de l'Allemand, de Saujan et de Maillan. Un bureau de santé était institué et toutes les mesures de précautions ordinaires prises. Les Beaucairois espéraient ainsi se garantir du fléau, et tenir, comme de coutume, la grande foire qui les enrichissait ; mais on savait que beaucoup de marchandises avaient été déjà transportées de Marseille à Beaucaire, et on redoutait l'apparition du fléau. Bernage ordonna d'enfermer dans des magasins spéciaux, pour les purifier, toutes celles qui n'étaient point sorties de la ville, et d'arrêter celles qui étaient en route ou déjà arrivées dans d'autres villes du Languedoc, avec injonction, sous peine de confiscation, d'en faire la déclaration aux consuls. Comme, malgré ces mesures préventives, une vaste contrebande s'était organisée, Bernage recourut à des mesures plus sévères. Les négociants furent tenus, sous peine de mort, de déclarer toutes les marchandises de provenance orientale, qu'ils possédaient en magasin, soieries pures ou mêlées d'or et d'argent, tissus, laines, fils, cotons, toiles peintes, mousselines, etc. Ces étoffes seraient transportées dans des ateliers de ventilation, désinfectées et rendues seulement après avoir subi ces diverses épreuves, constatées par des marques particulières. Si, après trois jours de répit, la déclaration n'était pas faite, les étoffes seraient brûlées et leurs propriétaires mis à mort. Comme on comprit que cette ordonnance draconienne serait d'une

---

1. Ils furent remplacés, en 1721, par de Roger, Roustan, Amoreux, Guigue, et, en 1722, par d'Aurivilliers de Saint-Montant, Pagès, Bon, Fauque.

application difficile, on prit bientôt une décision plus grave, mais qui, du moins on l'espérait, couperait court à tout danger de contamination, celle de supprimer la foire ; et comme les Beaucairois craignaient qu'elle ne fût autorisée dans une autre localité, on leur promit de « n'indiquer aucune autre ville pour en tenir lieu ». Cette ordonnance d'interdiction est du 17 mai 1721. Si les Beaucairois furent ruinés par cette défense, au moins furent-ils préservés de la peste. Ils eurent même, le 6 mars 1721, le plaisir de contempler sur l'autre rive du Rhône, en face d'eux, à Tarascon, la fameuse procession de la Tarasque que leurs voisins célébrèrent en l'honneur de leur patronne sainte Marthe, qui, dans cette circonstance, ne les défendit pas contre la contagion. C'est à cette cérémonie que faisaient allusion les consuls de Tarascon, Marian et Fabre, dans une lettre[1] qu'ils adressaient, le lendemain 7 mars, à leurs collègues de Beaucaire : « Nous étions véritablement pénétrés de la bonté de vos cœurs, par les soins secourables que vous avez eus pour nous, et que nous espérons que vous nous continuerez dans ce temps de calamité, mais nous l'avons encore plus été par le zèle pieux que vous nous avez montré dans le spectacle touchant qui parut hier entre nos deux villes, aux bords du fleuve qui les sépare... Nous vous prions de remercier les messieurs de votre vénérable chapitre, les corps religieux, la noblesse et tous les états de leurs ferventes prières, dont nous garderons éternellement le souvenir dans nos cœurs, et que nous mettrons en mémoire dans nos archives. »

A l'exemple de Beaucaire et de Nîmes, toutes les autres villes languedociennes se prémunirent contre le fléau menaçant. A Montpellier[2], il y eut même entre les corps constitués comme un combat de générosité pour déterminer l'ordre dans lequel les compagnies de milices bourgeoises exerceraient leurs fonctions de surveillance.

1. DE FORTON, *Histoire de Beaucaire*, p. 629.
2. D'AIGREFEUILLE (édition La Pijardière), t. II, p. 311.

Les chanoines de la cathédrale réclamèrent et obtinrent l'honneur de composer la première patrouille, et, après eux, et à tour de rôle, la Cour des Aides, les trésoriers de France, les officiers du présidial, la noblesse et tous les corps d'état. Même empressement à Uzès, à Alais, à Marvejols, à Mende. Partout on installe des conseils de santé, on construit des barrières, on organise des rondes de surveillance. A vrai dire, aucune précaution n'est négligée, et c'est de pied ferme qu'on attend l'ennemi.

Ce qui peut-être était plus nécessaire encore que d'isoler les villes languedociennes, c'était de garantir la province tout entière contre l'invasion du fléau. Roquelaure et Bernage espérèrent qu'ils y réussiraient en établissant une ou plusieurs lignes de blocus, gardées par l'armée régulière, avec le concours des populations directement intéressées. La première de ces lignes, à l'est, du côté de la Provence, et au sud vers la mer, suivait le cours du Rhône et longeait la côte de la Méditerrannée, depuis la Camargue jusqu'à la pointe de Leucate. Comme les soldats n'étaient pas assez nombreux pour garder tous les postes, on fit appel aux milices bourgeoises en leur promettant une solde qui serait payée aux frais des communautés (août 1720). Les capitaines recevraient par jour 2 livres 10 sols, les lieutenants 1 livre 10 sols, les sous-lieutenants 1 livre 5 sols, les sergents 15 sols et les gardes 10 sols. En outre, la dépense pour l'entretien de chaque poste, chauffage, éclairage, mobilier, était fixée à 27 sols par jour pour chaque poste de 15 hommes, et à 18 sols pour les postes de 7 à 8 hommes.

Ce cordon sanitaire ne fut pas établi sans difficultés. Les communautés réclamèrent pour le paiement de la solde qui leur avait été imposé. On se décida, après de longues contestations, à faire supporter cette dépense par les États de la province. Les communautés demandèrent également que les milices bourgeoises fussent remplacées par des troupes régulières, car ce service extraordinaire gênait toutes les transactions et empêchait même les travaux de la campagne. L'archevêque de Narbonne, qui se trouvait alors à Paris, fut prié d'intervenir personnellement auprès du Régent, et il obtint gain de cause. Ce furent des soldats qui dorénavant occupèrent tous les postes de la ligne de blocus, et ils furent payés par le roi. Roquelaure obtint pourtant des États de la province une gratification de 30.000 livres, qui serait répartie entre les soldats pour les récompenser de leurs fatigues très réelles et de la surveillance incessante à laquelle ils étaient assujettis.

Veut-on savoir avec quelle minutie s'exerçait la surveillance[1] au cordon sanitaire? Un ambassadeur de Turquie, grand trésorier de l'Empire, Mehemet Effendi, repoussé de Marseille, venait de débarquer à Cette. On l'interna, malgré ses protestations, dans l'île de Maguelonne, et il dut y subir l'ennui d'une longue quarantaine. Lorsque fut signalée, dans ce même port de Cette, l'entrée de Dursault, envoyé de France à Alger, qui ne venait pourtant que de Toulon, on le retint prisonnier, et on ne le relâcha que lorsqu'il eut purgé sa quarantaine[2]. La mésaventure la plus singulière est celle qui fut infligée aux médecins de Montpellier, envoyés en mission à Marseille, et qui ne purent regagner leurs foyers qu'après des retards exaspérants. Lorsqu'ils quittèrent Marseille, on leur fit subir un premier arrêt à la Ciotat. L'un d'entre eux, l'étudiant Fournier[3], s'est fait le narrateur spirituel de ce voyage peu pratique. Quand ils arrivèrent à la Ciotat, on les enferma dans

---

1. Voir lettre des Échevins de Marseille à l'Intendant de Toulon, Hocquart, 14 janvier 1721 (Arch. mun., C. E., p. 70, recto), à propos des patentes indûment accordées au drogman de l'ambassadeur turc. — Lettre sur le même sujet à l'Intendant Bernage, 14 janvier 1721 (Arch. mun., R. G., p. 64, verso).
2. Voir lettre des Échevins de Marseille aux juges Conservateurs de la santé à Cette, 16 mars 1721 (Arch. mun., R. G., p. 68, verso), pour les avertir de l'arrivée dans leur port d'un navire suspect de la Martinique. « Comme le capitaine de ce vaisseau pourrait vous cacher ces faits, nous avons cru que, dans la conjoncture présente, il était à propos de vous en avertir, afin que vous fassiez tel usage que vous trouverez bon de l'avis. »
3. FOURNIER, *Observations sur la peste de Marseille*.

un couvent isolé, aux Capucins. « Nous essuyâmes, en entrant dans ce monastère, un parfum préparé dans la chapelle, si violent, que MM. Verny et Deydier, et deux domestiques, furent surpris, un moment après, d'une suffocation si terrible qu'ils auraient péri dans quelques minutes si, par des cris redoublés et un vacarme extraordinaire que nous fîmes aux portes, le commissaire et les gardes ne les eussent ouvertes. Ils en furent très incommodés pendant plusieurs jours, malgré tous les secours que nous leur donnâmes. » Les membres de la mission n'étaient pas au bout de leurs peines[1]. Quand ils partirent de la Ciotat, on ne les laissa débarquer sur la côte languedocienne que sur une plage déserte, entre la mer et des marais, où on avait disposé pour les recevoir, eux et leurs seize domestiques, cinq misérables huttes de feuillage, et encore on ne les y laissa pénétrer qu'après les avoir forcés à prendre un bain de mer, et avoir brûlé tous leurs vêtements. C'est là qu'ils passèrent de longues journées, exposés à un soleil ardent et dévorés par les moustiques. Ils étaient étroitement surveillés, et leurs gardiens avaient ordre de ne leur parler qu'à trente pas de distance. Un jour, leurs cabanes ayant brûlé, ils furent forcés de dormir ou plutôt de veiller en plein air, jusqu'à ce qu'on leur donnât un autre asile, et encore ne purent-ils y pénétrer qu'après qu'on eut de nouveau jeté au feu leurs vêtements. Ce traitement barbare et inutile fera sans doute oublier leur avidité et leur peu de désintéressement. Au moins eurent-ils la vie sauve, mais tous ceux qui essayèrent de franchir le cordon sanitaire et furent surpris par les soldats furent impitoyablement passés par les armes. Ainsi deux paysans de Marvejols qui venaient de faire la vendange dans leur pays, et essayaient de rentrer à Montpellier pour y exercer, pendant l'hiver, leur

1. Voir aux Archives de Marseille, section 15, n° 8, une lettre de Garcin, délégué par la ville de Marseille pour accompagner la mission, 15 juin 1721. — Cf. un compte du même Garcin « pour les frais qu'il a faits pour les médecins et chirurgiens qui ont fait leur quarantaine à la Ciotat et à l'île de Maguelonne pendant les mois de mai et juin 1721 ». Ce compte s'élève à 4.008 livres 9 sols.

métier de porteurs de chaises, furent dénoncés et fusillés sans autre forme de procès[1]. A Alais, deux jeunes gens, deux infirmiers, Saint-Jean et Laire, accusés et convaincus d'avoir franchi la ligne de blocus, furent décapités par ordre du commandant du cordon, de Rothe[2]. Cette rigueur était peut-être necessaire au début, mais elle nous semblera singulièrement exagérée.

Bientôt ce ne fut pas seulement le long du Rhône et sur le littoral maritime qu'il fallut disposer des postes. Comme la peste venait d'entamer le Bas-Languedoc, et même qu'elle devenait dangereuse dans le Gévaudan, et jusque dans le Vivarais, Roquelaure et Bernage résolurent d'isoler par une seconde ligne de blocus la partie orientale de la province. Cette ligne suivait le cours de l'Orb depuis les monts du Rouergue jusqu'à la mer. Elle coupait, par conséquent, toute communication avec le Haut-Languedoc, le Rouergue et l'Auvergne. L'Orb était sévèrement gardé, si sévèrement que la ville de Bédarrieux avait été séparée en deux quartiers et qu'une administration spéciale avait été créée pour le quartier de la rive droite du fleuve placé en dehors du cordon sanitaire. Ces précautions n'avaient pas leur raison d'être, car aucun symptôme de peste n'avait été signalé en dehors du Vivarais et du Gévaudan : aussi de vives protestations furent-elles soulevées. Les Etats du Languedoc, lors de la session de 1722, se firent les interprètes de l'opinion publique en réclamant la suppression de cette ligne, qui ruinait le commerce et ne présentait aucune utilité. On fit droit à leur demande, et on se contenta, au lieu de l'interdiction absolue, d'imposer une quarantaine de trente jours à tous ceux qui voudraient franchir le cordon sanitaire.

Lorsque le Gévaudan fut décidément envahi par le fléau, il fallut encore recourir à cette mesure indispensable pour la sécurité publique, mais déplorable au point de vue économique. Dès le 5 août 1721, toutes les

---

1. D'AIGREFEUILLE, *ouvr. cité*, t. II, p. 312.
2. X..., *Mémoires sur la ville d'Alais*, p. 607.

localités contaminées étaient bloquées. Une ligne de postes était établie qui s'appuyait sur le Tarn et l'Allier, rejoints à travers la montagne par le mont Lozère, Villefort, Provenchères et la forêt de Mercoire. On avait si bien organisé la surveillance que les baraques où se tenaient les soldats n'étaient pas éloignées de plus de deux portées de fusil l'une de l'autre. Toute personne qui tentait de franchir la ligne était impitoyablement arrêtée, et, en cas de résistance, fusillée sans jugement. Bientôt même une seconde ligne de postes fut installée qui, par Saint-Ambroix et Aubenas, rejoignait la première à Langogne, et, afin d'interdire plus sûrement le passage, on coupa le pont de Provenchères[1]. Il y eut à un moment jusqu'à 2.000 postes occupés, et, quand arriva le moment de payer les soldats et les paysans qui les avaient gardés, la dépense s'éleva à la somme de 900.000 livres.

Si pareille catastrophe se renouvelait, il serait impossible à l'heure actuelle, étant données la facilité et la fréquence des communications, de recourir à ces mesures extrêmes. Il nous faudra, cependant, rendre hommage à la prévoyance des fonctionnaires d'alors. Ils avaient raison de se précautionner ainsi contre le fléau et de sacrifier résolument les intérêts particuliers à la sécurité générale. Reconnaissons pourtant que parfois ils exagéraient la prudence. Ainsi Bernage ne s'avisa-t-il pas d'ordonner de déplier et de mettre à l'évent, pendant quarante jours, toutes les étoffes fabriquées dans le Gévaudan qui se trouvaient déposées dans les villes contaminées! Or, à Mende seulement, il y avait près de 12.000 pièces, et il était matériellement impossible de trouver un terrain assez grand pour les étendre. D'ailleurs, en les exposant ainsi à la pluie et aux orages, on risquait de les détériorer, et même de les perdre, et elles représentaient une valeur de 500.000 livres. Bernage était trop intelligent pour ne pas recon-

---

1. Bulletin de la société d'agriculture, industrie, sciences et arts de la Lozère, t. XV, p. 154.

naître le bien fondé des réclamations qui s'élevèrent. Il demanda alors que l'on construisît des halles ouvertes, assez grandes pour recevoir toutes ces étoffes. Là encore le temps manquait. Il se contenta d'une désinfection moins complète, et décida que les étoffes suspectes subiraient une première fumigation, puis seraient passées à l'eau bouillante, séchées à l'air, et enfin soumises à une seconde et définitive fumigation. Il fallut en passer par ces exigences.

Une autre fois, ce furent les fabricants d'essences et de liqueurs de Montpellier, ratafias, eaux de la Reine de Hongrie, de cédrat, de bergamote, etc., qui eurent à se plaindre des manipulations ordonnées par un agent de Bernage, l'inspecteur de Béziers Hocquard. D'ordinaire les bouteilles qui contenaient ces essences étaient enveloppées de mousse, et serrées les unes contre les autres dans des futailles en bois. Hocquard exigeait que ces futailles fussent flambées et mouillées à l'eau de chaux. Il voulait, en outre, que les bouchons des bouteilles fussent changés et la mousse qui les entourait brûlée. Les fabricants protestèrent. Ils firent remarquer que les bouchons étaient neufs et que la mousse qui entourait les bouteilles n'était pas susceptible d'infection, puisqu'elle était récoltée dans des étangs salins. Ils avaient raison, mais l'administration demanda des expertises et des contre-expertises. Choublier, prévôt des marchands de Lyon, et de Ruolz, conseiller à la Cour des Monnaies furent chargés de rédiger un rapport. Dès cette époque, les affaires contentieuses ne se traitaient pas à la légère. Rien encore n'était décidé, quand, heureusement pour l'industrie montpelliétraine, la province fut déconsignée.

Parfois même on eut à signaler de véritables puérilités : ainsi les agents de la régie du timbre, qui avaient besoin de renouveler leurs approvisionnements, furent menacés de ne recevoir les papiers dont ils avaient besoin qu'après qu'ils auraient été trempés au vinaigre, qui les brûlait, et les rendait impropres au service. Divers patrons de barques chargées de drogues achetées à Grasse et à Antibes ne purent débarquer leurs marchandises qu'après avoir passé par Marseille, qui leur délivrait ou leur refusait des certificats de santé, et, pendant ce temps, les malades risquaient de ne pouvoir exécuter les ordonnances de leurs médecins.

Aussi bien ce sont là les petits côtés de la question. Il serait injuste de ne pas reconnaître la vigilance, même exagérée, de tous les agents du gouvernement. Il nous faudra sur ce point accorder une mention spéciale au maréchal de Berwick. La Cour avait, en effet, investi de pouvoirs extraordinaires le glorieux vainqueur d'Almanza. Comme on connaissait sa fermeté et à l'occasion sa raideur dans l'exécution des ordres reçus, on l'avait chargé d'isoler par un cordon de troupes les provinces contaminées, ou simplement suspectées, en lui conférant une sorte de dictature militaire non seulement dans son gouvernement de Guyenne, mais encore dans les provinces d'Auvergne, de Bourbonnais et du Limousin. Ainsi que le lui mandait le chancelier d'Aguesseau, « il y a longtemps que j'ai dit qu'il n'y avait qu'à vous laisser faire, et nous serions bien gardés ». Berwick justifia la confiance qu'on lui témoignait. Il avait d'abord hésité à accepter cette mission, parce qu'il craignait de froisser son collègue Roquelaure, gouverneur du Languedoc, mais le Régent lui fit écrire par le secrétaire d'État Leblanc : « Vous êtes fort au-dessus du soupçon de vouloir empiéter sur le commandement de M. de Roquelaure, et cette crainte ne doit point être balancée avec le bien public, qui a toujours fait votre principal objet. » Dès lors le maréchal n'eut plus de scrupules. Il proposa l'établissement d'une ligne qui, partant de la Méditerranée, suivrait le canal du Midi jusqu'à Béziers, remonterait l'Orb pour gagner le Rouergue, et longerait jusqu'au Rhône la frontière de l'Auvergne, du Forez et du Velay. Pour subvenir aux besoins des provinces investies, on disposerait à des endroits convenus des provisions « qui seraient portées sur la ligne, pour être ensuite distribuées aux personnes qui les auraient demandées, mais sans communiquer avec elles, de façon que les effets seraient déposés par ceux qui les apporteraient dans l'intérieur de la ligne et dans un lieu marqué, et que les personnes pour qui ils seraient destinés n'en approcheraient pour les prendre que quand les autres seraient retirées[1]. » Ces ordres étaient sévères, mais ils furent exécutés et cette salutaire rigueur préserva très probablement le reste du royaume. On connaît peu cet épisode de la vie de Berwick, mais il lui fait honneur, et il faut lui en savoir gré.

Il n'est que juste de reconnaître que Roquelaure n'essaya même pas de contrecarrer ce qu'il aurait eu jusqu'à un certain point le droit de considérer comme un empiétement sur ses fonctions. Bien au contraire il aida son collègue dans la mesure de ses ressources. Les États du Languedoc, de leur côté, s'associèrent à ces mesures de préservation. Ce sont eux qui, en prévision d'une attaque prochaine du fléau, s'occupèrent d'amasser des provisions et des médicaments, devenus rares depuis la cessation du commerce avec Marseille. Des médecins de Montpellier furent chargés de dresser un état des drogues nécessaires, avec indication des lieux de provenance et des prix les plus avantageux. L'archevêque d'Alby, chargé du rapport, obtint 50.000 livres pour ces achats de médicaments. Des bâtiments nolisés par la province furent aussitôt envoyés pour les acheter à Marseille et à Bordeaux, et deux magasins furent ouverts pour les recevoir à Montpellier et à Narbonne (17 janvier 1722). Sans doute les craintes subsistaient, mais on était sur le qui vive, et, si l'ennemi se présentait, au moins aurait-on des munitions pour repousser son attaque. Aussi bien, ces mesures préventives ne furent pas inutiles, car le Languedoc fut entamé, mais seulement dans les quatre diocèses d'Alais, d'Uzès, de Viviers et de Mende, c'est-à-dire dans cette partie de la province qu'on désignait sous le nom de Gévaudan et de Vivarais.

La ville d'Alais[1] fut particulièrement éprouvée par le

---

1. *Mémoires du maréchal de Berwick*, éd. Michaud et Poujoulat, p. 457.

fléau. Les Consuls, et parmi eux mention spéciale doit être faite de Ribes, dont le zèle et le dévouement méritent d'être mis en lumière, les Consuls avaient pourtant pris de minutieuses précautions. Ils avaient fermé les portes de la ville, sauf celles du Marché et des Cordeliers, et en avaient confié la garde aux bourgeois. Ils avaient exigé la présentation de billets de circulation. Ils avaient institué un conseil de santé et brûlé les marchandises suspectes, mais, au 9 septembre, la peste fut signalée, apportée, croit-on, par un muletier de Genolhac. Les premières victimes furent des chaufourniers du Puech des Fabres. Bientôt l'épidémie gagna le faubourg du Pont Vieux. Le docteur Sugier, qui revenait d'Amérique, fut désigné pour soigner les malades, et comme il trouva chez eux tous les symptômes de la maladie, il s'empressa d'avertir le lieutenant-général de Rothe, et le gouverneur d'Alais, de Diverny. Ce fut aussitôt une fuite éperdue de tous ceux qui purent trouver un refuge à la campagne. Les soldats eux-mêmes, avec leur commandant, le major Lafare, s'enfermèrent dans le vieux château. Il ne resta plus en ville que des ouvriers et des pauvres. C'est alors que se montra le nouvel évêque d'Alais, Charles de Bannes d'Avéjan, ancien aumônier de la duchesse de Berry, qui, nommé le 8 janvier 1721, et sacré le 8 juillet, n'avait pris possession de son siège que le 8 septembre, une semaine avant l'apparition du fléau. Avéjan, de même que Belsunce, et en général de même que les hauts dignitaires du clergé, ne manqua pas à ses devoirs. Bien secondé par les chanoines Monard, de Rochebouet et Teissier, par l'archidiacre de Narbonne-Pelet, et par le grand vicaire Sconin de Saint-Maximin, il resta ferme à son poste et se consacra aux soins de ses diocésains. Peu à peu tous les pouvoirs se concentrèrent entre ses mains et il en usa pour administrer avec fermeté et intelligence une ville, dont les habitants, abandonnés à eux-mêmes, étaient disposés à se livrer à tous les excès, d'autant plus qu'un fanatique, ou plutôt qu'un fourbe audacieux venait de se donner comme l'envoyé de Dieu, et commençait à entraîner au libertinage et bientôt à l'anarchie une population démoralisée par la peur et par l'oisiveté des quarantaines. C'est à cet énergumène dangereux qu'Avéjan fit plus tard allusion dans un mandement qui eut alors un grand retentissement. « Il fallut, écrivait-il, que le Ciel irrité rapprochât ses tonnerres et qu'il frappât de cette terrible plaie la capitale de ce diocèse. Je ne vous rappellerai point des maux qui sont encore si récents, et qui vous ont coûté trop de larmes pour les perdre jamais de vue ; mais que ces malheurs et ces nouveaux dangers qui vous glacèrent alors d'effroi firent peu d'impression sur vos cœurs ! Bien différents des Ninivites, dont la pénitence, à la seule voix d'un prophète, fut si prompte et si sincère, à peine reconnûtes-vous celle de votre Dieu, qui vous parlait d'un ton si terrible ! Nous n'oublierons jamais l'extrême douleur que l'aveuglement détestable de plusieurs d'entre vous nous a causée, au milieu même de nos plus cuisantes tribulations ; ces assemblées criminelles que l'impiété et le libertinage avaient tant multipliées, dont l'obscurité de la nuit couvrait la honte ; et cette manie dépravée qui croyait trouver l'esprit de Dieu dans les rêveries ridicules d'un cerveau dérangé, sans étude, sans mission, sans éducation et sans mœurs. »

L'évêque d'Alais ne se contenta pas de donner des conseils. Il agit, et vigoureusement. C'est lui qui fit établir, car on craignait une sédition et le pillage, quatre compagnies de bourgeois pour maintenir l'ordre ; lui qui organisa une infirmerie dans les bâtiments du logis du Soleil, et désigna, pour distribuer aux malades les secours religieux, un missionnaire d'Avignon, Calvet, et un carme, Esprit Boyer ; lui qui fit enterrer les morts dans les grèves de l'avenue de la Prairie. La ville fut partagée en trente-quatre quartiers, chacun sous la direction de deux commissaires, qui, chaque jour, faisaient leurs visites dans les maisons. Dès qu'ils avaient reconnu la présence d'un malade, la maison était mise en quarantaine avec une sentinelle à la porte, et le malade était transporté à l'infirmerie. Chaque jour, un membre du conseil de santé était désigné pour recevoir les déclarations des commissaires, et, quand c'était le tour de l'Évêque ou du Consul de Ribes, ni l'un ni l'autre ne manquait à ce devoir.

Du mois de mai au mois d'octobre, la maladie fit de grands progrès, surtout au faubourg de Pont Vieux. Le missionnaire Calvet fut emporté par le fléau, mais il fut remplacé par un jeune dominicain, Étienne. Les infirmiers et les corbeaux manquèrent à un certain moment. On essaya d'en recruter de nouveaux, auxquels on proposa jusqu'à 500 livres par mois, sans compter la nourriture et le logement ; mais, comme les volontaires faisaient défaut, on prit de force des goujats et même des malandrins pour faire le service, et le commandant du château se décida à faire descendre deux compagnies de soldats qui assurèrent le service de concert avec les gardes bourgeoises.

Le mois de novembre fut mauvais. Aux rues de la Fabrerie de Montagnasse, Tisserie, Soubeyrane, des Mourgues, de la Roque, il y eut de nombreuses victimes. Avéjan, qui avait été investi de tous les pouvoirs, fit alors dresser quatre nouvelles barrières aux mas de Guiraudet, d'Ayrolles, de Bouat et à Larnac pour recevoir les secours envoyés par les communautés voisines. Il ordonna, en outre, de fermer les églises, ou du moins de n'y laisser entrer que dix personnes à la fois, et encore écartées les unes des autres, mais il stipula qu'on pouvait entendre la messe même en restant dans les maisons, à condition de suivre les offices grâce aux sonneries des cloches. C'est encore lui qui, dans la croyance que les animaux domestiques étaient les propagateurs du fléau, fit tuer chiens et chats, poules et pigeons ; mais cette exécution n'arrêta pas la peste. On avait alors tellement peur de la contagion que les notaires n'osaient pas se transporter au chevet des malades pour enregistrer leurs dernières volontés, et qu'ils rédigeaient leurs testaments dans la rue, entourés de témoins

---

1. X..., *Recherches historiques sur la ville d'Alais*. Registre de Dumas, marchand de bas, pp. 605 et suiv.

qui écoutaient les malades postés à leurs fenêtres[1].

Il y eut une accalmie au mois de décembre. Les Pères Capucins en profitèrent pour installer dans leur couvent 300 lits qu'ils mirent à la disposition des pestiférés, et on craignit un moment qu'ils ne fussent tous occupés, car, au mois de janvier 1722, il y eut, surtout dans la ville et à la Grand'rue, une forte recrudescence de l'épidémie. C'est alors que moururent le notaire Larguier, Alméras, médecin de l'infirmerie, et le second Consul Bernard.

La peste n'entra dans la période de décroissance qu'en février 1722, mais, dès lors, les progrès furent continus. La dernière victime fut emportée le 17 mai 1722. C'était un prêtre, l'abbé Giron. On put alors songer à établir une première quarantaine de santé, qui dura quatre-vingt-sept jours, jusqu'au 19 juin. Une seconde et dernière quarantaine commença le 2 juillet. Elle fut très sévère. Défense expresse avait été faite aux habitants de sortir de leurs maisons, et les patrouilles étaient invitées à tirer sans sommation sur les contrevenants. Comme il eût été impossible à tous les habitants de se pourvoir d'approvisionnements en quantité suffisante, il avait été décidé que les ouvriers recevraient dix livres de pain par semaine, plus une demi-livre de viande par jour, du sel, du riz, de l'épeautre mondé, et tous les cinq jours un quintal de bois. La communauté se chargeait de la dépense. Il est vrai que de nombreux secours avaient été envoyés. Le jeune roi Louis XV s'était même privé d'une partie de la somme consacrée à ses plaisirs, et, à deux reprises, avait chargé son précepteur Fleury de faire parvenir à l'évêque son offrande. C'est à cette intervention directe du roi qu'Avéjan faisait plus tard allusion dans un de ses mandements : « Ce qui fit alors notre plus douce consolation, c'est la généreuse sensibilité de notre jeune monarque qui, dans un âge où les calamités éloignées ne touchent guère, daigna, pour vous soulager, se pri-

---

1. Testament de Marguerite Plantier enregistré par le notaire Maximilien Guiraudet, le 9 novembre 1721.

ver lui-même d'une partie de ce qui est destiné à ses plaisirs innocents. » Avéjan célébrait aussi la munificence du Régent qui, « vivement touché de vos malheurs, prodigua pour vous délivrer les secours les plus puissants, et fit trouver l'abondance et le bon ordre dans le sein même de la misère, de la confusion et de la mort ».

Au 9 août se termina la seconde quarantaine. Les survivants se rendirent alors à la cathédrale, où l'évêque leur adressa un sermon de circonstance, et improvisèrent, sous la direction du P. Étienne, une procession à laquelle prirent part tous ceux qui avaient échappé au au fléau. Puis ce fut une succession de fêtes, grands repas, feux de joie, musiques, danses, entre autres la danse du Chevalet, et illuminations. La ville était délivrée, mais le fléau avait duré huit mois et 336 victimes avaient succombé. Il y en aurait eu certainement davantage dans une population de 10.000 âmes, sans les soins intelligents de l'administration et la sévérité des mesures préventives.

Dans le Gévaudan proprement dit, le nombre des morts fut plus considérable. On en compta plus de 5.000, exactement 5.438 [1]. Le pays avait été rudement éprouvé par la terrible guerre des Camisards, et il commençait à peine à se relever de ses ruines quand se répandit le bruit que dans le hameau de Conejac, dépendant de la commune d'Auxillac, et dans la petite ville de La Canourgue la maladie venait de se déclarer. Un paysan de Conejac, le sieur Roustit, avait fait connaissance, à la foire de Saint-Laurent-d'Olt, d'un certain Guillaume Boyer, dit le Borgne [2], forçat échappé des galères de Marseille, qui lui vendit à vil prix quelques hardes, sans doute volées au foyer même de l'infection. A peine de

---

1. D'après le rapport du commandant de la Deveze, cité par LEMONTEY, *Histoire de la peste*, etc., p. 37.
2. D'après la relation de Jacques Rochevalier, médecin de Marvejols, ce forçat s'appelait Caladordy. Cette relation a été publiée dans *l'Écho des montagnes* (journal de Marvejols), les 5 et 12 mai, 7 juillet 1878). Le nom de Boyer est donné par la *Chronique* de Veiron, publiée dans le *Bulletin d'agriculture* de la Lozère.

retour à Conejac, l'infortuné fut obligé de s'aliter et fut bientôt emporté par le fléau, mais on n'eut pas la précaution de brûler ses vêtements, ni ses meubles, et l'épidémie se communiqua aussitôt dans tout le village où elle emporta 57 victimes sur 109 habitants, et bientôt dans une ville voisine, La Canourgue, où elle exerça d'affreux ravages, puisque sur une population de 1.633 habitants allaient périr 945 personnes. Un médecin de Marvejols, le docteur Perrin, avait tout de suite signalé le danger et demandé des secours, mais comme, de parti pris, on ne voulait pas croire à l'existence du fléau, on se contenta de prendre quelques précautions pour la forme, et on laissa le mal faire de rapides progrès. L'évêque de Mende, Boglion de la Salle, voyant que le nombre des victimes augmentait, prit alors sur lui d'envoyer deux inspecteurs dans les localités contaminées (mai 1721), les docteurs Rochevalier et Blanquy, de Marvejols. On a conservé le rapport de Rochevalier. Il est navrant. Toute personne attaquée était condamnée. Quelques heures suffisaient pour emporter le malade. L'un d'eux monte se coucher et attend la visite des médecins, mais, quand ils arrivent, il était déjà mort et le cadavre commençait à se décomposer. L'hésitation n'était plus possible. Le blocus de Conejac et de La Canourgue s'imposait, ou sinon la province tout entière allait être envahie par le fléau dévorant.

Les voisins immédiats de la Canourgue, les habitants de Marjevols, furent les premiers atteints. Il est vrai qu'endormis dans une trompeuse sécurité ils avaient longtemps refusé d'ouvrir les yeux. Ils s'étaient contentés de quelques mesures préventives, fermeture des portes, nettoyages des rues, surveillance des étrangers, etc.; ils avaient même, « pour calmer l'ire[1] de Dieu, ordonné que tout blasphémateur sera dénoncé aux Consuls et chassé de la ville après une condamnation à des peines corporelles »; mais ces règlements ne furent jamais observés. D'ailleurs, ainsi que l'écrivait dans son rapport le docteur

1. Relation Le Veiron.

Rochevalier [1], « c'est en vain que l'on veille si le Seigneur ne garde la cité... La ville de Marjevols est le centre de commerce du Gévaudan, et on peut la regarder comme la source féconde d'où émanent les principales richesses du pays. Le peuple, ravi de voir son commerce se rétablir, n'était nullement effrayé du malheur de ses voisins, et c'est à cette sécurité fatale qu'il faut attribuer tous les malheurs. »

En juillet 1721, un soldat du régiment de Bresse, en garnison à Marvejols, tomba malade et mourut. On ne se rappela que plus tard qu'il avait longtemps occupé un des postes du blocus de la Canourgue, et sa mort passa inaperçue. Mais la femme qui le logeait à Marvejols tomba malade à son tour, et mourut. Bien qu'elle eût les symptômes de la peste, tumeurs et bubons, on attribua son décès au venin des chenilles, dont elle avait en ces derniers temps débarrassé les arbres, et à la mauvaise nourriture. Ce fut ensuite le tour de son mari et de ses enfants. Ces décès successifs inquiétèrent les Consuls. Ils chargèrent les docteurs Rochevalier et Dulignon et le chirurgien Orry de leur adresser un rapport à ce sujet. Les conclusions de ce rapport furent nettement défavorables, mais les Consuls ne voulurent pas exposer la ville aux rigueurs d'un blocus et à la perte d'une récolte qui s'annonçait bonne : ils se contentèrent de séquestrer les malades dans la banlieue.

Bientôt furent signalés d'autres cas, et tous les doutes se dissipèrent. Malgré leur optimisme de commande, les Consuls comprirent qu'il fallait arriver aux mesures sanitaires que les circonstances exigeaient. Un conseil de santé fut créé, qui prit à la hâte les précautions d'usage (8 août 1721), mais il était déjà trop tard ! Lorsque le docteur Puibernan, envoyé de Montpellier pour constater le mal, arriva à Marvejols, ses collègues eurent la triste satisfaction de lui prouver que leurs conjectures n'étaient que trop fondées, car « ils [2] lui firent voir

---

1. Rapport de Rochevalier.
2. Id., *ibid*.

des pestiférés dans toutes les rues de la ville ». Par malheur, on n'était pas en état de repousser l'ennemi. Ni remèdes préparés à l'avance, ni infirmeries disposées, ni même provisions assurées, car les récoltes n'étaient pas encore rentrées. « Avant que l'on ait mis les choses en règle quand on est pris au dépourvu, la contagion s'est glissée partout, et rien n'est capable d'en arrêter les coups mortels. Telle fut la situation accablante où nous nous trouvâmes en deux ou trois jours. Tout fut infecté. Jamais contagion ne se répandit avec autant de rapidité. »

La peste à Marvejols prit même un caractère d'intensité extraordinaire, que l'on déplorait encore aux derniers jours de l'épidémie. Ainsi que le faisait remarquer[1] dans son rapport le docteur Rochevalier, « dans le mois de novembre le venin n'avait rien perdu de sa malignité et les huit derniers malades que nous avons eus depuis ont été aussi vivement attaqués que pas un de ceux qui les avaient précédés ». Cette persistance dans le mal tient peut-être à ce que, par un singulier préjugé, les habitants de Marvejols ne voulaient pas être soignés aux infirmeries, et préféraient mourir chez eux, mais sans soins. En un seul jour, un lieutenant du régiment de la Couronne, Simon, chargé d'une inspection dans les maisons contaminées, fit voiturer aux hôpitaux près de deux cents malades qu'on cachait avec soin dans leurs familles. A ces défiances irraisonnées des habitants, il faut joindre l'insuffisance des secours médicaux : non pas que les docteurs aient reculé devant l'accomplissement de leurs devoirs, car, à l'exception d'un seul, le chirurgien Montbrison, qui tremblait de peur et qu'il fallut contraindre à exercer sa profession, tous ils firent face à l'ennemi, et payèrent largement leur tribut au fléau, mais quand la plupart d'entre eux, Perrin, Dulignon, Aupied, etc., eurent succombé, Rochevalier resta seul sur la brèche et ne put suffire à la tâche. Ainsi qu'il l'a constaté dans son rapport[2], « je

1. Rapport de Rochevalier.
2. Id., *ibid*.

me trouvai seul dès le 26 du mois d'août au secours de près de cinq cents pestiférés, parmi lesquels étaient mon épouse et tous mes domestiques. Notre maison était si infectée que personne ne pouvait s'y garantir, et ce n'était pas pour moi une petite occupation que de gager des gens pour servir mon épouse pendant deux mois et demi que dura sa maladie. »

Les dévouements ne firent pourtant pas défaut. Dès les premiers jours de la maladie, une jeune fille se présenta pour soigner les malades, Marie Daudé, et soutint jusqu'à la fin ce pénible et dangereux travail. A son exemple, plusieurs femmes, vraiment animées d'un esprit de charité, coururent aux infirmeries. Aussi « pouvons-nous [1] dire à la gloire de cette ville qu'il s'y est trouvé un assez grand nombre de bonnes âmes pour que la perte des personnes qui servaient ait toujours été réparée en très peu de temps ». Le clergé se montra également à la hauteur des circonstances. Les curés de Pinières et Boyer, le cordelier Tomson et le capucin Joseph-Marie, en tout vingt-huit prêtres ou réguliers, furent emportés par le fléau, mais le prieur des dominicains Jalavoux et le cordelier de la Vermade, bien qu'atteints par la maladie, purent, jusqu'à la fin, remplir les devoirs de leur ministère. L'évêque de Mende, Baglion de la Salle, n'aurait pas mieux demandé que de secourir en personne ses diocésains, à l'exemple de ses collègues de Marseille, d'Aix, d'Arles ou d'Alais, mais la goutte le clouait sur son lit de douleur, et d'ailleurs il eut bientôt à s'occuper, à Mende même, de ses ouailles directes; au moins envoya-t-il à Marvejols deux de ses vicaires généraux, Dangles, et son neveu, l'abbé de la Salle, distribuer des secours et des consolations. « Nous laissons à de meilleures plumes, écrivait Rochevalier, le soin (. . . . ͐er le public de tout ce que notre prélat a fait en ͐ . . . . s malheureux, avec quelle charité il s'est app. . . . . us relâche à faire régner chez eux

---

1. Rapport Rochevalier.
2. Id., *ibid.*

l'abondance au milieu de tant de malheurs, avec quel zèle il leur a procuré les consolations et les secours spirituels qui leur étaient nécessaires. »

Nous ne pouvons suivre dans ses détails la marche et les progrès du fléau à Marvejols : ce serait une sinistre énumération de dramatiques épisodes qui, toutes proportions gardées, sont peut-être plus saisissants même qu'à Marseille. Jusqu'à l'époque de la Révolution, on voyait, paraît-il, sur les murs de l'église du couvent des Cordeliers, qui sert aujourd'hui de remise à une auberge, des fresques grossièrement dessinées par un barbouilleur inconnu, mais qui rappelaient avec beaucoup de réalisme divers épisodes de la contagion. L'auteur anonyme d'une relation contemporaine a donné au jour le jour une *Briefve Description de la terrible maladie pendant les années de 1720 et 1721*. Il nous montre les soldats chargés de la police qui se livrent aux pires excès, malgré la résistance des Consuls; les corbeaux que l'on raccole de force et qui succombent à leur tâche; les boutiques qui se ferment; les églises où les offices ne se célèbrent plus que portes et fenêtres closes. Personne dans les rues. Les animaux domestiques, même les poules et les pigeons, sont tous immolés. On ne se parle plus que de loin. Toutes les affaires sont suspendues. On ne prend même pas la peine de rentrer les récoltes, et les paysans, exaspérés par les privations, deviennent « à demi sauvages, ne voulant pas s'approcher, ni avoir des conférences avec ceux qui étaient toujours restés en ville ».

Pendant ce temps, la maladie suivait son cours. « Deux charrettes parcouraient les rues, l'une portant la farine ou le blé aux malades, l'autre transportant les malades à l'infirmerie, les morts au cimetière et les linges hors la ville pour être brûlés. » Bien que le nombre des morts fût considérable, surtout dans les basses classes, le service des inhumations fut toujours bien assuré, mais, à diverses reprises, la famine fut menaçante et le prix des denrées augmenta dans des proportions extraordinaires. En juillet 1722, on vendait un poireau deux sols, et la livre d'oignons valut jusqu'à vingt. En décembre on ne trouvait plus de vin à boire. L'eau potable fit même défaut et les Consuls furent obligés de charger huit hommes d'en porter de maison en maison à ceux qui ne pouvaient sortir. Comme l'écrit naïvement l'auteur anonyme de la relation, « ça fait crever le cœur de considérer le pitoyable état où sont réduits les habitants de cette ville ».

Le mal finit pourtant par s'atténuer par sa vivacité même, et d'ailleurs, ainsi que le constate Rochevalier dans son rapport[1], le « combat finit faute de combattants ». En décembre 1721, fut ordonnée une première quarantaine, et elle fut rigoureusement observée, car des soldats postés à tous les carrefours avaient reçu l'ordre de tirer sur tous ceux qui essaieraient de franchir les portes de leurs maisons. Le 21 janvier 1722, et sous la direction d'un chirurgien envoyé à cet effet de Paris, Saint-Germain, commencèrent les opérations de désinfection. Elles furent sévèrement pratiquées. D'après Rochevalier[2], « les matelas, lits de plume, traversins qui avaient servi aux pestiférés et laines filées furent brûlés. Toutes les hardes et effets furent passés par le foulon ou par des chaudières dans une eau bouillante où nous faisons mettre d'alun et de tartre... Les maisons furent bien nettoyées, parfumées et lavées ensuite avec de l'eau de chaux ; les meubles de bois le furent avec du vinaigre ou d'eau salée. Les personnes furent aussi parfumées et lavées ; on leur donna des habits absolument sains ou bien désinfectés, avant de leur permettre de rentrer dans leurs maisons. Après ces opérations, nous fîmes faire pendant trois jours à la même heure des feux de lavande et de genévrier dans toutes les rues. »
La quarantaine générale ordonnée par les règlements ne commença pourtant qu'en juillet 1722, et ce fut seulement le 10 septembre 1722, cinq mois après la mort du dernier pestiféré, qui avait eu lieu le 13 avril, que les

---

1. Rapport Rochevalier.
2. Id., *ibid*.

habitants de Marvejols purent enfin célébrer leur *Te Deum* de délivrance, et rentrer dans le droit commun. L'auteur anonyme de la relation la termine par ces lignes significatives : « Le Seigneur veuille dans la suite nous préserver de ce terrible fléau qui a causé la mort de 3.000 personnes, vieux ou jeunes, ayant fait un compte exact qu'il ne reste présentement que 1.600 personnes au plus juste. » Tout en faisant la part de l'exagération, il est certain que le fléau s'était montré implacable, et que le Gévaudan était tout aussi cruellement éprouvé que la Provence.

Les villes et villages voisins de Marvejols, épouvantés par la soudaineté et la violence de l'épidémie, avaient bien essayé de se garer contre le danger. Ainsi à Chirac, dès le 20 octobre 1720, on avait défendu de mettre de la paille dans les rues pour la convertir en fumier, « ce qui cause une infection et une puanteur capables de nuire à la santé publique, surtout dans les événements du temps où nous sommes [1] ». Au 2 juin 1721, la peste exerçant déjà ses ravages à Conejac et à La Canourgue, le conseil avait résolu de mettre en état les murs d'enceinte, d'amasser des provisions, et de nommer un bureau de santé investi de pouvoirs extraordinaires. Deux jours plus tard, ce bureau de santé inaugurait ses travaux en établissant des barrières qu'il faisait garder par deux compagnies du régiment de Bresse, mais les soldats se livrèrent à de tels actes de maraude, et leurs officiers élevèrent de telles prétentions, qu'il fallut pour les réprimer recourir à l'intervention du gouverneur de la province, Roquelaure. Dès ce moment, les habitants de Chirac se gardèrent eux-mêmes, et ils le firent avec soin, n'hésitant pas à séquestrer tel ou tel de leurs concitoyens, même le Consul Valéry, qui avait cru pouvoir se dispenser d'obéir aux règlements. Aussi bien ils furent récompensés de leur vigilance, car, malgré la proximité de Marvejols et de La Canourgue ils n'eurent à déplorer que cinq décès.

1. Extrait des délibérations de la ville de Chirac. Communication de M. l'abbé Costecalde.

Il n'en fut pas de même pour beaucoup d'autres localités. Il résulte, en effet, d'un état[1] dressé le 5 août 1722 que, rien que dans la diocèse de Mende, soixante-huit localités, réparties entre vingt-cinq paroisses, furent atteintes par le fléau; dont quelques-unes à peu près dépeuplées. Mende, la capitale de la province, fut cruellement frappée. Comme la peste avait été signalée dès la fin de 1720 dans les bassins supérieurs du Lot et du Tarn, l'intendant Bernage avait tout de suite demandé des médecins et des chirurgiens à son collègue Lebret. Celui-ci lui en avait envoyé une douzaine, venant de Toulon, mais Bernage, soit qu'il eût été effrayé par la dépense, soit que la maladie ne se présentât pas avec des caractères violents, les avait remerciés. Il avait même[2] prévenu les Échevins de Marseille que tout semblait se calmer, et qu'on n'avait plus besoin de médecins ni de chirurgiens. « Si M. Lebret vous avait écrit d'en faire partir, je vous prie de ne les point envoyer : nous ne les recevrions pas. » Ce n'était, hélas ! qu'une fausse espérance, car la maladie prit bientôt un caractère pernicieux. Ce fut une servante qui, ayant introduit subrepticement une pièce de serge, fut à Mende la première atteinte, et la maladie prit, du jour au lendemain, de redoutables proportions. Il est vrai que cette ville était réputée pour la saleté de ses rues et le manque absolu des soins hygiéniques de la part de ses habitants. Un voyageur contemporain, Ardouin-Dumazet[3], écrivait naguère : « Mende est complètement privée du tout à l'égout, et le jet des ordures est chose courante, soit au sein de cours puantes, soit à même la voie publique. Dès la tombée de la nuit il est dangereux de s'aventurer par la ville. Il faut de l'héroïsme pour le tenter à partir de neuf heures ! » Il y a là sans doute quelque exagération, mais, dans les premières années du dix-huitième siècle, Mende ne réalisait pas l'idéal du confortable. Bernage,

1. Archives nationales, H, 749-844.
2. Correspondance de la mairie de Marseille, au mot Bernage. Lettre du 24 novembre 1721.
3. Ardouin-Dumazet, *Voyage en France*, t. XXXIV, p. 259.

qui visita Mende à la fin de 1722, est obligé de reconnaître qu'il est impossible de lui appliquer les lois ordinaires de la quarantaine, « à cause de la situation de cette ville, qui devient un cloaque de pourriture, dès que les habitants ne peuvent sortir de chez eux par la manière dont elle est construite, n'y ayant point de latrines dans les maisons, et les rues étant si étroites que les ordures qu'on y jette infectent toute la ville avant qu'il soit possible de les enlever. Il y règne un ennui si mortel qu'ils se regardent chez eux comme des gens condamnés au supplice et de vrai pestiférés. » Aussi, l'Intendant[1] proposait-il en leur faveur de ne pas tenir compte des lois et règlements de la quarantaine, de diviser la ville en quatre quartiers et de permettre à chaque famille de sortir au jour et à l'heure marquée « pour aller se promener et surtout pour déposer les immondices dans un endroit désigné »; on comprendra aisément que, dans ce foyer de corruption, la mortalité fût intense, et que plusieurs milliers de victimes succombèrent.

Dans les diocèses voisins de celui de Mende, la mortalité fut moindre et la misère moins pressante. En effet, lorsque, plus tard, à l'époque de la quarantaine générale, on eut à distribuer des secours en argent ou en nature aux sinistrés, Mende[2] reçut pour sa part 80.000 livres et 2.300 quintaux de blé, tandis qu'on n'accorda que 30.000 livres à Alais, et seulement 10.000 à Viviers et à Uzès. Aussi bien on se montra fort large dans la distribution de ces secours. Le Régent avait annoncé qu'à partir du mois de décembre 1721 il accorderait 100.000 livres par mois aux localités contaminées pour achat de grains et de bestiaux, et, bien que la maladie fût sur son déclin, cette libéralité durait encore au mois de mai 1722, car nous lisons dans une lettre de Bernage, datée du 4 du même mois : « Il est de la dernière importance de continuer ces secours, parce qu'en-

1. Lettre du 28 septembre 1722.
2. Devic et Vaissette, *ouv. cité*, t. XIII, p. 967.

core que le mal paraisse être sur sa fin, ce malheureux pays périrait par la famine qui serait même capable de renouveler la peste. »

En 1722 le fléau durait toujours, mais moins violent. Il n'y avait plus que six malades à Alais au mois de mai, et dans le Gévaudan tous les malades étaient en convalescence. A ce moment, un accident se produisit à Cornillon, près de Bagnols. Trois personnes moururent empoisonnées par des champignons. On crut d'abord à un retour offensif de la terrible maladie. Un certain docteur Loyson, envoyé de Paris pour étudier sur place l'épidémie, s'imagina ou plutôt voulut croire que c'étaient des pestiférés qui venaient de mourir. Dans un rapport qu'il adressa au premier médecin du roi, Dodart, il annonça que c'était bien la peste qui avait fait ces nouvelles victimes. L'émotion fut grande. Heureusement on prit de sérieuses informations et on comprit vite que Loyson, ainsi que l'écrivait un de ses confrères, « avait résolu de rendre de temps en temps les morts suspectes de peste, pour se maintenir dans ses appointements ». Roquelaure, informé de ces honteux calculs, en conçut une vive irritation. Il ne parlait de rien moins que d'enfermer « ce charlatan » dans la citadelle de Pont-Saint-Esprit, afin de le punir de ses fausses nouvelles.

Ce fut seulement dans les derniers mois de 1722, que l'on commença à respirer, et encore y eut-il une rechute[1] dangereuse à Mende, le 15 septembre 1722. Dès le 1ᵉʳ juillet, avait été ordonnée une désinfection générale. Bernage avait, à ce propos, rédigé un règlement minutieux, d'une extrême sévérité, et n'avait pas caché qu'il était résolu à le faire observer dans toute sa rigueur. Les habitants des localités contaminées furent obligés de se calfeutrer dans leurs maisons avec défense absolue, sous les peines les plus graves, d'en sortir avant quarante jours. Ils devaient faire à l'avance des approvisionnements de vivres, de sel et de bois. Tous les quatre jours, des distributions gratuites seraient faites aux

---

1. Manuscrit de la bibliothèque de Marseille, AA, 50, p. 41.

indigents par les soins des commissaires de santé, des Consuls et des Curés. Les soins des chirurgiens et les médicaments seraient également donnés à titre gracieux, et à tout le monde. Des infirmeries seraient disposées pour recevoir les derniers malades. Les murs de toutes les maisons seraient blanchis à la chaux, les boiseries passées au vinaigre, et toutes les marchandises sans exception mises à l'évent et purifiées. Les habitants n'auraient le droit de sortir de chez eux qu'à partir du 10 août, et encore à condition de ne pas franchir le territoire gardé par la troupe. Enfin, pour prévenir toute nouvelle attaque du fléau, deux maisons de quarantaine étaient établies sur la lisière du Gévaudan, à Florac et à Pradelles, et une troisième dans l'île de Valabrègue, au confluent du Rhône et du Gard, à l'endroit même où naguère on avait interné les camisards de Cavalier, et c'est là que devait s'arrêter toute personne venant de Provence.

Roquelaure et Bernage voulurent se rendre compte par eux-mêmes de la bonne exécution de leurs ordonnances. Ils annoncèrent qu'ils allaient faire une tournée dans les pays contaminés. Ils poursuivaient alors un double but : d'abord ils voulaient rassurer les populations éprouvées par la contagion, et aussi rappeler aux protestants, qui avaient profité des malheurs du temps pour tenir de nombreuses assemblées, que les lois naguère portées contre eux n'étaient pas abolies, et qu'ils eussent à s'y conformer. Partout ils reçurent un bon accueil, et constatèrent que la maladie était en décroissance. Voici ce que Bernage écrivait de Florac, le 21 septembre 1722 : « Nous avons eu le plaisir d'apprendre qu'il y a vingt-huit jours qu'il n'est tombé aucun malade dans la ville de Mende, et dix-huit jours qu'il n'en est tombé dans son territoire... Tous les autres lieux dans ce diocèse où a été la contagion jouissent toujours d'une bonne santé, et ont à présent la liberté de communiquer avec le reste du pays prohibé. Il en est de même des lieux qui ont été attaqués dans les diocèses d'Alais, Uzès et Viviers. M. de la Devèze assure qu'on n'a rien négligé pour la recherche des effets qui avaient été recélés à Mende. La punition qu'il a fait d'un homme qui avait recélé quelques hardes, et à qui il a fait casser la tête sur le territoire de cette ville, ne peut produire qu'un bon effet, et il n'y a pas d'apparence que d'autres s'exposent à un pareil châtiment. Les médecins, et entre autres les sieurs Bailly et Lemoine, à qui on doit toute confiance, nous mandent qu'ils continuent de travailler à la désinfection générale de toutes les maisons, et paraissent persuadés qu'après toutes ces opérations il n'y aura plus à craindre de renouvellement de mal dans cette ville[1]. »

Bien que satisfaits de l'état général de la santé publique, Roquelaure et Bernage ne négligèrent pas de prendre certaines précautions. Ainsi ils interdirent les foires de Villefort et de Lagarde-Guérin, afin d'éviter des rassemblements populaires qui auraient pu devenir dangereux. Ils imposèrent aussi aux négociants diverses obligations pour le transport des marchandises. C'était en quelque sorte la dernière lutte contre les imprudences locales. Bientôt il ne resta plus qu'à faire rentrer dans le droit commun les localités attaquées. Dès le 23 mai 1722 avait été présenté au Conseil de santé siégeant à Paris un rapport de Bonnier, trésorier général des États de Languedoc, sur les inconvénients du maintien des lignes de l'Orb. A la suite de ce rapport, on accorda, en effet, la libre circulation des voyageurs et des marchandises sur toutes les routes comprises entre le mont Espinous et la mer. C'était un premier allégement aux charges qui pesaient sur la province. Dans le conseil du 8 juin, on permit aux habitants du Bas-Languedoc d'envoyer, suivant l'usage, leurs bestiaux dans les montagnes du Gévaudan ; et, lorsque les paysans réclamèrent d'aller faire leurs récoltes, et même d'aller couper du bois de l'autre côté de la ligne établie d'Alzon et du Vigan à Saint-Hippolyte et Anduze, ils furent autorisés à le faire. La levée des lignes de blocus fut

---

1. DEVIC et VAISSETTE, ouv. cité, t. XIII, p. 968.

ordonnée le 19 novembre 1722[1]. Au 5 décembre on ne conservait plus que les lignes du côté de Mende et d'Avignon, et les troupes évacuaient successivement tous les postes et regagnaient leurs garnisons respectives par un temps affreux, car un détachement fut surpris par la neige au col de Villefort et perdit cinq hommes. Au même moment, tout le long du Rhône, le cordon sanitaire disparaissait, et les habitants des deux rives du fleuve échangeaient aussitôt des visites de félicitations. Entre Beaucaire et Arles, surtout entre Beaucaire et Tarascon, c'était une succession de fêtes et de réjouissances. La navigation, si longtemps interrompue sur le fleuve, reprenait avec une animation extraordinaire. On eût dit une véritable renaissance économique. Ainsi qu'on l'avait déjà constaté à Marseille, il y eut alors comme une explosion de vitalité qui se traduisit par des fêtes et par une véritable fièvre matrimoniale. Il semblait qu'on cherchât à réparer le temps perdu et à combler les vides. Aussi bien ce phénomène ne se reproduit-il pas toutes les fois qu'un peuple est éprouvé par une crise, qu'il s'agisse d'un fait de guerre ou d'un malheur public. On ne renonce jamais à espérer l'avenir meilleur.

Ce fut seulement au 15 janvier 1723 que toutes les barrières s'abaissèrent, et que le Languedoc rentra définitivement en communication avec le reste de la France. Dès le 30 novembre 1722, un *Te Deum* d'actions de grâces avait été célébré dans le diocèse de Mende, mais le gouvernement ne voulut ordonner de prières générales que lorsque il n'y eut plus aucune crainte à concevoir. Alors parut cette ordonnance[2] royale qui termine, à titre officiel, l'histoire de la peste en Languedoc : « Très chers et bien-aimés, lorsque la peste attaqua la Provence avec une fureur qui semblait ne devoir rien épargner, nous tremblâmes pour tous nos sujets menacés ou d'une mort la plus prompte de toutes et la plus cruelle dans ses circonstances, ou d'une extrême diminu-

---

1. DEVIC et VAISSETTE, *Histoire du Languedoc*, t. XIII, p. 969.
2. DEVIC et VAISSETTE, *ouv. cité*, t. XIII, p. 971.

tion de leur fortune par la cessation entière du commerce ou du moins le spectacle affreux d'une désolation qui pourrait devenir générale; mais les ordres que notre oncle le duc d'Orléans, Régent, a donnés partout avec toute la vigilance et toute la sagesse nécessaire ont arrêté le progrès d'un mal si funeste. Dieu a béni ses soins. Il a récompensé le zèle héroïque des évêques et de tous les ordres du clergé : il a écouté les prières des âmes pures et innocentes, et elles ont obtenu qu'il retirât de dessus nos têtes l'un des plus terribles fléaux de sa colère. Ce mal contagieux qui, en désolant une province, répandait la terreur dans tout le reste du royaume, est entièrement cessé ; nos voisins ne peuvent plus regarder nos frontières avec frayeur ; les Français qui se craignaient eux-mêmes les uns les autres sont délivrés de cette pernicieuse crainte, et il ne nous reste plus qu'à rendre grâce à Dieu de s'être laissé fléchir et d'avoir bien voulu ne nous punir ou ne nous éprouver que par des calamités passagères. Notre intention étant donc de remercier le Ciel de sa clémence, et pour en attirer de nouvelles bénédictions, nous donnons nos ordres aux archevêques et évêques de notre royaume de faire chanter le *Te Deum* dans toutes les églises de leurs diocèses. »

II

LA PESTE DANS LE COMTAT

Dans le Comtat-Venaissin comme en Languedoc, et pour des causes identiques, s'imposa la nécessité de combattre le fléau destructeur, ou, tout au moins, de se garantir contre ses atteintes. La peste[1], en effet, avait déjà, et à plusieurs reprises, éprouvé Avignon et les

---

1. COREN JACQUES. *Brevis descriptio civitatis Avenionensis pestilentia laborantis*, 1630. — Docteur MARIUS BECHET, *les Épidémies de peste à Avignon*, 1902. — Bibliothèque d'Avignon, ms. n° 1522. Tableau des ravages de la peste de 1576 à 1721.

autres cités comtadines. On en connaissait, par de sinistres expériences, tous les dangers. Aussi, à la première menace de contagion, c'était d'ordinaire une épouvante générale, un subit arrêt des affaires et la dispersion des habitants. Or, en 1720, par un bizarre contraste, on ne parut pas s'émouvoir outre mesure. On sut pourtant de très bonne heure, dès le mois de juillet, que la peste avait fait son apparition à Marseille[1], mais la grande foire de Beaucaire fut tenue comme d'habitude, et les négociants marseillais circulèrent en toute liberté. Le vice-légat, Rainier d'Elci, soit qu'il eût reçu des instructions de la Cour de Rome, soit qu'il craignît de compromettre son autorité en laissant entrer dans le Comtat, pour y former un cordon sanitaire, les soldats que mettait à sa disposition le commandant du Dauphiné, comte de Médavy, ne voulut prendre tout d'abord aucune mesure défensive. On raconte même que, le 31 juillet, le peuple qui commençait à s'inquiéter, ayant essayé d'empêcher l'entrée en ville de la voiture publique qui arrivait de Marseille chargée de voyageurs, Elci, qui se promenait alors sur le quai du Rhône, ordonna de la laisser entrer ; mais ce sentiment de quiétude dura peu, car, le même jour, le vice-légat faisait fermer trois des portes de la ville, Limbert, le Mail, le Grenier à Sel, et envoyait à Aix le chevalier de l'Eglise, frère du premier Consul, prendre des informations auprès de l'Intendant Lebret. Dès ce moment, et comme s'il découvrait tout à coup l'imminence du danger, il rendait à la hâte toute une série d'ordonnances préventives pour arrêter les progrès du mal ; mais il était déjà trop tard : toutes les précautions allaient demeurer inutiles.

Au 31 juillet[2], convocation d'un conseil extraordinaire où l'on nomme un bureau de santé de dix-huit personnes, et, dès le lendemain 1er août, interruption de toute communication avec Marseille. La garde bourgeoise et la garni-

---

1. Bibliothèque d'Avignon, ms. 2394, fol. 336. *Journal de la peste qui a ravagé Avignon en 1721*.
2. CHARPENNE, *Histoire des réunions temporaires d'Avignon et du Comtat-Venaissin*, t. I, p. 311. DUHAMEL, *les Grandes épidémies à Avignon et dans le Comtat* (Annales de Vaucluse, 1885).

son sont renforcées, et on envoie des détachements à chacun des cinq ports de la Durance, qui aboutissent au Comtat, ainsi qu'au lazaret dressé à Champfleury pour les quarantaines; mais la surveillance se fait mal, soit que les députés qu'on envoyait chaque jour aux portes ne remplissent pas leur devoir avec toute l'attention possible, soit que le vice-légat, qui n'était pas d'accord avec le premier Consul de l'Église, affectât de le traverser en tout. En effet, il avait trouvé mauvais que la garde de l'hôtel de ville fût composée de trente habitants : il la fit réduire à quinze, et, sur la plainte que l'on porta au palais que les échappés de Marseille entraient pendant la nuit à Avignon en escaladant les murailles, il refusa de faire faire la ronde sur les remparts par les soldats de la garde italienne, prétendant qu'elle était déjà assez fatiguée, il ne jugea pas à propos, non plus, de faire surveiller les remparts par les bourgeois[1]. La conséquence de ce laisser aller fut que de nombreux étrangers purent entrer en ville et y porter les germes de l'infection. Tantôt ce sont quatre déserteurs du régiments de Berry, tantôt des émigrés de Marseille et de Toulon, ou un jeune garçon qui s'introduit en ville par les égouts (22 août). On les condamne, il est vrai, à l'estrapade ou au fouet, mais, au moment de l'exécution, le vice-légat accorde leur grâce. Les Juifs, alors nombreux à Avignon, paient pour les coupables. Ils sont expulsés ou mis en quarantaine au lazaret de Saint-Roch (2 août). Un marchand de soie, Georges Paillou, et un Avignonnais, Robaud, sont aussi mis aux arrêts dans la grande chapelle du palais, le premier pour avoir tenu des propos hasardés contre le premier Consul, de l'Église, et le second pour avoir laissé entrer des marchands venus de Marseille[2].

Ce manque de surveillance présentait des dangers. La peste atteignait alors son apogée à Marseille, et toutes les villes provençales étaient menacées de contamina-

1. Manuscrit cité, n° 2394.
2. Id., *ibid.*

tion. Sur des avis venus d'Aix et de Marseille qu'il fallait se garder contre les contrebandiers et les Juifs qui bravaient toutes les défenses et continuaient leurs opérations illicites, les consuls prièrent de nouveau le vice-légat d'autoriser la garde bourgeoise à faire des rondes de nuit sur les remparts. D'Elci n'osa pas cette fois refuser son consentement, et aussitôt furent organisées des patrouilles (5 septembre). En même temps on levait une compagnie de cinquante soldats, commandés par Follard, pour la garde de la Durance depuis Bonpas jusqu'à la Courtine. Trois autres compagnies étaient déjà campées sur la rivière de Bonpas à Cavaillon. Quelques semaines plus tard, cette garde ne paraissant pas encore suffisante, les consuls et l'assemblée du pays décidèrent d'augmenter jusqu'à 800 le nombre des soldats de garde. Ils seraient payés un tiers par la ville d'Avignon et les deux autres tiers par le Comtat. Ils seraient répartis en deux régiments, et le chevalier de l'Église et Sobirats seraient nommés inspecteurs des troupes[1]. Quant au vice-légat, renonçant à ses préventions, il s'entendit avec le commandant du Dauphiné, comte de Médavy, pour organiser avec les soldats français un cordon sanitaire rigoureux. Plusieurs centaines de pionniers travaillèrent plusieurs mois à construire une barrière qui s'étendait de Sisteron au confluent du Rhône et de la Durance. Rien que dans le Comtat elle avait 9 lieues de longueur. Dans la plaine, elle était marquée par un fossé de 6 pieds de large et de profondeur, et sur la montagne par un mur[2] en pierres sèches de 6 pieds d'élévation. C'est à ce mur que faisait allusion l'auteur anonyme d'un poème, conservé à la bibliothèque de Carpentras, et composé en l'honneur du recteur du comtat, Gasparini :

> Pour ce point important, une longue muraille
> Doit nous mettre à couvert du sort d'une bataille.

1. Manuscrit 2394.
2. On voit encore les ruines de ce mur sur le territoire de Gordes, près de l'abbaye de Sénanques.

Déjà cent pionniers, déjà mille maçons
Ont égalé la plaine à la hauteur des monts.
L'ouvrage est singulier et sa force durable
A tout genre d'assauts paraît impénétrable.
Le mur dessus nos monts fixant la sûreté
Nous sert pour tout pays de billet de santé.

D'Elci faisait en outre réimprimer et distribuer en abondance un *Mémoire sur la nature de la peste et du levain pestilentiel par rapport à sa communication et au traitement des pestiférés*, ainsi que l'*Instruction sur les fonctions d'un commissaire de quartier ou de ses lieutenants, pendant qu'une ville est menacée de peste*[1] : mais ces précautions étaient peut-être tardives et de mauvaises habitudes avaient été prises. Le cordon sanitaire fut souvent rompu. Tantôt c'était un insigne voleur du Comtat, Duplessis, qui avait été condamné aux galères, et s'était enfui à Marseille, où il remplissait l'office de corbeau, mais il s'était dégoûté de son métier, et était revenu à Avignon, où il avait trouvé un refuge dans l'ermitage de Sainte-Cécile. Le vice-légat le fit enfermer, et même murer, en lui ménageant une ouverture pour lui donner à manger, mais Duplessis trouva le moyen de se sauver, sans doute avec l'aide de camarades tout aussi dangereux. Traqué comme une bête fauve, il fut tué d'un coup de fusil sur le territoire de Grillon. Voici deux Marseillais qui passent la Durance et entrent en ville, mais ils sont dénoncés et expulsés (18 septembre). Une femme est surprise au moment où elle passait des vivres en contrebande : on se contente de la fouetter et de brûler ses provisions (2 janvier 1721). Notons encore ce cordonnier à qui on donne l'estrapade parce qu'il a fait entrer des cuirs en contrebande (23 octobre) ; mais ce sont des faits peu nombreux. En réalité, l'isolement ne fut jamais complet, et les habitants des villes voisines, toutes plus ou moins contaminées, circulèrent sans trop d'entraves. Même en pleine crise, au mois

---

1. Voir, à la bibliothèque d'Avignon, ms. 2928, n° 5. CL. SISSAWD, *Discours sur les préservatifs de la peste*, imprimé par délibération du bureau de la santé pour l'usage de ses habitants (1720).

de juin 1721, la surveillance n'était pas sérieuse. Voici ce que nous lisons dans une lettre adressée par un certain de Launay[1] à un Monseigneur dont le nom n'est pas indiqué : « J'ai assuré M. le comte de Médavy que vous contribueriez à tout ce qui dépendait de vous pour diligenter la perfection de vos lignes. Elles étaient mal gardées il y a vingt ou trente jours le long de la Durance, du côté de Cavaillon, où les sentinelles étaient presque toutes endormies. Je crois, Monseigneur, qu'un petit mot d'avis de votre part à ce sujet au dit lieu de Cavaillon et aux notables dudit Cavaillon ne ferait qu'un bon effet. »

Ce qui jusqu'à un certain point peut excuser ce manque de surveillance, c'est la nécessité de pourvoir à l'approvisionnement de la ville. Dès le mois d'août 1720, le prix des subsistances avait augmenté dans d'énormes proportions. Ainsi les épices se vendaient au double de leur valeur. Le blé valait jusqu'à 54 livres la « salmée ». Une semaine plus tard, il montait jusqu'à 60 livres, et encore n'était-on pas assuré d'avoir du pain, car la farine faisait défaut, les moulins de la Sorgue ayant en effet cessé de moudre à cause de démêlés entre propriétaires riverains. Lorsque, à partir du 18 août, l'intendant Lebret défendit le transport des blés dans le Comtat, et fit arrêter jusqu'à quarante charrettes chargées de céréales qui étaient sur le bord de la Durance, et lorsque, le 22 du même mois, le vice-légat fit publier un règlement qui interdisait toute communication avec la Provence, la famine devint menaçante. On essaya bien de ramasser toutes les provisions qui étaient dans le Comtat, et on accusa même d'Elci d'avoir réalisé à ce propos des gains illicites, mais la masse du peuple n'en fut pas autrement allégée. Les Consuls furent même obligés d'augmenter encore le prix des subsistances. Le mouton se vendit jusqu'à 5 sols la livre, et le bœuf valut 26 « patars ». Même à l'époque des vendanges, qui était d'ordinaire un temps d'abondance

1. Bibliothèque de Carpentras, n° 1409.

et de liesse, les vivres manquèrent, et les communications devinrent de plus en plus difficiles. A ce moment, pour éviter que les travailleurs du dehors fussent trop nombreux, on les astreignit à la formalité de passe-ports spéciaux, et ils furent obligés de porter au bras, suspendu par une ficelle, un morceau de plomb marqué aux armes de la ville[1] (23 septembre). On espérait ainsi diminuer leur nombre, mais les paysans de la banlieue, que gênaient ces exigences, réclamèrent plus de liberté dans leurs mouvements. Ils voulaient surtout qu'on facilitât leur entrée dans la ville, et qu'on laissât ouvertes un plus grand nombre de portes. Les Consuls s'y refusèrent. De là des plaintes incessantes, qui faillirent se convertir en émeute. En janvier 1721, sur un nouveau refus qu'on leur avait opposé, les paysans se joignirent aux ouvriers des faubourgs, et déclarèrent qu'ils étaient décidés à ne plus monter la garde, si on ne leur ouvrait pas la porte Saint-Lazare. Le Consul de l'Eglise, qui s'était porté à leur rencontre, arrêta lui-même et conduisit en prison un des récalcitrants, mais il fut délivré par ses camarades, et bientôt, au son des fifres et des tambours qui les appelaient à la révolte, descendirent dans la rue ouvriers et petits marchands. Dans le quartier de la Carreterie le désordre fut grave. Il menaçait de s'étendre à toute la ville. Le vice-légat montra de l'énergie. Il fit saisir les mutins et les garda en prison. Un certain Mouche, qui s'était signalé parmi les plus exaltés, fut condamné à l'estrapade, et cette fois subit son supplice à la place Saint-Pierre. L'ordre fut ainsi rétabli, mais le mécontentement était général, et si par malheur la maladie avait alors fait son apparition, la population, déjà surexcitée, se serait portée aux pires excès[2].

Fort heureusement, le clergé d'Avignon et son digne chef, l'archevêque François de Paule de Cavaillac de Gonteri, intervinrent à propos. Gonteri occupait son siège

---

1. Manuscrit n° 2394.
2. CHARPENNE, ouv. cité, t. I, p. 317.

depuis le 6 mai 1706. Il avait déjà donné, dans différents postes, à Urbin, à Fano et surtout à Rome, comme membre de la Consulte, les preuves de sa capacité administrative. Dans ses fonctions épiscopales il allait se signaler par son zèle et sa charité. Fidèle à la théorie qui faisait de la peste un châtiment du Ciel, il menaça les Avignonnais des plus grands malheurs s'ils ne rachetaient pas leurs fautes passées et leurs désordres présents par une conduite exemplaire. Dès le dimanche 4 août 1720, il avait ordonné des prières de quarante heures à la métropole afin d'être préservé de la peste. « C'est de l'inutilité de tant de corrections, écrivait-il dans son mandement, que vient l'augmentation et le surcroît de nos châtiments. C'est pour détruire en nous cette présomption téméraire, que Dieu excite aujourd'hui la crainte du châtiment le plus terrible et le plus capable de nous émouvoir. » Le dimanche suivant, 11 août, Gonteri fit porter en procession solennelle dans toutes les rues de la ville le chef de saint Agricol [1]. Le 5 septembre, les Consuls ayant renouvelé le vœu fait lors de la peste de 1628, mentionnant que chaque année ils iraient, tête nue et un flambeau à la main, recevoir la communion à l'église métropolitaine, il célébra lui-même en grande pompe cette cérémonie. En même temps il publiait de nombreux mandements sur la nécessité de faire pénitence, et recommandait des jeûnes fréquents et d'ardentes prières. Il ne négligeait pas certes les précautions usuelles, et, dans sa lettre [2] du 8 octobre « pour le règlement du spirituel et du temporel des monastères et pour la dispensation des pouvoirs nécessaires et convenables en temps de peste », il recommandait à ses vicaires de porter sur eux une bouteille de vinaigre ou d'eau « de la reine d'Ongrie », et de s'en frotter souvent les mains, les oreilles et les tempes. Le 21 décembre, il publiait une autre ordonnance pour défendre de chanter des noëls provençaux, « à cause des afflictions

---

1. CHARPENNE, *ouv. cité*, t. I, p. 491.
2. Bibliothèque d'Avignon, n° 2810.

publiques », car il faisait remarquer, non sans raison, « que les mystères divins, loin de faire le sujet unique de cette versification, n'y entrent presque jamais que très indirectement, et quelquefois même d'une manière profane ». Il est vrai que, par contre, il rendait obligatoire la fête de saint Sébastien, et publiait le bref[1] de Clément XI, du 14 octobre 1720, portant concession d'indulgences. Dans la ferveur de son zèle, il avait même exagéré la rigueur des prescriptions relatives aux jeûnes du carême. Plus indulgent ou mieux inspiré, le Pape ayant permis de faire gras trois jours par semaine, Gonteri modifia aussitôt son mandement pour se conformer aux intentions du Souverain Pontife. C'était faire à la fois preuve de tact et de sage administration.

Gonteri ne songea pas qu'à ses diocésains. Sa charité[2] s'étendit sur la malheureuse cité qui se débattait alors contre l'horrible contagion. Dans un mandement, en date du 1er septembre 1720, il ordonna un service solennel pour les morts de Marseille, et engagea tous les prêtres de son diocèse à offrir quelques messes à leur intention, et tous les fidèles à prier pour « les habitants encore vivants de cette ville désolée ». Nous savons déjà que les Echevins se montrèrent touchés de son intervention[3], et lui en témoignèrent leur reconnaissance. Aussi bien ils n'allaient que trop tôt trouver l'occasion de prouver à leurs compatissants voisins qu'ils n'avaient pas obligé des ingrats.

Gonteri, dans la mesure du possible, avait donc fait

1. Ordonnance du 15 janvier 1721.
2. Par son testament, cité par Dupuis, Intendant de la santé à Marseille (lettre du 7 janvier 1721), Gonteri avait laissé tout son bien aux pauvres, et avait recommandé qu'on l'enterrât dans le tombereau des pauvres.
3. On conserve aux Archives municipales de Marseille (correspondance, Chenevilley) trois lettres adressées aux Echevins par le recteur des Pénitents Gris, Chenevilley (1er et 30 novembre, 17 décembre), pour les engager à se lier par un vœu solennel et leur annoncer des prières et des cérémonies en leur faveur. — Lettre de remerciement des Echevins, 14 novembre 1720 (Arch. mun., C. E., p. 47, recto). — Autre lettre du 19 décembre 1720 (C. E., p. 62, verso, et 63 recto), pour demander des prières. — Deux lettres du 14 janvier 1721 à Gonteri et à un chanoine de l'église des Pénitents sur le même objet.

son devoir, et il était si bien persuadé de la nécessité des prières pour détourner la maladie qu'en deux autres occasions solennelles, à propos de la bénédiction de deux statues de la Vierge, dressées la première sur le ravelin de la porte Saint-Michel et la seconde devant la porte de son palais, il convia la population à une procession générale et présida lui-même[1] ces deux cérémonies. De fait, la peste semblait devoir épargner Avignon. Elle n'avait encore fait aucune victime. On n'était pourtant pas tranquille. On redoutait et on pressentait la prochaine invasion du fléau. Un prêtre obscur, Benoît, qui tenait un registre[2] des secours donnés aux pauvres, termine son travail par ces mots : « Faxit Deus ut anno sequenti aliquid pejoris de Avenione vel alius vel egomet non scriban ! » Le vœu ne devait pas être exaucé, et Avignon à son tour allait subir toutes les horreurs de l'épidémie.

Dans les autres villes du Comtat, la frayeur était la même, et on avait également pris beaucoup de précautions. On conserve à la bibliothèque de Carpentras un dossier de quarante-six lettres[3], de divers, sur la peste menaçant le pays. Il est question dans toutes ces lettres des mesures à prendre pour préserver les villes voisines et surtout pour organiser des quarantaines. Il paraîtrait que, dans le village de Caumont-sur-Durance, la peste avait été signalée dès le 16 novembre 1720 ; mais elle n'aurait duré que jusqu'à la Noël de la même année. Comme on redoutait que le mal ne reparût, on commença de nouvelles quarantaines et on ordonna la fermeture des métairies isolées. Toutes celles où avaient eu lieu des morts suspectes furent désinfectées et même brûlées. L'évêque de Carpentras, Abbati[4], s'était aus-

1. CHARPENNE, ouv. cité, t. I, p. 309.
2. Ce manuscrit est conservé à la bibliothèque d'Avignon, n° 1740.
3. Ms. 1409, fol. 408 à 500. — A consulter encore une lettre écrite de Carpentras, le 20 janvier 1721, par le docteur Bellier, adressée au docteur Fasseau, médecin de l'hôpital à Maubeuge. Elle contient un exposé très précis de la marche de la maladie et des divers remèdes usités. Bibliothèque de Carpentras, n° 9080.
4. Voir, à la bibliothèque de Carpentras, un mandement de Mgr Abbati (1721) et les lettres pastorales du même prélat.

sitôt adressé au comte de Médavy pour le prier de redoubler de vigilance dans la formation du cordon sanitaire, et ce dernier s'empressa de lui répondre. Voici les passages principaux de sa lettre[1] : « Le traité que j'ai fait, Monseigneur, avec le vice-légat pour établir une barrière au-dessous du Comtat, le mettre en sûreté et en commerce avec le Dauphiné et le reste du royaume était, sans difficulté, une chose très avantageuse à ce pays. Le sentiment de tous les principaux a été là-dessus uniforme, et il m'a paru un zèle et une émulation à construire la ligne du Comtat à laquelle je ne croyais pas que les sujets de France puissent atteindre. Le travail a même commencé avec ardeur, et, dans le temps que j'espérais en apprendre la perfection, j'ai su au contraire que ce travail a discontinué, et que l'envie, la jalousie et la haine de quelques personnes apportent du retardement au parachèvement de la muraille commencée, si nécessaire pour former la ligne et se garantir de la communication avec les lieux infectés de la Provence. Je regarde cela, Monseigneur, comme un malheur pour votre province, et votre piété vous le représentera comme un fatal présage du fléau dont Dieu est prêt d'affliger son peuple. » Il l'engage à user de son influence pour inspirer à ses ouailles de saintes idées : « Vous seul pouvez les assembler, leur parler avec fermeté et les remettre dans une étroite et sincère liaison pour concourir au bien commun. » Médavy ne croyait pas, hélas ! être si bon prophète, et les mauvais jours qu'il pressentait n'allaient que trop tôt commencer.

Carpentras pourtant, grâce aux précautions prises, réussit à se préserver du fléau. Plus encore que l'évêque Abbati, le recteur du Comtat-Venaissin, Octave Gasparini, jadis auditeur général de la nonciature et internonce à Venise, contribua par la sagesse de son administration au salut de la ville. C'est lui qui, usant de ses prérogatives, désigna comme Consuls des ci-

---

1. La lettre porte la date du 24 mai 1720. Il est probable qu'il y a une erreur et qu'il faut lire 1721. L'original se trouve dans le ms. 1409 de la bibliothèque de Carpentras.

toyens fermes et dévoués, l'avocat Poyol, de Seguin, de Vassieux et le notaire Bastet, qui devinrent ses utiles auxiliaires; lui encore qui forma un bureau de santé où figuraient les notables les plus autorisés, de Jaronte, capiscol de la cathédrale, le théologal Lamotte, l'avocat général de Villeneufve, le trésorier Charpond des Isnards, de Modène, Fomery et le notaire Borcilon. Un anonyme, dans une épître historique[1] qu'il a composée en l'honneur de Gasparini, et dont les intentions valent mieux que les vers, parle avec une émotion contenue des services rendus par ces conseillers:

> D'un bureau de ton choix tu leur prêtes le zèle.
> Formé de tout état, choisi sur tous les rangs,
> Il rassemble dans lui tous les divers talents.
> C'est là, deux fois le jour, qu'aux yeux de la droiture
> Chaque fait s'éclaircit, chaque projet s'épure...
> Et jamais sur un point le corps dans sa balance
> Ne vit deux sentiments au bout d'une séance.

On doit, de plus, à Gasparini la rédaction d'un « projet de quarantaine pour une ville attaquée de la peste », qui fut plus tard bien accueilli, et dont les exemplaires se répandirent dans tout le royaume. Notons encore que Gasparini eut, à diverses reprises, des conférences avec le gouverneur militaire de toute la Provence, Villars-Brancas, et qu'il s'entendit avec lui sur les mesures à prendre. Enfin, c'est lui qui inspira la lettre adressée, dès le mois de novembre 1720, par les états de la province réunis à Carpentras, au pape Clément XI, pour le prier de venir à leur aide.

« Nous venons[2] de nous assembler dans cette ville avec les députés de la noblesse et du Comtat-Venaissin pour chercher ensemble les moyens de préserver l'État de Votre Sainteté du terrible fléau de la contagion qui menace la France, et qui s'est approché de si près de ce pays qu'il n'en est éloigné que d'une lieue et demie. » Il faudrait empêcher toute communication avec les villes

---

1. Bibliothèque de Carpentras, ms. n° 1408.
2. Bibliothèque de Carpentras, ms. 1409, fol. 407.

contaminées. Or, nous sommes trop faibles pour surveiller le cordon sanitaire qui est très étendu, et les 500 soldats et officiers que l'on veut envoyer d'Avignon ne suffiront pas pour garder la frontière. Les États se plaignent aussi de la cherté croissante des vivres, et, bien qu'ils protestent de leur désir de venir en aide aux malheureux, ils sont réduits, pour ne pas effrayer les populations, à cacher la véritable situation du pays. Elle est déplorable. Il faut que le Saint-Père leur envoie tout de suite des secours; car « c'est la plus belle occasion de donner de nouvelles marques de sa gloire et de sa générosité ».

Il était déjà trop tard, et les secours pontificaux devenaient inutiles, car la peste venait d'éclater à Avignon, et, tout de suite, elle prenait une redoutable intensité.

Dès le 23 septembre 1720 avait été signalé un décès suspect. Le sieur Tronc, un Marseillais, avait été choisi pour désinfecter, ou pour employer l'expression du temps, pour parfumer au lazaret de l'hôpital les personnes et les marchandises de provenance douteuse. Il y fut employé pendant un mois, et mourut subitement, d'apoplexie ou d'épilepsie, dirent les médecins, mais plus probablement de la maladie dont il avait contracté les germes à Marseille. On procéda à son inhumation immédiate, et on eut soin de noyer son cadavre dans la chaux vive et de faire disparaître tout ce qui avait été à son usage personnel. Certes, rien ne prouve que Tronc soit mort de la peste, mais, si les administrateurs de l'hôpital prirent à l'occasion de ce décès tant de précautions, c'est qu'ils étaient pleins de défiance. Ce fut d'ailleurs la seule mort douteuse qu'on eut à enregistrer, et, à la date du 1er décembre, l'auteur anonyme du manuscrit auquel nous avons fait de fréquents emprunts a soin de mentionner « qu'on continue à jouir d'une parfaite santé, et qu'il n'y a à l'hôpital qu'un seul malade au bouillon et pas un en ville »; mais déjà, tout autour d'Avignon, la mortalité était grande. On eût dit une ville assiégée, dont chaque jour un ouvrage défensif est emporté. Toutes les grandes

1. Manuscrit d'Avignon, n° 2394.

villes de Provence avaient été successivement ravagées par le fléau. Les villages furent éprouvés à leur tour, et voici que, dans les environs immédiats d'Avignon, la contagion fut signalée. Dès la fin de septembre 1720, Apt était attaquée. Le 20 novembre, la peste pénétrait à Saint-Rémy : à la fin du même mois on soupçonnait sa présence à Beaucaire. Le 3 janvier 1721, elle faisait des victimes à Orgon et à Tarascon. L'hiver et le printemps se passèrent assez tranquillement, mais, au 16 août, on apprenait que la peste était à Saint-Michel de Frigolet et le 18 à Noves, où quatorze personnes étaient déjà mortes. Elle n'avait plus que la Durance à traverser pour envahir Avignon, ou plutôt la rivière était déjà franchie, car, dès le 17, le fléau avait fait son apparition à Avignon, dans la rue de la Calade.

Est-ce la contrebande du poste de Grange Neuve entre la Courtine et Barbentane qui introduisit[1] le fléau dans la ville, ou bien des soies écrues venues de Pertuis, ou des balles de marchandises tirées de Beaucaire, il est difficile de trancher la question, car le progrès du mal furent foudroyants. On a encore prétendu que c'est une marchande de lait et de beurre de Bédarrides qui communiqua la contagion. Il est plus probable qu'à Avignon comme à Marseille le terrain de culture était déjà préparé. Un jeune chirurgien, Louis-François Manne, l'avait annoncé publiquement, contre l'opinion de la plupart de ses confrères, et il avait même failli, à ce propos, être lapidé et assommé par la populace. On lui rendit plus tard justice. On composa même à ce sujet une chanson provençale qui eut beaucoup de succès[2] :

> Manno, l'envejo et l'ignourenço
> Que t'an bouffa,
> Manno, l'y as empousa silenço.
> As trioumpha,

[1]. Voir manuscrit sur la peste de 1721, conservé à la bibliothèque d'Avignon, n° 2394 ; autre manuscrit, n° 2378.
[2]. « Manne, l'envie et l'ignorance qu'on t'a soufflées, Manne, tu leur as imposé silence. Tu en as triomphé. Tout le premier tu as connu notre malheur. Si nous t'avions cru plus tôt, nous n'aurions pas maintenant autant d'affliction. » CHAMPENNE, ouvr. cité, t. I, p. 320.

> Tout lou premié as counégu
> Nosto magagno.
> Si pu leou l'aivan créségu
> Mens aro aurian de lagno.

Le fait n'en subsistait pas moins dans sa navrante réalité. La peste avait envahi la ville, et le moment était venu de renoncer à toute illusion et de combattre résolument le fléau. Les magistrats d'Avignon, et en général tous ceux du Comtat, comme d'ailleurs ceux de Marseille, auraient bien voulu garder aussi longtemps que possible le secret sur le véritable état de la santé publique. Ils désiraient à tout le moins ne pas ébruiter les progrès du fléau, et ils auraient volontiers considéré Manne comme un malfaiteur public. Nous avons retrouvé à la bibliothèque de Carpentras [1] une lettre, datée de Sault le 7 juin 1721, adressée par un certain Launay à Monseigneur, sans doute le vice-légat ou quelque autre haut fonctionnaire. Il le prie de donner une forte semonce au fermier Fortunet, qui avait dénoncé l'apparition de la peste dans une bastide de Saint-Martin nommée Chaulon, en avant du cordon sanitaire, à Saint-Jean. « Il faut que ledit Fortunet vous remette la lettre que celui de Sault lui a écrite à ce sujet, afin que je puisse découvrir celui qui a écrit une aussi grande fausseté, puisqu'il est certain qu'il n'y a aucun mal dans la dite bastide, ni dans le comté de Sault. Bien loin de le cacher, s'il y en avait, je serais le premier à en informer Votre Grandeur. »

Le temps, hélas! était passé des mensonges et des ménagements : mieux valait lutter résolument contre le fléau et ne plus déguiser la vérité ; d'autant plus que, dans tout le voisinage, on voulait avoir des renseignements précis. Voici la lettre qu'adressèrent à ce sujet, dès le 22 septembre, à leurs collègues les Consuls d'Avignon, les Echevins [2] de Marseille : « L'intérêt que

---

1. Bibliothèque de Carpentras, ms., n° 1409.
2. Lettre du 22 septembre 1721 (Arch. mun., C. E., p. 130, verso). Nouvelle lettre du 16 octobre annonçant une procession à Notre-Dame de la Garde et des prières particulières.

nous prenons à la santé de votre ville et la reconnaissance que nous conservons de la part que vous avez bien voulu prendre à nos malheurs nous engagent à vous demander des éclaircissements sur les bruits qui se sont répandus ici, qu'il était mort dans votre ville diverses personnes suspectes du mal contagieux ; ce qui aurait donné lieu à quelques habitants de sortir de la ville. Nous serions bien fâchés que cela fût, et nous vous prions d'avoir la bonté de nous en donner incessamment des nouvelles. »

Ces bruits n'étaient que trop fondés. Nous n'avons pas retrouvé la réponse des magistrats avignonnais. Peut-être s'efforcèrent-ils d'atténuer la gravité de la maladie. Ils auraient été mieux inspirés, s'ils l'avaient avouée et s'ils avaient demandé, vu l'urgence, des secours à leurs voisins. Ces secours, en effet, firent tout d'abord défaut, Lorsque éclata le fléau, non seulement les médecins avignonnais se refusèrent à visiter les malades, mais les prêtres eux-mêmes ne voulurent plus porter les secours spirituels à ceux de leurs paroissiens qu'ils soupçonnaient atteints de la contagion ; c'est-à-dire que les secours médicaux et religieux firent également défaut.

Cette conduite des médecins avignonnais n'est pas à leur honneur. « Nos plus fameux médecins se sont enfermés et ne voient aucun malade[1] », écrivait l'auteur anonyme du *Journal de la peste*. « Dans la ville, lisons-nous dans un autre manuscrit, il n'y a plus que le sieur Soube pour médecin de ceux qui sont soupçonnés ou atteints de la peste. M. Brun s'est enfermé. MM. Parrely et Gastaldy à peine veulent-ils voir leurs pratiques, et encore faut-il qu'elles soient hors de soupçon. On ajoute qu'il y a des médecins qui se font payer un écu de 10 livres par visite. Des chirurgiens il y en a qui n'ont pas moins voulu pour une saignée, d'autres un louis d'or de 5o livres, et on assure qu'il y en eut un qui eut la hardiesse d'en demander six. » Même entre

1. Cités par CHARPENNE, t. I, p. 339. On a encore conservé le nom du P. Mathieu, « l'habile pharmacopole, qui avait eu la peste dans le Levant, et qui assurait avoir des remèdes spécifiques ».

eux, les médecins n'avaient pas le courage de se visiter. Lorsque l'un d'eux, le plus réputé de la ville, le docteur Normandeau, fut à son tour frappé par la maladie, aucun de ses confrères ne voulut entrer chez lui. On se borna à lui conseiller pour tout remède de boire le sang d'un chat, et, quand il mourut (22 juin 1721), il était abandonné depuis plusieurs heures. On ne cite que deux médecins qui ne reculèrent pas devant le danger, Manne et Sirode, et encore réussirent-ils à se rendre parfaitement désagréables. Manne avait été nommé inspecteur général de la santé publique ; il parcourait la ville à cheval, escorté par des soldats, et s'imposait par la brutalité et la terreur. Aussi bien il vendait chèrement ses services, 400 livres par mois, et l'entretien d'un cheval et d'un domestique. Il avait, en outre, exigé la nomination de son père en qualité de chirurgien à Saint-Roch, celle d'un de ses cousins comme concierge de cet hôpital, et un traitement mensuel de 50 écus pour sa femme et sa sœur employées comme infirmières. Quant à Sirode, c'était un ivrogne invétéré, toujours entre deux vins, et qui parfois s'amusait à lancer son cheval au triple galop à travers les corridors de l'infirmerie des Minimes, qu'on lui avait donnée à diriger. Il faut d'ailleurs avouer que leur science était à la hauteur de leur dévouement. Ils ne savaient que recourir aux saignées, qui, presque toujours, entraînaient la mort de leurs clients, ou à des spécifiques, pour la plupart déplorables, qui ne guérissaient que par hasard.

Si les médecins avignonnais ne furent pas à la hauteur de leur tâche, ils ne furent guère secondés par les employés du service médical [1]. Les infirmeries, surtout celle de Saint-Roch, étaient absolument désorganisées. Dès les premiers jours on y manqua de linge, de couvertures, de remèdes, même de feu. « Il n'y avait même pas une seringue [2] pour donner des lavements à une pauvre

---

1. Une exception doit être faite en l'honneur de l'apothicaire Amiel, qui tint toujours boutique ouverte et ne cessa de donner des conseils aux malades.
2. DRAPIER, *Histoire manuscrite d'Avignon*.

femme, qui en avait le plus grand besoin. » Aussi les malades, plutôt que de s'exposer à être conduits dans ce charnier, restaient-ils sans soins dans leurs maisons, ce qui augmentait considérablement le nombre des décès. Il n'y eut d'abord que Saint-Roch affecté au service des malades. Quand leur nombre augmenta, on prit les couvents des Minimes et des Célestins. Le couvent des Récollets fut réservé pour les quarantenaires, et celui des Augustins pour les malades non soupçonnés de la peste. L'archevêque Gonteri avait bien fait ramasser du linge dans les communautés religieuses et ordonné une quête en ville, mais cette quête ne rapporta que 72 draps, 24 chemises, 24 serviettes, et quelques ballots de vieux linge. Il fallut que le vice-légal ordonnât aux quatre brigadiers de cavalerie d'aller dans toutes les maisons aisées, et d'y demander, d'y prendre au besoin un drap de lit et une chemise. Quant aux couvents on leur emprunta, à titre gratuit, toutes les couvertures dont ils disposaient. Bientôt, comme le nombre des malades augmenta, et que les lits manquèrent dans les hôpitaux, les corbeaux reçurent l'ordre de transporter les malades avec leur literie, en sorte que, lorsque les pauvres étaient guéris, ils ne trouvaient plus rien chez eux et étaient obligés de coucher dans la rue.

On aurait excusé cette insuffisance si les infirmiers avaient convenablement rempli leur mission, mais ils ne se firent remarquer que par leur immoralité. Ainsi que l'a écrit un contemporain[1], « ils pansaient les malades avec des emplâtres au bout des manchettes, sans nettoyer les plaies, et ne s'occupant qu'à jouer et à se divertir tout le jour et la nuit ». Aux Récollets, aux Minimes, aux Augustins déchaussés, les infirmières trouvèrent le moyen, au lieu de soigner les malades, de se livrer à la joie. Tantôt, sous prétexte d'aller couper du bois dans les dépendances de l'hôpital, « elles se mettent à danser et à faire le branle, ayant chacune la pipe à la bouche, leur habit en toile cirée avec le capuce ».

---

1. CHARPENNE, ouvr. cité, t. I, p. 339.

tantôt, ayant rencontré le cadavre d'un pestiféré mort depuis longtemps, « elles[1] le sortirent de la chambre où elles l'avaient trouvé, et l'une d'elles s'étant assise au milieu du dortoir, prit le corps mort dont elle mit la tête sur ses genoux. Les autres prenant course lui sautaient dessus, comme quand les enfants jouent à chevalette. Si des personnes dignes de foi ne l'avaient vu, je n'aurais pas rapporté un fait aussi étrange ». « Il ne faut pas être surpris, ajoute le même témoin, si les malades meurent quelquefois faute d'une goutte d'eau ; ceux-là parce qu'on leur mettait le bouillon sur une chaise à côté de leur lit, et, s'ils ne pouvaient pas le prendre, ils mouraient également. Il y en a qu'on a laissés deux jours sans bouillon comme s'ils étaient morts, et dont ils ont échappé, à qui j'ai parlé. Tout était en désordre[2] aux dites infirmeries. Les personnes de piété qui y servaient ne pouvaient répondre à tout. »

Le scandale fut tel que les hôpitaux, à certain moment, devinrent de véritables maisons publiques, si bien que les femmes galantes d'Avignon se faisaient enrôler comme infirmières afin de se livrer plus aisément à la prostitution[3]. « On voyait courir par les cloîtres des filles toutes nues, écrit[4] un contemporain, et les crimes qui s'y commettaient faisaient horreur. » Le plus déplorable est que jamais un fonctionnaire, pas même un membre du bureau de santé, encore moins les médecins, n'entrèrent aux infirmeries. Le vice-légat se contenta d'envoyer des instructions, qui ne furent pas suivies. Seul Gonteri s'approcha un jour (7 octobre 1721) de Saint-Roch. Les malades l'aperçurent et le supplièrent d'entrer, criant qu'ils manquaient de tout. C'était

1. Manuscrit Drapier.
2. On a conservé le souvenir d'un tour pendable joué par les infirmiers au récollet Bonaventure, auquel on persuada qu'il était pestiféré, et que l'on traita en conséquence.
3. *Journal de la peste.* « Trois femmes de celles qui étaient en quarantaine à l'hôpital des Pèlerins, voulant aller à Saint-Roch pour y vivre en libertinage, feignirent d'être malades et se frottèrent d'ail pour simuler les symptômes de la peste. La fraude ayant été reconnue, on leur donna le fouet. »
4. Manuscrit Drapier.

pour l'archevêque l'occasion de remplir les fonctions de son ministère, et, à vrai dire, cet acte de courage s'imposait. S'il avait visité en personne ces lieux maudits, tout le monde l'aurait imité, et bien des abus auraient disparu. Il eut le tort d'écouter son entourage, et se contenta d'envoyer des bénédictions. Il rédigea, il est vrai (11 décembre 1721), un « Règlement aux recteurs spirituels des infirmeries dans la direction qui leur est confiée en ce qui concerne les devoirs de la religion et des bonnes mœurs »; mais il a beau indiquer la marche à suivre et les règles liturgiques pour les enterrements; il a beau ordonner la séparation absolue des sexes aux dortoirs, dans les réfectoires, même à la lingerie, et déclarer « qu'il serait inconsolable si le désordre et le libertinage venaient à régner parmi les infirmiers et infirmières de ces maisons », le mal était invétéré, et il se perpétua. On ferma, il est vrai, le couvent des Minimes, et les Dominicains qui avaient la direction de Saint-Roch réussirent à imposer à leurs administrés quelques mariages plus que pressants, mais ces hôpitaux jusqu'à la fin de la contagion restèrent une école d'immoralité, et, comme conséquence fatale, des laboratoires de pestilence et de véritables charniers humains.

Il n'est que juste de reconnaître que le mauvais exemple leur était donné de haut. Les administrateurs d'Avignon ne furent pas à la hauteur de leurs fonctions, et leur conduite forme un étrange contraste avec celle de leurs collègues des villes voisines. Sans doute, le vice-légat Elci se montra beaucoup dans les rues. On le voyait[1] chaque jour à cheval, avec une nombreuse escorte, sur les quais ou les places publiques, mais jamais il ne pénétra dans un hôpital; jamais il ne visita un malade. Des aumônes ne suffisent pas: il faut les distribuer soi-même. Rien ne vaut le réconfort d'une bonne parole, et d'une consolation directe. Elci exagéra la prudence. On ne peut certes l'accuser d'avoir

1. Manuscrit 2378, à la date du 22 septembre 1721. Description du cortège et de l'escorte qui l'accompagne.

malversé, ou d'avoir abusé en quoi que ce soit de sa situation, mais il est des circonstances où il faut faire plus que son devoir. Le vice-légat ne le comprit pas. Il aurait pu illustrer son nom dans l'histoire : à peine si son souvenir a été conservé. Il en est de même des consuls d'Avignon. Ils ne surent que remplir dévotement toutes les missions ecclésiastiques, dont on les accabla. Processions, messes solennelles, prières publiques, ils ne manquèrent à aucun de ces devoirs, mais on ne les vit jamais présider à l'inhumation des victimes, escorter les malades, ou visiter les hospitalisés. Prélats plutôt que magistrats, et fort occupés de questions d'étiquette, ils assistèrent impassibles aux divers épisodes de la peste, mais, s'ils réussirent à se maintenir en bonne santé, la postérité ne peut que constater leur égoïsme.

Ce n'est pas que les actes de dévouement aient manqué à Avignon. A défaut des fonctionnaires, d'humbles femmes se dévouèrent à soigner les malades. La femme du docteur Manne, la sœur du trésorier de la ville, Mlle Cucurne, et d'autres jeunes filles s'offrirent à servir les pestiférés. On cite[1] une Lyonnaise, Mlle Corard, qui, pensionnaire au couvent des religieuses de Saint-André, s'échappa pour aller servir les malades à Saint-Roch, et y mourut. Honneur à ces vaillantes femmes, qui périrent presque toutes victimes de leur charité! Le chroniqueur dit dans son journal qu'il n'a pas cru devoir mentionner leurs noms. Cette lacune est fâcheuse. Qu'il nous soit du moins permis de glorifier leur souvenir.

On signale encore un vieillard de quatre-vingt-quatre ans, de Cabanes de Jarente, qui quitta Carpentras pour venir soigner les pestiférés. Il parcourait les quartiers infectés en répandant des aumônes. Son exemple ne fut pas suivi. La plupart des riches Avignonnais s'enfermèrent dans leurs maisons, et ne songèrent qu'à s'y défendre contre la contagion.

1. CHARPENNE, t. I, p. 351.

Au moins le clergé fit son devoir. Au premier moment de surprise quelques défaillances s'étaient pourtant manifestées. Les confesseurs se dérobèrent à leur tâche. Les Jésuites n'imaginèrent-ils pas de coller du papier à la lucarne de leurs confessionnaux, afin d'éviter tout contact! Quelques curés refusèrent de visiter les fidèles, et même d'accompagner les convois funèbres. Quelques religieux refusèrent même de concourir au salut commun, et s'opposèrent à ce que l'on convertît en infirmeries les vastes bâtiments qui leur étaient inutiles. Les Bénédictins et les Célestins[1], arguant de prétendus privilèges, se signalèrent par leur obstination. On fut obligé d'envoyer des soldats pour les déloger (9 octobre 1771). Gonteri fut indigné de cet égoïsme. Il eut même un beau mouvement[2]. Au 4 septembre 1721, apprenant que l'un de ses curés avait refusé d'aller confesser un malade à la Bancasse, un rôtisseur, nommé maître André, de peur qu'il eût la peste, il se fit porter chez le moribond, et le confessa lui-même. Pourquoi n'a-t-il pas continué! S'il avait agi comme Belsunce, son nom serait aussi respecté que celui de l'évêque de Marseille. Mal conseillé, il s'enferma chez lui, et se contenta d'administrer son diocèse du fond de son palais. L'exemple qu'il avait donné fut néanmoins contagieux. Le clergé avignonnais semble avoir eu honte de son premier recul. Réguliers ou séculiers rivalisèrent même bientôt de zèle pour se consacrer au service des pestiférés. Plusieurs d'entre eux moururent au chevet des malades. On cite parmi eux[3] deux Dominicains, Pierre Savornin et Théodore Gosseau, dont les évêques de

---

1. Manuscrit n° 2394. Voir également manuscrit 2378. « La ville ayant délibéré de prendre la maison du couvent des Célestins pour y mettre les quarantenaires, et les révérends Pères ayant voulu refuser d'en sortir, s'y étant même enfermés avec des marques de s'y vouloir maintenir et d'en refuser l'entrée, M. le vice-légat y a envoyé toute la garnison du palais, soutenue par une compagnie de milice, pour y entrer de force et en faire abattre les portes... ce qui a été si bien exécuté qu'on s'en est saisi, et on y a mis les quarantenaires. »
2. Charpenne, t. I, p. 322.
3. Les certificats en leur faveur sont conservés à la bibliothèque d'Avignon (t. II, p. 107, n° 1728).

Marseille, de Toulon et d'Arles attestèrent plus tard le dévouement; on ne saurait qu'admirer un augustin déchaussé, le P. Sylvestre et le capucin François-Marie qui, ayant administré la communion à une jeune malade, avalèrent l'hostie qu'elle avait rejetée dans une convulsion, et n'échappèrent pas au trépas qu'ils avaient bravé avec tant de courage. A leurs côtés tombèrent un minime, le P. Aubert, un Jésuite le P. Larmothe, et Godard, surnommé l'homme à la barbe, parce que, ayant été missionnaire en Perse, il avait conservé les usages du clergé oriental. L'abbé de Guilhem [1], supérieur du séminaire de Saint-Charles, nommé commissaire de quartier, remplit tous les devoirs de sa charge et s'acquitta en outre de ses fonctions sacerdotales jusqu'au jour où, se sentant atteint par la maladie, il alla, sans le dire à personne, demander un lit à l'hôpital. Rigide observateur de la règle qu'il avait contribué à établir, il ne voulut pas se faire soigner chez lui et mourut au milieu des pestiférés.

Gonteri fit plus tard dresser la liste [2] de ceux des membres de son clergé qui avaient été emportés par la contagion, victimes du devoir. Ce funèbre placard, bien fait pour attirer la vénération des fidèles, fut partout affiché *aperto loco*. Il comprend 20 prêtres réguliers dont 14 d'Avignon et 6 du diocèse, et 26 séculiers, dont, 18 d'Avignon et 8 du diocèse. Le clergé d'Avignon combattit donc le bon combat, et il nous faut oublier quelques défaillances momentanées pour rendre hommage à son zèle vraiment apostolique.

Un poète, ou plutôt un versificateur anonyme, a composé un poème [3] en l'honneur du clergé avignonnais. Il

1. Abbé Granget, *Histoire du diocèse d'Avignon*. — Voir à la bibliothèque d'Avignon, *Consolation à MM. du séminaire de Saint-Sulpice et à MM. du bureau des infirmeries d'Avignon sur la mort de l'abbé de Guilhem* (1722).
2. « Elenchus omnium sacerdotum, tum secularium, tum regularium qui, grassante peste in civitate ac diocesi, morbo laborantibus inservientes, occubuere. »
3. Un vol. in-8, Avignon, Charles Giraud, 1722. Un exemplaire de ce poème est conservé à la Bibliothèque d'Avignon (ms. 2928, Recueil sur Avignon de 1720 à 1730).

est intitulé : *Stances sur les desseins de Dieu dans la peste du dix-huitième siècle*. Ce sont des strophes qui se succèdent de quatre en quatre vers. L'une d'elles est consacrée aux curés, une autre aux Carmes ou Carmes déchaussés, et ainsi de suite aux Récollets et Capucins, aux Pères du tiers ordre de Saint-François, aux Minimes, aux Doctrinaires, aux Observantins. Voici les vers qui concernent ces derniers. Ils donneront une idée de la valeur de l'ensemble.

>A quoi bon parmi nous ces moines inutiles,
>Disaient insolemment ces fameux libertins ?
>Pourquoi ces Cordeliers et ces Observantins
>Qui ne font que charger nos maisons et nos villes ?
>Vous laissez en chemin les Pères Trinitaires ;
>Vous avez oublié les Pères Augustins :
>Mais voyez aujourd'hui, méchants petits mutins,
>Combien dans vos besoins ils sont tous nécessaires.

Suivent d'autres strophes dans le même goût sur les Grands Augustins, l'hôpital de Saint-Roch, et les Dominicains. Deux d'entre eux, les PP. Savornin et Gosseau, ont l'honneur d'une mention spéciale :

>Deux ministres choisis d'un ordre apostolique,
>Qui bravent jour et nuit et le mal et la mort,
>Sûrs parmi le danger tout comme dans un port,
>Y sont depuis longtemps dans l'estime publique.

Seuls l'archevêque Gonteri, le vice-légat Elci et les Consuls n'obtiennent pas leur tribut d'éloge. Il est visible que ces vers ont été composés par un admirateur et peut-être par un membre du clergé régulier. Aussi bien il ne se contente pas de l'expression personnelle de son admiration, mais il croit devoir annexer à son œuvre deux sonnets, tout aussi insignifiants, composés par un de ses amis en l'honneur des Dominicains qui servent à Saint-Roch et des Révérends Pères de la Doctrine chrétienne. Ce ne sont pas ces élucubrations poétiques qui assureront la gloire de leurs auteurs.

Nous en dirons autant du mémoire composé par

l'abbé Philippe[1] Benotti, *De peste Avenionensi epistola*. Il ne contient aucun détail intéressant : ce ne sont que des considérations générales sur la peste, et en somme un pur verbiage, que nous ne mentionnons que par scrupule d'exactitude.

Quant à Gonteri, si, comme nous l'avons regretté, il n'intervint pas de sa personne, au moins ne fut-il pas avare de sa prose. Le recueil de ses mandements est imposant[2]. Avec une facilité un peu banale, mais qui n'est pas dépourvue d'une certaine éloquence académique, il prenait volontiers la plume pour adresser à ses ouailles, à défaut d'encouragements directs, de pieuses homélies. Tantôt, le 20 septembre 1721, il ordonnait une collecte en faveur des victimes de la peste, et prescrivait la fermeture des églises ; tantôt, le 27 du même mois, il établissait les règles à observer pour le spirituel en temps de contagion. Le 9 octobre, alors que la peste exerçait ses ravages, il envoyait une circulaire aux curés en leur recommandant de beaucoup prêcher et de faire beaucoup de charités. « A peine, écrivait-il, l'ange du Seigneur, envoyé pour la punition des hommes, a-t-il fait briller son glaive sur cette ville que, rappelant toute notre sollicitude, nous avons publié deux mandements consécutifs, soit pour régler le zèle et la conduite des ministres de Jésus-Christ, pendant qu'il plaira à Dieu de nous éprouver, soit pour assurer aux tristes victimes de sa colère les secours nécessaires au salut de leurs âmes. » Le 16 octobre, le fléau n'étant pas près de disparaître, nouveau mandement pour accorder la dispense de jeûne aux jours prescrits. Le 2 novembre, annonce d'une procession au Sacré-Cœur de Jésus ; et le 21 du même mois, pour la fête de la Présentation de la Vierge, renouvellement du vœu fait par la ville en 1629, procession et fête en plein air ; mais ces cérémonies n'apportèrent pas le moindre allégement au fléau. Le jour

---

1. In-12, p. 31. Bibliothèque d'Avignon, n° 2806, 8. — Cf. CHARLET, *A MM. les consuls d'Avignon*. C'est une ode pour glorifier leur conduite pendant la peste.
2. Bibliothèque d'Avignon. Catalogue, t. II, p. 694, n° 2818.

même, 38 personnes meurent en ville, 19 aux infirmeries, et 29 malades entrent dans les hôpitaux. Le lendemain, 58 décès en ville, 20 aux infirmeries et 34 entrées. Le 26, 100 décès et 71 malades. Le 30, 68 décès ! Au lieu de décroître, la maladie progressait.

Gonteri ne se laissa pas décourager. Persuadé, ainsi d'ailleurs que ses contemporains, que les secours d'en haut ne manqueraient pas à une ville adonnée aux pratiques de piété, et que, plus on montrerait de dévotion, plus augmenteraient les chances de guérison, il ne cessa d'ordonner et de régler d'imposantes cérémonies religieuses : au 7 décembre, neuvaine en l'honneur de la Vierge; au 8, fête de l'Immaculée Conception; au 20, réception de l'indulgence d'Innocent XIII; au 25, fêtes de Noël; au 19 janvier 1722, fête de saint Sébastien; au 25, neuvaine en l'honneur de la Purification de la Vierge; au 4 mars, neuvaine en l'honneur de saint François-Xavier; au 4 avril, procession pour l'adoration de la Sainte Croix; au 10, fête de saint François de Paule; au 4 juin, procession du Saint-Sacrement; au 10 juillet, fête de Notre-Dame du Scapulaire; au mois d'août, célébration de l'Assomption et procession en l'honneur de saint Agricol. Il est, certes, impossible de blâmer ces démonstrations extérieures[1], que tous suivaient avec exactitude, magistrats aussi bien qu'ouvriers, mais vraiment toutes ces fêtes n'étaient-elles pas une occasion de rapprochements dangereux, et ne confirmaient-elles pas les Avi-

---

1. Voir à la bibliothèque de Carpentras (ms. n° 2100) une lettre anonyme, dont le destinataire est prévenu « qu'un préservatif recommandé pour la peste est l'intercession de saint Antonin et de la bienheureuse Esprite ». Mais ces saints protecteurs ne paraissent pas avoir été mieux écoutés que saint Roch, en l'honneur duquel un poète anonyme (*id.*, ms. 1790) composa un poème en dix-huit strophes, dont voici le refrain :

> Aujourd'hui un Diou es na
> Per metre fin à la pesto.
> May que nous a destourna
> Se,veu puis tout lou resto,
>   Gran San Roc
> Préguas per aquely qu'au Signa dan croc.

gnonnais dans la pensée que, remplissant ainsi leurs devoirs envers Dieu, Dieu leur devait, en compensation, la fin de leurs maux? De là un laisser-aller déplorable, la négligence de tous les soins hygiéniques, et l'attente d'un miracle qui ne se produisait pas. De là, par conséquent, le découragement, l'inquiétude et la continuation du fléau.

Gonteri finit par se rendre compte de l'inutilité de ces cérémonies. Les derniers mandements qu'il composa contiennent beaucoup moins de prescriptions liturgiques, et beaucoup plus de conseils moraux, et même hygiéniques. Ainsi, le 22 mai 1722, il ordonnera que les réunions dans les églises soient moins fréquentes. Le 27 il composera « une notice à ceux qui cachent les hardes infectées ou suspectes pour les soustraire à la désinfection des parfumeurs ou ébouillanteurs publics », et il insistait avec raison sur les dangers de la dissimulation, car « ils se rendent coupables d'un crime qui fait horreur. Ils deviennent les homicides de leurs prochains, ceux de leurs familles et d'eux-mêmes... Vous êtes les destructeurs de la société civile. Vous trahissez votre patrie, puisque vous la rendez toujours plus suspecte à vos voisins, que vous retardez le rétablissement de son commerce, et que par là vous contribuez à augmenter l'indigence et la misère publiques. » Le 15 novembre, lorsque furent rouvertes les églises, il conseilla une grande modération dans les fêtes et les cérémonies d'actions de grâces, car « les désordres qui ont allumé le feu des vengeances célestes ne peuvent être un remède aux mêmes accidents dont ils sont les auteurs ». Le 22 novembre, il lançait une véritable philippique contre « ces prétendus esprits forts qui s'endurcissent par des débauches outrées, qui, pour mieux étouffer le remords de leur conscience, cherchent à entraîner les autres par leur exemple dans des abîmes ». Le 26 novembre, enfin, fidèle à son rôle de conseiller, et en quelque sorte de magistrat, il envoyait une instruction à tous les confesseurs pour leur indiquer jusqu'à vingt-deux occasions de péché, qui étaient en quelque sorte spéciaux à la peste, et leur recommandait la plus étroite surveillance.

On ne saurait donc reprocher à Gonteri d'avoir méconnu ses devoirs épiscopaux. Il les remplit avec une exactitude et un zèle qu'on ne saurait trop louer. Il est fâcheux que le vice-légat Elci ait été moins bien inspiré, car la plupart des mesures qu'il prit ou furent inutiles ou même devinrent nuisibles. Persuadé, comme tous les médecins de l'époque, que le meilleur des remèdes de la peste était l'isolement, il ordonna quarantaines sur quarantaines[1], mais il n'eut pas le soin de les faire observer. La ville avait bien été partagée en cinquante îles, à la tête desquelles furent mis des commissaires avec un ou deux lieutenants, et un certain nombre de pourvoyeurs, suivant le nombre des gens à secourir. Sept commissaires généraux furent nommés, un par paroisse, de Vezelay à Saint-Agricol, de Fabre à Saint-Pierre, de Massilian à Saint-Didier, d'Orsan à Saint-Giniez, Anselme de Novez à la Madeleine, de Royère à la Principale, et Fabre l'aîné à Saint-Symphorien. En outre, des patrouilles furent organisées, et tous ceux qu'on surprenait en contravention étaient ou fouettés ou condamnés à diverses amendes. Les corbeaux furent également surveillés de près et durement traités quand on les surprit, ce qui n'arriva[2] que trop fréquemment, en flagrant délit de vol, mais les règlements de police étaient à peu près ouvertement violés, et les communications entre habitants ne furent pas interrompues un seul jour. Au besoin, ils passaient d'un toit à l'autre, et se rendaient réciproquement visite. Il en fut de même pour la plupart des prescriptions du vice-légat. Ainsi quand il ordonna de tuer les chiens et les chats qui erraient dans la rue (20 septembre 1721), de déclarer les malades aux commissaires de quartier (25 septembre), de ne circuler dans les rues que munis de billets de santé et avant neuf heures du soir (12 mai), de ne plus

1. Manuscrit 2394.
2. Ordonnance du 10 mars 1722 « contre ceux qui ont volé ou vendent des hardes suspectes de la contagion ».

donner à boire dans les cabarets, ni de distribuer de la viande dans les boucheries aux particuliers. Toutes ces mesures étaient commandées par les circonstances, mais elles ne furent jamais exécutées, ou du moins ne le furent qu'à moitié : ainsi quand on ordonna la construction de cabanes dans les fossés, le long des remparts, on se contenta d'improviser des huttes avec des claies dont on se servait pour étendre les vers à soie, mais elles étaient trop étroites et demeurèrent inutiles.

Elci eut même un jour le tort d'ordonner que tous les malades, quelle que fût leur maladie, seraient indistinctement portés à Saint-Roch, ce qui était les condamner à une mort à peu près certaine (22 février 1722). Malgré les protestations du corps médical, il aggrava sa faute en défendant de traiter les malades dans leurs maisons et même de leur fournir des remèdes. C'était un mode de guérison au moins singulier! Quant aux maisons où la peste s'était déclarée, il les fit évacuer, mais sans assurer leur garde, aussi furent-elles bientôt et pillées. En somme, malgré l'intention de bien faire, déplorable administration.

Ce qui démontrera plus clairement encore l'incapacité du vice-légat, c'est qu'il ne prit aucune mesure pour parer à la misère menaçante. Les ouvriers, très nombreux alors à Avignon à cause de l'industrie des soies, avaient besoin de travailler pour gagner quelque argent et se bien nourrir. Il fallait donc encourager les manufacturiers à ne pas fermer leurs usines. On se demande comment une idée aussi simple n'est pas venue à Elci. Bien au contraire il défendit (12 avril) l'élevage en ville des vers à soie, sauf amende de 300 livres et punition corporelle. Bientôt il ordonna d'échauder (22 juillet 1722) toutes les soies en magasin, et les fit porter dans vingt-trois chaudières qu'il prit soin de visiter lui-même. Aussi le travail fut-il arrêté dans toutes les fabriques, et les ouvriers, du jour au lendemain, furent obligés de recourir à la charité publique. Dès les premiers mois de l'année 1721, près de 1.400 indigents mendiaient déjà dans les rues d'Avignon. On les occupa tout d'abord à réparer les chemins, mais bientôt les ressources manquèrent. On ne les employa plus et la misère augmenta. Il n'y avait qu'un seul remède : recourir à l'emprunt ou à l'impôt, mais le Pape ne consentait pas à ce premier expédient, et comme il n'y avait jamais eu à Avignon de contribution foncière et qu'il était difficile d'augmenter les impôts indirects, on ne savait à quel parti s'arrêter. Les Consuls proposèrent bien, sous le nom de capitation, un impôt sur le revenu, mais les nobles s'y opposèrent. Restait l'aumône. L'appel de Gonteri fut inutile. « Vous voudrez bien, disait-il dans son mandement du 11 juillet 1722, mettre en société de biens avec vous tous ceux dont le sang, quoique enseveli peut-être dans vos coffres, élèverait sa voix jusqu'au ciel, et demanderait puissamment la vengeance de votre insensibilité, puisque, suivant le sentiment d'un Père de l'Église, vous êtes véritablement homicides de celui que vous laissez mourir faute de secours. » Les riches auxquels s'adressait l'archevêque se renfermèrent dans leur honteux égoïsme, et la misère alla toujours en grandissant. Il fallut recourir à l'argenterie des églises. Le 6 mars 1722, les Grands Augustins cédèrent la leur, qui fut évaluée 16.000 marcs, mais à condition qu'on leur en servirait l'intérêt. De même pour les religieuses de Saint-Laurent et pour quelques confréries de pénitents : mais c'étaient là des ressources temporaires et en tout cas médiocres. Vraiment, en cette triste circonstance, les Avignonnais ne brillèrent point par la générosité.

La conséquence fatale de ce manque de charité fut un dérèglement inouï dans les mœurs. On a remarqué qu'après toutes les époques de crise, et par une réaction inévitable, on recherche avidement les occasions de plaisir. Il y a comme un renouveau dans la nature, et chacun désire réparer le temps perdu. Avignon passait déjà pour une ville de luxe et même de débauche. Même en pleine contagion, et surtout après la fin de l'épidémie, on n'observa plus aucune règle de convenance et même de pudeur. C'est le moment des unions faciles et des mariages improvisés. On raconte l'histoire d'une prétendue veuve qui allait se remarier quand elle se retrouva en présence de son mari qu'on avait fait passer pour mort. On cite encore une femme, la Corune, qui, ayant épousé trois hommes en dix-huit jours, se trouva enceinte, en sorte qu'il fut impossible de déterminer le père de l'enfant. N'insistons pas sur cette triste page de l'histoire avignonnaise.

Pendant ce temps, la maladie suivait son cours et ses ravages étaient cruels. On peut en constater les progrès quotidiens dans la *Relation véritable* [1] *de tout ce qui s'est passé dans notre ville d'Avignon à l'occasion de la contagion qui a régné depuis le 21 août 1721*. Ce mémorial a été rédigé par un bourgeois aisé, riche même, car il possédait dans la banlieue d'importantes métairies. Il enregistre au jour le jour tous les décès survenus, mais il est très réservé dans l'impression de ses sentiments de pitié. L'amour de la famille ne semble pas, non plus, l'avoir beaucoup troublé, car il se contente de mentionner le retour d'un de ses fils, Xavier, venant de Bédarrides, « pour raison de quoi je n'ai pas voulu le recevoir chez moi. J'ai commencé à penser de l'en retirer pour le mettre à quelque endroit de la ville, hors pourtant de chez moi ». Le dit Xavier rentra, en effet, dans Avignon, mais il commit l'imprudence de se montrer, et les voisins « se sont presque soulevés pour le faire sortir : ce que n'ayant voulu attendre, je l'ai fait conduire par deux soldats aux Récollets pour y rester en quarantaine avec les autres ». D'autres parents meurent-ils : l'auteur de la relation enregistre leur décès, mais sans un mot de pitié. Ses fermiers viennent-ils à succomber, il se contentera de rappeler le jour de leur mort. Cet excellent Avignonnais paraît donc avoir été un parfait égoïste ; au moins les notes qu'il a prises constituent-elles dans leur ensemble, et malgré leur sécheresse, un document précieux, car elles nous permettent d'établir comme le nécrologe d'Avignon depuis le

---

1. Bibliothèque d'Avignon, ms. 2378, f° 20 et sq.

21 août 1721 jusqu'à la fin du mois de janvier 1722.

Nous ne pouvons évidemment le suivre dans une énumération qui deviendrait tout de suite fastidieuse. Nous nous contenterons de reproduire quelques passages. Voici, par exemple, les huit premiers jours d'octobre : « 1. Ordre de parfumer les maisons. — 2. Les morts ont un peu augmenté. La femme de M. Manne fils, qui était allée rester à Saint-Roch avec son mari, son beau-père et toute sa famille, y est morte. Elle a été enterrée dans l'enclos de Saint-Roch, près la chapelle. — 4. Les morts ont augmenté de beaucoup ainsi que les malades. — 5. Ils augmentent du côté de la Calade et de la Triperie. Il est mort aux infirmeries un des aumôniers. — 6. Grande augmentation des morts, parmi lesquels ont été tous les enfants du pauvre Brun, valet d'assesseur. — 7. Le mal n'a nullement diminué, et le pauvre Girardin demeurant à l'Epicerie y est mort avec sa femme et tous ses enfants. — 8. Le mal s'est toujours maintenu avec la même vigueur sur le nombre de 20 ou 25 personnes de morts. » Ainsi se continue, sans un mot d'émotion, ce monotone enregistrement des victimes. De loin en loin quelque détail sur une procession ou sur une « homélie touchante de l'archevêque », mais jamais, même aux plus mauvais jours, une ligne émue, pas même l'expression d'un regret. Ainsi au 25 octobre : « Le mal a été encore avec d'autant plus de violence que les morts ont été jusques à 80, et qu'on compte plus de 400 ou 500 malades dans les infirmeries... Le dit jour la Juiverie a commencé d'être attaquée, et on a enlevé des morts de nuit. » Au 11 novembre : « Le mal a considérablement augmenté, y ayant eu plus de 50 morts et un fort grand nombre de nouveaux malades... On dit que la ville a reçu 3.400 livres du Pape. » Lorsque le fléau commence à diminuer d'intensité, l'auteur de la relation se contente de dire, « La diminution se soutient », ou bien : « Rien de particulier. Les choses sont sur le même pied. » Et voici comment il termine son mémorial : « Les 29, 30 et 31 janvier, les affaires ont été mieux encore, ayant eu des jours où l'on n'a trouvé aucun nouveau malade ni des morts, si ce n'est de l'hôpital. »

La peste exerça donc à Avignon de cruels ravages, et dans toutes les classes de la société. Au 31 décembre 1721 on comptait déjà, rien qu'en ville 3.540 décès. Les cadavres étaient enterrés à Champfleury. Des prisonniers graciés servaient de corbeaux. On leur avait donné pour commandant le chevalier Lauriol de Bernard, mais il ne sut pas maintenir la discipline parmi ses tristes auxiliaires, et il fallut, pour empêcher le pillage des maisons [1], les menacer d'exécutions sommaires. Au mois d'octobre arrivèrent de Marseille de nombreux corbeaux, mais qui ne valaient pas mieux que leurs collègues d'Avignon. Il en vint également d'Arles, tout aussi peu recommandables, mais il n'y eut jamais de ces scènes répugnantes, de ces étalages de pourriture humaine dans les rues, de ces épisodes sinistres, comme nous avons eu à en signaler ailleurs. La maladie suivit son cours normal ; elle fit de nombreuses victimes, mais elle s'atténua par sa violence même, et bientôt on put prévoir la fin de l'épidémie. Dès le mois d'août 1722 on commençait à se réunir dans les jardins publics, quelques boutiques étaient ouvertes dans la rue des Cordonniers, et des vendeuses de légumes avaient reparu au marché. Au 28 du même mois, les audiences furent reprises au palais de justice, et les crieurs d'eau de vie vendirent de nouveau leurs marchandises. Elci, il faut au moins lui rendre cette justice, commença de bonne heure [2] le grand travail de la désinfection [3]. Dès le 18 juillet il avait ordonné de purger par l'eau chaude les hardes, meubles et effets des maisons infectées, de nettoyer avec soin les maisons des artisans et même de brûler tout ce qu'on trouverait dans les maisons de nou-

---

1. Ordonnance du 10 mars 1722 « contre ceux qui ont volé des har'es suspectes de la contagion ».
2. Au 15 juillet, mandement de Gonteri pour recommander de commencer la quarantaine par des prières.
3. Bibliothèque d'Avignon. 1° Explication de la machine dont on s'est servi pour désinfecter les tombereaux, 1722 ; 2° Instruction concernant les échaudements, 1722.

veaux malades. Au jeudi 10 septembre, 4.000 maisons avaient déjà été « parfumées », et dès le lendemain on se mettait à l'œuvre dans les couvents et au mont de piété. Au 4 octobre, ordre était donné d'étaler à l'évent toutes les soies et filoselles en magasin. Marseille avait mis au service de sa voisine la triste expérience qu'elle venait d'acquérir à ses dépens. Les Echevins ne s'étaient pas contentés d'ordonner une procession [1] solennelle et des prières en faveur des pestiférés : ils avaient encore envoyé à leurs collègues les drogues et les parfums dont ils avaient [2] éprouvé l'utilité. Nous avons retrouvé dans les Archives [3] municipales une note des frais dus aux sieurs Magalon, Mestre, Barthelet et Garcin pour diverses fournitures pharmaceutiques s'élevant à 5.140 livres, 16 deniers, et les Echevins ajoutaient [4] : « Nous vous avons priés d'avoir la bonté de nous donner quelquefois des nouvelles sur la santé de votre ville à laquelle vous savez que nous prenons beaucoup de part. Cependant, depuis que nous vous envoyâmes les drogues et marchandises que vous nous avez demandées, nous n'avons reçu aucunes nouvelles de votre part, et nous vous prions de bien vouloir nous faire l'honneur de nous faire savoir en quel état se trouve votre ville [5]. » Toutes ces mesures de salubrité publique produisirent un bon effet [6], et de jour en jour s'améliora la santé générale. Dès le mois de septembre, les communications étaient reprises avec la banlieue immédiate, et de nouveau les marchés étaient largement approvisionnés. On recevait même des provisions de Marseille, et l'apparition du

---

1. Voir Archives de Marseille. Cérémonial, registre 68, p. 100.
2. Un premier envoi avait été fait le 14 novembre 1721 par le pharmacien Courme, des Martigues.
3. Lettre des Echevins aux Consuls d'Avignon, 16 octobre 1721 (C. F. p. 130, verso).
4. Lettre des Echevins de Marseille, du 31 janvier 1722.
5. Id., 19 février 1722. « Nous sommes bien fâchés de la continuation du mal contagieux dans votre ville. On nous avait assurés, messieurs, qu'il tendait à sa fin, et cela nous avait extrêmement réjouis. On ne saurait prendre plus de part que nous prenons à ce qui regarde votre ville. »
6. Voir à la bibliothèque d'Avignon (ms. 2648, p. 294) diverses ordonnances relatives à la désinfection d'immeubles après la peste.

thon aux halles était saluée par des cris de joie et aussi par des coups de bâton de deux prêtres, les abbés Serre et Brun, trop empressés à satisfaire leur gourmandise. Au 22 septembre, une dernière quarantaine dite de santé était ordonnée, et le 2 octobre le drapeau rouge, arboré sur le clocher de l'hôpital, annonçait la fin de l'épidémie.

L'ordonnance [1] de déconsignation ne fut pourtant rendue par le vice-légat que le 14 décembre 1722. Dans son exposé des motifs il entrait avec complaisance dans de nombreux détails sur son administration. « La santé constante dont cette ville jouit depuis quatre mois, ajoutait-il, ne nous permet pas de douter qu'il ait rien échappé à la désinfection qui puisse nous attirer des rechutes... Quoique nous ayons éprouvé depuis ce temps-là tout ce que la communication peut avoir de dangereux, car on a fait les vendanges avec la liberté ordinaire, et les changements de maison qui ont été occasionnés ou par les successions, ou par les nouveaux arrentements, ont entraîné un bouleversement presque général des meubles et des effets, qui, n'ayant eu aucune suite, ne laisse rien à appréhender. » Aussi les ouvriers ont-ils repris leur travail, toutes les boutiques sont rouvertes, et les émigrés sont revenus. On peut en toute sécurité rentrer à Avignon. Le vice-légat poussa même la précaution jusqu'à entasser dans une église abandonnée, Saint-Ruf, toutes les hardes, toutes les marchandises suspectes, et il y fit mettre le feu (28 décembre). Il semblait donc que tout était fini, et qu'Avignon pouvait rentrer dans le droit commun.

Tel ne fut pas l'avis du commandant Jossaud. C'était ce même officier français qui avait déjà rétabli l'ordre à

1. Au 2 novembre, mandement de Gonteri portant révocation des dispenses accordées en temps de peste pour jeûnes et abstinences. Au 7 novembre, nouveau mandement pour célébrer la fin du fléau. Au 9, lettre aux trois suffragants de l'archevêché pour faire chanter un *Te Deum*, et le 24, remerciement aux dits évêques pour la célébration de cette cérémonie. « Nous n'avons voulu vous annoncer notre délivrance qu'après avoir contenu notre joie et la publicité de notre reconnaissance dans les bornes prescrites par une sage et prudente police. »

Arles, lors de la peste qui avait ravagé cette ville. Dès le 29 juillet 1722, et malgré la mauvaise volonté bien marquée du gouvernement pontifical, Jossaud avait été envoyé dans le Comtat avec trois bataillons, sous le prétexte de maintenir l'ordre et de renforcer le cordon sanitaire. On a prétendu que c'était sur la demande expresse des habitants de Carpentras qu'on continuait ainsi les rigueurs du blocus. Les Carpentrasiens avaient eu la bonne fortune de ne pas être atteints par l'épidémie, mais ils la redoutaient. N'avaient-ils pas affirmé que certains de leurs voisins, les habitants de Monteux, avaient cherché à leur communiquer le fléau dont ils souffraient, et que non seulement ils répandaient des hardes suspectes sur les chemins, mais encore bouchaient les fontaines avec des linges empestés ! Ils se défiaient également des Avignonnais, et affirmaient que la peste les décimait encore. Jossaud crut ou feignit de croire à la réalité de ces imputations, et annonça qu'il ne tiendrait aucun compte de l'ordonnance de déconsignation, tant qu'il n'aurait pas reçu des ordres formels de Paris. Il fit même savoir que la surveillance serait plus rigoureuse que jamais, et que tout Avignonnais qui franchirait les lignes serait impitoyablement fusillé ! Or, on n'ignorait pas que Jossaud était l'homme de la discipline et personne ne s'avisa de s'exposer à sa sévérité. Ce fut seulement le 23 janvier 1723 qu'arriva la permission tant attendue, et encore retardait-on jusqu'au 1er février la libération définitive. Les bacs sur le Rhône et la Durance furent aussitôt rétablis, et les Avignonnais n'attendirent pas le départ de Jossaud, qui n'eut lieu que le 3 février, pour se livrer à toutes les manifestations d'une joie exubérante. N'étaient-ils pas délivrés à la fois et du fléau qui les avait décimés, et des soldats étrangers qui avaient, parfois si rudement, exécuté leur consigne ! Que de deuils pourtant, que de misères, et quels amers souvenirs ! Le recensement[1] de septembre 1721 avait accusé

---

1. Bibliothèque d'Avignon. PALASSE, *Méthode ou Instruction pour faire le dénombrement de la ville d'Avignon en temps de peste.*

la présence à Avignon de 23.041 habitants; il n'en restait plus, un an après, que 18.046 : 5.995 victimes avaient donc succombé, et ces chiffres étaient encore au-dessous de la réalité, car on avait constaté, en dehors des malades soignés à domicile, l'entrée aux infirmeries de 5.118 suspects, dont 3.683 avaient succombé. A vrai dire, on ne connut jamais le chiffre exact des victimes. Les évaluations les plus modérées permettent néanmoins de le porter à 8.000. Toutes proportions gardées, le fléau avait donc fait presque autant de vides dans la population qu'à Marseille et qu'à Toulon. Il avait également causé bien des ruines et amené bien des misères. Il nous est difficile de les évaluer, même approximativement, car nous n'avons pas eu à notre disposition les comptes de liquidation; mais on peut affirmer que les dépenses furent considérables. A Avignon comme à Marseille, et en général dans toutes les localités contaminées, le déchet financier fut presque aussi grave que le déchet humain, et, pour de longues années, se prolongea dans tout le Midi de la France, la répercussion du terrible fléau qui l'avait si cruellement ravagé.

FIN

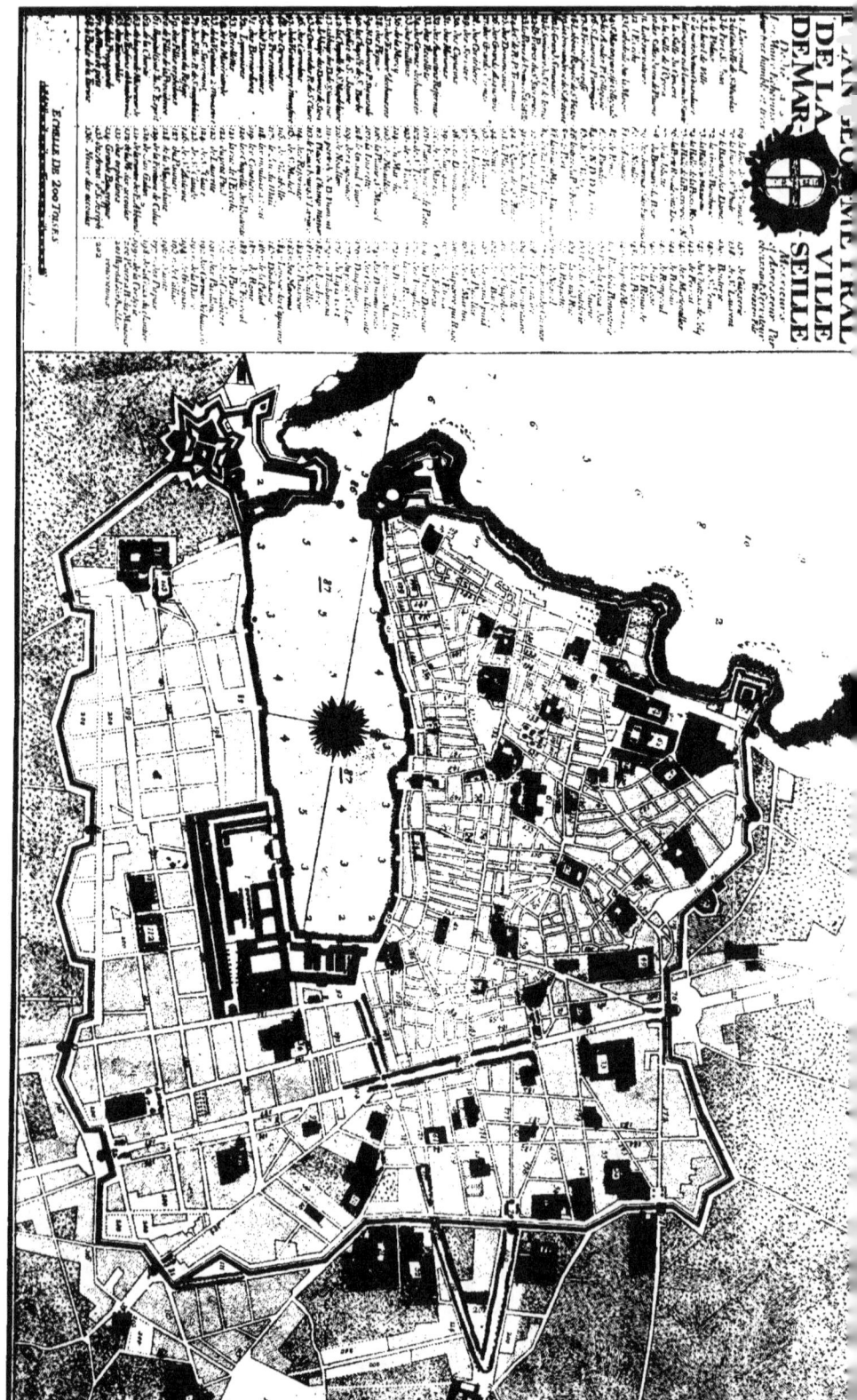

PLAN DE MARSEILLE EN 1720
(collection J.-B. Samat.)

TABLE DES MATIÈRES

INTRODUCTION . . . . Pages. v à viii

PREMIÈRE PARTIE

LA PESTE A MARSEILLE . . . . 1 à 107

CHAPITRE PREMIER. — Les précautions contre la peste.

La peste à Marseille au temps de César. — Théorie de la victime expiatoire. — Les pestes au moyen âge. — Les pestes au seizième et dix-septième siècles. — Création des Infirmeries. — L'intendance sanitaire. — Le système des Patentes, nette, suspecte et brute. — Ordonnance de 1629. — Mesures préventives. — Les Billettes. — Les Quarantaines de mer et de terre. — Théorie de l'isolement. — Les Monitoires. — Mesures hygiéniques. — Les Intendants provisoires de santé. — Mesures contre une épidémie confirmée. — La déclaration de maladie. — La séquestration. — Prescriptions de régime alimentaire. — Théorie de la colère céleste. . . . . 1 à 24

CHAPITRE II. — Apparition de la peste.

Mauvaise situation sanitaire de Marseille en 1720. — Les Echevins Estelle, Moustier, Audimar et Dieudé. — La correspondance des Echevins. — Employés subalternes de la mairie. — Le viguier marquis de Pille. — L'évêque Belsunce. — Le chevalier Roze. — Le gouverneur maréchal de Villars. — L'intendant Lebret. — Le subdélégué Rigord. — La traversée du *Grand-Saint-Antoine* et les patentes du capitaine Chataud. — Arrivée à Marseille. — Décision de l'Intendance sanitaire. —

Quiétude officielle. — Le procès de Chataud. — L'instruction à l'île de Jarros par Jacques de Gérin. — Les placets de Chataud. — Les matelots du *Grand-Saint-Antoine*. — Estelle calomnié. — La peste était à Marseille avant l'arrivée du *Grand-Saint-Antoine*. — Débarquement clandestin des marchandises. — Apparition de la maladie. — Les premières victimes. — Les Echevins hésitent à reconnaître la maladie. — Déclaration des médecins. — Soudaine aggravation du fléau. — Ménagements de Lebret. — Le Parlement d'Aix interdit tout commerce avec Marseille. — Les feux du docteur Sicard. — Angoisses des Echevins. — Attaques contre le corps médical. — Emeute militaire. — Suspension de la justice. — Mesures préventives ... 25 à 69

CHAPITRE III. — APOGÉE DE LA PESTE.

Thucydide et la peste d'Athènes. — Les progrès du mal. — Journal du P. Feuillée. — Mémorial de Pichatty de Croissainte. — Mortalité à l'Hôtel de Ville. — Craintes de Lebret. — Mortalité des femmes enceintes. — Enfants abandonnés. — Emigration dans les bastides. — Belle conduite des intendants de la Santé. — Héroïsme de Bruno Granier et de Charles Peyssonnel. — Campements en plein air. — Les poètes de la peste. — Encombrement des cadavres. — Aspect sinistre des rues. — Les animaux domestiques. — Relation de Fournier. — Aspect du Cours et des rues voisines. — Le service des hôpitaux. — Chanson provençale. — Mort de Bruno Granier et de Peyssonnel. — Ouverture de nouveaux hôpitaux. — Le quartier Rive-Neuve et le chevalier Roze. — Services rendus par le chevalier Roze. — La peste dans le port. — La peste dans la banlieue immédiate. — Lettres de Mlle de Guilhermy. — Mortalité au château d'If. — Lettres du maréchal de Villars. 70 à 107

DEUXIÈME PARTIE

LA LUTTE CONTRE LA PESTE . . . 103 à 286

CHAPITRE IV. — LES SECOURS MÉDICAUX. THÉORIES. REMÈDES. MÉDECINS.

I. *Les théories* — Origine de la peste. — Le docteur Bertrand et la théorie des microbes. — Contagionistes et anti-contagionistes. — Mémoires médicaux composés sur la peste par les contemporains. — Poésies médicales. — La mission de Montpellier. — Chirac et Chicoyneau. — Polémiques scientifiques. — Efficacité des quarantaines . . . . 109 à 122

II. *Les remèdes*. — Recettes empiriques. — Les antidotes. — Instructions des Procureurs du pays. — Les charlatans Varin et Estembach. — Le vinaigre des quatre voleurs. — La

prière de saint Roch et la bénédiction de saint François. —
La tisane contre la peste. . . . . 123 à 132

III. *Les médecins.* — Le corps médical marseillais. — Exigences des docteurs. — Chirurgiens et apothicaires. — Le compte Mittre. — Ordonnance de Pilles. — Les médecins étrangers : Gayon, Jaubert, Chicoyneau, Verny, Soullier, Deydier. — Prétentions exagérées du corps médical de Montpellier. — Leurs réclamations incessantes. — Affaire Pons et Boutilier. — Notes à payer. — Irritation des Echevins. . . . . . 132 à 151

CHAPITRE V. — LES SECOURS RELIGIEUX.

Belle conduite du clergé paroissial. — Dévouement des religieux. — Les frères de la Merci. — Capucins et Récollets. — Les Jésuites. — Le P. Millay. — Le P. Levert. — Mandement de l'évêque de Digne. — Grand rôle de Belsunce. — Conflit de l'évêché et des Pères de l'Oratoire. — Les aumônes de Belsunce. — Ses tournées épiscopales. — Lettres à l'abbé Plumet et à l'archevêque d'Arles. — Le journal de Goujon. — Jugement des contemporains. — Mauvaise attitude des chanoines de Saint-Victor. — L'abbé de Matignon se cache à la Ciotat. — Prétendue révélation. — Les chanoines ne veulent pas assister à une procession générale. — Ils entrent en conflit avec l'évêché et avec la municipalité. — Intervention d'Estelle. — Les chanoines présentent des excuses. — Affaire des chanoines de Saint-Martin . . . . 152 à 179

CHAPITRE VI. — L'ADMINISTRATION MUNICIPALE. LES INHUMATIONS.

Le registre de transcription de Capus. — Encombrement des cadavres. — Danger de ces accumulations. — Proposition du major Dupont. — Nouvelles fosses. — Transport des cadavres. — Utilisation des Églises. — Les corbeaux. — Les galères et l'Arsenal. — Utilisation des galériens. — Résistance des officiers des galères. — Aspect lamentable de Marseille. — Découragement des Echevins. — Dévouement d'Estelle et de Moustier. — Activité de Lebret. — Augmentation du nombre des forçats employés aux inhumations. — L'utilisation des Echevins. — Nomination du bailli de Langeron. — Services rendus par Langeron. — Creusement de nouvelles fosses. — Nettoyage méthodique des rues. — Belle conduite d'Audimar et de Moustier. — Le chevalier Roze et le déblaiement de la Tourette. — Le tableau de de Troy et les œuvres d'art inspirées par la peste — Belle conduite du peintre Serre . . . . 180 à 213

CHAPITRE VII. — L'administration municipale. Justice. Service des renseignements et de l'état civil. Finances.

Pages.

I. *La Justice.* — Suspension des tribunaux ordinaires. — Désordres dans la rue. — Demande de troupes de renfort. — Arrivée de Langeron. — Sévérité nécessaire. — Affaires diverses. — Le tribunal de l'Amirauté. — Affaire Pellissier. — Opposition du Parlement de Provence. — Confirmation des pouvoirs de Langeron . . . . 214 à 226

II. *Renseignements et État civil.* — Correspondance municipale. — Réponses aux demandes de renseignements. — Les correspondants de l'Hôtel de Ville. — Les postes marseillaises. — L'état civil et les demandes de Lebret. — Répartition des services entre les Echevins. — Difficultés administratives. 226 à 239

III. *Finances.* — La crise financière. — Manque d'espèces monnayées. — Demandes incessantes des Echevins. — Secours envoyés par le régent et par Law. — Inertie de Villars. — Dépenses non autorisées. — Suspension des baux. — Demande de création d'un tribunal extraordinaire. — Les emprunts. 239 à 251

CHAPITRE VIII. — L'administration municipale. Les approvisionnements.

I. *Établissements des barrières.* — Crainte de la famine. — Angoisses des Echevins. — Les sœurs de la Visitation. — La sœur Agarrade. — Conférence de Notre-Dame. — Les quatre grands marchés. — La ligne de blocus. — Protestation Devoce. — Relations avec Aubagne, avec Allauch. — Affaire de la Glacière. — Affaire de la Gavotte. — Barrières du Frioul et de la Lèque. — Le médiateur Chapuis. — Affaire Villevieille. — Affaires Chapuis et Gibert . . . . 252 à 267

II. *La question du pain.* — Achat des blés dans la banlieue, dans la province, en France et à l'étranger. — Les boulangers, meuniers et mitrons. — Affaire Négrel. — Les mitrons à Pont Saint-Esprit . . . . 268 à 278

III. *La question de la viande.* — La ferme de la boucherie. — Achats de bestiaux. — La grève des bouchers et des garçons bouchers . . . . 278 à 282

IV. *La question du bois.* — Achats de bois dans les ports du littoral . . . . 282 à 286

TROISIÈME PARTIE

DISPARITION DE LA PESTE . . . . 287 à 438

CHAPITRE IX. — Décroissance de la maladie.

Intervention du Régent. — Apathie de Villars. — Indifférence du clergé. — Lettre du cardinal Fleury. — Intervention de l'archevêque d'Avignon. — Bref du Pape Clément XI en faveur de Belsunce. — Aumône pontificale. — Le cadeau de Marsilly. — Égoïsme de la province. — Décroissance de la peste. — La garnison. — Les hôpitaux. — Polémique médicale. — Surveillance de la banlieue. — Sévérité de Langeron. — Prières publiques et processions. — Le premier vœu des Echevins. — Mandement de Belsunce. — La messe du 1ᵉʳ novembre 1720. — L'exorcisme des Accoules. — La procession générale du 31 décembre 1720. — Les bâtons de saint Roch. — La fièvre matrimoniale. — La soif de plaisirs. — Escrocs et bandits. — Les vendanges. — Lettre du P. Casimir. — Nécessité d'une désinfection générale. —Ordonnance de 1629 et règlement de Caylus. — Les parfumeurs. — Les parfums. — Application des parfums. — Inventaires de la désinfection. — Procès-verbal Vicard. — Opposition de Belsunce. — Désinfection des galères et des vaisseaux. — Le nettoyage moral. — Fête de la convalescence de Louis XV. — Les quarantaines de santé. 287 à 333

CHAPITRE X. — La liquidation

Le nombre des victimes. — Misère générale. — Dépenses courantes et dépenses extraordinaires. — L'affaire Fournier. — Les médecins de Montpellier et la quarantaine de la Ciotat. — Affaires Mailhe et Labadie. — Affaire Robert. — Règlement des honoraires du corps médical. — La délivrance. — Le compte des apothicaires. — La note des frères Servites. — Notes diverses. — Les récompenses. — Belsunce. — Langeron. — Les Echevins. — Le chevalier Roze. — Un roman d'amour. — Les dernières années de Roze. — Diverses indemnités. — Pichatty. — Employés subalternes. — Un déni de justice. — Les forçats. — Protestation des Echevins . . . . . . 334 à 372

CHAPITRE XI. — La rechute.

Les pressentiments de Capus. — Continuation de la maladie. — L'affaire Audiberte Rome. — Craintes des Echevins et de Lebret. — Nouveaux cas de peste. — La panique. — Organisation des services hospitaliers et médicaux. — Opérations fi-

TABLE DES MATIÈRES

Pages

nancières. — Belle conduite de Brancas et de Pilles. — Secours officiels. — Nouvelle ligne de blocus. — Protestations des intéressés. — Exactions aux barrières. — Réorganisation de l'état civil. — Listes de décès. — Mesures de précaution. — Exigences du corps médical. — Affaire Robert. — Réclamations des médecins et des chirurgiens. — La délivrance. — Belsunce met Marseille sous la protection du Sacré-Cœur. — Le vœu des Echevins. — Première exécution du vœu. — Le vœu jusqu'à nos jours. — Secours envoyés de Paris. — Langeron nommé commandant. — Mécontentement de Villars, Brancas et de Pilles. — Ce dernier quitte Marseille. — Sévérité de Langeron. — Bonne entente avec les Echevins. — Contestations avec le Parlement. — Décroissance de la maladie. — Retour offensif. — Amélioration définitive. — Désinfection générale. — Les commissaires-inspecteurs. — Procès-verbaux de désinfection. — Suppression des barrières. — La déconsignation. — Défiances anglaises, hollandaises et autrichiennes. — Fausses nouvelles. — Les récompenses. — Défiances italiennes. — Les marchands de Lyon. — Mauvais bruits en circulation. — Les pestes et le lazaret de Marseille depuis 1723. — Monument commémoratif de la peste . . . . 373 à 438

QUATRIÈME PARTIE

LA PESTE EN PROVENCE ET DANS LES AUTRES PROVINCES. . . . . . 439 à 622

CHAPITRE XII. — LA PESTE EN PROVENCE.

Les quatre foyers principaux de la peste . . . . 439 à 552

A. *Le foyer marseillais.* — Banlieue immédiate. — La peste à Allauch. — Belle conduite du Consul Caire. — La quarantaine et ses rigueurs. — Secours envoyés de Marseille. — Recrudescence du fléau et nouvelle quarantaine. — La peste à Carry et à Septèmes. — Cassis et les registres du curé. — Conflit avec la municipalité de Marseille. — La Ciotat et les femmes de la Ciotat. — Ravages de la peste à Aubagne, La Penne, Gémenos, Roquevaire, Auriol, Saint-Zacharie, Nans. . . 441 à 459

B. *Le foyer arlésien.* — La peste à Vitrolles, Lançon, Gignac, Rognac, Martigues. — Précautions prises à Arles. — L'archevêque de Forbin Janson. — Le consul Arlatan. — L'émeute de juin 1730. — Arrivée de Jossaud. — Le consul de Sourchon. — Secours envoyés de Marseille. — Quarantaine générale. — Fête de la délivrance . . . . 459 à 470

C. *Le foyer aixois.* — Vauvenargues et Vintimille. — Précautions prises par le Parlement. — Apparition de la peste. — La terreur. — Assemblée des Communautés. — Fuite des Parlementaires. — Bonne administration de la province. — Les forçats. — Dévouement de Vauvenargues. — L'assesseur Bouisson. — L'association de la Miséricorde. — Belle conduite de Vintimille. — Le père Jean Sabathier. — Les demoiselles de Ribbe. — Les filles publiques. — Apogée de la peste. — Activité de Vauvenargues. — Décroissance de la maladie. — Opération des parfums. — La quarantaine de santé. — La liquidation. — Les services médicaux. — La peste à Gardanne, Simiane, Meyrargues, Rognes, Saint-Cannat, Vernègues, Lambesc, Pélissanne, Salon, Saint-Rémy, Tarascon et environs. Maillanne, Venelles, le Canadet, Puy-Sainte-Réparade, Pertuis, Saint-Martin de Castillon, Apt et les environs. . . . 470 à 508

D. *Le foyer toulonnais.* — Mauvaise situation sanitaire de Toulon. — Premières précautions. — Les contrebandiers de Bandol. — Affaire Cancelin. — Affaire Gras. — Mesures défensives. — Progrès du fléau. — Envoi de secours. — Mort du consul Gavotty. — Lettre des consuls à Vintimille. — Organisation des hôpitaux. — Difficulté des inhumations. — Dévouement du clergé toulonnais. — Apogée de la peste. — Le consul Antrechaus. — Acte déclaratif de la santé. — Ravages dans la banlieue, à Bandol, Saint-Nazaire, La Cadière, Ollioules, la Garde, la Valette, Roquebrussane et environs, Forcalqueiret, Sainte-Anastasie, Cuers. — Précautions prises dans les localités non contaminées. . . . . 508 à 534

E. *Basses-Alpes.* — L'épidémie à Gaubert, Sainte-Tulle et Corbière. — Localités préservées. — Le docteur Daviel. — Misère générale. — Affaire du marquis de Tourves. — Le bilan des pertes éprouvées par la province. — Le nombre des victimes . . . . 534 à 552

CHAPITRE XIII. — LA PESTE EN LANGUEDOC ET DANS LE COMTAT.

La peste en Languedoc. — Roquelaure et Bernage. — Précautions prises à Toulouse, à Nîmes, à Beaucaire, à Montpellier. — Les lignes de blocus. — Exacte surveillance du cordon sanitaire. — La quarantaine de la Ciotat. — Nouvelles lignes de blocus. — Dictature temporaire du maréchal de Berwick. — Exigences administratives. — La peste à Alais. — Dévouement de l'évêque Avejan. — Ravages du fléau. — Sa décroissance. — La peste dans le Gévaudan. — Mende est dévastée. — Fin de l'épidémie. — Tournée d'inspection de Roquelaure et Bernage. — Continuation des mesures de précaution. — Lettre de Louis XV 586

Longue indifférence des Contadins. — Premières mesures de précaution à Avignon. — Maladresses du vice-légat d'Elci. — Formation d'un cordon sanitaire. — La famine est menaçante. — Émeute à Avignon. — L'archevêque Gonteri et ses mandements. — Ses charités. — Mesures de précaution à Carpentras. — Le recteur Gasparini. — Mort du parfumeur Tronc. — Premier cas de peste à Avignon. — Le chirurgien Manne. —

Mauvaise attitude des médecins d'Avignon. — Désordres dans les Infirmeries. — Défaillances de Gonteri et du vice-légat. — Actes de dévouement. — Bonne attitude du clergé avignonnais. — Poésies en son honneur. — Homélies de Gonteri. — Excès de dévotion. — Ordonnance de d'Elci. — Incapacité administrative. — Dérèglement des mœurs. — La désinfection. — Ordonnance de déconsignation. — Opposition de Jossaud. — Le bilan de la peste . . . . 553 à 622

Table des matières. . . . . 623 à 630

TOURS
IMPRIMERIE E. ARRAULT ET Cie.
2902